当代中国学者代表作文库

中国无神论史

下

牙含章 王友三 主编

中国社会科学出版社

目　录

下　册

宋元明编

清　代　编

近　代　编

少数民族编

宋 元 明 编

第一章 绪　论

第一节　宋元明时期的社会矛盾与熔儒、佛、道为一炉的理学

我国的封建社会，从宋代起开始衰落至明代已进入了它的晚期，各种社会矛盾不断激化。首先，封建制度无法控制的土地高度集中，必然造成地主阶级与农民阶级的尖锐矛盾，从宋至明代中叶，大小农民起义达数十次之多。其次，这一时期的民族矛盾也十分突出。与此同时，地主阶级内部矛盾也在发展。面临尖锐复杂的社会矛盾，宋元明三朝的统治者无不采取加强中央集权的措施，以维护其统治地位。

赵宋王朝重新统一中国后，中央集权的封建专制进一步加强和完善。但由于外有少数民族的侵扰，内有农民起义的反抗，国家贫弱，处境艰难，迫切需要在思想领域内给予加强和集中，重新整顿自安史之乱后遭到很大破坏的伦理纲常，以维护自己的集权统治。由于经学笺注的没落，佛道二教的崛起，宋代地主阶级知识分子便在统治者的支持下，以儒学的“三纲五常”为核心，兼收了佛、道的思辨内容和修养方法，用以附会儒家经义而说天人性命之理，建立了一个以“理”作为最高哲学范畴，熔儒、佛、道为一炉的理学体系。

这个理学体系由于适应当时的政治需要而受到宋元明统治阶级的欢迎和重视。“时君世主，欲复天德王道之治，必来此取法矣。”（《宋史》卷四二七，《道学传》）从宋代晚期直到清末，程朱理学始终是封建统治阶级的御用官方哲学，统治了中国思想界达七百年之久。在充分利用理学作为统治工具的同时，宋元明统治者也大力支持和利用佛教、道教等宗教神学，以及世俗迷信，为巩固自己的统治服务。

第二节　宋元明时期的宗教与世俗迷信

一　宋元明时期的佛教

经过唐末武宗灭佛的打击和黄巢农民大起义的扫荡，中国佛教开始从它的顶峰上跌落下来，走上了下坡路。五代时期，南北分裂。北方由于兵革时兴，社会动乱，佛教只能在国家的严格控制下勉强维持。南方比较安定，佛教在各国帝王的提倡保护下仍在发展。宋代以后，各朝皇帝大都采取了保护和发展佛教的方针，到了宋真宗天禧末年（1021年），全国寺院增加到将近四万所，拥有僧徒近四十万，尼僧六万多，创造了赵宋一朝的最高记录。宋徽宗笃信道教，曾一度使佛教受挫，但不久即恢复原状。宋高宗南渡以后，曾对度僧数额加以限制，但江南地区佛教基础较好，南宋政府又利用度牒征费及免役税等收入以补国家财政之不足，故佛教仍能保持一定盛况，直至宋末。

元代佛教状况，据宣政院至元二十八年（1291 年）统计，全国寺院凡二万四仟三佰一十八所，僧尼合计二十一万三仟一佰四十八人。僧尼不足宋天禧年间的一半，明显表现出衰落的趋势。惟独藏传佛教（即喇嘛教）在发展。该教派从公元 10 世纪形成和发展于藏族地区。公元 13 世纪后期，在元朝统治者扶持下，藏传佛教在吐蕃等地发展很快，流行于藏、蒙古、土、裕固、纳西等族聚居的广大地区。

鉴于元代崇奉西藏佛教的流弊，明朝皇帝转而支持汉地佛教，使汉地佛教得到了一定的恢复和发展。到了明朝中期的成化 17 年（1481年），京城内外的官立寺院已达六佰三十九所。

尽管宋元明佛教在封建统治阶级的支持下继续得以流行，但其总的发展趋势却是越来越不景气。思辨性较强、理论比较严密的天台宗、华严宗等入宋以后虽在延续，但已相当式微，只是不立文字，宣扬顿悟成佛的禅宗和鼓吹念佛超生的净土宗流行较广。

在五代时，禅宗主要有南岳和青原两派。南岳派分为沩仰、临济二宗，青原派分为曹洞、云门、法眼三宗，世称“二派五家”。宋初，这五家仍旧并存，而以临济、云门二家为盛。临济宗下传到黄龙（隆兴）慧南（1002—1069 年）和杨岐（袁州）方会（992—1049 年）时，又分别开创了黄龙、杨岐两派（和原五家合称七宗），盛行于南方。南宋时江浙一带禅寺较盛，有五山十刹之称，杨岐派成了临济宗的正统。云门宗传至灵隐契嵩（1011—1072 年）时，深得宋仁宗与官僚的支持而流行，至南宋渐衰。宋元之交，禅宗的沩仰、云门、法眼三家已经湮没无闻。到了元明二代，只剩下临济、曹洞二宗了。

除禅宗外，宋元明流行的教派还有净土宗。由于宋初之后的禅宗、天台宗与华严宗等派的佛僧常联系净土信仰而提倡念佛的修行，从而使净土宗得以广泛传播。如禅宗法眼派的延寿提倡禅净合流，天台宗的遵式则重视《净土十疑论》，常常集合道俗修净业会。遵式还创立了《晨朝十念法》，规定每天清晨必须专心念佛，“尽一气为一念，如是十气、名为十念。随气长短，不限佛数，惟长惟久，气极为度”，而且要天天这般，“尽此一生，不得一日暂废”（《乐邦文类》卷四，遵式：《晨朝十念法》）。本如继遵式之后结白莲社以弘扬净土。宋仁宗钦其道，赐名白莲寺。南宋初年，茅子元先学天台宗教义，后创白莲宗，成净土一派，编成《莲宗晨朝忏仪》，代众生礼佛忏悔，祈愿众生往生净土。他认为禅、净一致，弥陀即为众生本性，净土即在众生之心。只要信愿念佛，即使不断烦恼，不舍家缘，不修禅定，死后也可往生净土。孝宗乾道二年（1166 年），他应诏在德寿殿宣讲教义，受赐号“慈照宗主”。

至于纯粹的净土信仰，宋初南方有省常（959—1020 年）效法庐山莲社故事，在杭州西湖结净行社，集合僧俗千余人，提倡念佛。后来由于各宗都倾向修行净土的推动，各地结社集会益多；有些寺院还建筑了弥陀阁、十六观堂专供念佛修行的场所，就越加推广净土信仰于民间而成为风俗。特别是一些在家居士也相随提倡，如冯揖之发起系念净土会，张轮之发起白莲社等，于是净土法门逐渐形成一固定宗派[①]。

宋代净土宗在理论上也没有什么新东西，只是把现实世界描绘得更加痛苦，把“极乐世界”装扮得更加美妙，叫人们更加“厌”现世，“忻”西天罢了。被列为净土宗“继祖”的宗赜说：我们所处的这个世界“丘陵坑坎”，“秽恶充满”，人们“疾病相仍”，“寿不过百”，而西方净土却是“黄金为地，行树参空，楼耸七珍”，人寿无量，长生不老的天堂（《乐邦文类》卷二，《莲花胜会录文》）。这里没有一点哲学思辨的内容，完全是麻醉人民的粗俗神学说教。

元明两代，佛教各宗净土化的倾向更加明显。禅宗虽然在统治者的支持下维持着一定的声势，但由于“直指人心，见性成佛”毫无指望，许多禅僧便倾心净土，掀起了禅净兼修的热潮。于是，净土宗便以佛教“共宗”的姿态广泛流传。

① 吕澂：《中国佛学源流略讲》。

综上所述，宋元明佛教理论的发展趋于停滞，神学迷信的成分大大增加，进一步成为麻醉人民意志的工具。

与此同时，作为佛教衰颓变质产物的各种会道门，从宋代起纷纷问世，教派林立，名目繁多。其中比较著名的有白莲教、罗教、天地三阳会、长生教、闻香教、圆顿教、圆教、弘阳教、斋教、老官斋教等。宋元明时期的会道门，虽然也信佛讲经，但因其基本群众是劳动人民，人数多，范围广，教义中每每宣传劫变思想，常常成为组织农民起义的得力工具，所以，一般都遭到朝廷禁止，只能在民间秘密流行。

二　宋元明时期的道教

道教神学，在宋元明时期继续受到统治者的重视，获得了进一步的发展。直到明中叶以后，才随着封建制度的式微而逐渐没落。

（一）道教文献的整理与著述。早在宋太宗时，即着手进行道教经书总集《道藏》的蒐辑工作。至真宗时任命张君房为著作佐郎，领校秘阁道书，于天禧三年（1019 年）汇编成《大宋天宫宝藏》（即《天宫道藏》）四千五百六十五卷（已亡佚）。张又从中撮取精要，编成一部长达一百二十二卷的道教“纲目提要”——《云笈七签》。宋徽宗于政和三年（1113 年）诏求天下道书，编修《万寿道藏》，总共五百四十函，五千四百八十一卷。全藏刊板，于此开始。重和元年（1118 年），他又组织道士“集古今道教事为纪、志，赐名《道史》”（《宋史》卷二十一，《徽宗本纪》）。北宋末、南宋初，曾任尚书郎的曾慥收集道教各家学说及方术，特别是丹道和气法，摘要编成了一部综合性的道教类书——《道枢》。终宋一朝，道教著作颇富。这一时期是道教在理论上、组织上继续发展的时期，不但著作数量多，而且出现了陈抟（？—989 年）、张伯端（984—1082 年）、陈景元（？—109 年）等著名的道教学者和道士，对后来的道教发展影响很大。至元明两代，道教文献的缮刻刊印仍在继续，但已无重要影响的著作出现。道教理论在经历了宋代发展的高潮后渐趋停滞。

（二）新教派的建立。宋代道教流派有南北宗之分。北宋英宗、神宗年间，浙江天台人、进士张伯端（984—1082 年）由儒入道，自号“紫阳”。他发展了魏伯阳、葛洪丹鼎派的内丹法，说此法“百炼愈坚”，能把气炼成真仙丹，达到纯金的程度，从而使人“百劫不坏”，长生不老，故称此教门为“金丹道”（《悟真》）。因其教旨与后来的全真道相似，故被全真道尊为道教南宗的五祖之首。他的教派又被称为

"南宗"或"紫阳派"。北方王重阳所创的全真道称为"北宗"。

宋南渡以至金、元二代，道教分为四派：正一教、全真教、真大道教、太一教（《元史》卷二百零二，《释老传》）。

在中国北方金代时期创立的全真、真大道、太一三个教派，创始时皆以"柔弱"、"无为"为教旨，反映了人民的深重苦难，及其微弱的反抗情绪，具有比较广泛的人民性，在组织人民反金，促进民族融合方面起过一些作用。后来在金元王朝的拉拢、培植下，三教逐步贵族化、宫廷化，成了金元统治者宣传神学迷信，麻醉人民的工具。

正一教，亦称正一道、天师道，系东汉张陵（即张道陵，后被称为张天师）所创。其第四代"天师"张盛移居江西龙虎山后，尊张陵为"掌教"和"正一天师"，声名始振。唐宋以后，不断发展，成为全国性的主要道教流派。元成宗元贞元年（1295 年），张陵第三十八代后裔张与材（？—1316 年）嗣天师位，次年授"太素凝神广道真人"号，掌管道教。元成宗大德八年（1304 年），授"正一教主"，主领龙虎山、阁皂山、茅山三山符箓。从此，凡道教的符箓各派，均统一于南方的正一教，统称正一道。到了明代，正一道虽继续受到朝廷重视，洪武元年（1368 年），加赐正一道四十二代天师张正常掌天下道教事，但明太祖去其天师称号，改封正一嗣教真人，地位从而下降，至世宗与神宗之后，该教派以及整个道教皆日趋衰落。

宋元明时期道教神学的发展，还表现在以下两个方面。首先是道教神仙体系的进一步系统化。道教初创时，奉老子为师祖，并逐渐把他说成是至尊无上，"无世不出，数易姓名"（王圻；《续文献通考》）的神，"能为天神所济，众仙所从"（《老子内传》）。又说老子一气化三清（玉清、太清、上清），创造了整个神仙世界。东晋葛洪撰《神仙传》，南朝齐梁之间的陶弘景承葛洪的神仙说，撰《真灵位业图》，已基本确立了道教诸神的系列。宋代以后，张京房受命真宗编成《大宋天宫宝藏》及其辑本《云笈七签》，使道教的教义、科戒、神仙体系，修炼途径与方术迷信更加系统化。在《云笈七签》中，记载了道教模仿儒家经典《礼记·王制篇》中"天子→王公→九卿→二十七大夫"的模式而建制的上层神仙官系："天尊→三宝君→九宫仙伯（九气丈人）→二十七位仙、真、圣"，又把道教神仙所居的三十六重天由下而上地归为六重天：欲界六天、色界六天、无色界四天、四梵天（即四种民天）、三清天、大罗天（《云笈七签》卷二十一）；还绘有群仙活动的天地宫府图，其中包括"处大地名山之间，是上天遣群仙统治之所"的十大洞天，“在诸名山之中，亦上仙所统治之处”的三十六小洞天，以及“在大地名山之间，上帝命真人治之”（《云笈七签》卷二十七）的七十二福地。此外，对于“大罗天”、“三天”、“九仙”等有关道教神仙说法，《云笈七签》也都有记载和解释，进一步发展了葛洪以来所创立的神仙系列，元明继之。

随着神仙体系的进一步系统化，道教的炼丹术（主要是内丹）和符箓术在宋元明时期亦得到进一步的发展，丹鼎和符箓两派在宗教教义、修炼方法、活动内容等方面不断充实进新的内容。

由于唐代不少皇帝和大臣服丹药丧生，外丹术自中唐以后逐渐衰落，以炼养精气为主的内丹术慢慢地发展起来，并最终形成一套完整的体系。这一时期出现了大量有关书籍。如五代宋初陈抟的《指玄篇》、《入室还丹诗》、《阴真君还丹歌注》，北宋张伯端的《悟真篇》，元代陈致虚的《上阳子金丹大要》，明代伍守阳的《金丹要诀》等。在他们看来，外丹方术是“妄”，主张“以身口为炉”，“以宫室为灶”，潜心炼气，使“真气运转于丹池，神水循环乎五内……神出于九宫，恣游青碧”（陈抟）（赵道一《历代真仙体道通鉴》卷四十七，《陈抟传》）。人体即是“炉鼎”，以体内的“精”、“气”为药物，以“神”为火候去烧炼，使精、气、神凝结不散而成为“圣胎”（内丹）（张伯端，《悟真篇》）。“学道无他，在于养气……氤氲不散，则丹聚矣”（王喆）（李日华《六砚斋二笔》，《茶香室三钞》卷十八引证）。“夫道以无心为体……心不驰则性定，形不劳则精全，神不扰则丹结。”（马丹阳：《马丹阳道行碑》）[①] 金丹由神与气、精调和而成，迎送动止皆主于意，所以要息意静念，则丹成道就（陈致虚）；“二丹合，而为神仙，为大罗金仙”（伍守阳，《道藏辑要》毕集六）。我们说，道教所宣扬的内丹术，虽然最终目的还是为了得道成仙，从而具有一定的神学意味，但是，又不能简单将其完全看作宗教神学的虚妄之言，其中包含着不少值得研究总结的科学成分。

符箓派在这一时期亦有发展。元成宗以后，正一道统领符箓各派，与全真道同为道教的两大派。此道崇奉《正一经》，宣扬鬼神崇拜，以画符念咒搞“驱鬼降妖”、“祈福禳灾”等迷信活动，在民间广为流行。金初兴起的太一教也特别重视符箓，相传肖抱珍得道之初，“即以仙圣所授秘箓济人，祈禳呵禁罔不立验。天眷初，其法大行，因名之曰太一

① 转引自陈垣：《南宋初河北新道教考》。

教，盖取元气浑沦，太极剖判，至理纯一之义也”①。他们以用符箓治病消灾作为太一教的主要教旨，给因妊娠而痛苦的妇女吞符箓以减轻痛苦，用符箓、符水治病、驱蝗，除“附体妖怪”，念咒语止雨。该教设有专人管理符箓和药物，传嗣皆有秘箓法物。他们认为“做仙做佛不难，只依一弱字便是”，鼓吹借助符箓行善积德，从而得道成仙。

真大道教的创立与传教，靠宣扬神仙秘诀。据《重修隆阳宫碑》记载：刘德仁遇神仙“授玄妙道诀……繇是乡人疾病者远近来请治，符药针艾费用，效如影响焉”（同上）。全真教发展到后期，由孙德彧掌教时，进一步宣扬神仙方术。孙本人设醮祷雨，被元世宗尊崇为“真仙人”，并“特授神仙演道大宗师”称号。全真教完全堕落成了巫祝之术。

明代一些有名的道士，也都以玩弄神仙骗术为能事。被明太祖赐号“高道”的刘渊然，从赵原阳受诸阶符箓及宝火大丹之诀，伪称能呼风召雷，刻治鬼物。为太祖、成祖所重。受英宗、世宗封号的张三丰，声言可以数日一食，或数月不食，且能前知后事。诸如此类的道教迷信越吹越神，越传越广。

理论上的衰微必然导致迷信成分的增加，这是道教也是一切宗教发展的一个规律。

三　元明二代的基督教

唐贞观九年（635 年），基督教的聂斯脱利派传入了中国，称为景教。叙利亚教士阿罗本等经波斯来到中国长安（今西安），在唐太宗、唐高宗的支持下译经传教。一、二百年以后竟达到“法流十道……寺满百城”（王昶《金石萃编》卷一零二，《大秦景教流行中国碑》）的规模。唐武宗会昌灭佛，殃及该教。教士二千余人被逐，景教一时绝迹于中原。但在契丹、蒙古等地依然流行。整个宋朝，几乎不见基督教的踪影。成吉思汗统一全国后，由于元朝政府对待基督教的“慷慨”态度，景教与天主教徒的足迹遍布了包括新疆、东北、黄河流域以及长江以南广大地区的全国各地，北京、杭州、西安、甘肃、宁夏、镇江和泉州等地都建立了教堂。基督教空前繁荣。人们把这些基督教徒统称为“也里可温”，意思是信奉基督的人。在华基督教被统称为“十字教”或“也里可温教”。元朝政府从至元二十六年（1360 年）起设立了管理基督教

① 转引自陈垣：《南宋初河北新道教考》。

的中央机构——崇福司，秩从二品，掌领马儿（景教教主的尊称）、哈昔、列班、也里可温、十字寺祭享等事（《元史》卷八九）。不少教士被封官授禄。虽然基督教势力一度发展很快，但还不能达到与佛教相抗衡的地步，也不如道教那样人数多、根基稳。经过元末农民大起义以后，基督教便随着蒙古帝国的崩溃和突厥人在中亚的兴起，中断了在中国的传教，又一次销声匿迹了。

二百多年以后，天主教随着西方殖民势力的东侵再次把目标指向中国。明世宗嘉靖三十二年（1553年），葡萄牙人用欺骗贿赂的手段驻足澳门。1574年，天主教的耶稣会派范利安为东方差会负责人居住澳门。他经过调查研究，对中国的社会状况以及孔子儒学的巨大传统力量有了比较深刻的认识，于是向耶稣会长建议，要求来华传教士学会汉语，熟悉中国文化，采取利用儒家经典以及介绍西方科学知识的方法进行传教。耶稣会意大利籍教士利玛窦（1552—1610年）就是精通此术、身体力行的代表。1582年，利玛窦由澳门来到了广东肇庆传教，天主教被再度引入中国。利玛窦意识到，要在中国传播天主教，必须取得中国封建政权的支持，与中国的封建文化合流。万历二十九年（1601年），利玛窦与另一西班牙籍耶稣会士庞迪我穿着长袍马褂来到北京，向神宗皇帝献上自鸣钟、万国图等，并与士大夫频繁交往。他著有《天学实义》（后改为《天主实义》）等传道作品十多种，用儒家思想论证基督教教义，编出一套儒家学说与基督教义“同条共贯”互为补充的“耶儒合流”论，承认中国的天主教徒可以崇拜孔子和祖先。这样，很快得到了中国封建政权的支持，在中国购买了土地，建起了教堂。四年之间，招收了信徒约二百人，礼部尚书徐光启、太仆寺少卿李元藻等也先后入教。后来，意大利人熊三拔（继利玛窦掌教北京）、毕方济、龙华民（继利玛窦任在华耶稣会会长）、法国人金尼阁以及日耳曼人邓玉函、汤若望等相继来到中国，在北京、南京、杭州、南昌、开封、西安等地传经布道，印行中西书籍，使天主教在中国得以传播。到了明代末年，基督教徒已遍布全国十五个省中的十三个省（云、贵除外），总数达十五、六万人，其中有“大吏十四员，进士十名，举人十一名，秀才监生数以百计”[①]。熹宗皇后与崇祯皇帝亦被感化信教，皇族中受洗者有一百四十余人。

基督教在中国的传播，正如利玛窦所说，是一场殖民主义“征讨”

① 《天主教传入中国概观》，沈云龙主编《近代中国史料丛刊》第六十五辑。

中国的“精神战争”[①]。虽然基督教的传入“也输入了天文历算以至名理的西洋文明”[②]，对中国社会经济及科学文化的发展起了一定的促进作用，但其主要的目的是为了宣传宗教神学，如利玛窦在讲到天文学时就添进了基督教的地狱说，说：“地之中心有恶人受罚之地狱”，要中国人民自甘屈辱，忍受奴役，以求灵魂升入天堂，取得来世之富贵荣华。这与佛教的天国、灵魂不灭、轮回、因果报应无质的差别。作为无神论的对立物，当应受到否定。

四 宋元明时期的天命思想

天命观（包括符命、灾祥等）是历代皇帝维系自己统治的精神支柱。宋元明的统治者也是如此。赵匡胤在夺取政权时就利用过符命为自己制造舆论。“陈桥兵变”之前，军中一“知星者”曾言看到，“日下复有一日，黑光摩荡”，预示赵氏代周，“此天命也”。“黄袍加身”，身居“龙庭”之后，赵匡胤更是洋洋得意地以得“天命”者自居。当有人对他微服私访提出应防止意外时，他笑着说：“帝王之兴，自有天命。周世宗见诸将方面大耳者皆杀之，我终日侍侧，不能害也。”“有天命者，任自为之，不汝禁也。”（《宋史》卷三，《太宗本纪》及《续资治通鉴》）太宗登极，也被说成是“天命”的安排。

以后，“郡县时报祥瑞”（余靖：《正瑞记》《武溪集》卷十一），各种天命、祥符的神话越编越神。国初，有一天神降世，自言“奉上帝令，护卫宋朝”。在太宗亲征太原时，降言“宜设醮谢胜捷”。王师奏捷，太宗遣使醮谢后，天神又降言曰：“上帝诸天皆喜，国祚延永，过于有唐”（《佛祖统纪》卷四十四引，《宋会要》）。宋真宗赵恒在位时，接受天书《大中祥符》三篇，上有“赵受命，兴于宋，付于眘（亦作恒），居其器，守于正。世七百，九九定”（《续资治通鉴》卷二十七及《长编》卷六八等）。“宋第四帝”仁宗赵祯是朱自英奉真宗之命为其“奏章求嗣”之后，“章圣明肃皇后乃梦羽衣数十从一仙官下降”而生（《历世真仙体道通鉴》卷四十八）。宋徽宗梦中为“老君”所召，指示他说：“汝以宿命，当兴吾教”（《续资治通鉴》卷九十一）。编造这些谎言的目的乃是为了“猒服群下”，徽宗此言道出了他们津津乐道于宣

---

① ［法］裴化行：《利玛窦司铎和当代社会》第一册。

② 侯外庐：《论明清之际的社会阶级关系和启蒙思想的特点》，载《新建设》1955 年 5 月号。

传天命思想的目的所在。

不仅宋代皇帝善造符命，以后各朝亦毫不逊色。金在灭辽的过程中，以“受天明命”自居，以“光如烈火，起于人足及戈矛之上”等为兵祥，鼓吹靠神意指点，大败辽军（《金史》卷二，《太祖本纪》）。元代官修的《金史》中，不厌其烦地记载了日食、地震、“五色云气”、金龙、甘露等种种灾异、祥瑞，用形形色色穿凿附会的神秘主义货色证明一切均由“天命”、“历数”决定，宣扬王朝的更替“信有天命”，“非人力也”（《金史》卷八六，《独吉义传》）。他们宣扬金灭辽是顺天命，是为了证明元灭金也是“顺天命”。朱元璋上台的当年即诏修《元史》，宣扬“天子建忠和元极，身为神人之主”，也是为了证明自己是“奉天承运”，“绍百王之正统”（宋濂：《进〈元史〉表》），以巩固自己刚刚夺得的政权。

天命观在以维护封建统治为己任的儒家学者那里，是以一定的理论形态出现的。宋明理学家们合儒、释、道为一体，融天、命、道、理、心、性于一炉，建立了一个庞大的唯心主义理学体系，把传统的天命观进一步哲学化、伦理化，使之更加系统。程颐说：“在天为命，在义为理，在人为性，主于身为心，其实一也”（《二程遗书》卷十八）。朱熹认为：仁、义、礼、智是人的本性，更是宇宙的本性（天地之德）。“性者，人之所得于天之理也”（《孟子·告子上》注）。他们都把人性、道德看做是“天”、“命”所赋予的，要求人们“革尽人欲，复尽天理”，服服帖帖地当封建统治阶级的顺民。这一思想在巩固封建统治的过程中起了很大作用。

五　宋元明时期的世俗迷信

宋元明时期，封建世俗迷信比以前更加流行，致使“正道湮塞”，“邪说横行”（王廷相《慎言·君子》）.“异端之语，入人骨髓”（吕坤《呻吟语·性命》）。整个社会沉沦在“谄渎乎鬼神，怵惕乎妖妄，听荧乎巫卜，拘拘乎青囊珞琭之书，屑屑乎姑布子卿之说”中（谢应芳《〈辨惑编〉序》）。据《宋史·艺文志》所著录的目录记载，当时宣传世俗迷信的图书有：神仙类三百九十四部，一千二百十六卷；五行类八百五十四部，二千四百二十卷。其中包括风水、相书、篆命、神怪、占候、禁忌等方面的内容，另外还有蓍龟类三十五部，一百卷。元代统治中国时间不长，但也著有宣扬鬼神迷信方面的图书三十五部，一百三十九卷（其中包括辽二部，四卷；金三部，十七卷），涉及星命、阴阳风水、占卜（大乙占、六壬大占、杂占）、命相（子年三命术、千里马、三命术……）等许多方面。到了明代，这些书便明显地多起来，仅《明史·艺文志》所著录的《五行类》方面的术数迷信之书就有一百零四部，八百六十一卷，其中包括《卜筮阴阳》、《星相》、《堪舆》三大类。这些在数量上大大超过了隋唐时代的世俗迷信专著，反映了封建世俗迷信在封建社会后期的进一步发展。

宋元明时期封建世俗迷信的形式之多，比隋唐有过之而无不及。元明之际的谢应芳将其归为十五类，其中影响世俗较广者，有：

（1）星命、卜筮及测字算命

星命之术，早已有之，至唐之李虚中而极精。但李只能以人之始生年月日推算人的禄命。宋代的徐子平，著《徐氏珞琭子赋注》，把星命术进一步精确化，他认为一个人出生的年、月、日、时，各有“天干”、“地支”相配，每项用两个字代替，即得出“八字”。根据这八个字，就可以推算一个人的生死命运、吉凶祸福。后来，这一方法在社会上广为流传。此外，明代还有欧阳忠《星命秘诀望斗真经》、鲍栗之《麻衣相法》等星相专著，进一步发展了星命之术。

卜筮迷信，到宋代以后，不仅花样繁多，而且进一步简易化。《宋史·艺文志》著录了大量《蓍龟类》图书，谈到了形形色色的占卜方法，如掷钱占卦、从《易》占演化而来的签占与金钱卦等。宋代谢石以拆字算命而闻名。据说求相者随意书一字，谢将其离拆，而言休咎，无不奇中，甚至宋徽宗也派人持字前往试之（《寓简》及《夷坚志》）。托称宋邵康节所著的《梅花观梅拆字数》等测字书也很流行。金代一些儒学名士如麻九畴等均善卜筮、射覆之术。到了明代，更有《周易杂占》、《卜筮全书》、《皇极秘数占验》、《梦占逸旨》、《戎事类占》等卜筮专著，标志着卜筮迷信的进一步发展。

（2）鬼神、丧葬与风水迷信

人死为鬼的迷信，流传最广，信者最众，皇帝尤甚。宋神宗于禁中得道子所绘钟馗，将它刻板，赐给二府。宋理宗等大兴土木，兴建陵寝，以图死后享受。明太祖、成祖等皇帝死时，甚至还用嫔妃、宫人殉葬。宋人最讲风水，宋高宗因为祖宗坟墓，父兄灵柩落入金人之手，不惜对金称臣纳贡，以换取死人安全，福荫自己。元初，释教总统杨琏真伽，盗发宋会稽诸陵及大臣墓一百多所，将帝王骨与牛马骨埋在一起，还在上面建了一座“镇南塔”。其目的除了从地下捞取一些佛教经费外，还有破坏宋室风水，不让其死灰复燃之意。蔡元定、朱熹等一代理学大师也笃信风水。朱熹不但精心为父母寻地迁墓，还一再上书，参与宋孝宗陵地问题的争论，“以为宋社血食久远之图”。在元代吴澄删定了郭璞的《葬经》之后，明代徐善继作了《人子须知》三十五卷，无名氏作《地理全书》五十一卷，《地理天机会儿》三十五卷，《地理形势真诀》三十卷，越讲越玄乎，越说越荒谬，害得无数人家为求得好风水而拆屋迁墓，搞得家破人亡。

第三节　宋元明时期无神论的发展

宋元明时期尖锐、复杂的社会矛盾和接连不断的农民起义，有力地推动了无神论的发展，而更直接推动无神论发展的，则是哲学和自然科学。

宋元明哲学是中国哲学史上一个重要的里程碑。哲学家们（包括唯物主义的和唯心主义的）以儒家经学为基础，兼综佛、道哲学的思辨内容和认识方法，比较全面地总结了前人思维的积极成果，以前所未有的深度和广度探讨了理、气、心、性、天道等问题，把人类对宇宙和人生的认识大大向前推进了一步，从而把中国古代哲学提高到一个新的水平。哲学是时代精神的精华，人类理性认识的结晶。基于理性和智慧之上的哲学的发展必然要排斥以蒙昧主义、信仰主义为主要特征的宗教神学与世俗迷信。宋元明时期的哲学家以其在哲学理论思维方面的巨大成就，对当时无神论的发展作出了重要贡献。张载等唯物主义者自不必说，即使二程、朱熹等唯心主义者也不例外。尽管他们的唯心主义世界观与宗教神学迷信有着某种天然的联系而带来不少有神论的渣滓，但在他们的唯心主义思想体系中也包含着不少合理的成分，以及无神论的思想因素。

从理学家们对于本体论、认识论、道德论等主要范畴的论述中，表明哲学的理性与蒙昧主义是对立的。同时，宋明理学在继承与发展孔孟儒家积极入世的传统中，并与鼓吹出世主义的宗教神学在一定程度上也是对立的。理学家们虽然汲取了一些佛道哲学的思辨内容，认识方法等精致的东西，但是对其中的鬼神迷信等粗俗神学是取批判、排斥态度的。程朱、陆王等都基于正统儒学的立场，对佛教逃避现实人道，废弃三纲五常的出世主义进行了抨击。

张载、罗钦顺、王廷相等唯物主义哲学家，由于其与无神论的思维方向相一致，所以对发展无神论所作的贡献要比唯心主义理学家们大得多。他们都以气一元论解释宇宙万物的生成、发展，从本体论的高度对佛道神学世界观进行了深刻的理论批判，并对种种世俗迷信进行了坚决斗争。

与哲学（特别是唯物主义哲学）同为无神论之理论基础的自然科学，在宋元明时期也取得了长足的进步。随着经济的进一步发展，宋代成为汉代以后我国科技发展的又一黄金时代。这一时期，除在天文学与医学方面取得较为突出的成就外，指南针的发明促进了航海事业的发展，扩大了人们的眼界。雕版印刷的完善与活字印刷的出现（元代人在宋毕昇泥活字的基础上又发明了木活字和铜活字），推动了文化的传播。

宋元明时期卓越的科技成就，是无神论发展的巨大推动力。张载、王廷相等人在无神论方面取得的进展，是与他们直接参加自然科学研究，努力吸取最新科研成果分不开的。张载通过对天文、地理、历算、生物等多方面的研究，加深了对宇宙现象的认识，“地纯阴凝聚于中，天浮阳运施于外”（《正蒙·参两》），“由太虚有天之名”（《正蒙·太和》），太虚就是广袤无际的天空，“气块然太虚，升降飞扬”，在相互对立，相互作用中不停地运动、变化，形成了万物的生长消亡。张载对物质之天的深刻认识，为其在唯物主义哲学和无神论方面的成就打下了坚实的基础。

不少自然科学家更是通过对自然科学的深入研究直接走上了无神论的道路。他们逐渐了解到大自然的奥秘，掌握了自然界（包括人类）运动发展的客观规律，也就顺理成章地否定了上帝鬼神对人和自然界的干预和控制。科学每前进一步，就把有神论的地盘缩小一块，把无神论的水平提高一步，这是历史的必然。

第四节　无神论的理论贡献与局限

宋元明时期的无神论者和具有无神论倾向的思想家，从各个方面继承了过去无神论批判神学的优良传统，继续对佛、道宗教神学与传统的封建神学展开了批判。而代表这一时期无神论发展的特点与水平的，则是以张载为代表的对佛教神学世界观的理论批判和王廷相系统的无神论思想。

开展对佛教神学的批判，在张载之前是不乏其人的。然而，大都是以儒家的道统为武器，从对社会政治、经济、伦理等方面造成的危害等角度立论反佛。他们仅从外部对佛教神学进行简单的否定，虽然也能给佛教一些打击，但动摇不了佛教神学的庞大理论体系。南北朝时的范缜用“形质神用”、“形谢神灭”的形神论摧毁了佛教因果、轮回报应说赖以存在的基础——灵魂不死的神不灭论，但也未能破坏大乘佛教“幻有真空”的神学世界观。隋唐佛教发展了神学的“本体论”，他们在相对现实的现象界背后捏造了一个名曰“真如”、“实相”等绝对的、超现实的“本体”，鼓吹通过神秘主义的“证悟”达到自我与“本体”的互相冥合。原来以“气”等具体物质元素作为万物本原的唯物主义“气自然论”，已经难以对付隋唐佛教这座思辨性极强的神学堡垒了。所以，唐初傅奕的反佛从理论上来看，意义不大。唐代重要的无神论者柳宗元、刘禹锡批判了自董仲舒至韩愈的神学世界观，但并不反佛。韩愈、李翱站在唯心主义立场上抨击佛教，更不能将佛教理论批倒。对佛教世界观的理论批判这一艰巨任务，则由北宋的张载来承担了。张载继承和发展了《周易》以来的朴素唯物主义和辩证法思想，吸取了天文、地理、历算、生物等许多自然科学方面的成果，与佛教神学针锋相对，建立了一个以无形之气的“太虚”为最高范畴的唯物主义元气本体论。他以元气本体论为武器，否定了“一切唯心”与“一切皆空”的神学世界观。如果说，范缜的神灭论从否定有脱离肉体的灵魂存在，抽去了轮回报应的承担者，那张载与王廷相等，则以元气本体论拆除了佛教神学世界观的理论基石，并明确地否定了神学的彼岸世界，从而给了佛教神学以有力的打击，取得了批佛斗争的新胜利。这是宋元明时期无神论发展的一个突出贡献，并为之后的王夫之等无神论者所继承。

这一时期无神论的另一突出贡献是对封建世俗迷信的系统批判，王廷相是其最杰出的代表。宋元明时期世俗迷信的发展十分明显，活动非常猖獗。各种迷信专著连篇累牍，纷纷出笼，使之进一步系统化、多样化。对于这些到处泛滥、诬民惑众的妖风毒雾，谢应芳等无神论思想家们挺身而出，进行了全面的批判和扫荡。谢应芳怀着“回狂澜于既倒”的坚强决心（《龟巢稿》卷之十二，《贽见余用中先生求作〈辨惑篇序〉启》），专“著《辨惑篇》辟近世之异端邪说”（《龟巢稿》卷之十六，《贽见张用中教授启》）。在该书中，他将当时流行的人死为鬼、灵魂不灭、设醮念经、佛教斋设、淫祀淫祠、巫觋卜筮、相术禄命、风水时日、神仙方术等各种迷信进行了细致的分类，一一进行了批判。储泳写了《祛疑说》，以切身体会辨明阴阳五行和道士方术迷信，揭穿了许多神学的骗术。张载在批判了鬼神迷信的同时，还揭露了鬼神的超人性与具有人的品格这一神学内在的矛盾，并指出了产生迷信的认识根源和社会根源，以及克服迷信思想的途径。王廷相则从天神崇拜到世俗迷信，对封建神学作了全面的清算。他继承柳、刘，但在批佛方面超越柳、刘；他继承了张载批佛的理论，但对传统神学的清算则比张载全面。在他的无神论思想体系内，对“元气之上无主宰”的论证，对佛教出世宗旨的揭露，对神秘五行说追根寻源的批判等，皆有超越前人的卓见。尤其值得一提的是，王廷相对数千年来历代统治阶级施行的“神道设教”提出了自己的看法，认为“其弊”在于“渎于鬼神而淫于感应”，造成“惑而诬”，“妨政教”的恶果。这一卓越思想，是以往任何一位无神论思想家都未曾达到的。总之，这一时期对封建世俗迷信的批判不但比较全面、系统，火力集中，而且在科学性、彻底性等方面（如突破了王充自然命定论、骨相说等局限，坚持不与“祥瑞”说等神秘主义妥协等）也大大向前迈进了一步。

张载和王廷相的无神论，对后来无神论者影响很大。张载建立的元气本体论，一直是后来的唯物主义者批判宗教神学和世俗迷信的有力武器。王夫之终结宋明理学和中国古代无神论，也就是沿着张载、王廷相的思想轨迹继续向前运动的结果。如果说王夫之代表了中国古代无神论思想的高峰的话，那么张载、王廷相则为通往这一高峰奠定了扎实的基础。

宋元明时期的无神论虽然取得了巨大的成就，但另一方面又存在严重的局限。如张载、王廷相在以元气本体论批判佛教神学世界观方面超过了范缜，然而在形神关系方面，比范缜则可说是一种倒退。特别是张载，他确立了元气本体论，并企图以此解释与说明一切，从而忽略了对属于物质与精神两类现象的形神关系的探讨。对鬼神有无问题，他不能从神灭的观点来说明，仍然讲“鬼神者，二气之良能”，“鬼者，归也”。肯定人由气聚而成，人死气散仍归于太虚，重复了范缜早已抛弃的局限。这一认识的倒退现象，甚至延续到明末清初的王夫之，可说直至清末才得以克服，并在范缜的基础上又有了新的发展。上述这一情况说明，无神论发展的趋势，必然是后者超过前者，不断向前发展；但发展却不是直线的。就是说后来者不一定每个人以及在每个问题上都能超过前者。事实恰恰是，由于种种原因，后人往往可能忽视前人在认识上已取得的成果，重复前人所犯过的错误。这一认识发展的曲折性，各个阶段都存在，只是宋元明以至清初在形神关系方面表现得更为突出而已。

第二章　欧阳修

欧阳修，字永叔，号醉翁、六一居士。生于宋真宗景德四年（1007年），卒于宋神宗熙宁五年（1072年）。四岁丧父，家境贫困。二十四岁中进士。曾任枢密副使、参知政事等职。为人真言敢谏，关心人民疾苦，早年支持范仲淹，要求改革时弊，与以吕夷简为代表的保守派进行了激烈的斗争。政治上主张轻赋税，除积弊，实行“宽简”；晚年则趋向保守，反对王安石“新法”。

欧阳修不仅是北宋中期的重要政治人物，而且是领导诗文革新运动的文坛领袖，杰出的散文家和史学家。他的著作很多，主要有《新唐书》、《新五代史》和《欧阳文忠全集》。他的政治论文和史学著作，对当时的佛、道宗教迷信和传统的神学历史观进行了较全面的揭露和批判。

第一节　“于经术勇断不惑”，斥谶纬为“非圣之书”

欧阳修是中国历史上成就卓著的历史学家之一，在他的历史著作中也贯穿着无神论倾向。他反对历史上的天命论，反对灾祥附会说，不受谶纬神学的束缚，敢于提出不同观点，冲破了传统思想的某些禁区。

一　力主删除“九经正义”中的谶纬

欧阳修在经学研究中，敢于疑古祛惑，坚决反对有人借研究或注释儒家典籍而宣扬谶纬神学。他就东汉郑玄笺注《诗经》中表现的谶纬神学观点进行了揭露与批判。例如在《诗本义》卷十三《取舍义》中，斥责郑玄所谓“简狄吞鳦卵而生契”的说法是“怪妄之说”。他认为秦汉之间的学者，最喜欢制造这些荒诞之说。所谓“高辛氏之妃陈锋氏女感赤龙精而生尧，简狄吞鳦卵而生契，姜嫄履大人迹而生后稷”等，把高辛氏四妃中的三个，都说成“神异而生子”，这是因为“尧有盛德，契、稷后世皆王天下数百年，学者喜为之称述，欲神其事，故务为奇说也。”至于帝挚，由于无值得称颂之处，所以，学者对他独无神奇之说。而郑玄呢，由于“学博而不知统”，又“特喜谶纬诸书”，所以，就格外的对这类怪说笃信不移，且起了推波助澜的作用。又如，在《诗本义》卷十《生民诗论》中，欧阳修同样斥责了郑玄关于天神（上帝）与姜嫄交感而生后稷的说法，指出人都由父母所生，圣贤也“必因父母而生”，“无人道而生子，与天自感于人而生之，在于人理皆必无之事”。这就有力地批驳了郑玄关于“圣王感天而生”的“天生”圣贤的谬论。

为了不使神学迷信“误惑学者”，欧阳修主张删除儒家典籍中的谶纬神学和《河图》、《洛书》的妄说。他在《诗本义》卷十二《长发论》中，就提出应删去《诗经》郑《笺》中的谶纬神学观点。他说：

> 郑惑谶纬，其不经之说汩乱《六经》者不可胜数。学者稍知正道，自能识为非圣之言。然今著于《笺》以害《诗》义，不可以不去也。

他又上书宋朝皇帝，乞请校正儒家的《九经》，删去《九经》注疏中的全部谶纬迷信。他在《论删去九经正义中谶纬札子》中说道：从汉、唐以来，儒家学者（指从董仲舒开始，中经郑玄等人以至孔颖达）在研究和注疏儒家典籍时，“所载既博，所择不精，多引谶纬之书，以相杂乱。”真是“怪奇诡僻，所谓非圣之书”也。如果不把这些儒家学者给《九经》掺杂的谶纬神学思想全部剔除干净，就不能纯洁经义，就无法很好地实行礼义之教。因此，他坚决乞请宋王朝“特诏名儒学宫，悉取《九经》之疏，删去谶纬之文。”他申明，这样做有很多好处，是使学者不为怪异之言惑乱，然后经义纯一，无所驳杂，“其用功至少，其为益则多”。可望改变当今“士子文章未纯，节行未笃，不称朝廷勉励兴善之意”（《奏议》卷十六）的状况，以便为朝廷培养合格的人才。

欧阳修认为，自己要求删除典籍中的各种“异说”以纯洁经义的主张，是一定会得到赞同者和支持者的，他在《廖氏文集序》中说：

> 学者溺其久习之传，反骇然非余一人之见决千岁，不可考之是

非，欲夺众人之所信，徒自守而世莫之从也。余以谓自孔子没至今二千岁之间，有一欧阳修者为是说矣；又二千岁，焉知无一人焉与修同其说也；又二千岁，将复有一人焉。然则同者至于三，则后之人不待千岁而有也。同予说者既众，则众人之所溺者，可胜而夺也。（《居士集》卷四十三）

坚信自己不是孤立无援的，不仅会得到他人的声援，也会得到后代人的支持，因此，他相信自己的主张是能够实现的。

二　辨灾祥附会说

欧阳修对"天人感应"的"灾异"说和"祥瑞"说亦持否定态度。

关于"灾异"、"妖怪"，有神论者往往把自然变异现象神秘化，并借以宣扬怪诞之说，而欧阳修则认为：

凡物不常有而为害乎人者，曰"灾"，不常有而徒可怪骇不为害者曰"妖"。《语》曰："天反时为灾，地反物为妖。"（《洛阳牡丹记·花品序第一》，《外集》卷二十二）

又说：

夫所谓灾者，被于物而可知者也。水旱、螟蝗之类是已。异者，不可知其所以然者也。日食、星孛、五石、六鹢之类是已。（《新唐书》卷三十四《五行志·序》）

这是说，"灾异"、"妖怪"都属于自然现象，由于这样的自然现象背离了天时、地理和物质运动变化的正常规律，相对来说不经常见，有的更属罕见，而当时人们的自然科学知识贫乏，既对其感到怪骇，又不知其所以然，因此，就称其为"异"、"怪"、"妖"，对其中给人带来危害和灾祸者，则又称为"灾"，合称其为"灾异"、"妖怪"。显然，欧阳修对"灾异"、"妖怪"的这种解释，是与神学对立的。

既然"灾异"、"妖怪"属于自然现象，那么，"天人感应"论者强调的"感应"又来自何处呢？欧阳修同样作了无神论的回答："凡物有相感者，出于自然，非人智虑所及。"（《归田录》卷二）他认为，物质世界的感应，都是不以人的主观意志为转移的自然现象。他举例说：

"宝剑匣中藏，暗室夜长明。欲知天将雨，铮尔剑有声。神龙本一物，气类感则鸣。"（《古诗三十一首·宝剑》，《居士集》卷三）

宝剑在夜间发光，在雨天发出声响，是宝剑的金属属性与天气相感应的结果。人们通常所谓的"神龙"经常伴随雷雨出现，也是自然界中不以人的意志为转移的一种物质感应现象，并不是什么"天神"的支配。

由于欧阳修坚信天地是由万物组成的自然界，"灾异"、"妖怪"和物质感应都是自然现象，没有什么神秘，更不是什么神怪，因此，他进而认为自然界的各种变化都是不足惧怕的。他在《新五代史》卷六《唐明宗本纪·后论》中写道：

> 呜呼……当是时（按：指唐明宗统治时期）大理少卿康澄上疏言时事，其言曰："为国者有不足惧者五，深可畏者六：三辰失行不足惧，天象变见不足惧，小人讹言不足惧，山崩川竭不足惧，水旱虫蝗不足惧也；贤士藏匿深可畏，四民迁业深可畏，上下相徇深可畏，廉耻道消深可畏，毁誉乱真深可畏，直言不闻深可畏也。"识者皆多澄言切中时病。……然澄之言，岂止一时之病，凡为国者，不可戒哉！

欧阳修是与王安石同时期的人。王安石作为进步的政治家思想家，曾提出过"天变不足畏，祖宗不足法，人言不足恤"的无神论观点。欧阳修则作为进步的历史学家，借赞扬后唐大理少卿康澄疏奏中的五个"不足惧"和六个"深可畏"的说法，表达了他的唯物主义、无神论观点。

在此基础上，欧阳修进一步揭露和批判了灾祥附会说和天命论。他在《新五代史》卷六十三《前蜀世家第三·后论》中，针对前蜀王建称王、称帝时制造龟、龙、麟、凤等祥瑞征兆，从而揭露和分析了历代祥瑞迷信的渊源，指出："自秦、汉以来，学者多言祥瑞"，并且"附以符命、谶纬诡怪之言"，是造成"虽有善辨之士，不能祛其惑"的原因。同时又指出龟、龙、麟、凤、驺虞等大都是距今人类非常久远的动物，本来无所谓祥瑞征兆。假如像有的人所说，它们出现在尧、舜、禹、汤、文、武、周公等"治世"时为"有道之应"的话，那么，当有人说它们出现在"庸君缪政之时"，出现在"乱世"以至"危亡大乱之际"，又"孰知其为瑞"呢？这是用揭露矛盾的办法，指出祥瑞之不可信。"因其可疑者而攻之，庶几惑者有以思焉。"目的是为了启发

"惑者"（迷信祥瑞的人）的思考，使他们觉醒而"祛其惑"。

宋仁宗庆历三年（1043 年），欧阳修又在《论澧州瑞木乞不宣示外廷札子》中，针对当时灾祥说之泛滥，勇敢地谏阻最高统治者不要搞所谓芝草、瑞木的祥瑞迷信。欧阳修从北宋王朝内外交困的事实，有理有据地批驳了所谓瑞木及其成文"太平之道"的"妖妄"的性质，揭露了献此瑞木的知州冯载"不识事件，便为祥瑞，以媚朝廷"，骗人邀宠的可恶为行。并且建议皇帝，不要将此瑞木"宣示臣寮"，以免"四方相效，争造妖妄"（《奏议》卷七）。

难得的是，欧阳修把历史上的灾祥迷信与现实生活中的灾祥迷信联系起来批判，起到了借古喻今的作用，以使封建统治者有所醒悟，有所作为，相信治理天下必须依靠人，而不是依靠神。因此，他在揭露灾祥迷信"欺惑愚众"的同时，指出封建统治者只有通过"励精政事"和注重"功德"，才能使天下长治久安，而不能依靠"天命"。他在《新唐书》卷一《高祖本纪·赞》中，以夏、商、周、汉、唐历代大量的史实说明，每个朝代国祚的长短，总是与统治者、尤其是与国君本人"功德"的厚薄联系着，"自古受命之君，非有德不王"，"有德则兴"，"无德则绝"，与天命是无关的。他以唐玄宗的统治为例说：

> 方其励精政事，开元之际，几致太平，何其盛也！及侈心一动，穷天下之欲不足为其乐，而溺其所甚爱，忘其所可戒，至于窜身失国而不悔。考其始终之异，其性习之相远也至于如此。可不慎哉！可不慎哉！（《新唐书》卷五，《玄宗本纪·赞》）

指出唐玄宗统治初期，能够"励精政事"，因此，出现了天下太平、国家强盛的"开元之治"。但是，唐玄宗后来"侈心一动"，就陷入了追求享乐（应包括追求佛、道宗教迷信）、不理政事、"至于窜身失国而不悔"的不能自拔的地步，终于酿成唐王朝由盛而衰的局面。这充分说明，封建统治者的"得天下"或"失天下"只在人事而与天命无关，唐玄宗所治王朝的盛衰，对于北宋的统治者来说，是一面最好的历史镜子。

还值得注意的是，欧阳修反对天命论和灾祥迷信，对于后世史学家和无神论者产生了重要影响。因为中国古代的历史著作，在论述天道（即天文气象等自然现象）方面，往往记载了很多灾祥附会说和天命观点。但是，欧阳修撰写的《新唐书》和《新五代史》能够尽力删削这类迷信观点。据元代官修史书《宋史》中《天文志·序》记载，该文作者颇赞扬欧阳修的史学著作删削征验附会之说的做法，并试图仿效欧阳修此举："今合累朝史臣所录为一志，而取欧阳修《新唐书》、《五代史记》为法，凡征验之说有涉于附会，咸削而不书，归于传信而已矣。"（《宋史》卷四十八，《志第一·天文一》）清代著名无神论者熊伯龙对于欧阳修否定灾祥附会说也是十分赞赏的。他说："古今不信祥瑞灾异者，仲任而后，莫若欧阳公。其称麟、凤为非瑞，《河图》、《洛书》为怪妄，予心服之久矣。"（《无何集》卷一，《雨露霜雪从地发一篇》附《风雨非天所主说一段》）这是后世无神论者给予欧阳修的崇高评价。

第二节　生死观与薄葬论

欧阳修的生死观，具有鲜明的无神论色彩。欧阳修十分重视从生死观这个基本问题上批判和破除佛、道宗教迷信。他通过许多诗文，直接批判了求仙学道、长生不死的无稽之谈。他认为，"死、生，天地之常理"（《唐华阳颂》，《集古录跋尾》卷六），人有生，也就一定有死，这是人类的一种客观发展规律，是不以人的主观意志为转移的，因此，贪生怕死，求神拜佛，纯属愚昧无知、徒劳无益的行为，理应革除之。

同样，欧阳修也十分重视从生死问题上，批判世人丧葬活动中的卜筮、巫术、阴阳拘忌等传统世俗迷信，主张薄葬，反对厚葬。他曾用"人死无知"的观点，批判人们搞卜筮迷信。他说："人、兽生而有知，死则无知"，"枯草、死骨"无知，世上"无知莫如枯草、死骨，所谓蓍、龟者是也。"但是，"自古以来，大圣大智之人有所不知者"，竟然"必问于蓍、龟而取决。"这样，就不禁使人要问，难道"枯草、死骨之有知"，反而远远胜过"圣智之人"吗？（《居士集》卷十八，《怪竹辨》）欧阳修在这里对搞卜筮迷信的"圣智之人"进行了辛辣讽刺和嘲笑。"死、生，天地之常理"，"人死无知"，这两个无神论命题，正是欧阳修破除丧葬活动中的世俗迷信，主张薄葬，反对厚葬的最基本的立足点。从这个立足点出发，他指责了秦汉以来很多封建帝王搞厚葬迷信的错误做法，感慨地说：

> 呜呼！厚葬之弊，自秦汉以来，率多聪明英伟之主，虽有高谈善说之士，极陈其祸福，有不能开其惑者矣！岂非富贵之欲，溺其

所自私者笃，而未然之祸，难述于无形，不足以动其心欤？然而闻温韬之事者，可以少戒也！（《新五代史》卷四十，《杂传·温韬传后论》）

与此同时，他赞扬了历史上诸如后周太祖郭威等少数帝王遗令薄葬的开明思想。他说：

五代之君，往往不得其死，何暇顾其后哉。独周太祖能鉴韬之祸，其将终也，为书以遗世宗，使以瓦棺、纸衣而敛将葬，开棺示人，既葬，刻石以告后世，毋作下宫，毋置守陵妾，其意丁宁切至。（同上）

欧阳修深感惋惜的是，由于历来厚葬恶习严重，即使有少数封建帝王留下薄葬遗令，也很难遵行。因此，像郭威的薄葬遗令也只是一纸空文。

欧阳修不仅批判历史上封建帝王的厚葬弊端，而且勇于面对现实，揭露和批判北宋王朝的厚葬迷信。宋仁宗庆历四年（1044 年），欧阳修在谏院做谏官，曾经写了《论葬荆王札子》、《论葬荆王一行事札子》（《奏议》卷第八）两篇奏文，对殡葬皇叔荆王（后赠燕王）的事宜，提出了谏争。他说：

臣伏睹朝旨，虽差宋祁监护故荆王葬事，然未见降下葬日及一行事件。或闻以岁月不利未可葬，或闻有司以财用不足乞且未葬。夫阴阳拘忌之说，陛下聪明睿圣，必不信此巫卜之言而违礼典，但虑议者坚执方今财用不足不可办葬……。夫俭葬，古人之美节；侈葬，古人之恶名。今避俭葬，不肯节费，留丧而待有物之年，以就侈葬，则非臣所知也。……荆王于国属最尊，名位最重，伏乞早令定议，无使后时，取进止。（《奏议》卷八，《论葬荆王札子》）

在此奏文中，欧阳修坚决反对"阴阳拘忌之说"，反对"巫卜之言"，反对久丧、侈葬，主张俭葬、及时葬，态度明朗坚决，显示了他作为无神论者的无私、无畏的坦荡胸怀。

综上所述，欧阳修在反对和批判世俗迷信方面，通过自己的许多论著，孜孜不倦地进行了斗争，为中国无神论思想的发展作出了应有的贡献。

第三章　张载

张载，生于宋真宗天禧四年（1020年），卒于宋神宗熙宁十年（1077年），字子厚，凤翔郿县（今陕西眉县）横渠镇人，北宋重要哲学家与无神论者。据《宋史》本传与《行状》载：张载青年时代喜读兵法，欲结客收复洮西失地，后接受范仲淹的劝告，研求《中庸》之道，不满足，又读释、老。"累年究极其说，知无所得"，反过来又求之"六经"。嘉祐初至汴京，和程颐、程颢相识，共论道学的大要，"于是尽弃异学"。张载三十七岁（仁宗嘉祐二年）举进士，并任云岩令。熙宁初，王安石执政，行新法，命他任崇文院秘书。张载对新法态度消极，不久辞归，讲学于横渠镇并从事著述。晚年（熙宁九年）又被召任职同知太常礼院，不到一年辞归，病卒于途中临潼。

张载一生著述，重要的有《易说》、《正蒙》、《经学理窟》以及《语录》等，后人编为《张子全书》。1978年中华书局重新编校出版，名《张载集》，其中《正蒙》是他的代表作。张载曾把《正蒙·乾称》的首段与末段抽出，分别题名为"订顽"与"砭愚"。"订顽"段的要旨，在说明人是天地所生，禀受天地之性，所以必须与天地合德，才不愧为人。此颇得二程的赏识，并改名为《西铭》。因而，张载在《宋史·道学传》中，得与周敦颐、二程并列，被看做道学（或理学）的创始人之一。但在道学（理学）中，张载的观点，和后来成为理学正宗的程朱学派又显然不同。在哲学思想上，他和程朱以"理"为万物本原的观点相反，而特别强调"气"，肯定"气"是万物的本质，第一次建立了元气本体论的理论体系，对古代唯物主义哲学的发展作出了重要贡献。

张载在《正蒙》里，明确表达了气一元论的观点。他肯定整个宇宙只是气，"虚空即气"，"太虚即气"（《正蒙·太和》，下引《正蒙》只注篇名），"知虚空即气，则有无、隐显……通一无二"（同上）。肯定有形无形之物皆统一于气，无形的"太虚"即是本原之气："太虚不能无气，气不能不聚而为万物，万物不能不散而为太虚；循是出入，是皆不得已而然也。”（同上）本原的气聚而成为具体的物，其皆有生有灭，是暂存的，一定时间内则必消散。消散的气仍归太虚。他说：“形聚为物，形溃反原”（《乾称》），肯定具体的事物有聚散生灭，而构成万物本原的气，则是不增不减永不息灭的。他意识到了物质存在的永恒性。

进一步，张载探讨了复杂万物聚散变化的内在因素，以及自身变化的道与理。他认为，本原之气中，涵有动静相感的本性，由此生出细缊相荡胜负屈伸对立的两方，而双方相互作用推动万物的运动变化。在这不停的运动中，“浮而上者阳之精，降而下者阴之浊。其感通聚结，为风雨，为雪霜，万品之流行，山川之融结”。（《太和》）从大到天地，小至天地间的万物，皆由此形成。而这一形成过程，又有其自身的理。他说：“天地之气，虽聚散、攻取百涂（途），然其为理也，顺而不妄。”（同上）

张载气的一元论，为他反宗教与传统封建神学提供了有力的理论武器。

第一节　张载反佛、道宗教神学的贡献

张载批判宗教神学的主要矛头指向佛教，同时兼及道教。

一　张载之前的反佛、道斗争

对佛教与道教的批判，在张载之前是不乏其人的。远者不论，就唐宋时期，则有韩愈、李翱、孙复与石介等等。不过，他们的批判是以儒家的道统为武器，认为佛、道的教义与孔孟一套伦理道德观念不合，必须予以排斥，其批佛、道的言论也甚激烈。如韩愈指出：“释老之害，过于杨墨。”（《与孟尚书论》）主张对佛老要“人其人，火其书，庐其居”（《原道》）。然而，这些反佛者，其世界观又与佛教神学世界观相通，从而决定他们的批判不能深入到佛、道神学思想体系的核心。具有无神论倾向的傅奕与李觏等人，主要是从社会政治与经济的角度立论反佛，仅能从神学外部，即对佛、道为害社会及人伦等方面给予简单的否定，这仍不能解决问题。因为佛、道，特别是佛教，它宣扬其教义与迷信，是有一套完整思想体系的。对于建立在“空”“无”世界观基础上的万物幻化的“寂灭论”、神不灭论与生死轮回等说教，要想批倒它，就要像王夫之所说的那样，“入其垒，袭其辎，暴其恃，以见其瑕”

(《老子衍》)才行。

另一方面，张载之前一些重要的无神论者，如王充、范缜等。范缜反佛在神灭论方面作出了重要贡献。然而范缜所提“质用”一对范畴，只运用于人的形体与精神这一狭小的范围之内，没有用以说明整个物质与精神的关系，论证物质第一性的问题，因而未能深入到对佛教“空”、“无”世界观进行批判。柳宗元与刘禹锡在论天人关系方面作出了重要贡献，其元气论本身亦与佛教神学世界观相对立，但他们与佛教有着较深的“暧昧”关系。特别是柳宗元，他曾公开声明：“吾自幼好佛，求其道积三十年。”(《送巽上人赴中丞叔父召序》)并认为：“浮图诚不可斥者，往往与易、论语合。”(《送僧浩初序》)由此决定他们不可能对佛教给予针锋相对的批判。对佛教神学世界观的批判，是张载的一大贡献，也是他无神论思想的特色。

二 论佛、道之害和儒佛二本殊归

佛、道二教，至入宋以后，在形式上虽有下落的趋势，然而佛、道的神学思想，仍炽传天下，以致形成儒、佛、道三家合流，“儒佛老庄混然一途”(《太和》)。思想界“论于异端空虚之说”而“不涉于事”(《宋元学案》卷十二，《濂溪学案》附)。对佛、道炽传的危害，张载曾尖锐地指出：

> 自其(指佛)说炽传中国，儒者未容窥圣学门墙，己为引取，沦胥其间，指为大道；其俗达之天下，致善恶、知愚、男女、臧获，人人著信。(《乾称》)

这里指出，当时一些儒者，还未得圣人(儒家)之学的要旨，就为佛说所诱而陷入崇佛，以佛教教义为大道，致使影响社会的风俗，人人信从，使圣道不行，以致“异言满耳，上无礼以防其伪，下无学以稽其弊”。这是造成“人伦所以不察，庶物所以不明，治所以忽，德所以乱”(同上)的原因所在。因而必须排佛。对于批佛与道的背景与必要，他的学生范育在为《正蒙》写序时，也作了清楚地表述。他说：

> 自孔、孟没，学绝道丧千有余年。处士横议，异端间作，若浮屠老子之书，天下共传，与《六经》并行。而其徒侈其说，以为大道精微之理，儒家之所不能谈，必取吾书为正。世之儒者亦许曰：

“吾之《六经》未尝语也，孔孟未尝及也”。从而信其书，宗其道，天下靡然成风，无敢置疑于其间；况能奋一朝之辩，而与之较是非曲直乎哉！（《正蒙·序》）

在范育看来，正统儒学沦为佛、道之下，一般儒者也沦为佛、道的信徒，无人敢辩儒和佛、道之间的是非曲直，这对儒学是多么危险的境况！在这“天下之理泯然其将灭”的形势下，张载敢于挺身而出，“以命世之宏才，旷古之绝识……闵乎道之不明，斯人之迷且病，天下之理泯然其将灭也，故为此言（指著《正蒙》）与浮屠老子辩”（同上）。同佛、老辩的目的，“正欲排邪说，归至理，使万世不惑而已”（《正蒙·序》）。此所谓归至理，即归于儒；不惑，即不惑于佛、道。以上说法大致符合张载排佛的本义。张载作《正蒙》是要区分儒同佛、道之别。他说：“自古诐淫邪遁之词，翕然并兴，一出于佛氏之门者千五百年……”，“彼语虽似是，观其发本要归，与吾儒二本殊归矣。道一而已，此是则彼非，此非则彼是，固不当同日而语。”（《乾称》）因此，他要以儒之道来批佛，再树儒学传统。但这里必须强调指出，他与韩愈恢复儒家的道统，在世界观上有着本质的差异，因而也不同于韩愈的排佛。张载是以唯物主义自然观批判佛、道神学世界观的无神论者。

三　张载批佛、道在理论上的贡献

张载对佛、道神学世界观的批判，范育曾作如下的概括：

浮屠以心为法，以空为真，故《正蒙》辟之以天理之大。又曰：“知虚空即气，则有无、隐显、神化、性命通一无二”。老子以无为为道，故《正蒙》辟之曰：“不有两则无一”。至于谈生死之际，曰：“轮转不息，能脱是者则无生灭”。或曰：“久生不死”，故《正蒙》辟之曰：“太虚不能无气，气不能不聚而为万物，万物不能不散而为太虚”。（《正蒙·序》）

以上大体概括了《正蒙》批佛、道的要点；但不全面，也未阐明张载于批佛、道神学世界观中所作出的理论贡献。我们还必须作些具体的分析。

张载批判佛、道，深入其神学世界观。他以“太虚即气”的一元论，肯定气必聚为万物而万物亦必消散归太虚。由此指出：“彼（指佛）语寂灭者，往而不反（返）；徇生执有者（指道），物而不化。二者虽有间矣，以言乎失道则均焉。”（《太和》）这是说佛教徒主“万物幻化”，把客观世界看作虚无寂灭，不知太虚之气不能不聚为万物。而道教徒主长生久视说，认为物质形体可以永存，不知万物不能不散归太虚。二者观点虽有差异，但不懂气之聚散变化的道理则是共同的，其实质是皆背离了气的一元论。正因为如此，佛教神学世界观愈陷愈深。张载指出：

> 释氏不知天命，而以心法起灭天地，以小缘大，以末缘本，其不能穷，而谓之幻妄，真所谓疑冰者欤！〔自注：“夏虫疑冰，以其不识。”〕（《大心》）

佛教神学主张“心生种种法生，心灭种种法灭”，肯定心法起灭天地，除心之外，一切皆幻妄。张载批判此心物颠倒的世界观，指出：佛教不懂本体之气是大是本，人心是小是末。实际是说，佛教颠倒物质与精神的关系，认为天地万物由心所创造。他嘲笑持这种主张的神学家，自己不识客观世界为何物，而把不认识的东西称之为幻妄。这正像夏天的虫子未见过冰，就怀疑冰的存在一样无知。

与此同时，张载还对“万物幻化”的寂灭论进行了批判。所谓寂灭论，即佛教神学认为具体的万物皆乍生乍灭，幻化不真；一切归于寂灭，只有“空”、“真如”或“佛性”才是永恒的真实的存在。对此，张载仍以气一元论立论，指出：“形聚为物，形溃反原”（《乾称》），认为气聚为物是真实的存在，溃散仍反原归太虚，“太虚即气，则无无”（《太和》）。太虚不是无，而亦是客观存在的实体。气有聚散，但聚散而客观存在的气则既不增加，也不减少。所以他说：“凡有形之物即易坏，惟太虚无动摇，故为至实”（《张子语录·中》）。以上既否定具体万物为幻化，也否定了世界本质是“空”与“无”的神学说教。

进一步，张载还从认识论方面，揭露佛教徒诬物质世界为幻妄观点的错误根源。他指出：

> 陷于浮屠以山河大地为见病之说，此道不明，正由懵者略知体虚空为性，不知本天道为用，反以人见之小因缘天地。明有不尽，则诬世界乾坤为幻化……（《太和》）

此所谓见病之说，据《楞严经》卷二云：“例如今日，以目观见山河国土及诸众生，皆是无始见病所成。见与见缘，似现前境”。对此，《中国哲学史资料选辑》的注者解释说：“无始见病，人在未生之前所具有的眼病；见与见缘，似现前境。因为有见病的视觉和所见的幻象相互依附，像有实在的事物一般。”① 这就肯定了一切的存在皆是虚幻，只有精神意识才是真实的。其错误的认识根源，在于割裂体用，不知由现象追溯本质，反而用人的狭小意识作为产生天地万物的因缘（种子）。又诬客观世界为幻化，此乃“妄意而然”，即由妄逞臆见得出一切皆空的错误观点。这一错误的认识根源，张载还在《正蒙·大心》篇指出：

> 释氏妄意天性，而不知范围天用，反以六根之微因缘天地。明不能尽，则诬天地日月为幻妄。蔽其用于一身之小，溺其志于虚空之大；此所以语大语小，流遁失中。其过于大也，尘芥六合；其蔽于小也，梦幻人世。谓之穷理，可乎？（《大心》）

张载认为，佛教神学只承认“真如”的性，真实非妄，却不知天性不能逃出天的作用范围以外，反而以眼耳口鼻身意微小的六根，作为产生天地的因缘，故诬天地日月等客观世界的万物为虚幻，这是受自身感官意识所遮蔽而不见真理。张载的批判基本上是对的。客观世界本来是无限大的，佛家却把它吞到自己狭小的心里，看做是心的幻影。这种认识以主观吞没客观，当然是错误的。他指出：“人谓己有知，由耳目有受也。人之有受，由内外之合也”（同上）。认为人的认识是以外物的存在为前提，是主观与客观相符合。而佛教神学则相反，他们的认识完全从主观意识出发，并无限地加以夸大，于是把天地看成渺小幻妄，把真实世界看作梦境。故张载质问：“谓之穷理，可乎？”佛之谬论，当然不可谓之穷理；但这却是佛教建立彼岸世界的理论基础。张载抓住了这个神学赖以存在的基础进行批判，是可谓之知理了。

张载以气的一元论，并从认识根源加以分析，否定了宗教神学的世界观，肯定客观世界真实的存在，接着批判佛教否定现世与生，宣扬轮回与追求来世的说教。他的批判，仍从佛家诬现实为幻妄人手。他指出：

① 《中国哲学史资料选辑》宋元明之部上。

> 释氏语实际……其语到实际，则以人生为幻妄，有为为疣赘，以世界为阴浊。遂厌而不有，遗而不存；就使得之，乃诚而恶明者也。……彼欲直语太虚，不以昼夜阴阳累其心，则是未始见《易》。未始见《易》，则虽欲免阴阳昼夜之累，未由已也。《易》且不见，又焉能更语实际？舍实际而谈鬼神，妄也。所谓实际，彼徒能语之而已，未始心解也。（《乾称》）

张载为什么强调未见《易》则不能语实际呢？他说，《易》讲："乾坤，天地也；易，造化也。圣人之意，莫先乎要识造化，然后有理可穷。彼惟不识造化，以为幻妄也。"（《横渠易说·系辞上》）认为，若不见《易》则不识造化，不识万物生成演化，则诬实为妄。如上述"以人生为妄，有为为疣赘"，遂"以世界为阴浊"而厌世，终于"舍实际而谈鬼神"。他进而又指出：

> 浮屠明鬼，谓之有识之死，受生循环，遂厌苦求免，可谓知鬼乎？以人生为妄，可谓知人乎？天人一物辄生取舍，可谓知天乎？孔孟所谓天，彼所谓道。惑者指"游魂为变"为轮回，未之思也。……今浮屠极论要归，必谓死生转流，非得道不免。谓之悟道，可乎？（《乾称》）

佛教神学宣扬的"受生循环"，即所谓六道轮回。他们认为人物死后为鬼。鬼在天道、阿修罗道、畜生道、饿鬼道、地狱道等六道中循环较变，是最痛苦可厌的。若要摆脱轮回之苦，只有修行成佛到了西方极乐世界，才能免除。张载认为，佛教宣扬轮回、厌世与出世，是由于不知鬼、不知人与不知天之敌。关于鬼神，他说："鬼神者，二气之良能也。"（《太和》）鬼神被认为是阴阳二气往来屈伸的自然本能。又说："天道不穷，寒暑也。众动不穷，屈伸也。鬼神之实，不越二端而已矣。"（同上）这里是说，鬼神之实际不越天道、众物的变化与屈伸二端而已。以上虽仍保留鬼神的名称，但已不是超物质的人格神，也不是脱离肉体而独立存在的鬼。张载虽未像范缜那样从"体质神用"的关系，证明人死神灭无鬼；但他却从另一个角度，即从气的一元论置鬼神于气之妙用。他既然否定有脱离肉体而存在的鬼，那"受生循环"的报应就无承担者，而出世说也就成了无稽之谈。关于知人与知天，张载说："饮食男女皆性也，是乌可灭？"（《太和》）肯定人事实不可弃，而佛家却把人生看成是幻妄，厌苦人生，欲修成佛进入西天乐土。张载认为，天人一物。天，虚空。人生于虚空之气，死后归于虚空，除此无它。那种弃现世修来世的说教是既不知人，也不知天。他以知鬼、知人与知天的论说，否定了佛家轮回与出世的说教。

张载批佛以气一元论为武器，并以"虚空即气"或"太虚即气"与"空""无"的神学世界观相对立；以"凡象皆气"，"气聚为物，气散归太虚"，太虚与具体的物皆为实有，同万物皆幻化不真的观点相对立；以人道、现世同讲鬼道与来世相对立等等。进而还从认识论的角度，揭露神学世界观错误的理论根源。至此可以说，反佛斗争继范缜初步从理论上完成对神不灭论的批判之后，又由张载从理论上初步完成了对佛教神学世界观的批判。这是张载对无神论发展的一个突出贡献。

第二节　论天人之道与世俗迷信

一　天人关系论

张载在论天人关系中，则继承了从荀子至柳、刘的"天人相分"的思想传统。如说："鼓万物不与圣人同忧，天道也"。"人不可以混天"，"则于是分出天人之道"（《横渠易说·系辞上》）。同时在天人关系上，还强调人事"不以天能为能，而以人谋为能"（《横渠易说·系辞下》）。天（自然）有天的职能，天之能不能代替人之能。他说："天地之雷霆草木，人莫能为之；人之陶冶舟车，天地亦莫为之"（《拾遗·性理拾遗》）。这是刘禹锡"天人交相胜"思想的继续。在天人关系方面，如果说他比前人有新的贡献，或者说有某些发展的话，那就是他从气自身的矛盾运动，以及利用他所掌握的自然科学知识，来否定天的神秘性。如他继承天体学说的宣夜一派的观点，认为天就是太虚，"由太虚，有天之名"（《太和》）。"太虚无体"（《参两》），"天大无外"（《太和》）。利用宣夜说捍卫气一元的本体论。同时，由证明天（太虚）是至大无外的客观实体，排除了天的神秘主宰的性质。更可贵的，是他意识到运动是气本身固有的属性。如上所述，他认为气之聚散变化"是皆不得已而然也"（《太和》）。而这不得已的运动，其动因又"非自外"。他说："凡圜转之物，动必有机。既谓之机，则动非自外也。"（《参两》），由此明确地否定有神秘的主宰者。他反复强调，气"运行不息，莫或使之"（同上）。"天包载万物于内，所感所性，乾坤、阴阳二端而已。无内外之合，无耳目之引取，与人物蕞然异矣。”（《乾称》）这亦是说，所感在自身的阴阳二端对立，无神秘的外力引取。在《横渠易说》中，他也明确肯定：“天惟运动一气，鼓万物而生，无心以恤物”（《横渠易说·系辞上》），“天则无心无为，无所主宰”（《复》）。故于人事也无可干预。他说：“天不能皆生善人，正以天无意也。”（同上）

综合上述来看，张载继承了柳、刘的天人关系论，但他“动非自外”的观点，以及由此对外在神秘力量的排斥，则超越柳、刘。尽管刘禹锡提出过天体“乘其气于动用，而不能自休于俄顷”（《天论》）的运动观，柳宗元提出过“自动自休，自峙自流”（《非国语》）的自身矛盾运动，然而，在柳、刘那里，只是初步的意识，特别是关于运动之因在自身的思想，也不过是一点闪光；在张载那里则与他“虚空即气”的观点结合，形成了元气本体论的体系，作为反神学的有力武器。

二　辩世俗鬼神迷信

张载从气的一元论，把鬼神看作阴阳二气之良能，否定脱离人体独立存在的鬼神，当然对鬼神迷信也持否定的态度。他说：

> 范巽之尝言神奸物怪，某以言难之，谓天地之雷霆林木至怪也，以其有定形，故不怪。人之陶冶、舟车亦至怪也，以其有定理，故不怪。今言鬼者不可见其形，或云有见者且不定，一难信；又以无形而移变有形之物，此不可以理推，二难信。又尝推天地之雷霆草木，人莫能为之；人之陶冶、舟车，天地亦莫能为之。今之言鬼神，以其无形则如天地，言其动作则不异于人，岂谓人死之鬼反能兼天人之能乎？（《拾遗·性理拾遗》）

张载认为，人们所以见怪不怪，是由物有定形，事有定理。反之，则以为怪。而为怪之物并不怪，只是未被认识罢了。在他看来，鬼神观念产生于人们少见或不明事理，实际上并无鬼神。同时，他还从天人相异，揭露鬼神的超人性与具有人的品格这一神学内在矛盾。这是很可贵的。此外，张载还用事实经验加以证明，人死不能为鬼，亦不能祸福于人。他说：

> 今更就世俗之言评之：如人死皆有知，则慈母有深爱其子者，一旦化去，独不日日凭人言语托人梦寐存邮之耶？言能福善祸淫，

则或小恶反遭重罚而大憝反享厚福，不可胜数。又谓“人之精明者能为厉”，秦皇独不罪赵高，唐太宗独不罚武后？（同上）

按世俗的说法，人死有知，可福荫子孙。因慈母生时爱子，死后亦当爱之。而事实并非如此。世俗又谓鬼神福善祸淫。他依生活经验为据，指出：小恶者遭重罚，而大恶的人却享厚福，事实亦与迷信说法相违。至于说“精明者能为厉”，他则以秦始皇与唐太宗为例予以否定。

张载一方面指出世俗迷信说教不可信，同时又分析了迷信鬼神是“人无所取直，故要之于神”所致。他举例说：

如深山之人多信巫祝，盖山僻罕及，多为强有力者所制，其人屈而不伸，必咒诅于神，其中又有偶遭祸者，遂指以为果得伸于神。如战国诸侯盟诅，亦为上无王法。今山中人凡有疾者，专使巫祝视之，且十人间有五人自安，此皆为神之力。（《经学理窟·周礼》）

以上指出人们迷信鬼神，是由弱者受强者所压，是非得不到申明，对于所受的委屈与遭遇的祸害，只好诉诸神灵。这个看法是有道理的，而且透露着他意识到鬼神观念产生于人无力抗拒自然压力与社会压力，因而在生病与受压制而无力抵抗时，则求救于神。这不仅讲了认识根源，同时也接触到社会根源了。

值得注意的是，张载还在上述认识的基础上，进一步提出了克服迷信思想的途径。他认为，人们既然由于“智为物昏”而理不明，以致“溺于怪妄”（《文集佚存·答范巽之书》），若改变这种状况，就须“晓其理，方是了当”（《张子语录·语录上》）。他说的“晓其理”，就是教人“学至于知天”，明白自然界变化的道理。认为这样，人们就能“不为异端所劫，进进不已。则物怪不须辨，异端不必致，不逾期年，吾道胜矣。”（《文集佚存·答范巽之书》）主张采取正面教化，使人明于理，来克服人们头脑中迷信鬼神的观念，在反迷信思想的斗争中，对迷信者给予教育，当然是必要的；但如张载所说，仅仅把克服有神的观念归于提高认识，这是不够的。因为宗教迷信的存在与发展，有认识的根源，也有社会的根源。不过，从宗教产生的认识根源来看，他的主张还是有道理的。

总观张载的气一元论与无神论，都有超越前人的贡献，而他思想的积极方面，也为后来的王廷相与王夫之所继承与发展。但另一方面，他的无神论又存在着不彻底的局限。如他批判了佛教与道教，但终究未能摆脱传统封建神学的束缚，时而表现对有神论的妥协，讲了不少鬼话。如说："天不言而信，神不怒而威"（《天道》）。这又承认冥冥中有主宰者了。同时，他还承认命定论，说："贫富贵贱皆命也。"人一生中，幸不幸，遇不遇，"亦有命也"（《语录上》）。这些观点可以说走到了他自身无神论思想的反面。当然，以上看法，在其整个思想中只占次要的地位；但表明了他无神论思想的局限性。

尽管张载的无神论有如上的局限，但他第一个从理论上对佛、道，特别是对佛教神学世界观的批判，以及在理论上所作的贡献，使他在无神论的发展史上，同范缜一样，居有重要的地位。

第四章　余靖和王安石

第一节　余靖的“正瑞论”

余靖，生于宋真宗咸平三年（1000年），卒于宋英宗治平元年（1064年），字安道，号武溪，韶州曲江（今属广东韶关）人，是北宋名臣。为人质重刚劲，遇事敢于直谏。仁宗景佑三年（1036年）范仲淹被贬时，谏官御史都不敢言，他则上书反对，也遭贬逐，由此知名。他通晓契丹语，曾三次使辽。因作“蕃语诗”被劾贬官。皇佑年间（1049—1053年）再次被起用，后加集贤院学士，官至工部尚书。

余靖不仅为官清正，在学问上也有高深的造诣，是一位博学的学者。他“自少博学强记，至于历代史记、杂家、小说、阴阳、律历，暨浮屠、老子之书，无所不通。”（欧阳修撰《余襄公神道碑》）他在为官之暇，积极从事文、史、哲各方面的著述。后由嗣子余仲荀汇编其遗稿为《武溪集》二十卷行世。文集中的《正瑞论》（卷十一）是一篇批判祥瑞说的专论，具有无神论倾向。

“正瑞”就是辨正祥瑞说的错误。有志于经邦济世的余靖，对宋朝内外交困的危机，一向有清醒的认识。他看到当时“郡县时报祥瑞”，以怪异“惑天下之耳目”（《正瑞论》），致使封建统治者自欺欺人，沉溺于“天命”的支配而不思图进。认为长此以往，对于振兴孱弱的宋王朝是不利的，必须对祥瑞说加以批判和揭露，始能纠正视听，促使统治者奋发图强，挽救其政治、经济危机，使“四民安居，海内蒙福。”（《宋史》卷三百二十，《余靖传》）因此，余靖把批判祥瑞说看做是自己责无旁贷的任务，无所顾忌地写下了这篇《正瑞论》。

《正瑞论》主要阐述了以下两个方面的内容：

一　论祥瑞说“失为史之本意”

所谓“祥瑞”，即认为国之将兴，必现凤凰、麒麟之类吉祥的征兆，由此附会成是君主得到天命的凭证。余靖对这种神秘主义的说教，一向持否定态度。他根据《三皇坟》、《五帝典》、《梼杌》、《春秋》等古代文献，认为上古时代“未闻祥瑞之言”，只是到了两汉，祥瑞或符瑞之说才盛行起来，出现了所谓“赤芝、白雁、醴泉、甘露、庆云、宝鼎”之类的祥瑞。其实，祥瑞之说并非事实，往往是出于某种目的而编造的假象，以便为封建统治者的改朝换代制造神学依据。因而余靖指出，把祥瑞看做是国家兴旺、天下太平的象征，那是不符合历史事实的，是“失为史之本意”（《正瑞论》）的，有必要把它的本质辨别清楚。

首先，祥瑞物的出现是否和国家的兴衰存亡有关？余靖考察了史书的记载后认为：“尧以敦九族和万邦而兴，舜以举十六国相去四凶则又兴，禹以平水土兴，汤以行仁政兴，周人以积德累仁兴。”（同上）这是说历史上的圣贤都是靠“行仁政”和“积德累仁”以安邦兴国，他们的事功“虽无祥瑞”出现，但能说不是达到了“圣且治”吗？同样，亡国的原因，也不是什么妖孽所导致，而是由“昏且乱”造成，“癸以侈奢亡，辛以暴虐亡，厉王以聚敛亡，幽王以女色亡。夫是者，虽无妖异可不谓昏且乱乎？”（同上）他由此得出结论说：“国之兴也在乎德，不在乎瑞；国之亡也在乎乱，不在乎妖。”（同上）所谓祯祥或灾异的出现与政治上的成败、国家的兴亡无必然关系，一切企图把它们附会在一起的说法都是无稽之谈。

其次，余靖举历史上商王、宋君遇到所谓不祥之物兆而昌盛，鲁君、汉帝却因遇到所谓祥瑞之物兆而衰亡的正反事例，进一步说明国家的兴亡与所谓祥瑞无关。他说：

> 桑谷生朝，高宗复商；荧惑守心，景公安宋，此则明君在上，妖不为害矣。鲁获麒麟，哀公出奔；汉鸣凤凰，平帝失国，此则闇主在上，瑞不为美矣。（《正瑞论》）

由此两事说明，只要“明君”在位，即使妖异出现，国家未必衰亡。又据说鲁哀公十四年春，打猎获得一头麒麟，这是吉祥之兆，但鲁国却从此衰弱了，汉平帝即位，越裳国献来一只白雉，二只黑雉，这也是吉祥的物兆，可是几年后王莽代汉称帝，西汉却灭亡了。可见，只要“闇主”在位，即使祥瑞出现，亦未必预兆国家兴旺。

余靖对大史学家司马迁、班固也宣扬祥瑞，制造汉高祖刘邦“斩蛇”起义是预示汉当灭秦的象征颇为不满。他批语说：“子长、孟坚推论怪谍，其启国也，以斩蛇大泽为受命之符，而英雄之略弃矣”。（同上）的确，迷信于天命神权，必然抹煞英雄的作为；依靠人必然就不能依附神，两者是无法统一的。余靖以无神论观点和大量历史事实深刻地提示了祥瑞说的神学本质。

二　论治国之道在于“德施于民”

《正瑞论》虽以主要篇幅驳斥了历史上流传的种种祥瑞说，但斗争矛头却是指向北宋统治者的祥瑞迷信，因而具有重要的现实意义。余靖出于忧国忧民，企图通过宣扬圣贤的修政行“德”之道和揭露祥瑞说之荒诞，以推动统治者摆脱神学天命论的束缚而励精图治，使国家民族振兴起来，积极抵抗外来侵略。他满腔热情地希望统治者能效法圣贤治国之道，而不是祈求于神灵的庇佑，“盖欲人君责躬修德，见灾思惧而臻于治也”（《正瑞论》）。为此，余靖还上疏仁宗，直接劝谏：“臣闻帝王之道，能勤俭厥德，感动人心，则虽有危难，后必安济。今自西垂用兵，国帑虚竭，民亡储蓄，十室九空。陛下若勤劳罪己，忧人之忧，则四民安居，海内蒙福。如不恤民病，广事浮费，奉佛求福，非天下所望也。”（《宋史》卷三百二十，《余靖传》）在北宋王朝面对辽、夏交侵，疲于应付，致使国库日空，民力大困，农业生产遭受严重破坏的情况下，统治者却无所作为，大肆挥霍，求神拜佛，过着苟且偷安的荒淫生活。余靖当然深感忧虑，不得不明确指出，国家的兴亡在于“人君”是否实行“德政”，即“必若德施于民。”（《正瑞论》）如果把“德”施及人民，那么，社会将出现“效易其俗，赏不僭，刑不滥”（同上）的局面，而作为“四灵”的麟、凤、龟、龙等所谓祥物，也可以畜养在宫苑中，“日游于君之宫沼郊薮”（同上）。这样，也就不会有人少见多怪地把它们鼓吹为灵异之物，以致迷惑天下人了！显然，余靖再次以否定神、强调无神论，明确地忠告北宋统治者，要想国祚长远，就必须修政行“德”，只有“德”才是预兆吉祥的祥瑞；若不修政行“德”，而乞灵于符瑞，那么，国家就会衰亡。

总之，余靖反对祥瑞说在当时是有针对性的，具有积极的政治意义，对于他否定神、强调无神论应该肯定。

第二节　王安石论“天变不足畏”

王安石，生于宋真宗天禧五年（1021年），卒于宋哲宗元祐元年

(1086年)，字介甫，号半山，江西临川人，北宋著名的政治家、哲学家、文学家和无神论者。王安石出生于小官僚家庭，二十二岁进士及第后，历任淮南判官、鄞县知县、舒州通判、常州知府、提点江东刑狱等职。嘉祐三年（1058年）写了《上仁宗皇帝言事书》，系统地提出变法主张，得到宋神宗赵顼的信用，从熙宁二年（1069年）至熙宁九年(1076年)，前后两次被任为宰相。在位期间力主变法，以改革时弊。但因遭到代表豪族大地主利益的保守派的强烈反对而失败。罢相后退居江宁。在这最后的十年里，他从事于文学创作和学术著述，《字说》、《老子注》、《钟山日录》以及《楞严经疏解》等都是在这时期完成的。

王安石治学刻苦严谨，博览群书，广采众长，因而与同时代的学者不同。他治经学主要在阐明义理，力排章句注疏的繁琐之学，所以重新训释了《诗义》、《书义》、《周礼义》（即《三经新义》），目的是使经学为变法服务。在哲学方面，他通过为老子《道德经》作注、解释《洪范》、撰《字说》等，阐述了朴素的唯物主义辩证法思想，并具有明显的无神论倾向。

一　“天变不足畏”的“异端”思想

王安石提出的“天变不足畏，祖宗不足法，人言不足恤”的三不足论，既表现了他在政治上与保守派坚决斗争的无所畏惧的英雄气概，也表现了无神论同有神论在政治领域中的尖锐斗争。

王安石在变法过程中，遭到以司马光为代表的保守派的竭力反对，他们以神学天命论为武器，对变法革新进行种种诬蔑和攻击，一时甚嚣尘上。司马光认为“天”是“万物之父”，是世界的最高主宰者，因此“天命”不能违迕，违迕者必然要遭到惩罚。即“天使汝穷而汝强通之，天命汝愚而汝强智之，若是者必得天刑。”而且人的“贵贱贫富”也是由“天”决定，是不能改变的，若要“僭天之分”则“必有天灾”(《司马温公文集》卷七十四)。本着这种“天人感应”的神学观点，司马光攻击王安石的“三不足”思想是违背“圣人之言”的奇谈怪论，他质问道：“今之论者或曰：‘天地与人，了不相关，薄食、震摇，皆有常数，不足畏忌；祖宗之法，未必尽善，可革则革，不足循守；庸人之情，喜因循而惮改为，可与乐成，难与虑始。纷纭之议，不足采听。’意者古今异宜，《诗》、《书》陈迹不可尽信耶？将圣人之言深微尚远，非常人所能知，先儒之解或未得其旨耶？愿闻所以辨之！”（《司马温公文集》卷七十二，《学士院试李清臣等策问一道》）司马光俨然以正统者自居，企图用儒家经典和圣人之言来压服王安石。当时翰林学士范镇随声唱和，利用自然灾害攻击王安石变法。他向赵顼上疏说："乃者天雨土，地生毛，天鸣，地震，惟陛下观天地之变，罢青苗之举，归农田水利于州县，追还使者，以安民心而解中外之疑。"（《历代名臣奏议》卷二百六十六，《理财门》）藉口"天变"以达到废除新法的目的。此时任监察御史的程颢，也追随司马光诋毁变法，上疏说："天时未顺，地震连年，四方人心日益摇动，此皆陛下所当仰测天意、俯察人事者也。"（《二程遗书》卷三十九，《再论新法乞责降疏》）总之，保守派攻击王安石变法是"唯务改作，立异于人。"（吕诲《论王安石疏》，《宋文鉴》卷六十）是违背"天意"的行为，必然要受到"天"的谴责，因此把当时出现的天灾、人祸都附会成是由于变法而引起的"天刑"。还诬蔑王安石是"乱天下"的罪魁祸首，必须去之而安，叫嚷："旱由安石所致，去安石，天必雨"（《宋史》卷三百二十七，《王安石传》）等等。

面对着政敌们借"天变"来破坏变法的这股逆流，王安石毫不畏惧，他坚持唯物主义天道观和无神论，从天的物质性阐明"天变不足畏"的观点。他说：

> 天与道合而为一。（《王安石老子注辑本》第十六章）
>
> 道者，天也，万物之所自生，故为天下母。（《王安石老子注辑本》第五十二章）

道和天是同一个东西，是万物的本原。道之体即物质性的元气，元气分化为阴阳二气，阴阳二气交合而成冲气，"冲气为元气之所生"（《王安石老子注辑本》第四章），是道之用。阴、阳、冲气再生成"五行"，"五行"又构成万物。整个过程除了气的运动和变化，不存在什么神秘的造物主，因此说："生物者，气也。"（《临川先生文集》卷六十五，《洪范传》）

可见，王安石是以元气一元论的自然观去观察宇宙万物的，虽然还不是很科学的，但却是朴素的唯物主义和无神论，从而把被宗教神学颠倒了的自然界重新颠倒过来，还它本来面目——天（自然界）的物质性本质。

王安石阐明了天的物质性后，继之以"天人相分"的观点，驳斥有神论者的"天变"灾异论。他指出天是没有意志没有好恶的自然，不是什么神，但有着自身的运动规律，就是“日月随天旋，疾迟与天侔，寒暑自有常，不顾万物求。”（《即事三首》，《临川先生文集》卷六）自然规律是不以人的意志为转移的，所以天与人毫无关系，且人事也无法干预它，“夫道之自然者，又何予乎？”（《临川先生文集》卷六，《老子》）然而，有神论者往往抓住自然界出现的某些异常现象，如地震、日食等，用来说明天是有意志和情感的，证明天是主宰世界的人格神。王安石则认为，这些异常现象是属于自然界在运动过程中发生的变化，并不是什么天意的表现。他说：

> 天有过乎？有之，陵历斗蚀是也。地有过乎？有之，崩弛竭塞是也。（《临川先生文集》卷六十九，《原过》）

“过”在这里当作“变化”的意思，物质世界无不处在发展变化之中。其实，对于地震等现象，柳宗元已经用“自动自休，自峙自流”，“自斗自竭，自崩自缺”（《非国语·三川震》）来说明它就是山川本身的自然的运动变化，王安石这个观点显然是继承了柳宗元的唯物主义自然观。在他的一首《九井》的古诗中，也抒发了同样的观点：“山川在理有崩竭，丘壑自古相虚盈。谁能保此千世后，天柱不折泉常倾？”（《临川先生文集》卷十二）即使对保守派“去安石，天必雨”的叫嚣，王安石也理直气壮地说：“水旱常数，尧汤所不免。”（《宋史》卷三百二十七，《王安石传》）指出水灾旱灾是自然界变化的常规，任何时代都会出现，与人事没有必然的关系，即使尧汤在位，也在所难免。可见，保守派宣扬“灾异”论，无非是用“天人感应”的神学说教蛊惑人心，以借助“天”神来干涉人事——反对变法革新，所以千方百计地把“天变”与人事附会在一起。熙宁八年（1075年）十月，彗星出现，保守派又大肆鼓噪，扬言国家将有灾祸临头，把彗星的出现与变法联系起来，纷纷上奏赵顼，要求废除新法。如吕公著在《答手诏》的奏疏中说：“臣闻晏子曰：‘天之有彗，以除秽也。’考之传记，皆为除旧布新气象。……今民不安业，畎亩愁叹，上干和气……又况加之以天地变异乎！”（《续资治通鉴长编》卷二百六十九，熙宁八年十月戊戌记事）王安石针对保守派再次造谣惑众，破坏变法的行径，依然坚持“天变不足畏”的观点，用事实来驳斥其种种谬论。他也在《答手诏》的奏章中说：

> 臣等伏观晋武帝五年，彗实出轸，十年轸又出孛，而其在位二十八年，与乙巳占所期不合，盖天道远，人道迩，先王虽有官占，而所信者人事而已。
>
> 天文之变无穷，人事之变无已，上下傅会，或远或近，岂无偶合？此其所以不足信也！

根据晋武帝时两次出现彗星而无灾害发生的历史事实，说明“天变”附会人事的妄言不可信，虽有时会遇到偶然的巧合，但也是不可信的，因为“天变”与人事根本无关。同时，王安石指出保守派之所以津津乐道于“灾异”论，根本问题是他们迷信于天命和“天人感应”。他说：“‘今或以为天有是变，必由我有是以致之’，‘则蔽而葸’”。（《临川先生文集》卷六十五，《洪范传》）从而再次对保守派的嚣张气焰进行了有力的打击。

天与人的关系既然不是“感应”的关系，那是一种怎样的关系呢？尤其是人在自然灾害面前又应该怎样呢？对此，王安石继承了荀况的“人定胜天”思想。他认为，人只要“致精好学”，深入钻研，那么对于客观存在的自然规律是可以认识和掌握的。他在《礼乐论》中指出：

> 是故天之高也，日月星辰阴阳之气，可端策而数也。地至大也，山川丘陵万物之形，人之常产，可指籍而定也。
>
> 是故星历之数，天地之法，人物之所，皆前世致精好学圣人者之所建也。（《临川先生文集》卷六十六）

这里，王安石把宇宙空间的存在，上至“日月星辰阴阳之气”，下至“山川丘陵万物之形”，认为都是可以探知其发展规律的，正由于前人在这方面进行了专心致志的钻研，所以建立起天文、地理和历法等专门学科的资料，提供后人进一步探测和研究。

由此说明，在天人关系上，王安石重视人的进取作用，而反对消极无为地听任天（自然界）的摆布，也就是说，人在天灾面前，不应该“听天由命”，而应该“制天命而用之”，发挥人的主观能动性，从而战胜天灾。因此，他积极主张“修人事，以应天灾。”（《续资治通鉴长编》卷二百五十二）强调只要把人事办好，就有可能去战胜天灾。又说：

所谓救政者，修政以救凶灾也，盖吉凶之变，虽出乎天，而其所以感召之者，实自乎人，知凶而修政以救之，则可以转祸为福矣。（《周官新义》卷十，《春官三》）

这更清楚地告诉人们，能够挽救自然灾害所造成的损失，以减轻人间痛苦的只有"修政"，即只有变法，搞好人事；"凶灾"虽天所致，但救灾还得靠人，不是靠天本身，更不是靠祈求神灵庇护。所以说，"知凶而修政以救之"，就"可以转祸为福"。这是王安石对"人定胜天"思想的具体发挥，也是在一定程度上看到了人具有改造自然的主观能动作用。显然，王安石这样的观点与宣扬"天人感应"的"灾异"说是水火不相容的，难怪保守派的官僚士大夫们要群起而攻之。

无神论同有神论的斗争，往往是与政治斗争、思想斗争紧密结合的。王安石"天变不足畏"思想之积极意义，就在于它的战斗性。它是王安石用作反击政敌的锐利武器，使政敌们借"天变"来破坏新法的阴谋终于破灭；它又是王安石变法革新的精神支柱，使政敌们借神学天命论来反对变法的围攻，终于被不怕鬼神不怕压的大无畏精神所粉碎。这说明，"天变不足畏"代表了王安石无神论思想的特色。而王安石坚持变法革新的实际行动，也是无神论在与有神论斗争中所取得的胜利。

二　轻鬼神、重人事

王安石无神论思想的另一重要方面，是对封建鬼神迷信的批判。他认为，那些谈神弄鬼的活动都是利用鬼神来欺骗百姓，切不可以相信，"幽妖窟险阻，祸福易欺人"（《临川先生文集》卷十三，《柘湖》）。这是对沉溺于世俗迷信者的忠告。

在形神关系上，王安石虽没有系统的论述，但也留下了片断言论，如："神生于性"，"气生于形"，"形者有生之本，故养生在于保形"（《临川先生文集》卷六十六，《礼乐论》）等等。就在这片言只语中，我们也可以看出他唯物主义的形神观。他不相信人死后变成鬼神，也很少谈及这方面的问题，只是在少数诗歌中表示对某些鬼神传说的怀疑。如对柘湖中有秦氏女"入湖为神"的传说，他写道："秦女亦何事，能为此湖神？年年赛鸡豚，渔子自知津。幽妖窟险阻，祸福易欺人。"（《临川先生文集》卷十三，《柘湖》）意思是说人世间的事只能靠人自己去做，不能相信鬼神的庇佑，相信了反而受欺骗。又如对跃马泉中有“神马”出现的传说也表示不相信：“泉旁往来客，夜寄幽人室。但听鸣萧萧，何由见神物?”（《临川先生文集》卷十二，《跃马泉》）另外，王安石也反对谈论“神仙”。在当时道教获得统治者的推崇，求仙学道的宗教活动被看做是清高有德行的情况下，王安石在这一点上则始终保持清醒的头脑，如在《答陈柅书》中说：“老庄之书具在，其说未尝及神仙，唯葛洪为二人作传以为仙，而足下谓老庄潜心于神仙，疑非老庄之实，故尝为足下道此。”（《临川先生文集》卷七十七）显然，他把“神仙”从老庄思想中区别出来，看做是道教的宗教迷信，不同意有人把道教的成“仙”思想与老庄“不以死生祸福累其心”（同上）的养生修性之道混为一谈，认为那是有渎于“圣人之道”的。

王安石从不把现实生活中出现的异常现象同鬼神迷信联系在一起。在他看来，所谓“妖”，不过是事物运动过程中出现的反常现象。即“物反为妖”（《周官新义》卷十，《春官三》），并非是什么“神灵”的显现或者是吉凶的预兆，人们对于“妖异”的出现完全不必惊惶失措。王安石这种看法无疑与有神论是根本对立的。

对于卜筮及星命术数等迷信，王安石也予以有力抨击，他说：

> ……其间阴阳之术炽，而运数之感兴，谶纬之说侵，而报应之讹起，其所谓命者，非曰性命也，则命受分定也。所谓行命者，非曰圣人也，则曰冥有所符，默有所主也。……而曰命受分定者，岂不瞽惑与？然亦谁阶之乎？其皆赏罚不应，而德眚无归，民厌其势，而一归于命，悲矣？（《临川先生文集·补遗·性命论》）

王安石感叹自汉唐以来，由于阴阳术数和谶纬等迷信盛行，滋长了命定论，而命定论之所以蛊惑人心，是由于统治者赏罚不明，好坏不分，造成“民厌其势”，百姓无处申诉，只得归之于“命”，实是可悲！这是对封建世俗迷信愚弄人民的深刻揭露。同时，他还揭示了以搞迷信活动为职业的星相术士为封建统治服务并依附于统治者的关系。他说：“予尝睎汴之术士，善挟奇而以动人者，大抵宫庐服舆食饮之华，封君不如也。其出也，或召焉，问之，某人也，朝贵人也；其归也，或赐焉，问之，某人也，朝贵人也。”（《临川先生文集》卷七十，《汴说》）这些术士，何以如此显耀呢？他进而指出，是由于“术士”能解决达官贵人们的“惑且忧”（同上），投其所好，于是封建统治者恩宠倍加，使这些星相术士享受到超乎寻常的待遇。

从这些揭露和批判看出，王安石对封建世俗迷信的危害性以及它与封建统治的关系已有一定认识。

三　无神论与“皈依三宝”

王安石的无神论思想不仅在他所处的时代有着积极意义，而且对后世也产生了深远影响。但是，王安石与他的先驱者们一样，没有能够超出他们自己的时代的限制。因此，他的无神论思想也是不彻底的。

在天人关系上，王安石虽然反对天命论，发挥了“人定胜天”思想，然而在看待人生的问题上却有着严重的命定论倾向。他说：“天授诸人则曰命。”（《临川先生文集·补遗·性命论》）即人的“命”是天赐予的，且“命”又指贵贱和寿夭两个方面，他接着说：

> 然命有贵贱乎？曰：有。有寿短乎？曰：有。故贤者贵，不贤者贱，其贵贱之命正也。（同上）

王安石没有摆脱儒家的“死生有命，富贵在天”的思想束缚，认为“命”是天生的，是一种客观的必然的强大力量，掌握着每个人的命运。所以，他教人要“安命”，要逆来顺受，听从命运的摆布，所谓“人生多难”，“当归之命耳”（《临川先生文集》卷七十七，《与孙侔书》）。由此说明，勇于“非命”的战士王安石，在严酷的现实面前，他最后的自处之道，也是不得不向“命运之神”屈服。

同样，在鬼神迷信问题上，王安石虽有反对封建世俗迷信的一面，但态度是不明朗的，他思想上并未弄清鬼神之有无，只是含糊其辞，模棱两可，他在鬼神问题上还不是真正的无神论。

王安石罢相退居江宁后的十年，基本上过着田园隐居生活，思想上悲观消沉，不再议论国家大事。由于他变法失败，自己的政治抱负不能实现，加上国家的内忧外患，内心充满着痛苦与悲愤，但又无法排遣，于是向佛教寻求解脱。他自作《望江南归依三宝赞》，表示“愿我遍游诸佛土”，“愿我六根常寂静”（《临川先生文集》卷三十七），向往佛教所谓的极乐世界。他已把人间的沧桑看做是梦幻，认为自己的坎坷经历是做了一场大梦，能够结束梦境的，只有皈依于佛教。所谓“能了诸缘如梦事，世间唯有妙莲花。”（《临川先生文集》卷三十一，《再次前韵》）因此，他经常往来于佛教寺院与高僧之间，除了读书写诗文外，多沉醉在说佛味禅的寂静生活中。这时的王安石，与当年“敢当天下大事”（《宋史》卷三百三十四，《萧注传》所载萧注评王安石语）的改革家王安石已判若两人。同时，也从战斗的无神论滑向了宗教有神论。然而谈“命”说佛的“瑕”，终究遮挡不住“天变不足畏”这块“瑜”的光彩。

第五章　沈括和郑樵

第一节　沈括对神学迷信的批判

沈括，字存中，杭州钱塘（今浙江杭州）人。生于宋仁宗天圣九年（1031年），卒于宋哲宗绍圣二年（1095年）。祖辈本是“寒门”，父亲做过多年的地方官吏。他在青年时也历任过几个地方的县令。自仁宗时举进士以后，沈括日益显露出他的卓越才干和远大抱负。熙宁元年（1069年），宋神宗起用王安石推行新法，沈括很快被任为检正中书刑房公事，成为变法派的重要成员。“朝廷新政，规划巨细，括莫不预。”（《续资治通鉴长篇》卷二八三）他还奉诏使辽，知延州，抗击西夏，在外交上和军事上取得了重要的胜利，官至龙图阁直学士。由于变法失败，沈括政治上接连受到旧党严重的打击。晚年居润州（今江苏镇江），筑梦溪园，潜心于科学研究，根据毕生见闻和长期研究的心得，终于撰成《梦溪笔谈》。此外，现存还有《苏沈良方》、《长兴集》等著作。

今本《梦溪笔谈》三十卷，包括《补笔谈》三卷和《续笔谈》一卷，共分十七个类目，609条，记录了我国劳动人民的许多创造，反映了我国当时科学技术的最新成就，在天文、历法、气象、地质、数学、物理、医学、技术方面都有自己的特殊贡献。其中《乐律》、《象数》、《神奇》、《谬误》、《人事》等类目，比较集中地反映了沈括的无神论思想。

科学同宗教神学在本质上是对立的，是水火不相容的。但并非任何科学家和具有科学知识的人，都是当然的无神论者。历史上就曾有过不少人利用歪曲科学知识的手法来宣扬有神论。沈括反对有神论，批判宗教神学迷信的特色，就在于他能比较自觉地以自然科学知识为武器利用科学知识揭露神学的虚妄和迷信的无知。

一　天象变化“不难为知”

天即神，而且是最高的人格神，这是神学对天的传统的说教。可是，在沈括看来，天没有任何神秘的地方。天不过是自然的一部分，不过是一种“气”。对于中国古代朴素唯物主义的“气”这一概念，他还从物理、化学的角度，进一步作了比较科学的说明：“如细研硫黄、朱砂、乳石之类，凡能飞走融结者，皆随真气洞达肌骨，犹如天地之气，贯穿金石土木，曾无留碍。”（《笔谈》卷二十六）这是说，“气”可以到处“飞走”，又可以“融结”为有形之物，实际上把“气”看作万物的本原。所以他说：“阴阳消长，万物生杀变化之节，皆主于气而已。”（《补笔谈》卷二）由此去考察各种天象，他坚信日月星辰的运动都有规律可循，并非神秘莫测。

沈括指出，“五星之行有疾舒，日、月之交有见匿”。其“疾舒”、“见匿”，人们都是可以把握的。根据地球绕太阳运行一周约365.25日，我国古代天文学家早就把周天分为365度，即太阳日行一度。这样，日月五星的运行便可在仪器上显示出来。“度在器，则日月五星可抟乎器中，而天无所豫也。天无所豫，则在天者不为难知也”（《宋史》卷四十八，引沈括《浑仪议》）。由于人们有了科学的天文仪器，推算预测天象也是不难的。例如，日食月食，世俗迷信认为是“天狗”所吃，封建神学宣扬是“上天示谴”，预示着某种不吉利的事情就要到来，沈括则以为是日月在运行中由于相互陵掩所造成的，人们完全可以根据黄道和月道交点的远近来进行推算预测。他说：“黄道与月道，如二环相叠而小差。凡日月同在一度相遇，则日为之蚀；正一度相对，则月为之亏”。不过，由于黄道、月道两个圆形轨道并不完全在一个平面上（“相叠而小差”），有时虽同在一度，并不生食，只有同度而又接近黄道，月道交接点时，“日月相值，乃相陵掩，正当其交处则蚀。”（同上）这种比较精确的论证，对封建神学和世俗迷信是一个有力的打击。

宋神宗庆历年间，有一个姓李的术士，被荆王赵頵收在门下。恰好太史说当天黄昏有月食。李自云：“有术可禳。”荆王让他试一试，果然当夜未见月食。荆王惊奇地问他怎么回事，术士说，他“本善历术”，知道当时的崇天历把食限范围规定得太宽，因而预料月食的时间偏早，正确的时间应在晚一些时候。因此，他故意“假禳桧以劫朝廷耳”（《笔谈》卷七）。沈括在《笔谈》中详细地记录了这件事情的始末，既是对所谓“禳桧之术”的揭露，又说明“善历术”即可准确地预测日食、月食的时间。

神学家胡说寒暑风雨是天意的表现，沈括又根据他对“气”之阴阳变化的考察，针锋相对地提出：“天地之变、寒暑风雨、水旱螟蝗，率皆有法”（同上）。“法”即法则也，即所谓“阳顺阴逆之理”，“得之自然，非意之所配也”（同上），根本不是什么天意的安排。《笔谈》还记载：“熙宁中，京师久旱，祈祷备至，连日重阴，人谓必雨。”可是，“一日骤晴，炎日赫然。”沈括因事入朝，神宗问他什么时候会下雨，他说：“雨候已见，期在明日。”人们都以为“频日晦溽（阴湿），尚且不雨，如此暘燥，岂复有望?”这对于祈祷者简直不可思议。然而，第二天，果然下了一场大雨。沈括的预测不是靠求神祈祷，而是靠气象科学。他认为五行六气之运，“其造微之妙，间不容发。据此而术，自臻至理”。因此，“是知其必雨”。（同上）这是科学对迷信的胜利。

神学家还把雷电、陨石说得神乎其神。沈括承认这些现象奇异，但没有附和所谓“上天降灾”的说法，而是如实地记载这些现象，并归于自然的一种变化。

二　海陆变化非自神意

神学家既讲天神，又讲地祇，似乎一切地貌、地质、地理的变化，也是由神意所支配。正如对天象的态度一样，沈括对海陆变迁也是诉诸理性，求之物理。

他在延州永宁地下发现“竹笋一林，凡数百茎，根干相连，悉化为石”，并未由此附会祥瑞、揣测天意，而是根据古生物化石，看到了延州古今气候地貌的变迁。他说：“延郡素无竹，此入在数尺土下，不知其何代物；无乃旷古以前，地卑气湿而宜竹邪?”他认为延州在上古可能地势低下而气候湿润，因而适宜竹子的生长（《笔谈》卷二十）。

他又记述，他在太行山山崖之间发现，“往往（有）衔螺蚌及石子如鸟卵者，横亘石壁如带。此乃昔之海滨，今东距海已近千里。所谓大陆者，皆浊泥所湮耳。”（《笔谈》卷二十四）这是根据太行山地层海洋生物的遗迹，说明华北大陆形成的原因和过程。

他在分析山西雁荡山山峰突出拔峭时还说：“予观雁荡诸峰，皆拔峭险怪，上耸千尺，穹崖巨谷，不类他山，皆包在诸谷中。自岭外望之，都无所见；至谷中，则森然干霄。原其理，当是为谷中大水冲激，沙土尽去。惟巨石岿然挺立耳。”（同上）这是以侵蚀作用说明地球表面冲击与沉积的变化。

沈括特别强调，“大凡物理有常有变”（《笔谈》卷七）。对于山崩地震，人们往往觉得神奇而恐惧。他则说：“山崩地震，埃昏时作，此谓之太过。”即属于自然本身的一种特殊变化。他曾记述登州常常发生地震说：“登州巨嵎山下临大海。其山有时震动。山之大石，皆颓入海中，如此已五十余年，土人皆以为常，莫知所谓。”（《笔谈》卷二十一）“皆以为常，莫知所谓”，就是说，人们已经习以为常，谁也不认为是上天谴告或地祇发怒。

三 占卜吉凶是骗人之术

占卜迷信，由来已久。历代无神论者都不同程度地进行过揭露批判。唐初吕才著《叙宅经》、《叙禄命》、《叙葬书》，认为卜宅、算命、卜葬，其“卜术”皆“无验”。沈括说：“（卜）术之不可恃，信然。”对吕才的观点作了明确的肯定。吕才还讲过，人们的姓，或因官而得之，或因邑族而得之，卜宅者按姓氏语音分什么宫、商、角、徵、羽进行相配，根本没有道理。这一点，沈括也认为讲得对。他以姓“敬”者为例指出，从前姓“敬”的为了避讳，有时改姓为“苟”，有时改姓为“文”。从文字上看，“苟”、“文”同“敬”都没有内在联系。“敬”字左边从“苟”、音“丞”，右边从“餐”，不从“文”。现在把“敬”字说成“苟”字或“文”字，按五音又怎么分、怎么配？（《笔谈》卷八）

与沈括同时，朱翌在他的《猗觉寮杂记》（卷下）中，也批驳了阴阳家卜宅以姓氏配五音的把戏。他的批驳比吕才有发展，比沈括更生动。朱翌指出，中国最古的姓氏，“其本不过于姚、姒、姬、妫、嬴之类，后世子孙何尝知所本？”后世有赐姓的，有冒姓的、有复姓（如欧阳）的，有三字姓（如候莫陈）的，还有收养他人之子或收养弃子的，“如此类甚多，安得一一协五音哉？泥之则可笑”。另外，有人先后变姓，更“不知五音如何相配也”。

《笔谈》还记载，京师有卖卜者，根据人们的利欲心理进行占卜，可谓骗钱有术。如果是欲求眼前的利益，凡有人问，他都说“必得”。由于人们都“乐得所欲”，所以“兢往问之”。如果欲求日后的利益，凡有人问，他一般都说“不得”，结果得下卦者常十分之七，人们还说他“术精而言直”。这位卖卜者因此著名，骗了不少钱（参看《笔谈》卷二十二）。沈括把此归于“谬误”一类，希望人们觉悟而摒弃。

沈括作为一个杰出的科学家，他的许多见解和成就，在当时世界上处于遥遥领先的地位。如天文学上的“十二气历”，数学中的隙积术和会圆术，物理学中磁偏角的发现，化学中的胆水炼铜法和石油完名、综合利用等，像颗颗珍珠镶嵌在人类科学史上。这些超出前人的杰出成就，使他在自然科学的许多领域内，为无神论提供了坚实的立足点。但就无神论本身来说，沈括的许多观点往往是就事论事，缺乏理论上的说明和对有神论的批驳。在他的有些论述中，还夹杂着若干神秘主义、宿命论的糟粕。如他相信象数，认为某些占卜有神妙的东西，这就给有神论保留了一定的地盘。沈括无神论的贡献和局限说明，在人们已经能够认识和把握的领域内，人们就能够摆脱神学迷信的束缚，走向无神论。反过来，在人们尚未认识和尚不能把握的领域内，神学迷信则仍在继续活动。沈括尽管代表了那个时代科学的最高成就，但当时的科学水平仍不能说明大自然的许多秘密。因此，沈括无神论的局限性，是时代所不可避免的。

第二节　郑樵对“欺天之学”的批判

郑樵，字渔仲，福建兴化军莆田县人。生于宋徽宗崇宁元年（1102年），卒于宋高宗绍兴三十一年（1161年）。他自幼即立志穷究六经、贯通百家。因此，他不参加当时的科举考试，专心致志，在夹漈山读书、著述、讲学二、三十年。故人称夹漈先生。据《宋史》本传说，他“好读书，不为文章，自负不下刘向、扬雄”，学识非常渊博，除六经、礼乐而外，诸为天文、地理、语文、文学，以及职官，选举，刑法、食货、艺文、校雠、图谱、金石、灾祥、昆虫草木等学无不研究。南宋绍兴二十七年（1157年），经工部侍郎王伦推荐，见宋高宗，授右迪功郎、礼兵部架阁。后返家编纂整理《通志》。书成，改任枢密院编修官。现存著作除《通志》外，还有《夹漈遗稿》三卷、《尔雅注》三卷。

《通志》共二百卷，其编纂体例、宏伟规模和百科全书式的内容，在中国史学史上占有重要地位，它继承了《史记》、《史通》以来中国史学中无神论的优秀传统，对传统史学中的神学史观和神秘主义进行了有力的批判。

郑樵在《通志》中直言不讳地指出，在历代史学中，欺惑后世的“妖妄之说”主要有两种：“一种妄学，务以欺人；一种妖学，务以欺天”（《通志·灾祥略·灾祥序》）。所谓“欺人之学”，是指“尽推己意而诬以圣人之意”；所谓“欺天之学”，是指后世一些史传把《尚书·洪范》的五行说神秘化，并附会以纬书而宣扬天人感应。“析天下灾祥之变，而推之于金、木、水、火、土之域，乃以事之吉凶而曲为之配”（同上）。郑樵对“欺天之学”的批判，贯穿于《通志》全书，凡是歪曲天象变化而附全人事吉凶的，他一概斥之为“欺天”，力求恢复天的自然本质。这一方面，集中地反映了他的无神论思想。

一　“占候”乃“妖妄”之说

中国古代的天文学原同星占学纠缠在一起。天文学观测星象的变化，属于科学。星占学以天象变化附会人事，属于迷信。郑樵认为，天文学的出现和发展，是由于人民生产和生活的需要。“民事必本于时，时序必本于天”，研究天文，目的就是要“知天”。（《通志·总序》）而星占学则是以“欺天”而“欺人”。他说：

> 尧命羲和……揭星鸟，星火、星虚，星昴之象以示人，使人知二至（冬至、夏至）、二分（春分、秋分），以行四时。不幸而占候之说起，持吉凶以惑人，纷纷然务为妖妄，是以刑网禁之。（《通志·天文略·天文序》）

郑樵所讲的“占候”，也就是以星占人的星占。作为史学家，他首先从历史上揭穿了这种学说的“妖妄”。根据他的考察，“占候之学，起于春秋战国，其时所谓精于此道者，梓慎、裨灶之徒耳。后世之言天者，不能及也”（同上）。那么，梓慎、裨灶占候的结果到底如何呢？裨灶曾根据一次彗星预言，郑国将发生火灾。第一次预言应验了。第二次他又说，如果不用宝玉禳祭，郑国还要发生火灾，子产不理这一套，坚持不禳祭，郑国并没有再次发生火灾。梓慎根据一次日食，曾预言鲁国将发生火灾。昭子则根据阴阳之理推断是旱不是涝，结果梓慎的预言没有应验，倒是昭子说对了。从这些事实来看，占候家的预言“或中或否”，怎么能据以论吉凶呢？郑樵根据子产的态度还指出，“言而中者，亦可不听，况于不中者乎！”（同上）“言而中者”是偶然的应验，所以不听；“言而不中”，牛头不对马嘴，更不能听。郑樵坚决反对把天象变化同人事吉凶硬扯在一起，他公开提出：“臣之所作天文书，正欲学者识垂象以授民之意，而杜绝其妖妄之源焉。”（同上）这表明，他不但要同“占候之说”划清界限，而且以杜绝这种“妖妄”之说为己任。

为了消除占候之说在天文学中的影响，郑樵在作《天文略》的时候，取材非常严谨审慎，例如，他“不取甘石本经”，认为它“惑人以妖妄”（《通志·总序》）。战国时期，楚人甘公作《天文星占》八卷，魏人石申作《天文》八卷，对日月五星及二十八宿的观测和认识，有重要的科学价值，但是，其中浓厚的星占学的成分，对后世的确产生了不良的影响。与此相反，郑樵对隋朝隐者丹元子所作的《步天歌》却非常推崇。因为《步天歌》“不言休祥，是深知天者”（《通志·天文略·天文序》）。“不言休祥”，就是不以天象附会人事。郑樵指出，《汉书》、《晋书》的“天文志”之“不可以得天文者”，也主要是因为其中混杂了很多“灾祥”之说。因此，他的《天文略》才以《步天歌》为本：

二　“灾祥”不可以论兴衰

灾祥之说，起于先秦。西汉董仲舒在他的封建神学体系中，进一步把它神秘化、理论化、系统化。在这种思潮影响下，班固《汉书》立“五行志”。此后历代史书即陈陈相因。如《宋书》有“符瑞志”，《齐书》有“祥瑞志”，《魏书》有“灵征志”等。郑樵极其鄙视旧史当中这种神秘主义的传统。他申明：“今作《灾祥略》，专以记实迹，削去五行相应之说，所以绝其妖。”（《代通志·灾祥略·灾祥序》）刘知幾曾对《汉书·五行志》进行过尖锐的揭露和批判。郑樵进一步指出，“五行”诚然是“物之理”，但不能把它作一个僵死的凝固的模式到处乱套。他说：“万物之理不离五行，而五行之理其变无方。”（同上）比方，八卦中的“离”，本来代表火，但“离”中又有水，“坎”本来代表水，然“坎”中又有火。“五德终始”说周得木德，但却有“赤鸟之祥”；说汉得火德，而又有“黄龙之瑞”。这些现象如何解释？难道帝王的“一视之远”，“一言之徐”，“一衣之偏”、“一冠之异”都关乎五行的相生相克吗？如果这样的话，那人主谁还敢说敢动！

郑樵还把所谓汉唐盛世和春秋乱世的灾祥作了一个比较。就日食说，春秋二百四十年，只有三十六次。唐二百年已超过百次。就地震说，春秋一共五次，而汉和平年间二十一天即一百二十四次。就山倾说，春秋一共两次，而汉文帝时一年间齐楚之山二十九座几乎同时坍塌。就水灾说，春秋一共八次，而东汉延平年间一月之中三十六个郡国都发生水灾……以灾祥论兴衰盛乱，从何谈起！

郑樵并不否认灾祥的存在，但他认为是一种自然现象，所谓“和气致祥，乖气致异”（同上），同人事无关。因此，他很赞同春秋时周天子内史叔兴的说法，“此阴阳之事，非吉凶所生”。如果硬要把自然灾祥同人间祸福扯在一起，那是非常愚蠢的。他既气愤而又遗憾地质问：

> 呜呼！天地之间，灾祥万种；人间祸福，冥不可知。奈何一虫之妖、一气之戾，而一一质之以为祸福之应？其愚甚矣！（《通志·灾祥略·灾祥序》）

大量的历史事实说明，灾祥并不是由人事引起的，人事的吉凶也不都是灾祥引起的。郑樵由此得出一个重要的结论：“国不可以灾祥论兴衰”，“家不可以变怪论休咎”（同上）。

郑樵的无神论同郑樵的史学是密切相连的。由于他具有丰富的历史知识，因而他对“欺天之学”的批判显得非常有力。但是，关于“欺天之学”的历史根源和社会影响，似又注意不够。相应地，整个理论的深度也显得不够。

第六章　储泳

储泳，宋代人，生卒事迹不祥，字文卿，号华谷，侨居松江华亭（即今江苏太仓）。他工于吟咏，擅长诗文，杂著甚多。著有诗集、《易说》、《老子注》、《阴符经注》和《祛疑说》等。现除《祛疑说》、《阴符经注》行世外，其他大多散佚不传，或偶见引于他人之书。储泳的思想曾经历前后两个不同的阶段，前期笃信阴阳术数迷信，后期则能自觉地转到无神论立场对术数迷信加以揭露和批判。从前期到后期，中间经历了一个摆脱术数迷信束缚并与其决裂的斗争过程。《祛疑说》是储泳后期的作品。储泳在书中以大量的事实和亲身见闻，揭露了方术迷信的虚妄本质与方士的欺人手法。全书写得通俗具体，具有真实性和批判性，是一部反对神学迷信、宣传无神论思想的专著。因此前人评论说："是书（指《祛疑说》）以平生（指储泳）笃好术数，久而尽知其情伪，因作此以辨之。"（《四库全书提要》）《祛疑说》共三十五篇，除少量几篇谈论医学、技艺、天文等外，其余都是对各类神学迷信、术数方伎的辨析与批判。根据它的内容，我们可以说《祛疑说》不仅是一部反迷信的专著，而且主要是一部以反对阴阳五行说与道教方术为主的著作。前人评论说："其言皆平易切实，足以警醒世俗。"（《四库全书提要》）可见，《祛疑说》在中国古代无神论史上是有重要价值的，它为后人提供了两宋时期无神论反对方术迷信斗争的宝贵资料。

第一节　储泳的生死观与鬼神观

储泳把生死、鬼神归结为"天地自然之道"，其理论依据是朴素的元气生化论。

对于生死，储泳把它看成是一种"自然而然"的自然现象，并对此作了详细的论述，他说：

两仪立天地之体，一气妙阴阳之用，一阖一辟之间，阳生阴杀，贯乎万有。受其正气则为人，冗杂之气为异类。莫不有雌雄焉，原其受气之初，辟气为男，阖气为女。一阖一辟，男女攸分，道藏所载，以龙吟虎啸；不后不先，为结胎之始，以精血相包。处内处外，定男女之像，是则是矣，殊不知所以使之然者，盖有自然而然者矣。使之然者，其动静阖辟之机乎。人之生也以此，及其死也亦然。某日而死，则受某日之杀气，此理盖行乎其中而不可见者也。(《祛疑说·论男女之分生杀之炁》，下引此书只注篇名)

在这里，储泳把生死看作是一种受气支配的自然现象。他认为：人在受气之时，得到辟气就为男，得到了阖气就为女。得了气就生，得到了“肃杀之气”就死。生死是一种自然现象，并不神秘。造成生死这一现象的直接原因，则是由于气有动静阖辟、阳生阴杀的特性。所谓动静阖辟、阳生阴杀，是指气的运动变化。储泳把气分为阴阳，认为阴阳之气是处在一阖一辟不断的运动变化之中，气的这种阴阳阖辟的运动变化，就是万物消长生灭的直接原因。“一气运化，万物莫逃，人亦天地之一物，岂能独立于阴阳之外哉?”(《辨身壬法》)人是气所形成的万物中的一物，人的生死必然也受气的这种阴阳阖辟变化性质的制约。储泳用气的动静阖辟的运动来说明人的生死是一种“自然而然”的自然现象，实际上是用事物自身的原因来说明事物自身的生死变化，是对生死问题上的鬼神迷信和生死有命观点的否定。

在此基础上，储泳对阴阳家作了批判。阴阳家总把生死看得十分神秘，他们不承认生死是一种自然现象，而认为是被冥冥之中的凶神所主宰。这个凶神称为“煞”。煞，凶神也。所以古代有“八煞”之说，古书中早有记载。如《颜氏家训·风操》说：“偏旁之书，死有归煞，子孙逃窜，莫敢在家，画瓦书符，作诸压胜。丧出之日，门前然火，户外列灰，祓送家鬼。”由于认为煞是主宰人死生的凶神，人人害怕遇之，变成家有人死，子孙必然外逃，以避煞神，此俗在当时颇为流行。储泳反对这种说法，认为阴阳家所说的这煞那煞不可信，他说；“阴阳家所载，有雌煞，有雄煞，有出有不出焉，其说似不可信。”(《辨身壬法》)肯定人的生死与煞无关。

对于鬼神，储泳的观点与当时世俗迷信中所说的也有质的区别。他不把鬼神看做人死之后的所谓鬼魂，而是把它看做阴阳二气在运动过程中的一种屈伸变化。他说：

> 神者，天之阳精；鬼者，地之阴气。阴阳者，天地之妙用；鬼神者，阴阳之变化。(《鬼神之理》)

那么，“阴阳之变化”又究竟指什么呢？储泳作了进一步的说明。他说：

> 二气运行，本无形迹可见，固不可谓之有。及其机微之积，错揉之变，则风霆流形，妖袄示象，此天地之鬼神。(同上)
>
> 鬼神者，阴阳之粹精也，依气而聚散。气者，形之始也。气聚则显然成象，气散则泯然无迹。(同上)
>
> 夫鬼神者，本无形迹之可见，声臭之可求，谓之有则不可。至于寒暑代谢，日星之运动，雷电风雨之倏变倏化，非鬼神之显著者乎？(同上)

所以，他的结论是：

> 鬼神者，阴阳显著之名耳。(同上)

很清楚，储泳所说的鬼神，指的是风雨雷霆的变化、日月星辰的运行、春夏秋冬的代谢等自然现象。而这些现象都不过是阴阳二气的屈伸变化所造成的各种既能看到，又能听到的具体现象。在一般情况下，阴阳二气是“幽深寥阒，沦寂无声，视之不见，听之不闻者”，这就叫做“推本则无也”(《鬼神之理》)。而阴阳二气在经过屈伸变化的运动，化作风雨雷霆、日月星辰、四时代谢等现象之后，人们也就能够看到、听到，即所谓“或见光景，或闻音声，如在其上，如在左右者，气感而有也”(同上)。而鬼神呢，正是这种“或见光景”“气感而有”的名称罢了。储泳所说的鬼神，就是这种由阴阳二气变化所产生的各种能够被人们看到、听到的自然现象。这和当时迷信中所说的鬼神是截然不同的。储泳“鬼神者，阴阳显著之名耳”的思想，不同于《周易》“精气为物，游魂为变，是故知鬼神之情状”的观点，而与张载“鬼神者，二气之良能也”的命题相一致。因为储、张都不把鬼神看做迷信中所讲的鬼魂神灵，而把它看成是阴阳二气的屈伸变化和由这种屈伸变化所产生的各种自然现象。所以说“鬼神者，阴阳显著之名耳”，是对世俗鬼神迷信的直接否定，也是对人死为鬼、人死灵魂不灭佛教迷信的批判。

第二节 论道教方术“非药则术”

道教起于东汉。它宣扬的长生不死、驱病除灾等都是人们十分关心的人生大事，所以从它产生之时起，就广为人们所注意。加上方士们的种种编造与伪装，便长期在社会上广泛流传。正是这个原因，使我们对储泳为什么会在早年误入方术歧途的现象也就比较容易理解了。这说明：一个正确的认识，需要经过对谬误剥除的过程。只有当遮蔽真理的谬误被剥除之后，真理性的认识才能呈现在面前。储泳走过的道路正好说明了这一点，他反对方术迷信的思想，就是在剥除迷信谬误之后才产生出来的。

储泳对道教方术的批判主要在以下两个方面。

首先，他指出一切方术迷信都不过是“非药则术”的把戏。方士们所说的什么“咒枣烟起”，什么“燃香召雷神”等等，都是他们玩弄的骗术。

其一，对所谓“咒枣烟起”、“咒枣自焦”的揭露：

> 旧闻咒枣而烟起，或咒而枣焦者，心虽知其术，不知其所以为术也。后因叩之道师，乃知枣之烟者，藏药于枣，托明以咒，捻之则药如烟起。其枣之焦者，藏镜于顶，感召阳精，举枣就镜，顷之自焦。（《咒枣烟起、咒枣自焦》）

原来，“咒枣烟起”是方士们用易燃之物（如硫磺之类）暗藏在枣中，用手揉搓，产生热量，引起燃烧，放出浓烟。所谓“咒枣自焦”，不过是方士们用镜聚光灼焦枣皮而已。所以储泳批判说：“是知奇怪之事，非药则术，不足多也。”（同上）“非药则术”之论，可说是一针见血地揭穿了方术迷信虚妄的本质。

其二，对所谓“咒水自沸”，“移景法”的揭露：

> 正法出于自然，故感应亦广大，邪法出于人为，故乡可喜之术。余旧见咒水者，不施药物，立使腾沸。始甚奇之，及得其说，乃以猪囊藏袖中，用手法助之耳。如移景之法，类多仿佛，惟一法

如烈日中影，人无不见，视诸家移景之法特异。及得其说，乃隐象于镜，设灯于傍，灯镜交辉，传影于纸。（《咒水自沸移景法》）

这不过是借用手法和光学投射的道理以成其诈，所以储泳批判说："此术近多施之摄召，良可笑也。"（同上）

其三，对所谓"烧香召雷神"、"钱入水即化"的揭露：

向有行雷法者，以夜游、艾纳数药合而为香，每烧则烟聚炉上，人身鸟翼，恍如雷神，所至敬向，不知其为药术也。（《烧香召雷神、钱入水即化》）

"烧香召雷神"是方士们利用夜游，艾纳等草药所制成的香，点燃后烟不易扩散的特性罢了。所以储泳的结论是"师巫多挟术以欺世"。又如；

向见一女巫，应有祈祷，必纳香钱，使自投于净盂中，随即不见，人多神之。后得其术，乃用荸荠、水银、杂草药数种，埋之地中，七七药成。每密投小许水中，钱入即化。（《烧香召雷神、钱入水即化》）

这也不过是以药欺众、诡称奇妙而已。所以储泳说它是"挟邪术，托鬼神，以欺世。"（同上）

其四，对"请封书仙"的揭露：

降笔之法甚多，封书降笔者最异。其封愈多而牢，其拆愈易而疾，惑而信者多矣。不动全封，可随意而书写，或以天麻子油书之，不见其迹，此实鬼拆书之术耳。（《请封书仙》）

所谓"书仙"，即和新中国成立前那些搞迷信活动的人一样，用明矾水事先把字写好，干后不露任何痕迹。需要用时，放在水中一泡，字迹就清楚地呈现出来。旁人不知底细，看到这种现象误以为真。所以储泳说它是"挟此资身"，以此骗取钱财。

其五，对所谓"呼鼠"、"祛蚊"咒法的揭露：

> 自幼爱接道友，有一人能呼鼠群聚，久之遣去，亦能祛蚊。自谓以法追禁，始亦疑之。久相与处，察其动静，悉非咒法。每欲呼鼠，必先期收市狼粪、黑犬皮之类。惟祛蚊之术不可知。一夜醉寝，取其箧中香末试烧，蚊悉远去。但不知其用药，然正作荷花香。来日叩之，微笑不答，想亦荷花之须耳。(《呼鼠祛蚊》)

此亦不过是投鼠之所好，使之聚集，取蚊之所恶，使蚊远避，犹今之蚊香祛蚊而已，并非真有什么咒法。

如此种种，不一一列举。

在储泳看来，方士们口口声声讲的神奇妙迹，尽管千奇百怪、各色各样，但是变来变去，却万变不离其宗，他们不是以手法骗人，就是以药唬人，或者是二者兼而用之。一句话，都不过是“非药则术”的把戏而已。他们使用某些药物，要弄某些手法，假借咒符，诡称神奇，以托鬼神，用来混淆视听，“愚世骇俗，耸动见闻”（《咒水自沸、移景法》），以达到“挟此资身”的目的。储泳以自己耳闻目睹的亲身感受，把方士们挟邪欺世的骗人行径一一加以揭露，这不仅说明了方术迷信的虚妄，而且也批判了方士们利用方术迷信达到资身肥己的卑劣行径。这种以亲身见闻来揭露道术的虚妄，在当时对于警醒世俗，破除方术迷信是有重要意义的。

其次，储泳对道家宣扬的金丹妙药、长生不死之说作了批判，在他看来，所谓金丹妙药，绝不像道士所宣扬的是长生不死之药。他认为：世间没有长生不老之药，也绝无长寿不死之人。所谓服食丹药，可以永劫长存，升天成仙的说法，完全是方士们的一派胡诌。储泳从医学的角度对丹药作了具体分析。他承认，有些药物有药用价值，但否定丹药能使人长生不死。他说：“朱砂体阳而性阴，故外色丹而中含真汞也。用运志、龙齿之类煅之，则可以养心；用枸杞、地黄之类，则可以补肾；用南星、川乌之类，则可以驱风；用胡桃、破故纸之类，则可以治腰肾；以川椒、厚朴之类，则可以实脾气。”（《煅朱砂说》）这就是说，丹药种类很多，药性不一。医学上对症下药，合理使用，可以起到治病去疾、恢复健康的作用，但绝不能“轻身不老。”

他对迷恋丹药的人也作了批判，说他们是从“冀其补助”开始，直到害己告终。他说：

金石伏火丹药，有嗜欲者率多服之，冀其补助，盖方书述其功效，必曰益寿延年，轻身不老。执泥此说，服之无疑，不知其为害也。（《服丹药》）

这是为什么呢？因为：

彼嗜欲者，水竭于下，火炎于上，复助以丹，火烈水枯，阴阳偏胜，精耗而不得聚，血竭而不得行，况复喜怒交攻，抱薪救火，发为消渴，凝为痈疽，或执或狂，百证俱见，此丹药之害也。（《服丹药》）

这说明，想用丹药来助长生，实在是抱薪救火，最后总是事与愿违，不仅不能"益寿延年，轻身不老"，反倒加速了自己的死亡。在历史上，上至帝王，下至平民，这类夭折枉死的例子是不胜枚举的。

储泳对道教方术迷信、丹药服食的批判，是他反迷信最主要的方面。他用事实去揭露方术迷信的虚妄，把方士们骗人的手法公之于众，这对打击方术迷信，整顿世俗，开导迷误起到了积极的作用。储泳自己也说，他之所以要把这些方术迷信揭露出来，目的就在于要使人们"断疑情，祛邪妄，一杂乱，返真常"（《邪正》），"以祛后来者之惑"（《烧香召雷神、钱入水即化》）。很清楚，储泳对方术迷信的斗争，表现了他关心社会、醇化世俗的一种积极态度，是值得称赞的。

第三节　储泳批判方术迷信的特点

储泳对生死鬼神和方术迷信的斗争是大胆而坚决的，特别是他用辨伪的方法揭露了术数迷信"非药则术"的虚妄本质，其揭露深刻，结论也是正确的。历史证明：用事实去揭露假象，用事实去拆穿荒谬，用事实去批判各种各样、形形色色骗人的伎俩，一句话，用事实去打开神学迷信为欺世盗名，迷惑世人所筑起的骗术围墙，对于打击各种神学迷信无疑是一种有效的方法。储泳在批判中正是采用了这个方法。加之他是从术数迷信的营垒中杀出来的，深知其内幕，不仅了解各种术数迷信（储泳称之为"知邪"），并熟知其奥秘及方士们的各种骗人手法（储泳称之为"知其所以为邪"），所以他的揭露就显得格外真实具体，批判深刻而切中要害。他对方士“叱剑斩鬼”的揭露就是其中生动的一例：

> 幼时尝闻一道士有斩鬼之法。每置剑空室中，以水濮之，叱其斩妖，对众封闭，来日启之，流血满地。数年旅寓中得亲见此道士，既久闻名，厚加礼遇，而求其法，始甚珍秘，久之许传。乃示一草实，密以擦剑，含水大喷，经久视之，水皆血色，一见释然。（《叱剑斩鬼》）

对此，储泳批判说：

> 盖人之与鬼，阴阳一气耳。一气受形而为人，一气离形而为鬼。血因形而生，既不受形，何从有血？天下未有无形而有血者。君子可欺以方，难罔以非其道，惟达理者不受非道之欺。（同上）

在这里我们可以看到：储泳对道士行骗的行径，从他们使用的工具物品，到行骗的手法和过程，都作了惟妙惟肖的揭露，最后从理论上加以批判和阐述。说明“血因形而生”，而鬼既未受形，怎会有血？所谓“血色”，并非真是剑斩的“鬼血”，而是草实之浆溶于水所致。这样，道士“叱剑斩鬼”的老底就被揭穿了。人们在这一批判中不仅可以驱散道士们留下的疑团，而且可以擦亮眼睛，从中提高识别迷信的能力。前面讲到的他对“咒枣烟起”、“烧香召雷神”等骗术的批判，也都具有这样的特点。这一方法大大增强了批判的力量，使他对方术迷信的批判，获得了良好的社会效果。明末清初的思想家王夫之在批判旧学时曾提出要“入其垒，袭其辎，暴其恃，而见其瑕”（《老子衍序》）。即要深入到批判对象的内部，对它的一切作细致的研究，然后才有可能把它的谬误彻底暴露在公众之前加以批判与清算，这确是批判和打击谬误的有效方法。储泳以知情人的身份揭露术数迷信的荒谬，与王夫之自觉运用这个方法去批判，两者当然不能相提并论，但就其深入谬误内部揭露其荒谬性来说，两者却有异曲同工之妙，确能起到“暴其恃，而见其瑕”的作用。

储泳对方术迷信的斗争十分谨慎、严肃。例如，他认识到：对方术迷信的揭露，既有正本清源、匡正浊流的社会作用，但也有使某些人“知其邪而邪之”的危险。所以他在揭露时注意分寸，谨慎细心，严加防范，他说：

> 欺世之术，君子之未达者固多察之。察而知其所以为邪足矣。如知其邪而邪之，非上善之用心也。故余特叙其术之大概，而不言其全，正虑是也。(《知术》)

由此可见，其用心良苦矣！在那迷信盛行的时代，“知其邪而邪之”的现象是不足为怪的。但作为一个生活在八、九百年前的古人来说，他的这种认真严肃、一丝不苟的精神是十分可贵的。说明他对神学迷信的斗争是多么严谨，对自己所从事的无神论思想的宣传是多么忠诚！

储泳在批判神学迷信的同时，还比较注意探讨其产生和流行的根源。他提出了一些具有理论意义的思想命题，对提高中国古代无神论的理论水平有积极的贡献。例如，他明确提出：鬼神迷信是人们“浊乱自生”的一种“颠倒见解”(《邪正》)。他说：

> 人苟气宇清明，心神虚爽，鬼魅何从而入？惟其昏扰，浊乱自生，颠倒见解，故外邪客气乘之。然外邪客气，即我之颠倒见解而已，非外来也，由内不自正。(《邪正》)

实际上，这是储泳从认识论的角度来探究说明鬼神迷信产生的根源。在储泳看来，世间并无鬼魅。所谓鬼魅，只是人们“惟其昏扰，浊乱自生”的一种“颠倒见解”。这也就是说，鬼魅迷信是人们处在愚昧状态下的产物，是人们对外部世界感到无力认识，或对外界事物的各种复杂现象感到无力解释时所产生的一种错觉和误解。储泳这一认识，揭示了神学迷信产生的认识根源，具有一定的理论意义。

储泳对神学迷信产生和流行的社会历史根源也做了有益的摸索。他认为：神学迷信之所以能广泛流传与一部分人的肆意兜售是分不开的。这些人，有的“专于愚世骇俗，耸动见闻”(《咒水自沸》)，以吓唬平民；有的则公开“持将祭则灵之说，以愚后人，遂使后学一意祭赛，损物伤生，召引无依求食之鬼，日至月增，结成徒党”(《祭将号邪》)，实为称霸一方，以谋私利；有的则“挟邪术，托鬼神”，以“挟此资身”(《请封书仙》)，视鬼神迷信为搜括钱财的工具。上述种种，他们的出发点不尽相同，但是在客观上都是神学迷信得以传播和流行的社会基础。为了清除这个基础，储泳付出了辛勤的劳动，进行了勇敢的斗争。这在当时，对于清除神学迷信，匡正社会风俗是起了积极作用的。

但是储泳还不懂得：神学迷信作为封建制度的精神支柱，它的流行和传播固然与这些搞迷信活动的人分不开，然其根本原因，还在于得到了封建统治者的支持和庇护。对于这一点，储泳是没有看到的，也是不可能真正懂得的。尽管这样，储泳对神学迷信产生和流行的根源所作的探讨和分析，虽然是粗浅的表面的，但他为后人继续探索这一课题积累了许多有价值的资料，并提出了一些有启发性的思想命题，这是有益的，也是值得肯定的。

第七章　谢应芳

谢应芳，字子兰，号龟巢，生于元成宗元贞一年（1295 年），卒于明太祖洪武二十五年（1392 年），江苏武进人，祖籍开封。元明之际重要的无神论者。他自幼笃志好学，一生授徒讲学，曾被“浙江行省举为清献书院山长，不就。”（《武进阳湖县志》之二十五）元惠宗至正初，隐居白鹤溪，构室名“龟巢”，因以为号。尔后因战乱纷起，于至正十六年（1356 年）避地吴中（今江苏苏州一带），至洪武四年（1371 年）才返回家乡，在外漂泊流寓了十八年之久。他终生不仕，以笔墨谋生，过着清贫的生活。然一生致力于破除世俗迷信和反对佛教、道教的斗争。他“嫉夫异端邪说之诬民”（《辨惑编·序》），故以“力排邪异”为己任。著有《龟巢稿》与《辨惑编》等，《辨惑编》是一部无神论的专著，其中闪耀着无神论思想的光辉。

第一节　论人死无鬼，批判各种丧葬迷信

人死是否为鬼，这本是个古老的问题，是历代无神论者与有神论者长期斗争的重要问题。谢应芳认为，人的生死是一种自然现象。他说：“人之有生必有死”（《龟巢稿》卷之七，《示二子》），“生，人之始也；死，人之终也。”（《辨惑编》卷一，《生死》）把生死仅仅理解为人在时间上的开始与结束，剥除了世俗迷信涂在生死问题上的神秘性。其次，他以气的聚散说明人死无鬼。在谢应芳看来，世界上的事物都是由阴阳二气凝聚而成的。他说：

> 维二气之妙凝，播庶类于群生。（《龟巢稿》卷之一《斥鷃赋》）

群生都是阴阳二气组成的，作为群生之长的人类，也是由阴阳二气凝聚

而成的。气聚为生，气散为死。他赞成这样的观点："人之所生，精气聚也，人只有许多气，须是有个尽时，尽则魂气归于天，形魄归地而死矣。人将死时，热气上出，所谓魂升也；下体渐冷，所谓魄降也。"(《辨惑编》卷一，《生死》）这里说的魂气、形魄，就是指的阴阳二气。上升的魂气就是阳气，归于地的形魄就是阴气。阴阳二气这种聚散升降的往复运动，就构成了人的生死。人死之后除了气的升降消散之外，也就没有什么神灵，鬼魂的存在。由此谢应芳坚信人死不能为鬼而持无鬼论。他在给友人的诗中声称：

> 老我谁知己，端人最忆君。常持无鬼论，不作送穷文。(《龟巢稿》卷之四)

谢应芳还探讨了鬼神迷信在社会上广泛流行的原因。他认为，人们"往往贪生畏死，而为异端邪说之所惑"，假如人们真正懂得了"生顺死安"的道理，对鬼神迷信也就"可以无疑矣"（以上引文见《辨惑编》卷一)。所以谢应芳十分重视对"异端邪说"的批判，把这种批判看成是达到"端本澄源"、提高人们认识必不可少的过程。当时民间办丧事十分铺张迷信，不仅要居丧三年，而且还流行着请"羽士设醮"，以助死者冥福，或请和尚念经，以超度死者亡灵等一系列陋俗。对此，谢应芳批判说：

> 丧礼之废久矣。今流俗之弊有二，而废礼尤甚。其一，铺张祭仪，务为观美，甚者破家荡产，以侈声乐器玩之盛，视其亲之棺椁衣衾，反若余事也，其二，广集浮屠，大作佛事，甚者经旬逾月，以极斋羞布施之盛，顾其身之衰麻哭踊反若虚文也。(《辨惑编》卷二)

铺张祭仪、大作佛事是当时治丧中的两大弊病。在谢应芳看来，这是完全违背丧礼务在"哀敬"宗旨的。他认为：治丧不在铺张侈靡，而应以"哀敬"死者为本，对死者要表示出自己内心的真诚痛悼之情，而不是去追求外表的华饰好看。"祭仪之设"，也要根据自己的力量而行。在这里谢应芳强调的是"情"（即对死者的真实情感），而不是外表的"文"（即祭仪的繁文缛节)。至于"浮屠之事"（指为死者做佛事)，则视之为耻，表示坚决反对。所以他主张用恢复丧礼来革除这种弊病。

他自己以身作则，带头破除迷信。“家遭二丧，皆不用世俗所尚之礼。”（《龟巢稿》卷之十二，《与姜天定书》）

谢应芳主张“速葬”。认为人死之后要随死随埋。他说：“余之死欲速埋，素志也。”（《龟巢稿》卷之五）又恐死后儿孙不能遂其“素志”，特请二位友人做死后简葬的监护人，并赋诗写道：“要学刘伶死便埋，随行负锸欠舆台。萤生腐草光能几，蚁在南柯梦易回。一笑预言身后事，两贤聊共掌中杯，贫居何处堪铺席，流水窗前好绿苔。”（《龟巢稿》卷之九，《简汤道原、曹子寿》）充分体现了他反对丧葬迷信的坚决性。

谢应芳还反对择吉地而葬的风水迷信。他认为“择地以葬其亲，亦古者孝子慈孙之用心也”（《辨惑编》卷二）。认为子孙择地不是为了考虑自身及子孙的贵贱贫富、穷达寿夭，而是出于对死者的“哀敬”。然而后世不是这样，人们择地卜葬是出于对自身利益的考虑。造成古今这种区别的原因就在于被风水迷信所惑。

为了破除风水迷信，使世人免受其害，谢应芳提出“族葬”说。“族葬”，是古代以血缘为纽带的一种埋葬制。《周礼·春官·墓大夫》有“令国民族葬，而掌其禁令。”《注》云：“族葬，各从其亲。”相传古代墓地都由公家所给，同族合葬一处，不能变换。在谢应芳看来，采用族葬这种方法就可以使一门一族按辈分的大小和嫡庶长幼的名分固定在一块墓地上，世代相续，这样就可以把风水之害扫除干净。他说：“如是葬其亲以去其风水之惑，于名教岂小补哉？”（《龟巢稿》卷之十八，《跋族葬图》）

第二节　破淫祠，“息妖妄”

对于祭祀，谢应芳认为不是为了“徼福”，而是对先人功德的追念。因此他主张祭祀必须符合祭典，那些违反祭典、不该立祠供奉的而立祠供奉，就是淫祠；不该祭祀的而去祭祀，就是淫祀。他说：

> 先王祭法载诸礼，经曰：法施于民，曰：以劳定国，曰；以死勤事，曰；捍灾御患者，则祭之。非此之属，皆淫祠也。（《龟巢稿》卷之十八，《请除淫祠文》）

在这里，什么该祭，什么不该祭，谢应芳讲得很清楚。这一思想与那种

"妄意徼福，谄非其鬼，泛然以大号加封，紊杂祀典"（《辨惑编》附录《辨讹》）的淫祀是不同的。两者的区别，其一，祭祀是对那些为国家为人民的事业作过贡献的人的一种怀念，有追远尊先的意义，而淫祀则完全是为了取悦鬼神、祈祷神灵福佑的一种迷信；其二，祭祀以前贤为师表，使后人"由是而感发兴起，奋励激昂，风声气习，浑然俱化"，"以励风俗"（《龟巢稿》卷之十二，《上武进县樊大尹请置先贤祠书》），而淫祀只能导人为非，使为恶者认为"福可谄求而得，罪可妄祈而免"（《龟巢稿》卷之十八，《请除淫祠文》），变得恣意妄为、无所顾忌，这对社会风俗是无益的。所以谢应芳对淫祀的批判十分激烈。他用大量的事实揭露了淫祀的可笑。有一次他途经无锡，正遇州人出郭迎神，那些人"诡衣冠面，具为凶神丑状，旗旌鼓吹"（《辨惑编》卷一），丑状百出，把唐代张巡当作"疫疠之神"迎请。实际上，张巡是唐代开元进士，安史之乱时，起兵反抗安禄山，数获大胜。后在坚守睢阳的战斗中寡不敌众，被敌所执，死时大义凛然，视死如归，还发誓说，"臣生不能报陛下，死当为厉鬼以杀贼。"后人便把他作为"疫疠之神"来供奉，真是荒唐到了极点。对此，谢应芳批判说：

> 吁，公守睢阳，以兵尽力竭，不能殄大逆，忠义激烈，故有是言，岂为厉以害天下后世之人哉？彼泛言厉鬼者，固不足信，况诬忠荩乎？奈庸俗陋闻，转相煽惑……伤风败俗，莫甚于斯。（《辨惑编》卷一《淫祀》）

淫祀在当时是一个普遍现象。谢应芳指出：

> 今人况于祖先外，又招许多淫昏鬼神入来，家家事佛事神，是多少淫祀。孔子谓非其鬼而祭之谄也。今人之谄欲以求福，不知何福之有？（同上）

谢应芳从无神论的立场提出了"正讹传，息邪说"的口号，主张要废除这些"无根之谈，蛊惑人心，伤风败俗"的淫祀，要求"遵依乎法律撤去谬象"（以上引文见《辨惑编》附录《辨讹》）。他上书地方当局要求采取切实措施，对淫祠严加禁绝。他在《请除淫祠文》中说："钦惟圣朝更化之初，诏诰多方，淫祠有禁，革诸神大号之借称，断娼人烧香于祠庙，释道庵院不许擅立，况淫祠乎？"并说这是国家"洗陋俗之新条，息邪说之要道”（《龟巢稿》卷之十八）。只有禁绝淫祠和其他一切佛道庵院，才能扫除愚俗，使人们从淫祀迷信中解脱出来。

谢应芳对淫祠、淫祀产生的根源做了有益的探讨。他以江南为例，认为江南淫祠产生的根源有二：一是由于社会动乱不定，人们对现实生活感到绝望，于是转向对神的祈求，开了淫祠之风。他说，

> 夫江南淫祠，在唐为狄梁公尽毁，唐衰礼废，继以五季之乱，妄意徼福，谄非其鬼，泛然以大号加封，紊杂祀典，祠庙滋多，里巷间土地有祠，盖实启于此。（《辨惑编》附录《辨讹》）

江南淫祠滋多的第二个原因是由于人们认识的幼稚，从“农谷之功本乎地土”而循于“报本之意”。在《辨讹》中，他列举无锡梅村的“三姑”庙、“十姨”庙说：

> 郡城西南三十里曰梅村，庙称三姑，其初必日某姓三孤之官，后乃讹为三姑耳。夫孤次于公，即后世谓少师、小傅、少保是也。村甿巫祝之流，无知妄作，以孤为姑。又城之北东有称十姨者，必拾遗之讹。称雨淋者，必羽林也。夫以十姨为一妇人，以雨淋而不室处，是则可笑而已。

在谢应芳看来，所谓三姑、十姨，实际上都是音声相近而产生的讹传，把古代官名“三孤”讹为“三姑”，把“拾遗”讹传为“十姨”，塑像设庙，加以供奉，遂使得祠庙泛滥、淫祀成风。

> 既久，而世代变革承讹踵缪，至有可笑可怪而不可晓者。（同上）

谢应芳从社会历史和人们认识的幼稚性来解释淫祠、淫祀泛滥成灾的根源，这在当时不失为相当深刻的见解。这种批判和分析，有助于人们认识淫祠、淫祀的虚妄本质。

第三节 斥巫觋为“假龟策而售妖诞”

巫觋卜筮由来久远，在历史上虽常遭到批判，但仍历代递嬗、经久

不衰。对此，谢应芳旗帜鲜明地表示：“卜筮之说尚矣，予但嫉。”（《辨惑编》卷二）谢应芳认为，筮是巫觋们“假龟策以售妖诞之说”，“无足取信”。他说：

> 夫今之卜筮者，诬罔百世，与古相戾，无足取信。如占疾苟能断安危、决其吉凶可也。今必日某神祸之，某鬼祟之，祷则生，不则死。吁，何其卦兆之间灼见鬼神如是耶？其它妖妄大率如此，予之所以不信者，此也。（同上）

在谢应芳看来，卜笼本来是古人用来“断安危、决吉凶”的，但现在的巫觋不是这样。有的走街穿巷，“鸣罗鼓，树旗盖，仪从僭侈”，“以祸福惑人”（《龟巢稿》卷之八），有的则“垂簾居肆”，霸占一方，“以售妖诞之说”（《龟巢稿》卷之十四）。他们明为占卜问蓍，为人求福驱祸，治病除妖；暗为搜括钱财，“取粟布无算”（《龟巢稿》卷之八）。他们常常以“宗九师而异其传，吞三画以神其术”，自称能“探赜索隐”，得圣人秘传，实际是“去圣辽邈”，只是以“邪说害正，假祸福，托妖幻”，“以诬蓍蔡之灵”（《龟巢稿》卷之十八）。巫觋们信口开河，胡编乱造，“吐鄙俚之词，徼漫漶之福”（《辨惑编》卷二），以此来“煽惑愚俗”（《龟巢稿》卷之十二），以至一些有名望的“大夫、士亦信且惑焉”（《辨惑编》卷二）。

在巫风弥漫的情况下，当时有事不请师长，有病不求医治，而一切惟巫觋是听。即使被巫觋搞得倾家荡产也不知醒悟。对比，谢应芳揭露说：

> 迨其有疾，惟巫是听。必日某鬼某神祸之，祈禳百端，焫楮镪如内赂，然甚者破家荡产，且乞诸邻里亲戚而为之助。幸而愈，则欣欣然归德于巫；如其不幸，则日祷之或迟也，祀之之礼或未至也，鬼神怒而夺之也。（《辨惑编》附录《答陈先生祷疾书》）

病愈归德于巫，病死归咎于己，实在是巫觋们绝妙的护身符。他们凭借这个护身符，进能攻，退能守，到处行骗欺人。世人中毒太深，以至被欺受害之后还不能翻然悔悟。

谢应芳认为，人之疾病、生死，既非巫觋所能招致，也非巫觋所能驱除。人之疾病是“由于气之乖戾”（同上），即阴阳二气失调所致。

人在得疾之初，积极医治，则病轻而能愈：假如延误时机，则疾重而亡。并不是什么鬼神在作祟。

对于巫觋煽惑愚俗、危害社会的行为，谢应芳是坚决反对的。他说："予蚤岁见巫者，为亲戚祀神，吐鄙俚之词，徼漫漶之福，辄羞赧去之，既长即拒绝其人。虽见之，亦不为礼。"（《辨惑编》卷二）可见谢应芳在年少时就对巫觋十分鄙视，并随着年龄的增长，表现得愈为激烈。直到晚年，他还做诗写道：

> 龟巢老人貌不扬，触邪之性如神羊。生憎巫煽妖妄，疾视聃竺瀎纲常。（《龟巢稿》卷之八）

《龟巢稿》中有这样的一段记载，说一群巫妖敲锣打鼓来到村上"以祸福惑人"，结果被村民"挞而逐之"，使巫妖们狼狈不堪。当时谢应芳正卧病在床，听到这个消息高兴非常，乃做诗云：

> 梁公毁淫祠，真是霹雳手。胡公能打鬼，近代亦希有。区区《辨惑编》，或有蒙酱瓿。潦倒东家丘，忽尔发哮吼。老拳驱妖巫，拄杖挤木偶。西邻一壮夫，怒挺击群丑。捐袍偃旗盖，脱网兔疾走。时予病中间，病去什八九。（《龟巢稿》卷之八）

表达了他对妖巫的痛恨。

明代初年，巫觋煽惑愚俗，势欲复起。谢应芳即上书政府官员，希望"严加禁约"。他说：

> 恐革命以来，巫觋之流复以妖像混淆，煽惑愚俗，军民樵採或不知禁，更乞上陈督府，旁及郡县，请给榜文，严加禁约。（《龟巢稿》卷之十二）

谢应芳对巫祝的批判是坚决的，但对卜筮本身态度比较暧昧，尽管他在《辨惑编》中辑有历代思想家反卜筮的言论，他自己也讲过"今之卜筮者"，"无足取信"。但从总体讲，由于卜筮是古代圣人之法，他不仅不敢直接表示反对，有时甚至有意无意地承认卜筮可以"断安危，决吉凶"，承认有"蓍龟之灵"等等，这说明他的思想有软弱的一面。

对于时日和方位迷信，谢应芳也作了批判。在他看来，方位本是一种微不足道的小事，但由于“庸巫谬卜，从而神之”，搞得“禁忌百端，祈禳无已”，严重的甚至“毁垣撤屋”而“不能一朝居者”（以上引文见《辨惑编》卷三），其危害可想而知。

针对这一迷信，谢应芳在《辨惑编》中收录了反对方位禁忌的材料。其中一则说：“宋嘉祐中，将修东华门。太史曰：‘太岁在东，不可犯。’仁宗皇帝批其奏曰：‘东家之西，乃西家之东，而西家之东，乃东家之西。太岁果何在？其兴工勿忌’。”（同上）仁宗皇帝开明通达，明于理义，在“禁忌百端”的时代，能不被方位禁忌迷信所惑，确属难得。谢应芳辑录这类材料，就在于“爰述所闻，以牖愚俗”（《辨惑编》卷三），达到开导迷误，祛人愚惑的目的。

对于时日禁忌，谢应芳认为：人们做事行事，不必为时日之说所拘。他说：

> 夫内事用柔日，外事用刚日者，圣人顺阴阳之理，初不以死生、荣辱、贫贱、富贵之类，一皆系乎年月日时之吉凶，而使人拘拘焉择而用之。（同上）

谢应芳肯定人的生死、荣辱、贫贱、富贵与时日毫无关系，强调人们做事行事，首要的是应该“尽乎人事”而不是拘泥天时。他说：

> 尽乎人事而已，夫天时何足泥哉？（同上）

谢意芳用“重人事”、“轻天时”的积极思想反对时日禁忌。强调成事在人，不在时日。

第四节　论相法禄命“尤不足信”

相法和禄命，一个是以人的形状相貌来确定人的生死祸福；一个是以阴阳五行来推演人的生死吉凶。其实两者都是以命定论为依据的迷信。

谢应芳认为人的生死祸福不是由其形状、相貌决定的。他说：“若夫死生祸福，又岂言貌间所能尽邪。”（《辨惑编》卷三）

在他编撰的《辨惑编》中，辑录了历史上许多无神论者反对相术迷信的言论。其中特别辑录了那些揭露相术自相矛盾的材料，用来批判相术。例如：他引用胡铨的话说："世俗所谓骨相之至贵者，宜莫如秀眉重瞳、龙颜凤姿也。然尧秀眉，鲁僖、马卿亦秀眉。舜重瞳子，项羽、朱友敬亦重瞳子。汉高龙颜，嵇叔夜亦龙颜。文皇凤姿，李相国亦凤姿。然则鲁僖沐猴，可比尧舜？而嵇、李可拟汉祖、唐宗乎？"（同上）很显然，以上问题相术是回答不了的。实际上，社会上那些骨相"至贵"的人，不一定都有至贵的社会地位；骨相"至恶"的人也不一定都是贫贱夭死之人。他接着说："世俗所谓骨相之至恶者，宜莫如虎狼、蒙倛、鸢肩之相也。然尼父面如蒙倛，阳虎亦如蒙倛，窦将军鸢肩，马宾王亦鸢肩；杨食我熊虎之状，班定远亦燕颔虎头。然则虎可以比尼父，而宪之不臣可以比宾王之忠，食我之恶可以拟定远之勳乎？"（《辨惑编》卷三）这些问题同样是相术回答不了的。谢应芳收集了这类批判材料，以子之矛，戳子之盾，使相术迷信陷于自身的矛盾之中，从而说明相法的荒谬。

既然生死祸福不能以人的形状相貌来评判，那么凭什么来评判呢？在这里谢应芳提出了一个"观人"的方法。这个方法就是孔孟的方法。他说："愚尝谓圣贤亦自有观人之法，人特不察耳。孔子曰：'视其所以，观其所由，察其所安，人焉瘦哉'。孟子曰，'眸子不能掩其恶，胸中正则眸子瞭焉，胸中不正则眸子眊焉。听其言也，观其眸子，人焉瘦哉'。圣人观人如此而已。"（同上）在谢应芳看来，判别一个人的生死祸福，不是根据其形状相貌，而是根据其结交的朋友、平时的言行动作、品行高下和办事的公正与否。从广义讲，这也不失为是一个观人的方法。但如果说它是一个判别人的善恶好坏的方法似乎更为恰当。因为，在实际生活中，人的善恶好坏是和他的行为联系在一起的，根据他的行为就可以直接判断出他的善恶好坏，这在一定范围内是可以的。但是人的生死祸福，却不能以他行为的好坏来判断。这是因为二者并没有直接的因果关系。生活中善人不得善报，恶人不得恶报则是常有的事。在这里，谢应芳把孔孟判断人善恶好坏的方法，套用来判断人的生死祸福，这就不免有失偏颇。但他强调通过人的行为来判别人的生死祸福，比之相术以人的相貌形状来推断，二者是不同的。前者是方法的错误，后者则是一种神秘主义的命定论，是迷信。

对禄命迷信，谢应芳也持反对态度。他说：

昔之人，以阴阳五行推测禄命而知死生祸福，亦间有奇中者矣。论其拘泥，又不啻如相法焉。若今之泛泛售其术者，尤不足

信，知命君子何以惑为？（《辨惑编》卷三）

在这里，谢应芳一面承认其“间有奇中”，一面又说“尤不足信”，这是什么道理呢？看起来这似乎是矛盾的，但实际上并不矛盾。“奇中”是出于“多言”，“不足信”是出于它的虚妄。所以，“禄命之书，虽或臆中，何足信哉?”（同上）谢应芳认为，人的死生祸福决定于人自己的行为和生活环境。例如子路战死于卫，盆成括被杀于齐，并非决定于阴阳五行，而是子路“行行有不得其死之理”，盆成括“小有才，未闻君子之大道，有足以杀其躯之理”（同上）。虽然谢应芳并没有系统的唯物主义思想，但在批判禄命迷信时，却不自觉地作了唯物主义的解释，用无神论思想批判禄命迷信，得出了“知人之死生祸福，而非阴阳五行之术也”（同上）的结论。

第五节　斥“老庄仙佛”是“惑世尤甚”的“异端邪说”

佛、道二教源远流长，谢应芳对其作了猛烈的抨击，不仅直接斥为“异端”，而且把它看做是异端中危害最大的。他说：“古之为异端邪说者众矣，若老庄仙佛之流，自秦汉以来，惑世尤甚。”（《辨惑编》卷四）

由于封建统治者的支持，佛、道二教自魏晋以来广为流行。至元明之际，其宗教理论虽已衰微，其粗俗的迷信却深入民俗。当时活着的人有的迷恋于诵经念佛，有的追求长生不死。对于死者不是设斋求福，就是打醮去灾。用谢应芳的话说，即所谓今人于亲殁之后，“凡言好事者，非佛氏之斋，即老氏之醮，二端之外，余无用情，虽祭祀亦苟焉而已。此盖汩于习俗，不自知其非也”（《辨惑编》附录《与王氏诸友论斋醮书》）。严重破坏了社会风气。

谢应芳批判佛、道，主要在两个方面。

一是批判佛教的因果报应论和道教的神仙不死之说。

佛教提倡因果报应论，宣扬人们在世修行积善，死后可以不入地狱。实际上是没有征验的无稽之谈。他以梁武帝肖衍为例说：“佛氏以释迦为师，其书无斋设之谈也。至梁武帝信惑因果，俾命僧流为之。厥后亡灭宗国，饿死台城。”（《与王氏诸友论斋醮书》）历史上，梁武帝是一个以佞佛出名的皇帝，尽管他虔诚地信奉佛法，但是最后却遭到

“亡灭宗国、饿死台城”的可悲下场。佛并没有因为他信奉自己而给他一个好的报应。谢应芳由此得出结论说：“因果无足征矣。”（同上）因果不足信，人们也无须怕。并对不信因果的人大加称赞，说：

> 不为因果惑，真是丈夫雄。感激徒三叹，栖迟奈两穷。抗言摧佛骨，所愿学韩公。（《龟巢稿》卷之二，《和孙伯昭佛社二十韵》）

谢应芳在批判因果报应的同时，对社会上“佞佛成风”的现象也作了批判。他说：

> 愚氓何悖乱，佞佛乃成风。妇女僧流杂，香花佛社隆。三身夸悉怛，千眼慕圆通。金像瞻如在，珍羞供极丰。九衢迎象驾，百綵制天官。窈窕闺房秀，联翩市井童。庄严森侍卫，游衍适西东。行道骈缁素，飞尘隘软红。宝幢云母扇，银烛水晶笼。铙钹伶伦后，妄意福来崇。（《龟巢稿》卷之二，《和孙伯昭佛社二十韵》）

在这种情况下，甘心废业落发，建坛设斋，烧香念佛，希求自己在某天立地成佛，进入天堂，已成为社会的一种习俗。对于这种“佞佛”之风，谢应芳批判说：“浮屠之事，习以成俗，无有贫富贵贱，识者犹以其事为耻，可不悟乎？”（《辨惑编》卷二）

谢应芳对道教的服食丹药、长生不死说也作了批判。他明确指出，“神仙无足信，何药可延年？”（《龟巢稿》卷之五）那种认为神仙能“形超埃壒，体若羽翼，趋火不焦，沉渊不濡。浩兮，如御寇之御风；栩兮，如蒙庄之化蝶”（《龟巢稿》卷之一）的说法，都不过是一种荒唐的传闻，不足据信。“吾闻张子房，汉家初封万户侯……从游松子或假托。”（《龟巢稿》卷之六）肯定世界上没有神仙，也没有“形解销化之术”的神仙秘诀。他说：

> 人生百年能有几，但见花开与花落。世传仙人上天骑白鹤，荒唐缪悠言不祚。（同上）

在历史上，神仙之说出于战国的齐燕方士，在道教产生之前早已有记载；有人为寻找神仙，出航远洋，而最后葬身大海；也有人希求长生，误食丹药，而毙命身亡。谢应芳在《辨惑编》中搜集了大量揭露神仙方术虚妄的材料。在这些材料中，前者如汉武帝时的方士栾大，扬言自己有“黄金可成，而河决可塞，不死之药可得，仙人可致”之术，结果因无验而“坐诬腰斩”。齐人少翁，“以鬼神方”劝说汉武帝，先为“帛书以饭牛，佯不知，言曰：‘此牛腹中有奇’，杀视得书”。然武帝“识其手书”（以上引文见《辨惑编》卷四），事败露而被诛灭。这些例子揭露了方士企图以方术骗人，最后自食恶果的可悲下场。后者如秦始皇、汉武帝、直到唐穆宗，都因追求长生不死之药，结果有的受骗上当，自讨苦恼；有的误食身亡，白白送死。所以谢应芳批判说：“神仙本无不死药，方士浪说寻蓬莱。君不见无边之海白渺渺，无名之山青巍巍。长鲸嘘吸成风雷，徐氏一去何曾回?”（《龟巢稿》卷之三）这是对秦始皇派人入海求不死之药的绝妙讽刺。

汉武帝虽为历史上有名的雄主，但也曾惑于方士神仙长生之说。谢应芳批判说：

> 吾观汉武帝惑于方士，既受诬于文成，复见欺于五信，荒唐之邪说，殆无异于嬴政之世。（《龟巢稿》卷之一）

好在武帝还算聪明，懂得迷途知返。清醒之后常常懊悔，“自叹乡时愚惑，为方士所欺”，而发出“天下岂有仙，尽妖妄耳”的感叹（《辨惑编》卷四）。谢应芳还引《唐鉴》中的记载，说唐代“自太宗至于武宗，惑于方士而饵药以败者六七君，皆求长生而反夭其天年，亦可以为戒矣。”（《辨惑编》卷四）这一出出悲剧，对于那些迷恋于丹药、希求长生不死的人实在是一付最好的清醒剂。

谢应芳对道教设醮求福也作了批判。他说：

> 道教以老子为师，亦未尝有设醮之论也。至宋徽宗妄意求福，命羽流为之。未几倾危宗社，流落金国。所求之福竟何有哉?（《辨惑编》附录《与王氏诸友论斋醮书》）

宋徽宗崇奉道教，自称“教主道君皇帝”，可算得是一名道教的忠实信徒。但设醮不能得福，崇道无益人事。宋徽宗以崇道“倾危宗社，流落金国”，与梁武帝以佞佛“亡灭宗国，饿死台城”，两者的结果何其相似乃尔！这说明，无论是道教，还是佛教，都是虚妄不实的宗教迷信。

二是揭露和批判佛、道二教浪费钱财、破坏生产，主张把浪费的钱财用于救灾安民。

谢应芳所处的元朝时代“武宗之时，用在敬神、修寺等宗教活动上的开支，一度高达政府全部收入的三分之二。”[①] 对此，谢应芳批判佛道是“废业兼旬久，挥金与土同”（《龟巢稿》卷之二）。他提议，与其把大量的金钱财物花费在设醮念经以求死者冥福上，还不如把这些金钱财物用在救灾赈民上，使贫苦的人民免受饥饿受冻之苦。他说：

> 敬惟贤昆仲居丧三年，祥禫有日，将欲命羽士设禫以助先君子冥福，计以粟费几四百石，是亦出乎孝敬之心，循乎世俗之礼如此。然冥福之实，果何有哉？愚意不若以三日醮筵之费，赈一乡人户之饥。当此凶年，使乡之食贫者免为沟中之瘠，其欢欣赞颂奚止百倍黄冠师哉？（《辨惑编》附录《与王氏诸友论斋醮书》）

这种把对佛、道浪费钱财的批判与广大劳动人民的痛苦生活联系起来，主张把做斋醮的费用用于救济灾民的思想，不仅反对了佛、道宗教迷信，而且是把对宗教迷信的批判转而变为对封建制度不合理的政治批判，这就大大深化了这一批判的政治意义。谢应芳的这一思想是十分可贵的。

第六节　谢应芳的贡献和《辨惑编》的历史影响

谢应芳是元明之际重要的无神论者，他对神学迷信的批判是全面的。在批判中他不信邪，不怕鬼，既不怕世人“斥其迂阔而讥笑之”（《龟巢稿》卷之十二），也不怕“获戾于鬼神”而“为殃咎”加其身（《辨惑编》卷四），表现出勇而无畏的战斗精神；他言行一致，以身作则，为了反对淫祀，烧了自家先人的“神影”（《辨惑编》卷一），于九十六岁的高龄嘱咐死后不择时日，不择风水，不请僧道；他讲究实际，注重科学；立志“正风俗，息妖妄”（《辨惑编》卷二），使社会不为愚俗迷信所惑。

谢应芳的这些思想和主张以及他对异端邪说、世俗迷信和佛道宗教迷信的斗争精神，无论是在当时还是对后代都起过积极影响，一直为人们所敬重。明代毛宪在《昆陵正学编》中赞扬他在迷信盛行的时代

① 翦伯赞：《中国史纲要》中册，第132页。

"力障狂澜，扶植名教"，"卫正斶邪，功莫大焉"（《常州府志》卷之三十三）。

谢应芳编著的《辨惑编》是历史上一部重要的无神论著作。全书对当时流行的种种神学迷信进行了细致的分类，分由死生、疫疠、鬼神、祭祀、淫祀、妖怪、巫觋、卜筮、治丧、择葬，相法、录命方位、时日和异端（分老庄、神仙方士、佛氏）十五类，以类编纂。书中广泛摘引了前人大量有价值的反迷信思想资料，每类前加有按语，阐述他自己的无神论思想观点，是当时一部系统的全面反对和清算神学迷信的专著。这部著作无论在当时，还是对后代都曾产生过深刻的影响，为人们所称道。当时人就认为:《辨惑编》对于那些"爱生而恶死，惧祸而喜福"，"不达乎死生之理，不明乎祸福之故，而徒谄渎乎鬼神，怵惕乎妖妄，听荧乎巫卜"的人，有祛其迷惑、摆脱迷信束缚的作用。说"使其得是编而观之，庶几其少瘳乎。"（《辨惑编》）《四库全书提要》也指出："应芳此书，持论虽似乎浅近，而能因风俗而药之，用以开导愚迷，其有益于劝戒。"它的结论是"辟邪植正，有益于世"（以上引文见《辨惑编》）。这都说明《辨惑编》有开导愚迷，匡正世俗的社会作用。

不仅如此《辨惑编》还影响和陶冶了后代一部分无神论思想家的成长。明代的曹端从年轻时代起就受到《辨惑编》的巨大影响。他说：

> 余二十岁得是书，如获重璧，昼夜诵习，力行不怠，虽寝疾出外，未尝释手。(《曹月川先生遗书》卷九)

可见《辨惑编》在他成长的过程中，对他是起过良好的影响和熏陶作用的。黄宗羲在《明儒学案》中讲得更为清楚。在他看来，曹端成长为一位反对佛教生死轮回，反对各种世俗迷信的无神论思想家，是直接受了《辨惑编》的启迪和熏陶。他说：

> 初，先生得元人谢应芳《辨惑编》，心悦而好之，故于轮回、祸福、巫觋、风水、时日世俗通行之说，毅然不为所动。(《明儒学案》卷四十四)

可见，曹端反迷信的思想直接导源于谢应芳的《辨惑编》，这是十分明显的。

明代顾亮在谢应芳《辨惑编》的影响下编著了一部《辨惑编续》，系作者看到“世俗养生送死大抵为吉凶拘忌师巫之说所惑”而“专为乡俗之弊而作”（《四库全书总目》卷九十六）。全书按类分七门，并说：

> 其称《辨惑编续》者，盖元谢应芳先有《辨惑编》，此申明其说也。（同上）

从此书编辑的目的到编辑的方法和内容看，基本上是《辨惑编》的扩大和发挥，称得上是《辨惑编》的姐妹篇。

凡此种种，都说明《辨惑编》不仅在当时批判各种神学迷信是一把利剑，而且对后人有过重要的影响

第八章　刘基

刘基，字伯温，生于元武宗至大四年（1311 年），卒于明太祖洪武八年（1375 年），处州青田人（今浙江青田）人。明初思想家、文学家。

刘基幼颖异，十四岁入县学读书，从师受《春秋经》，他对天文、地理、兵法、文学等科无所不学，并能“过目洞识其要”。又学理学于郑复初，“闻濂洛心法，即得其旨归”。二十二岁中进士，历任江西高安县丞、江西行省大臣椽史、江浙儒学副提举等职。由于对元朝统治不满和与上层幕僚意见不合，曾一度弃官归隐。

元至正二十年（1360 年），刘基应起义军首领朱元璋的邀聘，到应天（南京）作了朱元璋的幕僚，在辅助朱元璋推翻元朝的统治中，立了不少功勋。后官至御史中丞兼太史令。洪武元年（1368 年），因与当时宰相李善长不和而辞职。洪武三年，朱元璋大封功臣，刘基被封为诚意伯。次年归老青田，后由于别人谗谮，忧愤致死（一说被宰相胡惟庸毒死）。

刘基这个人，像诸葛亮一样，有点被神化了。史载与民间传说都说他善观天象而预知人事，是位能前知八百年，后知八百年的阴阳怪气的术士。这种说法，当然不可信。而我们现在的任务是要通过对他的整个思想的剖析，较为实际地来评价他。

刘基的著作有《春秋明经》、《覆瓿集》、《写情集》、《郁离子》。以后他的长子刘涟又编辑他的遗文五卷，名为《犁眉公集》。

后来，这些著作被编为《诚意伯刘文成公文集》。其中的《天说》、《雷说》、《郁离子》是反映他的无神论思想的著作。

第一节　从有神论向无神论倾向的过渡

刘基早年对于《公羊春秋》和董仲舒的“天人感应”说，是极其迷信的。他的天道观具有浓厚的神秘主义色彩。

刘基步入社会以后，出自要在政治上施展自己才能的雄心，积极着力于丰富自己的思想。在实践中，他欲摆脱早期的神秘主义思想。当然，这是艰难的。欲提出新的观点，又束缚于旧的传统思想，结果使他的思想呈现很大的矛盾性。在《天说》一文里，这种醇疵互见的特点，表现得十分明显。

毋庸讳言，《天说》中仍然有不少宣扬天有意志的言论。但是，我们更要看到，刘基在这里也明确提出了元气本体论模式以及否定“天人感应”与“天能降祸福于人”的无神论思想。

他认为世界本原是气或元气。“有元气乃有天地，天地有坏，元气无息。”（《诚意伯刘文成公文集》卷四，《天说》下，下引此书，只注篇名）这是元气本体论思想。他还认为，“气有阴阳，邪正分焉。阴阳交错，邪正互胜，其形无方，其至正常，物之遭之，祸福形焉，非气有心于为之也。”（《天说》上）在他看来，元气的运行和“邪气”的作祟，都是自然无为的。这就确定了“元气”是一种物质性的实体。刘基论证“元气”不能祸福于人的最终目的，是要肯定由“元气”构成的“天”不能祸福于人。他说：

> 或曰：“天之降祸福于人也，有诸？”曰：“否。天乌能降祸福于人哉！……故见祸福而谓之天降于人者，非也，气未复而以祸福责于天，亦非也，不怨天，不尤人，夭寿不贰，修身以俟，惟知天者能之！”（同上）
>
> 或曰：“天灾流行，阴阳舛讹，天以之警于人与？”曰：“否。天以气为质，气失其平则变。是故风雨、雷电、晦明、寒暑者，天之喘汗、呼嘘，动息、启闭、收发也。……气行而壅则激，激则变，变而后病生焉。故吼而为暴风，郁而为虹蜺，不平之气见也。”（《天说》下）

在这里，刘基把自然现象的正常变化与变异现象的出现，看做是由于气平与失平，气通与气壅而造成的，并非是气或天有意志，有目的的行动。这就在一定程度上否定了神学目的论及天人感应与谴告的神秘主义。但刘基的“元气”本体论思想还是很不完善的，并且有自相矛盾的地方。既然元气是最根本、最后的实体，它就应是不可分的完整体。而他却把“气”分为“正气”、“邪气”。正由于此举，使他的思想暴露了很多神秘主义的性质。他把“正气”视为善的根基，把“邪气”视为恶的根基，赋予“气”以社会道德属性。他说：

> 好善而恶恶，天之心也，福善而祸恶，天之道也。为善者不必福，为恶者不必祸，天之心违矣。……是故，正气福善而祸恶，邪气祸善而福恶，善恶成于人而祸福从其所迁，气有所偏胜，人不能御也。……天之质，茫茫然气也，而理为其心，浑浑乎惟善也。善不能自行，载于气以行。（《天说》上）

这又是承认了“天”是具有情感的神秘之物，“气”能福善祸淫，从而与前论形成尖锐的矛盾。这种矛盾着的相反命题并存，说明了刘基在《天说》中所表述的思想，是极其混乱的。但在《天说》中，已多少含有唯物主义无神论思想因素，较之他前期的思想，无疑是一个很大的进步。这点我们应当予以肯定。

他的“气”本体论思想，在《雷说》中也得到了运用。他认为，天地之间的事物，无论是“有形而有质者”，还是“有形而无质者”，无论是“暂有”，还是“久者”，都是“气”在那里起作用。根据这一基本观点，他对雷与神、形体与精神、人物与鬼神等问题进行了论述：

> 雷与神，皆气之所为也。气也者，无所不能为者。忽而形，倏而声，为雷为神，或有或无，不可测知。人见其忽而形也，而谓之神。夫神也者，妙万物而无形，形则物矣。是故有形而有质者，有形而无质者，有暂者，有久者，莫非气所为也。气形而神寓焉，形灭而神复于气。人物鬼神，或常或变，其归一也。（《诚意伯刘文成公文集》卷四，《雷说》下，下引此书，只注篇名）

刘基在这里，肯定了人的形体与精神都是气所形成。形体消亡，精神复归于气。但他没有指出形灭神亦灭，不懂得精神现象是物质派生的。他这里的失足，同样在于错误地把“气”本体论滥用到任何领域。

他在《雷说》中，还对所谓“雷刑”说进行了批判。在宣扬“雷刑”者看来，天上打雷是老天发怒的表现。如人被雷击死，则是由于这个人获罪于天，老天以此惩罚他。这是一种荒唐的无稽之谈。刘基针对这种谬说质问神学家：你们不是说“天生民而立之牧，付之以生杀之权”吗？为什么天“又自震以讨焉？”如天自震以讨，那“恶用是司牧者为也”。其次，你们说农民获罪于天而天戮之，而世间不仁不义等大逆不道者多矣，为什么天不一一戮之而独戮一夫？“岂司雷者有所惧乎？”（《雷说》）这样的质问是有力的。更值得一提的是，他还从自然之理来说明雷震现象，以此来否定所谓“雷刑”的谬说。他说：

> 雷者，天气之郁而激而发也。阳气团于阴，必迫，迫极而进，进而声为雷，光为电，犹火之出炮也，而物之当之者，柔必穿，刚必碎，非天之主以此物击人，而人之死者适逢之也。不然，雷所震者，大率多于木石，岂木石亦有罪而震以威之耶？（同上）

这就是说，雷震是天气所发出的声音，它是阴阳二气相互作用的结果。雷的声响和电的闪光，如同火炮的燃烧现象一样，它能穿碎柔刚之物。人被雷击死，是恰巧碰到，并不是老天有意去以雷刑杀之。他的解释虽很朴素，但在当时的科学不发达的情况下，能达到这一步也是难能可贵的！

以上，我们从《天说》、《雷说》两文的分析中，可以看出，刘基的天人关系论中还夹杂着神秘主义的观点，但这正反映了他从崇信天人感应逐渐向否定天干预人事过渡的一种思想矛盾状态。

第二节 《郁离子》中的无神论

如果说以上所述，表现了刘基思想的混乱，那么，他在《郁离子》中所体现的无神论思想，则显得较为明确与一贯。

“郁离子”，既是书名，又是作者的自称。它的含义，据当时的解释是，“离为火，文明之象，用之其文郁郁然，为盛世文明之治。”（徐一夔：《郁离子序》）“夫郁郁，文也；明两，离也；郁离者，文明之谓也。非所以自号，其意谓天下后世若用斯言，必可底文明之治耳。”（吴从善：《郁离子序》）也就是说：“郁离”二字是文明的意思。作者认为，天下后世如果有哪一位君主或执政大臣，采用了书里的话，就一定能够取得文明之治。写《郁离子》一书的总的目的，在徐一夔看来，是为“明乎吉凶祸福之几，审乎古今成败得失之迹，大概矫元室之弊。”（《郁离子序》）但是，由于作者刘基是在目睹了“当国者乐因循而悦苟且”，使自己“欲以功业自见”的“匡时之长策”、“抑而不行”的情况下，“遂弃官去，屏居青田山中，发愤而著《郁离子》”的。并且，随着农民革命风起云涌的冲击，这就使得刘基能够正视现实，能够比较真实、深刻地揭示现实中的种种矛盾，从而也能认识到“天”是无意志的，人的作用是巨大的，同时对鬼神迷信也采取了批判态度。反映在《郁离子》中的无神论思想，是刘基对自己早年“天人感应”的天道观和迷信思想的抛弃与清算。

一　“造物无心”的天道自然论

刘基在《郁离子》中，对天道观问题作了论述。他认为，“天”是由那浑浑然的气所构成，地包在气中。他说：

> 天以其气分而为物，人其一物也。天下之物异形，则所受殊矣。修、短、厚、薄各从其形，生则定矣。（《郁离子·神仙》，上海古籍出版社，1981年版。下引此书，只注篇名）
>
> 夫天下之物，动者、植者、足者、翼者、毛者、倮者，戢戢如也，沸如也，莑如也，森如也，出出而不穷，连连而不绝，莫非天之生也，则天之好生亦尽其力矣。（《造物无心》）

这就是说，物与人都是得天之气而生，天下万物之所以有千差万别，只是由于它们禀受的气不同，而这又是一种自然的因素所决定的，绝不是造物主有心安排的。这一“造物无心”的天道自然论，无疑具有无神论意义。

仅承认天道自然无为，而忽视人的力量，还不能称得上较彻底的无神论。因为，否定天的意志性，打倒有神论，是为了解放人，高扬人的力量和价值，这才是无神论的最终目的。也就是说，无神论在同有神论的斗争中，要解决好“天人关系”的问题。刘基在这方面倒是做了尝试的。在他看来，人与天不是各不相关的，人对天也不是无所作为的。他认为，天地是善于生物的，而人则是能“裁成天地之道，辅相天地之宜，以育天下之物”的，并积极主张人要作“天地之盗”。他说：

> 人夺物之所自卫者为己用，又戕其生而弗之恤矣，而曰天生物以养人。人何厚物何薄也？人能财成天地之道，辅相天地之宜。以育天下之物，则其夺诸物以自用也亦弗过。不能财成天地之道，辅相天地之宜，蚩蚩焉与物同行，而曰天地之生物以养我也，则其获罪于天地也大矣。（《茧丝》）

人，天地之盗也。天地善生，盗之者无禁。(《天地之盗》)

他的“人能财成天地之道，辅相天地之宜，以育天下之物”的思想，是对荀子“制天命而用之”“戡天”思想的继承和发挥，充分肯定和赞扬了人的主观能动性。他没有到此为止，还进一步认为人不但要作“天地之盗”，而且要“善盗”。他说：

执其权，用其力，攘其功，而归诸己，非徒发其藏，取其物而已也。庶人不知焉，不能执其权，用其力，而遏其机，逆其气，暴夭其生息，使天地无所施其功，则其出也匮，而盗斯穷矣。……而各以其所欲取之，则物尽而藏竭，天地亦无知之何矣。是故天地之盗息而人之盗起，不极不止也。然则，何以制之？曰遏其人盗，而通其为天地之盗。斯可矣。(《天地之盗》)

这就是说，人要善于利用自然的规律、力量、功效来进行生产，而不是任意掠夺、破坏自然资源和物力，否则，就会造成民穷财尽，天下大乱的结果。刘基在这里意识到从自然中夺取财富一定不能违反自然规律的重要性。这又表现出他尊重客观的实际精神。

为了进一步证明自己的观点：刘基在《郁离子·灵邱丈人》一文中，通过对灵邱丈人和他的儿子们对养蜂所采取的不同态度、方法而使最终结果殊异的叙述，赞扬了灵邱丈人“善盗”的品格，嘲讽并指出其子“園庐不葺，污秽不治，燥湿不调……”只知“取蜜而已”的“人盗”的恶习。通过鲜明的对比，生动地说明了人要掘取自然资源，必须遵循规律、有所节制，这样才能保持自然的生态平衡，不断为人类服务。

刘基在《郁离子》中所反映出的天道观，无疑是具有唯物主义与无神论意义的。尤其是他对“天地之盗”，“善盗”、“人盗”的论述，更是他无神论思想的精彩之处。刘基正是从他的天道观出发，对鬼神、卜筮、妖祥等封建迷信进行了批判。

二　“有生则必有死”的无鬼论以及反迷信思想

刘基的天道观把万物与人都看作是由气化生。气流行不息，而由它产生的天地万物，包括人，都是有生有灭的。根据这一基本观点，刘基展开了对死生、鬼神等问题的论述。在《郁离子》中，反对鬼神、卜筮等迷信的言论很多，这也是刘基无神论的一个重要组成部分。

在他看来，有生必有死，这是客观的趋势，而人死以后，不能全部变为鬼。由于二气变化莫测，有时也会出现“魂”离开“魄”而存在的时候，但人之“魂”最终还是要复归于“气”。他用“炭焰”喻“体魂”，来说明人死以后不可以“恒专之以为鬼”。他说：

> 夫天地之生物也，有生则必有死。自天地开辟以至于今几千万年，生生不穷，而六合不加广也。若使有生而无死，则尽天地之间不足以容人矣。故人不可以不死者，势也。既死矣，而又皆为鬼，则尽天地之间不足以容鬼矣。故曰人死而皆为鬼者，罔也。然而二气之变不测，万一亦有魂离其魄而未遂散者，则亦暂焉而不能久也，夫人之得气以生其身，犹火之著木然，魂其焰，体其炭也，人死之魂复归于气，犹火之灭也，其焰安往哉？故人之受气以为形也犹酌海于杯也；及其死而复于气也，犹倾其杯永而归诸海也，恶得而恒专之以为鬼哉？（《论鬼》）

以上之论，从形式到内容，很多都是直接吸取了桓谭、王充的说法。虽然坚持了“人死而皆为鬼者，罔也”的无神论，但由于在理论上陷入了形神二元论，没能指出形灭神亦灭，得出了“鬼”可以暂时存在的模糊观点。这除了有理论的认识原因外，可能还与他宣扬“神道设教”，不得不为鬼神留有一席地位的封建宗法思想有关。他是这样说的：

> 故鬼，可以有可以无者也。子孝而致其诚，则其鬼由感而生，否则虚矣，故庙则人鬼享，孝诚之所致也。不然，先王继绝世以复明祀，岂其鬼长存而馁，乃至此而复食耶？（同上）

由上可知，刘基把“鬼神”同“祭祀”、“孝”、“诚”等伦理思想联系在一起了。这里所宣扬的“神道设教”，伦理的意味超过了宗教神学的意味。当然，尽管这样也不足以厚饰，但是对问题的性质，也有必要作出恰当的分析。

刘基不但在理论上否定人死皆为鬼，而且还注意在事实中讽刺与揭露那些信鬼、信仙的人或事，从而使得他的无鬼论显得更加生动，明确。

他在《楚巫》篇里，通过对楚国巫师以欺诈手段骗取民众对他们的迷信和楚国君臣智破这种迷信的生动故事的描述，揭露了鬼神、巫术迷信的虚妄。并认为，破除鬼巫迷信，仅靠粗暴的行政命令而加以取缔是起不到好效果的，因为“民愚而溺于祸福，彼方兴用鬼”，必须以事实加以开导。他肯定了文章里提到的熊蛰父继承西门豹“以巫治巫”的办法。在熊蛰父看来，巫与侇弄鬼是虚假的，但巫侇夸其术灵验，这就可以因而治之，把一户一国之事皆推给巫去决断，以试其灵验。于是“乃命群巫推一大巫以主鬼，而复其祠。国有事亦请焉”。而“巫言多不中，民治懈”，由此骗术被揭穿。此时惩巫的条件已成熟，遂即“明正其法”，“乃尸巫而爇鬼”，使弄鬼者玩火自焚，结果“无一人敢复言鬼”，破除了鬼能显灵的迷信。

刘基认为，既然无鬼，就勿需畏鬼。他在《畏鬼》篇中，记叙了这样一个故事，一个窃者，抓住荆人畏鬼的恐惧心理，假装鬼，盗窃了荆人的东西。但这位荆人始终认为是鬼窃，而非人盗。刘基说：

> 荆人有畏鬼者，闻槁叶之落与蛇鼠之行，莫不以为鬼也。盗知者，于是宵窥其垣作鬼音，惴弗敢睨也。若是者四五，然后入其室，空其藏焉。或侜之曰：“鬼实取之也。”中心惑而阴然之。无何，其宅果有鬼，由是物出于盗所，终以为鬼窃而与之，弗信其人盗也。

刘基还通过抬高鬼神地位的方法（如谓鬼神是“聪明正直”），去嘲弄，讽刺那些对鬼神“焚香焫烛，朝夕稽叩拜”的丑恶行径。同时也揭露所谓“滥官、污吏、奸胥、悍卒，即市井豪侩及巨商大贾之为富而不仁者”妄想凭借鬼神来“按罪锡福”（《郁离子·江淮之俗》）的虚伪性。刘基所用的方法虽不足取，但多少还具有一些否定鬼神能降祸福于人的无神论因素。

他对神仙的存在也持否定态度。他从元气本体论观点出发，认为天地间一切东西都是元气的产物，“神仙”也不例外。因为在他看来，神仙也是人（“神仙人之变怪者也”），亦是天的儿子。天地都有毁坏的时候，何况神仙呢？他说：

> 神仙人之变怪者也。怪可有不可常，是故天下希焉。曰，“神仙不死乎？”曰：“死”。曰：“何以知之？”曰：“天以其气分而为物，人其一物也。天下之物异形，则所受殊矣。修、短、厚、薄各

从其形，生则定矣。惟神仙为能有其受，而焉能加之？故物之大者一天而无二。天者众物之共父也。神仙，人也，亦子之一也，能超乎其群而不能超乎其父也。”（《神仙》）

这里的“神仙，人也”的命题，与其说是深刻的，毋宁说是机智的。他把神仙视为人，目的是要说明“神仙不死”说教的虚妄性，这当然具有无神论意义。

他还在《采山得菌》篇中，通过对那些一心想成仙的人错把毒蘑菇当成“灵芝”服食之后致死故事的描写，以生动形象的事实讽刺那些认为吃了“神芝”即可成仙的人们，从而进一步说明神仙之术的荒谬。他说：

粤人有采山而得菌……以归，谓其妻子曰：“此所谓神芝者也，食之者仙。吾闻：仙必有分，天下妄与也，人求弗能得，而吾得之，吾其仙矣！”乃沐浴，斋三日，而烹食之，入咽而死。其子视之。曰：“吾闻，得仙者，必蜕其骸。人为骸所累，故不得仙。今吾父蜕其骸矣，非死也。”乃食其余，又死。于是同室之人，皆食之而死。

此外，刘基对卜筮与祥瑞等世俗迷信也进行了批判。关于卜筮，他指出，占卜所用之物都是些枯草、枯骨之物，而人却是灵于物的。为什么不相信人自己，而去迷信那些无知之物呢？他在《东陵侯》一文中，借季主之口，表达了不信卜筮，主张人为的无神论思想。他说：

东陵侯既废，过司马季主而卜焉。……季主乃言曰：“呜呼，天道何亲，惟德之亲，鬼神何灵，因人而灵。夫蓍，枯草也，龟，枯骨也，物也，人灵于物者也，何不自听而听于物乎？”

关于妖祥说，他否认异物为祥瑞与灾异之兆，于是对历来讲显现祥瑞之物作了新的解释。他说：

故凡物之殊形诡色，而无益于民用者，皆可以谓之祥，可以谓之妖者也。是故先王之思治其国也，见一物之非常，必省其政，以为祥与？（《荀卿论三祥》）

这里他从民用、人事去看待祥妖，肯定“吉凶在人”。这一思想，他在《䴔䴖好音》、《直言谀言》等篇中有更多的论述。在他看来，禽鸟有口则鸣，与人之吉凶完全无关。人们假如不修人事，吉鸟鸣叫，对人也不会有什么好处。反之，凶鸟鸣叫，如果能修人事，趁早对过失进行补救，同样也会收到益处。他的最终目的还是在于强调“吉凶在人”。他说：

> 夫有口则有鸣，物之常也……夫吉凶在人，禽兽何知？若以为不祥，则虑而先为之防，求吾缺而补焉，所益多矣。（《䴔䴖好音》）
>
> 鸟鸣之不必有凶，鹊鸣之不必有庆，是人之所识也。（《直言谀言》）

我们说，刘基在《郁离子》中，论述诸如天地、鬼神、异鸟不能祸福于人等问题时，确是抛弃了前期的“天人感应”的神秘思想，同时也阐述了他的无神论、无鬼论的观点。他是在不断挣脱神学、理学的羁绊而趋向唯物主义无神论的。然而，由于时代和阶级的局限，使他这种挣脱显得较为艰难。从《郁离子》中可以看到，他在脱胎过程中残留有旧的痕迹。他的《论物理》篇里仍还保留神秘的感应论思想，就是这种痕迹的集中表现。且看他的言论：

> 天地之呼吸，吾于潮汐见之，祸福之素定，吾于梦寐之先兆见之；同声之相应，吾于琴之弦见之；同气之相求，吾于铁与磁石见之；鬼神之变化，吾于雷电见之；阴阳五行之消息，人命系其吉凶，吾于介鳞之于月见之；祭祀之非虚文，吾于豺獭见之；天枢之中，吾于子午之针见之；巫祝之理不无，吾于吹蛊见之；三辰六气之变有占而必验，吾于人之脉色见之。

他不能正确理解事物之间的普遍联系以及相互作用的道理，而是主观地以物理和生理的感应来证验诸如“祸福之素定”、“鬼神之变化”、“人命系其吉凶”、“祭祀之非虚文”、“巫祝之理不无”、“有占而必验”等事情的不虚，这不仅是在宣扬神秘的感应论，而且违背了他反神学的命题。因此，反映在《论物理》篇的思想，从形式到内容都应当否定。

但是，我们也绝不能因此而否定《郁离子》中无神论思想是主要的这一事实。更不能凭此而把刘基说成是一个有神论者。我们认为，对他的思想要从全面和过程中来把握，《郁离子》之外的著作不能回避，《郁离子》之前的思想也应涉及，《郁离子》本身的思想更应全面分析。我们的任务和目的，不是在于简单地给其人、其书作个什么样的定性，而是要将其作为整个中国无神论思想发展链条中的一环，进行符合实际的分析。由此。我们认为，刘基在吸取先前无神论思想资料的基础上，较为全面地阐发了天人关系论。他既肯定荀子、柳宗元、刘禹锡、王安石以来多数无神论思想家所主张的“天人相分”思想，宣扬“造物无心”的天道自然无为论，又高扬了《周易大传》的“裁成天地之道，辅助天地之宜”，“范围天地之化而不过，曲成万物而不遗”的天人相互协调的理想，主张既要作“天地之盗”，又要“善盗”；即既要改造自然，也要顺应自然，既不屈服于自然，也不破坏自然。应该肯定，刘基的这种天人关系论确实有很高的价值，它丰富了中国无神论思想，从而构成了中国无神论思想发展链条中的一环。

第九章　曹端

曹端，字正夫，号月川，学者称月川先生，生于明太祖洪武九年（1376 年），卒于明宣宗宣德九年（1434 年），河南渑池人，明初学者、理学家，无神论思想家。明成祖永乐六年（1408 年），举于乡。永乐七年（1409 年）春二月，会试南宫，登乙榜第一。历任山西霍州学正蒲州学正。一生始终坚决反对佛、道宗教神学，抨击世俗迷信，在中国古代无神论史上做出了一定的贡献。曹端的著作，主要是《太极图说述解》、《通书述解》、《西铭述解》、《夜行烛》、《家规辑略》。另外，后人编辑了曹端《语录》、《录粹》、《年谱》等。《明史》有《曹端传》。其著作和生平资料，都收入了《曹月川先生遗书》。其无神论思想资料，主要记录在《夜行烛》、《家规辑略》、《语录》、《录粹》与《年谱》中。

第一节　曹端无神论思想的渊源

曹端对宋代理学家的著作，下苦功夫研究过，并成为明初理学阵营中的著名人士。但是，曹端又有别于宋、明唯心主义的理学家。他青年时期，曾经认真读过宋、元之际无神论者谢应芳的代表著作《辨惑编》。因而受到谢应芳无神论思想的熏陶，形成其本人的无神论思想。

曹端曾为谢应芳《辨惑编》一书作序，阐明其阅读《辨惑编》的喜悦心情。他写道："余二十岁得是书（指《辨惑编》），如获重璧，昼夜诵习，力行不怠。虽寝疾出外，未尝释手。盖喜其明正道辟邪说，粹然一出于正者也。"（《曹月川先生遗书》卷九，《年谱》）

明清之际唯物主义思想家、史学家黄宗羲在《明儒学案》中也写道："初，先生（曹端）得元人谢应芳《辨惑编》，心悦而好之，故于轮迴、祸福，巫觋、风水、时日世俗流行之说，毅然不为所动。"

很明显，曹端的无神论思想是渊源自谢应芳的《辨惑编》，并得力于《辨惑编》。曹端是谢应芳无神论思想的继承者。

第二节　以反对佛、道宗教迷信为己任

曹端耳闻目睹明代初年佛、道宗教迷信的广泛流传对社会带来的危害，尤其对其父迷信佛教深感痛心。因此，他从青年时代就立志反对佛、道宗教迷信。正如曹端《年谱》所说，曹端二十一岁时，就“志意坚定，内不溺于章句文辞之习，外不惑于异端邪说之窿，卓然以斯道为己任”。

一　“明道息邪”，斥佛、道为“异端”、“邪说”

曹端和中国古代许多儒家学者一样，视佛、道宗教迷信为“异端”、“邪说”。他十分明确地说：“异端非圣人之道，别为一端者，如老、佛是也。”（《曹月川先生遗书》卷八，《语录》）曹端遵照儒家圣人孔丘“攻乎异端，斯害也已”（《论语·为政》）的遗训，以“明道息邪”为目的，对佛、道宗教迷信展开了批判。

曹端在《夜行烛·明道息邪第十五》中共征引十八条历史资料，他称之为十八条“烛”。他说：“此烛十八条，即正道之当行而邪说之当却也。”在他征引的这十八条资料中，反对谶纬神学迷信的有一条，反对佛、道宗教迷信的有十条。其反对谶纬神学迷信的一条，即东汉光武帝刘秀信谶，经常以图谶决定嫌疑，而议郎桓谭上疏抗争之事。其反对佛、道宗教迷信的十条，则包括三种情况：第一，直接反对佛教迷信的三条，佛教盛行造成很大危害的历史事实；太史令傅奕上疏请除去佛法的历史事迹；韩愈反佛，上《谏迎佛骨表》的事迹。第二，直接反对道教和神仙方术迷信的两条：汉武帝刘彻长年求神仙方术而无显功，最终觉悟到神仙之说“尽妖妄耳”；大臣谷永上书汉成帝谏止言方术，终于使汉成帝觉悟而“善其言”。第三，兼反佛、道宗教迷信的五条（具体内容，这里从略）。由此可知，曹端写《夜行烛·明道息邪》的目的，主要在于用儒家观点和历史事例反对佛、道宗教“异端”、“邪说”，这也正是他决心“生有益于时”与着力否定“曲学苟合以随流俗”的实际行动。

二　辨佛教之“空寂”、道教之“虚无”。

曹端和中国古代很多反对佛、道宗教迷信的唯物主义、无神论思想

家一样，看出了佛教的“空寂”观与道教的“虚无”观是其神学世界观的基石和命根子。他在反对佛教的斗争中，明确地把佛教称作“西方空寂之教”，并指斥中国的佛教信徒“舍中国先王之法从事西方空寂之教”（《曹月川先生遗书·年谱》）的做法是错误的。

曹端认为，儒家也讲“虚”、讲“寂”；但是，儒家所谓“虚”与道教所谓“虚”具有不同的性质和含义，儒家所谓“寂”与佛教所谓“寂”亦具有不同的性质和含义。他比较儒、道之“虚”说：

> 吾儒之虚，虚而有。如曰：“无极而太极，太极生两仪，两仪生四象，四象生八卦。”自身心性情之德，人伦日用之常，以至天地鬼神之变，鸟兽草木之宜，何往非理之有？老氏之虚，虚而无。如曰“道在太极之先”，却说未有天地万物之初有个虚空道理在，乃与人物不干涉，不知“道”只是人事之理。（《曹月川先生遗书》卷八，《语录》）

这是说，儒家之“虚”，以宇宙的物质现象和人事为依据，实质是“有”。而道教之“虚”，却脱离了宇宙的物质现象和人事，实质是“无”。他又比较儒、佛之“寂”说：

> 吾儒之寂，寂而感。如曰：“寂然不动，感而遂通天下之故。”盖此心方其寂然，而民彝物则灿然具备其中，感而遂通则范围之不出一心。酬酢之通乎万变，为法天下，可传后世，何往非心之感？佛氏之寂，寂而灭。如曰：“以空为宗。”未有天地之先为吾真体，以天地万物为幻，人事都为粗迹，尽欲屏除了，一归真空，此等乌能察夫义理、措诸事业。（《曹月川先生遗书·语录》）

这是说，儒家之“寂”，指物质的“寂然不动”而言，物质虽处于寂然不动的状态，但物质仍然存在，并且能为“心”所“感”，即能为人感知得到，能为人所认识，而佛教之“寂”，则是以“空”（空幻）为宗旨，把吾之“真体”架空于物质世界之外，认为未有天地之先吾之“真体”已经存在了，天地万物都是虚幻不实的，人事也一概是不实的，物质世界统统被归结为所谓“真空”，可见，佛教所谓“寂”，实质上只是一个“灭”字，是要抹杀物质世界（包括抹杀佛教徒本身）。

曹端又根据佛、道宗教世界观的思想特点，指出“清净”观点是佛、道宗教共同具有的基本特点，并且进一步综合批判了佛、道宗教的“清净”思想：

> 《易》云：“天地感而万物化生。”佛、老以不夫妇为清净，则天地亦不佛老之清净矣！然使天地如佛、老之清净，则阳自阳，而阴自阴，上下肃然，常如隆寒之时矣，万物何自而生哉？万物不生，则吾族固无矣，彼佛、老之徒亦能自有乎？是万物生于天地，而各具一天地生生之理，故有胎者焉，有卵者焉，有勾者焉，有甲者焉，原其所以，莫非阴阳造化之道也，是故，圣人顺天地之理，制夫妇之义，使生生而不穷。此所谓参天地而赞化育也。（《夜行烛·明道息邪第十五》）

这是说，佛、道的“清净”观，是要毁灭天地万物、毁灭人类世界，违背了天地万物以及人类世界的“生生之理”，违背了宇宙与人类的客观发展规律。

接着，曹端着重以人类“生生不已”的历史事实，批驳了道的清净观。他说：

> 《传》曰：“有天地，然后有万物。有万物，然后有男女。有男女，然后有夫妇。有夫妇，然后有父子。有父子，然后有君臣。有君臣，然后有上下。有上下，然后礼义有所措。”《中庸》曰：“君子之道，造端乎夫妇，及其至也，察乎天地。”而佛老只是一个不夫妇，把父子、君臣、天地、上下之理殄灭尽矣！区区慈悲不杀，清净不扰，夫何补哉？（《夜行烛·明道息邪第十五》）

曹端是以事实说明，假如要依照佛、道“清净”观为指导思想，男不婚，女不嫁，男女不结为夫妻生儿育女，那么，世界上就不会有什么家庭，就不会产生国家，也就绝对不会有伏羲、神农、黄帝至商、周、汉、唐以来的发展历史，也就不会有当今时代（明代）以至将来发展的历史；但是，家庭、国家和人类世界早已出现了，古往今来的历史是客观的存在，是佛、道宗教的“清净”观所抹杀不了的，今后历史的长期发展也是必然的，是绝不会以佛、道“清净”观为转移的。曹端以“万物生于天地而各具一天地生生之理”和“原其所以，莫非阴阳造化之道也”的唯物论观点，以及以历史发展的事实，有理有据地对佛、道“清净”观进行批驳。

三 驳老僧关于“生死轮回”和天堂地狱的谬说

明太祖洪武二十九年（1396年），曹端归省父老乡亲。有人暗中指使一素谙释典的老僧责难曹端，有意挑起了一场信佛与反佛的激烈论战。

老僧曾先责难曹端：“秀才勤学笃孝，但不言神佛，未善。”曹端当即诘问老僧：“事之如何?”事奉神佛，又能怎样呢？老僧拉出佛教的“生死轮回”教义，说：“佛主轮回，神主祸福，事则报本，”“轮回不可逃，唯佛救度之，事佛者升天堂，不事者堕地狱，不可不信。”（《曹月川先生遗书·年谱》）曹端坚决反对老僧的观点，义正辞严地驳斥道：

> 物本乎天，人本乎祖，人能敬天而不违，尊祖而继志是谓报本。若事神佛，而言行违礼，何云报本？（同上）

曹端又进而指出：

> 人气聚则生，气散则死，犹旦昼之必然，安有死而复生为人，生而复死为鬼，往来不已为轮回哉？天堂无则已，有则君子登。地狱无则已，有则小人入。如不分君子、小人，苟能事佛一概升天堂，苟不事佛一概入地狱？决无此理。且所谓天堂、地狱安在？自古及今，谁见乎？不过僧家设之以吓愚民尔！使人皆事佛，不夫妇，乾坤内不过百年无人类矣，佛法将安施？故曰：“我道如依三界说，乾坤不过百年空。”（同上）

曹端这样批驳和否定佛教的“生死轮回”和“天堂地狱”谬说，致使老僧理屈词穷、无言对答。在默然好久之后，说道：“秀才言是也。恨年老不能从学耳。”（同上）曹端最终以唯物主义、无神论的论断，折服了老僧，取得了辩论的胜利。

四 反对水陆赛神大会和斋醮迷信

曹端对佛教的水陆赛神大会和佛、道宗教的斋醮迷信，一贯持坚决反对的态度。

洪武三十二年（1399），曹端二十四岁就曾劝其父勿搞赛神活动。他说："赛神无益，设有利害愿以身当之。"（同上）

永乐四年（1406年），曹端三十一岁，著成《家规辑略》告诫家人："丧礼久废，多感于释、老之说，今皆绝之，其仪式并尊文公家礼。"（《曹月川先生遗书》卷六，《家规辑略·丧礼第十二》）

永乐十八年（1420年），曹端四十五岁，丁父忧在渑池家乡，庐于墓所。当时，他的一位做官而居家的朋友，命羽流（道士）设醮，僧流（和尚）设斋，再三询问其三代先祖的名字，以便供奉，表达敬意，他则善言劝告友人说：

> 佛本无设斋之说，梁武帝始启之，其后饿死台城。老氏本无设醮之说，宋徽宗始启之，其后困死金虏。欲求冥福，乃得实祸，覆辙可鉴也。（《曹月川先生遗书·年谱》）

友人经劝告之后，由惭愧而觉悟。

永乐二十一年（1423年），曹端正在山西霍州学正任上。当时，有个学生的亲属死了，欲作佛事，曹端劝教："亲死而祷浮屠是不以亲为君子而为积恶有罪之小人也，何待其亲之不厚哉？借使亲实积恶有罪，岂赂浮屠所能免？"（同上）曹端终于说服那个学生，依照《文公家礼》为其办理了亲人的丧事。

宣德九年（1434年），曹端病故之前，曾召见诸生，告诉他们说："吾平生不喜佛、老，不悦斋醮，恶其害道，乱正也。我死，尔曹当以我葬考妣之礼，葬我，毋我污也。"（同上）在破除佛、道迷信方面，曹端勇敢地走在时人的前列。

第三节　破除世俗迷信的斗士

曹端不仅否定佛、道宗教迷信，而且认定世俗封建迷信也都是异端邪说。从而对巫觋、禁忌、堪舆（风水）、淫祠、淫祀等各种传统的世俗迷信形式，进行了无情的揭露。

一　批驳巫觋迷信

永乐二年（1404年），曹端二十九岁时身患重病，卧床不起。当时，他家里的人急切盼望他尽快痊瘉，请来巫觋禳祸，祈祷鬼神。巫觋装神弄鬼，用秤称曹端的衣服，名曰；“取魂”。

曹端虽在重病之中，但仍拒绝巫觋为之禳祸祈祷。他说：“祸非禳而去，福非祷而至，且人生阳魄阴魂，未尝相离，譬则形影。然魂气上升，魄气下降，魂魄离则死矣，岂有取魂、招魄之理?”然而，巫觋竟不断地至曹端的病床前，威胁说：“秀才，西王神祟之。”（《曹月川先生遗书·年谱》）曹端针锋相对地反问：“西王何神?”巫觋回答：“主生死神也”。曹端当即指斥巫觋：“尔本无知，妄言祸福。西王是夏禹，平水土，有天下，后人思其功德，立庙城西，俗呼西王尔。王在当时，见罪人下车而泣。我一书生，何罪之有?”（同上）巫觋面对知识渊博的曹端，自知理屈，但仍威胁曹端说，“强秀才，不信鬼神，终当至死!”曹端毫无惧色，据理批驳：

> 吾平生事亲事兄，未尝违礼。处家处乡，未尝越分。无得罪神明者。孔子曰：“丘之祷久矣。”今者疾，乃天行之数，人所不免，非鬼神有意害我也。古者，异行有诛，异言有禁。今法律亦有师巫、邪术之罪。汝辈男女混杂，渎乱伦理，阳奉神，阴图财，诳世惑众，伤风败俗，罪莫大焉。（同上）

曹端说明自己生病的原因，是“天行之数”，即由于气候的变化所致，不是什么鬼神有意加害的结果。同时，他又无情地揭露了巫觋兜售邪恶迷信之术的丑态，及其“阳奉神，阴图财，诳世惑众，伤风败俗”的罪恶实质。至此，巫觋“惧服”，曹端家里的人也受到一次破除巫觋迷信的良好教育。

二 反对堪舆（风水）迷信

洪武三十一年（1398年），族人有欲用堪舆（风水）之术营葬者，曹端坚决反对，并赋诗讽劝族人“葬家风水果何由，举世滔滔苦信求。我道如依风水说，阴阳个个做王侯”（同上）。诗中“阴阳”指“阴阳先生”（亦称“堪舆师”）。诗的意思是说，虽然“举世”都迷信堪舆，但是，事实上堪舆是不灵验的，无用处的。

曹端不仅劝族人勿用堪舆之术，而且也教育自己家里的人不要迷信它。他为了帮助父亲破除宗教迷信，专门写了《夜行烛》一书，认为“风水”是一种“当却”的“流俗”（《夜行烛明礼却俗第四》）。并在《家规辑略·丧礼第十二》中规定：

子孙临丧，当务尽礼，不得惑于阴阳，非礼拘忌，以乖大义。（《曹月川先生遗书》卷六）

把反对和破除堪舆风水迷信作为家规，要求世世代代的流传下去。

三　不避太岁、土旺的禁忌

永乐二十年（1422年），曹端四十七岁，任蒲州儒学学正。当时，蒲学墙垣倾圮，曹端命工修筑。但学校看门人迷信太岁禁忌，反对修筑墙垣，并说："太岁在东，未可修理。"（《曹月川先生遗书·年谱》）而曹端则以朴素的自然科学知识，予以反驳。他说"东家之西，乃西家之东，太岁何在尔？欲避之乎？夫太岁，天上岁星也，岂人间家家户户皆有一太岁耶？"（同上）在这里，他不仅以天文学知识，指出"太岁"是"岁星"，在天上，不在人间；同时，又以东、西方位的相对性，巧妙地剥夺了"太岁"在人间的任何立足之地。他说服了看门人以后，命工匠抓紧时间修筑了蒲学的墙垣。

在同一年，曹端请工匠修理公廨，当时，又有人以"土旺"的禁忌散布流言飞语，予以阻挠。于是，曹端指出：

土旺不用，反用衰土乎？且土旺不动土，水日不饮水乎？火日不吹火乎？金日不炼金乎？木日不折薪乎？五行在天地间，木旺于春七十二日，火旺于夏七十二日，金旺于秋七十二日，水旺于冬七十二日，惟土无专气，无定位，故四季之末各旺一十八日，四季总得七十二日，是五行各旺七十二日而成一岁功也。五行一理而已，土旺犹金、木、水、火之旺也。今于金、木、水、火之旺皆不畏避，独于土旺深避之，何惑之甚也！（同上）

在这里，曹端虽然沿用了古代五行配四时的神秘说法，但是，他肯定金、木、水、火、土"五行"的物质性及其相对旺盛的季节，肯定人类经常需要利用它们，并从这些方面说明"五行一理"，皆不足以"畏避"，从而否定了"独于土旺深避之"的迷信做法。结果，"闻者叹服"（《曹月川先生遗书·年谱》），公廨也按时修理好了。

曹端作为蒲州学正，以言教身教破除"太岁"和"土旺"禁忌的迷信。

四　倡导毁淫祠、破淫祀

曹端不迷信鬼神，尤其厌恶淫祠、淫祀，他无论到哪里，都坚决反对此类迷信并积极倡导毁淫祠、破淫祀的活动。

曹端对自己的家乡河南渑池淫祠过多、淫祀泛滥的状况十分不满，积极地主张毁掉家乡的淫祠，破除家乡人的淫祀迷信。例如洪武三十五年（建文四年，1402 年），他曾上书邑令杨某，请毁淫祠。邑令从其言，当即令其“躬诣四乡，监毁淫祠百余所”。永乐五年（1407 年），他又劝说自己的祖父改掉了“从流俗，事淫祠”（同上）的做法。

曹端毁淫祠、破淫祀的主张，建立在破除鬼神迷信的指导思想之上。然而，曹端这种进步主张，一时难以为人们接受。譬如，永乐十九年（1421 年）三月，他服丧结束，夏天又赴河南府，郡吏素闻其名，但未识其面。这时，聚观之。并问曰：“举世崇信鬼神，先生独不事，何也？”他回答：“且如府太守清廉，列郡畏服。有人执金帛导以金鼓，欲赂太守，免差税如何？”郡吏面对这样的回答，都愕然了，并说：“如此，将讨死。”（同上）于是，曹端便针对郡吏的鬼神迷信观念，进一步阐述自己反对鬼神迷信以及主张毁淫祠、破淫祀的道理。他说：

> 今人谄求鬼神，使神而果神耶，亦将讨死。使非其人，安用事为？设一人犯盗，一人杀人，上司追求至紧，二人各挟珍宝，暮夜请求免罪，太守可受而放之乎？今人不务为善，臣不忠，子不孝，弟不逊，妇不顺，积恶有罪，天理不容。乃谄媚鬼神，侔求非望，在乡广建淫祠，惑诱乡人；在家装图神像，朝夕奉献。苟无灾祸，曰：“事神所致也。”苟或不免，曰：“所事不恭也。”惟知倚于鬼神，而修身为善初不暇计。神本正直，安受人间枉法乎？（《曹月川先生遗书·年谱》）

曹端采用二难推理的手法，指出，神若果神，将不会饶过谄求鬼神的坏人；神若不神，则求了也没有用。所以，建淫祠、搞淫祀是不会收到效果的。所以，论人处事的关键，不在于“倚于鬼神”，而在于“修身为善”。曹端讲的这些道理，使郡吏“叹服不已”。

曹端担任山西霍州学正与蒲州学正期间，也积极倡导毁淫祠、破淫祀的活动，曾多次帮助当地居民撤毁淫祠，破除淫祀。他还在霍州学校召集诸生，当众宣布：“妄行淫祀，谄求鬼神，非吾徒也。”（同上）他在这方面对学生的要求是十分严格的。

曹端倡导毁淫祠、破淫祀的活动，对霍蒲二州的学生和百姓很有教育意义。使不少人提高了毁淫祠、破淫祀的自觉性。如蒲人冯祥（字文祯），闻听曹端明正道、距邪说、毁淫祠的言传身教事迹之后，则“奋然从之，践履笃行，惟恐不及”（同上）。

综合上述可知，曹端坚持无神论具有自觉性、一贯性。他自青年时代起立志反对宗教迷信，一直到五十九岁临终时止。数十年如一日，从未间断反对宗教迷信的斗争。他不愧为明代初年的一位自觉躬行实践的无神论思想家。

第十章　罗钦顺

罗钦顺，字允升，号整庵，生于明宪宗成化元年（1465 年），卒于明世宗嘉靖二十六年（1547 年），吉安府泰和县（今属江西省）人，地主阶级中的进步学者、政治家、唯物主义哲学家。明孝宗弘治六年（1493 年），进士及第，被任命为翰林院编修。后任南京国子监司业、南京吏部右侍郎、北京吏部左侍郎，直至南京吏部尚书。此后，弃官居家二十余年，专心著书立说。罗钦顺在政治上主张广招人才，随时变法，反对宦官专权和高压政策，和当时大官僚地主阶级有矛盾；在哲学上，坚决反对宋代陆象山、明代王守仁为代表的主观唯心主义。同时，也批封程、朱理学，尤其是对佛教神学的批判，可以说是继张载之后，又一个作出重要理论贡献的无神论者。其生平事迹，除了他本人编撰的《整庵履历记》之外，尚有《明史》卷二八二《罗钦顺传》、《明儒学案》卷四十七《文庄罗整庵先生钦顺》。其著作有《困知记》、《续记》、《再续》、《三续》、《四续》、《补记》、《外编》、《附录》，以及《罗整庵先生存稿》。其批佛、道思想资料，集中在《困知记》、《续记》以及《整庵存稿》中。

第一节　辨析儒、佛之别

罗钦顺早年曾经笃信佛学，中年以后断然弃舍佛学，并且成为一位从唯物主义立场批判和否定佛教神学世界观的思想家。

一　辨析禅僧寿涯的“物”与“万象”之说，揭示佛教“空寂”观的实质

北宋时期，佛教禅宗有一位高僧，法名寿涯。相传哲学家周敦颐曾经向寿涯问学，寿涯作了一首有名的诗相赠，诗曰：“有物先天地，无形本寂寥。能为万象主，不逐四时凋。”罗钦顺在《困知记》中，对寿涯的诗

进行了分析批判。他指出，寿涯的这四句诗是似是而非的，表面上和儒家的观点相差不多，但它实际上是“大乱真”（《续记》卷上）。

罗钦顺认为，寿涯的四句诗，既可以用佛教的言论进行解释，又可以用儒家的言论进行解释。而且，“先据佛教言语解释一悉，使彼意既明且尽，再以吾儒言语解释一番，然后明指其异同之实，则似是之非有不难见者矣”，“其所以大乱真”，亦是“不难见者矣”（《续记》卷上）。首先：

> 以佛家之言为据，则“无始菩提”，所谓“有物先天地”也；“湛然常寂”，所谓“无形本寂寥”也；“心生万法”，所谓“能为万象主”也；“常住不灭”，所谓“不逐四时凋”也。作者之意，不亦明且尽乎！（《续记》卷上）

佛家常说的“无始菩提”，相当于寿涯所说的“有物先天地”。“无始”，意思是一切世间，如众生，如法，皆无有始，也就是说，今生从前世之因缘而有，前世亦从前世而有，这样辗转推究，证明自然界和人类社会的一切生物（包括人类自身）及其规范之元始不可得，佛法之元始亦不可得。“菩提”，意思是道，是觉。道者通义，觉者觉悟，指豁然开悟，又指觉悟的智慧和途径。佛家常说的“湛然常寂”，相当于寿涯所说的“无形本寂寥”。“常寂”者，真体离生灭之相谓之常，绝烦恼之相谓之寂，如《唯识述记》卷一说：“不生不灭，绝名相于常寂之津。”又如唐代禅宗僧人神会在《显宗记》中说：“湛然常寂，应用无方，用而常空，空而常用。用而不有，即是真空；空而不无，便成妙有。妙有，即摩诃般若；真空，即清净涅槃。”佛家常说的“心生万法”，相当于寿涯所说的“能为万象主”。“心生万法”，出自佛书《顿悟入道要门下》：“心是法身，谓能生万法，故号法界之身。”佛家常说的“常住不灭”，相当于寿涯所说的“不逐四时凋”。“常住不灭”，意思是法无生、灭、变迁。总之，寿涯的四句诗，完全是以佛教神学为依据的。

罗钦顺接着又以儒家的言论解释说：

> 求之吾儒之书，“太极生两仪”，是固先天地而立矣；“无声无臭”，则无形不足言矣；“富有之谓大业”，万物皆一体也；“日新之谓盛德”，万古犹一时也。太极之义，不亦明且尽乎！（《续记·卷上》）

这里，中心思想是讲“太极之义”。其中，关键的一句话，是“太极生两仪”。这句话，来源于《易·系辞上》：“易有太极，是生两仪，两仪生四象，四象生八卦。”“太极”，指派生万物的本原，就是物质本源的气，而气又分为阴、阳二气，阴、阳二气化生万物。罗钦顺认为，寿涯的四句诗，“自吾儒观之，昭然太极之义，夫复何言!”好似在讲“太极”的意思。但是，“佛氏初不识阴、阳为何物……但见得此心一点之灵，求其体而不可得，则以为空寂。”既然寿涯“初未尝知有阴、阳”，那么，“安知有所谓太极哉!”实际上，“此其所以大乱真也”（《困知记》卷上），这恰好证明他的诗是以似是而非的手法混淆真理与谬误的区别，而造成大乱真的错误。

罗钦顺运用比较的方法，将上述佛、儒两种观点的解释加以对照之后，进而指出：寿涯的诗凡二十字，其中十七字，佛、儒解释的意义，“无甚异同，不足深辨”；但是，另外三个字值得注意，是“所当辨者”（《续记》卷上），这三个字就是“有物先天地”句中的“物”字以及“能为万象主”句中的“万象”二字。他说：

> 以“物”言之，“菩提”不可以为“太极”明矣。以“万象”言之，在彼经教（佛教）中即“万法”尔。以其皆生于心，故谓之能主。然所谓主者，实不过阴界入。自此之外，仰而日月星辰，俯而山河大地，近而君臣、父子、兄弟、夫妇、朋友，远而飞潜动植、水火金石，一切视以为幻而空之矣，彼安得复有所谓万象乎哉!（《续记·卷上》）

这就是认为，寿涯诗中所谓“有物先天地”中的“物”，不是客观物质的物，而是佛教的“无始”与“菩提”，指人们感觉不到的没有开头的无限以及彻悟的智慧，即抽象的佛性；所谓“能为万象主”中的“万象”，也不是指的客观万事万物的物质现象，而是指的“心生万法”，即指所谓“心是法身，谓能生万法”（《顿悟入道要门下》），只不过是人们的“心”所造成的各种幻觉而已。至于“能为万象主”中的所谓“主”，则“实不过阴界入”，实际上也不过是一种神灵的说法。罗钦顺以唯物主义气一元论的自然观对寿涯“物”与“万象”之说的辨析，抓住了佛教神学世界观的核心，明确地揭示了佛教“一切皆空”与“一切唯心”的“空寂”观的实质。

二　斥佛教神学世界观是导致“造妖捏怪”的根源

罗钦顺认为，“佛氏初不识阴、阳为何物，固无由知所谓道所谓神，但见得此心有一点之灵”，即认为佛教的各个教派都是以主观的“心”或“意识”作为认识世界的出发点的。他举例说：《楞严经》所谓“山河大地，咸是妙明心中物”，认为一切“皆我之所为”，这“正是唯我独尊之说”（《续记》卷上）。他指出，佛教就是这样凭一己之心来任意安排和造作天地万物，造出诸如“佛性”、“佛法”、“菩提”、“般若”、“真如”，“涅槃”等许多名目来。识者一看，就知道佛教说的这些是“心”，不识者则把它们叫做“精魂”，以至于“后来其徒之桀黠者，因而造妖捏怪，百般作弄，神出鬼没，以逞其伎俩，而耸动人之听闻，祗为众人皆在迷中。”（同上）此外，他还指出：“张子（张载）所谓诐淫邪遁之辞，翕然并兴，一出于佛氏之门，诚知言矣。然造妖捏怪，不止其徒；中其毒者，往往便能如此。”（《明儒学案》卷四十七，《诸儒学案中一·读佛书辨》）佛教随心所欲地“安排造作世界”，杜撰出许多神秘的说法，捏造出许多神灵和鬼怪，受到佛教毒害的人也往往会这样做。总之，寻根溯源，“造妖捏怪”的佛教迷信思想，都来自佛教的神学世界观。

三　斥“似是而非”、“混真妄为一途”的佛教神学世界观为国家、人类之非幸

罗钦顺指出，佛教以“心”、“识”为本体、为真，以“物”、“象”为末流、为妄，“分本末为两截，谓迷则真成妄，悟则妄即真，又混真妄为一途。盖所见既差，故其言七颠八倒，更无是处”（《读佛书辨》）。例如波罗提的一个偈子说：“天地非大也，毫发非小也；昼非明也，夜非晦也，往非古也，此非今也，他日非后也，鸢飞戾天非鸢也，鱼跃于渊非鱼也。”又如《金刚经》所谓“如来说世界，即非世界”（《续记》卷下），佛家禅语说“非异非不异，非有非无，非常非无常”、“生死即涅槃，涅槃非生死”等等。诸如此类的佛教说法，都是“似是而非”、“混真妄为一途”的宗教神秘观点，“若将异处穷著他，他便有非异一说。将无常穷著他，他便有非无常一说。自非灼然看得他破，只得听他愚弄耳！”（《读佛书辨》）对于佛教上述种种“似是而非”、“混真妄为一途”的宗教神秘观点，罗钦顺进行了针锋相对的辩驳。他指出：“若夫真妄之不可混，则又可得而言矣？夫目之视，耳之

听，口之言，身之动，物虽未交，而其理已具，是皆天命之自然，无假于安排造作，莫非真也。”“所当然者，即其自然之不可违者，故曰真也。所不当然者，则往往出于情欲之使然，故曰妄也。”（同上）如果说真假是不可混的，那么，佛教上述种种神秘观点又怎么说得通呢？我们平时所看到的、听到的，说的和做的，都是依据于某一事物的道理，不一定该事物就在那里。但是，这些道理都是由该事物本身所规定的，并不是宗教神学家一类的人们随意安排造作出来的。所谓真的，即是由自然本身所规定的，不可违背。所谓假的，即是不符合自然本身的规定，往往是由宗教神学家们随心所欲造成的。在此，罗钦顺指出，佛教的神秘观点之所以“似是而非”，“混真妄为一途”，关键就在于这些观点否认“有物有则”，抽掉了客观事物本身的规定性，所以真假也就没有界限了。真的可以变成假的，假的也可以变成真的，完全可以随心所欲。因此，他得出结论：“弥近理而大乱真，惟佛氏耳。”“若如佛氏之说，则方其未悟之先，凡视听言动，不问其当然与不当然，一切皆谓之妄。及其既悟，又不问其当然与不当然，一切皆谓之真。吾不知何者在所当存乎？何者在所当去乎？当去者不去，当存者必不能存，人欲肆而天理灭矣。使其说肆行而莫之禁，中国之为中国，人类之为人类，将非幸欤？”（同上）在罗钦顺看来，佛教神学的流布，将会谬种流传，真妄不分，诚然是中国和人类之不幸。鉴于此，是不能不对其严禁的。

罗钦顺对佛教的批判，当他在世时未能产生大的影响，但到明代末年，却为东林党的一些有识之士以及黄宗羲等大思想家所推崇。据黄宗羲《明儒学案》征引东林党领袖之一高攀龙评论罗钦顺的话说：“先生（罗钦顺）于禅学尤极探讨，发其所以不同之故。自唐以来，排斥佛氏者未有若是之明且悉者。”（黄宗羲《明儒学案》卷四十七，《诸儒学案中一·文庄罗整庵先生钦顺》）黄宗羲更因罗钦顺之排佛而赞扬道：“呜呼，先生（罗钦顺）之功伟矣！”（同上）高攀龙、黄宗羲的话，似乎有些夸张。罗钦顺作为北宋张载之后的一位排佛者，其对佛教神学世界观的批判。从整体上说，未必超过张载。不过，从罗钦顺对禅僧寿涯“物”与“万象”之说的辨析，从他对佛教神学世界观成为“造妖捏怪”根源的分析，对佛教神学世界观“似是而非”、“混真妄为一途”而为国家、人类之不幸的批判来看，也确实有些功和贡献。

第二节　论道教神仙方术与老子殊不相干

罗钦顺对道教的分析、批判，是建立在对老子学说与佛教、道教的宗教迷信相区别的基础之上的。

第一，罗钦顺与许多儒家学者一样，把老子的思想学说看作“异端”，而加以反对。他曾说，“老子诚亦异端。”（《续记》卷上）但是，他又不像很多儒家学者那样，把老子的思想学说与佛教的宗教迷信学说不加区别地等同对待，他只是把老子的思想学说看作与儒家相对立的一个学派，而没有把它看作佛教一类的宗教有神论。他说：

> 老子外仁、义、礼而言道德，徒言道德而不及性，与圣门绝不相似，自不足以乱真，所谓弥近理而大乱真，惟佛氏尔。（《续记》卷上）

在他的心目中，老子的思想学说与儒家截然不同，与佛教的宗教迷信学说也不一样。老子的思想学说重在道德观念，不足以“乱真”，而佛教的宗教迷信学说则“弥近理而不乱真”，具有更大的危害性。

第二，很多儒家学者，往往把老子的思想学说混同于后起的道教宗教迷信，不加区别地予以反对；罗钦顺则把老子的思想学说同道教的宗教迷信相区别，并着重反对和批判道教的宗教迷信。

罗钦顺说：

> 今之道家（按：即道教），盖源于古之巫祝，与老子殊不相干。老子诚亦异端，然其为道，主于深根固蒂、长生久视而已。《道德五千言》具在，于凡祈禳、禜祷、经咒、符箓等事，初未有一言及之。而道家立教，乃推尊老子，置之三清之列，以为其教之所从出，不亦妄乎！（同上）

这是罗钦顺从思想渊源上对道教进行的分析。他认为，道教的宗教迷信渊源于古代的巫祝之术，并发展为祈禳、禜祷、经咒、符箓等迷信事宜，而所有这些，是与老子及其著作《道德五千言》毫不相干的。因此，道教假托老子为教主，并将其置于三清偶像之列，是很虚妄的。并由此指出：

古者，用巫祝以事神，建其官，正其名，辨其物，盖诚有以通乎幽明之故，故专其职掌，俾常一其心志，以导迎二气之和，其义精矣。去古既远，精义浸失，而淫邪妖诞之说起。所谓经咒、符箓，大抵皆秦、汉间方士所为，其泯灭而不传者，计亦多矣，而终莫之能绝也。今之所传，分明远祖张道陵、近宗林灵素辈，虽其为用不出乎祈禳、祟祷，然既已失其精义，则所以交神明者，率非其道，徒滋益人心之惑，而重为世道之害尔。望其消灾而致福，不亦远乎！（同上）

这是罗钦顺从流变上对道教的分析。他认为，古代的巫祝迷信，后来发展成为更加粗俗的“淫邪妖诞之说”；到了秦、汉时代，方士更制造出经咒、符箓一类的迷信。诸如此类的世俗迷信，后来又演变为道教迷信。而世传道教的宗教迷信，事实上是东汉张道陵（东汉五斗米道的创立者）以至北宋林灵素（少学佛教，后改从道教）传播下来的，它对“世道”是有害而无益的。

罗钦顺紧接着上面这段话，又说：

老子之善成其私，固圣门所不取。道陵辈之诪张为幻，又老子之所不屑为也。欲攻老氏者，须为分二端，而各明辨其失，则吾之说为有据，而彼虽桀黠，亦无所措其辞矣！（同上）

这是罗钦顺对自己上述分析所得出的结论。他在此认为，既然老子的思想学说与道教的宗教迷信是两回事，那么，要反对和批判老子的思想学说，反对和批判道教的宗教迷信，就必须将二者分开，分别“明辨其失”。只有如此，才能有理有据地将道教的宗教迷信批倒，以至使彼“桀黠”者也理屈词穷而服输。

罗钦顺对道教的分析、批判，内容不多，比其对佛教的分析与批判，是有逊色的。不过，他不把老子的思想学说当作宗教迷信看待，而把它分别与佛、道宗教迷信加以区别对待，把批判的着眼点放在道教的神学迷信方面，这却是一种实事求是的态度，亦是其批判道教宗教迷信的一个特点。

第十一章　王廷相

王廷相，字子衡，号浚川，生于明宪宗成化十年（1474 年），卒于明世宗嘉靖二十三年（1544 年），明代哲学家，重要的无神论者。

明孝宗弘治十五年（1503 年），王廷相登第进士。十七年授兵科给事中，任职间“条陈时政，靡所顾忌”。武宗正德三年（1508 年），由于得罪宦官刘瑾而被谪亳州判官。此时王廷相已有文名，不久升迁高淳知县。五年又召为御史，在巡按陕西间，裁制了“朘削无度”的宦官廖堂。世宗嘉靖年间，历任湖广按察使、山东布政使、南京兵部尚书兼都察院左都御使掌院事等。嘉靖二十年（1541 年）因“查核”勋臣郭勋侵夺民财事，被诬为“朋比阿党”而“斥为民”，罢归后三年病终故里。廷相一生仕途曲折，但他始终不和当时的权奸同流合污，且敢于同宦官污吏作斗争，政治上表现了一定的进步倾向。

王廷相在其从政活动的过程中，一方面在捍卫孔子正统儒学的旗帜下，评论包括孟子以及之后儒者的是非，同时，对自然科学与音律学研究有素。在天文学方面，著有《岁差考》、《玄浑考》及其他自然科学的专论，如《慎言·乾运篇》等。上述的评论与研究，推动了他的唯物主义自然观的形成，他的唯物主义思想贯穿于世界观与认识论等各个方面，并同宋明理学（包括心学）相对立，同传统的封建神学相对立。他全面地批判了佛、道宗教神学以及其他世俗迷信，在批判中发展了古代无神论。

王廷相的著作编为《王氏家藏集》，该集收有《家藏集》四十一卷，《内台集》七卷，《慎言》十三卷，《丧礼备纂》两卷，《雅述》两卷，其中《慎言》、《雅述》、《家藏集》与《内台集》反映了他的哲学与无神论思想。

第一节　论元气之上无神秘的主宰

王廷相无神论的理论基础，或说他反神学的理论武器，是元气本体论与自然生化论。同时又紧紧地依据自然科学知识，来批判神学，否定有超自然的主宰者。

神学肯定超自然的主宰，始于商周，而西汉的董仲舒进一步肯定神秘之天的主宰地位，说“天者百神之大君也”（《春秋繁露·郊语》），“天者万物之祖”（同上《为人者天》）。至宋明，仍不乏鼓吹者，如司马光为反对王安石变法，就公开打着天命的旗号，宣扬“天者万物之父也”（《司马文公集》卷七十四）。王廷相针锋相对，以元气本体论与自然生化论否定有超物质的主宰者，以及创世说与目的论。他明确指出：“天地之先，元气而已焉。元气之上无物。”（《雅述》上篇）在《答薛君采论性书》中又指出：“余尝以为元气之上无物”，“非元气之外又有物以主宰之也。”（《家藏集》）可薛君采仍借助陈淳的观点肯定：“气化终古不忒，必有主宰其间者。”（同上）对此，王廷相反问：“不知所谓主宰者是何物事？有形色耶？有机轴耶？抑《纬书》所云十二神人弄丸耶？不然，几于谈虚驾空无着之论矣。”（同上）看来，像薛君采一类的人，不懂自然生化之理，而故弄玄虚于其间，宣扬主宰说。王廷相质问主宰者为何物？是有形色的东西？还是有什么机关？抑或是什么十二神？如都不是，主宰说只能是“无着之论”，谬误之说。王廷相肯定元气之上无主宰者，万物的本体，只是元气。

王廷相以元气本体论否定神秘的主宰说，进一步又从自然论批判神学目的论。目的论认为，自然与人类社会的一切。都是由主宰者，或说由有意志的天有目的安排的。如说什么天“故生人”、“故生物”等等。王廷相指出：

> 天地之生物，势不得不然也，天何心哉？强食弱，大贼小，智残愚，物之势不得不然也，天又何心哉？世儒曰：天地生物为人耳。嗟乎！斯其昧也已。五谷似也；断肠裂腹之草，亦将食人乎？鸡豚似也，蚖蜿蝮蝎之属，亦将为人乎？夫人之食夫物，固曰天之为夫人之生之也；然则虎狼攫人而食，谓天为虎狼生人可乎？蔽于近小而不致大观也矣。（《慎言·五行》）

这里清楚地表明，他认为生物的生存与发展，有它必然的自然之势，无需天意。同时用事实与逻辑推论，否定“天心”有目的的安排，并嘲笑目的论者的愚昧。以上论述的可贵之处还在于，他在猜测着自然界中“优胜劣败”、“适者生存”的生物学法则，从而超出了前人朴素的自然生化论，更有力地打击了神学目的论。

王廷相既然否定了主宰说与目的论，当然不会承认存在有意志的天干预人事，而是站在无神论的立场上，批判神秘的谴告、祥瑞与灾异说，强调人定胜天。他批判的立足点，仍是自然论。他运用所把握的自然知识，肯定天是自然的天，同时运用事实进行逻辑推理，论证神学说教自身的矛盾。

对谴告说，他指出：“天，一也。天下之国何啻千百？……天象之变，皆为中国之君谴告之，偏矣。以为千百国皆应之，而国君行政之善恶，又未必一日月而均也。”（同上）对此，谴告论者是无法弥补其漏洞而自圆其说的。但尽管如此，还是有人认为谴告说“可以劝人主之趋善”，不必否定。王廷相指出：“是则然矣。君有邪心，不务格而正之；君有辟政，不务谏而反之，乃假不可知者而恐惧之，是舍本而务末也。久而无应，将自丧其术，何善之能趋？几乎佛氏之愚人矣。”（同上）他一方面不承认谴告，同时认为利用谴告劝善无用，而人事只能由人。不过，有人陷入神学泥坑，仍认为灾异与人事有关，并提出质问：“治世之有灾沴，君德不协于天而谴告之乎？”王廷相回答说：“非然也。乱世之有瑞，夫又谁感格之？”（《慎言·五行》）他认为天地间的各种灾异出现，如尧时水灾，汤时旱灾，皆天地之道适然尔，即自然自身的原因所致，是不由人的。“尧汤奈何哉？”这叫做“天定胜人”。而“尧尽治水之政，虽九年之波而民罔鱼鳖；汤修救荒之政，虽七年之亢而野无饿殍。人定亦能胜天者，此也”。他又说：“天道悠而难知，人事近而易见”（同上），因而善言天者还是应办好人事，若拘泥于天是无益于事的。他坚持古代唯物主义无神论的传统，否定天干预人事，强调事在人为，“人定胜天”。

对于与谴告说相联系的祥瑞与灾异说，他指出：人事善，虽山崩川竭，不足为殃；反之，凤鸟庆云，不足以救其危乱之祸。他的结论是：“国家之兴替，人事之善否也”（同上），这从人事立论，否定祥瑞与灾异有关人事。他还利用自然知识，否定神秘的灾异说。如日月主食，王廷相认为：

> 日有食之，可算而知，历之常也。鼓于朝，牲于社，救之也，救不救，日无损焉。然而犹为之者，抑阴扶阳之义云耳。以为灾变者，郎颛、李寻之俦，诬天人甚矣。(《雅述》下)

他肯定日食是自然现象，并不神秘，人们凭自然知识可以认识与把握它。郎颛之流以为自然变异是人事吉凶的预兆，则被他斥之为“诬天欺人”的妄说。这是由于他胸有自然之理，才能发出如此痛快的议论。

以上王廷相立于元气之上无主宰论，否定了由神学主宰论延长的各种天人关系问题上的神秘主义，并由此尖锐地指出谶纬祸国尤甚。谶纬神学，起于先秦，兴于两汉之际，又特别盛行于东汉。然至于唐宋，它被其他神学形式所代替，已趋向衰落。但王廷相的时代，仍未绝迹。王廷相要对传统神学进行全面清算，也就不能放过谶纬神学。他在《汉儒河图洛书辩》中，首先直斥河图洛书全属神秘附会。并指出：“《易》文本无《河图》之辞，而解者果于附人；《洪范》本无《洛书》文字，而传者强为援取。遂使圣经本旨尽晦，与夫五行术数谶纬之家同一流派，岂不为圣经之辱哉?”而谶纬辱经更甚，危害也大。他说：“邪术异端，祸人国家多矣，唯天文谶纬为祸尤甚。”因这种神学编造者，“每遇灾祥，即有窃议”，其“纵事无成，亦能使祸”（《雅述》下）。又纬书之内容，书皆三字为名，他认为皆“异端邪术之流，假托圣经，以售邪诬之说”，如“六天之说，出于《春秋》纬《文曜钩》等书”(同上)。所谓“六天”，指太微宫的五帝星座附会青帝、赤帝、白帝、黑帝与黄帝、五帝说，再加上紫微宫的大帝，则为六帝，称之“六天”，此乃两汉时期借以神化君权的说教。不过，“宋之儒者犹持六天以惑世”。“其书今虽不存，而类书引用尚多，终惑后学”（同上）。而他指出谶纬的谬误，目的是为以防后学之惑，他在这里虽未给予理论的分析，然而反谶纬的态度是十分明朗的。

第二节　五行辩

五行说，原为古代最早的一种解释物质世界本原的元素论，但后来逐渐被神秘化，成为古代神学家宣扬神秘主义的一个重要方面，至宋明仍然如此。对此，王廷相追源探流，阐明自己的五行论，否定神秘的五行说。他指出：

《禹贡》言六府，《洪范》言五行，其义一也。谓此五者流行天地之中，切于民用，不可一日而缺；治天下国家，其政所宜先者。……古之圣人，其论五行之义，如此而已。自夫圣王之政衰，而异端邪说起；始有以五行分配十二支于四时者矣；自有以五行配五脏六腑者矣；始有以五行名星纬者矣，始有以五行论造化生人物者矣。斯皆假合傅会，迷乱至道，遂使后之儒者援纬附经，拟议造化；其随声附和者，浸淫为怪诞之谈而不知其非。嗟呼！后世何其嚣嚣也？（《家藏集·五行辩》）

他另在《答顾华玉杂论》中，也提出与上述大体相同的论述。不过，这里他进一步明确后世的附会："下至于唐，始附会生命之术；再及于宋，则附会于阴阳造化矣。"认为此种附会，"始而出自匪儒，继而惑于愚民"，甚至"名儒贤士，执夫古昔之旧，亦从而信之"，故需"拒邪禁诬，复正道于太古之纯"。他身体力行，对上述附会进行了辨析与批判，下面择要加以评述。

关于五行与人的五脏相配。五脏指肝、心、肺、肾、脾。相配，五行家说：肝者木之精，心者火之精，肺者金之精，肾者水之精，脾者土之精，故以此肯定"人一身具五行"与"五行生人"。此附会之说，本是神学家用来证明天人合一目的论的，即从天有五行，人有五脏，说明天人相通。王廷相对此神秘的傅会，则取否定的态度。他指出："且夫水、火、土、天地之大化也；金、木者，三物之所自生，与人物所同出者也，安可与之相配？地闢矣，人物即生之。金石之质必积久而后结，吾恐其生之必后于人物矣。谓金之气生人，得乎哉？"（《家藏集·五行辩》）就万物生成的次序来说，他认为先有人物而后才有金石，这样当然不可说金气生人。以上论证是不科学的。不过，他由此又进一步指出："天地之间无非气之所为者，其性其种已各具于太始之先矣。……各各完具，不相假借"（同上）。在这里，他立足于气本论与物自生论，首先肯定人物及五行皆本于气而自生；再是初步洞察到各种不同的具体的物，包括人，皆具有自性。用现在的话说，即各具自身质的规定性，如人是人，金是金，等等。因而不能互相假借。接着又利用反推的方法来辩驳，如五行家说："人一身具五行，故曰五行生人"，王廷相则从五行生人反过来推出人生五行。他说："津液、血，水也；钻燧、气，火也；皮之柔、肉，土也；心之坚、骨，金也；又何异于人哉？然则谓人生木，不亦可乎?”（同上）他的目的证明皆不可能，如人不能生木等等。王廷相否定五行与人及人之五脏相配，排斥了五行神秘化的谬说，同时亦堵住术数家利用五行相配推算人生禄命等迷信的可能。

关于五行配四时，王廷相也持否定态度，他说：“今之言五行者，必曰四时各主之，亦非也。”为什么?他认为：

> 春止为木，则水火土金之气孰绝灭之乎?秋止于金，则水火土木之气孰留停之乎?土惟旺于四季，则余月之气孰把持而不使之运乎?又安有今日为木，明日为火，又明日为止，为金，为木乎?秦汉以来，鄙儒牵合附会之论类如此。是故五运、六壬、财官、星数、太乙、皇极之术兴，而世乃大惑矣。(《家藏集·五行配四时辩》)

这里，他用事实说明五行配四时之说教于理不通。因为五行之气共存于天地之间，如木之气为春，那其他四行之气如何安置?神学家实难圆其说。王廷相则用自然科学知识给予合理解释。他说：“日有进退，乃成寒暑；寒暑平分，乃成四时，于五行布气何与焉?”（《家藏集·五行辩》）从而用事实与科学知识否定了五行配四时，同时也否定了建立在五行配四时基础之上的五运、六壬、星数等神秘主义的迷信。

五行生克说也是一种传统的神秘主义。“生”，指五行相生，即木生火，火生土，土生金，金生水，水生木。“克”，指五行相克，即水克火，火克金，金克木，木克土，土克水。五行术家利用生克论人事的吉凶，甚至用以推算朝代的更替。对此，王廷相指出：

> 五行生克出自异端邪术，古今大惑莫甚于此。夫金乃水土与火三精凝结，化理最后。水则阴精所化，万物为质之木。五行家曰金生水，自今观之，厥类悬绝不侔，厥理颠倒失次，安有生水之理?夫木以火为气，以水为滋，以土为宅，此天然至道。五行家曰永生木，无土将附木于何所?……今谓水中生萍，恐非大观之论。(《家藏集·答顾华玉》)

王廷相立足气的一元论，肯定“天地间无非气之所成”（同上）。金、木、水、火、土五种物质也不例外。而“水火元气之先化，水火具而后土生”（同上）。所以他认为：“金乃水土与火三精凝结”而成。按生成次序，金当在水土与火之后，由此否定金生水。至于水生木，他认为，“有土则万物生”（同上），木必须“以土为宅”即植根于土才能生，否则木将无所附，故水不能生木。以上论木的生成符合自然之理，论金的构成则不科学。然而他以此驳斥了五行相生说，由此自然也排除了相克及由此论吉凶的神学说教。不过执迷者，如何粹夫仍认为以五行论者凶，“亦有奇中者，故不耐何信之?”王廷相嘲笑他“附会于世俗之论”，“不自知其陷于怪谬诬妄之归矣”（《家藏集·答何粹夫论五行书》）。而他认为，所谓奇中，并不神秘。他说：

> 执事（指何粹夫）所谓世之言五行亦有奇中者，此何足异哉?盖多言而能中耳。仆尝谓不用五行，亦能奇中。试以士人举进士者十人，仆据其文学、体貌而悬断之，指某曰后日官至某官，中间履历，平顺坎险，随意而道，指某曰何如何如，他日验之，必有三四中者，且亦一二奇中者，何也?此皆士人之所必有者。若以为白日飞升，则无能验之矣。不中者，人不传之矣；中者必传之以为神。然则假五行而奇中者，何以异此。（同上）

以上批判生动有趣，而寓意也颇深刻。这里接触人生遭遇偶然与必然的关系问题。如士人进取得官，就整体来看，有其必然的一面。但哪个人能得以升官，则又有其偶然因素。如据必然性推测，其中总会有人偶中，于是说中者被传为神。这正是神秘灵验及惑人的奥妙。其他一切迷信大致如此。

对神秘五行说的批判，王廷相之前后大有人在。然而对其追根溯源，而又从理论与实际进行全面批判的，据我所知是不多的。这也是王廷相对无神论所作的一个特殊贡献。

第三节　论佛、道二教的宗旨，斥“出世”的说教

佛教与道教的宗旨，在王廷相看来，佛之说“空”，其旨在宣扬彼岸世界；道之讲“无”，是教人追求“洞天福地”。他说：“以造化本体为空为无，此古之大迷”（《内台集·答何柏斋造化论》）。对“空”与“无”的宗教世界观，他以“太虚即气”的观点进行了批判。他认为万物由太虚之气而成，万物消散之时，其气复归于太虚。气是无息灭的，“则造化本体安得不谓之有，安得不谓之实?老释所谓有‘无’有

‘空’者，可以不攻而自破。”（同上）这一说法的道理是明显的，因为，承认太虚即气，而气不生不灭，这自然排除了“空”与“无”的彼岸世界。他说：

> 佛氏……言一切众生皆有本觉，谓本性之灵觉处，虽流转六道，受种种身，而此觉性不曾失灭，故以此为真性、为圆觉。……圆觉生出菩提、涅槃及波罗蜜。菩提，觉也，无法不知之义。涅槃，圆寂也；谓觉性自圆，无法不寂也。波罗，彼岸也；蜜，到也，言到彼岸也，谓离生死此岸，度烦恼中流，到涅槃彼岸，永归寂灭，不生不死也。由此观之，佛氏之大旨尽矣。（《雅述》下）

佛教的大旨，就是以“空”否定现实界，建立其彼岸的世界。同时宣扬人人皆有不灭的觉性，只要按照其教义去修行，则可超脱人间烦恼，到达彼岸世界。王廷相尖锐地指出，这种神学说教是十分虚伪的。他说：

> 虚者气之本，故虚空即气；质者气之成，故天地万物有生。……佛氏老庄之徒见其然，乃以空虚返本，无为为义，而欲弃人事之实，谬矣。嗟乎！有生则生之事作，彼佛氏，老庄、父子、君臣、夫妇、朋友之交际能离之乎？饮食、夜服、居室之养能离之乎？不然，是生也为死之道，夫岂不谬！（《慎言·五行》）

王廷相肯定物质世界不空，人自身也是实，而现实的人生存在于现实的物质世界，则必有生之事作，欲超脱现实界与尽人事之实，去追求虚无的彼岸或洞天福地，就是生者为死之道，当然是荒谬的。就是宣扬这种荒谬教义的人，自身也是办不到的，因为他生活于现实世界，就不能摆脱人与人之间的关系，更不能没有衣、食、住的供养。办不到而宣扬，只能被看做是一种虚伪的说教。

以上王廷相对佛、道，特别是佛教宗旨的揭露与批判，是深刻而有见地的。如果说，范缜的神灭论，从否定有脱离肉体的灵魂存在，抽去了轮回报应的承担者，张载以“虚空即气”本体论，拆除了佛教神学世界观的理论基石，那王廷相则继张载之后，进一步抓住佛教的宗旨从理论上更明确地否定了神学的彼岸世界。

第四节　无鬼论

王廷相在论鬼神问题时，虽以孔子“敬鬼神而远之”为至论，但他还是从“无形气则神灭”的观点出发，否定了鬼神。他说，“夫神必籍形气而有者，无形气则神灭矣……如火光之必附于物而后见，无物则火尚何在乎？”（《内台集·答何柏斋造化论》）此以物喻形，以火喻神，说明二者无依附则不能独存，人死气散神灭不能为鬼。以上所论，还局限于范缜之前的形神论，不仅未在范缜的基础上前进，而且比之亦逊色。不过，王廷相仍始终坚持着神灭论的无鬼论。当他与有神论者何柏斋辩论鬼神有无的问题时，何柏斋以“神自外来，不从形气而有”，证明神可离形而为鬼，并认为：“天地六虚之中无非鬼神，能听人役使，亦能为人祸福。”对比，王廷相一方面指出：“神必待形而有……安能脱然神自神而气自气乎？”另一方面又指出：“柏斋以祸福必由于鬼神主之，则夫善者乃得祸，不善者乃得福，鬼神亦谬恶不仁矣，有是乎？”（同上）在他看来，鬼神若主祸福，那善者应得福，恶者应得祸。但事实并非如此，可见祸福并非鬼神所主，而且也不存在什么鬼神。故又进一步指出：“世之人物相戕相杀，无处无之，而鬼神之力不能报其冤……何足以为灵异？”（同上）这里不仅说明鬼神不能主人之祸福，就是冤死之鬼自身，也不能报其冤，与人为祸。此足见人死无什么灵异了。所以他不客气地斥责论敌是“惑于世俗之见而不能达乎至理者矣”（同上）。王廷相既否定了有鬼论，同时对与鬼神迷信相联系的其他巫术与术数迷信，也进行了批判。

对求神弄鬼的巫术，王廷相指出：“不知是何神灵听师巫之所使……此类说梦，愚不得而知之。”（《内台集·答何柏斋造化论》）他进一步揭露此类巫术说：

> 《慎言》此条乃为师巫能致风云雷雨而言，故曰雨旸风霆，天地之德化，而师巫之鬼不能致耳。或能致者，偶遇之也。……愚则谓天所能为者人不能为，人能为者天亦不能为之。师巫若能呼风唤雨，何不如世俗所谓吹气成云，噀唾成雨，握手成雷，拂袖成风，顷刻之间灵异交至，又何必筑坛敕将，祭祷旬朔，以待其自来？岂非诳惑耶？俗士乃为信之，悲哉！（同上）

这里指出，风云雷雨，是天之所能，即自然界自身的现象与自然的职能，人无可奈何，而师巫弄鬼呼风唤雨，只能是一种欺骗，不过俗人却信之，是可悲。其可悲，不仅相信这种巫术的偶然应验，如呼风适巧风至，唤雨恰好某时降雨，而且在不灵验时，还为师巫开脱，把求神比作请客，说“设主请客，有至不至，如师巫求神，有应不应”。王廷相指出：“此皆为师、巫开脱之计。请客不至，或有他故，求神不应，神亦有他故耶？此可发笑。”（同上）

对祭祀，他一不承认“感格之道”，即人的精诚能感神；二不相信鬼神亲享。因天地山川不类人，不得具享饮食。对圣人谨祭，他认为：此乃“报本追远，仰功酬德，先王仁孝之诚，且因之以立教也”（《慎言·保傅》），祭祀并不是享神求福。至于那些崇祀而求福者，皆怀，“诈己之心以诈人，非愚则诬而已”（同上）。这里不排斥祭祀，但否定迷信鬼神。

对卜筮，他认为：“善者吉，不善凶，理自然也。苟不善焉，筮之何益？势有所轧，时不可为也。时不我与，为之何益？”（《慎言·文王》）认为吉凶在人之善与不善，时与不时，不在卜筮。

对风水迷信，王廷相则直接斥之为“邪术”、“惑世以愚民”的妄说。他首先从古代丧葬制度证明，过去根本不存在什么风水福荫之事。同时又从风水说自身的矛盾揭露它。风水迷信乃宣扬祖先葬在风水之地，子孙可得福荫。他说：“谓其福荫于子孙，岂非荒忽缪悠无著之言乎？况若子若孙，有富有贫，有贵有贱，或寿或夭，或善或恶，各各不同，若曰善地，子孙皆被其荫可也，而何不同若是？”（《雅述》下）对此，风水先生们作何回答！他还就人之一般常识来批判此种迷信，说“若以风水能致人福禄，则世间人事皆可以弃置不为，农者不论天时而耕耨，商者不论贵贱美恶，工者不论习熟工巧，士者不论讲学摛词，一唯听于风水，以俟其（福禄）自至可也，然而能之乎？”（同上）这当然是不可能的。而他这种近理合情的批驳，是容易被人们接受的，有利于破除这类迷信。

王廷相对巫术与术数迷信的批判是多方面的，这里不一一评述。总的来看，他批判传统世俗迷信的思想，没有超出前人的水平。不过在揭露世俗迷信的原因方面，也曾提出一些合理见解。如说：“夫人上智者寡，中材者多，孰能究其不然？况穷通富贵寿夭之说，又能以中鄙俗之心，无怪乎日滋而不可除也。故曰：智者造迷，愚者造信，诡者成术，鄙者成俗，圣人纯正之道荒矣。”（《王氏家藏信·五行配四时辩》）这里，他从人皆愿求富与长寿的心理状态和社会实际的现象出发，进行分析得出上述结论，符合实际，也颇有见地。因为，在阶级社会中，如他所说，“智者”总是利用宗教迷信搞神道设教来麻痹人们的意志，而“愚者”迫于社会的压力，在现实中往往无法满足自己的愿望，甚至常常遭遇不幸，于是只好乞求神灵。再加上“诡者”制造各种巫术与术数迷信形式，“鄙者”崇信流传而成风俗。这里不仅揭露了现象，而且透露着对宗教迷信产生与发展根源的认识。不仅如此，王廷相反迷信斗争的可贵之处还在于：他一方面揭露迷信，另一方面又以无神论的观点，教人“明于人之道”，“不惑于非类”（《雅述》下）。他明确反对“矫天假神”。他说“其道诬，故君子正之”（《慎言·保傅》）。由此，对传统的神道设教，虽未直接予以否定，也提出了自己的见解。他说：“圣王神道设教，所以辅政也。其弊也，渎于鬼神而淫于感应。”其结果“惑而诬，皆妨政教也夫”（《慎言·御民》）。以上看法可说超越了他之前所有的无神论者。从历史上的统治阶级无不需要神学作为精神支柱这一点来讲，他的思想也超越了他自身阶级的界跟。当然，这不等于说，他背叛了自己的阶级，这在当时是不可能的，但说明他的明智。他排斥神道，要求重人道，从无神论的角度来看，是放出异彩的。

第五节　王廷相无神论思想的优点、贡献与局限

王廷相无神论思想的优点与贡献，概括起来，有如下三个方面：

第一，王廷相始终坚持元气本体论与自然生化论，以及重人事与强调人定胜天，即以自然为本与人本思想同神本相对立。具体又表现在如下几个方面：一是对元气之上无主宰者的理论论证；二是从人事论五行的本义，同时以自然之理与科学知识排斥神秘的五行说，他在这方面的深刻分析与系统全面的批判，都超越了前人；三是对佛学大旨，即佛教本质的揭露，及以元气本体论与人本思想对佛教神学彼岸世界的否定，表现了在张载基础上的发展；四是对宗教与世俗迷信根源的认识，及对“神道设教”的态度，也为前人所不及。

第二，对神学的批判具有针对性与战斗性。评价一个无神论者，不仅看他在理论上比前人作出什么新的贡献，同时还要看他的理论有无现实的意义。王廷相所处明代后期社会危机的时代，而以皇帝为代表的官僚统治集团明确地提出“破心中贼”，要以封建名教与封建神学钳制人民的头脑。由此需要，自然会生出一批维护与宣扬宗教神学的代表人

物，如当时何柏斋、顾华玉、何粹夫与薛君采等等皆属此类。王廷相与之针锋相对，著有《答何柏斋造化论》、《答何粹夫论五行书》、《答薛君采论性书》、《答顾华玉杂论》等等专文，进行批驳，并把神学的批判与政治的批判结合在一起。如他指出："今之时，政繁矣，风侈也，民劳也，财困也，生促也，天下之大灾也。"（《慎言·御民》）此种"奸政"，必然"坏俗"，于是"正道湮塞"，"邪说横行"。此谁之咎？他尖锐地指出：封建神学的流行，乃是"由于在上之势致之"。犹如"汉光武好图谶，故当时纬候之流，顺风趣附，遂使道之所妄"（《慎言·君子》）一样，咎在皇帝。这种把神学批判的矛头同时指向社会政治的弊端，并直接揭露最高统治集团的大无畏的精神，表现了中国无神论战斗的优良传统。

第三，王廷相无神论突出的优点，是他不仅以唯物主义自然观作为反神学的理论武器，而且又能与自己把握的自然科学知识紧密结合起来作为否定神学的依据。如神学家常以日月之食等自然变异现象诬天欺人，他则以天文学的知识证明："日有蚀之"。他认为，此"可算而知"，是"历之常也"（《雅述》下），并不神秘。这样的例子还很多，不赘述。一般来说，在人们能以自然科学知识把握的自然领域，就能在这个领域驱除神秘主义，但在某些自然现象还未被认识的情况下，就有可能产生或附和神秘主义，如沈括就是这样（具体参见《梦溪笔谈》的卷九、二十一、二十四与二十五等）。而王廷相的可贵之处，在于他不仅在所把握的自然领域中排除了神秘主义，而且在未被认识的领域内遇到无法解释的自然现象时，仍能坚持无神论的立场。如对雷这种现象，他认为"说者曰阴遏乎阳，不得出而暴裂者"，"此近理也"。但由于雷声有时缓慢而引长，又不像阴阳二气为之，故他"尝疑其为物之所为"，或如传说的麟与龙。这显然表明他未认识"雷"这一自然现象，并作了错误的推测，但他没有由此陷入神秘主义，而是肯定龙我无求，天道与人道无涉，教人"明于人之道"，"不惑于非类"（以上见《雅述》下）。这里告诉我们，一个无神论者要把自己无神论观点坚持到底，就必须以唯物主义的自然观作为自己的理论基础，或说以此为指导去观察自然，才不致陷入迷途。王廷相就是这样做的，这也是他优于前人的长处。

另一方面，王廷相的无神论，由于所受时代条件的局限，也有他的不足。这一点除在本文前面所述之外，还突出表现在他对人类的吉凶祸福等命运问题的解释上。这类社会问题，如前面所述，古代无神论者在否定神秘的天命论中，至多只能提出自然必然论（如王充），或偶然论（如范缜），仍摆脱不了宿命论或命定论。王廷相在这方面也不能超出他的前人。如对吉凶祸福，他认为："圣人之知来，知其理也。吉凶祸福之至，亦有不直于理者，圣人所不知也。"（《慎言·五行》）由于不直于理则难知。因而他虽不信天道福善祸淫之说，但对所谓善恶报应不直，比干剖心、盗跖老死等，只能用"幸不幸"作解（以上参见《慎言》的《保傅》与《五行》篇）。面对不知的命运与遭遇的偶然，他只能自叹："利害之不由我，有命存焉"，主张"君子贵知命"（《慎言·君子》）。这里，同王充与范缜等人一样，虽未陷入神秘的天命，但仍承认人是无法知晓与把握自己命运的，只能听凭偶然的安排。从马克思主义的观点来看，每个时代的理论，都具有它的时代特征，或者说，都受着时代条件的制约。像祸福遭遇等这类社会问题，是古代的无神论者无力解决的。这是他们的局限，但也无需苛求他们。

总观以上所述，可以肯定，王廷相是在王充之后，中间经过一千几百年出现的一个全面批判封建神学的无神论者。他与张载，或说以他两人的无神论为代表，标志着宋元明时期无神论发展的又一个高潮。

第十二章 吕坤

吕坤，字叔简，号新吾，生于明世宗嘉靖十五年（1536 年），卒于明神宗万历四十六年（1618 年），宁陵（今河南省宁陵县）人。万历二年（1574 年）进士，官至刑部左右侍郎。万历二十五年（1597 年）疏陈天下安危，疏入不报。给谏戴士衡乘机弹劾加诬，遂称疾乞骸，辞官还乡。从此闭户不出，“惟日与远近门弟子讲论身心性命之旨。以体认为工夫，以修齐为事业，以继往开来为己任。千里负笈来学咸称为沙随夫子。”（《重刻宁陵县志》卷之九）死后赠刑部尚书。

吕坤品性刚介峭直，为官清正廉洁。他关心民间疾苦，主张轻敛薄赋。在思想上，他坚持自己的独立见解。“人问：君是道学否？曰：我不是道学。是仙学否？曰：我不是仙学。是释学否？曰：我不是释学。是老庄申韩学否？曰：我不是老庄申韩学。毕竟是谁家门户？曰：我只是我。”《呻吟语》“我只是我”，不仅表明了吕坤具有独立思考和敢于坚持自己思想的精神，而且还表明了他对一切陈腐之学的鄙视。

吕坤生平撰造甚富，言过百万，然稿多散佚，许多著作未能保存下来。行世的有《去伪斋集》、《呻吟语》、《实政录》、《交泰韻》、《阴符经注》、《闺范》、《家礼疑》、《家礼翼》、《小儿语》和《痧科》等。其中《呻吟语》、《去伪斋集》、《实政录》内容十分丰富，是研究吕坤唯物主义、无神论思想最重要的材料。

第一节 论“灾祥无定名，治乱有定象”

在天是物质的、还是有意志的这个问题上，吕坤的观点十分明确。他说：

> 天，积气所成，自吾身以上皆天也。（《呻吟语·天地》，下引此书，只注篇名）

这是对天的属性所作的概括，指出了天只是气，而不是有意志的主宰者，天是一个空间的范围概念（相当于我们今天讲的“天空”)。吕坤的这一认识，与神学家们所说的意志的天有质的区别。天不是主宰，自然界里是否有一个主宰呢？吕坤作了肯定的回答。但是在吕坤看来，自然界里的这个主宰，既不是有意志的天，与不是其他什么神，而是元气。他说：

> 乾坤是毁底，故开辟后必有混沌。所以主宰乾坤是不毁底，故混沌还成开辟。主宰者何？元气是已。元气亘万亿岁年终不磨灭，是形化气化之祖也。(同上)
>
> 宇宙内主张万物底，只是一块气。(《谈道》)

吕坤把元气看做是天地万物的主宰，是形化气化的根据，并且指出在自然界里除了作为天地万物主宰的元气在作来回往复的聚散运动外，也就没有其他什么了，“天地万物只是一气聚散，更无别个。”(《天地》）从而否定物质之上有神秘的主宰者，并由此提出“灾祥无定名，治乱有定象”的反神学目的论的命题。

神学目的论不仅认为物质是由上帝创造的，而且认为上帝的这种创造活动是带有目的的，以至像春夏温热、秋冬凉寒这种一般的自然现象，也一定要说成是上帝（天）有目的的安排。吕坤对于这种观点持否定态度，他认为：春夏温热、秋冬凉寒不是老天有目的的安排，而仅仅是阴阳二气一嘘一吸的运动所造成的。所谓一嘘一吸，就是指阴阳二气的一动一静、一开一阖。阴阳二气一嘘一吸为何会使春夏温热、秋冬凉寒呢？吕坤解释说：

> 嘘，气自内而之外也；吸，气自外而之内也。天地之初，嘘为春，嘘尽为夏，故万物随嘘而生长。天地之初，吸为秋，吸尽为冬，故万物随吸而收藏。嘘者，上升阳气也，阳主发。吸者，下降阴气也，阴主成。嘘气温，故为春夏；吸气寒，故为秋冬。(《天地》)

因为“嘘”是气从内向外的运动，是一种上升的阳气，它的特性是温，所以春夏就暖温，暖温的季节万物就生长茂盛；而“吸”气是从外向内的运动，是一种下降的阴气，它的特性是寒；所以秋冬就凉寒，凉寒的季节，万物也就凋落收藏。在这里，吕坤把阴阳二气本身不同的运动方式看成是春夏暖温、秋冬凉寒的原因。它的意义就在于说明：自然界一切事物和现象发生或变化，原因在于事物的自身，而不在老天（上帝）巧妙的安排。

> 万物生于阴阳，死于阴阳。阴阳于万物原不相干，任其自然而已。雨非欲润物，旱非欲熯物，风非欲挠物，雷非欲震物。（同上）

雨、旱、风、雷的出现，不是老天为了要达到润物、熯物、挠物、震物的目的而发生的。雨、旱、风、雷都是自然界的一种自然现象，它们的出现是没有目的的，完全是自然而然的。

对于风雨霜雪失常造成灾害，吕坤认为这是自然界里常有的自然现象，不是因为人犯了什么过错而天对人的一种惩罚。它的反常，仅仅是“不足”和“有余”造成的。所谓不足，是指“屏息而各藏其用”；有余，是指“猖狂而各恣其性”。例如雨水吧，雨水不足就会出现“旱”，这就是“屏息而各藏其用”。雨水过多，又会出现“涝”，这就是“猖狂而各恣其性”。而“不足”和“有余”，则又完全决定于自然界阴阳这两种物质势力的矛盾运动和发展变化。阴阳这两种物质势力的矛盾运动和发展变化，最后又决定于自然，风、雨、霜、雪本身是没有目的的。他说：

> 风惟知其吹拂而已，雨惟知其淋漓而已，霜雪惟知其严凝而已，水惟知其流行而已，火惟知其燔灼而已。不足则屏息而各藏其用，有余则猖狂而各恣其性。卒然而感则强者胜，若两军交战相下而后已。是故，久阴则权在雨，而日月难为明；久旱则权在风，而云雨难为泽。以至水火霜雪，莫不皆然。谁为之？曰：阴阳为之。阴阳谁为之？曰：自然为之。（《天地》）

所谓“自然”，是指什么呢？吕坤有一个明确的定义。他说：“阳亢必旱，久旱必阴，久阴必雨，久雨必晴，此之谓自然。”（同上）吕坤指的自然，实际上正是自然界各种现象发展变化所遵循的自然法则，它是客观的，“发之不可遏，禁之不能止”（同上）。

风雨霜雪是自然现象，由风雨霜雪所引起的旱涝冻寒之灾也是自然现象，与社会政事的好坏绝无什么“阴阳征应”的必然关系。吕坤反对“国家将兴，必有祯祥；国家将亡必有妖孽”（《礼记·中庸》）之类的陈腐陋说。他对大搞“阴阳征应”的汉儒特别鄙视，他说：

> 阴阳征应，自汉儒穿凿附会，认为某灾祥应某政事，最迂。（《天地》）

吕坤肯定自然灾异的出现是自然界自身的事情，所以他主张人们在灾异面前无须害怕，像“星殒地震、山崩雨血、火见河清，此是偶然底”（同上）自然现象。它们的出现，与社会之治乱、人事之好坏没有一种必然的因果联系。

吕坤在反对灾异说的同时，还反对了祥瑞说。他认为：祥瑞的有无与社会是否太平，同样没有必然的联系。社会太平安宁，没有祥瑞，对社会无什么损害；相反，社会混乱，即使天天出现祥瑞，对社会也无分毫裨益。他说：

> 民安物阜，四海清宁，和气熏蒸而祥瑞生焉，此至治之符也；至治已成而应征乃见者也。即无祥瑞，何害其为至治哉？若世乱而祥瑞生焉，则祥瑞乃灾异耳。是故灾祥无定名，治乱有定象。庭生桑谷，未必为殃；殿生玉芝，未必为瑞。（《物理》）

由于吕坤主张“灾祥无定名，治乱有定象”，他把在灾异面前忏悔祷告，甚至把自身作为牺牲的做法看做是愚蠢可笑的事情。他说：

> 按汤世十八年旱，至二十三年祷桑林、责六事，于是旱七年矣，天乃雨。夫农事冬旱不禁三月，夏旱不禁十日。使汤待七年而后祷，则民已无孑遗矣，何以为圣人？既汤以身祷，而天不雨，将自杀与，是要天也。汤有一身能供几祷？（《圣贤》）

他的结论是：“汤祷桑林，以身为牺，此史氏之妄也。”（同上）

灾祥与社会的治乱无关，吕坤主张：人们在灾异面前不要害怕，在祥瑞面前也不要盲目乐观，做到“不惧灾异，不喜祥瑞，尽吾自修之道而已。”（《物理》）也就是说，无论是在灾异或是祥瑞面前，人们只要遵循规律，注重人事，就能对付各种复杂的情况。“圣人只说人事，只尽道理，应不应、在我不在我都不管”。（《天地》）实际上旱而雩，水而禜，彗孛而禳，火而祓，日月食而救，都解决不了旱、水、彗、火所带来的灾害，犹如日月食时的盈亏圆缺，你救也好，不救也好，无助于它分毫的改变。天象是天象，人事是人事，天象与人事不相预。吕坤在批判阴阳征应的神学迷信时，坚持了天无意志的无神论观点。

第二节　论“人事就是天命”

人在自然面前，是消极地适应自然，还是积极地改造自然？是听天由命，还是注重人事、发挥自己的主动作用？这是天人关系中十分重要的问题。

在这个问题上，吕坤从唯物主义无神论的立场出发，肯定人只要有个“自强不息之心”（《应务》），做到“尽人事也，不言天命”（《圣贤》），定能“人定胜天”。他说：

> 呜呼，天生蒸民，各有分定。造化之权在人，天将安用？我闻为恶降殃，作善获福，奈何舍我本身求之枯骨？（《去伪斋集》卷八）

在吕坤看来，虽然人的禀分不尽相同，但是造化的主动权却操纵在人自己手里。只要人自己做到尽人事、发挥自己的主动性，就是天也奈何你不得。对于灾殃幸福，人也不能抛开本身的努力而向龟卜乞求。在自然与人的关系上，人不是自然的奴隶，而应该是自然的主人。人在自然面前，不是消极被动，无所作为的。他说：

> 夫山不可移，海不可填，固也。有移之填之之心，卷石篑土，计世计年，究竟山海之高大不无少亏？天之难回，固矣。协众之力以回天，天岂无分毫回乎？……果能夙夜靖共无泄无沓，人人各修其当为之职业，各满其得为之分量，未必无分毫补也。（《去伪斋集》卷四）

在这里，吕坤既看到人在改造自然过程中困难很大的一面，同时也看到了人为在改造自然过程这个更为重要的另一面。在吕坤看来，只要人们有改造自然的决心和信心，大家协力同心，即使困难再大，也可以根据事物的特性，想点办法。他说：

> 夫冬气闭藏，不能生物，而老圃能开冬花、结春实。物性蠢愚，不解人事，而鸟师能使雀奕棋、蛙教书。况于能为之人事，而可委之天乎？（《应务》）

冬天寒冷，不能生物。这是一般的常识，但园艺师却可以叫果木在冬天开花结果；鸟虫愚昧，不懂人事，但驯鸟师却可以叫鸟学会下棋。这些本来连天也办不到的事情，却被人办到了。其原因就在于老圃和鸟师能够注重人事，根据物性，创造条件，终于战胜了天命，创造出了人间奇迹，在自然面前显示出了自己的伟大力量。这充分说明成事在人，事在人为。在天人关系问题上，吕坤的结论是："人事就是天命"、"人定真足胜天"（同上）。

吕坤对委天为治、不尽人事的老庄思想作了批判，他说：

> 庄列见得道理，原著不得人为，故一向不尽人事。不知一任自然，成甚世界？圣人明知自然，却把自然搁起，只说个当然，听哪个自然？（《谈道》）

吕坤这一批判深有见地，他肯定了老庄天道自然无为的认识，但是反对老庄把自然无为的天道作为人们处世做事的法则。在吕坤看来，假如人们都像老庄那样一味地自然无为，听凭自然摆布，在自然面前处处消极被动，无所作为，那么整个世界将会变得不可设想。所以吕坤指出："圣人有于天地，只是人事二字。"（《圣贤》）又说"圣人学问，只是人定胜天。"（同上）很显然，吕坤在天人关系上强调事在人为，反对消极无为、听天由命的思想，是对荀子人定胜天思想的继承和进一步发挥，他的"人事就是天命"的观点，是中国无神论史中极为宝贵的思想。

第三节　斥世俗迷信"荒诞而不情"

世俗迷信，名目繁多。吕坤主要对风水、时日、卜筮、祭祀等迷信作了批判。

对于风水，世俗相信它能决定人们自身及后代子孙的吉凶祸福，吕坤则认为它是一种虚妄不实的迷信。他以大量的历史事实对之作了批判，他说：

> 古之葬者，或委沟壑，不封不树，既无葬师，亦无茔域；当时岂皆贫贱凶夭？如何又有王侯士庶？至于西夷火化，江南水葬，乃其子孙各有衰旺。尧舜何茔？乃生朱均；瞽鲧何茔？舜禹圣人。果得佳城而为恶者无凶？抑葬吉地而为恶者不生？（《去伪斋集》卷八）

这说明在不行风水的古代，人们的遭遇并不像葬师说的那样可怕悲惨。犹如当崇尚风水的人并不个个健康安宁一样。

他说：

> 今世重风水者，千人而千，百人而百，此千百人岂皆康吉？（《去伪斋集》卷八）

历史事实告诉人们：在行风水的人中，并不因为这些人信了风水而使他们人人康吉幸福；在不行风水的人中，也并不因为他们不信风水而个个贫贱夭死。历史上，有些穷得连坟地都没有的人，却居然当上了君主；相反皇家的墓地，世代选择，到头来垮台的照常垮台，被杀的照常被杀。所以吕坤问道："彼布衣而得天子，其坟何应？乃天子世世择地，终亦革命。"（同上）实际上，这是一家之子，情况也并非一样。有的富贵，有的贫贱；一胎所生的同胞，有的聪明，有的愚笨。他们虽然祖上的风水相同，而各人遭遇却大相径庭，"一穴之子，贫富顿殊；双产之儿，有贤有愚。"（同上）这些情况是风水说无法解释得了的。再拿史家称帝王之都的长安来说吧，有的人在此亡国灭身，有的人在此建国称帝，"一长安也，秦亡汉兴；一甲子也，武兴纣死。"（同上）这些确凿的历史事实都足以说明风水说是一种"荒诞而不情"的迷信。这种迷信是葬师们编造的谎言，"皆葬师以衣食之故愚世人"。针对这一情况，吕坤明确提出："莫言风水，何地不堪埋。"要求人们不要相信风水，应该"以天理为地理，以心田为墓田"，养生送死"惟吾情之所适"、"从吾心之所安"（同上），根本用不着去考虑是祸是福、是害是利。他认为，人的行为应该按人自己的本分去做，不能被祸福利害所转移。君子处世做事应该"论天道不言祸福，论人事不言利害，自吾性分当为之，外皆不庸心。"（《修身》）在吕坤看来，人的生死盛衰、祸福吉凶决定于“势”（即事物发展的必然趋势），而不是决定于墓葬风水。他说：

> 大抵人物之生，莫知其故，盛衰者势，偶然者遇，凶不能避，吉不能趋。是以君子以天理为地理，以心田为墓田。生惟吾情之所适，死从吾心之所安，不使陈柩暴露，定魄屡迁，此亦孝子仁人之用心，而祸福吾何知焉？（《去伪斋集》卷八）

在这里，吕坤似乎已经朦胧地认识到世界上任何事物都受到一种客观的必然的“势”和一种偶然的“遇”的制约，并力图用这种朦胧的认识来解释人的生死盛衰、祸福吉凶。尽管这种认识还很粗浅，但与那种把人的生死祸福归结为风水的说法是不可同日而语的。

对于卜筮时日，吕坤批判说：“择时卜吉，避殃祓除，事既可笑。”（《去伪斋集卷八》）因“古者士葬不逾月，岂便吉日？生者倏然死，犯某凶辰，何秦俗之清明皆可安葬？而周家之嫁娶皆以仲春？”（同上）在吕坤看来，古代士大夫死后安葬不过月，周俗嫁娶都在二月，秦俗安葬都在三月清明，他们不卜不问，到时该嫁的就嫁，该娶的就娶，该葬的就葬，并不相信什么“卜筮有吉凶，时日有刚柔”的说法。他的结论是“问吉凶于卜筮者，惑也”（《去伪斋集》卷七）。

对于祭祀，吕坤没有否定，但有不同于世俗的认识。他认为，子孙祭先祖，是为了“追养继孝”，不是为了“求福于先人”。他说：

> 我朝夕奉养承欢，而一旦不复献杯棬，心悲思而无寄，故祭荐以伸吾情也。曰：吾贫贱不足以供菽水，今鼎食而亲不逮，心悲思而莫及，故祭荐以志吾悔也。岂为其游魂虚位能福我而求之哉？求福已非君子之心。而以一饭之设，数拜之勤，求福于先人，仁孝诚敬之心，果如是乎？不谋利，不责报，不望其感激，虽在他人犹然，况我先人乎？（《伦理》）

很明显，吕坤上述观点与世俗迷信中所讲的祭祀有着不同的含义。在世俗中，祭祀是为了获得祖先的保佑与神灵的恩赐，其动机是出于“谋利”、“求报”，它是以承认冥冥之中存在神灵为前提的一种迷信。而吕坤则把祭祀看做是子孙对祖先创业和生养自己的一种追念和感激，是表示自己对先辈去世后不能再奉侍而发自内心的一种怀念之情。把祭祀看做出于对死者“仁孝诚敬”的怀念心理与把祭祀看做是求得先人神灵保佑、福助的心理，两者是根本不同的。前者讲的是人的品性道德，反映的是社会伦理思想；后者讨论的是鬼神报应，反映的是神学迷信思想。虽然吕坤并没有否定祭祀，但他对祭祀所持的观点与当时盛行的祭祀迷信，两者所包含的内容是有区别的。

第四节　论"鬼神幻诞"与"世间无物号长生"

一　以"鬼神幻诞"否定佛教的"人死为鬼"

佛教宣扬形神相分，灵魂不灭。吕坤则认为形消神灭、人死无鬼，强调"形神一息不相离"（《谈道》）。他说："气存则神存，气亡则神亡，故烛尽而火灭。"（《养生》）就是说：精神离不开形体，形体消失，精神也就随之消失，就像烛炬尽而火亦灭一样。吕坤这一观点，坚持了桓谭、范缜等唯物主义的形神论，使他在反对灵魂、人死为鬼的佛教迷信时有了坚实的理论依据。

吕坤从"形神相即"的观点出发，否定鬼神迷信，他说："鬼神幻诞、梦寐杳茫。"（《去伪斋集》卷八）认为世间不存在鬼，人们所说的鬼，只是人的一种幻觉。造成这种幻觉有两个原因：一是神志昏乱；二是对于死亡的恐惧害怕。所谓神志昏乱，是指人将死之时，神志恍惚，就像做梦一般；所谓对死的恐惧害怕，是指人怕死后入地狱受轮回之苦。吕坤说：

> 人之将死如梦，然魂飞扬而神乱于目，气浮散而邪客于心，故所见皆妄，非真有也。或有将死而见人拘系者尤妄也。（《性命》）

在这里，吕坤不仅直接否认了鬼的存在，而且把人在临死之前出现的"所见皆妄"的幻觉，直接归结于临死之人的生理和心理的原因。在吕坤看来，人在临死前，他的生理、心理状况变得与正常人很不相同。生理上由于气的浮散，使他的精力衰竭殆尽（所谓"气浮散而邪客于心"）；心理上由于绝望，使他的神志混乱不能自主（所谓"魂飞扬而神乱于目"），所以才出现了"所见皆妄"。吕坤这种解释，虽然未必科学，但在当时医学尚不发达的情况下，力图从人的生理、心理上来加以分析说明，这无疑是可取的。

吕坤对鬼神迷信之所以千古流传、经久不衰的原因也作了探讨。他认为，这是因为"异端之语，入人骨髓"，遂使得人们习以为常，对其传播也就不以为怪了。针对这种情况，吕坤明确指出：

> 呼吸一过，万古无轮回之时；形神一离，千年无再生之我。（《去伪斋集》卷五）

这就是说人死神灭，无论过去、现在、还是未来，都不存在轮回之法。他劝人们不要相信烧香念经、吃斋拜佛。他认为：烧香念经，无助于幸福的取得；顶礼膜拜，也不能转祸为福。他说："顶香炉，敬神明；烧钱纸，供三牲；东家失火，西家头疼。劝君休来庙寺，祸福不干神寺。"（《小儿语》）神寺看来巍峨庄严，菩萨看来慈悲和善，但是它只是一尊"身无血气，心无灵明"的泥塑（《呻吟语·修身》），它帮不了人们的忙，解脱不了世间的苦。

吕坤从形死神灭的观点出发，对佛教生死轮回、鬼神迷信的批判，在当时有净化社会风俗，使人们免遭佛教流毒之害的作用。

二　以"世间无物号长生"批判道教的"长生不死"说

道教宣扬长生不死，而吕坤以"世间无物号长生"的观点对之作了批判。吕坤认为，世界万物都由元气构成，元气是万物的本原，元气是无形的、永存的；而由元气构成的万物，是有形的、具体的。有形的具体的事物，都是有始有终的，是暂时的。他说："气无终尽之时，形无不毁之理。"（《性命》）人是由元气构成的千千万万有形事物中的一种，人自然也是有始有终、不能永存不变的。

> 有形无不毁，乾坤竟若何？彭殇垂尽时，回顾不争多。况此血肉躯，仙佛亦消磨。帝王与圣贤，抔土野嵯峨。一气为聚散，环转更无他。安知来生人，不从今世过？（《去伪斋集·反挽歌之六》）

这是说：形无不毁，物无不坏，世间没有长存不坏之理，更无长生不死之人。人从生而长，长而老，老而死，是一种新旧相代的自然现象。这种新旧代谢的现象是自然界不可抗拒的法则。他说：

> 万物生两间，积苑无重数。各欲遂生成，天公良亦苦。域中只一世，泉下销千古。惟有代谢法，消息此逆旅。成功不肯去，来者无缺补。（《去伪斋集·反挽歌之四》）

吕坤在坚持有形必毁、人无不死的同时，否认世界上有长生不死的灵丹妙药。他在《达世》一诗中说："何地不可化，何时不可毕，才有往世心，便落俗人识。乾坤有时尽，何况金与石？骨肉偶尔合，形气霎然析。长短不须论，回头皆瞬息。解得无生药，生长竟何益?"（《去伪斋集》卷八）吕坤告诉人们：天地间的万物都处在生老衰死的过程中，人是其中的一物，必然要受生老衰死这个新旧代谢法则的制约，假如世界上真的存在着长生不死的灵丹妙药，生老衰死这一新旧代谢的法则也就不成其为法则了，所谓灵丹妙药，不过是道教方士用来诓骗世人的诡术。他竭力奉劝道士出山，僧人还俗，不要被"高说性天，玄谈理气，言夫子之不言，道古今之难道，渊里探渊，梦中说梦"的佛、道之言所蒙骗（《物理》）。他在寄给柴无累山人的书信中说道：

> 盖闻聚散循环，生消同辙。是惟无体，始存未破之元。但落有形，那得不散之理？足下离家二千里，守洞四十年，本学长生，未逢玅度。汉武终身怅望，后谕群臣曰：天下岂有仙人；迦檀依母徘徊，曾传弟子云：家中即是禅学。（《去伪斋集》卷五）

指出了入山为道，不可能获得长生；出家为僧，也不能立地成佛。奉劝柴无累山人不要"执迷"，应该趁"桑榆未暮，蚤归发肤于父母之堂"（《去伪斋集卷五》）。

吕坤批判道教方术，否定道教宣扬的长生不死说，用元气聚散来说明生死的必然性，这对那些迷恋修仙成道、希求长生不死的人有驱除迷误的作用，对匡正世俗，使人免受道教之害有积极的意义。

第五节　神道设教思想的局限

吕坤的无神论思想比较丰富，他对神学迷信的批判是坚决的，并能身体力行。他在遗命中嘱咐儿孙，在他死后"不点主，不远谢，不动鼓吹，不设宴饮。风水、阴阳、僧道家言，一世勿用。恤典任有无，毋乞祭葬。"（《去伪斋集》卷九）表现了一个无神论者以身作则的品质。但是他的无神论思想也存在着阶级局限性。表现在：他一方面反对鬼神迷信，指出"鬼神幻诞"；另一方面，当他一接触社会问题时，又大谈"敬事鬼神"的重要性，说什么"敬事鬼神，圣人维持世教之大端也，其义深，其功大，但自不可凿求，不可道破也。"（《谈道》）在这里，虽然吕坤并非说鬼神真的存在，但他却把“敬事鬼神”看做是维护封建道德纲常和巩固封建统治秩序一个不可缺少的工具。在这方面，可说吕坤大大超过了他的前辈。在中国无神论史上，最早自觉讲到神道设教的要推战国时的荀况。但他也只是讲了“文”与“神”的一般关系，并没有公开提倡要用神道来帮助维护世教。尔后的一些思想家看到了这个问题，但谈论起来也大多比较含蓄。而宋明以来鼓吹用“神道”来维持“世教”就比较突出。吕坤则是继张载之后更为明确提出要用“敬事鬼神”来达到维持“世教”目的的人，而且深深懂得利用“神道”来帮助维护“世教”，其作用之大，奥妙之深，是其他东西无法代替的。吕坤在这里讲的“其义深，其功大”，表明他看到了用鬼神迷信对劳动人民进行说教，比使用暴力、刑罚效果要更大更好，它可以起到麻醉人民的作用。因此，从维护本阶级的利益出发，从封建统治的长治久安着想，他是竭力赞成神道设教的。他公开说用神道来对人民群众进行说教，可以防止人民“为善之心衰”（《修身》）。因为，在吕坤看来，人民为善之心一衰，对整个封建统治是很不利的。

第十三章　李时珍

李时珍，字东壁，号濒湖，生于明武宗正德十三年（1518 年），卒于明万历二十一年（1593 年），蕲州（今湖北蕲春县）人。他十四岁考中秀才，此后三赴武昌应乡试落选，便坚决放弃科举，跟随其父——当地的名医李言闻钻研医药学。他相信科学，反复实践，三十多岁就成了远近闻名的医生。1551 年，他被武昌的楚王朱英𤐤聘为楚王府“奉祠正”（管祭祀礼节的官员），兼管“良医所”。后又被推荐到北京太医院（掌管医政，为宫廷服务的御用医疗机构）任职。太医院的官员和庸医们迎合皇帝所好，追随方士，整天谈论炼丹升天之类的胡话，还对李时珍“官修”《本草》的建议冷嘲热讽。一年后，李时珍便托病辞归乡里，集中精力独自编写早已着手的《本草纲目》。经过前后三十多年的艰苦努力，终于写成了举世闻名的药物学巨著《本草纲目》①。此外，李时珍对脉学、诊断学、针灸学等也都有深入的研究，并有许多专门论著，但保存下来的只有《濒湖脉学》，《奇经八脉考》和《脉诀考证》。

在《本草纲目》中，李时珍发扬大无畏的战斗精神，对道教神仙方术、世俗迷信进行了有力的批判。全书处处闪耀着无神论思想的光辉，因此，也是我国古代无神论史上的一部重要文献。

第一节　“一气生人”，上帝神鬼安在?

李时珍批判神学迷信的理论武器是气化论，他用气化论解释天地万物以及各种自然现象的生成、变化：

① 《本草纲目》全书约一百九十万字。它系统地总结了我国明代以前药物学发展的成就，是我国医药学、动植物学的宝贵遗产。对矿物学、化学的发展也有积极影响。该书先后在国内辗转翻刻了三十余次，并于 1606 年传入日本，陆续被译成拉丁文以及法、德、英、日、俄文等多种文字，受到国际医药界的高度重视，至今仍是药物学上重要的参考书。

天造地化而草木生焉，刚交于柔而成根荄，柔交于刚而成枝干。叶萼属阳，华实属阴。由是草中有木，木中有草。得气元粹者为良，得气之戾者为毒，故有五形焉，金，木，水，火，土。五气焉，香，臭，臊，腥，膻。五色焉，青，赤，黄，白，黑。五味焉，酸，苦，甘，辛，咸。五性焉，寒，热，温，凉，平。五用焉，升，降，浮，沉，中。（《本草纲目·草部》序言。下引此书只注篇名或类名）

石者，气之核，土之骨也。大则为岩岸，细则为砂尘。其精为金为玉，其毒为礜为砒。气之凝也，则结而为丹青；气之化也，则液而为矾汞。其变也：或自柔而刚，乳卤成石是也；或自动而静，草木成石是也；飞走含灵之为石，自有情而无情也；雷震星陨之为石，自无形而成有形也。（《金石部序言》）

既然草、木、土、石等一切自然物及其种种特性、生灭变化都是一气之所为，阴阳之所变，那就无需再搬出上帝、神仙来摆布天地万物了。所以，李时珍说："神仙之说，渺茫不知有无。"（《石类》）辞虽委婉，但否定之意是十分明显的。他还运用所掌握的天文、历史知识，对"吴刚伐月桂"的神话作了考察，认为这个故事"起于隋唐小说"，月中"婆娑者，山河之影尔。"（《香木类》）借助于哲学上的气一元论和自然科学知识，李时珍使自然界摆脱了上帝、神仙的控制。

在人类生成问题上，同样也没有上帝的位置。李时珍直接继承了《易传》中"一阴一阳之谓道"、"男女构精，万物化生"的思想，认为人同万物一样，也是阴阳二气相交合的产物。他说："太初之时，天地絪缊。一气生人，乃有男女构精，乃自化生。如草木之始生子，一气而后有根及子，为种相继也。""男女生生之机，亦惟阴阳造化之良能焉耳。"（《人傀》）一气生成男女，男女交合，代代相传，根本与上帝无关。

在天人关系问题上，无神论与有神论一直存在着尖锐的对立。李时珍坚决站在无神论一边，批判了天人感应神学目的论。针对旧《本草》中陈藏器所云"人探巢取鹳子，六十里旱，能群飞激散雨"的说法，李时珍反驳道："寥郭之大，阴阳升降，油然作云，沛然下雨。区区微鸟，岂能以私忿使天壤赤旱耶？况鹳乃水鸟，可以候雨乎！"（《水禽类》）下雨是阴阳二气升降沉浮，相互作用的结果，宇宙世界的自然变化，与小小的鹳鸟有何干系呢？有人说天地之神每月取一只鹧鸪鸟飨至尊，所以自死的鹧鸪不可食。李时珍分析、总结了前人多食鹧鸪而中毒的事例，指出：“凡鸟兽自死者，皆有毒，不可食，为其受厉气也。何独鹧鸪即神取飨帝乎？鄙哉其言也！”（《原禽类》）李时珍断然否定了天地之神以及神中至尊——上帝的存在。

至于人的生灾得病，李时珍认为完全是生理原因，感恶气而成，与上帝鬼神毫无关系。人完全可以通过药物和调理加以治疗。李时珍在《张子和汗吐下三法》中写道：“夫病非人生素有之物，或自外入，或自内生，皆邪气也。邪气中人，去之可也。”如果采用汗（发汗解表）、吐（取嚏追泪等上行法）、下（泻泄下行）三法，“攻去邪气，则元气自复也。”李时珍生活的十六世纪，距细菌、病毒的发现还有三、四百年，所以，他只能用与元气相对的“邪气”来表示致病的物质原因。尽管不很确切，但对于促使医药学摆脱神学的桎梏，沿着正确的道路向前发展，具有重要意义。

在编撰《本草纲目》时，李时珍能对所阅的近千种资料进行对比分析，取实诚，去虚妄，宣传无神论。《逸史》记载：唐高祖时钟馗应举不弟，触阶而死。后明皇梦有小鬼盗玉笛，一大鬼（破帽蓝袍）捉鬼啖之。上问之，对曰：臣终南山进士钟馗也。蒙赐袍带之葬，誓除天下虚耗之鬼。皇上乃命吴道子图像，传之天下。李时珍在记录了这个传说以后写道：

> 谨按《尔雅》云：锺馗，菌名也。《考工记注》云：终葵，椎名也。菌似椎形，椎似菌形，故得同称。俗画神执一椎击鬼，故亦名锺馗。好事者因作锺馗传，言是未第进士，能啖鬼。遂成故事，不知其讹矣。（《器物类》）

一个广为流传的鬼神故事，被李时珍找到了以讹传讹的根由。相传“射工”（又称“鬼蜮”）能“以气为矢，因水势含沙以射人影成病。”李时珍考察了各家的解释，指出，所谓“射工”，不过是“长二三寸，广寸余”的小动物。“蟾蜍、鸳鸯能食之，鹅、鸭能辟之”（《湿生类》），根本不能作祟害人。对于人们所说的“鬼火”，李时珍也作出了近乎科学的解释。他说：“野外之鬼磷，其火色青，其状如炬，或聚或散，俗呼鬼火。或云：诸血之磷光也。”（《阳火、阴火》）

第二节 “道书之说，皆谬谈也”

在我国科技史上，葛洪和陶弘景等道教思想家曾对医药学的发展作出过重要贡献。葛洪著有《金匮药方》一百卷，收录了许多使用方便的药方和易得、有效的药物。陶弘景作了《神农本草经集注》，补充了汉、晋以来新发现的药物365种。但由于他们迷信神仙方术，追求长生不老，致力于炼不死之丹、寻度世之药，所以在他们的医药学著作中混有许多道教方术和鬼神迷信等神学杂质。李时珍在整理祖国医药学遗产时，努力划清科学和迷信的界限，进行了大量的辨别、鉴定工作，“正其谬误”，使之“是非有归”。一面吸取其中有益的营养，一面剔除其糟粕，并对他们宣扬的道教神仙方术进行了坚决、有力的批判。

到了李时珍的时代，人们对人体的结构、各种器官的功能已经有了初步的正确了解。

李时珍阐述了饮食对于维持生命的极端重要性：“饮食者，人之命脉也，而营卫赖之[①]。故曰：水去则营竭，谷去则卫亡。”（《水部》序言）这就从根本上否定了道教徒所谓“辟谷”不食可以成仙的谬说，为人们强身壮体、健康长寿指明了正确的道路。他认为，人要长寿，首先要注意饮食，多吃蔬菜，调和五味，加强营养，以使血气畅通：“《素问》云：五谷为养，五菜为充。所以辅佐谷气，疏通壅滞也。……夫阳之所生，本在五味；阴之五官，伤在五味。谨和五味，脏腑以通，气血以流，骨正筋柔，腠理以密，可以长久。”（《菜部》序言）此外还要讲究卫生，防治疾病，如注意熟食，“使无腹疾”等。

李时珍还指出，人由阴阳二气合成形体。气有聚散，人有生死。人能通过自身的努力减少疾病，延长寿命，但绝不能长生久视。他以丰富的医药学知识，无情地戳穿了葛洪、陶弘景等兜售种种度世不死之药的骗局。

陶弘景认为服黄连则可长生，《神仙传》也记载“封君达、黑穴公并服黄连五十年得仙。”李时珍分析了黄连的特性和功用后指出，久服黄连，非但不能长生，反而会因久降肃杀之令，伤害人身冲和之气而导致生命速夭。“陶氏道书之说，皆谬谈也”（《山草类》）。此外，对于

① 营卫，中医学名词，指人体中的营气、卫气。营与卫均为饮食水谷之气所化，散布全身，内外相贯，运行不息，对人体起着滋养和保卫作用。

芝、胡麻、五加酒等类似药物，李时珍都一一分析了它们各自固有的功能，摘下了道士们强加给它们的“不死之药”的桂冠。

在道士们所说的“不死之药”中，有些非但对人体无益，相反有害。如水银，这一银白色的液态金属，“乃至阴之精”。进入人体后，“得人气熏蒸，则入骨钻筋，绝阳蚀脑。阴毒之物无似之者。”（《石类》）虽然水银“同黑铅结砂，则镇坠痰涎；同硫黄结砂，则拯救危病”，但水银本身是“不可服食”的。而神仙方士却偏偏把它吹捧为“不死之药”，甚至载入《本草》。“大明言其无毒，《本经》言其久服神仙，甄权言其还丹元母，《抱朴子》以为长生之药。”李时珍感慨地说：“六朝以下贪生者服食，致成废笃而丧厥躯，不知若干人矣。”（同上）宋太学士李于听信方士柳泌之言，吃了他用水银烧制的长生不老之丹，导致便血，病情越来越重，只四年就送了命。工部尚书归登也因吃水银得病，“唾血十数年以毙”。李时珍还一一征引了殿中御史李虚中、刑部尚书李逊、刑部侍郎李建、工部尚书孟简、东川节度御史大夫卢坦、金吾将军李道古等人慕尚水银丹砂而食之受害的事例，叫人们引以为戒。对于旧《本草》把水银列为长生之药的行为，李时珍严厉地指斥道：“方士固不足道，本草其可妄言哉?”（同上）鲜明地表现了他坚决与道教神仙方士划清界限的无神论立场和努力维护《本草》科学性的求真精神。此外，对于葛洪宣扬的“服玉者，寿如玉”，食石芝（像芝之石）、石蜜（石钟乳液）长生不老的谬说，李时珍也一一作了批判。

道士们为了修筑通往仙境的阶梯，打开通向洞天福地的门户，除了“导引行气[①]，还精补脑”外，更把希望寄托在金、银、泽泻、朴消等所谓“神丹”妙药上。尽管一次次尝试都以失败告终，但神仙方士们还是捏造出一个个“仙方”，编造出一个个羽化登仙“上于太清”的谎言，欺世惑众。李时珍以自己丰富的医药学知识，与道教方士进行了针锋相对的斗争。

由于金色泽光亮，性不败朽，历代神仙方士都把金视为“仙丹”。葛洪、陶弘景、《别录》、陈藏器等都说生金炼服可以成仙。李时珍指出，“其说盖自秦皇、汉武时方士流传而来，岂知血肉之躯，水谷为赖，可能堪此金石重坠之物久在肠胃乎?”比重很大的金子进入肠胃，会引

① 导引，一作“道引”，“道气令和，引体令柔”的意思。行气即“服气”，“胎息”，是关于体内元气新陈代谢的理论。二者皆为道教的修炼方法。

起肠穿孔而危及生命。那些食金者“求生而丧生，可谓愚也矣。”（《金类》）寥寥数语，既有合乎科学道理的驳斥，又深挖了谬说的根源。

道教方士还常常利用一些确有效用的药方编成仙人赐药的神奇故事，冠之以“仙方”、“神药”的美名，藉以宣扬宗教神学。李时珍对这些“仙方”、“神药”的成分进行了科学的分析，揭示了它们治病的原理，抹去了方士们涂在上面的“圣光”，使其变成了人人可用的民间良方。

洪迈《夷坚志》载：虞允文患痢，久治无效。一次在梦中到达某地，仙官请他入座，示以壁上所写之治痢秘诀。虞醒后依方服用果然立愈。李时珍指出，“秘诀”中所开的雄黄有治疮杀毒之能。把雄黄水蒸发，研末，蒸饼和成丸子，每日三次用甘草汤服下，即能见效。方士将此方说成“仙方”，不过是“炼治服饵，神异其说”（《石类》）罢了。

《夷坚志》又载：“秀川进士陆迎，忽得吐血不止，气蹶惊颤狂躁直视，至深夜欲投户而出。如是两夕，遍用方药弗瘳。夜梦观音授一方，命但服一料，永除病根。梦觉记之，如方治药，其病果愈。”（《芳草类》）李时珍记下了此方的配料及服法，并进一步研究了此方主要原料益智子的种种功效，发明了一些独到的用法，从而剥去了“仙方”的神秘外衣，吸取并发展了其中的“合理内核”。

李时珍对“不死之药”、“金丹”、“仙方”的揭露和否定，建筑在对它们进行科学分析的基础之上，承认其固有的效用，说明其使用的对象、方法、范围，指出其应用不当的危害，有理有据，令人信服。既批判了道教神仙方士的谰言，又促进了祖国医药学的发展，确属化腐朽为神奇之举。

不仅如此，李时珍还努力在批判道教神仙方术的斗争中追根寻源，把火力集中于葛洪等道教理论的代表人物。古代有人称“伏翼”（即蝙蝠）为“仙鼠”，入药服用后可以“令人肥健长生，寿千岁。”李时珍指出，伏翼只不过是一种“形似鼠”、“食蚊蚋”、日伏夜飞的小动物。所谓“服之令人不死者，乃方士诳言也。陶氏（指陶弘景）、苏氏（指苏恭）从而听之，迂矣！”（《原禽类》）他还列举了唐宋有人食白蝙蝠而送命的记载，并指责谬论制造者葛洪：“呜呼！书此足以破惑矣。其说始载于《抱朴子》书，葛洪误世之罪，通乎天下。”（同上）

李时珍写作《本草纲目》时，正值崇奉道教的明世宗朱厚熜在位。这个荒淫腐朽的昏君自号“灵霄上清统雷之阳妙一飞玄真君”，宠信道教方士，热衷于炼丹求仙。上行下效，全国炼丹成风。在这样的政治背景下，李时珍敢于把批判锋芒直指道教理论的奠基者葛洪，揭露其用神仙方术欺世误国的罪恶行径。这种大无畏的战斗精神是十分令人敬佩的。

第三节 “穷究物理”,破除迷信

在整理诸家《本草》时，李时珍对于夹杂其中的封建迷信也进行了批判。

李时珍破除封建迷信的思想武器，是他耗费了毕生精力孜孜以求的理(亦称物理)，即事物自身所包含的道理——事物的特性、功能等等。

明末大文豪王世贞在《本草纲目序》中，对《本草纲目》作了高度评价，认为这部书不仅仅只是一部医学著作，“实性理之精微，格物之通典，帝王之秘箓，臣民之重宝也”。李时珍在长期的行医采药、调查访问实践中，对近二千种植物、动物、矿物进行了分析研究。不仅全面考察其名称由来、形态、性能、主治疾病、使用方法，而且殚思极虑，“穷究物理”，从现象把握本质，从个别中抽象出一般，并将所得之“物理”运用于批判封建迷信。他说：

> 玄鸟至时祈高禖[①]，可以求嗣。或以为吞燕卵而生子者，怪说也。……凡狐貉皮毛，见燕则毛脱，物理使然。(《原禽类》)
>
> 马食杜衡善走[②]，食稻则足重，食鼠屎则腹胀，食鸡粪则生骨眼。以僵蚕、乌梅拭牙则不食，得桑叶乃解。挂鼠狼皮于槽亦不食。……皆物理当然耳。(《畜类》)

尽管其中有些说法不太科学，但李时珍坚持用事物之理解释事物的运动变化，这样，一切关于这些现象的迷信说法也就没有立足之地了。“俗传牝猫无牡，但以竹帚扫背数次则孕。或用斗覆猫于灶前，以刷箒头击斗，祝灶神而求之亦孕。此与以鸡子祝灶而抱雏者相同，俱理之不可推者也。”(《兽类》)动物只要没有牝牡交配，就不会受孕繁殖，一切与此理相悖的鬼神迷信，均属无稽之谈。陈藏器说：“白雄鸡养三年，能为鬼神所使。”李时珍录此话后写道：“按陶弘景《真诰》云：学道山中，宜养白鸡、白犬，可以辟邪。今术家祈禳皆用白鸡，其原本此。是乃异端一说耳，鸡亦

① 玄鸟，燕子的别称。禖，古代求子之祭，亦指求子者祭的神。高禖，帝王求子所祀之神。

② 杜衡，一种多年生草本植物，可入药。

何神何妖哉?”(《原禽类》)

既然事物各有其理，与上帝、鬼神无关，那么各种怪异之物就不能预卜人的吉凶祸福，人们的行动也就“百无禁忌”了。俗传两头蛇见之不吉，陈藏器亦在《本草》中予以记载。李时珍引用许多文献，记述了两头蛇的性状，证明其只是蛇类的一种，“人视为常，不以为异”(《蛇类》)，也就无所谓吉不吉了。李时珍分析了鲤鱼的功用，指出“鲤乃阴中之阳，其功长于利小便，故能消肿胀黄疸，脚气喘嗽，湿热之病”(《鱼类》)，从根本上破除了陶弘景所谓鲤鱼是诸鱼之长，“能神变”，“不可食”的谎言。在《本草纲目》中，李时珍通过合乎科学、令人信服的分析，对于道教医学家孙思邈所云“丙午日勿食鸡、雉肉”，刘绩所云种决明则：“生子多跛”等流行于当时的许多禁忌迷信进行了有力的驳斥。

道教经典《道藏》认为，人之生男生女与时日奇偶有关：“月水止后，一、三、五日成男，二、四、六日成女。”李时珍用事实反问道。“夫独男独女之胎，则可以日数论，而骈胎品胎之感，亦可以日数论乎?稽之诸史，载一产三子、四子者甚多，其子有半男半女，或男多女少，男少女多。”(《人傀》)这就足以证明《道藏》日数之论的荒谬。齐司徒褚澄等用精血子宫左右来解释男女，探究人类自身之“物理”，李时珍表示赞同。对于有些不合“物理”的迷信说法，李时珍虽然没有足够的根据否定之，但也大胆地表示怀疑：“雹者阴阳相搏之气，益沴气也”。人言“蜥蜴含水，亦能作雹，未审果否?”(《天水类》)

从现代科学的角度来看，李时珍当时所掌握的“物理”是十分有限、十分肤浅的，而且其中还有不少不科学的成分。但他坚持唯物主义立场，从客观世界自身寻找其运动变化之理，破除各种禁忌迷信。这种不信鬼神信科学，坚决与封建迷信作斗争的精神是十分可贵的。

世间既有“胎足十月而生”、具有四肢七窍的正常人，也有七月、八月而生，“比肩”、“垂尾”的特例。对此，李时珍也努力给以唯物主义的解释。《京房易占》云：“男化为女，宫刑滥也。女化为男，妇政行也。”《春秋潜谭巴》云：“男化女，贤人去位。女化男，贱人为王。”都把男女互变的现象与社会政治联系起来，带有迷信色彩。李时珍指出：“此虽以人事言，而其脏腑经络变易之微，不可测也。”(《人傀》)认为这是一个无理过程，是人的器官变化的结果，不能用人事牵强附会。对于“比肩民”。“长尾人”的出现，李时珍解释道：“天地之造化生穷，人物之变化亦无穷。贾谊赋所谓天地为炉兮，造化为工；阴阳为炭兮，万物为铜。”

（同上）这些都是一气的变化，没有什么值得大惊小怪的。这些解释虽然过于笼统粗糙，但其唯物主义的立场是鲜明的。

由于当时自然科学水平及实验条件等方面的限制，李时珍对许多事物的认识是不科学的，甚至是错误的。他有时把一些荒诞的传说当成事实，如黄帝母孕二十五月而生帝，徐偃王母产卵变人，“老枫化为羽人”，“贤妇化为贞石”；有时承认有“入水不溺，入火不焚，入金石无碍，步日月无影”的“至人”（《阳火、阴火》）；鸡是“能辟邪”的“灵禽”，“龙是神物，似无自死之理”等而与自己的正确思想相矛盾。对于《笔谈》云“吴僧一镜，照之知未来吉凶出处”（《金类》），狐能“变化为男、女、淫妇以惑人”（《兽类》）等无稽之谈，李时珍也在《本草纲目》中未加批判地予以转载。对于一些带有浓厚迷信色彩的药方，如自经死绳能治疯狂症，灵床下鞋能治脚气等等，他也未能加以辨别而予以收录。他甚至还同意占卜。所有这些，都影响了李时珍医药学理论的科学性，使他的无神论思想不能贯彻到底。究其原因，除了自然科学知识不足以外，李时珍的哲学理论水平不高是一个很重要的因素。他虽然接受了万物由一气生成的朴素唯物主义自然观，但基本上还停留在秦汉唯物主义的水平。对于范缜的形神理论，张载的元气本体论等哲学新成就都没有很好地接受。所以，李时珍解释不了纷繁复杂、千变万化的大千世界，不能把他的朴素无神论思想上升为理论，因而不能彻底战胜有神论，有时甚至与鬼神迷信划不清界限。他在“人魄”问题上的失误就是一个很好的说明。他认为，“人受阴阳二气，合成形体。魂魄聚则生，散则死。死则魂升于天，魄降于地。”（《人魄》）这与《礼记·郊特性》中人死后“魂气归于天，形魄归于地”的说法几乎没有多大区别。在这种水平的形神关系理论指导下，李时珍得出“人死魄存”，人魄可以治病等错误结论也就不奇怪了。他说，缢死者的身下有像麸炭一样的“人魄”，“即时掘取便得，稍迟则深入矣，不掘则必有再缢之祸。……魄属阴，其精沉沦入地，化为此物，亦犹星陨为石，虎死目光坠地化为白石，人血入地为磷为碧之意也。”将“人魄”“磨水服之”，可以“镇心安神魄，定惊怖颠狂”（同上）。这里不但没有一点科学可言，甚至与有神论搅到一起去了。不过，以上局限，从他的思想整体来看，只占次要地位，而他在医药学上的光辉成就，以及运用科学知识批判道教神仙方术和封建迷信作出的贡献，则是主要的，并将永载史册。

第十四章　张居正

张居正，字叔大，号太岳，生于明嘉靖四年（1525 年），卒于明万历十年（1582 年），湖北江陵人，以地称为张江陵。他是我国封建社会后期政绩斐然的著名政治家。

张居正少颖敏，二十三岁即中进士，授翰林院庶吉士。任职七年间，讲求政典，熟习国情。由于不得志，归田修养六年。三十六岁复出，历任右春坊右允中，国子监司业，太子讲读，翰林院学士等官。四十二岁初入内阁兼掌部事。神宗即位以后，进为首辅，独掌政权十年。张居正面对明朝政府日益严重的社会危机和民族危机，在政治上进行了一些整顿和改革，在富国强兵与缓和社会矛盾方面，取得了显著成效。著有《张文忠公全集》。

张居正积极主张“扫无用之虚词，求躬行之实效。”（《张太岳集·陈六事疏》，下引此书只注篇名）

正是从“足踏实地”，反对“虚谈”的求实精神出发，张居正对当时弥漫于社会上的择葬时日忌讳等封建世俗迷信，展开了无情的揭露和批判。

第一节　“天道无心”的天道自然论

像许多无神论者一样，张居正的反封建迷信的无神论思想也以唯物主义自然观作为理论基础。他的唯物主义自然观，主要体现在他对“天”、“天道”等问题所作的论述上。

“天”是有意志的人格神，还是无意识的自然界，这个问题一直是神学与反神学斗争的核心问题。张居正批判地吸取了前人关于天以及天道方面的唯物主义思想，提出了“天道玄远”、“天道无心”的天道自然论命题。他认为，天是由“茫旻漠溟，濒濛鸿洞”，即混沌一团的物质性原气构成。而气的特性在于“嘘之为阳，吸之为阴，嘘已复吸，吸已复嘘，环之无端，推之不穷。”（《万寿无疆颂》）也就是说，阴阳二气是不断地运动变化的。既然天是自然之物，没有意志（“天道无心”），并且无始无终（“动而不居，运而无积”），那么，人间的灾祥祸福与天道就不能相互感应。一切“灾祥之应”，在张居正看来，都属于“茫昧”无稽而“不宜牵合事应”（《答河道吴自湖》）。他认为，人间的祸福、善恶、寿夭是变化无常，无有定数的现象，因此就很难用不变的主观的“常理”去解释。他说：

> 造化之数，阴阳之变，运之所遘，气之所遭，有不可以常理测者。仁者不必寿，寿者不必仁。圣人不必有天下，有、天下者不必圣。善者不必获福，福者不必善……世之善恶祸福，参差异等，相去不啻什伯者，可胜道哉！（《义命说》）

这里，他虽未能正确地阐明寿夭、善恶与祸福一类的社会问题，但明确否定其中有什么天意。同样，对神学目的论所宣扬的“雷刑罚罪”的谬说，他也以自然之理与事实效验予以否定。他认为，雷是“禀阳之纯，得火之精”，“其飞腾而有火光，则为电”的自然现象，它“在石则裂，在木则折，在屋则毁……其火气著物，无不立死”。这可以从人畜被雷打死后的状况得到验证，“人畜之死于雷者，皆有焦烂，文如符篆，是火气之烧灼也”（《杂论》）。最后，张居正得出结论，人被雷击死，只是偶然，而那些认为是老天有意去以雷刑罚罪的说法，则是虚妄之谈。他说：“其人物之死者，是偶与雷相值……罚殛有罪云云者，悉臆说也。”（同上）这里又以“偶与雷相值”的偶然论，否定了神学利用自然界的偶然现象宣扬“罚殛有罪”的臆说。

至于天人关系，张居正既坚持“天道无心”，自然就肯定“天人相分”的无神论观点。他痛斥那些“牵合推测，以验天人之际”的“曲士寡学”“不亦惑哉”？（《义命说》）主张把自然界和人类的力量分开，“辟之稼也，耕耘播种，人也。雨旸丰歉，天也。”（同上）在他看来，种粮食时，碰到水旱酿成丰年或荒年，在很大程度上是由于自然界的原因造成的，但“耕耘播种”还是要依靠人力。因此他反对“分定于天，不可易也”的天命思想（同上），提出“天下之事”，“行之贵力”（《陈六事疏》），强调人为的努力。

第二节　不信“阴阳选择之说”与方术迷信

张居正从朴素唯物主义观点出发，对他那个时代盛行的斋醮、时日禁忌、择葬等封建世俗迷信进行了批判。

张居正所处的时代，正是宗教和封建世俗迷信向庸俗化、粗俗化方面发展的时期。择葬、忌日等迷信形式甚于前代，成为明代社会的一大弊病。世宗皇帝沉迷于神仙道教的长生之术，遍求方士，日事斋醮，以致迷信之风弥漫于朝野，把社会搞得乌烟瘴气。

张居正是一位重实效的政治家，对道教所宣扬的长生不死之说是力加否定的。在他看来，当时朝政的废弛，国势的衰落，人民的疾苦，很重要的一个原因，就在于实行了所谓“道士政治”。张居正不但从政治上看到了修玄、斋醮给社会带来的恶果，以致在世宗逝世的遗诏中间，大胆地提出要废除斋醮，而且认识到神仙方术“其言幻幻漫漫”，“其效茫茫唐唐”（《贺云溪翁汪老先生八十寿序》），完全是荒唐的迷信。所以张居正得出结论：“及服食金液之术，岂不浅之乎窥圣阃哉！”（《轩皇问道治此长生颂》）

对于时日禁忌的迷信，张居正也持否定的态度。这在为神宗皇帝选定婚期的问题上得到充分表现。那些笃信时日禁忌的钦天监，认为神宗的婚期只能选定在十二月，其他月份都不吉利。张居正则力排众议，批驳这种时日禁忌的迷信。他说：

> 凡时日禁忌，皆民间俗尚，然亦有不尽然者。臣居正素性愚昧，不信阴阳选择之说。凡有举动，只据事理之当为，时势之可为者，即为之。未尝拘泥时日，牵合趋避。（《奏请圣母裁定大婚吉期疏》）

这里，张居正公开表明了他“不信阴阳选择之说”的无神论立场。他认为，只要办事，凡“理之当为”，“势之可为”就不应“拘泥时日，牵合趋避”。张居正在以上斗争中，最终取得了胜利。这不仅是政治上的胜利，而且也是无神论反对有神论的胜利。

张居正曾写过一篇《葬地论》，专门对“选择之说”（“择葬”）进行了比较全面的剖析与批判。

首先他从理论上加以说明。他说：

夫人死，则精神消散，魂气飞扬。其奄然僵卧者，体魂也。……若体魄，块然无知，与土石等耳。虽得吉地，岂能使之通灵乎？……灵既不在，又安能司人之祸福？……死后枯骸，乃能庇覆其后人乎？若谓凭借地灵，乃能垂荫后世，凡欲为子孙计者，速死而已，恶用生为乎？（《葬地论》）

这就是说，人的形体死亡以后，人的精神也随之消散，枯骸与土石一样无知，不能因为得到吉地而显灵，也就不能祸福于后代了。这样就从人死不得为鬼，不得有知的无神论角度，否定了“择葬”之说。进而他驳难道，如果凭借地灵能垂荫后世，那些想为后代子孙着想的人，应该速死，去葬一块好地，何必在世间操劳呢？张居正的这番话，实质上是揭露了封建剥削阶级贪婪的本质，即他们不但自己要在生前享受荣华富贵，而且还要保佑子孙后代享受荣华富贵的特权。

其次，从逻辑上加以推论。在张居正看来，有神论者既宣扬善有善报，恶有恶报的因果报应论，同时又鼓吹葬地可以决吉凶祸福的“择葬说”，这二者是矛盾的。前者强调人为认为，行善就可以得福。后者则排除生前作任何努力，认为只要选定一块吉地，就可以使子孙得福。所以，张居正揭露道，如果葬地能祸福于人，那么言行善就是徒劳的了。他说：“今日家之兴替皆系于葬之吉凶，则人欲避殃而趋祥者，惟取必于地而已，又恶用作善为哉？”（《葬地论》）不但如此，天阳地阴，天包乎地，这是常理。如果灾祥祸福之权取决于地，又把天摆到什么地方去呢？况且，既然“灾祥善戾之感，在天道犹不可必也，而况于地乎？”（同上）这是他的“天道自然”论在这里的具体贯彻，只不过是用了逻辑推理的方法罢了。

复次，用历史事实加以证明。按照“择葬”论者的逻辑，人死无葬地，或葬“恶地”的，其后代一定要遭受贫贱、祸凶、枯夭的恶果。张居正从历史事实出发，对此作出了否定的回答。他说：

上古人死，则举而委之于壑，后乃归而掩之。当其委壑之代人，亦有贵有贱，有荣有枯，有贫有富，有寿有夭。彼无葬地也，是又孰为之乎？旃裘之国，亲死则弃之于野。……西方之俗，尽从火化。彼诸国人亦有贵有贱，有荣有枯，有生有死，有贫有富，又孰主之乎？今吴越之间，有水葬者……彼其子孙亦有通显贵盛，累世富厚者，是又孰为之乎？黄帝葬于桥山，藏衣冠耳。尧葬济阴，坎而不墓。禹葬会稽，不改其列。殷汤无葬处。……彼皆身为帝王而葬礼如此，然其子孙为天子诸侯历世享国者千有余年。……至若匹夫编户之氓，贫窭穷约，或掩骼荒丘，寄骸丛垒，而子孙崛起暴贵者，又不可胜数也。是遵何术哉？（同上）

所有这些，都说明了人们的贫贱寿夭，吉凶祸福与葬地的“吉”、“凶”毫无关系。在张居正看来，把葬地与人们的吉凶祸福牵合在一起，是“愚哉，可悲也”。这种迷信，完全出自于宣扬者的臆造，因而是极其荒谬的。“今之言相地、卜兆者，皆叔季希觊之私，谬妄无稽之论也。”基于以上认识，张居正从正面对丧葬做了解释。他认为，“葬者，藏也。欲人弗见也”（《葬地论》）。意思是说，葬人只是避免将尸体露在地面上给人看到，此外就再也没有别的意义了。

毋庸讳言，张居正作为明朝封建统治阶级中的上层人物，其无神论思想也不可避免地带有他那个阶级的局限。他一面从多方面论述天道自然，社会人事与“灾变”无关，但另一方面又大谈“灾异”“天变”对人事的影响。他就曾经假借星变的名义，举行闰察，排除异己。他在病重时，同样奢望得到神仙的保佑。他认为，“盖欲吁神以祈佑云。窃思女神之贵者，莫如泰安之仙妃，今遣小儿赍香帛往祀焉。恐执事不知其由，敢敬以闻。”（《寄山东巡抚扬本庵》）就在他最后上疏退休时，还假借灾异之说，以实际行动去“应天变”。在形神关系上，他虽然承认人死体魄而无知，但又认为，精神可以脱离形体而去，“人死则精神消散，魂气飞扬”（《葬地论》）。这种形神观，较之范缜形神观是一个极大的倒退。

然而，张居正作为一个政治家，以其求实的品质，积极批判改造老子的“天道自然”思想；以其勇敢的精神，着力批驳道教的长生不死之术以及时日禁忌、择葬等封建世俗迷信，仍应得到充分的肯定。

清　代　编

第一章　绪论

第一节　清代的社会矛盾与理学的终结，启蒙思潮的兴起

漫长的中国封建社会发展到明中叶已经进入它的末期，各种社会矛盾都在激化。由于阶级矛盾、民族矛盾以及地主阶级内部的党锢之争日益激化，导致城市居民和农民的反抗斗争此起彼伏，终于汇成了以李自成为代表的农民大起义的汹涌洪流，冲垮了明王朝的统治。但是，满族从明末农民战争失败的血泊中实现了王朝的更迭，从此开始了清王朝的统治。清承明制，并有所加强，中华古国又打起精神，走上了封建社会的最后一程。

清政府成了中国的主宰之后，实行民族征服政策，使国内民族矛盾急剧上升。以起义农民为主体的抗清民族斗争，得到了各族人民的支持，沉重打击了清朝统治者。17 世纪 60 年代以后，阶级矛盾逐渐取代民族矛盾上升为主要矛盾。土地兼并日趋严重，地主加重对农民的剥削，阶级矛盾日益尖锐。沉重的政治压迫和经济剥削迫使农民多次起义，湖南苗民、北方天理教等农民都明确提出土地要求，农民起义震撼着封建统治。曾经明末清初战争破坏，以及受到清初统治者扼制的资本主义萌芽，到了康熙后期和乾嘉年间又得以复苏。资本主义萌芽的进一步发展与封建主义生产关系逐渐形成巨大矛盾。

明末的农民战争深刻地暴露了封建制度的腐朽性，同时给予地主阶级所利用的思想武器，即宋明理学以沉重的打击。这一震撼封建大厦的革命风雷所引起的反响，在 17 世纪中国的思想文化领域，表现为反映社会前进要求的早期启蒙思潮同维护封建腐朽统治的宋明理学之间的激烈斗争。早期启蒙思想的出现，表明理学已走向穷途末路。尽管清初统治者大力提倡理学，康熙编纂《性理精义》，重用理学大臣，其时亦出现李颙、孙奇逢等理学家，但理学颓势已不可挽回。加上统治者采取了血腥的文字狱等扼杀新思想的文化专制政策，大批文人以“经世”转入“避世”，钻进故

纸堆去寻章摘句，各种学问都走向了考据的道路，一世学风逐渐转入乾嘉汉学，并形成了一个学派。伴随社会经济中资本主义萌芽的复活和滋长，披着复古外衣的启蒙思想又不断地脱颖而出，他们以实事求是为学鹄，以科学的精神致力于构建新的思想。

清代的自然科学知识，在明代的基础上有了新的发展。清初，出现了一些总结各地农业生产的专著，如张履祥的《补农书》等。清代著名的天文历算家梅文鼎，有历算著作达八十余种，编成《梅氏历算全书》。著名的医学家叶天士，通过临床实践，在《伤害论》的基础上建立了瘟病学的新理论，写出了新的医学著作《瘟热论》。嘉庆、道光年间的著名医学家王清任在多次进行人体解剖，详细考察心脏等器官的基础上，写成了《医林改错》一书。

明清之际以及整个清代无神论思想的轴线是和当时社会状况的发展的轴线相平行着的。这一时期的民族矛盾、阶级矛盾以及资本主义因素与封建主义的矛盾，构成了启蒙思想、无神论思想所由产生的政治条件。而启蒙思想的涌现，理学的衰微，乾嘉汉学的兴起，自然科学技术的发展，构成了无神论思想所由产生的学术思想条件。

然而，任何时期的无神论的产生和发展，又都与有神论的产生和发展有着紧密的关系。无神论是在同有神论的斗争中得到发展的。明清之际以及清代的无神论所由发展的社会条件，当然也就包括此时期有神论发展的状况。

封建统治者都懂得加强对神学的提倡和宣传，以补充、完善其统治思想。清初的顺治、康熙、雍正、乾隆四帝，都善于总结历史经验，在思想领域中，他们在以儒家学说（主要是程朱理学）作为御用思想的同时，依然支持佛教，利用道家和道教，并大力扶植鬼神巫术、堪舆、禁忌等世俗迷信。

清初几位皇帝，都不同程度地佞佛，如年轻的顺治因宠妃董氏死，竟欲出家，后经人劝阻，未能如愿。顺治之后的康熙，被颂为“光扬道化”的“佛心天子”。雍正信佛更胜一筹，自号“圆明居士”，并亲自搜集“历代禅师”谈佛言论，编写《御选语录》十九卷，大讲禅道以辅“周孔之辙”，以裨“民物之安”。在利用佛教“阴翊王度”方面，所有的皇帝都是一致的。他们所崇信的最初还是藏传佛教，后渐移到其他各宗，特别是禅宗。清初士大夫中“禅悦”之风以及佛教神学在全国各地的流传，与统治阶级的提倡有关。

相比之下，道教在清廷所得到的惠泽大不如佛教，但也仍是清朝统治者利用的对象。从顺治到乾隆，正一教的天师依然享受进京面帝、领取赏赐的礼遇。由于道教自身日益衰微、孱弱，它在清朝皇帝心目中的地位也越来越低。

随着中国封建社会的发展而不断滋长、蔓延的世俗迷信，由于不会在政治上、经济上与封建国家相牴牾而能有效地为统治者推行愚民政策，巩固封建统治服务，所以能一直受到清朝皇帝的重视。康熙年间，有《御定星历考原》六卷。乾隆年间，则有《钦定协记辨方书》三十六卷。皇帝亲撰序文，特别强调敬天之纪、敬地之方二义，认为人之祸福决于敬不敬之间，以此启导习俗，实际上是欲以巫术与术数迷信从思想上加强对人民的控制。

作为与无神论相对立的清代佛教、道教、天命论以及世俗迷信，正是在上述背景条件下得以存在，并按其自身发展趋势变化和发展着。

第二节　清代的宗教神学与世俗迷信

一　清代的佛教

这一时期的佛教发展的总趋势，如宋元明佛教状况一样，是不断衰退；但由于受到统治者的扶持和提倡，在一定范围内和程度上却有所发展。

清政府也十分重视对佛教文献的整理、刊行。乾隆时期，政府组织僧俗人员共 70 多人，完成了从宋至清的最后一部官刻佛教大藏经——《龙藏》的编刻工作。《龙藏》在明刻《北藏》的基础上，又增加了若干种名僧撰述和宗门语录等著作，共 724 函，167 部，7247 卷，在佛教史上具有一定影响。同时，还组织大批人力，把汉文藏经译成满文，欲“以因缘祸福”引导众生，“皆知尊君亲上，去恶从善”（《御制清文翻译大藏经序》)。此外，清代还将藏文经甘珠尔译为蒙文，把藏文《造像量度经》译为汉文等国内各族文字的互译，促进了佛教在全国各地的传播。

这一时期的佛教寺庙及其寺院经济也有相当规模。据康熙六年(1667 年）礼部统计，全国共有寺庙 79622 处，僧尼 118907 人（《大清令典》卷十五《礼部方伎》)。乾嘉年间，已是寺庙遍地，出家成风。至清末时，全国已有僧尼约 80 万人（太虚《整理僧伽制度论》)。

清代佛教的宗派较为兴盛的仍是禅宗的临济、曹洞二宗。

势力仅次于禅宗的净土宗，清初以来仍是佛教各宗的共同信仰。以净土名家的代表人物有行策（1628—1682 年)、实贤（1686—1734 年）等。

行策住常熟普仁院，著有《起一心精进念佛七期规式》，发明了净土宗的“七日念佛法”，即在“七七”49天中，只念“阿弥陀佛”，敲木鱼击磬，成为清代“打念佛七”佛教仪式的开端。实贤，住杭州梵天寺，专修净业。曾撰《劝发提心文》，以“邪、正、真、伪、大、小、偏、圆”的“八相”区别所发心愿是否正确。“以虚空之心，发虚空之愿，行虚空之行，证虚空之果”，从而度己度人等等（见彭希涑《净土圣贤录》卷六《实贤传》），把佛教的神学与封建伦理融合并加以进一步发挥而为缁素广为传诵。

天台、贤首、唯识、律诸宗在清代亦有传人延续，有时还出现了“中兴”的景象，但那只是病入膏肓后的回光返照而已。

由上可见，在清一代，佛教已进入衰颓，同时又通过佛教迷信的低级形式表现为粗俗化，并广泛而又深入地影响着民俗。颜元在《存人编》里描述了这一状况。他说：“吾观当今天下，僧道是大迷途”。而佛教“历代风靡，寺庵遂遍天下”，形成“群男女废业而行胡，诱惑良民，甚至山野里比比皆是”。颜元认为：“佛之害，至今日尚忍言哉！……家家土偶……户户诵经……甚惑民乎，愚之可怜也。”

作为佛教进一步世俗化、粗俗化的产物，以佛教“异端”姿态出现的许多会道门在清代继续发展。天理教信奉“真空家乡，无生老母”，朝太阳礼拜念经，祈避刀具水火之灾。并让教徒缴纳根基钱（亦称“种福钱”、“香火钱”），意为种下弥勒佛下凡时代的幸福。青阳教每晨亦向太阳虔心礼拜，求免今生灾祸，免受轮回之苦，企求来世托生好人。老官斋教也称“弥勒下凡”。清水教奉弥勒佛，无生圣母，称异人授符象，能召鬼神。长生教主张吃斋念佛，迎接劫变。尽管这些会道门，常常能组织起农民起义，来反抗清廷的统治，有一定的政治意义，但是，其中的有神论思想是与无神论相对立的，应当予以否定。

二 清代的道教

清代道教的境况更为不妙。由于清代道教各派在理论上均已停滞，组织上七零八落，活动日见减少，声誉每况愈下，所以清廷对它也越来越冷淡。据康熙总结其六十年执政经验的官方文件《七旬》记载，“道家之流”在回答康熙关于治国之策的咨询时，第一句就是：“释开觉路，老合儒宗”（《热河志》卷一，《天章》篇），说明孱弱的道教不仅仍然承认“三教合一”的理论，而且甘居“老三”之位了。然而即便如此，康熙还是对其十分蔑视，痛斥其“流而成弊，刑名放荡。长生久视，语益惝恍”，并说：“纵日兮飞升，于世道乎奚补？……养身寿人，儒者有道。保合太和，何取黄老？”（同上）明显地对道教持否定态度。从元代即受到朝廷恩宠的正一教，到了清代以后便一年不如一年了。第五十二代天师张应京先由顺治赐予一品印，但到乾隆时一下子降到正五品。道光年间，进而又取消天师入宫，并取消正一真人号，从而结束了正一教与朝廷的直接联系。全真教的情况亦与正一教相似。道教著作也大为减少，仅乾嘉时兰城（今兰州市）道士刘一明著有《道书十二种》等，阐述性命之学与内丹之旨而较为引人注目。《清史稿》卷一四七《艺文志三・道家类》著录道家图书共 90 多种，300 多卷，但其中有不少并非道教内容。

由于理论衰微，队伍不整，道教的门户观点越来越淡漠。有的正一道士成了全真道士，有的全真道士又到茅山或武当山修行，各派之间的差别越来越小。据《道统源流》记载，清代许多道士都有佛名，显示了佛道二教在清代的密切联系。道教于穷途末路上与佛教结成了“患难之交”，更清楚地标明了它的没落。许多道士更加热衷于宣传咒术、符箓、斋醮之术。有的搞诵经超度、行咒授符、禳邪祛祸，有的自诩神通广大，呼风唤雨、驱蝗灭灾，以此蒙蔽群众，骗取钱财。道教的一些教理、教义、仪式等逐步化入会道门之中，在广大群众中仍有不少影响。“摆几碗豆腐凉粉”，请“玉皇大帝、东岳天齐、城隍、土地”（颜元《存人编・唤迷途》）等道教神仙的现象比比皆是。道教的神仙系统，通过神庙祭祀、神话小说等多种形式在民间广为流传，成了中国神权政治的得力支柱之一。

三　清代的基督教

随着西方殖民势力对中国野心的日益增大，基督教徒在中国传教的劲头也越来越足。清初诸帝对传教士们带来的天文、历法等西方近代科学技术亦表现了相当大的兴趣。所以，明朝灭亡以后，原来得到明廷宠信的耶稣会教士汤若望等仍旧留在北京，受到清政府的信任和重用。天主教的发展继续保持良好势头。顺治年间，汤若望被封为钦天监监正，清世祖还为新落成的天主教堂书写了“钦崇天道”的匾额，并赐比利时人南怀仁（1623—1688 年）以工部侍郎之职，令汤若望、南怀仁等制订历法，监造枪炮。汤若望等人采用了利玛窦的传教方式，承认中国的天主教徒可崇拜孔子和祖先。这样，天主教就能在适应中国传统习俗的情况下得以传播。据康熙初年的统计，全国有 28 个城市设立了教堂，教徒已达 15 万人左右，比明末有所发展。由于康熙限制天主教的传播，不准其在各省“开堂”传教，加之耶稣会与多明我会在对待中国人祭祖祭礼问题上发生分歧而闹内讧，引起了罗马教皇的干涉，致使康熙再度下谕严禁教士传教。基督教的在华活动严重受挫，但仍有不少教士私赴各地秘密传教。到鸦片战争前夕的1839年，在中国13个行省内有外籍传教士65名，天主教徒约30万人①。传教士们除系统宣传基督教神学外，还利用介绍西方科学知识的机会传播神学迷信，要人们当上帝的顺民。如讲人体是上帝的“造化”、“安排”。地震、旱涝、兵革、火灾、疾病等“皆属造物主全能大权统一宰制”，星象变化“定人命之吉凶”等等。

18世纪初，基督教的另一大派东正教也随着沙俄的侵华阴谋向我国步步深入。到鸦片战争前，已有11批东正教士带着沙俄的秘密指令来到中国，刺探“有关中国人的意向和活动的情报”②。

从天主教分化出来的新教，由英国伦敦宣教会教士马礼逊（1728—1834年）等于19世纪初叶传入中国。马礼逊等第一次全文翻译了《圣经》新旧约全书，并编写了《神道论赎救世总说真本》等宣教专著，把基督教的全部原始教义完整地介绍给中国。第一个新教华人牧师梁发（1784—1854年）紧随洋人传教士，著《劝世良言》，极力鼓吹“神天上帝”的绝对权威，抨击和贬低儒、佛、道，宣扬“上不违逆神天上帝之旨，下不犯王章法度”，要人们忍受欺压，任从宰割。这样，“贫穷者虽瓮餐不给，亦有余欢”（《劝世良言》）。这是地地道道的神学说教，用以麻醉人民的斗志。

由于基督教与侵华、掠夺相联系，和清王朝唯我独尊、闭关自守、不许染指中国内政等政策相抵触，所以其活动受到一定的限制，甚至经常被禁止行教，不少教士遭逮捕、驱逐。因此，这一时期基督教的传播不如晚明之盛而显得步履维艰。

四　清代的天命思想

依靠武力打进关内、统一全国的清朝贵族，也把自己打扮成“应天兴国”、“体天承运”的天之骄子。清太祖爱新觉罗·努尔哈赤“御极”之时，即“焚香祭天，建元天命”（《清史稿》卷八十三，《志》五十八）。第一个入关的顺治被吹捧为受上天之命统一中国的圣哲，说是在他诞生前夕，其母“孝庄文皇后梦神抱一子授之曰：此统一天下之主也。孝庄文皇后受置膝上，其人忽不见”（《清世祖实录》）。他们把清灭明说

① 《中国丛报》1884年11月。

② 郭素维慈：《中国人及其文化》。

成是天命的转移，所以能得到上天的支持。另外，清王朝非常重视祭天之礼，早在关外时，就编有《满洲祭神祭天典礼》专书，谈“崇祭天神暨群祀祖祢”。入关后，“有举莫废”，逮高宗时，依据清文译成四卷，并根据关内风俗加以厘订。到了乾隆中叶，进而撰成《大清通礼》，将各种祭祀制度化、规范化，并不断翻出新花样。所谓“堂子祭天”，就是清代皇帝的一个发明。他们于静室总祀社稷诸神祇，名曰堂子。元旦拜天、出征凯旋时，皆帝所躬祭。其余月祭、浴佛祭等，则派员前往。立杆大祭时，要把佛亭及菩萨、关帝像抬至堂子，一同祭祀。康熙二年，定郊祀躬亲行礼，无故不摄。冬至大祀，尽管天寒，仍亲自参加。年逾60岁以后，仍坚持参加祭礼的全过程。帝心如此之“诚”，其目的不过是企图以天上的神权帮助地上的王权而已。

与天命思想紧密联系的灾祥迷信也屡见记载。“乾隆六年，知州林良铨改修诸葛忠武祠，掘地得二石人，一背铭字云‘守土守三分辛苦’。一背镌字云‘遇隆则兴’。”（《清史稿》卷四十三，《志》十八）显然这是谄媚之臣的吹牛拍马之举。乾隆间平定准噶尔，番兵夜栖山谷，见一“巨人端拱向东拜，意甚虔肃，知为山灵。……番兵咸疑地当内属，故鬼神预东向。既而果然。”（《清朝野史大观》卷十一，《山灵遥祝》）还有什么“钟鼓自鸣”、“赤龙腾空”等等。诸如此类，不一而足。当时一些文人如桐城派的管同等也随声附和，大力鼓吹天人感应的神学迷信，宣称天的壮衰由“灾异之多寡知之”（《因寄轩文初集》卷一，《原灾》），“是故值天之衰愈恐惧省而不敢失道”（同上），要人们承认天“福善祸恶”的主宰作用，“畏而奉之”。只要“天子”一天不从金龙宝座上赶下来，他们是一天也不会停止宣传天命论的。

五　清代的世俗迷信

随着中国封建社会的发展而不断滋长、蔓延的世俗迷信，在清代并没有像佛教、道教那样随着封建社会的衰微而衰微，相反却在不断扩大它的市场。传统的神灵崇拜、阴阳灾异、天人感应之说仍在流行，星命卜筮、相面测字、相宅相墓、禁忌避讳等各种世俗迷信在皇权的直接支持下花样更多、流传更广。有人在《跋熊锺陵〈无何集〉》中指出：“吾国数千年来，仙鬼灵怪，妖妄祸福，深中人心，牢不可拔。……上有好者，下尤甚焉。人群锢蔽，昏沉到今。”熊伯龙在《无何集》中感慨地说：“俗儒守文失真，时俗嫌疑莫定，凡史书、文集、百家、诸子所传记之文，其虚妄而不可信者，世已信之久矣。”（《无何集·自述一》）乾嘉以后，清代由盛世转向衰败，封建迷信愈加猖狂。仅《清史稿·艺文志》中著录的术数之书就有：占候之属八十六卷，相宅相墓之属二百零一卷，占卜之属一百五十五卷，相书命书之属四十六卷，阴阳五行之属一百零六卷，占梦等杂技之属九卷，总共六百零三卷（《清史稿》卷一百四十七，《志》一百二十二），其他如与佛道神学相联系的神仙鬼怪之说等等，更是不计其数。现择其要者概述之。

（一）日、月、星辰及山、水诸神崇拜

至高的天神统帅下的日、月、星、辰及山水诸神，仍是清朝统治者的崇拜对象。顺治时，冬至祀圜丘，奉日、月、星辰、云、雨、风、雷配。夏至祀方泽，奉岳、镇、海、渎配。顺治不但亲诣大飨殿行礼，为民祈谷（乾隆时改为“祈年”），而且开始祷雨圜丘。据说能“于时天无片云，顷之乃大雨。”（《清史稿》卷八十三，《志》五十八）顺治初年，建天神坛专祀云、雨、风、雷诸天神。雍正六年，谕建风神庙，赐号“应时显佑”。以后又建云师庙、雷师庙，分别赐号曰“顺时普应”、“资生发育”，并以时应宫龙神为雨师，合祀之。此外，还建太岁殿，正殿祀太岁神，两庑祀十二月将。雍正、乾隆以后，凡祈祷，皆天神、太岁暨地祇三坛并举。关于土地神、谷神的社稷之祀，则自京师以至直省府、州、县皆有之。

从顺治起，建地祇坛于天坛西。祀岳、镇、海、渎，并祀天下名山、大川。顺治二年，封黄河神为“显祐通济金龙四大王之神”，运河神为“延休显应分水龙王之神”（赵翼《陔余丛考》卷三十五）。三十五年，始遣大臣分行五岳（东岳泰山、南岳衡山、中岳嵩山、西岳华山、北岳恒山）、五镇（东镇沂山、南镇会稽山、中镇霍山、西镇吴山、北镇巫闾山）、四海（东海、南海、西海、北海）、四渎（江渎、淮渎、济渎、河渎）以及兀喇长白山等地祭告。清王朝的势力扩展到哪里，就把山水神封到哪里，仪礼俱备，不厌其烦。在京城，他们除了建有都城隍庙、禁城城隍庙和皇城城隍庙外，还建有北极佑圣真君庙、火神庙、东岳庙、河神庙等。在各地，则通过行政手段命令各府、州、县建坛祭神（《清史稿》卷八十四，《志》五十七、五十八）。

随着社会分工的日益精细，清代各神的分工也更加具体。有管建筑的司工之神、琉璃窑神，管养蚕的先蚕神，管织造的司机神，主保管的司仓神，家中还有户神、灶神、中霤神、门神、井神等等。这些神可以看作山水等自然神在生产和生活领域内的延伸。多一个神，对于统治阶级来说就多一根精神支柱，而对于劳动人民来说，除了多花一份香火钱、多增加一分愚昧外并无任何益处。既然山河大地为统治者所占有，那么这些山水、土地诸神也就必定是为统治阶级服务的了，何况封建皇帝还恩赐了那么多的封号呢！

（二）星命卜筮与测字算命

清代占候占卜类专著继续出现。黄鼎撰《天文大成管窥辑要》八十卷，专论占候，以星象推吉祥。盲人程良玉，托神所授，著《易冒》十卷，以六爻兼断六亲荣枯得丧。此外，还有《推测易知》、《卜法详考》、《六壬经纬》、《奇门阐秘》等等，不胜枚举。方术星士、算命先生的“神通”也越吹越玄乎。什么“占卜射覆多奇中”的李神仙，出语非凡，如应影响的“神卜”方翁，占验晴雨，“不误晷刻”的戚瓶谷等，都已载诸史书。占星者说能根据天上每星每点之明暗推测人事吉凶，休咎禄命。测字者吹嘘能根据信手拈来一字判断婚姻配偶、所孕男女，“指示若神”。人有生于同年同月同日同时而命绝不相似者，精子平之术的蔡翁等星家则以所生之地不同、五行相济有别加以解释，仍被人视为奇验。相人之术亦有发展，从相面发展到揣骨、听声。相传“雍正年间浙东有史瞎子者，遇男子则揣骨，女子则听声，言休咎奇中。”（以上见《清朝野史大观》卷十一）吹得越神，信者越众。流传愈广，祸害愈烈。

（三）堪舆

相宅相墓的堪舆（即风水）迷信，到了清代发展势头更猛。彭国栋重修的《清史·艺文志》，收录了相宅相墓类书八十八种，二百五十二卷，相当于明代的三倍。其中叶九升的《地理大成》，长达三十六卷，叶泰的《山法全书》也有十九卷。可以称得上大部头的风水专著了。孙丹扶的《撼龙经》则专讲龙脉。乾隆进士、礼部尚书纪昀编的《四库全书总目》在子部术数类选择著录了相宅相墓之属 8 部 17 卷，介绍了 18 部 132 卷，附录一部 6 卷。在纪昀的影响下，许多文人学者也都对堪舆产生了浓厚的兴趣。秦蕙田著《地理元宗图说》，江永写了《地理裘腋集》，焦循作了《相宅新编》，张惠言则有《青囊天玉经》。据说大学士张储医卜星相堪舆风角之术无不通晓，经他选择葬地的人家，“30 年后皆当大贵行伍”（《清朝野史大观》卷十一）。精六壬奇门术的董华星，能通过相宅使自己高中进士，为江苏巡抚庄公相衙署使之得加太子少保衔，还能通过教人在先茔之某方立一灯竿使其子弟中某人发解，人称董仙翁。（同上）真是神乎其神。在学人的提倡下，风水迷信似乎更有道理而愈加流行。

（四）禁忌

禁忌迷信到了清代更多更繁。皇帝祭祀、亲征，都要择取吉日。翰林院、刑部各司也有种种禁忌，如“翰林院堂不启中门，启则掌院不利”；“门前沙隄中有土凝结成丸，倪或误碎，必损翰林”等等。至于普通百姓，更要处处受到时日、堪舆禁忌以及种种不祥之气的避讳限制，简直寸步难行。不但安葬、祭祀、沐头、裁衣诸事要择日行事，而且“凡出行、嫁娶、会亲、入学、交易、纳财、进入、纳畜、上梁、竖柱、求嗣、疗病、酝酿、合药、立券、开市、词讼、解除、开仓、宴会、移徙、栽种、畋猎、牧养、扫屋、篦头，一切寻常日用之事，皆有宜忌”（熊伯龙《无何集》卷之七），而且各种禁忌的具体规定也愈演愈繁。比如汉代的阳宅禁忌只考究方向、五音、干支、五行之类。到了清代的阳宅之书，除了以上几项而外，还“有指星言者：如四孟玄武主，四仲朱雀主，四季白虎主，不可起造之类是也。有指草木言者：如宅东有杏主败，宅西有李主淫，槐主富贵，芭蕉招祸之类是也。有指屋之形象言者：如前低后高则吉，前高后低则凶之类是也。有指事物言者：如新造房屋，防匠置笔于柱下；栗木为关，夜可远盗之类是也。且不第言盖屋择日也，穿井作灶，安碓置磨、皆有宜忌。”（《无何集》卷之七）

总之，清代世俗迷信花样之多，流传之广，体系之备都大大超过了前代。与玉皇大帝统领天上的诸神的天庭、人间皇帝统治中华的朝廷相对应，地下有一个“阎罗王”、鬼官、阴司组成的阴间政权，同样是等级森严、刑律严明，天上、人间、地下的来往也日益频繁。人死之后大人物成神进庙祠受祭，小人物为鬼，善升天堂，恶入地狱。成神的如前所述能显灵护国，为鬼的也能对人间的恩怨加以干涉，而解除者则可“悬符设像”使“鬼远徙”。至于铺张厚葬，为死人烧钱、超度，几乎普及到每个家庭。星占、卜筮、风水迷信等都有大部头的专著，有的还经过“御定”、“钦定”，加上皇帝亲撰的序文，从而更加系统化，具有集大成的性质。各种禁忌门类齐全，应有尽有，融进了各地的风俗习惯。源远流长的上帝崇拜、祖先崇拜、自然神崇拜以及巫术卜筮等世俗迷信与佛道的灵魂不灭、生死轮回等神学迷信相融合，逐渐编织起一张硕大无比的神权之网，渗透于社会生活的各个方面，形成了根深蒂固的传统势力，紧紧地攫住了千千万万善良人们的心。社会上迷信风行，人们“喜伪尚怪，轻人道而重鬼神，舍医药而从凶觋，毁宗庙而建淫祠，黜祖祢而尊野厉，可谓极矣”（周召《双桥随笔》卷十二）。

第三节　明末清初至鸦片战争时期无神论的发展

这一时期，由于封建社会逐渐瓦解和资本主义的萌芽与发展，社会性质将不可避免地发生变化。伴随封建社会发展起来的、具有古代朴素性质的无神论，也随之进入了它的最后阶段。这个阶段的无神论，一方面继承了先秦以来的优秀成果，同时又在哲学与自然科学发展的推动下得到新的发展。

明末清初空前激化的社会矛盾和强大的阶级斗争风暴，以及当时资本主义因素的发展、自然知识的传播所引起的反响，在17世纪中国的思想文化领域表现为反映社会前进要求的早期启蒙思潮。

明清之际的启蒙思潮，其主要矛头是针对宋明理学的。理学在其创构和发展时期，就已经暗袭了佛、道许多思想及其方法，使得理学自身渗透着佛、道的思想内容。由于理学自身的对立和分歧，反映到对待佛、道的态度问题上，又迥然异旨。程朱契合佛、道的空无世界观，而对其粗俗迷信力加排斥。张载则能全面批判佛道的世界观和粗俗迷信思想。但有一点是肯定的，他们都是站在弘扬和维护理学立场上来对佛、道或是吸取，或是批判。然而，随着社会和理学自身矛盾的发展，使得程朱理学向陆王心学转化以及心学正宗向“异端”思想的转化。这一转化过程本身就说明宋明理学已走到穷途末路。其先存在于理学之中的对于无神论发展曾起推波助澜作用及其自身所具有的无神论因素的那种思辨的理性内容，人事为本的儒家现实精神以及对佛、道粗俗迷信的批判品格逐渐消失。代之而起的是“束书不观，游谈无根”的空谈性理的腐朽学风，“天崩地解”亦“无干吾事”的逃出实在生活的虚灵自在的恶习，明儒而心佛，巧避于空静禅门的“狂禅”之风。因而它也就丧失了与现实的无神论为伍的资格。相反，它反而构成了无神论者抨击和批判的对象。明清之际的启蒙思潮给以无神论的影响，正在于它将批判理学与佛、道结合起来，为无神论提供了一个新的斗争战场或对象。无神论在批判理学的同时，能对佛、道二氏进行更为深入和广泛的揭露和驳斥，这也就使得全面清算佛、道二教的有神论思想成为可能。另外，这一时期的启蒙思想家大都也是无神论者。所以，此时期的无神论思想自然就带上了启蒙色彩。他们披着古代圣王的外衣，力倡恢复儒学正宗，使其重现实、重实际的人事为本思想得以兴起，在经世致用中排斥邪说，非难妖妄，从而体现无神论的批判精神。

黄宗羲虽然思想体系中尚保留了“明道”之“余枝”而流连于理学

的“枝叶”，但他在那“天崩地解”的时代，竭力主张面对现实而倡经世致用。对于那些借口道学以巧避与放任的人，黄宗羲是深为责难的。他的无神论思想是紧紧围绕着这一原则而展开的。陈确著《大学辨》，认为理学是禅释异端，批判佛、道应当与批判理学结合起来。在他看来，佛、老之祸如燎原之火不可复遏，一方面由于佛、老“窃上哲之微言，以自文其罔世之术”。而另一方面，则是“世卒不悟，学士大夫犹相与传诵之，赞扬之，致使佛、老之祸至于今弥炽”。王夫之把佛、道二氏不“穷物理”与宋明理学“绝物”相对照，并对其攻击不遗余力。反对高谈性命，提倡“言必征实，义必切理”。颜元更是一位佛、道与宋明理学皆唾弃的陷阵者。他将佛、道二氏和道学家所看到的空静世界，最简洁地斥为“镜花水月”。他淋漓尽致，意味深长，慨喟无穷地揭露宋明理学与佛、道的“通气”处，他面对“人人禅子，家家虚文”，“半日当和尚，半日当汉儒”的状况，扛起恢复周孔正宗之学的旗帜，以其独特的习行、致用思想，去唤醒误入迷途的“僧道”、“修静者”以及高谈性命的“明儒而心佛者”。这无疑是召唤宗教世界所失掉的“人”魂，让人从虚灵世界重返现实世界。颜元这里无疑是竭力重倡儒家的人事为本的积极的现实理性精神，这种倾向对无神论的发展起到了积极的作用。

对中古封建神学的批判，也是明清之际的特殊时代以赋予的一项任务。启蒙学者欲向封建制度作出攻击，那么就把匕首和投枪刺向作为这一制度所凭借的神圣光环——宗教有神论。

黄宗羲、陈确、王夫之、颜元等无神论思想家，大都具有敏锐的政治嗅觉，对晚期封建社会的腐朽性和与此紧密相连的神学迷信的危害认识较深。所以，他们对封建神学的批判比以前任何时代的无神论思想都具有强烈的现实性和战斗性，表现了变革封建统治的迫切要求。黄宗羲为实现政治、经济的改革需要而提出的“工商皆本”这一反封建传统习俗因而具有市民要求的呼声，正是与革除宗教的、世俗迷信的恶习的“投巫驱佛”之声相和而撞击出铿锵有力的时代强音。他说：“治天下者既轻其赋敛矣，而民间之习俗未去，蛊惑不除，奢侈不革，则民乃不可使富也。”蛊惑为何物？“佛也，巫也”，认为佛教迷信与巫祝弄神弄鬼，得以中分其民之作业及资产，因而必须“投巫驱佛”。另外，黄宗羲对儒家纬书以及佛教、天主教的诸天说也力加排斥，从而剥去罩在封建王权头上的神圣光轮。王夫之对维护封建统治的“邪说”、“妄语”统统屏斥，反对星象家、变复家、方术家，肯定“妖遂由人以兴”，揭露了统治阶级利用宗教迷信的嘴脸。颜元以“虽百千年同迷之局，我辈亦当以先觉觉后觉”为己任，竭力唤回宗教世界而失掉的"人"魂，把人向现实生活道路上引津，从而高扬人的觉醒和个性解放。所有这些，都充分表现他们批判神学的无神论思想所具有的浓重的反对封建主义的民主主义色彩。无论是在西方，还是在中国，近代资产阶级都把反对封建制度与反对封建神学紧密结合起来。从这个意义上说，在明清之际的启蒙思潮影响下所由产生的无神论思想，实开近代中国无神论思想之先河。

由于社会动乱和理学衰败而引起的明清之际的启蒙思潮，随着清王朝统治的稳定和加强而受到扼杀，代之而起的是乾嘉汉学。这一思潮对清代无神论的发展有两方面的影响。总的说来，由于这一学风重考据，而于主义和思想无甚突出之处。这一时期虽然产生了熊伯龙这样的杰出的无神论者，他的无神论思想虽全面而成体系，但在理论上缺乏新的贡献。这与汉学思潮不无关系。清代其他无神论者的无神论也多无创见。然而，另一方面，汉学的求实精神则又对清代无神论以一定的积极影响。像袁枚、赵翼、洪亮吉、周树槐等人，通过严谨的考证，剔除记载于古籍中的传统的谶纬以及各种世俗迷信，还原历史诸多传说的真相。

明清之际以及整个清代无神论的发展，也是与自然科学知识的发展紧密相关。明清之际的方以智就是通过对天文、地理、生物、气象、数学、医学等许多学科的广泛研究，完成了《物理小识》这部闪耀着无神论思想光辉的自然科学著作，对否定和揭露上帝、鬼神的存在和神鬼方术的骗人伎俩等方面起到了更加直接和积极的作用。清代王清任通过对尸体的实地观察研究，对解剖学作了重要贡献，写出《医林改错》一书，纠正了古代医学对人体内脏的错误看法。提出了"脑髓说"，肯定意识产生于脑，对中国无神论史上长期争论的形神关系问题是有贡献的，为批驳佛、道灵魂不灭、生死轮回以及世俗迷信提供了新的锐利武器。而黄宗羲、王夫之等人，虽不是自然科学家，但他们也积极谋以新时代的自然科学知识去荡涤和洗刷鬼神迷信与无稽方术等有神论积习。

这一时期无神论与有神论的斗争，在不同的社会思潮（明清之际的启蒙思潮、乾嘉汉学思潮）以及自然科学知识影响下表现出此起彼伏的消长过程。就此时期的有神论在理论上的表现而言，由于社会政治及其本身内在发展进程的影响，已呈现颓势。特别是在明清之际，无神论在强大的革命风暴和社会思潮鼓动下，以全面和廓清之势直指形形色色的有神论。无神论在这场斗争中占据了相对优势。我们说，无神论只有在同有神论的直接对立和斗争中普遍趋于一个定向才能形成它的思潮。而在明清之际，无神论在批判宗教化的宋明理学和粗俗化的佛、道思想中形成一股思潮。而又由于这股思潮与批判封建制度相联系，因而具有启蒙的色彩。

第四节　古代无神论发展的高峰与终结

从明清之际到鸦片战争，是中国历史上的一个重要转折时期，也是中国无神论思想发展史上的一个特殊阶段。这一时期的无神论，虽然说仍是在古代无神论基础上的发展，它批判的对象，基本上还是中国固有的传统的天命论、宗教神学与封建世俗迷信。但是由于这一时期的无神论与17世纪兴起的启蒙思潮紧密相连，从而使得中国古代无神论发展到高级阶段，带上了民主主义的启蒙色彩，出现了新的特点，到达了一个新的水平。

这个时期的无神论者，如黄宗羲、王夫之、陈确、方以智、熊伯龙、颜元等，他们以批判宋明理学、佛道二教以及封建神学为己任，闪烁着启蒙的光芒，预示着新时期的到来。由此产生了这一时期无神论发展的第一个特点——过渡性。惟其如此，他们才以如许清醒的理性头脑，敏锐的现实精神，果敢的斗争勇气承担了对神学总批判的任务，从而产生了这一时期无神论发展的第二个特点——总结性。王夫之全面继承与发展了古代朴素唯物主义哲学，从历史批判总结的高度，以高屋建瓴之势给佛、道宗教神学以理论的批判，同时又进一步发展了无神论的天人观以及生死观；熊伯龙完成了集我国古代反封建神学之大成的无神论专著《无何集》，对宗教神学与封建世俗迷信进行了全面的清算，总结了无神论反神学斗争的经验，对神学的欺骗性及其产生的根源也作了颇有见解的分析，具有一定的理论意义。以王夫之、熊伯龙为代表的这一时期的无神论，完成了总结中国古代无神论的历史任务，标志着中国古代无神论发展的高峰和总结。

尽管这一时期的无神论是中国古代无神论发展的高峰。但是这个高峰毕竟仍处在封建社会的地段之内，还不能摆脱当时各种社会条件特别是封建王权和传统儒学的限制和影响。它表现为，由于此时期的无神论所赖以存在和发展的两大基础：唯物主义自然观和自然科学，仍停留在朴素的阶段，因而使该时期的无神论理论显得不够彻底和科学。除了王夫之、熊伯龙两位无神论大家外，这一时期也涌现了许多无神论者或具有无神论倾向的思想家，但总的来说，他们在理论上没有多少新的发展。尽管如此，我们仍应当高度评价这一时期的无神论思想家们所做出的历史贡献而不必苛求古人。而后来者也必然在不断克服前人的教训中发展。封建社会的宗教神学、世俗迷信随着封建社会的衰落无可挽救地衰落下去了，而无神论却在一步一个脚印地不断前进。这是历史的必然。但斗争仍在继续，只要封建地主阶级存在一天，封建神学的阴魂就一天也不会消散，无神论批判有神论的斗争就不会结束。鸦片战争的炮声响了，中国历史掀开了新的一页，中国无神论的发展也开始了新的进程。

第二章 陈确

陈确，生于明万历三十二年（1604 年），卒于清康熙十六年（1677 年），名道永，字非玄，明亡后改名确，字乾初，浙江海宁人。明清之际进步的思想家，无神论者。陈确出生在一个没落的仕宦世家，自幼颖悟好学，少年时已有文名，为人旷达，刚正不阿。

陈确治学反对坐而论道，坚决把治学与解决社会实际问题结合起来，提出“日用是道”的主张，并针对当时理学空疏的流毒和封建世俗迷信的危害，他以笔为武器，通过著书立说，致力于对程朱理学和宗教神学迷信的斗争。其代表作有《大学辨》（写于 1654 年）与《葬论》（写于 1650 年），他并以此而自豪地说：“生平笔札纷纷，了无足取。唯论葬与世俗异，论性、《大学》与诸儒异。”（《示儿帖》）“一欲黜地师，复族葬，以救一时痴愚狂惑之俗；一欲黜《大学》，还《戴记》，以息宋以来五百余年学人支离附会，纷纭争辩之端。”（《大学辨四·答萧山来成夫书》）

第一节 “佛、老之祸至今弥炽”

对佛、道宗教神学的批判，是陈确无神论思想的重要内容。

佛教的发展，至隋唐达到了他的鼎盛期，至宋明，总的趋势是日渐衰颓，但作为宗教的形式，仍然得到统治阶级的支持并作为一种工具被利用。故在明末清初，仍为部分士人推崇，并且向民间广为传播，以致举国上下沉溺在拜佛念“弥陀”的宗教迷信之中。但是，在文人士大夫中也出现了像陈确那样的鄙视神学，坚持辟佛、道的无神论者。陈确对当时宗教神学蛊惑社会之风很痛心，感叹：“佛、老之祸至于今弥炽，若燎原之火不可复遏。”（《陈确集·复朱康流书》下引此书只注篇名）为洗刷世风，他决心奋起与宗教神学作斗争。他认为自己虽无权无势，不能禁止佛、道传播，但能做到“绝口不道二氏之言，绝笔不述二氏之书，时时

宣播此旨，晓畅后学。”（同上）

陈确继承了张载以来从理论上与佛、道进行斗争的优良传统，以气一元论的自然观为基础，揭批佛、道的宗教世界观，他指出佛教的根本谬误是“一切皆空”。他谈：“佛以空为教者也。《金刚经》虽数千百言，而大指不离乎空。”（《金刚会问》）一个“空”字，点出了佛教神学世界观的实质，同时进一步指出：

> 释氏则以空为空，而其实亦不能尽空。以空为空，故伦彝有可废也；不能尽空，故厉民而以为功也。（《哭老友董立翁文》）

陈确一针见血地揭露了佛教讲“空”、宣扬“出世”的虚伪性。说明佛教尽管标榜“一切皆空”，其实他们本身的存在就证明了并不能做到真正的“空”，因为他们一天也不能离开尘世的现实，否则，他们能“厉民而以为功”吗？也就是说，他们还能起到维护封建秩序的“精神支柱”的作用吗？所以说“不能尽空”。陈确这些尖锐而大胆的言论，深刻揭穿了宗教神学的虚伪本质。他虽然没有作进一步的论述，但已说明他对于佛教的欺骗性和危害性，是有深刻认识的。

对于道教标榜的“无”，陈确认为与佛教的“空”是一路货色。他指出：“二氏一切空之，以至于无，两病正相等，要是其诈耳！”（《与刘伯绳书》）不论是佛教的“空”，还是道教的“无”，都是为了私利而欺诈人民群众罢了！可是偏偏打着“空”“无”的旗号，使人真假莫辨，以至上当受骗。因此他痛斥说：“二氏乃多欲之甚者，却累离尘，以求清静，无欲之欲，更狡于有欲，而曰长生，曰无生，妄莫大焉，欲莫加焉。”“真无欲者，除是死人。”（《与刘伯绳书》）可见，陈确十分痛恨佛教、道教以神学去愚弄群众，蛊惑人心。所以，他一贯反对“膜拜神像”的宗教迷信活动，并身体力行，自己从来不请和尚或道士做佛事、设醮，也不准“三姑六婆”进入家门。他说：“吾只是咬牙啮齿曰：‘道经、佛经决不可看，和尚、道士、尼姑、道姑必不可做，男女之欲、血肉之味决不可绝。’如是而已。”（《复朱康流书》）其决心之大、态度之明朗，亦当时所少见。

第二节　反对“妄言祸福”的风水迷信

对丧葬迷信习俗的批判斗争，是陈确无神论思想的突出内容。他最痛恨“葬师”，认为“葬师”之害更甚于佛道，是当时“世情害道”之首。其他世俗迷信如星相、占卜、符水、蛊厌等“诸妖异之术”，虽也妖言惑众，但比之“葬师”对社会的危害，究竟是次要的了。所以他集中精力批判当时风行的“葬师之说”，以破除卜葬、择葬等风水迷信观念，企图挽救“痴愚狂惑之俗”（《大学辨四·答萧山来成夫书》）。

一　痛斥“必求善地”而葬的迷信习俗

为批判丧葬上的风水迷信习俗，陈确首先以天道自然论驳斥了阴阳家择地之迷信妄言。他说：

> 夫形家之言，谓地有不善，谓天亦有不善耶？天无私覆，故雨露之施不择物。物之材不材，自为枯荣焉，非天有意枯荣之也。地承天施，亦犹是耳。（《葬书·葬论》）

这是说，天地都是自然的属性，无意志无善恶，不能干预人事，故“物”之发展变化是“自为”的，并没有神秘的力量可以改变事物的必然性。由此说明人之祸福也是“自为”的，人死后葬于何地，与子孙祸福根本无关。所以他又指出：

> 人之善不善，自为祸福焉，非天与地能祸福之也。何不善地之有？（《葬书·葬论》）

他还举尧、舜与朱、均之间的关系，进一步阐述这个道理。他说尧、舜肯定都是非常爱他们的儿子朱、均的，“然而不得不传之于舜、禹者，朱、均之自为之也，非天意也，理也，势也。理与势定，虽天其孰能违之？故曰：天下势而已矣，又曰：天者，理而已矣。……由是观之，我而不肖则不肖矣，虽有圣父，不能为之庇焉，朱、均是已。”（同上）这说明客观事物都有它发展的规律和必然趋势，人只能“求其理之所有与理之当”（同上），才能认识它，而不是违背客观规律去随意臆测。只要遵循事物的客观规律，就能明白人的祸福是由自己造成的道理，非由天地或父母“所能为也”。那些宣扬风水能决定人祸福的胡言乱语，当然是不可信的，因此，他向人们呼吁“择天地不若自择”（同上）。

陈确不仅从理论上作了阐明，还结合当时世俗的陋见鄙行去进行批驳。他说：

今如有人于此，当其得势益彰，则交口而誉之，曰‘斯人也，有某善某善，是宜其至于此也’。就而察之，则夫人之所谓某善某善者，固亦未始尽诬也。及其失势无聊，则又交口而毁之，曰‘斯人也，有某恶某恶，是宜其至于此也’。就而察之，则夫人之所谓某恶某恶者，又亦未始尽诬也。而一人之身，荣瘁殊遭，则善恶顿易，虽百其口，何以自明？矧兹块然者，复焉能分解？今从事后而论，于其子孙之盛衰，定其先茔之美恶，其谁曰不然，而有识之士，则已掩口而笑。俗之愚陋，乃至于此。(《葬书·与同社书》)

按照世俗的眼光，对人的“誉”善或“毁”恶，是根据他得势或失势，衡量祖宗墓地之美恶是看其子孙的“盛衰”，从而与风水迷信附会起来加以渲染，显然并不是天地鬼神对世人的庇荫，因而，随着一个人遭遇的变化，也就改变着对他善恶的评定。同时，陈确把这种现象归责于制造风水邪说的“葬师”，他尖锐地批评“祸福之说”是“起于葬师之欲贿也”，由于“葬师”抓住了人们求安得福的普遍心理，“而夸其辞以动之”，于是“重贿立至”(《葬书·葬论》)。这是对“葬师”的无情嘲讽。

二　风水迷信危及国计民生

陈确批判丧葬世俗迷信更具有深刻意义的是，他不仅从无神论角度去分析鬼神迷信的虚妄，而且从国计民生出发，进一步揭露了风水迷信所造成的侵占良田、破坏生产的严重社会恶果。他之所以大声疾呼，坚决反对风水迷信，实有鉴于此。他说：

今葬师鼓其妖说，轻破民田，坏族葬之古制，使人父子祖孙曾不得同穴。每葬一棺，必博求良产，动废数亩，其茔封开广者，或至一、二十亩，农民拱手，不敢复业，可为大痛。(《投当事揭》)

他目睹社会上由于“广营福地”而引起侵夺民田，荒无土地，甚至倾家荡产，买妻鬻子的种种祸害，非常痛切。认为长此下去将不堪设想。他算了一笔经济账，指出：

今一邑之中，终岁举葬者，不啻百家，岁废千亩是夺千人之食也。驯至百年，便废数十万亩矣，是夺亿人之食也。大邑田不过百

万，小邑尚不足十万，由今之道，无变今之俗，欲民之无饥，不可得也。（同上）

这是根据封建社会长期以来，因丧葬而侵占良田，以致大批土地不再种植庄稼，“弃有用为无用”，无疑是夺民主食的客观情况而得出来的结论。并认为此种社会不良习俗如不改变，必将遗患无穷！则与“暴君污吏”为了自己的享乐，而兼并土地、危害百姓又有什么两样呢？他又激愤地说：

且欲以一人之朽骨，长据数亩之腴田……苟此俗不变，地何以给？民何以堪？此何异暴君污吏之多为园囿洿池以害民者乎？顾古之为暴者，国止一君；今之为暴者，一乡有数十师，一师阡数十坟。古之园囿，君可公之于民；今之坟茔，父不可公之于子。每一拭目，平原旷野，垒树弥望，率皆沃壤，耕夫拱手，民业日促，可为寒心！（《葬书·与同社书》）

这里把择葬者广占良田与暴君污吏剥削人民相提并论，其实也是揭露了封建剥削阶级的贪婪本质。陈确若不是出于对民生疾苦的关心和同情，则不会道出此言。他认为，社会上葬埋无节制已经和不修水利一样，成了危害人民利益的主要原因，乃“关系生民大故”（《投当事揭》），必须坚决与之斗争，以期转变世风。陈确提出“族葬”、“深葬”、“俭葬”以反对当时的“分葬”、“浅葬”、“厚葬”，并且与志同道合者成立了“葬社”，以推行这种摆脱风水迷信的丧葬制度。他也曾向“当事者”（地方官吏）恳切陈词，希望得到当权者的赞助而禁止“分葬”，推广“族葬”。在他晚年则身体力行，作了死后“族葬”的准备。据陈元龙《陈氏理学乾初先生传》记载：先生“晚年搆地十亩有奇，营葬考妣，奉其三兄雁序以祔，而已亦置生圹焉，令支下子孙艰难于觅地者，皆可祔入。先生盖仿古族葬之法，以为支分本一，血脉相连，生则聚庐而处，没则共域而葬，且使春秋展墓时，子姓兄弟咸在。其酌古准今，法良意美，皆类此。”（《陈确集》）从而体现了理论与自身实际的一致性。

陈确以毕生精力投入反对丧葬迷信的斗争，且在批判有神论方面独具一格，他以大无畏的献身精神，坚决果断的态度，大胆的言论，无情地揭批了宗教的社会作用，抨击神学迷信造成的危害，立志为启愚蒙、移世风而坚持斗争。当他的无神论思想遭到保守者的攻击和反对时，他并未屈服，始终不减批判的锋芒。

第三章　黄宗羲

黄宗羲，生于明神宗万历三十八年（1610 年），卒于清圣祖康熙三十四年（1695 年），字太冲，号南雷，学者称梨洲先生，浙江余姚人。他是明末著名的政治思想家和哲学史家，无神论者。

黄宗羲处在所谓“天崩地解”的时代。早年参加反对阉党的斗争，继而参加抗清的斗争。九死一生，历尽艰险。到晚年，主要是从事著书立说。他的遗著多至数十种，涉及经史、典制、天算，水地、诗文等方面。它们包括《明儒学案》、《宋元学案》（包括在《四朝学案》中）、《南雷文定》、《南雷文约》等。正如黄宗羲自己所说：“从来豪杰之精神，不能无所寓。”（《黄梨洲文集·靳熊封诗序》）他本人的诸多著作，正是他一生精神之所寓。《明夷待访录》是他民主精神之所寓，两部学案是他哲学精神之所寓，收入《黄梨洲文集》的《明洲香山寺志序》、《阿育王寺舍利记》、《读葬书问对》以及收入《昭代丛书》的《破邪论》是他反宗教与封建世俗迷信的无神论精神之所寓。

黄宗羲穿着古代圣王的外衣，演出具有近代内容的戏剧。他在政治上阐扬民主启蒙思想，痛斥后世君主为“屠毒天下之肝脑，离散天下之子女……敲剥天下之骨髓”的“寇仇”、“独夫”（《明夷待访录·原君》），进而大胆宣告“为天下之大害者，君而已矣”（同上）。在经济上主张“复井田”而“重定天下之赋”，以期减轻赋税，并一反中国历史上所谓“农业为本，工商为末”的传统观念，在中国近代第一次提出“工商皆本”的思想。

作为一位启蒙思想家的黄宗羲，又积极提倡“经世致用”之学，并且坚持“躬行实践”的原则。这一思想原则是作为封建的虚浮，蹈空的对立物而提出来的。他的弟子全祖望在《梨洲先生神道碑文》有过这样的描述：“自明中叶以后，讲学之风，已为极敝，高谈性命，直入禅障，束书不观，其稍平者则为学究。皆无根之徒耳！先生始谓学必原本于经术，而后不为蹈虚，必证明于史籍，而足以应务。”黄宗羲本人说道：

"古者儒、墨诸家，其所著书，大者以治天下，小者以为民用，盖未有空言无事实者也。后世流为辞章之学，始修饰字句，流连光景，高文巨册，徒充汗惑之声而已。"（《黄梨洲文集·今水经序》）他的这种"以治天下"、"以为民用"的务实精神，是和他的政治、经济的经世之学相联结的。黄宗羲正是从这一务实精神出发，以战斗的无神论者的姿态投入到反宗教与封建世俗迷信的斗争中去，在天人、形神、鬼神等问题上坚持了无神论的立场，在中国无神论历史上留下了光辉的足迹。

第一节　论"投巫驱佛"

明清之际，中国资本主义生产关系已开始萌芽，商品经济在江浙一带发展有相当的规模。这样客观上就要求扫除中国几千年以来的以工商为末的传统观念，以适应商品经济的发展。黄宗羲积极去反映这一时代的要求。在他看清了哪些因素是阻碍这一斗争的反动力量以后，斗争锋芒就直接指向巫佛，力图革除宗教的、世俗迷信的恶习。

黄宗羲首先指出古圣王所谓的崇本抑末之道非今日崇本抑末之道。我们这里不去探究古圣王所谓崇本抑末之道的历史真相。问题在于，要明确黄宗羲实际是借古，表达了他自己的看法。在他看来，一切"不切于民用"的，方才是末，而那些切于民用的"工商皆本也"。他说：

> 今夫通都市肆，十室而九，有为佛而货者，有为巫而货者，有为倡优而货者，有为奇技淫巧而货者，皆不切于民用。一概痛绝之，亦庶乎数弊之一端也。此古圣王崇本抑末之道。世儒不察，以工商为末，妄议抑之。夫工固圣王之所欲来，商又使其愿出于途者，盖皆本也。(《明夷待访录·财计三》)

又指出："治天下者既轻其赋敛矣，而民间之俗未去，蛊惑不除，奢侈不革，则民乃不可使富也。""蛊惑"者何？"佛也，巫也"。因而必须"投巫驱佛"（同上）。由此观之，黄宗羲对佛、巫等封建"习俗"以及佛、巫不生产的寄生生活是十分痛恨的。认为民间的"习俗"、"蛊惑"、"奢侈"不除，赋敛就不能减轻，人民就不能富裕。所以他大声喊出了"投巫驱佛"的时代强音。之所以说是时代的强音，因为黄宗羲"投巫驱佛"之论与唐宋以来或基于卫道的立场（如韩愈、李翱、孙复、欧阳修等），或基于维护封建的政治、经济的立场（如傅奕、李觏等）反佛排佛是有严格区别的、他是基于工商的产业活动，通都（城市）的繁荣，“民富”的增殖，封建“习俗”的废除。这在思想史上是很有意义的。

黄宗羲对宗教与封建世俗迷信危害的揭露与批判，确是有它深刻之处。这主要体现在他把对宗教神学的批判与政治、经济主张紧密地结合在一起，在当时的现实意义就很大。从中西近代历史来看，反对封建主义，首先是从批判宗教神学开始的。黄宗羲的“投巫驱佛”的反宗教迷信思想，实开中国近代无神论思想之先河。

第二节　谓佛教之“神异”，道教之“神仙”为“世俗自欺欺人之说”

明清之际，封建迷信与道教、佛教向着更加粗俗化、庸俗化方面发展。佛教徒和道士们为了宣扬他们各自的神学理论和宗教迷信，编造了许多荒诞不经的神秘传说，并在社会上各阶层中发生了相当大的影响。在这一神学迷信的迷雾笼罩下，绝大部分人认不清其危害，并对此虔诚地加以信仰、崇奉。这不能不说是一种非常奇怪的现象。黄宗羲对此颇有感叹地说：

> 今通都大邑，青天白日，怪物公行，而人不以为怪，是为大怪。（《黄梨洲文集·七怪》，下引此书，只注篇名）

黄宗羲是一位具有务实精神的人，并精通历史与自然科学，对佛教、道教鼓吹的所谓“神异”、“神仙”之说深恶痛绝。他要以历史与现实的经验，科学与理性的精神来对此加以荡涤。

黄宗羲在他的《匡庐游录》一书中，通过对“明儒而心佛者”（颜元《四存编》）苏东坡、朱熹对所谓“佛灯”的颂扬的嘲讽，表明他对“佛灯”神秘性否定的反神秘主义的立场。他说：

> 亭下临深谷，游者祈请佛灯以为故事，东坡《五咏》在圣灯岩即此也。言佛光者既谬。东坡诗“石室有金丹，山神不知秘”，则以为丹光。朱子诗“始信地灵资物化，金膏随处发明光”，则以为宝光。王廷珪云：或谓会昌中藏金象于锦锈谷，恐其祥光溢出。此说或近与？则又兼佛光，宝光而言之。（《明州香山寺志序》）

对这一种迷信只是给予简单地否定，斥之为虚妄，那是远远不够的。重要的是指出其虚妄在什么地方，如何加以说明。黄宗羲正是进行了这样的尝试，他说：

> 然予家姚江，凰山之上，每交青夏物候，勃郁无风，下视平原，灯火匝地，闪烁往来，钟声一动，则忽然敛灭。土风谓之神灯。问之习于庐山者，圣灯之见也多得勃郁之时，而考朱子之见在四月，益公，廷珪皆在十月，则颇于姚江异候。盖草木水土，皆有光华，升勃郁则气不聚，目光与众光高下相等，则为众光所夺，亦不可见，故须凭高视之。圣光岩下，群山包裹如深井，其气易聚，故为游者之所常遇，昼则为野马，夜则为"圣灯"，同此物也。（《明州香山寺志·序》）

也就是说，所谓"佛灯"的神异，不过是自然土风所造成的一种自然现象。说明"神异"妄谈的来源是对自然的幻觉。他的这种把神秘化了的现象，以自然知识还原为自然的方法，无疑是对无神论反对有神论提供了有益的经验。他的这一方法，在对所谓"海市"、"舍利"（佛骨）等神秘现象的揭露中一再得到运用。

在他看来，求仙的妄谈，盖出于对"海市"的神化。"海市"作为一种自然存在，本来并无神秘感。他说：

> 儒者专意经纶，其运动开阖之所，不得不归之于朝市。而山洞崇幽，风烟迅远，势相阔绝，于是学仙者私据之而别生事端，便复傲朝市，以所无有洞天福地之说出，猿鸟亦受驱、役矣……山东临沧海，多海市……颇怪此等妄谈，不可以欺愚者，以始皇之明察，方士焉能以凿空乌有之事，令其听信？……盖登州海市，掩映远山，望之如云。而此山临视咫尺，阑楯之底，其谓反居水下是也。（同上）

黄宗羲在《阿育王舍利记》中对所谓"舍利"（即佛骨）的揭露更为生动。他首先以事实论证所谓阿育王佛骨是历史的伪造，进而指出佛骨之灵为妄，最后从自然现象本身揭示所谓"神物"不过是油灯的青珠罢了。而一切"神异""亦不过世俗自欺欺人之说"。他说：

> 阿育王舍利，不特伪造，即其伪造者亦不一人一事。余之所闻自

嘉靖以来者，景濂碑文作于洪武十二年，距今二百九十三年耳，已不胜其伪如此。岂自洪武以上历一千九百零七年之久，舍利依然为刘萨诃故物耶？……然则景濂碑中之神异，亦不过世俗自欺欺人之说。……不关舍利，是名妄见，岂可以所见之妄，而谓舍利之灵乎？忆余丙寅冬日，书窗油盏，灯炷时吐青珠，细于芥子，坚不可破。……或谓此草舍利也。嗟呼，即舍利亦复何奇，而况于伪为者乎？彼沾沾其神异者，可谓大惑不解矣！（《阿育王寺舍利记》）

黄宗羲对道教所津津乐道的“神仙”，采取了不可知的态度。其实质是对那种神秘不可捉摸的虚妄之物的否定。更为新奇的是，他认为即使说有什么神仙的话，也只不过是那些山林隐逸之流，这就把“神”归结、还原为人。这样一来，所谓神仙能祸福于人的说教，只是人为制造的骗局而已。此论与其说是深刻的，毋宁说是机智的。他说：

神仙之有无可知。即有之，亦山林隐逸之徒，于朝市无与也。故其涕唾尘世之事，犹尘世之不得隔绝山林矣。彼挟术而干涉朝市者，文成五利之流，皆妖人耳，今之所谓神仙者，好言人间祸福，作为隐语，皆持两可。应之而福也，则人以言福者为其验；应之而祸也，则人以言祸者为其验。（《七怪》）

余阅道藏，天下名山之志，多入其中。大抵庸妄道士所为，其间缘饰神仙之说，半属子虚。（《黄山续志序》）

黄宗羲反宗教与传统神学以及封建世俗迷信的坚定性是值得称道羲。其气魄宏大，更是令人敬佩。

第三节 “念天人之际”，破诸等邪说

一 破“尊天”之说

黄宗羲在宇宙观上是坚持唯物主义气一元论的。他依据元气本体思想，对“天”作了唯物主义解释。既然“通天地，亘古今，无非一气而已”。那就是说气是宇宙的最高、最后的本体存在。世界上其他一切，都要由气这一最高本体演化、构成。天作为宇宙的事物，当然由气构成，“苟非是气，则天地万物为异体也，决然矣”（《与友人论学书》）。他的逻辑是，天是万物的主宰，而天又是由气构成，即最后的主宰者是气。他

又把它谓之“昊天上帝”。他说：

> 四时行，百物生，其间主宰者谓之天，所谓主宰者纯是一团虚灵之气，流行于人物。(《孟子师说》卷五《尧以天下与舜章》)
>
> 天一而已。四时之寒暑温凉，总一气之升降为之。其主宰是气者，即昊天上帝也。(《破邪论·上帝》)
>
> 草木之荣枯，寒暑之运行，地理之刚柔，象纬之顺逆，人物之生死，夫孰使之哉？皆气之自为主宰也。以其能主宰，故名之曰理。(《明儒学案》卷三《魏庄渠学案》)

这就是说，天地以及四时的运行，寒暑的更迭，人物的生死都是气在那里起决定作用。这样的表述当然是唯物主义的和无神论的见解。黄宗羲正是从以上观点出发，对“纬书创五帝立五天之说，释氏之诸天之说，天主教抑佛崇天之说”进行了逐一的驳斥。

他首先考察了在中国历史上最先存在的“尊天”之说，即西周至东汉时期唯心主义和有神论者所宣扬的人格之天以及谶纬等封建迷信，他指出：

> 周礼因祀之异时，遂称为五帝，已失之矣。而纬书创于五帝名号，苍帝曰灵威仰，赤帝曰赤熛怒，黄帝曰含枢纽，白帝曰白招矩，黑帝曰汁光纪。郑康成援之以入注疏，直若有五天矣。(《破邪论·上帝》)

“五帝五天之说”所宣扬的天，其人格意味还比较浓，尚属于原始的、低级的有关天的学说。它曾受到包括荀子、王充在内的许多无神论者的批判。黄宗羲这里把它作为一说而加以否定，正是继承了中国古代无神论对传统人格之天的批判思想。

其次，批判了佛教的“诸天”之说。黄宗羲指责佛教更无所顾忌而妄作妄为地把天分成几个层次，目的是要宣扬所谓的最高之天——佛国。佛教宣称，要升入这一“无色界”的涅槃佛国净土，则需摆脱所谓“欲界”，“色界”。因为在佛教徒看来，在天地之外、之上还有一个最高的存在，它就是“无”。这种空无的境界也就是佛的境界。在黄宗羲看来，佛教徒宣扬的这一套“无能生有”的思想是怪诞的，显然是与他的气本体论是相违背的。他指出：

佛氏明心见性，以为无能生气，故必推原于生气之本。(《孟子师说》卷二《浩然章》)

亦思天地万物以何者为一体乎？苟非是气，则天地万物之为异体也，决然也……儒者未常有识神之论，佛氏始有之……佛氏之学，有如来禅，祖师禅之异，然皆以空有不二为底蕴。(《与友人论学书》)

佛者之言曰："有物先天地，无形本寂寥，能为万象主，不逐四时凋。"夫无形亦何物之有？不诚无物，而以之为万象主，此理能生气之说也。以无为理，理亦非其理矣。(《答万充宗论格物书》)

黄宗羲是竭力想要人们认识到佛教"诸天之说"的虚妄，不要对佛教鼓吹那一套神秘说教加以信仰，不要对佛之偶像加以顶礼膜拜，否则那将是非常糊涂的呢！他指出：

顾天下之人，习于见闻，入彼塔庙，恬不知怪，岂非大惑哉！(《破邪论·上帝》)

最后，对天主教的抑佛崇天之说进行了揭露。他说：

为天主之教者，抑佛而崇天是已。乃立天王之象记其事，实则以人鬼当之，并上帝而抹杀之矣！(同上)

天主教作为基督教的一派，自称所信仰的神为"天主"，相信耶稣基督是救世主，并宣扬上帝造世说。中世纪时，它是西欧各国封建社会中占统治地位的宗教。天主教作为外来宗教，是十六世纪传入我国的。黄宗羲适逢这一时代，他以其敏锐的眼光，认识到天主教所宣扬的一套是邪说。在绝大部分人尚没有认清它的时候，黄宗羲竟能揭露它的虚妄，实属灼见。特别是他揭露天主之像"实则以人鬼当之"，更是具有嘲弄意味。

然而，黄宗羲就是在批判了以上几种"尊天"之说以后，紧接着他又承认在"冥冥之中，实有以主之者"，并拿古时祭祀作为根据。其实际上是承认人格之天的存在。这反映出他的无神论思想的不彻底性。他说：

益冥冥之中，实有以主之者，不然四时将颠倒错乱，人民禽兽草木，亦浑淆而不可擘矣。古者设为郊祀之礼，岂直徒为事故而来格来

享，听其不可知乎？（《破邪论·上帝》）

二 破“鬼荫之说”

“鬼荫之说”在中国流传十分广泛、悠久。所谓“鬼荫”是言死者之鬼神能荫庇其生者。这种说教对人类欲求安生、保太平以及“富贵利达之私”等情感所产生的影响，应该说是相当大的。

黄宗羲清醒地认识到，神学家们所宣扬的“鬼荫”说、报应论的理论基础是神不灭论。因此，如果要破有鬼论，首先要摧毁它赖以存在的基础——神不灭论。黄宗羲是通过对魂魄与形神关系问题的正面论述达到这一目的的。

他认为“人身止有魂魄二者而已”（《破邪论·魂魄》）。根据他的气一元论的自然观，必然地推出人的形体也是由气构成的。所以他仍用精气，去解释“魄”。他说：“所谓精气，即魄也……运动作为者是魄。”（同上）而这种精气（魄）不是独立存在的，它是“依形而立”。这种对“魄”所作的解释，虽很朴素，但也不失为是一种唯物论的观点。他对“魂”的解释更没什么科学性，但也没落入神秘的地步。他是这样说的：“神与意与志皆魂之所为也。魂魄如何分别？曰昭昭灵灵者是魂，运动作为是魄。魄依形而立，魂无形可见”。最后他用烛之炷、焰、光明喻形、魄、魂。他说“譬之于烛，其炷是形，其焰是魄，其光明是魂。”（同上）为了使自己形神观具有说服力，他又引出范缜的论点作佐证：“昔范缜作‘神灭论’，谓神即形也，形即神也，形存则神存，形谢则神灭。”（《读葬书问对》）

由上可知，黄宗羲在形神关系问题上，从形式上吸取了王充、桓谭、范缜等人的思想。但在这一吸取过程中，他没能抓住范缜形神论的实质所在。范缜是把精神看做是形体的一种属性、作用，这在中国无神论史上，是具有杰出意义的思想。惜乎在范缜以后的一千多年的黄宗羲，又把“神与意与志”视为“魂之所为”。这就把问题复杂化了，并且不免给人以非常模糊的感觉。但是我们也应该看到，他把形神与魄魂联系起来考察是有一定意义的，并基本上坚持了唯物主义形神一元论。黄宗羲也正基于这种形神观，具体地阐述人类形体自然的生灭过程，向鬼荫之说发起了第一步攻势。他说：

> 夫人……堕地以来，日远日疏。货财婚宦，经营异意，名为父祖，实则路人。勉强名义，便是阶廷玉树。彼生前之气已不相同，而

能同之于死后乎？子孙犹属二身。人之爪发，托处一身，随气生长，翦爪断发，痛痒不及，则是气离血肉，不能周流。至于手足指鼻，血肉所成，而折臂刖足，蒿指劓鼻，一谢当身，即同木石，枯骸活骨，不相干涉。死者之形骸即是折臂刖足蒿指劓鼻也。在生前其气不能通一身，在死后其气能通子孙之各身乎？（《读葬书问对》）

黄宗羲就是这样，通过现实经验的列举，推步详密地说理，否定了鬼荫子孙，即鬼能降祸福于人的迷信。

黄宗羲向鬼荫之说发起的第二步攻势，是对“邪中之邪”的“葬地之说”的揭露与批判。

鬼荫之说，鼓吹葬地吉凶之不同可以降福降祸。在黄宗羲看来，葬地之说是“邪说之中邪说”。认为“葬地之说，君子所不道”。（《七怪》）并且从心理上揭露这是“富贵利达之私”在作祟。而人的这种心理是没有满足的时候，这就为“算计卜度”的人制造了可乘之机。如果照这样的话，就会造成恶性循环现象，最后出现无地可葬的局面。他说：

鬼荫之说……凿空言死者之骨骼能为祸福穷通，乃是形不灭也，其可通乎？……古之先王悬棺之后，迎主于庙……以墓中枯骸无所凭依也。……今富贵利达之私充满方寸，叩无知之骸骨，欲其流通润泽，是神不如形，孝子不如俗子也。……程子所谓彼安则此安，彼危则此危者，据子孙之心而为言也，岂在祸福乎？……鬼荫之说不破，则算计卜度之心起。受荫之迟速，房分之偏枯，富贵贫贱，各有附会。形气之下，势不得不杂以五行衰旺生克，心愈贪而愈昏，说愈多而愈乱，于是可葬之地少矣！诚知鬼荫之谬，则大山长谷，回溪伏岭之中，其高平深厚之地，何在无之，便是第一等吉壤，精微之论不能出此。（《读葬书问对》）葬地之说，君子所不道……方位，一定不易者也，三元白法，随时改换者也……年白改换，则吉凶亦改换，充彼之说，以求吉地，必一年一改葬而后可。是故方位者，地理中之邪说也，三元白法者，又邪说中之邪说矣！（《七怪》）

不仅如此，黄宗羲还驳斥了鬼荫之说所宣扬的时日禁忌迷信。因为鬼荫之说常以古筮时日而葬，来为其妄说找根据。黄宗羲认为，择时择日，古今不同，不足为据。他说：

古之筮日，非生克冲合之谓也，时则皆以质明，唯昏礼用夜，有定期也……葬以日中可知，不然谓之痁患，下圹而以宵中，今日择时之害也，风和日出，便于将事，谓之吉日，风雨即是凶日，筮者筮此也。今之葬者，不以雨止择日之害也。(《读葬书问对》)

黄宗羲通过多方面对“鬼荫之说”进行的揭露和批判，最后得出结论：“曰鬼荫之说惑之也！”(同上)

黄宗羲不但在理论上是一位无鬼论者，竭力反对择时择日以及葬地之说，而且以自己的实际行动证明了这一点。他要求后人在他死后“即于次日舁至圹中，敛以时服，一被一褥，安放石床，不用棺椁，不作佛事，不做七七，凡鼓吹巫觋铭旌纸幡纸钱一概不用。”(《年谱》)这是多么坚定的语言，果敢的行动。一位反宗教与世俗迷信的无神论者的形象展现在我们面前。

三　破“地狱之说”

黄宗羲认为，“地狱之说，儒者所不道。”他以事实为凭据，指出地狱之说是荒谬的，如信奉它，将会产生很坏的恶果。对于这种无益于社会的说教，当应坚决破除。他说：

地狱之说，儒者所不道，然《广记》、《夷坚》诸书，载之甚烦，疑若有其事者，盖幽明一理无所统属，则依草附木之魂将散于天地……乃吾观为地狱之说者，其置刑有碓、磨、锯、凿、铜柱、铁床、刀山、雪窖、蛇虎、粪秽，惨毒万状，目所不忍见，耳所不忍闻……若地狱优言而信，则故鬼新鬼大乱于冥冥之中矣……或曰：“地狱之惨刑，所以禁阳世之为非者也，上帝设此末命，使乱臣贼子知得容于阳世者，终不容于阴府，以补名教之所不及，不亦可乎？”余曰：“不然，大奸大恶非可以刑惧者也。地狱之说，相传已久，而乱臣贼子，未尝不接踵于世，徒使虔婆顶老，凛其纤介之恶，而又以奉佛消之，于世有何益乎？”(《破邪论·地狱》)

黄宗羲从“有魄无魂，何所凭以为轮回乎？”(《破邪论·魂魄》)的形神观出发，指出佛教宣扬的“六道轮回”为无稽之谈。他说：

释氏执其一端以概万理，以为无始以来，此魂常聚，轮回六道，展转无已。若是则盛衰、消息、聚散、有无、成方之理，一切可以抹却矣。试观天下之人，尸居余气，精神蒙懂，即其生时魂已欲散，焉能死后而复聚乎？且六合之内，种类不同，似人非人，地气隔绝，禽虫之中，牛象虮虱，大小悬殊，有魄无魂，何所凭以为轮回乎？（同上）

他在通过一系列论述以后，最后得出结论：“故知地狱为佛氏之私言，非大道之通论也。”（《破邪论·地狱》）

然而，正如同其他许多中国无神论者一样，黄宗羲不可能不受到时代的局限。传统的糟粕思想，多多少少要对他发生影响。从而使他在对鬼神的批判上还拖着一条尾巴。这主要表现在，他认为人死气散，不得为鬼，是指“愚凡而言”，而“圣贤之精神长留天地”，并以历史记载作为佐证。他说：

吾谓有聚必有散为愚凡而言也。圣贤之精神长留天地，宁有散理？先儒言，何曾见尧舜做鬼来决其必散，尧舜之鬼，网维天地，岂待其现形人世而后谓之鬼乎？文王陟降，在帝左右。岂无是事，而诗人亿度言之耶？（《破邪论·魂魄》）

照此说法，圣贤死后还可以为神为鬼。

综上所述，黄宗羲的无神论思想是他所处的那个“天崩地解”的时代产物，因而富有那个时代赋予的“别开生面”的批判思想。他的无神论思想与其政治、经济思想有着紧密的联系，从而使他的无神论具有比较强的战斗性。黄宗羲的无神论思想包括的内容是非常广泛的。不仅如此，他还提出了不少很有见地的观点。他的“葬地之说，君子不道”，“地狱之说，儒者所不道”的提法，可以看作是对孔子的轻鬼神、重人事为特征的人事为本思想的坚持和贯彻。所有这些都起到了丰富中国无神论思想的作用。然而，他的无神论思想也有不彻底的地方，而且对无神论理论没有作出实质性的突破。他欲建立新的，却又流连于旧的，从而在理论中常常呈现出自相矛盾的状况。

第四章　王夫之

王夫之，生于明万历四十七年（1619 年），卒于清康熙三十一年（1692 年），字而农，号姜斋，湖南衡阳人。明清之际的重要哲学家，无神论者。他生活于明清之际“天崩地解”的时代。这个时代，封建社会已走向衰落，在封建的生产关系内已孕育着资本主义的萌芽，再加上自然科学的发展与西方文化、包括宗教输入的影响，从而促使了封建旧秩序、原则与学说的动摇，出现了“别开生面”的思想活跃的新局面，而王夫之则是这个新局面的代表人物之一。

王夫之由于出身地主阶级家庭，以及父祖几代皆以诗礼传家，他年二十三即中举，早年走的仍是旧的仕途道路。但在农民战争与民族战争的双重袭击下，此路不通。明朝危亡时，他曾在湖南起兵抗清，明亡后，拒绝与清政府合作，隐居在湖南衡阳山区苗瑶山洞——石船山下，闭门著书，以“残灯绝笔”的精神进行理论战斗。

王夫之于三十五岁后，主要从事著述活动，在著述中以“六经责我开生面”自负，他的好友刘献廷也肯定他：“其学无所不窥，于六经皆有发明”（《广阳杂记》）。一生著述约有一百多种，四百余卷，八百多万言。其中哲学（包括无神论）、政治与历史的代表作有：《张子正蒙注》、《周易外传》、《尚书引义》、《老子衍》、《庄子通》、《黄书》、《噩梦》、《俟解》、《读四书大全说》、《读通鉴论》、《宋论》与《楚辞通释》等。他的哲学与无神论著作，可以说是一部传统哲学与宗教批判的全书。他继承与发展了古代哲学“穷究天人之际”与“通古今之变”的传统，进一步“极物理人事之变，以明得失吉凶之故”（《周易外传》卷一），“揭阴阳之固有，屈伸之必然，以立中道”（《张子正蒙注·序》），以及“批佛老以正人心”（同上，《太和》）。这就是说，要在探求与批判中建立“中道”，即建立自己正确的理论体系。王夫之完成了时代条件所能允许他完成的任务，他的哲学与无神论思想，都达到了古代朴素唯物主义与无神论发展的高峰，而这里则主要阐述他在无神论方面所作的贡献。

王夫之无神论的理论基础，同王充、张载与王廷相等无神论者一样，都是唯物主义自然观，并以所把握的自然科学知识为依据。不过王夫之比他的前者，在自然观方面，阐述的更具体、明确与全面，而且具有接近近代实验科学的性质，从而使他的无神论的理论基础更加牢固。

第一节　排佛斥道论

对佛、道宗教神学，他继张载“批佛、老以正人心”的旗号，首先抓住神学世界观的核心进行批判。他说：“佛、老之教虽诐也，然其始教未尝倚乎鬼神。乃其流裔一浮于鬼，而并悖其虚无寂灭的初心。”（《读通鉴论·汉武帝》）王夫之的看法是对的，比他的前者深刻地认识到，佛教讲鬼神违“寂灭”之宗，道教讲鬼神亦背道家“虚无”之旨。他认定佛教神学的核心是“寂灭论”，道教则为“虚无论”。由此指出范缜对神不灭论的批判，只是“执其绪论以折之”，而没有抓住根本，而他批佛、道是既抓根本而又“执其绪论”的。

王夫之对华严宗“缘起说”的批判，一针见血地指出：“合成败、齐得失以为宗，释氏缘起之旨也。”（《周易外传·乾》）他说：

> 释氏之言，销总、别、同、异、成、坏之六相，使之相参相入，而曰：“一念缘起无生”。盖欲齐成败得失于一致，以立真空之宗。（《周易外传·乾》）

在华严宗看来，一般凡夫所见事物，各自阻碍，不具六相；而圣人所见诸法体性，则迥然不同，每一事物中，都具总、别、同、异、成、坏六相，此称“六相圆融”。由“六相圆融”证明“一真法界无尽缘起”，即认为世界的出现，是由总别、同异、成坏这些对立的方面，无始无终，无边无际的相互渗透而产生的。由于华严宗主“三界唯心”，这所谓无尽缘起的“一真法界”，不过是“一念缘起”唯心所现，客观世界是不存在（无生）的，故曰“一念缘起无生”。这套神秘的说教，王夫之指出其目的是欲齐成败得失，以致齐生死是非等等，“以立真空之宗”。他对此斥之为“捐弃伦物之邪说，不足以立”（同上）。

他批判佛教“寂灭”与“一切皆空”论，反复地指出，佛教神学把客观世界存在的一切千差万别的现象，都看做是虚幻的，唯有真空才是实在的，结果是颠倒黑白，“以真为妄，以妄为真”（《周易外传·无妄》）。

他指出，佛学主张“三界唯心”，就是把客观世界说成无，一切皆唯心所现，从而立“真空之宗”，进而又指出“释氏以灭尽无余为大涅槃”（《张子正蒙注·太和》），即佛教认为天地万物都是由人的意识所产生的假象。所谓“灭尽无余”，就是要灭尽一切其所谓的假象，然后归到所谓“真空”的境界，即“涅槃”，这也就是要以主观精神吞没客观世界，在客观世界之外建立一个神学的彼岸世界，即释迦牟尼的天国。王夫之针锋相对地批判“一切皆空”的世界观，从而否定神学的天国。他以“虚空即气”的观点，指出释氏所谓“心生种种法生，心灭种种法灭”（法即法象，指天地万物），是“以私意起灭之，愚矣哉！”（以上见《张子正蒙注·大心》）他针对佛教“一切皆空”说提出“无妄”，指出客观世界真实而非虚幻。他说：“物物相依，所依者足依，无毫发疑似之或欺”（《周易外传·无妄》），认为唯有物质的存在是可靠的。他认为：“释氏言者，谓之六阴区宇”（即佛教认为色、声、香、味、触、法六尘境界皆为虚），及“释谓之意生身”的说法是“逆天甚矣”，是谬论，直斥之为“鬼道”，而他要立“人道”。

王夫之批判了佛教的天国，又转而批其地狱轮回之说。他认为：“天地之间，流行不息，生生死死皆自然之势，而彼异端固曰死此生彼，而轮回之说兴焉”。这是由于宣传轮回说者不了解人的生死“化机之妙，大造之不可以心，岂彼异端之所得知哉？”他说：“男女构精而生，所以生者诚有自往。圣人之与异端胥言此矣。”（以上见《周易外传·系辞上传》五章）

他不仅从世界观批判佛学，还从神学世界观引申对其危害人伦进行批判。指出佛学“索真不得，据妄为宗，妄无可依，别求真主……率其所见，以真为妄，以妄为真。故其至也，厌弃此身，以拣净垢，有之既妄，趣死为乐；生之既妄，灭伦为净。何怪其裂天彝而毁人纪哉”！（《周易外传·无妄》）就是说：佛家把一切看成空，要出世，要超脱红尘，其结果是绝人道，灭伦常，毁坏社会伦理道德规范。

王夫之的批佛是“入其垒”，深入到佛学宗教世界观的核心，批其轮回说也抓住了佛教迷信的要害。他的贡献在于前者，有其独到之处。

对道家与道教的批判。这里对《老子》“道”（“无”），王弼的“贵无”论，理学的理气和道器关系论，直至道教的神秘主义都进行了清算。王夫之的基本观点，是肯定物质世界真实的存在。在讨论“有无”问题时，指出：“老氏以天地橐籥，动而生风是虚，能于无生有，变幻无穷；而气不鼓动，则无是有限矣，然则孰鼓其橐籥令生气乎？有无混一者，可见谓之有，不现遂谓之无，其实动静有实而阴阳常，有无无异也。”（《张子正蒙注·太和》）这里说，道家把天地比作大风箱，其中是空，动而生风。即导出自然物，说明空“无”能生“有”。而王夫之把“有”与“无”看做是气的不同表现形式，否定有一种空无（精神）产生真实的有。道家又从体用关系论证“无”是根本的。说：“三十幅共一毂，当其无，有车之用”。而王夫之认为：“天下之用，皆其有者也。吾从其用而知其体有，岂待疑哉!”（《周易外传·大有》）说明“用”是客观事物的功用，如车有载货的功用，杯有盛水的功用，但必须实有其车与杯，才能载货盛水。因此，由“用”之实有得知“体”之实用，这是没有疑问的。因而认为“有”是最根本，“无”只是对“有”来说的，如“言龟无毛，言犬也，非言龟也；言兔无角，言麋也，非言兔也。”（《思问录·内篇》）这是说，讲龟无毛，是对有毛的犬而言，说兔无角，是对有角的鹿而言，否则，讲无毛、无角是毫无意义的。因而“有”是绝对的，“无”是相对的，那种绝对的“无”是根本不存在的。在讨论道与器的关系时，王夫之明确提出：“据器而道存，离器而道毁。”（《周易外传·大有》）又说：“天下惟器而已矣”，“道者器之道，人鲜能言之，而固其诚然者也。”（《周易外传·系辞上传》）这里的器是指具体物质的东西，“道”是指理或事物的规律，而“器”是第一性的，“道”由“器”派生出来的，因而“无器则无其道”。如无弓箭就无射箭的道，无车马就无驾驭的道。而“老氏瞀于此，而曰道在虚，虚亦器之虚也”，指出这种“淫词锞多，而不能离乎器，然且标离器之名以自神，将谁欺乎?”（同上）

王夫之关于有无与道器关系的辩论，是否定道家以虚无为本的。道家的虚无哲学被神秘化了的道教所吸取。王夫之批道教“吾有大患，归吾有身”的虚无主义时指出：“究其所归，以得为妄，以丧为真，器外求道，性外求命”。因而“颠倒生死，以有为妄，以生为妄，哀其具舍”。他说，这样“又何怪其规避昼夜之常，以冀长生之陋说哉!”（以上见《周易外传·无妄》）说明道教神学由虚无哲学，进而欲超脱人的生死之苦，以求神仙长生之乐。“于是而有彼家炉火之事……则硇礜杂投，不可复诘。彼始其说者，亦恶知患死相沿，患生作俑，其妄之一至于此哉!”（《周易外传·无妄》）这里讲的炉火之事，即指道教的炼丹术，服此丹药以成神成仙，道教是如此宣扬的，这乃是道教的神仙方术迷信的说教，被王夫之斥之为陋说与虚妄。上述对道教追根溯源的批判，在中国无神论史上，则又算是王夫之的独到之处。

王夫之批判佛、道的可贵之处，还表现他注意从认识论的角度以及运用辩证逻辑思维的形式揭露佛、道错误的理论根源。如佛教立真空之说，其运用的手法之一，往往是先承认客观事物现象的存在，但又以其乍生乍灭虚幻不真否定它。在认识的主体与客体的关系方面，亦是先承认认识的客观对象，然后再以主观吞没客观。而王夫之在批判中锐敏地抓住了这一点。他说："能所之分，夫固有之，释氏为分授之名，亦非诬也。"（《尚书引义·召诰无逸》）王夫之肯定佛家在认识论方面，区分认识主体的"能"与客观的"所"并非错，但问题在于如何正确对待"能"与"所"的关系。王夫之认为："能必副其所"，即主观认识（能）必须符合客观对象（所）肯定认识对象的"所"是第一性的，主观认识的"能"是第二性的。而佛家则"诡其词曰：……'能'其'所'，'所'其'能'，消'所'以入'能'，而谓'能'为'所'"（同上），即通过诡辩抹杀"能"与"所"的对立，再把"所"说成是由"能"产生。肯定主观认识的"能"是第一性，认识对象的"所"是第二性的，"能"决定"所"，并由此得出："天下固无有所，而谓吾心之能作者为所，则吾心未作，而天下本无有所。"（同上）就是说，认识的客观对象本来是不存在的，客观对象只是由主观认识的能（心）所产生的，"心未作"则"无有所"。王夫之针对这种主客观的颠倒，指出：

> 耳苟未闻，目苟未见，心苟未虑，皆将捐之，谓天下之固无此乎？越有山，而我未至越，不可谓越无山，则不可谓我之至越者为越之山之也。（同上）

认为越国有山是客观的存在，而它的存在不决定于你见与不见。如果把存在看成是主观的产物，对于未闻、未见与未虑的事物一概否定，这是荒谬的。而佛教却由此荒谬走入"万法惟识"、"三界惟心"另一荒谬的境地。对此谬论，王夫之认为："释氏以有为幻，以无为实，'惟心惟识'之说，抑矛盾自攻而不足立。"（《尚书引义·召诰无逸》）他从批判"能"与"所"的颠倒，进而揭露了以主观吞没客观的宗教神学世界观，或说从认识论的角度，揭示了神学世界观的错误根源。

王夫之还指出，佛、道思维方法的片面性，是导向理论错误的另一根源。他说："《易》曰：'一阴一阳之谓道'，或曰搏聚而合一也；或曰分析而各一也。呜呼！此微言所以绝也。"（《周易外传·系辞上传》第五章）认为在思想方法上片面地强调"分"或"合"，都会走向错误。佛、道正是这样，各执一端。"以分析而各一之者（指道家），谓阴阳不可稍有所畸胜，阴归于阴，阳归于阳，而道在其中，则于阴于阳而皆非道，而道且游于其虚，于是老氏之说起矣。”（同上）关于道与阴阳的关系，在王夫之看来，二者是统一的，道分而为阴阳，合而为道，但道家片面地讲分，把道与阴阳，并把阴阳两个方面绝对地割裂开来，阴是阴，阳是阳，阴不是道，阳也不是道，于是得出本体虚无之论。佛家则相反，片面地强调合，“以为抟聚而合之一者（指佛），谓阴阳皆偶合者也，同即异，总即别，成即毁，而道函其外。则以阴以阳而皆非道，而道统为摄，于是释氏之说起矣”（同上）。认为佛家否定差别，把阴阳、天地、万物都看做是偶合而成的假象，阴与阳皆非道，道（本体）只能是空。

王夫之批佛、道，指出范缜的局限，而他是“入其垒”，即深入到佛、道宗教神学世界观核心。同时又从认识论的角度，以及思维方法上揭示佛、道错误的根源，从而显示他的思想具有超越前人的深度。

第二节　生死观与鬼神论

生死与鬼神问题，是有神论与无神论长期争论的一个重要方面，也是反佛、道斗争的一个重要内容。

一　“贞生死以尽人道”的生死观

生与死是每个人都必遇到，也必然要思考的事。问题在于如何思考、如何对待。对此，无神论者与宗教神学有着截然不同的回答。关于佛、道宗教的生死观，王夫之指出：他们对自然阴阳变化的规律这样的“寻常之见所疑为妄至而不诚者，夫以为妄，则莫妄于阴阳矣。道有阴阳，阴阳生群有相生之妙，求其实而不可亟见，则又莫妄于生矣。不生而无，生而始有，则又莫妄于有矣”（《周易外传·无妄》）。这是说，佛、道既然怀疑阴阳实理为虚妄，则阴阳变化的规律，及由此规律而产生万物的事实，都被看做是虚妄不实的了。由此，佛家则“索真不得，据妄为宗，妄无可依，别求真主”，把人生现实说成“如梦如幻，如石女儿，如龟毛兔角，捏目成花，闻梅生液”，等等无中生有，有名无实。到头来，则主张“厌弃此身，以拣净垢；有之既妄，趣死为乐；生之既妄，灭伦为净”（同上）。王夫之说对了，佛教正是从空无的世界观导向虚无的人生观，主张“无我”与“无生”，并由此教人出世，进入西方净土的彼岸世界。而道家，则“以得为妄，以丧为真”，到头来，主张“绝圣弃智”，从而“颠倒生死，以有为妄，斗衡可折；以生为妄，哀乐俱舍”。（同上）这里王夫之又说对了，道教正是以虚无的本体论，否定人自身，说："吾有大患，为吾有身。"（同上）由此教人摆脱人生现实，"不为物累"，"以冀长生"，犹如道教的理论家葛洪所说："不老不死为贵。"（《抱朴子·道意》）从而进入道教的天国，即洞天福地的神仙境界。以上佛、道神学的生死观，说法虽不同，一是教人追求来世的天国，一是教人追求长生神仙之乐，然其实质，皆是抹杀人的本质与人生的价值，宣扬宗教蒙昧主义。对此，王夫之直斥之为"惑世诬民"（《张子正蒙注·神化》）的说教。

为此，王夫之站在无神论的立场上，决心要"贞生死以尽人道。"他说："贞生死以尽人道，乃张子之绝学，发前圣人之蕴，以辟佛、老而正人心者也。"（《张子正蒙注·太和》）此贞即正，所谓贞生死，就是要正确地对待生死问题。对于生，王夫之首先肯定生为实有而非虚幻。他说："夫然而常可依者，皆其生而有；其生而有者，非妄而必真。"（《周易外传·无妄》）接着论证生死为自然之理，他说："天地人物消长死生自然之数，皆太和必有之机。"（《张子正蒙注·太和》）并运用当时医学与生物学的成果来论证这个自然之数。他说：

> 凡生而有者，有为胚胎，有为流荡，有为灌注，有为衰减，有为散灭，固因缘和合自然之妙合，万物之所出入，仁义之所张弛也。胚胎者，阴阳充积，聚定其基也。流荡者，静躁往来，阴在而阳感也。灌注者，有形有情，本所自生，同类牖纳，阴阳之施予而不倦者也。其既则衰减矣。基量有穷，予之而不能多受也。又其既则散灭矣。衰减之穷，予而不茹，则推故而别致其新也。（《周易外传·无妄》）

这一段描述了生命体的生长与衰退的过程，即新陈代谢的规律，并认为此规律是不可抗拒的。抗拒就是"妄其所当尽之量而求之于无益，岂不悖与"（同上），认为忘掉规律只能利用而不能改变的道理，勉强去做，则是徒劳而荒谬的。

王夫之在揭示了生死自然规律的同时，又指出佛、道之徒"患生"与"无生"的错误根源。他认为这是由于他们不懂生死自然之道而贱形，"故贱形必贱情，贱情必贱生，贱生必贱仁义，贱仁义必离生，离生必谓无为真，而谓生为妄，而二氏之邪说昌矣"（同上）。而佛、道"离生死"的实质，王夫之指出，他们并不是不爱生，而是"始于爱生，中于患生卒于无生"（同上）。而他们"其为患（死）也均，而致死其情以求生也亦均"（同上）。只是由于怕死太甚，"则其惧之甚，惫之甚，速捐其生理而不恤……”（《周易外传·无妄》）所谓“离生死”，只不过企图从现实界的生死更迭中解脱出来，去到另外一个彼岸世界，或西方乐土。或神仙洞天获得永生。

王夫之从生死的自然之理，揭露佛、道生死观产生的根源与实质。是很有见地的，他有力地打击了宗教神学。

以上否定佛、道的生死观，只是他“贞生死”的一个方面，另一方面，他又借助孔子“未知生，焉知死”的思想（《张子·正蒙注·太和》），阐述人必须掌握生死的自然之道，即树立正确的生死观，以“尽人道”，要“珍其生”，他说：“天地之生也，则人以为贵”（《周易外传·无妄》），作为最贵的人，就要自觉地实现人的主体作用，真正做到：“生以尽人道而无歉，死以返太虚而无累”（《张子正蒙注·太和》）。他的生死观与神学对立，充分肯定了人的价值。

二　无神论的鬼神观

关于与生死观相联系的鬼神论。王夫之对传统的鬼神，包括佛、道宗教渗入的鬼神迷信，给予总结性的否定。他考察了鬼神迷信之历史，说：“左氏先之矣”（《续春秋左氏传博议》），因《左传》载有不少宣扬鬼神之事的东西。往下，他指出：

> 君子之道，流而诬者亦有之。魏晋以下，佛老盛，而鬼神之说托佛老以行，非佛老也，巫之依附于佛老者也。东汉以前，佛未入中国，老未淫巫者，鬼神之说依附于先王之礼乐诗书以惑天下。儒之驳者，屈君子之道以证之。故驳儒之妄，同于缁黄之末徒，天下之愚不肖者，有所凭借于道，而妖遂由人以兴而不可息。汉之初为符瑞，其后为谶纬，驳儒以此诱愚不肖使信先王之道。呜呼！陋矣。（《读通鉴论·汉武帝》）

王夫之认为鬼神之说先依附于儒家礼乐诗书，后又依于佛老，不过后来“迄于宋”，“佛老之淫祀张”（同上），自身也宣扬鬼神了。他对此，一面斥之粗陋，一面指出过在“驳儒”诬君子之道。这里亦肯定“妖遂由人以兴”，透露鬼神由人造的思想。这一思想在《俟解》中又得到进一步的发挥，他说：

> 《易》曰：“知鬼神的情状”，然则鬼神之有情有状明矣。世之所

谓鬼神之状者，仿佛乎人之状。所谓鬼神之情者，推之以凡近之情。于是稍有识者，谓鬼神之无情无状，因而并疑无鬼无神。夫鬼神之状非人之状，而人之状则鬼神之状，鬼神之情非人之情，而人之情则鬼神之情。

认为世俗所谓的鬼神情状，是依据人的情状塑造出来的。这等于说，鬼神的情状只是人之情状的异化，脱离肉体的人格性的鬼神是不存在的。世间不存在鬼神，而人们却存在鬼神的观念，他认为亦有其认识论的根源。如在《四书训义》中指出："事鬼而忾乎其有声，僾乎其有形者，皆吾心之敬爱而思成之也。"（卷十五）肯定鬼神的声貌只是人们思想的幻觉。

以上种种，说明王夫之不相信有超物质的鬼神存在。但他没有抛弃鬼神这个名称，而是给予鬼神这个名称以新的意义。一种含义是形神关系之神。他说："形也，神也，物也，三相遇而知觉乃发。"（《张子正蒙注·太和》）这里的形，指人的形体，包括感觉器官，神指由形体产生的精神，物指外界事物，认识的对象，三者相遇构成知觉。又说："阴阳相感聚而生人物者为神；合于人物之身，用久则神随形敝。敝而不足以存，复散而合于细缊者为鬼。"（同上）这里也是讲的形神关系，"神随形敝"，二者不可分离。不过，前一条的神，是指人之精神；而后一条，联系他认为"（气）其聚而出为人物"，"散而入于太虚"（同上），"人之生也，气以成形，形以载气"（《尚书引义·汤诰》），以及"鬼者归也"（《张子正蒙注·乾称》）来看，神鬼似乎指的是气本身，气聚为人形，形体载气，即人之神，这种神散了归于太虚则为鬼。鬼神的第二种含义，即鬼神被物化。上述如不能肯定鬼神被气化了，但在《张子正蒙注》的《动物篇》中，就比较明确地把鬼神之名加之于物了。他说："魄丽于形，鬼之属；魂营于气，神之属；此鬼神之在物者也"。第三种含义，指气的神妙变化。他说："太和之中，有气有神"（同上，《太和》），"自其变化不测，则谓之神"，又说："鬼神者，气之往来屈伸者也。"（同上，《乾称》）。鬼神被看做是气屈伸而神妙莫测的变化状态。有时神又被解释为气之理。他说："太和之中，有气有神，神者非他，二气清通之理也"（同上，《太和》），又说："道为神所著之迹，神乃道之妙也。"（同上，《乾称》）这里的"道"同气，神则是气的理与气的妙用。

以上鬼神不管是哪一种含义，都否定人死后有超脱形体的鬼神存在。但遗憾的是，他没有像范缜那样，从形神关系得出"形谢神灭"的结论，却使神返于太虚而为鬼。此表现的不足，其原因，可能是由于他认为，范缜只重神灭与神不灭的争论，不过是“执其绪论以折之”，没有抓住佛教世界观的核心批判，而他则集中于佛教，包括道教神学世界观的批判，故忽略了从神灭论方面否定神学死后生活的基础。不过，王夫之的反佛，比范缜还是向前推进了。他从哲学本体论阐明物质（气）第一性，精神意识，（理、鬼神）第二性，以及精神活动的本质。肯定精神活动只是气本身的功能，而理、鬼神名异实同的概念，都不是与气并列的存在物，或独立于气之外的精神实体，因而也就不可能有脱离物质肉体而独立存在的鬼神。由此，我们可以说，王夫之与范缜不同，他以气一元论为依据，从本体论的角度既否定了神学的彼岸世界，也否定了死后生活的基础。

第三节　天人关系论

王夫之的天人关系论，也表现着对古代“究天人之际”思想综合的特点。天人关系说，唐代的刘禹锡曾归结为两家，一是阴隲之说，即认为天有意识，能干预人事；二是自然之说，即认为天是自然之天，无意识。它（自然）有其自身的发展规律，不能干预人事。前者表现为天人合一的神学目的论，后者则为天人相分的无神论。故天人关系论又可分为：天人合一与天人相分两类。

关于天人相分的问题，刘禹锡“天人交相胜”命题，已从理论上初步作了总结，但他没有直接具体解决天人合一的问题，而且他之后，天人合一又有新的发展。因而，王夫之在前人的基础上，对天人关系又作了进一步的总结。

王夫之在气一元论的基础上，肯定“天者，固积气者也”，因而“固不得谓离乎气而言天也”（《读四书大全说》）。他从天即气的观点，改造了神学天人合一的命题。他说：“天人之蕴，一气而已。”（《张子正蒙注·参两》）天与人的本质皆是永恒运动着的物质实体的气，天人合一则合一于气。不过，仅把天与人单纯作为自然物来看待，讲天人统一于气，那是较容易的，王充也早已这样讲过。问题是：人与天不同，他既是自然物而又具有意识，天人如何合一？张载曾说过：“由太虚，有天之名；由气化，有道之名，合虚与气，有性之名；合性与知觉，有心之名。”（《张子正蒙注·太和》）王夫之在《正蒙注》中借此进行了发挥，他说：

其（指气）。升降飞扬，莫之为而为，万物之资始者，于此言之则谓之天。……气化者，气之化也。阴阳具于太虚絪缊之中，其一阴一阳，或动或静，相与摩荡……各自成其条理而不妄，则物有物之道……皆循此以为当然之则，于此言之则谓之道。……太虚者，阴阳之藏……乘太虚和气健顺相涵之实，而合五行之秀以成乎人之秉彝，此人之所以有性也。……形也，神也，物也，三相遇而知觉乃发。故由性生知，以知知性，交涵于"聚而有间"之中，统一于心，由此言之则谓之心。(《张子正蒙注·太和》)

王夫之把天解释为气无为的自然状态，认为气的变化有必然之则谓之道，人秉太虚和气，受五行之秀气具有执守常道（秉彝）的性，形、神与认识对象"物"相遇则产生知觉，而性与知交涵于人身之中，则统一于心。由此得出同神学对立的天人合一论。他说：

顺而言之，则惟天有道，以道成性，性发知道；逆而推之，则以心尽性，以性合道，以道事天。惟其理本一原，故人心即天；而尽心知性，则存顺没宁（王夫之在《乾称篇》自注，"存，吾顺事；没，吾宁也"。此与"贞生死以尽人道"意义相通），死而全归于太虚之本体，不以客感杂滞遗造化以疵颣，圣学所以天人合一，而非异端之所可溷也。(《张予正蒙注·太和》)

"疵颣"，即缺点。他在此强调知天人合一而必尽人之道。而他的天人合一论，实际是讲，自然，包括天，有其当然之则，即道或天道。人有性与知，二者统一则为心，人心可知天道，故讲"人心即天"，人心与天达到合一或说统一。用现在的哲学语言概括，则是主观与客观的统一，或说人的主观认识与认识的客观对象的统一。这样，王夫之就从哲学的高度唯物地阐明了天人合一论。如果说，刘禹锡从理论上基本解决了"天人相分"的问题，阐明了天人之间的辩证关系，而王夫之则在张载的基础上，从阐述天人合一论方面作出了自己的贡献。

另一方面，王夫之也继天人相分的无神论观点，发挥了人定胜天的思想。他肯定天自然无为，认为："天地无心而成化，故其于阴阳也，泰然尽用之而无所择"（《周易外传》卷五），而人产生于自然，但又与自然相对立，可以发挥人的主观能动作用，去利用与改造自然。他反对"任天而无能为"，认为任天者"无以为人"（《续春秋左氏传博议》卷下），因而强调作为人，应"尽人道"，要"与天争胜"（《尚书引义》卷四）。他说："天之所死，犹将生之；天之所愚，犹将哲之；天之所无，犹将有之；天之所乱，犹将治之。”（《续春秋左氏传·博义》卷下）这反映他对人的价值有了充分的认识，故在《楚辞通释·天问》中，具体阐发了他反天命强调人事的思想，他的基本观点是：“有道而兴，无道则丧”，而“废兴存亡之本”在人不在天，因而对屈原发出的一百几十个天与人事之疑问，都作了无神论的解释。如对天开地辟的神秘的传说，斥之为“荒怪之事，无所征验”，认为“得失兴亡，要诸理而已”。又认为禹治水成功，鲧治水失败，都没有神的意志。他说：“相传禹治水，有神龙以尾划地成川，禹因而疏之，导河入海”，对这种神秘的传说，他解释为：“实则禹循水脉，水脉亦谓之龙耳”。他由鲧、禹治水的成败得出结论是“得失成败，莫不自己也”。因而对天命论与天人感应说皆持否定态度。他说“齐恒死于竖刁，开方之手，虫流出户，与见弑同。听贤则兴，任奸则亡，天命无常，惟人所召”。从而说明人事一切无关天命。

他在《楚辞通释·天问》中，对神怪传说所取的科学与谨慎态度也是可贵的，如对“强为附会，语多怪诞”的旧注，其态度不是人云亦云，而是司信则信，不可从则不从，对“于史亡考”的宁取“阙之可也”，而不穿凿附会。这与神学家无中生有的编造，成为鲜明的对照。

第四节　贡献及其历史地位

综合以上各节所述，可以说，王夫之的自然观，以及建立在唯物主义自然观基础之上的无神论，从总体来看，皆超越了他的前者，把古代无神论思想提高到一个新的水平。而这个新水平，不仅体现在他对神学的理论批判之中，而且还体现在他对神学批判的理论与方法之中。他的理论是建立在唯物主义世界观基础上自然观与人事为本论。他以元气本体论，否定佛教的“寂灭论”与道教的“虚无论”，以自然观与人事为本论，阐明了无神论“贞生死尽人道”的生死观与无鬼论；他立足于唯物主义自然观与人事为本论的基础上，一方面坚持了无神论天人相分的原则，同时又唯物地解决了天人合一论。与此理论相适应，他运用实验科学的方法，论证物质不灭，否定佛教的“寂灭论”与传统的神秘主义说教；以历史考证的方法对神学给予追根溯源的批判，运用辩证逻辑思维形式分析了佛、道宗教世界观错误的根源，等等。以上反神学的理论和方法，既继承了前人的成果，又有他自己的独创，从而对古代无神论的理论发展作出了重要贡献。

但另一方面，他对传统的封建神学的批判，由于阶级与时代条件的限制，与其他旧唯物主义一样，也不可能是彻底的。如他从气的一元论讲气不灭，其中也夹杂着神秘色彩。他说："尧舜之神，桀纣之气，存于絪缊之中，至今而不易。"（《张子正蒙注·太和》）又说："露雷霜雪，各以其时。动植飞潜，各以其族。必无长夏雪霜，严冬露雷，人禽草木互相淆杂之理。故善气恒于善，恶气恒于恶，治气恒于治，乱气恒于乱。"（同上）气分为善、恶、治、乱的不同。尧舜之气是神，是善气、治气；桀纣之气是恶气、乱气。这里的问题是把善恶治乱等人事现象和霜雪露雷自然现象相提并论，把自然与社会范畴混同起来，使物质的气具有道德的属性，气不灭，可弄成道德观念永存于"太虚"之中，如尧之神就是。于是气又具有精神性的一面了。另对吉凶祸福、贫富贵贱一类的社会问题，由于旧唯物主义与无神论者，不了解这类问题的社会阶级根源，往往单纯归结为自然的必然性，王夫之也是这样，他说："吉凶成败皆有自然之数，而非可以人力安排"（《思问录内篇》）等等。尽管如此，其贡献仍是主要的，他的思想反映着古代无神论发展的高峰。因为，他的思想既超越了前者，而他同时代与近代之前的无神论者，在总体上皆未能超过他。又由于古代无神论将被资产阶级的无神论所代替，从而使他的无神论又标志着古代无神论发展的终结。

第五章　熊伯龙

熊伯龙生于明万历四十五年（1617 年），卒于清康熙八年（1669 年），字次候，号塞斋，别号钟陵，今湖北汉阳人。清顺治六年（1649 年）举进士，任国子祭酒，官至内阁学士。清初杰出的无神论者。

他在学术上，精字母反切之学，熟悉西方天文历法，又通佛学、魏晋玄学与宋明理学。在当时，他以善作八股文著称。“其杂著似唐荆州，律诗类《中州集》。”（《无何集跋》）著文编为《熊次候先生传稿全集》。其古文诗词传世的有《熊学士诗文集》（又称《谷诒堂全集》）。不过，他在文学史上不占什么重要地位，而以他为主编辑的《无何集》，却是一部重要的无神论专著，并对后来无神论的发展产生了积极的影响。

《无何集》，原名《论衡精选》，他把王充《论衡》的无神论言论加以重新编排，并附以其他有合仲任之道的言论，以及个人评语。全书分 12 类，共 12 卷，另附《续貂集》专为反佛。该书在熊伯龙在世及死后的 125 年间，只有抄本流传，流传过程中，又经其子孙熊正笏、熊正策与熊培仁等人不断增补，于 1794 年（乾隆五十九年）正式刊行于世。现存最早的刊本为衡衡子原刻本，另有 1925 年沔阳卢氏据此影印的影印本。1979 年中华书局又据影印本点校出版，这是目前较为完善的本子。我们则根据此解剖熊伯龙反宗教神学的思想基础以及他的无神论观点与贡献。

第一节　反神学所依据的思想武器

熊伯龙在其自述中说：“钟陵自幼不信神仙鬼神祸福报应之说，有言之者，辄举圣经贤传破之。”（《无何集·自述三》）这里说的“圣经”即是儒家经典。不过，他对儒家经典皆从积极方面理解与发挥。如说：“疏《尚书》者，以为龟负洛书，经无此事，出于纬书”（《无何集》卷五灾祥类。下引此书只注卷数与其类）。又说：“今之言五行者，皆宗于《易》，《易》何尝言五行之生克耶。”（卷之首天地类）他认为，神秘之事“非《易》之本旨”（同上）。对“托《易》象以言吉凶”，“以兆数吉凶言《易》”，指出“以此解经，去圣道千里矣”（卷十一杂家类）。在他看来，儒家经典是只言事，而不言神怪的。而“圣人学《易》，实为修身寡过之资，曷尝以兆数吉凶为言，言兆数吉凶者，后儒解经之谈也”（同上）。

至于他心目中的贤者，当然是首推孔孟，次及宋明理学的二程与朱熹等。不过，他对孔孟与宋明理学家，也是从积极方面理解他们的思想，甚而用一些非实之词强加于他们，把他们塑造成反神学的思想家。他说：“孔子云假年学《易》，可以无大过矣。……朱子不以《易》为卜筮之书矣。”（卷十一杂家类）又说：“诗书执礼，子所雅言，经者常也，圣人语常不语怪。石氏（指北宋之石介）以释老为怪，真圣门之功臣也。”（卷五灾祥类）认为从孔子不语怪力乱神以来，此即成为“圣门”的传统。所以他又说：“圣人之道，平常而已，无神怪之异。”（同上）熊伯龙也推崇荀子，更重王充，并把他列为儒之正宗，孔孟之道的真传。他说：“仲尼曰，诗三百，一言以蔽之曰：思无邪。仲任曰，《论衡》篇以十数，亦一言也，曰：疾虚妄。夫曰思无邪，则邪不入矣。曰疾虚妄，则虚妄之说不载矣。仲任盖宗仲尼者也。”（读《论衡》说一段）又说：“王充在《自纪》篇称孔子者十一，称孟子者二，其言曰：‘可效仿者，莫过孔子。’夫以为莫过，是称孔子为至圣矣；意欲效放，是以孔子为师表矣。合《论衡》全书而观之……八十三篇，何一非宗圣言者。”①（卷之首附说二）他还列举了《论衡》各篇称孔与孟的次数，加以证明。（同上）从而断定王充“以孔孟为宗”（读《论衡》说二段）。以上说法是言过其实的，王充《论衡》八十四篇中的《自然》、《物势》、《谈天》等，是把天看作自然的天，同孔孟所言之天是不同的，并非皆宗圣言。

综合上述表明：（一）熊伯龙是推崇儒家，特别是孔子，说“孔子万世之师也”（读《论衡》说二段）。（二）熊伯龙是从积极方面理解孔子思想的，而孔子思想确实也包含积极的因素，如孔子不侈谈天道，即《论语》载：“夫子之言性与天道，不可得而闻也”（《公冶长》）。孔子亦不侈谈鬼神，而重人事。《论语》又载：“子不语怪、力、乱、神”（《述而》），又说：“务民之义，敬鬼神而远之”（《雍也》），“未能事人，焉能事鬼”（《先进》）等等，皆为王充所继承。这一点熊伯龙看到了，而给熊伯龙《无何集》作序的王清讲得更具体，他说：“见守孔子之道而凿凿言

① 现存《论衡》，目录为85篇，其中《招致》一篇，有目无文，实为84篇。熊氏说83篇，有误。

之者，莫若《论衡》一书。其《奇怪》篇深得孔子不语怪之道也，其《卜筮》篇深得孔子不语神之道也，其《齐世》篇深得孔子罕言命之道也，其《变虚》篇深得孔子请祷弗许之道也，其《感应》篇深得孔子远鬼神之道也，其《感虚》篇深得孔子焉能事鬼之道也，其《订鬼》篇深得孔子焉知死之道也。是发明孔子之道者，《论衡》也”。（《无何集·序》）以上有附会之处，但也反映了王充与孔子思想有联系这一事实。他们这样说的用意，一是抬高孔子，二是推崇王充并将其列入儒家之正宗。（三）熊伯龙站在儒家立场，以儒家正宗自居，打着儒家的旗号，把儒家（包括荀子、王充在内）的思想作为批判神学的武器，即如他所说的“举圣经贤传以破之”。此“圣经贤传”，当然既包括孔子与儒家经典，也包括王充与《论衡》，而他批判封建神学的主要思想依据，则是《论衡》，即王充的无神论。并在王充的基础上，更进一步把传统的人事为本与自然为本的倾向融为一体，同神本思想相对立。

第二节　对以往无神论批判继承的态度

熊伯龙在《无何集》自述中说：“庚子初夏，灯窗读《荀子》，有曰：‘雩而雨，何也？曰：无何也，犹不雩而雨也。’世人不解斯言，遂疑天地如何报佑，善恶如何吉凶，鬼神如何灵，祈禳如何验。精如仙佛，粗若果报诸般……士大夫沿习成风，牢不可破，正坐不知无何二字耳。余博览古书，取释疑解惑之说，以《论衡》为最，特摘其尤者，参以他论，附以管见，名曰无何集，欲以醒世之惑于神怪祸福者。”这段话概括说明了四个方面的问题，下面分述之。

（一）《无何集》之名来源于荀子无神论的观点，他将其所著取名《无何集》，是表示它的无神论性质。

（二）他说：“余博览古书，取释疑解惑之说。以《论衡》为最”，这是对王充无神论的充分肯定。这里讲“摘其尤者”，就是他在自述二所说：“余以神怪祸福之说，时俗嫌疑，故抄数帙，以明其妄”，即以王充的无神论为武器批判神学。他在《无何集》中，把王充的无神论摘要加以编排，分为天地、鬼神、福祸、灾祥、感格、宜忌、人事、儒术、道教、杂家、百物等12类，用以明神学之妄。刘盼遂说：“此书推为《论衡》辅弼，诚不虚也”[1]，这一看法是有道理的。

① 刘盼遂：《论衡集解·附录》，中华书局1959年版。

（三）这里说的“参以他论”，就是以王充言论为主，并将其他，包括经史子集名人百家之言，诸如孔子与荀子、范缜，以及司马光、欧阳修与朱熹等人有合仲任之道的言论，皆收入集内。表明他综合继承历代各家无神论言论，并糅合一体，成为一部无神论的总集。

以上说明他继承了古代各家的无神论，但他的继承不是兼收并蓄，其态度是有取有不取。他推崇王充（“以《论衡》为最”），但他对《论衡》的吸取一是“摘其尤者”，即吸取精华。他对《论衡》中的“篇有小疵”之作，则“削而不录”（读《论衡》说六段）。他的朋友黄敬渝在评论《无何集》时说：“金陵肆中购得《论衡》一部，反复读之，如获奇珍。但以篇过冗长，辞多重复，醇疵参半，未尝深惬我心。及见先生抄本（指《无何集》），精萃简要，分选编类，增广美备，喜出望外”，并肯定熊伯龙为王充的“千古知音”。（《无何集自述二》）此评虽言过其实，但认为《无何集》是吸取《论衡》的精华，这一点是对的。这位朋友评《无何集》的不足时说：“惜所选多辟神怪祸福之说，未综全篇而精选也。”（同上）这里指的不足也正是熊伯龙吸取王充无神论之精华的用心。二是批判地继承。他肯定王充不是全盘肯定，也指出不足。他说：王充“言命近于星家，如言忠臣见杀，子胥、屈原、箕子、比干辈命当自讫。果如此，则昏主无过矣。又言韩信、张良辅助汉王，高祖命当自立，韩信、张良之辈适相遭遇。……且言命当自立，是又信禄命之说也。又言世之所以乱者，不以盗贼兵革，由谷食之绝，此言是矣。然又曰：贤君偶在当治之时，无道之君偶生当乱之日。非恶所致也。试问仲任，何为当治之时？何为当乱之日？是又信气运之说也。”（读《论衡》说七段）这确是抓住了王充从自然命定论陷入宿命论局限的要害。同时又指出王充无神论的不纯，如王充“言用术数能知一端”，他说：“圣人尚不能知，术数能知之乎？夫谓术数能先知，犹言吉凶有先兆也。言事有吉凶则是矣，必谓吉有吉兆，凶有凶兆，则过矣。”（同上，说八段）他还指出王充关于“妖怪”的说法“言亦太过”。他说：“如谓毒气中人辄病，则是矣。必谓太阳毒气，有象如人，其言未已甚。他如论宋、卫、陈、郑之灾曰：使子产听梓慎之言，四国亦有灾，此不信梓慎之说矣。然又曰气变在天，梓知之，是天变之说矣。”熊伯龙由此得出结论：“仲任之言不能无弊，姑举一二，以概其余。”（读《论衡》说九段）这个结论是很客观的。他对王充的肯定中有否定，继承亦是批判地继承，而批判又体现发展，因批判是破，有破则有立，他克服王充的局限本身就是个发展。

（四）他说的“摘《论衡》之尤”与“参以他论”的意义如上述。

而“附以管见”，则是他对所取各家的无神论言论加以评论，评论中贯彻对有神论的批判，并在评论与批判中阐发他的无神论思想，达到他“欲以醒世之惑于神怪祸福者”的目的。他编著《无何集》的用心于斯，而他对无神论的发展也体现于此。

第三节 “天不故意造作”的自然论

关于“天”的性质与天人关系，熊伯龙完全接受荀子、王充“天”即自然与天道自然无为的观点。并以王充“天地合气，万物自生”与“天之行也，施气自然，施气则物自生，非故施气以生物”的论断为据，肯定“天不故生人物”（卷之一天地类）。又据王充在《论衡·自然篇》阐发的“天道无为，阳气自出，物自生长；阴气自起，物自成藏”的元气自然论，否定神学目的论，天人感应论与谴告说。

熊伯龙肯定天地皆是自然物，没有意志，天地万物的生长变化不是天有意为之。他说：“天不故意造作，自成天地大文章。”（卷之一天地类）认为整个自然界的万物及其秩序，是自然形成的。

他既然肯定天无意志，否定天有意创造万物，也就必然否定天能干预人事。当有人说：“天人相应，古人皆信之。”熊伯龙则说：“以天变为凶，真失实之言”。他认为“灾异非天谴告”（同上），自然界的变异现象是自然自身的事。如地震，他说：“土，地之体；水，地之血”。而地之震犹人之血脉不和，即其自身的原因造成。至于日月之食，他认为日月之食，乃一定的度数，可推算而知，并不神秘，更与人事无关。他说：“荀子曰：‘日月食而救之，非以为得求也，以文之也’。而‘仲任言不在政治，同一意也’。”（卷之一天地类）然而神学家硬把自然变异现象，说成是天对人间施行的谴告与惩罚，说“风霆雨雹，天之所以罚有司者”。熊伯龙对此质问说：“天以风霆雨雹罚有司，宜徒击有司一身，何故辄伤民，而罪及无辜之赤子，且天之所以罚有司者何意乎？”他说：天“以有司之虐民也，欲罚虐民之有司，有司未受罚，而民稼已伤，是益百姓以虐也。……天之为此灾者，徒害民也，非罚有司也，何上帝制治之疏也？”（同上）神学家又说，日月之食是人君从政好坏之应。熊伯龙指出：“若以为人君之应，三国之时，天下瓜分，假令魏主失德，蜀主修政，天将何以应之？况日月所照，万国皆同，非仅中土，万里之外所食分寸不同，有此国不食彼国食既者，岂不食之国，君皆修政，日食之国，君皆失德乎？”（同上）以上神学的荒唐之论，显而易见。熊伯龙抓住神学说教自身的矛盾，揭露其虚妄，并认为：天不能干预人事，人亦不能感动天地。他说：哭不能崩城，冤不能使天下霜，高祖被围，大雾三日不足信，孝悌通神，郭巨埋儿得金，尤失其实（以上见卷之六感格类）。

熊伯龙对上述神学说教归结为：一是自欺欺人，二是借神以求神助，并指出："此荒诞之说，大率如此"（同上）。

第四节　生死自然的无鬼论

熊伯龙批判鬼神迷信的立足点，一是肯定人的生死是自然之道，认为人的生老衰死同任何生物一样不可避免。他说："物生一岁而死"，然"昆虫之视一岁，犹人之视百岁，至秋冬生性已极，犹人老血气自衰，自然之道也。"（卷之八人事类）二是肯定人死神灭，不能为鬼为神。他说：范缜"著《神灭论》，以为形者神之质，神者形之用也，神之于形，犹利之于刃，未闻刃没而利尚存，岂容形亡而神在哉？"（卷之十三《委宛续貂集》）而"精神升天，犹火灭随风而散；骸骨归土，犹薪炭之灰在地。"（卷之三鬼神类）他据人死神灭，否定人死为鬼及有功德之臣死后为神。认为圣人言鬼神，指的是阴阳二气的良能，并不是世俗所谓脱离人体而存在的鬼神，而世俗言鬼神者皆好事者增之。他举例说："史称明永乐时，杀尚书铁铉，大镬纳油熬之，尸向外，上大怒，命内侍用铁棒十余，夹持之，使北面，笑曰：尔亦朝我耶？语未毕，油沸蹙溅起丈余，内侍手皆糜烂，弃棒走，尸仍反背如故。此作史者好神其事，妄增之也。或生人入油，油溅釜外，犹今之大块豕肉，投熟菜油中，必有油溅人身也。人见铉乃忠臣，遂疑为神，又增反背之说。"由此指出："至于忠臣义士，血食千秋，此所谓有功德于民则祀之者也，非谓忠臣义士有知为鬼也。"（同上）既无神无鬼，而鬼神祸福于人之说就不足信了。他说："今之行江者，必入庙拜平浪王，谓不礼神者，有履舟之祸。夫舟之履，由于浪之大，舟人往来，无不礼神，岂竟岁无浪！偶有一舟，没来拜神，将千舟无浪，一舟有浪乎？何其妄也"。（同上）此段辨妄真妙文也。因而把世俗求神福佑皆看作儿戏，对此儿戏亦颇善挖苦。他说："余友谢天衢言，鼓蠡江口有庙，一士饮醉，取尖长瓮，半实以水，封其口，搠庙中灵官，缚立瓮上，浮之江。是日江行舟人，见灵官立水面上，疾行如飞，皆惊骇拜祷，谓神显形。后闻某庙灵官去，又谓神像自渡江去，于是益信庙神之威灵，入庙烧香者，日以千计，而不知士人醉后戏为之也。余闻之，相与鼓掌大笑"。而大笑之余，天衢又云："神明飞舞，必借凡手"。他说："此可为知者道。”由此揭露所谓神明的威灵与飞舞，乃是借助于人为的一种戏弄。而这种戏弄的方式五花八门，他举例说：“余乡寨会迎神，神像以二人舁之，疾走如风。神或倒行横卧，所止之家谓之神降，人咸畏惧。”对这种降神伎俩，他指出：乃是由于“神像上重下轻，异于他像，且仅二人舁之，横卧倒行，势所必至，何怪之有？”认为：“神虚空无物，左氏谓‘神降于莘’，浮言也。”由此得出结论，“凡言鬼神能祸福人者，皆无稽之谈。”（卷之三鬼神类）可是“自塑像之事起，而入庙求神者愈多”，对此感到可叹。他认为人的祸福皆由偶然，他说：“知富贵贫贱皆偶然之遭遇，则神不灵，鬼无知矣。”（同上）这里熊伯龙虽未能正确指出富贵贫贱的社会根源，但他明确排斥了鬼神能祸福于人。

以上对鬼神迷信的揭露生动有趣，发人深省。但就其论点来说，未能超出王充和他同时代的无神论者的思想。他超过前人的贡献，主要表现在揭示鬼神论产生的根源方面。他说：“世之讲鬼神，乃好事者增之”，这从根源上来说，当然是肤浅的认识。但他还提出：一、鬼神观念是由思念存想所致，他说：“天地之间有鬼，皆人思念存想所致也，至于梦，更属思念存想所致也，日之所思，夜则梦之。”（卷之八人事类）二、认为鬼神观念由人的“气虚”而“无中生有”，或由人的心理状态产生幻觉造成。如他说：“鬼者，疑心所生也。心怯胆寒，闻鸟兽声，见林木影，皆畏是鬼。夜行迷路，则谓鬼设帐，草木皆兵。”（同上）就是说，世间本无鬼，由人自为主。三、他在自作的《神论》中说：“世谓山有山神，水有水神，林有林神，往往显形。……胡为皆似人耳？”认为神是人按自己的形象塑造出来的。进而指出：“人之所以畏神者，以畏死耳。涉江，险事也，则谓江涛有神。痘疹，危疾也，则谓痘疹有神。畏死之心迫，而后神明之说兴。知此，则推之火神、瘟司、疟鬼、穷鬼，皆失实之言也”，并进一步肯定王充“衰世好信鬼，愚人好求福”（同上）的结论。这里接触到人类受自然的压力是产生鬼神观念的认识根源，同时也接触到社会根源，即当人们看不到乱世的社会原因，往往归之为鬼神与命运（“衰世好信鬼”），当被剥削者还不了解造成痛苦的社会阶级根源时，往往把希望寄托于神的恩赐（“愚人好求福”）。以上对鬼神产生的根源的揭露，虽然是初步的，但是可贵的。因为只有深入到有神论产生的根源，才能刨根究底地揭露它的荒谬。

综合上述来看，熊伯龙虽无系统的唯物主义自然观，但他否定神秘的天与鬼神，还是以自然之理为基础的，并从神学说教自身的矛盾揭露神学，还进一步地从神学产生的根源说明神学的荒谬。而有意志的天与鬼神观念是一切宗教迷信的核心与基础，或说一切宗教迷信皆由此派生。熊伯龙否定了神学的核心，因而，一切宗教迷信皆在其批判之列。

第五节 辨析传统的神秘主义及世俗迷信

熊伯龙继承了两汉以来反对谶纬神学的传统，首先否定被神秘化了的“河图洛书”。他认为纬书讲“河图龙出，洛书龟出”不可信，并列举十几条证据说明此说荒谬。他说：“考之经文，实无此事”，而“圣人之道，平常而已，无神怪之异”（卷之五灾祥类），反对把经书神化，由此对谶纬神学展开了批评。所谓“谶”，即“诡为隐语，予决吉凶”的神学预言。“纬”是对经而言，它以神秘主义发挥儒家经典的微言大义，宣扬天命论。熊伯龙肯定桓谭反谶纬的无神论观点，并引桓谭进谏汉光武帝的话“凡人忽于见事，而贵于异闻，盖诸巧慧伎数之人，矫称谶记，以欺人主”为据，指出“术数之学，皆欺人耳，有时合者，偶然适中，非先知也，世人固有时偶合，故疑为神。”（卷之十一杂家类）而纬书，在他看来是“其言诞谩诡谲，不可致诘”的东西，并指出“谶纬”神学产生的原因，是由于一些“儒者不言理而言术，兼附以妖言”。而在西汉末与东汉时盛行，则是由于“王莽好符命，以济其逆志”，而“光武亦赤伏自累，笃信推崇焉”（卷之五灾祥类）。这以上不仅批判了谶纬神学，而且看到并揭示出神学是由统治阶级“济其逆志”，即利用神学作为工具，达到他们的政治目的，从而大力提倡，如刘秀“颁图谶于天下”等。

对祥瑞和妖异神秘说教，熊伯龙认为所谓祥瑞，是言国之将兴或大人物出，必现祥瑞，如凤凰鸣，获麒麟等。所谓妖异，是说国之将亡，必出妖异，如山崩川竭等等。而祥瑞与妖异皆是天发出的兴亡预兆。这种神秘主义，由来已久。而熊伯龙认为：“天之生物，无代无之”，而“奇物偶至，则非天故生之也”。若“必曰天瑞物以应圣人”（卷之五灾祥类），他说这不是通达之人的见识。在他看来，国之兴或圣人出有祥瑞，这不过是偶合而已。并指出：祥瑞“一则自欺，一则为谄媚之臣所愚”。对付这套神秘主义，他是以事实揭露它的矛盾，认为“用事实可塞千古言祥瑞者之口”（同上），这是批判神学的一条重要经验，因神秘荒诞之说，在事实面前往往可不攻自破。

熊伯龙在“古今类”与“感格类”中，反对将人神化，辩明圣人不能先知。他说：“刘子谓华胥履大人迹而生伏羲。然则履迹之说，本言华胥，后人又以为姜原之事耳，今不信此说”。至于“大任梦见长人而生文王，颜征梦黑帝而生孔子。……皆不可信也”。这些在他看来，不过是“功名之下，常有非实之加”而已。而加之非实的用意，不过是神化统治阶级的大人物，借助神以抬高其地位罢了。

至于圣人先知，有人说；“巢居知风，穴居知雨，况圣人乎?”他对此非伦非类之比，作了颇为合理的说明。他说：“巢居知风，风起而高处先至，鸟知避之；穴居知雨，雨未至而穴先润湿，虫知避之耳。非虫鸟能先知也。”神秘主义者说邵康节闻杜鹃知天下自此多事。他认为当时天下未治，朝廷有奸邪，邵子知此将多事，适见杜鹃，言偶验耳。这不是什么神仙先知，只是人事而已。对世传刘基游西湖，有异云起西北，曰：此天事气也，十年之后，应在金陵。此可谓神仙未卜先知也，而世人传说更神乎其神，说他能前知八百年后知八百年。熊伯龙指出：刘基既先知，何不能自保其身，竟遭胡惟庸饮药之害而预先不知呢？这也是神学无法可补的漏洞。

熊伯龙对名目繁多的世俗迷信，认为都是无稽之谈，并逐条进行了批驳。

对相术，即以人的相貌定富贵贫贱的迷信，他认为：圣贤之相，即凡人之相。圣人所以为圣，不因相貌奇形。他说：“夫四乳文王之相也，德为圣人，位为西伯”，然“予亲见予乡一屠人，四乳分明，年六旬而死”(卷之十一杂家类)。在他看来，同相一贵一贱，足以说明“相之不可凭”与相术不可信。至于说相术有验，他认为只不过是偶中，“今使一不是相术者，相百人必中一、二人，传其相一、二人之言，足称为鉴，不知其验者皆偶然也”(同上)。

对占卜、算命，即以人的生辰八字论命与生死的迷信，熊伯龙指出：“论生死之道，惟医家之言有理”，若论八字，他说：设二人八字相同，为何生死吉凶不同？可见生死吉凶不决定于人的生辰八字，而“医家言精气有厚薄，故生死不同耳。”(同上)

对占星术，他说：“世俗所言，日值天德、天恩、月德诸星，则谓之吉，遇天狱、天火、土瘟诸星，则谓之不吉。……星家又以指掐十二时，谓之六壬掌数，以五行相配，判断吉凶。若此之类，皆不可信。”(卷之七宜忌类)

对世俗禁忌迷信，王充在《讥日》篇已列有安葬祭祀，沐头裁衣等等诸项。他说：“考择日之书，不但数事而已也。凡出行嫁娶，会亲入学，交易纳财，进入纳畜，上梁竖柱，求嗣疗病，酝酿合药，立卷开市，词颂解除，开仓宴会，移徙栽种，畋猎牧养，扫屋篦头，一切寻日月之常事皆有宜忌。”同时据王充对禁忌的批判，指出“择日未必吉，不择日未必有祸也”。因日常事与时日禁忌之说不相干。如“世俗伐木择日，避蛀日也”，他说：“考……《农桑辑要·岁用杂事》篇，云此月（四月）伐木不蛀。……盖夏初竹木性坚，故不蛀耳。必择日而伐，惑之甚者也。”（卷之七宜忌类）所以他对禁忌只看作儿戏，如“江右之人，将出门，必占魁星在东方，又以右手拇指画纵横法，以求吉”，他说：“此等行事，真小儿之见也。”（同上）

对风水迷信（即相宅、相地之术）的批判，熊伯龙引《文献通考》载晁氏所说：“世传葬书之学，皆云无出郭璞之右者。按璞传载葬母事，璞未几为王敦杀。若祸福皆系于葬，则璞不应取凶地以取祸，若谓福地有定数，则葬地不必择矣”（同上），这是对葬师的无情嘲弄。他进而指出：“四海之大，信葬师之言不少，人人皆求喜去忌，何以富贵少而贫贱者多也。”（同上）这个事实是足以证明风水不可信了，然而世人却迷而不悟，他认为这是“智者创为此说，愚者尤而效之”的结果。

对巫祝通神弄鬼的批判。他说：巫祝以迷信为职业，托鬼神以敛民财。熊伯龙借西门豹惩治巫祝，破除河伯娶妇的事例，指出“俗之信巫者，以巫能通鬼神也。使河伯果能为祟，何不杀西门豹。（巫）果能通鬼神也，当诉于河伯以报仇。今西门豹不死，是河伯不灵，巫祝无用。”（卷之十一杂家类）他的用心是在说明河伯不灵，根本就没有河伯之类的神，而巫祝不能通神，也无神可通。他的结论是：“凡托鬼神以敛民钱者，皆奸人射利也。”在他看来，巫祝只是靠鬼过日子的骗子手而已。所以大声疾呼：“愿世之信巫者，各书一通，以醒聋聩。”（同上）

第六节　论宗教的危害以佛、道为甚

佛教与道教作为宗教的形式，至熊伯龙时代，虽已趋衰落，但佛教宣扬的灵魂不灭的有鬼论、因果报应论以及道教的神仙方术等一套迷信，根深蒂固，流毒甚广。因而，熊伯龙认为一切宗教迷信“害人莫此为甚”，必须辟佛、道之邪说。

熊伯龙首先指出：“人，生物也，佛不言生而言死；人事可见，佛不言显而言幽；人死然后名之鬼，佛不言人而言鬼……生之后，死之前，所当尽心也，佛不言此生而言前后生……至善至理；尽于乾坤，佛不知其尽，而言天之上，地之下与八荒之外。”（卷之十三《委宛继貂集》）这里说，佛氏不言人而言鬼，不言生而言死，不讲现世而讲来世与天上地下及不可捉摸的八荒之外，即天堂地狱的彼岸世界等。他认为此说“疏漏畔戾而无据”，“非邪而何”？（同上）这里的批判，可以说是接触到了宗教虚伪的本质。因为宗教作为维护剥削阶级统治的工具，总是通过把现世人间的问题，虚构为来世天国的形式，从而把尘世看作只是为虚构的来世作准备，故不言生而言死等等，教人今世忍受，等待来世进入天国去享乐，使受愚者甘愿牺牲于神的脚下。而熊伯龙虽还不可能认识到宗教是剥削阶级的工具，但他却认识到佛氏只讲来世是荒谬的，是违背人伦的，因为人生活在客观现实世界，人生之理应求今世，重人事。他认为，佛氏蔑视现实，把现实一切皆看作空虚，而“河山土地，未尝可以法空也，佛必欲空之，而屹然沛然，卒不能空”（同上）。由此说明佛教讲“空”，宣扬“出世”亦是虚伪的。他说佛氏“名曰‘出世’，而其日用与世人无以异，乌在其为出世乎？”（同上）事实上佛家天天讲“出世”，而他们一天也没有离开尘世的生活，而且又常以伪善的面貌出现。他说：“以佛教为慈悲，不忍杀生”，而佛徒“既吃斋矣，又衣裘帛”，他们难道“不知杀兽取皮，始缝为裘，煮蚕抽丝，乃知为帛”吗？其实“佛家徒云不杀而已”（同上）。他们不过是一伙远庖厨的伪君子罢了。又如佛徒宣扬施舍为善，他说：“佛独使人弃舍其财以与僧而不使僧弃舍其所取之财以与人”。（同上）在他看来，此乃是僧徒借佛射利，以满足贪鄙之心的伎俩。以上揭露了“来世”的虚构，“出世”的欺骗，以及佛氏的伪善与贪鄙，从而剥去了佛的圣光，告诉人民天国无门，也不必向往。而人生活在现实世界，应重人事。至于佛教宣扬的轮回报应与地狱呢，熊伯龙认为亦不可怕，因为这种说教也是荒诞无稽的。

他在批判报应论中，肯定了范缜贫富贵贱的偶然论与神灭论。他说：“范缜之语子良，言何其达！”而他批判的立足点，亦是首先肯定人死神灭不能为鬼。无鬼，当然就无所轮回，也就不存在地狱。因而他说：“地狱之说，本无中生有”，并在《阴间辨篇》里给予生动具体的揭露。他说：“世人烧纸钱，谓纸钱烧化，阴间即为孔方。信者死作佛事，供十王像，多烧褚镪，为死者赎罪。果如此，则富者虽为恶，亦升天堂，贫者虽为善，亦入地狱矣。贿赂公行，何冥王之鄙劣至此乎？乃世之又称阴律严于阳律，论十王（指阴间十大阎王）之论善恶，不论贫富，是为恶者不罪，不能赎也。信阴律为严，则褚钱无用；信褚镪有用，则阴律不严。世人之言，自违其理，信而不疑，愚人而已矣”。又说：“今之信鬼者，言人死见十王，又见祖宗于地下。夫十王中有轮回司，人死轮为人、或为禽，祖宗为恶耶，已托生为禽类矣；为善耶，已转而为人耶。何故地下尚见祖宗耶？使死后果见祖宗，则不转为人禽，使死后转为人禽，则不能见祖宗之面目矣”（卷之十三《委宛续貂集》）。以上皆属两说自相矛盾之论，不能并立。而熊伯龙在反神学的斗争中，很善于观察神学自身的矛盾，又能抓住它以攻之，并从中得出一条反神学的重要经验，即“凡言鬼言神，姑勿辨其妄，就其说而诘之，其理必穷”（同上）。

同时，他又运用历史事实驳斥祸福报应说。如：“梁武帝舍身同泰寺，卒至饿死；后陈武帝亦舍身大庄严寺，次年即殂。唐懿宗禁中设讲席，自唱经，十四年遣使迎骨，秋七月崩。元仁宗写金字佛经，共糜金三千九百两，越二年，帝崩。”（同上）以上所举，可谓崇佛甚矣，然而结果并未得福。故熊伯龙得出结论，崇佛“是不能得福，转以得祸”。活着不能得福佑，死后如何呢？熊伯龙已证明去天国无门，亦到不了“极乐世界”，他以此告诫人们，崇佛无益。

总之，熊伯龙继张载以“虚空即气”否定佛教神学世界观之后，他与王夫之等人继续对佛教展开了批判，而王夫之的批判则着重理论方面，即世界观方面，熊伯龙的批判，既接触到宗教的本质，而且对宗教教义宣扬的迷信，亦给予了系统而深入的批判。

对道教，他专列“道教类”批判神仙方术迷信。他认为道教推崇老子，但失老子之旨。指出，道教宣扬人世之外有神仙之境，人服丹药可长生不死而成仙等等，皆方士欺人之论。他的基本观点是：人为“血肉之躯，安能长生不死”。他承认“长寿之人，今世有之”，但“非必得道也”，“乃偶然得之耳”。（卷之十道教类）。这里虽没能说明人所以能长寿的道理，但他排斥了道教迷信，否定辟谷、导引、吐死气取生气之术，以及道教丹鼎派宣扬的不死成仙之药。他说：“夫果服药可以成仙，则抱朴子（本为书名，此指东晋炼丹术家葛洪）宜至今不死矣。试问抱朴子今安在乎？”他说读《论衡》的《道虚》篇，得王充言“彭祖不能久寿一语”，得“知世称八百岁者，附会之言也。然即八百岁，亦终死矣。可谓寿而不死乎？况无八百岁乎？”（同上）认为不死与成仙之说皆荒诞之言，由好事者增之。然而世人对此往往受害至死方悟，如“汉武帝使人入海求仙，索不死之药，临终叹曰：‘天下岂有神仙’？”又举后晋出帝时，“唐主尝饵方士灵丹，寝成躁急，疽发背，召子璟入侍疾，谓曰：‘吾食金石，始欲益寿，乃更伤生，汝宜戒之！’”（同上）熊伯龙引此证明道教神仙方术的荒谬，并告诫世人切莫上当，以革除此种迷信。

第七节　贡献及其局限

熊伯龙在无神论发展史上的贡献，具体来说，有如下几点：

第一，他全面继承了人本与自然为本的思想传统，发展了荀子与王充的无神论，并克服了王充论述祥瑞说夹杂神秘色彩等的局限，同时又吸取了王充之后无神论的积极成果，全面地批判了历史的与当时存在的宗教有神论，在批判中建立了他的无神论体系，从而使中国古代无神论更具有它的系统性与完整性。

第二，他在批判神学中，初步揭示了宗教有神论产生与存在的根源。熊伯龙在分析有神论产生的根源时，曾意识到神是人按照自身的形象塑造出来的，并认为，由于人“畏死之心迫，而后神明之说兴”，如“涉江，险事也，则谓江涛有神。痘疹，危疾也，则谓痘疹有神”（卷之三鬼神类）。然后推之火神，瘟司等等皆如此，这里透露着鬼神观念生于自然压力的思想，即人在有限的一生中，对生老病死的自然规律无法认识与掌握之时，产生宗教观念。同样，社会压力也起作用，熊伯龙提出：“衰世好信鬼，愚人好求福”，就是说，人在社会面前还存在盲目性，看不到社会动乱的根源时，往往归之于鬼神与命运；当被压迫阶级不了解造成痛苦的社会根源时，往往把希望寄托于神的恩赐。以上认识，可说他在个别问题上接触到宗教产生根源的实质。更可贵的，是他意识到宗教神学的存在是由于统治者的利用。如他认为，两汉谶纬神学的盛行，是由于“王莽好符命，以济其逆志”，而“光武亦以赤伏自累，笃信推崇”（卷之十一杂家类），丁是下令“颁图谶于天下”。这说明，神学只不过是统治者为达其政治目的所利用的工具而已，这就接触到宗教的社会阶级根源了。以上认识，有助于我们理解经典作家的理论，并为我们研究宗教产生、发展与消亡的规律，提供了有价值的思想资料。同时对批判现代的造神与护神论也有一定的启发意义，因造神与护神的政治目的也不过是为“济其逆志”而已。

第三，他继承与发展了古代无神论的优良传统，为反神学的斗争提供了经验。熊伯龙在反神学斗争中的基本经验之一是：“凡言鬼神，姑勿辨其妄”就其说而诘之，其理必穷，即抓住神学自身的矛盾揭露神学。历代的无神论者无不自觉地抓住这个矛盾，采取“以子之矛，攻子之盾”的方法批判神学。而熊伯龙的贡献在于把这个方法概括为一条经验，从具体上升为具有一般理性认识的命题，可以作为一般原则运用在批判神学的具体斗争。基本经验之二是："用事实可塞千古言祥瑞者之口"。我们知道，神学家、宗教迷信的职业者要人相信有神，关键在于事实上是否"灵验"，然而这种"灵验"，有时是偶合，有的是捏造，有的是把一些偶然现象附会于神意等等。总之，这一切皆是虚构。对违背客观事实与常识的虚构，用事实揭露它，的确是一种反神学的有效方法。基本经验之三是，运用逻辑推理，将具体概括为一般，再由一般认识个别。如神学家为把统治者神化，总是要制造大人物生有奇瑞与异兆，说夫都见白气贯月，而生殷汤；大任梦长人而生文王；颜徵感黑帝而生孔子等等（见卷之六感格类）。或将大人物塑造为神的化身，能前知后世，说邵康节闻杜鹃叫知天下自此多事；刘基游西湖见异云起西北，说"此天子气也"，预言"十年之后，应在金陵"（卷之二古今类）等等。对此，他从事实和以推理的方法论证皆不可信，并对此类妄说概括为：这不过是"功名之下，常有非实之加"（卷之六感格类）而已。这就抓住了造神妄说的共同点。因而，这一认识就具有一般的理论意义，成为揭露历史上同类造神说的有力武器。

熊伯龙无神论的局限。这里对古代无神论者一般所具有的局限，打算略而不论，现着重分析一下他在理论方面的局限。

第一，关于祸福命运等一类的社会问题，古代无神论者大都遇到了，但都由于脱离社会阶级的分析，而不能正确的回答这一问题。如王充在否定天命论中提出自然命定论，范缜则以偶然论否定轮回报应论，结果皆陷入另一种宿命论。熊伯龙同其他古代无神论一样，亦由时代条件的限制，仍然只能用偶然论，否定气数、命运与灾祥等迷信。他说："自古及今，富贵贫贱，以及夭寿之不齐，勋业文章与夫贤愚之传世与否，皆适逢耳"。（卷之首《幸偶篇》）并认为"世人惑于气数、命禄、灾祥等说者，皆不识'幸偶'二字"。因而肯定："幸也，偶也，宇宙皆然，古今无二"，并由此得出结论："凡事皆偶然也"（同上）。这里，他企图以偶然论否定神对人类命运的干预，但由于他片面的夸大这种偶然性，把自然界与人事社会的一切，看作只受某种偶然性所支配，从而使他自己跳不出神学的圈子。因为把必然性降低为纯粹的偶然性，结果人们只能盲目地服从一种偶然性，这样，即使人们不是听命于天，也只能听命于偶然了。纯粹的偶然论，结果也必然陷入宿命论，这是他的理论局限之一。

第二，熊伯龙在理论方面只是简单的继承了无神论的自然论与偶然论，而没有像同时代的方以智与王夫之那样，紧紧结合当时所能把握的自然科学知识，吸取当时自然科学方面所取得的成果，来建立自己系统的唯物主义自然观，从而把自己的无神论建立在可靠的理论基础之上。这就影响他在理论方面发展无神论和对神学理论的批判。所以，在很多情况下，就只能限于用直接与间接经验证明神学的荒谬。但神学的产生，有其深刻的认识根源与阶级根源，并在长期的发展中形成它自身的理论。因而，对宗教神学的批判，只靠事实与经验去证明，那是驳不倒有神论的。从马克思主义的无神论的观点来看，对神学的批判，一方面要用事实与经验揭露它，同时要从理论上阐明神学的荒谬，揭示神学产生、发展与消亡的规律，才能从理论上战胜它。这对当时的熊伯龙来说，是难于做到的，但我们可以作为经验教训来吸取。

第六章　颜元

颜元，生于明思宗崇祯八年（1635 年），卒于清康熙四十三年（1704 年），字易直，又字浑然，早年自号思古人，后来改号习斋，河北博野（今河北安国县东北）人。他是明末清初思想家，排佛斥道的宣传家。

他的著作有《四存编》（包括“存性”、“存学”、“存治”、“存人”四部分）、《四书正误》、《朱子语类评》、《习斋记余》，收在《畿辅丛书》内。后人把颜元与其弟子李塨的著作汇集起来称为《颜李丛书》。

明清之际是社会急剧变化的时期，也即黄宗羲所谓“天崩地解”的时代。特殊的时代势必造就非凡的人物。清初三大家黄宗羲、顾炎武、王夫之兴起了反道学为中心的哲学启蒙思潮。17 世纪末，尽管历史回流中封建专制的加强，但伴随着社会经济中资本主义萌芽的复活和滋长，披着复古外衣的启蒙思想又不断地脱颖而出。颜元正以其卓异的思想，而挺拔于这股时代思潮之中。正像梁启超在《清代学术概论》中指出的那样，颜元“明目张胆以排斥程、朱、陆、王，而亦菲薄传注考证之学，故所谓‘宋学’、‘汉学’者，两皆唾弃。在诸儒中，尤为挺拔。”

他公然宣称程、朱之祸“甚于杨、墨，烈于嬴秦”。斥宋学为“厌事”、“废事”而“败天下”。他是如此旗帜鲜明地攻击了宋学。当时驳斥宋儒，有发州决杖之罪，甚至有杀身之危。但颜元准备在这“普地狂澜东奔之时，不度势，不量力，驾一叶之舟而欲挽其流。多见其危也，然而不容已也”。（《存性编》卷一，《性理评》）颜元所要学的，都是裨益于现实生活的，并着重在“实”字上下工夫。他说：“必有事焉，学之要也。”（《习斋先生年谱》）“学问固不当求诸瞑想，亦不当求诸书册，惟当于日常行事中求之”。由此树立了他的独特的“崇实”、“致用”的“行动”的理论观点。正是基于这种观点，颜元对“宋学”的理论根基佛、老世界观进行了有力的批判。也正是从这一理论特征出发，颜元对佛、老的批判所运用的武器和方法都始终贯穿了这一思想。

第一节　论"佛之空，老之无"

颜元在继承张载、王夫之批判佛、老思想成果的基础上，对佛、老的理论基础作了批判。指出"佛、老昌炽，或取天地万物而尽空之。一归于寂灭"（《存学编》卷一，《上太仓陆桴亭先生书》）。这是指佛教"一切皆空"、"一切唯心"的神学世界观；而"或取天地万物而尽无之，一归于升脱"（同上），则是指老子为代表的道家虚无的世界观。他对以上概括为"佛之空，老子无"（《言行录》）。空、无宇宙观共同的特点是：不承认日、月、星、辰、山川、草木等等自然界的客观存在，甚而连自身的耳、目、口、鼻及四肢皆视为多余，真可谓空得彻底，无得彻底。颜元揭露佛、道：

> 不惟空也，并空其空。……不徒静也，且静之又静。（《存人编》卷一，《唤迷途》）
>
> 莫谓日月、星辰、山川、草木、鸟兽、虫鱼、人伦、世故举为道外，并己身之耳、目、口、鼻、四肢皆视为累碍赘余矣。哀哉！（同上）
>
> 五蕴皆空，是死其心及诸脏腑也；以耳目口鼻为贼，是死其身形也；万象皆空，是并死山川草木禽鱼也；推其道易天下，男僧女尼，人道尽息。天地何依！是并死世界宇宙也（《存人编》卷四，《辟念佛堂记》）。

在颜元看来，日、月、山川等都是客观存在的，并且是运动的。他说：

> 三才既立，有日月则不能无照临，有山川则不能无流峙，有耳目则不能无视听；佛不能使天无日月，不能使地无山川，不能使人无耳目。安在其能空乎！道不能使日月不照临，不能使山川不流峙，不能使耳目不视听。安在其能静乎！……且人人而得此空寂之洞照也，人道灭矣。天地其空设乎？（《存人编》卷一，《唤迷途》）
>
> 人民而求所谓空寂，此天道之贼也。天地不能无升降消长；万物不能无春夏秋冬；人生不能无弱壮衰死。（《习斋记余》卷四，《给高扬孙衷渊书》）

由此，颜元得出结论“空静之理，愈谈愈惑；空静之动，愈妙愈妄。”（《存人编》卷一，《唤迷途》）颜元对佛、道宗教理论基础所作的揭露和批判，挖掉了佛、道成仙的根基。并针锋相对地提出了“以实药其空，以动济其静”（同上）。“彼以其虚，我以其实”（《存学编》卷一，《由道》）的主张。这里讲实，不只是承认客观物质世界，同时包括人事、人事之利害或功利。从而把被神学颠倒的世界观再颠倒过来。

第二节　论“佛氏之害弥天漫地”

颜元对佛、道教义与迷信力加驳斥，从而以批佛斥道的战士形象再次展现在我们面前。他说：“佛道说真空”，“佛殊不能空也”。佛教讲“空”而“轻视了此身，说被此身累碍。耳受许多声，目受许多色，口鼻受许多味，心意受许多事物，不得爽利空的去，所以将自己耳目口鼻都看作贼。充其意，真是死灭了，方不受这形体累碍，所以言圆寂，言涅槃，有九定，三解脱诸妄说。”（《存人编》卷一，《唤迷途》）颜元认为，那些讲“空”的佛僧，只要活着，他就不能解脱声色味意的感觉。而那些“上高座，阖眼并手，跟番鬼谈邪言”的僧徒，欲超脱尘世而修道成佛，不过是“自欺以欺世”（同上）而已。颜元又说：“道者之心而果死灰矣”，若非这样，岂能“嗜欲不作！”（同上）因而那些“真人”、“圣人”、“太上”。“不可推之天下国家，方且盗天地之气以长存，炼五行之精以自保。乾坤中亦何赖有此‘太上’也？且人人而得此静极之仙果也，人道又绝矣。天地其能容乎？”（同上）所以，佛也好，仙也好，都是虚伪的。他进而指出：“古人云：‘天地之性人为贵。’我们在万物中做个人，是至尊贵的……便成个仙佛，也是人妖，也可羞。”而且谁“见成了多少仙，多少佛”，成仙成佛之说也“尽是无影妄谈”（《存人编》卷二，《唤迷途》）。

颜元还对佛教的“地狱轮回之说”、“祸福忏悔之理”以及拜神仪式，进行了揭露和批判。颜元对待“地狱”的看法，是与他对鬼神的看法是一致的。在对待鬼神问题上，颜元基本上持孔子的“未能事人，焉能事鬼？未知生，焉知死”的观点。认为鬼神问题是“圣人所罕言不语者”，对它“毫分缕析，如示诸掌”是没有意义的事。同样，地狱有无问题，“君子不道也”。这是因为“人之与天地并大者，尽人道也。盖人道者，方且参天地，赞化育，尽幽明上下而自我治之，又焉得舍生人之理而不尽，暇问鬼道乎！”（《存人编》卷二，《唤迷途》）又说：“地狱报应之说，仅足惑天朝之愚民……士大夫不之信也。”（同上）他认为佛教所宣扬的“祸福忏悔之理”更为可笑（同上）。继而他以事实效验指出民间习俗流行的拜神仪式的荒唐。他说，人们祀神“摆几碗豆腐凉粉，请什么‘玉皇上帝’、‘东岳天齐’、‘城隍’、‘土地’，我们听的大为寒心。你们摆下那等东西，取请县官否？”（同上）他认为，如若有神，这亦是“亵渎神明，罪必不赦”（同上），还谈何福佑？他问道，当今天下，有信佛，有信仙，或仙佛兼奉，甚而，“家家土偶”、“户户诵经”，然而“你们家下供佛的、供仙的，三世再无不得奇的，再无不得断宗绝嗣的，再无不得恶疾的。”（同上）事实当然不会。即使“供邪神三世者”（同上），也不能绝其灾祸。颜元虽未能揭示灾祸的社会根源，但他否定仙佛能予人福佑，则是无神论的观点。

颜元看到佛、道二教得以广泛传播，在于世俗“教门”的增多。它们要把人们引入迷途。颜元深有感触地说：“吾观当今天下，僧道是大迷途，其迷途中之歧途岔路，或有信佛，或有信仙，或仙佛兼奉。而各立教门，交相诱引，焚香惑众，各省下盖多名目，吾来之遍游而全知也。”（同上）佛、道二教的流毒日益扩散，如不及时肃清，危害无穷。颜元认识到了这一点，并用人得疾病如不立刻对症下药进行治疗就会丧身之喻，说明批佛之害的迫切性。他指出：

> 今佛氏之害弥天漫地，如人遍体疮疡，若是而言从容调理血气乎，抑急须针膏擦洗之方也？佛之害中人，便昏乱狂颠，发作便窒气绝生，正如风痰急症，风不散则立刻瘫痪，火不解则立刻谵语，痰不吐不下则立刻丧命。……佛之害在一日，则此一日中普天下添多少人为僧，便断多少人血脉，如病瘟疫天疱，迟治一日便多传染几人。（同上）

颜元面对这一状况，竭力要“唤人迷途而返”。为此而著《存人编》。他说：“某不度德力……新著‘明太祖佛赞解’、‘唤迷途’，合旧作‘诛佛论’，集为‘存人编’，将为天地扫荡妖氛，以救生民。”（《习斋记余卷七·癸亥季秋祭孔子文》）

第三节 “唤人于迷途而返”

他的“唤迷途”，共分五唤。第一唤，唤“平常僧道”。第二唤，唤

"参禅悟道，登高座发偈律的僧人与谈清静、炼丹火、希飞升"的修静者。第三唤，唤"西域真番僧者"。第四唤，唤"名儒而心佛者"。第五唤，唤"世间愚民，信奉妖邪，各立教门，焚香聚众"的妖邪杂教。颜元对不同的对象之所以"迷"的原因所做的分析以及唤醒迷者所采用的方法，都是值得称道的。在中国无神论思想史上，像他这样对佛、道宗教作如此广泛地揭露批判，还是少见的。他为反佛、道斗争提供了很好的经验。

颜元第一唤的对象是平常僧道。在他看来，"此项人受惑未深，只为衣食二字，还好劝他。"他在说明僧道之所以走向脱离现实世界的原因时，接触到了宗教产生的社会根源。他指出：

> 凡人做僧道者，有数项：一项是本人贫寒，不能度日，或其父母贫寒，不能度日，艰于衣食，便度为僧道。一项是祸患迫身，逃走在外，或兵乱离家，无地自容，度为僧道。一项是父母生子女不成，信佛道，在寺庙寄名，遂舍入为徒。一项是偶因灾祸，妄信出家为脱离苦海，或目触寺庙倾倒，起心募化，说是建立功课，遂削发为僧或戴发称道人。(《存人编》卷一，《唤迷途》)

颜元看到了出家是由于"贫寒"、"祸患迫身"等当时的现实的苦难所造成的，显然是无神论观点。

颜元基于对僧道入"迷"之原因的分析，从最基本的衣食住行等实际生活出发，把他们向平实生活的路上引津。他说：

> 我劝你有产业的僧人，早早积攒些财物，出了寺，娶个妻，成家生子，无产业的僧人，早早抛了僧帽，做生意工匠，无能者与人佣工，挣个妻子，成个人家。(同上)

颜元以上的立论，是建立在伦理基础之上的。因为在他看来，僧道做了常人，是"大仁大义之举"，不可名之曰"还俗"，应"正其名曰'归人伦'"。颜元所谓的人伦是指"忠"、"孝"。他认为人道、儒道全在于此。但这一切，又是由人的"男女"大欲所导出，是"本心"的自然欲望。他说：

> 人为万物之灵，而独无情乎？故男女者，人之大欲也，亦人之真

情至性也。你们果不动念乎？想欲归伦，亦其本心也。（同上）

颜元的这一思想，是他五唤的基本格调。

颜元第二唤的对象是静修的人。在他看来，此项人“较前项人惑渐深，迷渐远，唤回颇难”。因此，颜元在这里所讲的道理就不仅基于常识的感情和劳动，而是着力去揭露佛、道宗教的理论基础。认为佛、道的实质就在于佛鼓吹“真空”，道宣扬“真静”。并针锋相对地提出“以实药其空，以动济其静”的主张。正如以上所述，颜元排佛斥道，最终落脚点是要落到伦理上。也就是说，他要从忠孝的高度，“唤人于迷途而返”，继而从“男女”欲望上给予进一步地解释。他说：

无夫妇则人何处生？一切伦理都无，世界都无矣……故礼乐缤纷，极耳目之娱，而非欲也，位育平成，合三才成一性而非侈也。（《存人编》卷一，《唤迷途》）

在颜元看来，“极耳目之娱而非欲”，即充分实现人的生理要求也不能认为是“私欲”，他肯定形色情感是合乎情理的。由此，他坚决抨击佛教“把自身为贼，绝六亲而不爱”的禁欲主义。这里对佛、道“苦戾人情”的反动，对“真情至性”的高扬，客观上起到了伸张无神论和抨击封建的禁欲主义的作用。

颜元第三唤的对象是西域僧人。在他看来，只要西域僧人“具人形”，“有人性”，就能归人伦。认为，“天地是个大夫妇，天若无地，也不能化生万物，天不能无地，夫岂可无妇！”所以颜元规劝西域僧人们，“你们也当从我天朝，行婚礼，配夫妇有一定配偶，这便是人道了。”他还力数佛教摒弃“五伦”的害处。最后，颜元劝西域僧人“将《唤迷途》翻译成西方的言语，使人都归于人伦，都尽人伦。”

颜元第四唤的对象是名儒而心佛者。在他看来，被“无识之人且尊为儒者”的，“虽在五伦之中而见涉禅寂”，此项人是“君子所深为痛恨也”。所以颜元慨然地说道：

愚蒙人为秃番所欺固可怜，聪明人未闻尧、舜、周、孔之道，见异而迁亦无怪；所可恶者，柳、富、苏、王以绝世之才，读孔子之书，有目而不分黑白，有耳而不辨钟磬，时而堂堂正正，谈理如海潮河决，时而窒心眯目，迷惑如村妇牧儿，最足以侈愚僧之口，迷俗人

之向，此君子所深为痛恨者也。(《存人编》卷一,《唤迷途》)

颜元特别对与佛、道有瓜葛的理学家进行了无情地揭露和嘲讽。他说:“三代后，唐之昌黎，宋之程、朱，明之阳明，皆称吾儒大君子，然皆有与贼通气处，有被贼瞒过处，有夷、蹠结社处，有逗遛玩寇处。”但颜元对以上诸子的态度是不同的，对韩愈有肯定有否定。他说:“昌黎诛佛不遗余力，死生以之，真儒阵战将也。惜其贬潮州时，闻老僧太颠，召至州郭，与之盘桓，及其得行也，又留衣服为别。……又称太颠‘颇聪明，识道理’……世岂有为僧之人而识道理者乎，岂有识道理之人而为僧者乎?”(同上)这里所作的结论虽然近于绝对，但是也表明颜元批判佛、道的彻底性。如果说颜元对韩愈是惋惜多于批判的话，那么他对程朱、陆王则是无情地揭露和批判了。他操戟挥戈直戮程朱陆王的痛处，以达到彻底排佛斥道的目的，从而体现了他的战斗性。在颜元看来，程、朱、陆、王之学一样是空洞的，是借用儒学经典，而掺杂了佛老谬说。“朱学盖已参杂于佛氏，不止陆王也；陆王亦近支离，不止朱学也。”(《习斋记余》卷六,《阅王学质疑评》)他们“但能诵读注解，静坐谈论，皆‘纯儒’，从祀孔子庙庭。而‘三事’、‘三物’道上不见一人焉，其与佛氏洞照万象于空寂，仙家自盗真气升脱者，何异?无怪乎世有教堂之立，夷孔子于仙佛也!”(《习斋记余》卷九,《驳朱子分年试经史子集议》)这些人实质上都“是以吾儒虚字面做释氏实工夫”(《存学编》卷四,《性理评》)，都是穿着“儒服”的佛教徒，或谓“名儒而心佛者”!最后得出结论“宁使天下无学，不可有掺杂佛老章句之学；宁使百世无圣，不可有将就冒认标榜之圣”(同上)。可见颜元排斥佛道是多么坚决。

颜元对“名儒”入“迷”的原因所做的分析，有其“着实处”，即在一定程度上，道出了诸儒崇尚佛学，遁入空门的原因。他说:

何以谓名儒而实不解圣道……万卷诗书，只作名利引子，谁曾知道为何物……况做秀才而贪利肆行，为官长而染指负上，中气必馁，中心必惧；明惧朝廷之法，幽惧鬼神之祸，一闻佛者颟顸之说，乌得不悦；一闻空名利之谈，乌得不服；一闻忏悔消灾之技，又乌得不甘心也?况僧道惑世诬民之巧，网以密矣。(《存人编》卷二,《唤迷途》)

儒之佞佛者，大约是小智慧人看道未贯上下，或初为儒者，而功力不加，畏圣道之费力，半途欲废，又耻于不如人，遂妄谈空虚以夸

精微者，或贪名利，工文字。（同上）

也即是说，由于诸儒贪利肆行，惧怕王法、祸灾，想借佛法来消灾灭祸，加之对圣道未贯上下，功力不加，“畏圣道之费力”，最终陷入佛法的严密网罗之中。

颜元于驳斥了“佛得其精，儒得其粗”的观点，从“仁义忠孝”上严格区分儒释的殊异。他说：

吾儒以仁义礼智信为性，而佛以空虚不著一物为性。以仁义为性，故忠孝者仁义之发也，仁义者忠孝之源也，……佛之上截总一空，故为不忠不孝之教，断绝伦物。（同上）

颜元认为，既然佛教是“不忠不孝之鬼”，高谈性命的儒者，就不应深陷“幽壑”而不知返，颜元唤他们“急出幽壑，返登乔木”，即从佛教的迷途中走出来，返回人道，返回儒道。

颜元第五唤的对象是妖邪杂教。在他看来，既然“名儒而心禅者，大足为世道人心之害，既呼回之矣”。那么，唤回那些“俗鄙无足道”的妖邪杂教就更不在话下了。他这里首以“王法”威慑之，“不知犯王法，乱人道，得罪神明，亦不可不唤醒他。”（同上）颜元继之又指责佛仙“覆宗绝嗣”的罪行，力辟佛仙说教的“无影妄谈”。认为“这都是邪人弄个奇怪，惊哄你们”。“小之哄骗钱财，欺诱妇女；大之贻患于国家，酿祸于生民。”（同上）颜元这里对妖邪杂教所宣扬谬说的虚伪性及其危害性的揭露，是应当肯定的。他最后规劝信奉妖邪杂教的人不要信此种无影妄谈，回头做朝廷的好百姓。在颜元眼里的好百姓，指那些“守王法”、“存天理”、“存良心”之人。这里表明颜元维护封建统治秩序的立场。他说。

你们从今莫信他了，回头做朝廷好百姓，省做会的财物，孝父母，敬兄长，养子弟，省上会的工夫，作活计，过日子。只守王法，存天理，便是真正的善，便受真正的福。

我们愚民，只可做庄稼，做买卖，孝父母，敬尊长，守王法，存良心，便是本等。（同上）

由此可见，颜元在反佛、反道的斗争中，依据了社会各阶层迷信佛、道的状况，对信教的、传教的、欺人的、受欺的、自欺欺人的五种不同对象，分析宗教欺人与受欺的原因，说明神学不足信，并指出一切宗教皆违道祸民，竭力“唤人于迷途而返”。这些优点，在无神论反神学的斗争史上是少见的。称他是批佛斥道的宣传家，是当之无愧的。

但是，我们也应该清楚地看到，颜元以尧、舜、周、孔为宗，以封建伦理纲常，特别是“孝道”为准绳去批佛斥道，这样就显得不够有力。结果是批判了佛、道，却保留了儒家传统的神道观念。他一方面咒骂佛是“不忠不孝之鬼”、“缺欠的鬼”、“客鬼”、“很鬼”、“妖鬼”、“邪神”、“西域之神”，另面又承认儒道有自己当祭的正神。认为“古人祭五祀”乃“古今通法”，从而未能彻底否定有神论。颜元在理论上，不懂得以一种有神论是无法彻底批判或取代另一种有神论的。造成这一结果，与他片面强调实际致用不无关系。对于儒家所倡言的鬼神和“神道设教”在政治上的作用，应作具体的历史分析，但从无神论立场来分析，应当给予否定。同样，具体到分析颜元思想时，对于他排佛斥道的理论意义和实践意义，都应给予积极的肯定，而对他所侈谈的儒家迷信，应给予否定，这才是实事求是的态度。

第七章　冯景和袁枚

第一节　冯景《山公九原》的无神论倾向

冯景，生于清世祖顺治九年（1652 年），卒于清圣祖康熙五十四年（1715 年），字山公，钱塘（今浙江杭州）人。冯景是清初一位知识渊博的学者，以古文辞名盛东南（事见《杭州府志》卷一百四十五）。

冯景一生著作颇丰，只因“身没无后，遗书散佚”（《山公九原跋》）。现存的有《解春文集》、《解春集诗抄》和《山公九原》等。其《山公九原》中的《原生》、《原死》《原神》、《原怪》与《原命》等篇集中论述了生死、神怪与命运诸问题的观点，具有无神论思想倾向。

一　“时有昼夜，物有死生”的生死观

冯景在《山公九原》的《原生》和《原死》中论述了他的生死观。

首先，冯景把生死看作是一种自然现象，他说：

> 时有昼夜，物有死生，是故昼夜者，天之死生也；死生者，人之昼夜也。（《山公九原·原死》，下引此书只注篇名）

这就是说，人有生死，犹如天有昼夜一样那么自然。人的生死“适来时也，适去顺也。生为我时，死为我顺”（《原死》）。人的生来死去是极其平常普通之事，并不神秘。在他看来，生是“无而之有”，死是“有而归无”（同上），人的生死也就是从“无”到“有”，又从“有”归“无”的一个自然过程。在这个过程中，生与死的关系就如短暂的逆旅与永久的故庐、暂歇的客人与常住的主人的关系一样。他说：“然则生也，逆旅也，客也；死也，故庐也，主也。”（同上）生的最终归宿是死，生死只是一种自然现象。因此，人在生死面前，既不要恋生，也不要畏死，而应该循其自然。假如人们明白了这个道理，那么，在生死问题上还有“何

恋，何畏？而不释然”呢？（同上）冯景这一在生死观上所持的朴素辩证观点和乐观态度，在客观上起到了否定长生不死，死而有鬼的封建迷信思想。

二　“不可知，则归之命”的非命论

人的生死祸福，贫富贵贱是否与“命”有关，围绕这个问题，无神论与有神论曾展开了长期的争论。无神论者，或具有无神论因素的思想家，都持“非命”思想。冯景力图从认识角度对“命”的问题作出自己的回答。在他看来，命不是别的，只是人们把自己不能理解的和难以驾驭的现象归之为“命”。即所谓“不可知，则归之命”（《原命》）。此论与刘禹锡在《天论》中的观点是一致的。刘禹锡把“言天”与“不言天”的原因归结为“理昧”和“理明”。在冯景看来，“归之命”还是“不归之命”的原因，就在于事理的“可知”与“不可知”。道理明白，人们对自己的一切能掌握自如，即使出了问题，也不会把出问题的原因归于命或天命；相反，道理不明，人们对自己的一切不能驾驭，出了问题必然会把出问题的原因归于命或天命。冯景从认识论的角度揭示了神学迷信产生的根源。

基于以上观点，冯景反对把祸福与命或天命联系在一起。他认为：人的祸福不是决定于命，而是决定于人自身的“能”与“不能”。所谓“能”，实际上是指人的才能、本领。才能大的人，就能把万事处理得顺当，因而就能得到福。相反，没有才能或才能小的人，不能把事情做好，或者根本不能做事，就必然要得到灾祸。他说：

> 能者养之以福，不能者败以取祸。夫祸福在能不能，视其所养与取以分焉，而奚其云云命？（《原命》）

冯景“祸福在能不能”的命题，不仅直接批判了当时盛行的命定论，而且还在于它有重要的理论意义。使人们认识到，祸福不是命中注定的，祸福决定于人自己才能的大小和主观的努力程度，与命或天命无关。这对于引导人们正确认识“命”与“我”的关系，具有深刻的启迪作用。它让人们懂得，人们的命运不是由“神”来安排和摆布，而是靠人自身来决定。冯景这一观点，有力地冲击了几千年来禁锢人们思想的命定论，对于提高人们自尊自信自强的精神，克服“听天由命”消极被动思想起到了积极的作用。前人吴荆山在评论时充分肯定了冯景这一思想，说其“要

言不烦，胜刘孝标《辨命论》”（同上），这是完全正确的。

三　论“妖之作，由人兴”

冯景在《山公九原》中撰有《原神》与《原怪》三篇，对神仙怪妖作了批判。他认为，世间并无什么神仙怪妖，所谓的神仙怪妖，不过是出于人的编造。他说：

> 凡妖之作，由人兴也。(《原怪》)

为什么说神仙怪妖是“由人而兴”呢？冯景认为，不同的事物具有不同的特性和性能，不同的事物的这种特性和性能是事物之间彼此不能交换替代的。犹如鸟飞兽走，不能变为鸟走兽飞，这是鸟、兽本身不同的形体所决定的。他说：“鸟能为飞而不能为走，兽能为走而不能为飞，无他，形限之也。”（《原神》）同样，鱼是鱼，鸟是鸟，人是人。鱼不能变为鸟，鸟不能变为人，人也不能变为鱼和鸟。这是因为人、鱼、鸟都各具不同的形质，所以才具有各自不同的特性和性能。既然人不能变为鱼和鸟，同样的道理，人也不能变成仙和神。这是因为人和神仙是两种不同的物类，他们具有不同的形质，如：神仙可以不吃不死，而人却要吃要死；神仙可以上天入地，来无影、去无踪，而人却不能这样来去自如。人与神仙这些不同的特性，正说明了人不能为神为仙；其二，冯景认为神仙幻怪本属子虚乌有，为旷世所未见，它不过是“好奇者”精心编造的“寓言”，并非实有其事。他说：

> 今试语人曰：尔能为鱼乎？尔能为鸟乎？人人皆曰不能。不能，诚然也。不能，何病？彼夫神仙幻怪，亦好奇者寓言耳，吾盖旷世而未有见也。(同上)

神仙怪妖本是“旷世而未有见”，但世人却津津有味的大谈什么“神降于莘，石言于晋，豕人立而啼，白虎齧二世之骖，苍犬撖吕后之掖”（《原怪》）等事，有的甚至“祷祠醮祭，压胜巫蛊，靡所不为”（同上）这是为什么呢？冯景说：这是因为人们把事物的变异误认为怪妖，是所谓“见所怪而怪之”。冯景认为，世间虽无迷信中讲的神仙怪妖，但是作为事物变异的“物之怪”还是确有其事的。不过，他认为物的这种变异是事物自身的变异，只要人不以怪为怪，这种“物之怪”与人也就没有什么关系。假如人们把事物变异的“物之怪”，视怪为怪，甚至以怪自扰，那么人必将自及其祸。他说：

> 故物之怪，物自怪也。物自怪者，人莫之怪，物将自及焉。人之所怪，怪物之怪也。怪物之怪者，怪不在物也。怪不在物，人将自及焉。(同上)

冯景在这里主要说明人在事物的变异现象面前，既不要自喜，也不必自扰，不要以怪为怪，肯定人将无害。人“不以为妖，虽兴不害”（同上），这实际上是说变异是变异，人事是人事，变异与人事不相干。所以冯景反对祀神禳物，提出要人们“不禳于物，不媚于鬼”（同上），不要被事物的变异所迷惑。

冯景在《山公九原》中集中阐述了生死、命运与怪妖等三方面的问题，提出了生死自然，“祸福在能不能”，“妖由人兴”等无神论的思想命题，其中有的如“妖由人兴”是直接继承前人的，有的如对“命”的分析，强调“祸福在能不能”，则是超越前人的一个独到的见解。

第二节　袁枚的无神论倾向

袁枚，生于清圣祖康熙五十五年（1716 年），卒于清仁宗嘉庆二年（1791 年），年八十二，字子才，号简斋，晚年自称随园老人，浙江钱塘（今杭州市）人。清代著名诗人、文学家和无神论者。

袁枚的著作很多，而反映袁枚无神论思想的著作有《随园随笔》和《小仓山房文集》、《小仓山房诗集》、《随园尺牍》，尤其以《随园随笔》中的《术数类》最为集中。

一　“偶然而生，适然而成”的自然生化论

袁枚认为：天是没有意志、没有目的的，天地之中的万事万物，从山河大地、湖海沼泽，到飞禽虫甲、花卉草木尽管多种多样、千姿百态，但并不是天有目的的创造。它不过是自然界阴阳两气自身变化的结果。他举例说：

> 壬寅四月，余游天台雁岩毕，游处州之黄龙山。山皆人礳大圆石，坻伏郁堙，各相跆一，类东鲁峄山，与台宕绝异。人疑造物矜奇

乃尔。予晓之曰：此岂造物者之有意为哉？使有意为之，必不能成如是形，就成如是形，亦不能有此奇变。（《小仓山房文集》卷二十九，《游黄龙山记》）

造成这种“奇变”的原因是什么呢？袁枚分析说，是自然界“惟其气化推迁，偶然而生，适然而成”，不是天“有意为哉”（同上）。说明自然界事物的产生变化是决定于事物本身的原因，而不是神有目的的创造。

天（上帝）不是人类的主宰，对人类也就不能赏善罚祸。在这个问题上，袁枚基本上接受了唐代柳宗元的观点。柳宗元肯定天对人不能赏善罚祸，认为：“功者自功，祸者自祸”（《柳河东集》卷十六，《天说》）。袁枚在《书柳子“天说”后》一文中，坚持了柳宗元的这一观点，他说：

天地有功祸而无赏罚。赏罚者，有心之用也；功祸者，无心之值也。汉高所居，五色云起；诸葛将薨，大星坠地，是天地有功祸也。汉高何德以兴？诸葛奚罚而亡？是天地无赏罚也。（《小仓山房文集》卷二十三，《书柳子天说后》）

在这里袁枚对“功祸”、“赏罚”作了比柳宗元更为细致的分析。首先，袁枚说的“功祸”，指的是天地（即自然界）对人类生产活动、生活条件等所造成的好坏影响。比如：一年的气候对人类的关系极大，如果今年风调雨顺，必然会给农业带来五谷丰登的好结果，这就是所说的“功”。相反，今年旱涝虫灾接连不断，这必然会给农业带来歉收，造成饥荒的坏的结果，这就是所说的“祸”。自然界对人类造成的这种“功”“祸”影响是客观存在不能否定的。这就是袁枚所说的“天地有功祸”的意思。其次，袁枚对“功祸”和“赏罚”作了严格的区别，赏罚是某种意志的体现，是由思想支配的；功祸是盲目的、无心的。功祸与赏罚是性质完全不同的两类范畴。他说：“赏罚者，有心之用也；功祸者，无心之值也”。袁枚强调天地对人类只有功祸而无赏罚，实际上是对天有赏善罚恶神学迷信思想的否定和批判，是对柳宗元天人不相预思想的继承和进一步发挥。

二　论鬼神为“乌有”之物

袁枚继承和发扬了古代无神论者反对鬼神怪异的传统，对鬼神怪异迷信作了批判。他把鬼神怪异分为三种情况：

一种出于人的诬罔，犹如《风俗通》中所记载的神灵完全是出于人的编造，纯属无稽之谈，他说：

> 《风俗通》载李君神、石贤士、鲍君神之类，皆起于一人之诬罔，而从者若狂，卒之神亦乌有。（《随园随笔》卷二十八，《术数类》）

《风俗通》中详细记载了人们胡编诸神的经过，今举石贤士一例，看看实为“乌有”的鬼神是怎样被人编造出来的，书中记载说：“汝南汝阳彭氏，墓路头立一石人在石兽后，因家老母到市买数片饵。暑热行疲，顿息石人下。小瞑，遗一片饵去，忽不自觉。行道人有见者，时客适会问，因有是饵，客聊调之：石人能治病，愈者来谢之。转语，头痛者，摩石人头；腹痛者，摩其腹，亦还自摩他处于此。凡人病自愈者，因言得其福力，号曰贤士，辎辇毂击，帷帐降人，丝竹之音，闻数十里，尉部常住护视。”（《风俗通义》）

从这则记载中可以看到：所谓的“石贤士神”完全是出于人的讹传，实际上世间根本不存在什么“石贤士神”，也不存在什么“李君神”和“鲍君神”。这些所谓的神灵，统统是无中生有的杜撰。只是一人编造，他人不知，而使听者信之，一传十，十传百，以讹传讹，把“乌有”之事编造得栩栩如生。所以袁枚说这类神鬼的产生“皆起于一人之诬罔”。

第二种情况，袁枚认为是出于人们的幻觉或神志不清。他说：

> 《东坡志林》宋将石普醉，怒羹失调，命斩厨人。其夫人怜而纵之，为报斩讫。亡何，普患病，见此厨沥血持头立床前索命。夫人向普开说，告以并未斩也。普不信，愈哀号乞命。夫人不得已，遣人四处觅。厨者来，普一见而病愈。（《随园随笔》卷二十八，《术数类》）

又说：

> 净法禅师夜踏菜叶，误以为踏死蛤蟆，心中耿耿轮回时遂入恶道。（同上）

不论是石普见鬼“沥血持头立床前索命”，还是净法禅师“耿耿轮回时遂入恶道”，都是由于当时他们不是处在病中神志不清之时，就是处在黑夜眩疑恍惚之中，由思念疑惑所造成的一种幻觉。所以袁枚说“鬼神生于人心。”（同上）也就是说，世间并不真正存在鬼神，鬼神产生于人们自己昏乱的思想中。袁枚的“鬼神生于人心”的命题与荀子的“凡人之有鬼也，必以其感忽之间疑玄之时正之，此人之所以无有而有无之时”（《荀子·解蔽》）的观点相一致，也是从认识论的角度在探讨鬼神迷信产生的根源，是对荀子这一思想的继承和发挥。

第三种情况，袁枚称之为“邪不胜正”。什么是“邪不胜正”呢？是指邪恶敌不住正气。下举二例，其一说：

> 介侍郎有族兄某强悍，憎人言鬼神事。每所居，喜择其素号不祥者而居之。过山东，一旅店人言西厢有怪，介大喜，开户直入，坐至二鼓，瓦坠于梁。介骂曰：“若鬼耶，须择吾屋上所无者而掷焉，吾方畏汝。”果坠一磨石。介又骂曰：“若厉鬼耶，须能碎吾之几，吾方畏汝。”则坠一巨石碎几之半。介大骂曰：“鬼狗奴，敢碎吾之首，吾方服汝。”起立，掷冠于地，昂首而待。自此寂然无声，怪亦永断矣。（《新斋语》卷二，《鬼畏人拼命》）

其二说：

> 范文正公修史，载其隐慝，夜梦某怒云：“不改史，将祸尔子。”公不改，果长子纯礼亡。夜又梦某詈云：“再不改，将祸尔次子。”果次子纯仁病。全家泣请，公终不改，已而纯仁病愈。（《随园随笔》卷二十八，《术数类》）

袁枚在这二则故事里讲的虽然都是鬼怪，但是可以看到，这些鬼怪最后都是被人所制，不是销声匿迹，就是再也不敢出来兴妖作祟。实际上，这是袁枚假借鬼怪来宣传人的力量强于鬼怪的力量，宣传正气压倒邪气。说明只要人有勇气，敢于与鬼怪邪恶作斗争，最后必然可以战胜鬼怪而获得胜利。这就是袁枚所说的“邪不胜正”的深刻含义。

同时，袁枚用大量的历史事实，对时日、禁忌、算命、相术和风水一系列封建迷信作了全面的批判，并指出：“凡一切时日小数、阴阳杂家愈神奇则愈受祸。”（《小仓山房文集》卷十八，《答文滋圃中丞论推命书》）这一论断十分正确，它击中了一切世俗迷信虚妄欺人的本质。

三　对佛教生死鬼神观的批判

佛教把人生说成是一场虚幻，其中充满罪孽；把死亡讲得阴森可怕，要在六道之中煎熬受苦，把人的生死描绘得似乎不可理喻，无法解释，而要懂得生死的道理，就非要苦读佛经，皈依佛法，说什么“年纪渐衰，则生死二字岂可不自家明白。要明白，非读佛经不可”（《随园尺牍》卷七，《答吴松厓太守》）。袁枚认为这种说法纯属无稽之谈，他指出：

> 要知所以来，便知所以去，汝当日呱呱坠地时能知所以来乎？不能知之于前，乃欲知之于后乎？……
>
> 若云生死来历，非读佛经不可，然则佛法未入中时，当年尧舜禹汤、周公孔子，岂皆醉生梦死于天地之间者乎？（《读外余言》卷一）

佛教在东汉才传入中国，但中国在东汉之前不知多少世代就已存在。人们在这块土地上休养生息，世代相传，怎么可以说非要读了佛经，方可明白生死的道理呢？难道说像尧舜禹汤、文武周公这样的圣人也不懂得生死的道理吗？这显然是讲不通的，也是非常荒谬的。

袁枚对当时佞佛成风的原因作了分析，在他看来，佞佛的原因有二：一是不明事理，难拒佛说之惑。他引元人《就日录》说：“凡见理明之人，一切神鬼阴阳皆不能惑，亦不敢犯。……近日士大夫年衰气怯，惑此者甚多”。（《随园尺牍》卷七，《答吴松厓太守》）二是企求福利，以遂贪心。他说：

> 其所以佞佛者，想求福利也。是先有贪心而后佞佛也。（《读外余言》卷一）

可见，袁枚在一定程度上揭示了佞佛成风的原因，有益于批佛排佛的斗争。

综观袁枚的无神论思想，可以说是比较丰富的。他的批判，从佛教迷信到一般的封建世俗迷信无不涉及，特别应该指出的是，他在批判中比较注重探讨神学迷信产生的社会根源和认识根源，能够提出一些带有理论意义的无神论思想命题，如“理不足而后求诸数”，“鬼神生于人心”等等，这说明袁枚的无神论思想具有一定的深度。

第八章　洪亮吉

洪亮吉，生于乾隆十一年（1746 年），卒于嘉庆十四年（1809 年），字君直，又字稚存，号北江，江苏常州府阳湖县（今武进县）人。乾嘉年间的经学家、文学家，也是一位无神论思想家。

洪亮吉通经史、音韵、训诂，工诗文，尤长地理之学。一生著作颇富，有《洪北江全集》（收入《四部丛刊》）传世。《意言》二十篇，是他的主要哲学和无神论论著，对当时盛行的鬼神迷信和佛道神学进行了坚决的批判。

第一节　天地无神，百物自生

天是自然界，还是人格神上帝？世界万物是自生自长的，还是上帝（天）的安排？这历来是无神论与有神论斗争的一个重要问题。洪亮吉《意言》中的《天地》、《百物》两篇专门对这个问题作了明确的无神论的阐述：

“山川社稷风云雷雨皆有神乎？”洪亮吉断然回答：“无也。”（《意言·天地》，下引此书，只注篇名）那么为什么人们又说有神呢？那是因为“山川社稷风云雷雨之神，林林总总，皆敬而畏之。是山川社稷风云雷雨之神，即生于林林总总之心而已。”（同上）人们对山川大地的伟大力量缺乏了解，无法抵抗，对风雨雷电等自然现象感到神秘莫测，无法驾驭，于是便产生了一种敬畏的心理，认为是一种超人的力量——神在支配着这一切。其实并没有什么神。有人说亲眼看到了神，那只是一些骗子“托其名以示神，假其号以求食”（《天地》）而编造出来的谎言。他说：

> 山川之神，本无主名。若社稷之神，则所谓句龙及后稷也。句龙为烈山氏之子。句龙倘有神，则应服烈山氏之衣冠。后稷者，帝喾之子也。稷倘有神，亦应服帝喾时之衣冠。今童巫之见社稷之神者，言

服饰一如祠庙中所塑唐宋衣冠之像，则必非句龙后稷明矣。（同上）

传说中的土神句龙是烈山氏之子，谷神后稷是帝喾之子，都是上古时代的人。如其成神，则应服当时的衣冠，怎么又穿起唐宋之人的衣饰来了呢？很显然，这纯属童巫的捏造之言。

在用归谬法驳斥了所谓山川社稷之神的谬论后，洪亮吉又进一步用唯物主义的气一元论论证了天地自然的物质性，否定了天地之神的存在。他说，如果

山川社稷风云雷雨有神，则天地益宜有神。吾闻轻清者为天，重浊者为地，未闻轻清之中，更结为台殿宫观及天神之形质也，重浊中更别具房廊舍宇及地祇之形质也。（同上）

中国古代的朴素唯物主义者大都认为天地万物是一气变化，阴阳作用的结果，“清阳为天，浊阴为地”。（《黄帝内经·阴阳应象大论》）“天地，含气之自然也”。（王充：《论衡·谈天》）洪亮吉继承了这一思想，认为天地是物质性的气构成的自然界，气不可能凝结为有意志的人格神及其居住的台殿宫观、房廊舍宇。果真要是有天神地祇的话，那么天神“应肖天之圆以为形”，地祇“则应规地之方以为状”。然而“今世所传天神地祇之形则皆与人等。是则天地能造物之形而转不能自造其形，不能自造其形乃至降而学人之形，有是理乎？”（同上）这是王充、熊伯龙曾经用过的“山神形宜似山，树神形宜似树，胡为皆似人”的论证方法。万能的天神地神不能按天形地形造出自己高贵尊严的形象，却按普通人的模样塑造自己，这实在与自己至高无上的地位和无与伦比的神通不相符合。同样地，华山之神应像华山的“四方之形”，泰山之神应像泰山的“岑崿轩举之状”而不应该是今人所见之模样。洪亮吉这一批判虽有缺陷（如认为天圆地方），但他抓住了有神论者的逻辑矛盾——神的超人性与神有人形、人格的矛盾，给了天地诸神以无情的嘲笑和有力的打击，并接触到了人按照自己的形象塑造了神这一宗教神学的本质问题只差明确地一语道破了。

洪亮吉还专门撰写了《百物篇》，着力批判“天生百物，专以养人”的神学目的论。从殷代的“帝立子生商”到近代基督教的“上帝创造了人和万物”，古今中外的有神论者无不宣传有一个全知全能的至上神（叫做“天”或“上帝”）主宰着宇宙万物、人类社会。“天生百物，专以养人”就是有神论者用以证明上帝之天存在的重要论据之一。他们企图利

用自然界在长期的运动变化过程中所形成的生态平衡以及人类生存条件的完备等来证明上帝的智慧和力量。天真的具有意志，能生百物以养人吗?洪亮吉坚定地回答："非也"。"水之气蒸而为鱼，林之气蒸而为鸟，原湿之气蒸而为虫蛇百兽。"（《百物》）"人之生，禀精气于父，禀地质为母。"（《父母》）宇宙万物，包括飞禽走兽，花草鱼虫，以及人类自身，都是气化流行、自然而然的产物，并非上帝的创造和安排。如果说天生百物"以养人"，那么为什么水中蛟鳄能食人，林中熊罴、虎豹亦能食人呢?难道是上帝生出这些毒蛇猛兽来食人的吗?事实上，"蛟鳄能杀人，而人亦杀蛟鳄；熊罴虎豹能杀人，而人之杀熊罴虎豹者究多于人之为熊罴虎豹所杀"（《百物》）。这里根本不存在什么天生之物应该为谁所食、养活谁的问题。人与猛兽谁食谁，完全取决于当时的"强弱之势，众寡之形"；"蛟鳄之力胜人则杀人，人之力胜蛟鳄则杀蛟鳄；熊罴虎豹之势众于人则杀人，人之势众于熊罴虎豹则杀熊罴虎豹"。（同上）这种"弱肉强食"的原则，是在进化论"优胜劣败"的观点问世半个多世纪之前所进行的理论概括，它有力地批判了"天生百物以养人"的神学目的论。

有人辩解道，蛟鳄虎豹等"非人所常食者也，若家之六畜牛羊豕犬鸡之类，则天实为人而生者矣"。（同上）洪亮吉用归谬法进行了驳斥：若家畜果为人生，则会心甘情愿地为人所食，可为什么会出现牛羊以角触人致死，疯狗咬人致死的现象呢?"岂天之为人而生者，及以是而杀人乎?"（同上）他还进而用生活中的事例进行类比推理："人之气蒸而为虮虱，马牛羊亦然。虮虱之生还而自啮其肤，岂人亦有意生虮虱此还而自啮者乎?"（同上）天地之气生百物与人身之气生虮虱相类似，人生虮虱非有意，则天生百物亦非有意。"推而言之，植物无知，默供人之食而已。必谓物之性乐为人之食，是亦不然也"。（同上）从野生的虎豹到家养的牛羊，从动物到植物，洪亮吉用人人所见所闻的事实加上严密的逻辑推理，层层深入地揭示了"天有意志"说的内在矛盾，成功地驳斥了"天生百物以养人"的谬论，也就进一步否定了有意志的人格神的存在。

在天人关系问题上，洪亮吉明确地认为，天是自然界。人与天既有密切联系又有着根本的区别。他把天地称为人的"历世不易之父母"，人不能离开自然界"外天地以自存"，正如鱼鳖不能离水以求生，林木不能离土以求活一样。但人之生死又不受天地主宰。天地不知人之生死，就像水土不知鱼鳖、林木的生死一样。"林木与土相忘，故能遂其生；鱼鳖与水相忘，故能毕其命；人与天地相忘，故能终其天年。且不特地也，天地自生人以来皆与之相忘矣。"（《父母》）天与人的关系就是这种"虽相忘而实未尝相离”（同上）的关系。这与王充、熊伯龙的天人相分思想是一致的。这种天人“相即亦相忘”的思想，说明洪亮吉对于天人之间的对立统一关系已经有了初步的认识。人是“天”（自然之气）的产物。人的生存离不开自然的物质条件，但并不受“天”的控制。这种朴素唯物主义和朴素辩证的天人关系论，破除了天的神秘性，明确否认了上帝对自然和人类的控制，为人们正确地认识自然、改造自然提供了有力的思想武器。

第二节　有生必有死，无仙亦无鬼

洪亮吉继承了王充等无神论思想家的生死观，并有一定发展。他认为：“人之生，禀精气于父，禀形质于母，此其所以生也。及其死，归精气于天，归形质于地，此其所以死也。”（《父母》）人的生死乃气之聚散，是一种自然现象。气有聚有散，人有生有死。“始生之日即伏一死之机……死之日即伏一生之机。”（《生死》）所以，“吾于人之始生当吊之，以为日复一日去死之途不远矣；于人之死也当贺之，以为虽或久或暂然去生之途不远矣。”（同上）这话看起来似乎是奇谈怪论，实际上包含了丰富的辩证法思想。生与死是一对矛盾。它们既互相区别，又互相联系，共存于一个统一体中。死中包含着生。没有死无所谓生。洪亮吉较为深刻地阐明了生与死之间的辩证关系，破除了人们对于死的神秘主义臆想，对于灵魂不灭、神仙不死等鬼神谬说是一个沉重的打击。

有神论宣扬人死后变为鬼，有知觉，能害人。洪亮吉对此一一进行了驳斥。

首先，他用元气论驳斥了人死为鬼的说法。他说，人死之后，精气归于天，形质归于地。“归于天者，复能使之丽于我乎？归于地者，复能使之块然独立，一肖其生时乎？”（《天地》）显然，这是不能够的。人死精气游散，形质枯朽。形象既灭，精神亦不复存，绝不会成为迷信者所描绘的那种鬼。

人死之后有无知觉呢？洪亮吉说：“未届其时不知也。”（《生死》）这个问题，只有等人死后才能回答。人未死而断言死后有知，只能是主观想象，无知妄言。这与《说苑》载孔子所说“欲知死有知将无知也，死后自知之”的精神是一致的，是对人死有知论的一种机智的否定。洪亮吉还进一步指出，人死之后失去了形体，也就不可能会有危害人的行为。“鬼不能以弓矢杀人，及坏大门，抉寝门，皆非鬼所能。”“鬼神者不害人，其为人害者，皆反常常怪耳。”（《鬼神》）

既然人死不为鬼，何来鬼神观念呢？洪亮吉对此进行了全面的考察。他根据自己研究历史的成果指出，“鬼神之说，上古已有。上古之所谓神者，山川社稷之各有司存是也。所谓鬼者，高曾祖考是也。三代之衰始有非鬼神而谓之鬼神者。”（同上）认为上古时代并没有今天这种关于鬼神的说法，那时人们把管理山川社稷的有功者称为神，把已故的祖先称为鬼，以表示自己的崇拜、思慕之情。三代之后的春秋战国时期，才出现了具有迷信意义的鬼神之说。如杜伯之射周宣王，赵先之杀晋厉公等。“然此直名之为怪，不可言神，不可言鬼”（同上），并不可怕。由于人们对“怪”缺乏认识，于是便称之为鬼神。洪亮吉不知道这些“怪”也是以前的有神论者捏造出来的，这是他笃信古籍所造成的缺陷。

洪亮吉还考察了产生鬼神迷信的心理根源和社会根源。他说：“高曾祖考皆有鬼乎？曰：无也。……高曾祖考之鬼，凡属子孙，亦无不爱而慕之。是高曾祖考之鬼亦即于子孙之心而已。”（《天地》）祖先去世并没有变鬼，所谓鬼只是子孙们由于心中思念、爱慕而产生的想象。另外，社会上的职业迷信人员编造谎言，装神弄鬼，藉以谋食，也使得许多人受骗上当。通过挖掘产生鬼神迷信的根源，洪亮吉进一步否定了鬼神的存在。

洪亮吉不相信鬼神的存在，故而致力于现实生活，主张务实，薄葬。有人认为不孝不悌虽然不对，但“权其轻重觉比之慢鬼神者罪尚可减”。洪亮吉认为，这是“本末倒置之甚矣。”（《祸福》）只有“以敬鬼神之心敬其父兄，则又可谓知所敬矣。”（同上）他专门写了《好名篇》，认为“甚矣，名为累人”。“欲救天下好名之弊”，“使之各务实”（《好名》）。对于那些为了取得孝廉的好名声而举行厚葬、搞迷信活动的行为，洪亮吉更是深恶痛绝。他说：“丧葬之制，古今人惑虽不同，然其为惑则一也。古人之惑，空地上以实地下，于是一棺之费累及千金，一塘之幽藏及百物。以为不如是，不足以明人子之心也。是其惑尚近于爱父。今人之惑，营一冢之地，或迟及十年；谋一穴之吉，必访及百辈。于是有至曾元之时尚未及葬其高曾者。……实欲为己谋，为子孙谋耳！”（《丧葬》）古今之厚葬风气，均属愚昧行为。古人多用金钱财宝殉葬，尚可解释为爱亲；今人丧葬时要选风水宝地，择吉日良辰，却是为自身及子孙打算的自私之举，更为可鄙。“古人丧葬之所饰，不过刍灵楮币而已，今则更增僧尼道士萧鼓铙吹。”以至死丧之家披麻戴孝者不及僧尼道士之多，袒跣哭泣之哀不及萧鼓铙吹之喧，使追念祖先的真情实感得不到充分流露。何况：“铙吹，军中之乐也；钟鼓管籥，吉宾嘉之礼也”，用于死丧之时，真是不伦不类。“尤可恨者，僧尼道士所诵之经又必为解冤释罪之语，是真视吾亲为愆尤丛集之身”，简直是辱没亲人。洪亮吉感叹道：“孔子曰：始作俑者，其无后乎？作俑之害，尚至无后，吾不知始创延僧尼道士萧鼓铙吹者又将何如也！”（同上）洪亮吉重生轻死、务实、薄葬的主张是对孔子以来儒家人事为本思想的发扬，充分反映了他反对鬼神迷信的无神论立场。

依据无神论的生死观，洪亮吉又对道教的神仙之说进行了批判。通过服食养气而得道成仙，长生不老，是道教教义的重要内容，也是道教方士梦寐以求的最高目标。洪亮吉明确指出，“人之夭寿，秉于自然”（《夭寿》）。由于所秉之气的强弱不同，人的寿命便有长短之分。即使是秉气之强者，加以保摄，也不能长生不死。洪亮吉用花叶和虫豸进行类比，指出，花叶落有先后，然皆不能不落；虫豸冬眠有早迟，然“同归于蛰则一也。花叶不能有荣而不悴，虫豸不能有出而不蛰，则人又安能有生而不死乎？”（同上）有生必有死，这是任何人也逃脱不了的自然规律。“少而壮，壮而老，老而死”，就像“朝而作，夜而息”一样，“皆理之常也”（《仙人》）。人即使精神至强，活到八九十岁，一百多岁，但精神疲惫，智慧已离，再也不能像少壮时期那样自由行动了。徒有生之名而无生之乐，即使有这样的长生又有什么意义呢？谁又愿意当这样的仙人呢？洪亮吉还列举了事实加以证明：“夫古之通养之术，明服食之方者，莫如轩辕；轩辕之寿，至尧舜时已不存。保啬神气，调和性情，莫如荣启期、抱犊子；荣启期、抱犊子至春秋之末已不存。”（《夭寿》）由此可见，所谓“服食养气而即可以长生者，亦断断不然。”（同上）

有人说：“清虚寂灭之地又有仙，仙则不死者也。”洪亮吉驳斥道，仙处于清虚寂灭之地，必定是不饮不食。如果人不饮不食可以不死，则蜉蝣不饮不食也应不死。这与经传中“蜉蝣不饮不食，三日而死”的说法相违背，因而清虚寂灭之地的神仙是不可能存在的。道教方士辩解说：“仙非不饮食也，不火食也。”洪亮吉驳斥道：若不火食即可不死，那么《礼记》中所记载的东方南方不火食之人“何不皆不死”呢？有人说：“东方南方之人，今已火食。”洪亮吉继续追问道，那么在此之前“不火食之时，其不死之人，今又安在也?”况且人所赖以生存的就是饮食，而火食又为最好。道教方士说不饮食、不火食即可不死，实在是“与情理相反”的谬论（《夭寿》）。由此又进一步运用逻辑推理反诘道：“且人而能仙，则应上古中古之时多，而后古之时少，何今所传之仙，及人所值之仙，率皆唐宋以后之人?”难道“上古中古之仙，至唐宋时而尽死”，仙人也有生死代谢吗？这不是与“长生不老”之说自相矛盾吗？在他看来，

此乃“进退失据之论也。”（同上）

洪亮吉还运用训诂学上的知识，考察了“仙”字的由来：

> 又《释名》云：“老而不死曰仙”。仙，迁也，迁入山也。故其字人旁作山。是又因年命之长，复遭迁徙之苦；即入山不死，亦不过如《述异记》之张光始，《洞微志》之鸡窠老人，惛无所知，与木石鹿豕同居而已，又岂有生之乐乎？（《仙人》）

所以，洪亮吉最后得出结论：“世无仙，世亦无长生不死之人。”（《天寿》）“即有仙而不可为者”。（《仙人》）洪亮吉对道教神仙不死之说的批驳是全面而有力的。

第三节　无命无报，祸福由人

人的吉凶祸福决定于人类自身还是决定于上帝、鬼神？这是无神论与有神论斗争的又一重大问题。在这一问题上，洪亮吉坚决站在无神论立场上，批判了贫富贵贱由天定的命定论和生死轮回的果报说。在《命理篇》中，他开宗明义地指出：

> 人之生修短穷达有命乎？曰：无有也。修短穷达之有命，圣人为中材以下之人立训耳，亦犹释老造轮回果报之说。岂果有轮回果报乎？曰：无有也。轮回果报之有说亦释氏为下等之人说法耳。

人生无命，亦无果报。所谓：“天命”和“果报”都是封建统治阶级和佛教徒们捏造出来欺骗民众、加强教化的谎言。洪亮吉用简洁明快的语言阐明了自己无命无报的主张，揭示了产生“天命论”和“轮回果报”说的社会根源，旗帜鲜明，一针见血。

接着，洪亮吉用人之身体有虮虱与天地之内有人类相类比来进行论证。他说：“天地之内人无数，人身之内虮虱亦无数。夫人身内之虮虱有来成而遭杀者矣，有成之久而遭杀者矣，有不遭杀而自生自灭于缘督缝衽之中者矣，又有汤沐具而死者矣，有浣濯多而死者矣。”（同上）人不能一一决定虮虱的生命长短，“则天亦不能一一司人之命可知矣。”（同上）至于富贵贫贱也是如此。“虮虱生富贵者之身，则居于纨绮白縠之内；虮虱生贫贱者之身，则集于鹑衣百结之中。不得谓居于纨绮白縠者虮虱之命当富贵也。居鹑衣百结之中者虮虱之命当贫贱也。”（同上）虮虱生于贵族之华衮丽裳，还是生于贫民之褴褛破衣，并非有什么“命”在司之，纯属偶然。有人把生了许多虱子的衣服投入火中，虮虱顷刻皆死，难道这些虱子都是命中注定要这样的吗？这与唐代吕才等批判禄命说时所举的秦卒之坑新安，赵卒之坑长平，历阳之县、泗州之城一日而化为湖等事例是相类似的。“虮虱无命，人安得有命?”（《命理篇》）洪亮吉吸取了前人的经验，用确凿的事实，普通的事例进行正确的类比推理，反复证明了天命论的虚妄。

对于上帝鬼神能否赏善罚恶、祸福于人的问题，洪亮吉也明确地作出了否定的回答。

迷信者认为，雷能诛杀不孝之人。洪亮吉果断地说：“不然也。”“古来之不孝者莫如商臣、冒顿。未闻雷能殛之也。”（《祸福》）这一简单的事实就是对“雷诛不孝”说的最好驳斥。再者，“雷所击者皆下愚无知之人”。这些人即便不孝，也会因其愚昧无知而受到具有至善道德的雷神的宽恕。“雷能恕商臣，冒顿而不能恕下愚无知之人，岂雷亦畏强而击弱乎?”（同上）畏强而击弱，还能成其为雷神吗？可见，雷神并不存在。世俗迷信还认为雷能“诛隐恶”，刑罚之所不到者，雷则取而诛之。洪亮吉反驳道，人有阴恶，也有阴德。如果天能命雷神暴阴恶，以诛之“以明著为恶之报”，则有隐德而奖赏所不及者，天也应当设星辰日月之神，于众见众闻之地福人，“表其德以赏之，以明著为善之效。”而“今既无星辰日月之神福人，则所云雷霆杀人者，亦诬也。”（同上）所以，洪亮吉下结论说：“天不命雷击人，鬼神亦不祸福人。”（同上）

谁决定人的命运呢？洪亮吉认为，既不是上帝鬼神，也不是佛祖天仙，而是人类自身。“慢神无福，谄亦如之”；“学佛无益，毁佛无损”（《更生斋诗》卷第五，《励志诗》）。他讽刺那些念经颂佛者：“礼佛佛不知，泥塑而木雕；颂佛佛不应，唇干而口焦。……不闻金刚禅，能拒鬼伯邀。不闻大乘经，能使罪孽消。”（《更生斋诗》卷第三，《山椒避暑集》）他认为，人的吉凶祸福完全取决于自己的行为是否合乎道德规范。只要“孝于家，弟于室”，即使不奉鬼神，鬼神也不能祸之。反之，不孝于家，不弟于室，即使日日奉鬼神，鬼神也不能福之。而有些人却“舍其父兄长上而畏雷霆鬼神，不亦舛乎?”（《祸福》）

对于那些只相信鬼神之力而不相信人力的人，洪亮吉进行了有力的抨击。孙恩进攻会稽，素奉天师道的内史王凝之不理睬部属请求出兵的建议，说“已请大道，借鬼兵，守诸城门”，结果兵败身死。洪亮吉记载了这一史实，并写诗讽刺道，“将军苦身折，天师竟无术”（《乐府上·借鬼兵》）。后秦姚兴好佛，得名僧鸠摩罗什，大译佛经，以“邀佛福”，但并不能解救秦之大旱，以至“昆明池竭，童谣讹言，国人不安”（《乐府上·续佛经》）。洪亮吉不信天命重人事，不信虚妄重现实的人本思想，是对天命论、宿命论的有力挑战，闪耀着无神论思想的光芒。

第九章　周树槐

周树槐，生于乾隆五十一年（1786年），卒于道光二十九年（1849年），字星叔，号壮学之，湖南长沙人，清代无神论者。周树槐十二岁时就学习时文，后又学史。嘉庆十四年进士，任江西吉水知县。道光十二年（1832年）他辞官回乡，著书立说。

周树槐生活的时代，世俗封建迷信盛行。人们烧香念经，叩头礼拜，沉迷于邪术之中。针对这种情况，周树槐非常重视对封建迷信的批判。他"博览前代记载，治乱之理因，革损益之方；又旁涉诸子百家言"（《壮学斋记》），写下了《壮学斋文集》一书。《壮学斋文集》共十三卷，内容涉及议论、记传、故事等，其中对封建迷信的批判，是该书的重要组成部分。在《壮学斋文集》中，既反映了周树槐崇尚正统的儒学，又对有神论进行了抨击。周树槐对社会上士大夫崇尚佛、道的风气大为不满，自称其宗旨是："左氏，余不学其巫；董生，余不学其迂；相如子云，余不学其谀；郑王贾孔，余不学其回冗；程朱语录，余不学其俚俗。"（《壮学斋记》）表明他不流于世俗之弊。

周树槐不仅批判世俗封建迷信，并且身体力行。在晚年行将就木之际，他写下了一篇《齿棱记》。自述其一生"好古而不谐于俗，不喜刑家日者言，响论之也备，又恶超度之说，以谓诬罔"，总结了自己不同世俗合流的一生。周树槐并对死后亦作了安排："集家之人峻谕之曰；异时，敢以是浼我者，非我属也。"他告诫家人，他死后，不准用封建迷信的形式对待他。反映了他坚决反对封建神学的精神。

第一节　生死观与河神辨

一　批判道家成仙说与佛教轻生思想

得道成仙而长生不死，这是道家思想中比较重要的内容，也是道家蛊惑世人的东西。当时亦有"慨然慕神仙之不死，以谓天下乐"（《壮学斋文集·与人论神仙书》，下引此书只注篇名）之信者。那么，人是否能够长生不死呢？对此，周树槐写了《与人论神仙书》，辩其有无。他以人“生之必有死也，是物理之自然也”的观点，对道教长生不死的观点进行了批判。在周树槐看来，人的生死是一种自然现象，有生必有死，这是自然界不可抗拒的法则。因此，“无端欲矫而留之，恋生太过，而畏死太甚，此浮屠氏之所笑以为贪且痴”（《与人论神仙书》）。否定了世间长生不死之理。对世传的所谓神仙，周树槐则带着讥刺的口气说道：“则天下之苦，莫神仙苦也。神仙者，有知耶？无知耶？无知耶，死不死之相去几何矣。若有知也，其犹之人，其乐与否，可以人之情推也。”（同上）就是说，假如有神仙的话，天下的苦没有比神仙再苦的了，神仙却连自己什么时候死都不知道。从而驳斥了道家人能成仙的荒诞说法。

在批判道家的同时，周树槐对佛教的轻生思想也进行了批驳。他说：“吾又怪浮屠氏之闵乎不死，而又曰死也。以知之为有益，不胜其烦，若其无益，徒乱人意，是亦不免自入于痴，而五十步之笑百步也。”（同上）这里指出，与道教的长生不死而成仙的愿望恰恰相反，佛教却以不死为忧，生怕不能尽快超脱红尘，出世成佛。周树槐认为佛教的生死观同样也是荒谬的。既然死生是自然界的一种客观规律，人有生，也就一定有死，那么，忧生怕死都是徒劳的。正确的生死观，应该是：“其生也，顺其生之理，不敢不自惜，而其不可逆睹者，归之于天。求不负其所以为生，不敢不自力。”其死也，也不“暇求之渺冥恍忽也”（《与人论神仙书》），这样，周树槐以无神论的生死观，否定了宗教的生死观。

二　河神辨

关于河神的迷信，由来已久，至周树槐的时代，仍在流传。如当时有个叫林西仲的，专门写《河神记》宣扬这种迷信：“自言顺治中，下第南还与二友同舟运河，舟人言分水龙王之灵，过者必祷焉。至武城，有狂人跃不已，自称大王，从者五六人，驾小艇，沿河慕修龙王庙。土人言，是为金龙大王所附，非狂也。及西仲舟，西仲与二友斥其伪妄。狂人怒，绝去，蹑而瞯之，则登陆，索刀画刀为舟形，衔水喷之，足蹴之，土人惊指西仲舟，是必覆。数日至临清，有鱼五尺跃入舟，舟人大恐，焚香拜送之河，促其妇子登陆。西仲与二友毕登过闸，舟果覆。于是二友惊惋自责。”（《书林西仲河神记后》）西仲把河神描绘得活灵活现，似乎真有个河神居于水下，碰上乘船的人不祈祷，就派鱼怪将其船翻了。对此，周树槐指出：若有河神，“河神水居，不当求人自庇，而责人以必所，西仲知之矣”（同上）。然而鱼跃入舟，并非河神指使，因“运河一衣带水，巨鱼偶为舟薄，跃而入舟，虽烹之可也。哀其穷涸，转之清波，亦可也”（同上）。“何必焚香拜送之?”在他看来，并无河神作祟，舟覆并不神秘，乃是愚人自取。他说：“借曰神为之亦虎之噬人，因其惧者也。”（同上）进而他又对舟覆的原因作了合乎情理的解释。他认为，“人皆登陆，则载过轻，舟人震恐，则心乱而手足失措，以此涉险，不败何待?”是说，人登陆后船就轻了，而未登陆的人很恐惧，由于心乱举动失常，致使船翻掉。肯定船翻并非河神所致，而且根本不存在什么河神。

第二节　辨选日和禄命说

人们选日、卜日，是否可以使人避凶而吉呢？对这个问题，周树槐继承前人的无神论思想，用事实作了否定的回答。他认为“凡述之起，以假祸福以为言，不如是，不足以张其说而行其术。”（《与人论选日书》）而“人之敬其事，不如其欲福而畏祸也。”卜日者就“乘其虚而劫之，乐其诞以售之。”（《卜日说》）就是说，人们总想得到福，而不喜欢并害怕碰到祸，卜日者就利用人们的这种心理状态，兜售一套荒诞的骗术。

对这一骗术，周树槐指出：“夫日曷吉乎？便于事则吉尔。雨也沮之，雾也误之，霾也迷之，沍也涸之；不便于事，故不吉也”。（同上）所以，人们做事情不必选择时日，避忌避讳，只要便于事情，随时都行，根本没有神秘的吉日与凶日。比如，“出行之宜，当其日无不知之。若天朗气清，宜出行者也；若风雨如晦，不宜出行者。”（《答友人》）这是最明白不过的道理，难道犹如卜日者所说的也要“选择焉”？然而，周树槐也指出：“晴雨难欺”，“今曰某日晴，某日雨，人人不敢也”，而“曰某日祸，某日福，人人敢也。”可见“祸福易惑也”（《卜日说》）。祸福容易迷惑人，为此，他希望人们不要“妄听之，妄信之”（《与人论选日书》）。这里表明了周树槐不信“选择之说”的无神论立场。同时，周树槐针对术士们“吉日有吉神主持，凶日有凶神主持，选日从事，遇吉神则吉，遇凶神则凶”的说教，反问道：“吉神百二十，凶神二百二十。纷纷者孰为名之？某神值某日，冥冥者于何见而知之？”（《卜日说》）指出了这种说法是渺茫而无可验证的。他告诫人们：“今之日无不选也，然而不必福也”（同上），因为“日之无验”。

接着，周树槐从逻辑上加以分析、驳斥。在《与人论选日书》中记载着这么一件事：有个姓胡的，“选日葺其垣”，即修理房子。这时有人认为这个日子不吉利，他说：“丑寅之交，必将有咎”，必有凶，要胡某改一个日子。胡某不听，果然他的儿媳妇在“丑月遇痴寅月死。”对此，周树槐说：“愚以为死生大故也，犯日忌，过之小者也。胡某之媳不当死耶，奈何以日杀之？若其当死耶，足下又乌能以日救之？死诚以日耶，必也使相者察其验，命者推其年，堪舆者参决之于其宅墓，皆言不当死，而竟死，夫乃信日之可畏也。如此，而三家之说皆废矣，若三家皆以为当死，彼各方自神其术，足下又何以断然归之于日耶。”（《与人论选日书》）周树槐抓住三家与说日者之间互相否定，不能两存的矛盾，揭露了“选日之说”不可信。同时，周树槐又认为，如胡某一例，“赐不幸言而中，是使赐多言也。使其自言之，必曰是幸而中尔。而圣人谓之不幸中何不幸之有，中而使多言，则不幸矣。”（《答人论选日书》）这就是说，讲多了，总会有给讲中、应验的，但这并不说明“选日之说”是有道理的。相反，他指出：“选日之说，使人泥而多忌，是以妨于事，仆厌之。”（同上）

最后，周树槐又以历史事实加以驳斥。他说：“古之葬者，自天子以至于士，有七月五月三月逾月之制，而无年月之择，敬嬴之丧，己丑雨不克葬，庚寅日中而葬书于《春秋》，日有所不拘也。古之有卜筮日，无选日。均子日，而日吉焉凶焉为其不可知也。”（《与人论选日书》）可是，如今却不同了。他指出：“今阳年阴年之说，既以坐废一年就一年之中，月又有大小利，日又有黄黑道，时又各有宜，又参以命者之说，即所选年月日时支干，而造以为课，又上考日星之次，以求其照临，又必与堪舆谋，即所葬之山之向而扶之补之。又必取死者之生年而合之，有犯避之。又必取死者之子若孙之年，而一一合之，一一避之，畏首畏尾，身其除几。氓之蚩蚩，奉若律令；于是有淹柩不敢葬。夜不敢避，雨不敢避，至于平居，一举事危之亡灭绝之祸，若投足且入其中，其妨于事若此。”（同上）他把古今作了对比，认为“古之卜日，以便求是；今日选日，适以废事。古之卜者重人事，虽听于神，人道存也；今之选者希神福，虽听于人，人道亡也。”（同上）因此，周树槐认为“其说之无稽若彼”，没有比“选日”更为荒诞的了。在他看来，人们做事不要验之以事，而应讲理，决之于理，“理无二致，期于厌心；事有万殊，便于借口”，因为“理难诬而事易惑也”（同上）。

对于禄命说，周树槐亦用事实给予驳斥，说明同八字的人，其命运和经历往往是不相同的。他说，天下同一八字的人，“多者百余，少亦数十人共之，而其所遇异矣”（《与友人》）。他并以自身为例，说：“姑以仆言之。仆生乾隆五十一年二月乙未时辰。年十八补弟子员，则同补之人，未有同八字者，犹曰一邑也。二十三岁而举于乡，则同举之人，未有同焉者，犹曰一省也。明年，举会试，又二年，赐进士出身，以知县即用，则同会试、殿式之人，未有同焉者。仆之八字，岂仆之独矣！”（同上）这是说，乾隆五十一年所生的人，并不是他一个，而与他同八字的人却没有一个和他同入府学、同中举人和同中进士的。这说明同八字的人，所遇各异。由此，周树槐论证了人的吉凶祸福不由人的生辰八字所决定，禄命说是不可信的。

第三节 驳堪舆(风水)迷信

世人相信堪舆迷信，把祖宗的葬地，与子孙的祸福连在一起，故他们求善地以葬其亲，以为这样子孙可以免祸而得福，周树槐指出：“堪舆之言鬼荫，劝一而害百”（《答人论堪舆书》），因此特别憎恶鬼荫之说。他认为，“鬼荫之说，害于人心风格，仆是以恶而痛绝之。”（《赠李宾门》）堪舆之说由来已久，为何历世不衰？周树槐对此作了历史考察。他指出：“堪舆之说，茁于晋之东，蕃于宋之南，蔓延迄今日，愚氓下走扼腕而谈风水矣。其书代有增益……”（《赠李宾门序》）然而，堪舆之说“支离附会，歧之中又有歧。”可是，“世之魁闳特达，卓然不惑之士，未有分别其得失而论之者。诞妄置之，不知其为祸烈也。”（同上）为此他“以数十年闻见，积滤于堪舆”，写下了《赠李宾门序》、《书后》、《书某刺史事》、《堪舆论》、《改葬说》等五篇论文，还写了《答人论堪舆书》和《再答人论堪舆书》辩堪舆之说。

周树槐对堪舆之说的批判，是从多方面展开的。

首先，他指出：“人之生，块然者形也。能动能声者魄也，所以善者动与声者魂也。魂有知，形无知，魄介有知无知之间，足下直以形为魄一误矣。且足下知天地之魂未尝离，乃忘人之异于天地者以有死，始而昏不知人。魂升之验也，继而动与声俱寂。魄降之验也。”（《答人论堪舆书》）这是说，能动，会发出声音的是感觉，能够善于思考的是灵魂。人死后，灵魂出窍，感觉也就随之消失。“魂者，气之清，阳也；魄者，气之浊，阴也。以阴从阴，故附魄于形而内之土中。”若“鬼诚有知，富贵福泽，冥冥中当有主者，各得各私其子孙，而况于冢中之骨也。”（同上）即死后，“则其存者，块然之而已。”（同上）周树槐以此否定人死不能为鬼，证明鬼荫之说不能成立。他的结论是：“鬼不能荫，吉凶由人。”（《再答人论堪舆书》）针对堪舆家“所谓荫非必有知也，气之同者，吉凶以类召”（《堪舆论》）的讲法，他以庄稼之喻，指出：“禾成谷，谷生禾，今岁之禾，旧岁之谷也。而旧禾之朽，则已久矣。”（同上）况于“父母之于子也，气以成形，形成而气不复能以相及”（同上）。就是说，父母生子，子的形体形成后，父母与子的气就不相及了。然而父母死后，其气更不能同子相感，又怎能以福来荫子孙呢？“死者果有知乎？吾乌乎知之；死者果无知乎？吾乌乎知之。孔子曰：‘未知生，焉知死。’人之生魄蠕蠕然，惟魂也最神，在母而震哉生魄也，魂最后附。其死也，魂先去之，魄降则寂矣。”（同上）既然不能福荫子孙，也就不能凭借灵地垂荫后世。周树槐讥诮地问道：“得山水之气而灵，”敢问：“何知之而信之？”这又怎么知道从而相信它呢？退一步说，如果有人以为“尧之与跖，必当有异。”那么，按他们推之，请问：“诚尧耶聪明正直，在帝左右，何假于山水之气？诚跖耶其身已死，其鬼不灵，山水何能为？今足下言魂之能合骨之能灵，以明鬼之能荫。初不问其为尧为跖也，可何耶？”（《堪舆论》）所以，周树槐得出结论，“鬼之不能荫，亦已明矣。”（《答人论堪舆书》）

其次，周树槐从事实出发，论证堪舆说自身的矛盾。堪舆家宣扬地有善恶，葬于好的风水之地者，其子孙可以得福荫，这种说教不能与事实相吻合。如世人选风水而葬其亲者多，但得福者少，就连被称为堪舆之祖而相地如神的郭璞，在他葬母之后亦遭到杀祸，他说：“郭璞葬母，去水百步，人以为言。璞曰：行当为陆矣。葬后，滩涨水徙。堪舆家神之。余谓此以卜筮知之耳。所谓无有后艰者也，若如堪舆之说，璞术神如此，地必吉矣。璞后见杀于王敦，地又似凶矣。”（《改葬说·自记》）这是说，郭璞既然识风水如神，他葬母必选吉地，而他亦应得到福荫，可结果未得福却得祸。从而说明了葬地与人的吉凶无关。再次，周树槐从历史来说明风水之说为虚妄。他指出：“盖自古族葬之法，不可以行于南方多山而少原，土薄而水浅，泉之浸，蝼蚁之侵，怵人心目。于此有术焉，可以违其害而即于安，此仁人孝子之所汲汲求以自尽也。”（《赠李宾门序》）所以，古人“委壑之易以葬埋也，深山广野，随在安茔”（《再答论堪舆书》），“人未有其言先陇宜贵人者也，及至后世”（《地说》）。然而“为堪舆者，无端创为鬼荫之说，以张其术”。于是“有以地故淹不葬者，亟徒葬者其极也。啖人重金，发人墓以营兆者有矣”，更有“甚则糜其亲之骨为盗葬者有矣。”（同上）由于“鬼荫之说行，逆流而不可止”，致使“仁孝或几乎息”。周树槐指出，这是“逆天道，灭人理，而以乞灵于地。”（《赠李宾门序》）而造成这种逆天害理以致灭绝人伦的习俗，皆由违背古葬之法所致。他肯定古代葬法在于避害求安，批判当今的风水迷信在于求得

"鬼荫"。

在他看来，"非有确然可稽于古，显然无据于今，徒欲以臆见，幻想莫须有之事。伸不可知不必知之说"（《再答论堪舆书》），皆不可信。而堪舆正是属于这种无稽虚妄之事，而堪舆说之所以流行并为人所痴迷，是由于"夫医者争得失于旦夕之间，而堪舆谈祸福于数十百年之后，故人莫不怯于言医，而勇于为堪舆，为其欺之易售也"（《书赠李宾门序后》）。

周树槐与清代的其他无神论者一样，对当时的封建迷信进行了较全面地批判。其批判的重点，则集中于丧葬风水迷信，同时还针对李宾门之流为此类迷信辩护的论点，给予颇为有力地驳斥。并在批驳中提出了"鬼不能荫，吉凶由人"的积极命题。但周树槐的思想基础，乃是以儒为宗，仍未摆脱传统的儒学中某些消极因素。他批判封建迷信处处又以儒家的信条为其准则，从而导致他的无神论思想的不彻底性。如关于"祸福之说"，周树槐认为"儒者有之矣……儒者之言祸福也徵于实，故以为有理复有数，数非所以为数也……释氏之言祸福也妙于虚，前因后果，夺数之权，归之于理"（《书昌黎与孟尚书书后》）。这样，周树槐一方面否定了佛教的祸福之说，另一方面又承认儒学所说的祸福之说，反映了其对"祸福之说"理解的二重性。又如祭祀，周树槐保留了儒学神道设教的观念，承认儒学也有祭祀说"王为群姓立七祀，诸侯五祀"（《同命说》）。从而，在周树槐的无神论思想中，既批判了佛、道宗教和世俗迷信的鬼神，又保留了祭祀和鬼神，这些，都是周树槐无神论思想的不足之处。但是，周树槐能针对当时流行的封建迷信进行坚决的斗争，继续解决前人未解决的问题，这就是他的贡献，因而在中国无神论发展史上应该有他的地位。

近　代　编

第一章　绪论

第一次鸦片战争（1840—1842 年）是中国封建社会逐渐沦为半殖民地半封建社会的转折点。自此，中国原有的政治、经济、思想文化发生了一系列的变化，人民生活一天比一天痛苦，民族危机一步步加深，反帝反封建的斗争一浪高过一浪，帝国主义瓜分中国的阴谋没有得逞。鸦片战争至“五四”运动时期的无神论与有神论的斗争，就是在这种新的形势下展开的。与古代不同，这一时期的无神论有自己的特点、内容及其表现形式。

第一节　鸦片战争至“五四”运动时期的经济与政治

鸦片战争时期，是西方各资本主义国家向世界各地进一步扩大势力、疯狂进行殖民主义活动的时代，也是它们以武力对中国进行公开的、全面的侵略的开始。从此，中国就逐渐演变为帝国主义和封建主义相互勾结、共同压迫、剥削中国人民大众的时代。

帝国主义通过发动战争，与中国“通商”，并不是要帮助中国彻底改变落后、腐朽的封建制度、发展经济，使之成为独立的、强盛的资本主义国家，恰恰相反，它主要保留中国封建制度，变中国为殖民地半殖民地。

随着社会性质和经济关系的变化，中国社会的主要矛盾和阶级关系也逐渐发生变化。鸦片战争前，地主阶级与农民阶级是中国社会的两个基本的对抗阶级；战后不久，阶级关系发生了新变化，除原有的地主阶级和农民阶级，还产生了无产阶级和资产阶级。不过，太平天国农民革命失败后，无产阶级才开始出现，还只是一个自在的阶级，中国反帝反封建的斗争主要是由民族资产阶级领导的。由于半殖民地半封建社会的中国的民族资产阶级本身的软弱性、妥协性，它不可能领导人民完成中国民主革命的基本任务。“五四”运动后，中国无产阶级作为一个自觉的、独立的阶级登上政治舞台，并通过其政党——中国共产党领导中国人民进行反帝反封建的斗争，胜利地完成了中国民主革命任务。

总之，鸦片战争至“五四”运动时期，从经济上说，由资本主义萌芽，成长为具有一定成分的民族资本主义经济；从社会性质上说，中国由封建社会逐渐沦为半殖民地半封建社会；从政治上说，由以农民阶级为主反对封建专制制度的斗争，过渡到以资产阶级为主的反帝反封建的斗争；从思想文化上说，是新学反对旧学的斗争，而无神论与有神论的斗争则是其中的一项重要内容。

第二节　有神论思想的种种表现

与鸦片战争前的古代社会不同，战后，由于资本帝国主义的魔爪伸入中国，中国的社会性质、社会矛盾、阶级关系、人民生活、思想意识等也随之逐渐发生变化。社会动乱，人心思变。在民族危机深重，人民生活愈加痛苦，而又找不到正确的出路、得不到正确的解答时，有神论思想便乘虚而入，泛滥成灾。同时，宣扬上帝的西方宗教神学，在不平等条约的庇护下得以生根、发展，散发着危害中国主权、毒害人民的“臭味”。因此，鸦片战争后的有神论思想，有自己的内容、特点，危害性更大。

一　天命论和君权神授说的挣扎

天命论、君权神授说是封建神权思想的核心。它一直是封建统治阶级维护、巩固、加强其统治的思想武器，也是近代没落的统治阶级的思想武器。

鸦片战争后，封建专制制度腐朽、没落，封建统治岌岌可危。统治者除以武力镇压人民革命斗争，还大力加强思想统治，天命论、君权神授说仍然是他们的一种手段。为了镇压太平天国农民革命，曾国藩在《讨粤匪檄》一文中，打着“奉天子命”的旗号，以“生有功德，没则为神，王道治明，神道治幽”的神学思想，号召人民反对太平军，维护清王朝的封建统治。为了反对资产阶级改良派，张之洞则引董仲舒的“道之大原出于天，天不变，道亦不变”，以说明“天秩民彝”（《劝学篇·明纲》）是中国数千年来的立国根本，反对维新变法。

更有甚者，他们还用天命论为帝国主义侵略中国辩护。如曾国藩说：“洋人之患，此天所为，实非一手一足所能补救。”（《批侯选训导计棠禀呈豫中采访记略折》）李鸿章则认为是“气运”决定的。这看起来是天命论思想内容的扩大，实是反动、腐朽。

洋务运动的破产、维新变法的流产，孙中山领导的资产阶级革命兴起了。这时，以康有为为代表的维新派因不能适应时代的发展而堕落为保皇派。他们为反对在中国建立资产阶级民主共和国，竟然说："命者，天之所为。人当奉天，只有俟其驱使而已。"（康有为：《中庸注》）宣传天命论，反对革命。

辛亥革命失败后，袁世凯为了复辟帝制，一方面从政治上下手，全面篡改"中华民国临时约法"，解散国会；一方面从思想上制造舆论，提倡"祭天祀孔"，说："是以国有治乱，运有隆污，惟此孔子之道，亘古常新，与天无极。"（《祭孔告令》，1914 年 9 月 26 日《政府公报》）通过尊孔，宣传天命论。在袁世凯的支持下，1912 年 10 月，陈焕章、沈曾植和姚文栋等人在上海成立孔教会，并出版尊孔刊物。孔教会得到康有为、严复的支持，康有为还是孔教会的会长。因此，尊孔组织及其刊物遍布中国各主要城市。他们狂热地鼓吹尊孔读经，宣扬天命论，为复辟帝制提供根据。张勋在《上大总统请尊孔教》书中，竟提出"无宗教无以一民心"。1916 年秋，康有为在给黎元洪、段祺瑞政府上书中，主张"定孔教为国教"。要求把它列入宪法，认为"中国之人心、风俗、礼仪、法度，皆以孔教为本"（《不忍》杂志，第一册）。更有甚者，他们为了抵制辛亥革命在人民思想上的影响，还模仿、抄袭基督教的神学内容及其宗教仪式，鼓吹神创论。有的人说："今之学者，号称通古今而达中外，而独不悟宇宙之有造物者。"（杭海《造物规划宇宙论》，《孔教十年大事》卷二）这是用基督教神学腔调，反对科学，攻击革命派，为"造物主"争地位。

二 世俗迷信横流

与天命论思想并存而不可分的，是跪拜天地、敬神信鬼的世俗迷信活动及其思想。它不仅流行于农村，也风行于城市，甚至波及知识界。尤为突出的是，辛亥革命失败后，随着"祭天祀孔"天命论思想的抬头，各种迷信组织及其刊物相继出笼，设坛扶乩迷信活动十分活跃，宣扬神仙鬼妖的文章也敢于公诸报刊，兴风作浪。

"乩坛"，是一种敬神信鬼、搞迷信活动的组织和场所，古已有之。到了近代，特别是 19 世纪 70 年代后，大江南北相当流行，后与传入我国的西方"灵学"相结合，打着"科学"的幌子，鼓吹灵魂不灭、宣扬有神论。其间，比较突出的迷信组织有：1916 年的"中国精神学会"，成立于日本神户，国内有分部；1917 年 11 月 25 日，俞复、陆费逵、杨光熙、杨璿等人筹议而于上海开设的"盛德坛"，组成了"上海灵学会"，1918

年1月出版了《灵学丛志》；1920年秋，宋翰墀、连仲良等人在北京成立的"北京悟善社"，1920年出版了《灵学要志》；1923年，在上海成立的以余萍客为会长的"中国心灵学会"，开办了"心灵科举书局"，出版了"几十种宣传灵学和鬼神迷信的书籍"①。

这些"坛"、"会"、"志"公开搞迷信活动，鼓吹迷信思想。"上海灵学会"接二连三地在报纸上登广告，说："本会同人研究科学，组织灵学会，设有盛德坛，遇有精微不可通之故，辄借经于扶乩，以递人鬼之邮，以洞幽明之隔。"（上海《时报》，1918年2月26日）"北京悟善社"的《灵学要志》则公然标明该刊为"神圣仙佛乩笔劝世兴教救劫之书"（《〈灵学要志〉简章》），说"悟善社者，神之托于人以劝天下之善，而为民请命者也"（王树枬：《灵学要志序》）。它们大谈道、佛、孔"三祖同乐"，"仙佛圣贤同调"，说道、佛、孔、回、耶、"五教本同源"，"相合而不相事"，因此，"不得排佛攻道，诬为异端……道乃儒之师，佛即儒之化，若有异词，如自诋其父叔兄长"（《释谛之概论》，《灵学要志》第1卷，第3期）。这说明：它们不仅集古今中外有神论于一身，还将我国古代圣贤神仙化。

它们所谓的"科学"，就是借"坛"、"会"、"志"所要宣传的"灵学"。如说："考验鬼神之真理，阐究造化之玄妙。"当这一邪说遭到无神论者的痛击，它们则说："鬼神之说不张，国家之命遂促"（俞复：《答吴稚晖书》，《灵学丛志》第1卷，第1期），"陈先生主无鬼，而我信有鬼"（易乙玄：《答陈独秀先生〈有鬼质疑〉》）。

什么是"鬼"呢？它们的说法种种，自相矛盾。有人说："人死为鬼，鬼有形有质，虽非人目之所能见，而禽兽则能见之。"（丁福保：《我理想中之鬼说》，《灵学丛志》第1卷，第1期）有的说，鬼的元素有三种："生人之余气"，"物质的变体"，"心理的余响"（《灵学要志》第1卷，第3期）。有的说，"其实人与鬼，乃阴阳二气之所生，禀阳气者谓之人，禀阴气者谓之鬼。"（同上书，第1卷，第9期）有的则说，"灵魂之消长，其根据虽不离肉体"，但"以道德的精神为唯一之元素。"（同上书，第1卷，第11期）什么是神仙呢？他们则说："神仙者，人之至善或至圣而成者也。"（同上书，第1卷，第9期）有的人还利用社会黑暗、混乱，人们缺乏科学知识，以廉价的方式授以登仙成佛为神之法，如说神仙佛同人一样，是有"人情"的，只不过是"至情"。人若舍弃父母，离

① 吴光：《灵学、灵学会、〈灵学丛志〉简介》，《中国哲学》第10期，第440页。

抛妻子，别求神佛仙，自古迄今没有一个人能“得到”的。或说，人的灵魂一半是先天的，一半是后天的，却“贮于脑”。先天的灵魂为主宰，后天的为附属，人们只要明此道理，增强德性，“则灵光日启，根基日固，迨至老死，此种灵光由脑部透泥丸而出，即最完全之灵魂也。视此灵魂之程度等差，或为神，或为佛，或为仙，最下者亦不失为鬼仙”（同上书，第1卷，第11期）。

上述这些荒诞无稽之说，在当时确有很大的欺骗性。它不仅在民间有影响，而且在知识界，极少数人也为其所惑，甚至个别的还与其为伍。这种种迷信思想及其活动，是辛亥革命失败后至“五四”时期有神论思想中不可忽视的一股势力。

三　宗教神学思想麇集

鸦片战争至“五四”运动时期，宗教神学思想泛滥。无论是东方的宗教神学如道教、佛教，还是西方的宗教神学如基督教、天主教、东正教，以及伊斯兰教等，在这一时期的中国，都有影响、流传。

（一）佛教的“振兴”

佛教在近代中国的影响不可忽视。作为神学，它的出世思想、灵魂说、轮回说等仍在社会上流行。信佛、拜菩萨，寺庙林立，佛音遍地。作为哲学，则在近代有的思想家中有明显的反响，研究、肯定、赞扬之声流于言表，渗透在一些学术著作的字里行间。一些批驳天命论、世俗迷信的，或是反对基督教神学的思想家，却受到佛教的影响，个别人最后还掉进佛教神学的迷雾中。此如，龚自珍晚年皈依佛教，念经拜佛；魏源晚年潜心佛学，信净土宗；康有为、梁启超、谭嗣同、章炳麟等人，对佛学颇感兴趣，其中有的人赞扬佛教在人生目的、伦理道德上的功用，有的称赞佛教哲理博大精深，有的把佛教哲学还作为自己思想的一个来源。

佛学在近代中国的短暂的振兴，原因是多方面的。第一，佛教同其他宗教一样，当人们对现实不满又提不出解决方法，或无勇气去搏斗，对前途陷入困境时，它则乘虚而入。鸦片战争后的近代中国，存在这样的条件；第二，佛教虽然与西方宗教都是外来宗教，但它早已中国化，适合中国人的口味，为中国人所能接受，也不为官方禁止；第三，对于近代中国人来说，西方宗教的传入是与帝国主义侵略联系在一起的，因此，一些进步思想家给以无情的揭露，批驳其“上帝造人”说，斥责其“天国”的虚伪性，而人民则不断地发动反教会的斗争。无疑，这对佛教振兴有着特殊的作用；第四，在有的思想家看来，西方宗教神学的内容，佛教神学早已有之，如此等等。

（二）西方宗教神学横行

西方宗教传入中国，主要是指天主教、基督教（新教）、东正教等。

鸦片战争后，在一系列不平等条约中明文规定了欧美各国传教士在中国传教自由。由于法国政府的提出，中法黄埔条约明文规定：法国人可在通商口岸建教堂、医院、学校等；如果中国人“触犯毁坏”教堂、坟地，中国地方官当“照例严拘重惩”。1846 年，法国政府又对清政府要挟，强迫道光皇帝对天主教正式公布开禁令。根据片面最惠国待遇原则，其他资本主义国家也得到了这一特权。不久，基督教也随之开禁了。第二次鸦片战争时期，外国侵略者强迫清政府所签订的不平等条约，传教活动扩大到中国内地。中俄天津条约规定俄国东正教在中国内地传教的特权；中法天津条约规定法国“入内地传教之人，地方官务必厚待保护”，中法北京条约则规定：中国人妨碍法国传教士活动的，必须“予以应得处分”，在内地设教堂，“任法国传教士在各省租买田地，建造自便”。上述不平等条约，有的就是在各国传教士参与下起草、签订的。“上帝”借助武力来到中国，通过不平等条约得以传播而起作用，充分说明西方宗教与资本主义侵略的关系。

此后，大批传教士涌入中国，从沿海到内地，从城市到农村，侵占土地，建立教堂，宣扬上帝，宣扬“要爱你们的仇敌，为那逼迫你们的人祷告”（《新约全书》），死后可进“天国”。这就是他们给中国人带来的“福音”。

传教士并不是“文明的传播者”，他们虽介绍了一些西方近代自然科学知识，但只是零散的，不损害所谓万能上帝形象的，何况他们主张“惟治神心者可兼治人治物之能”（李提摩太：《教条本末》下），既反对中国传统文化，又反对先进中国人学习近代西方资产阶级民主革命理论，以及真正的近代自然科学知识，甚至提出“护教论”与之对抗，进而扼杀之。

当他们感到这种手段和方法行不通，却又从中国古代典籍中找适合他们口味的东西加以改造利用，转而唱着孔教与基督教“实相通”（李提摩太：《救世教益》第六章）、“孔子基督为友”、“凡孔子之善道，基督教无不乐而扶持之”（安保乐：《孔子基督为友论》第 8 页）。而李佳白说得更露骨，他说：“孔子要比西方科学更有助于在中国的基督教。”（《中国传教大会记录》第 584 页，上海，1890 年）当袁世凯窃取了革命政权，在中国的传教士还一致表示为之祈祷、祝福，而当孔教会成立后，尚贤堂与孔教会打得火热，传教士到孔教会演说“与异教相友爱”，而孔教会的人，以及和尚、道士等则成了尚贤堂扩大活动范围后被邀请的宾客，可谓孔、释、道、耶等诸教合流。

传教士以西方宗教神学改造中国文化。美国传教士林乐知说：“普天之下，莫非上帝所造之土；率土之滨，莫非上帝所造之人。”（《介绍〈大同报〉》，《万国公报》，1912 年 2 月）将《诗经·小雅·北山》的“溥天之下，莫非王土；率土之滨，莫非王臣”，改变成上帝创造地球、上帝创造人的典型的神创说。不过，这时候的康有为是能接受的，因为尊孔读经、相信天命论，与宣扬圣经、相信上帝，在本质上是一致的。这可说是尊孔派与传教士结成同盟的思想基础。

西方传教士为了麻痹中国人民的反抗精神，先是通过鼓吹宗教神学思想，继而把它与中国孔孟之道结合起来，以使耶稣基督在中国土地上扎根。为此，他们在中国发展信徒，建立宗教组织，一时宗教团体，遍布大江南北，深入到山城、农村。就拿基督教青年会来说，1895 年才在中国建立了组织，先只有学校青年会和城市青年会，以后又有妇女青年会、军人青年会、职工青年会等。不到二十年，即 1915 年，它已召开了七次大会，并改名为“中华基督教青年会全国协会”，出版了刊物。仅学校青年会和城市青年会的会员，1914 年有 17000 人，1920 年已发展到五万多人。1921 年，在天津召开了第八次全国大会，到会者 1271 人，代表 18 省 29 处城市青年会，131 处学校青年会和七处海外青年会，15 处基督教团体。1922 年 4 月 4 日至 9 日，世界基督教学生同盟不顾全国学界的反对，在北京清华学校召开了第十一届大会，出席的代表有 30 余国的 146 人，我国各省区与会者四百余人。

这里仅是讲的基督教在中国建立的组织及其活动情况，连同其他外来宗教，就可想象得见西方宗教神学对我国人民的思想影响了。在外来宗教神学影响下，不仅青年人受骗入教，还有少数学者，或是撰文，或是登台演说，为宗教神学辩护。如有人说：“科学者理知之事也，宗教者感情之事也；科学所重在客观，宗教所重在主观；其归结皆为宇宙与人生之探究，以求最后之解决，固皆未可偏非也。”（李石岑《宗教论》，《民铎》第 2 卷，第 2 号，1921 年 2 月 15 日）

天命论、君权神授说，信鬼神的世俗迷信思想是维护封建专制制度的；西方宗教神学是帝国主义侵略中国、愚弄人民的精神武器。二者都是阻碍中国前进、反对中国革命的。它们汇合成一股有神论的逆流，但阻止不了民主和科学潮流的前进。民主革命的深入，新文化运动的兴起，“五四”运动的爆发，在民主和科学两面旗帜下，近代无神论思想得到了进一步的发展。

第三节 近代无神论的兴起

社会不断前进，无神论日益发展，社会大变革，无神论大发展。中国近代无神论在中西思想交融的社会变革中兴起了。

鸦片战争至“五四”时期，是我国历史上又一社会大变革时代，无神论与有神论之间的斗争，比古代更为激烈、复杂。无神论者或具有无神论思想的思想家、自然科学家，在变革近代中国的斗争中，一方面力图从政治、教育、伦理道德、科学、哲学、美学、文学等领域内，摈弃、清除形形色色的有神论思想，一方面在继承古代无神论思想、吸收西方近代无神论思想的基础上，以民主与科学为武器，从事实到理论，对古今中外的有神论思想、特别是君权神授说、基督教神学、鬼神迷信等展开了全面的、尖锐的批评，提出“以美育代宗教”、“以科学代宗教”等主张，将中国无神论推向一个新阶段。

一 科学与神学的对立

科学与无神论是一致的，而与有神论在本质上是不相容的。古代有神论泛滥，无神论发展不充分，这除了生产力水平低下，历史条件限制，历代统治阶级利用有神论、排斥无神论外，科学不发达则是一个重要原因。

与中国古代不同，而与近代西方一样，中国近代无神论是在近代自然科学基础上产生、形成、发展的。

我们说15世纪下半叶后，中国科学比西欧科学大大落后，不是说没有自然科学，或说它本身没有发展。16世纪至19世纪40年代，中国自然科学仍在继续发展，出现了一批科学家及科学著作，对近代中国甚或近代西方都产生了一定的影响。比如杰出医药学家李时珍（1518—1593年）及其《本草纲目》、农学家徐光启（1562—1633年）及其《农政全书》、地理学家徐霞客（1568—1641年）及其《徐霞客游记》、科技家宋应星（1587—1661年?）及其《天工开物》、清代蒙古族数学家明安图（生卒年不详）及其《割圆密律捷法》初稿、医学家王清任（1768—1831年）及其《医林改错》等等。当然，在这一时期，西欧（不是指某一国）在物理、数学、天文学等方面都取得了惊人的发展，特别是产生了牛顿力学、康德星云假说，我国没有它发展迅速，但也有两点值得注意：第一，这一时期我国的科学成就对西欧、日本有很大影响，如《本草纲目》早已被译成多种文字，在世界各国出版，被称之为“东方医学巨典”，还被达尔文称之为“中国古代的百科全书”；《天工开物》在日本流传甚广，1869年被译成法文，介绍到西欧，书名为《中华帝国古今工业》。第二，这一时期我国科学家的著作，大都是通过观察、实地考察、实验等方法，经过分析、比较、研究写出来的，它不仅是对古代的总结，也是对古代的发展，它修正了前人的错误，如认为人的思想意识“不在心，在脑”（《医林改错》)，开辟了新的领域，取得了新的成就，有的方面仍在世界上居于领先地位。

1840年鸦片战争前后，我国自然科学的确比近代西方落后，能够提得出来的人如数理学家李善兰（1810—1882年)、化学家徐寿（1818—1884年）等，真是寥若晨星，基本上是进入以介绍、学习、运用西方近代自然科学为主的中西结合时代。近代自然科学家、先进的思想家在学习西方近代自然科学中，主要是对从哥白尼太阳中心说、牛顿力学、“康德—拉普拉斯星云假说”、地质学、化学、细胞学说、能量守恒与转化定律、生物进化论，以及一直到狭义相对论等自然科学，加以吸收、消化，作为自己著书立说的科学根据。这就弥补了我国近代自然科学落后的不足。中国近代无神论的科学基础，一方面是中国古代的自然科学，一方面是西方近代自然科学，而以后者为主。

西方近代自然科学及其最新成果传入中国，主要是中国人自己通过各种途径介绍过来的。一是译书，明末徐光启发其端，19世纪60年代后日益多起来，而以1898年严复翻译的《天演论》影响为大。二是办报刊，撰专文介绍，如“从1900年至1918年出版的各种刊物约有七、八百种之多”（丁守和主编《辛亥革命时期期刊介绍》“说明”），其中不少刊物辟有“科学”、“格致”等栏目，介绍西方近代自然科学理论、知识；有的刊物虽没有这一栏目，也有大量的西方近代自然科学的介绍；有的就是自然科学杂志，如1900年的《亚泉杂志》，1903年的《科学世界》，1915年成立的中国科学社出版的《科学》杂志等。三是去欧美、日本学习、考察、寻求革命理论的大批留学生，严复、蔡元培、朱执信，鲁迅等就是其中最为著名的人物。

中国近代进步的思想家正是通过上述种种渠道，获得西方近代自然科学理论、知识，说明政治经济、社会历史问题，构筑哲学体系，作为无神论的科学基础。他们根据“康德—拉普拉斯星云假说”、达尔文进化论、地质学、以太说等自然科学新成就，阐述了太阳系的形成、生物的进化、人类的起源的自然史过程，批驳了“上帝创造地球”、“上帝造人”等神创说；在此基础上，他们又依据生理学、心理学理论，阐述了精神是物质发展到一定阶段的产物，是人所特有的，是人的大脑的机能，依赖于人的大脑，人的肉体死亡，精神（灵魂）随之消失，从而批驳了宗教神学的灵魂不死说。这样，他们就论证了世界的本原是物质，而不是精神，宇宙中根本不存在一个神仙鬼佛怪的彼岸世界。对于封建神权、世俗迷信，他们也是以近代自然科学逐一加以揭露和批驳，很有说服力。

二　破“称天为治”的天命论

天命论的核心是君权神授说。以民权反对君权，反对君权必然要否定天命论，这是资产阶级思想家的历史任务。作为近代无神论者或具有无神论倾向的资产阶级思想家，在反封建的斗争中，很自然地把批判的矛头指向这一点。

反对天命论（或说君权神授说）与建立资产阶级民主共和国结合起来，这是近代无神论不同于古代无神论的一大特点。为了实行资产阶级民主政治，近代无神论者或具有无神论倾向的思想家，对作为封建专制制度护符的天命论的由来、实质、危害等进行了分析和批判，发出“革天”、“革神”的呼声，提出了“人定代天”的主张。

近代无神论者或具有无神论倾向的思想家认为，人格神的“天”、天命是古人的见识，实际上是不存在的，“无凭据”的。今人眼里的所谓“天”，不过是“风雷日月”，或是弥漫宇宙的气体，是客观物质世界。

“天”被看做“神”，能主宰人事，受人敬拜，这是古人不懂得自然科学，因而不能解释自然现象的结果。由此，古人遂将人的“饮食、起居、贫富、贵贱、疾病、生死，皆属之于神，归之于天”。而古代帝王则“称天为治”，以“愚民”、“抑民”。这就是天命论的由来。

天命论的实质是“称天为治”，它禁锢人的思想，阻碍社会进化。有识之士指出：“中国之君，自称天子，以天命天讨之权，操之于一己……呜呼，神道设教，利在一时，称天抑民，害在万世，闻万岁之呼，受天书之赐，专制之祸缘此而萌。”（《中国鬼神原始》，《国民日日报汇编》第二集）这就指出了“中国君权与神权相混合，有胶结不可解之势”（《中国宗教流弊论》，《广益丛报》第103页，1907年4月）的关系，揭露了天命论的危害性。

因此，他们又指出：君权神授说是“臆说”（《国家学原理》，《新译界》第四号），“为诬民之说”（申权：《无政府主义之平等观》，《天义报》，1907 年），“不容于当世”（《淘汰篇》，《大陆》第 1 期，1902 年），它挽救不了君主专制必将被淘汰的命运。当今世界是民权时代，以民权代替君权，以人力代替天命，是历史潮流。“如今世事非从前，全赖人为不赖天。”（《读晋话报谣》，《第一晋话报》第 3 期）中国要独立富强，驾欧美，首先要相信科学，“革天”、“革神”。如说：

> 吾侪今日不欲救国则已，吾侪今日而欲救吾国，一切改革皆次也，必先自革天始。（《辟天》，《神州日报》1907 年 7 月）
>
> 欲振国势，益民智，直宜并神权而扫灭之。（《神权破坏人权出》，《中国日报》1904 年 4 月 9 日）

就是说，为了“救吾国”，“振国势，益民智”，首先是“在革神，在革天”（《瞢薹之来简》，《国民日日报汇编》第一集），“神权破坏人权出”，破神权，复人权。

三　宗教神学必将衰亡

由于西方宗教传入中国与帝国主义侵略密切相关，因而宗教问题，一直是近代中国颇引人注目的问题。特别是 19 世纪末至 20 世纪 20 年代，在思想界发生了一系列的论争。比如 20 世纪初，一方面，除了传教士以及其他宗教神学家宣扬宗教神学，还有某些学者肯定宗教神学的功用，认为“人群不可无宗教”（《论中国前途当作何种宗教》，《东方杂志》第 2 卷，第 5 期），宗教可以“长存”（《宗教扬榷引论》，《东方杂志》第 3 卷，第 7 期），宗教“不可废”（王国维《去毒篇》，《东方杂志》第 3 卷，第 10 期）。另一方面，无神论者则“反对宗教”，认为：“夫宗教者，束缚人之思想，阻碍人之进步，使人信仰，使人服从者也。信仰则迷信生，服从则奴性根”，从而指出“必破宗教之迂说，除愚朦之习见”（唯物论二巨子《底得娄、拉梅特里之学说》，《大陆》第 2 期）。又比如“五四”时期，对宗教持不同观点的人，不仅撰文论争，而且在少年中国学会组织的宗教问题讲演会上同台讲演论争。在少年中国学会组织的三次讲演会上，梁漱溟、屠存实等人是肯定宗教的，王星拱、李石曾等人是反对宗教的，当时，北京大学哲学研究社，南京少年中国学会分会也举行了关于宗教问题的讲演会。又比如，西方宗教在中国早有组织，多次开会，宣传神学，以扩大宗教的影响。1922 年，世界基督教学生同盟在清华学校开第十一届大会，与此同时，反宗教的人士也召开大会，并成立了“非基督教大同盟”。可见，当时关于宗教问题争论的激烈程度。

由于政治斗争的需要，近代自然科学的影响，反宗教神学队伍日益扩大。他们从不同方面、领域批驳宗教神学，其中比较活跃的或著名的人物，有资产阶级改良派的严复，革命派的陈天华、朱执言、蔡元培、鲁迅等人，无政府主义者的李石曾、吴稚晖、刘师复等人，实用主义者胡适，国家主义派的余家菊、李潢等人，以及其他各界人士，如陈大齐、王星拱、刘叔雅、钱玄同、刘半农、徐长统、左学训、丁文江、陶孟和、刘以钟等人，早期的马克思主义者李大钊、陈独秀、恽代英等人。

科学与宗教神学是不相容的。这一时期的进步思想家、教育家和科学工作者，分析宗教神学的产生，指出其实质，揭露其危害性，是近代无神论的又一特点。他们从人道主义出发，以近代自然科学为根据，对“耶稣乃至一切宗教”神学进行了全面的批判。他们明确表示：不赞成中国如欧美那样的“教会化”，先后提出以教育、科学等“代宗教”，以绝宗教迷信。

关于宗教神学的实质、危害，近代无神论者或具有无神论倾向的思想家指出，宗教与科学有“霄壤”之别，为“绝对的不同物”：科学重实验、讲真理、启迪人智、有利社会进化；宗教重信仰、讲迷信、“设虚伪之词以愚民”。它是人的思想的“桎梏”，它“保存社会贫富贵贱不平之怪状”，为统治阶级利用。他们进而指出：一切宗教所崇拜的上帝、神仙佛，都是无用的“骗人的偶像”（《独秀文存》卷1，第228页），宇宙中根本不存在神秘的大主宰，一切的变化和现象，“都无逃于科学之法则”（《独秀文存》卷3，第57页），这是“唯一自然之真理”（《李大钊选集》第29页）。宗教神学不仅“与现代思想不相容”（左学训：《给慕韩太玄幼椿的信》，《少年中国》第1卷，第7期，1920年1月15日），违反科学和人道主义，还无裨治化，不利于研究学问，“算不得真正的道德”（胡适：《不朽》，《新青年》第6卷，第2号，1919年2月15日）。有的人在揭露宗教神学危害时，甚至将宗教神学说成是“五毒”之一，如说：“世界上有五种最大的毒物——（一）国家主义；（二）宗教主义；（三）家族主义；（四）资本制度；（五）污浊思想；——布满在宇宙的里面。社会的不良，人心的顽固，都因为受了这种毒气的缘故。”（爱真：《五毒》，《新青年》第5卷，第6号，1918年12月15日）由此，他们指出：在“20世纪科学昌明的时代”，为增进自然的、社会的知识，“益世觉民”，在不应迷信佛教、耶稣教的同时，鼓起勇气、奋发毅力、剿灭道教神学（钱玄同：《随感录》，《新青年》第4卷，第5号，1918年5月15日）。

对基督教、天主教等神学的批判，一是以科学为根据，否定上帝存在，否定神创说；一是揭露帝国主义利用宗教作为侵略我国的一种工具。这两方面的内容都是大量的。关于前者，他们从逻辑上揭露宗教神学的自身矛盾，不可信；从科学上揭露宗教神学虚妄不实，说明了“上帝非实有”（《醒后之中国》，《醒狮》第1期，1905年），从而得出：“宗教家抟土之迷信乃不衰而自衰矣”（《淘汰篇》，《大陆》第1期，1902年）。关于后者，主要是揭露了西方宗教在帝国主义侵略中国过程中的作用。如说：西方传教士来中国，各国“政府则利用其殖民”（《论保教适所以仇教》，《外交报》第85期，1904年），“拿传教做侵略的一种武器”（《独秀文存》卷2，第419页）。由于帝国主义利用宗教侵略中国，毒害人民，鸦片战争后，各地人民群众不断地掀起反对西方宗教的斗争，即所谓“教案”。这种反对西方宗教的斗争，不仅打击了帝国主义侵略势力，还推动了思想学术界的反宗教神学的斗争。

对佛教神学的批判，也很鲜明、激烈。他们指出：世界上根本“不有佛”，所谓佛就是“心”。如说：“什么叫佛？心就是佛……我能够有恻隐心，有公德心，有开通民智心，有为民族除害心，有为国牺牲心，我就是一个大佛爷了，我还要人家多拜里，那里还去拜佛。”（《俗弊六则》，《滇话》第5号，1908年）因此，他们反对烧香拜佛，“求福消灾”，因为中国人过去尽管拜佛求菩萨，可“还是人人倒运，国家衰弱”（《恶俗篇·敬菩萨》，《安徽俗话报》，1905年）。至于“佛像”，是人做成的，“泥塑木雕，无知觉，无心肝，怎么会灵”；而“释迦佛的家乡也被英国灭了，竟是不闻不问。他连家乡都不能救，又怎能救我们云南呢?”（《说滇人迷信鬼神之非》，《滇话》第2号，1908年）

对“日本僧人纷至沓来”，在中国传教，他们称之为“返哺”现象，说“况释教之为物也，上之则无用于国家，下之又无裨于社会，而何用彼之殷殷返哺为也”（《论日僧传教之万不可许》，《外交报》第178期，1907年6月），并指出，为防“他日事变之宏，殆将不可思议，是佛教之在吾国，断不可复用”（《保孔教说》，《东方杂志》第4卷，第10期）。有的人甚至提出：“神佛是一定要毁的”，“僧道是一定要驱逐的”（胡适：《论毁除神佛》，《竟业旬报》第28期）。

四　扫除世俗迷信

鸦片战争至“五四”时期，无神论者或具有无神论思想倾向的思想家，对世俗迷信的揭露、批驳是不遗余力的。就连一些信奉某种宗教的人物，也对世俗迷信进行了一定的驳斥。这一方面的内容，在19世纪末至“五四”时期尤为突出。他们有的以反诘的方式，有的摆迷信的害处，有的讲科学道理，甚至从国家兴亡的高度，逐一作了分析和批驳。比如在婚姻问题上，“如命相、阴阳卜筮之类，以为婚姻为前世所定，实有神仙主之；媒妁说后，再求神示，作为媒妁的补充；遇有疑难，卜筮以决，结果，完全排除男女自己的权利”，这是“迷信术数之弊”（《中国婚俗五大弊说》，《中国新女界》第3期）。在自然现象上，“古来说日食月食，是不吉兆之事，古来说雷公火闪，是专打恶人的。如今格致学明，才知道日月食，是算得着的，雷火闪，是考得出的，亦莫有吉凶一说。算得到要日食月食，还叫什么吉凶，考得到雷火缘由，还有什么神灵”（《读书入门》，《启蒙通俗报》第8期）。关于风水，“今中国地理不兴，矿藏不启，每于开矿兴利之举，莫不惑于风水祸福，阻碍百般，坐待困穷”（《风水篇》，《扬子江》第2期）。由于不讲科学，“转令江湖术士逞其愚谬之言，售其欺人之术，传染国民之脑根”（杜亚泉《化学奇观》，《亚泉杂志》第3册）。甚至说：“阻碍中国进化的大害，莫如迷信”（《扫迷帚》，《绣像小说》第43期），“此弊一日不除，则中国一日不可救”（《论中国风俗迷信之害》，《广益报》第183号）。

关于世俗迷信的产生、盛行，他们认为与古代科学不发达、人民生活困难、封建专制制度等有密切关系。如说：“大凡草昧初开之世，必藉神权，无论中西，皆不能越此阶级。中国唐虞以来，敬天祭鬼，祀神尊祖，不过借崇德报功之意，检束民志。自西汉诸儒创五行之论以为祸福自召，而灾祥之说大炽。于是辗转附会，捏造妄言。后世变本加厉，谓天地鬼神实操予夺生死之权。顺之则吉，逆之则凶。由是弃明求幽，舍人媚鬼，淫祀风靡，妖祠麻起。自宫廷以至外臣，自士大夫以至庶民，一倡百和，举国若狂。日醉心于祈禳祀。其遗传之恶根性，牢不可破。虽今日地球大通，科学发达，而亿万黄人，依然灵魂薄弱，罗网重重、造魔自迷，作茧自缚。……故欲救中国。必自改革习俗入手。”（《扫迷帚》，《绣像小说》第43期）

为了打击迷信活动及其思想，反对扶乩，批判“由南而北‘丹田’谬说”，揭露《灵学丛志》、《灵学要志》等的神学实质，他们以自然科学为武器，立足于社会文明进步，除撰专文或以随感录形式出现，与之进行针锋相对的斗争，还有意识地翻译海克尔《宇宙之谜》一书有关章节，作为立论的根据。他们指出，宇宙中根本不存在“幽明二界”，只有客观物质世界；这个世界的主宰是人，而不是神；人不是由阳气所生，是动物进化而成的；人的灵魂是“脑部各部分的机能作用”，人死精神（灵魂）随即消失，不会成为“鬼”，鬼是没有的。所谓“鬼火”是化学元素磷质遇到空气燃烧而发的光。所谓扶乩，也是骗人的，“不过出于扶者之无意识的运动”，“下意识作用”，这是“扶者的变态心理”（陈大齐：《辟“灵学”》，《新青年》第4卷，第5号，1918年5月15日）。

关于《灵学丛志》，他们指出，“其内容荒唐离奇……所设之乩坛日戤德坛，由孟轲主坛，庄周、墨翟二人为之辅，下置‘四秉十六司’，此种说话已属滑稽之极，而某日‘圣贤仙佛’临坛时，各有题诗，周末诸子居然能作七绝诗，孟轲且能作大草，又李登讲音韵，能知 Esperanto（世界语）之发音，此真荒谬”（同上）。其实，这些都是“妖人作伪”，“妖言惑众”（刘半农：《随感录》，《新青年》第4卷，第5号，1918年5月15日），真是“做了人类想成仙，生在地上要上天；明明是现代人，吸着现在的空气，却偏要勒派朽腐的名教，僵死的语言，侮蔑尽现在；这都是‘现在的屠杀者’”（唐俟《随感录》，《新青年》第6卷，第5号，1919年5月15日），它“惑世诬民”，“与社会进化世道人心妨碍颇大”（《记汴粤两妖孽》，《新中国》第2卷，第5号，1920年5月15日）。

关于这种种迷信活动及其思想的产生，有的人指出：“这两年国人因为精神的不安，政治的紊乱，生事的压迫，更加上缺乏科学知识，固执陈旧思想，所以群众心理，忽起变态。什么《灵学丛志》，心灵学、四秉、十六司、城隍、土地、四大元帅、王鼎真人、戤德坛、先天道，百怪先奇，纷纷出现。科学昌明的时代，万不能容这种惑世诬民的东西来作怪害人。”（刘叔雅：译《灵巽论》前言，《新青年》第6卷，第2号，1919年2月15日）这种分析是有道理的。

宗教神学、天命论和君权神授说、世俗迷信，尽管它们产生、形成的历史条件，具体内容及其表现形式不同，但都主张神鬼说，与科学对立，往往为剥削阶级所利用，这是共同的。而主张或承认有神鬼，则是它的立论的前提和基础。所以，历代的无神论者或具有无神论思想倾向的思想家，总是把斗争的矛头指向神鬼说，否认神鬼说，近代也是如此。

鸦片战争后，特别是19世纪末至“五四”时期，不仅一些著名资产阶级思想家本身就是无神论者（或有无神论思想倾向），撰写了一批否认神鬼的文章，而且在这一时期出现的相当多的刊物上，刊载了百十篇未署名或不见经传的作者批驳神鬼说、主张无神鬼的专文，其数量之多，声势之大，前所未有；且大都是以科学为基础，为推翻封建专制制度、建立资产阶级民主共和制制造舆论的，这与古代明显不同。此外，这些文章虽有的是论述、批驳性的，有的是随感录，有的是文艺作品，但其共同点是通俗易懂，活泼生动，观点明确，说服力强。

在批驳神鬼说的同时，他们指出了迷信鬼神的害处，认为它“不但惑乱人心，并且阻碍国家文明之进步”（《论中国人心风俗之坏》，《直隶白话报》第7期社论，1905年），表现在浪费大量有用财物，不利开民智，流毒后代，使人养成奴隶性、依赖性，是人文进化的大障碍，等等。

在批驳神鬼说过程中，他们对迷信神鬼思想在古代和现实中盛行的原因，也进行了种种分析，其中有这样的看法，颇有代表性，即认为有五种原因造成的：“君主之愚民”、“臣民之制君”、“乱民之惑众”、“愚民之祈祷”和“诗歌之鼓煽”等。他们坚信随着社会进步，“格致日明，物理日辟，吾知不出百年，中国士民将无有道鬼神之说者矣”（《中国鬼神原始》，《国民日日报汇编》第2集）。

第四节　近代无神论的分期和思潮

鸦片战争至“五四”运动时期这段历史，虽不过八十余年，然而，它却是我国历史上的一个重要阶段。中国近代无神论，正是在这一历史时期产生、发展的，并由此，中国无神论才有可能，也必然地进入到中国马克思主义无神论新阶段。

随着近代社会的发展，近代无神论也不断地发展，它大体经历了四个时期：萌芽、兴起、发展、成熟。

第一个时期，即1840年鸦片战争至19世纪七八十年代，为近代无神论的萌芽时期。其中，龚自珍、魏源在某些具体问题上有着十分微弱的无神论思想，但却受佛教神学影响。从性质上说，他们那点无神论思想仍属古代范畴。早期自然科学家李善兰、华蘅芳、徐寿的追求科学真理，“无谈”神学迷信的思想；早期改良主义者王韬、马建忠、郑观应、胡礼垣等重“人道”、讲人为，倡近代自然科学批世俗迷信，带有近代无神论思想萌芽性质。

第二时期，即戊戌变法时期前后，其代表人物是康有为、梁启超、谭嗣同、唐才常、严复等维新派思想家。他们主张将封建专制制度变革为资产阶级君主立宪制，在继承中国传统思想文化的同时，相信近代自然科学，并用以说明自然界和人类社会的进化过程，具有反神学的思想。这一点，标志着中国近代无神论思想的兴起。不过，除严复基本上是无神论者外，他们的思想体系中仍有较为浓厚的有神论思想，因此，不能算是一个真正的无神论者。

第三个时期，即1900年至辛亥革命失败，是中国近代无神论形成、壮大、发展时期，也是近代无神论第一次高潮时间。这一时期的无神论，不仅有其代表人物，如陈天华、邹容、章炳麟等资产阶级革命派思想家，无政府主义者，以及许多不见经传（或未署名）的人物，而且在一批报刊（如《杭州白话报》、《大陆》、《浙江潮》、《国民日日报》、《觉民》、《中国日报》、《宁波白话报》、《安徽俗话报》、《民报》、《竞业旬报》、《新世纪》、《滇话》，等等）及其所刊载的大量文章中，不时闪烁着无神论思想火花。这种无神论，主要是以近代自然科学特别是进化论为科学基础，以资产阶级民主、中国独立富强为政治内容，猛烈地抨击封建专制制度、"君权神授"说，怒斥帝国主义侵略者，批驳宗教神学和世俗迷信。它是辛亥革命思想准备的一个重要内容。

第四个时期，即辛亥革命失败至"五四"时期，是近代无神论成熟、思想体系基本完成时期，也是近代无神论的第二次高潮时期。这次高潮，主要是"五四"时期形成的。在这次高潮中，虽然存在多种流派的无神论，但主要有两个基本派别：一是朱执信、蔡元培、胡适、吴稚晖等人的资产阶级无神论；一是陈独秀、恽代英、李大钊等人的小资产阶级激进民主主义者无神论，旋而转变为早期马克思主义无神论。这就决定了这次无神论思想的伟大历史意义。

中国近代无神论是不断发展的。流派林立，表现形式多种。因此说，中国近代无神论，是一种不确切的概念。从理论形态上说，它主要是含有三种类型：古代直观无神论，以近代自然科学特别是进化论为科学基础、以资产阶级民主为政治内容的无神论，"五四"时期早期马克思主义无神论。从发展过程上说，这是前后相承、不同质的三种无神论。其中，以近代自然科学特别是进化论为科学基础、以资产阶级民主为政治内容的无神论，是中国近代无神论的基本内容，主要表现形式。因此，本书一般所说的中国"近代无神论"，主要是指这种无神论。这种无神论是资产阶级反帝反封建的一个重要思想武器，是由资产阶级思想家创立的，因此，它又可叫资产阶级无神论。

可见，从鸦片战争至"五四"时期的八十余年中，无神论经历了两个发展阶段，基本上实现了两个革命变革，即：一是由古代直观无神论发展到资产阶级无神论，二是由资产阶级无神论发展到早期马克思主义无神论，前者是从康有为、严复开始的，它达到时代应有的高度，基本上完成了自己的历史使命；后者是从李大钊开始、并由他完成的，开中国马克思主义无神论的先河。

从鸦片战争至“五四”时期的近代无神论的发展，产生了新的思潮。它主要有两股力量，一是以朱执信、胡适、蔡元培为代表的革命民主主义者无神论，形成了以往历史上未曾有过的战斗的、强大的无神论思潮，猛烈地冲击了中外相结合的有神论逆流。这一思潮，主要有三大特点：一是在近代自然科学基础上形成的，具有科学性；二是为反帝反封建的民主革命提供理论依据、制造革命舆论，具有革命性；三是人物众多，既有一系列刊物为阵地，又有大批专文，具有一定的群众性。因此，它在我国无神论思想史上占有重要地位。这不只说它是我国古代无神论的继承和发展，还因为它是我国古代无神论发展到中国马克思主义无神论的最直接的环节和前提。它的基本理论，今天仍然有其实用价值，有利于普及、宣传无神论思想，净化人们的心灵。

第五节　近代中国无神论的性质、特点与贡献

“近代”概念，现在一般系指 1840—1949 年这一历史时期。本编内容只写了 1840 年至“五四”运动时期的无神论思想。因此，本编中所说的“近代”，就是指这一时期而言。

近代中国人民，特别是他们的进步的思想家，对有神论思想展开了猛烈的抨击，所涉及的范围之广，内容之丰富，均前所未有。在内容上，他们既与天命论、君权神授论、世俗迷信作斗争，也与各种宗教神学作斗争，特别是反对基督教神学。在斗争中，他们所使用的武器，主要是科学与民主，以及传统的人事为本思想、以近代自然科学为基础的唯物主义。而近代自然科学，以星云假说、三大发现为主要科学基础的唯物主义、民主共和国思想等，是古代无神论者所没有的。这一状况，正决定了近代中国无神论的性质、特点、贡献。

“判断历史的功绩，不是根据历史活动家没有提供现代所要求的东西，而是根据他们比他们的前辈提供了新的东西。”[①] 近代中国资产阶级、小资产阶级无神论，在中国无神论思想史上有不少贡献，其主要方面可概括如下：

第一，古代无神论者一般是从维护封建专制制度反对有神论思想的。近代资产阶级无神论者则是从反帝反封建斗争的政治需要上反对形形色色

① 列宁：《评经济浪漫主义》，《列宁全集》第二卷，第 150 页。

的有神论思想的。他们以进化历史观为依据，批判有神论，是与变革现实社会的政治斗争紧密相结合的。他们否认人格神的“天”和“造物主”，认为自然界的进化、社会的发展，是循着自身发展规律不断前进的。资本主义制度代替封建专制制度是历史的必然，所谓君权神授、神学目的论，不过是封建统治者的“护符”、“保障”，实是愚民的工具，从而揭掉了封建君主统治的神权外衣。他们正确地指出，要推翻专制君主统治，必须“革天”，批判天命论和君权神授说；要反对帝国主义，必须否定上帝，批判基督教神学。这种对有神论的批驳与变革封建专制制度、反帝斗争结合起来，不论在广度上还是深度上，都超过了古代无神论。

第二，在科学基础上，近代资产阶级无神论与古代朴素无神论是不同的。资产阶级无神论是以近代自然科学为基础的，它不仅内容丰富，思想深刻，也颇具理论性。资产阶级无神论者不仅认为物质是惟一的客观实在，自然界是先于人类存在的，断然否认存在一个人格神的“天”、上帝、神仙鬼怪的所谓彼岸世界，而且在批判有神论思想的斗争中，依据近代自然科学提出自己的无神论学说。他们根据星云说、生物进化论、细胞学说等近代自然科学理论，说明了现今世界是物质不断演化的过程和结果，人是由动物演化而成的，人类社会是自然界发展而来的。这就从根本上否定了神创说。他们根据的星云说、三大发现为科学基础的唯物主义和生物学、生理学、心理学等近代自然科学理论，较为正确地阐述了物质与精神二者的关系，认为精神是物质进化到一定阶段上的产物，是由“感觉”逐渐发展来的，是人脑的机能。在此基础上，他们指出：精神是物质的精神，不能脱离物质而独立存在；人死神灭，物质不灭。这就较为正确而科学地解释了形神关系，否定了神不灭论，也就是否定了鬼神说，是对古代形神关系上的无神论思想的又一发展。

第三，在分析有神论思想产生的根源及其存在的危害性上，近代资产阶级无神论者比古代无神论者有所前进。古代朴素无神论往往从直观的或经验上分析有神论的认识论根源，近代资产阶级无神论者则以近代自然科学为依据，从社会历史发展上，指出神仙鬼怪观念是初民的“想象”，或是人们的心理作用，后来为统治者所鼓吹而利用，得以流传而存在。这不仅揭示了有神论的认识论根源，也涉及它的社会根源。他们不仅认为有神论思想这种“愚见”的存在，会束缚人的思想，阻碍社会发展，而且有的资产阶级无神论者还接受了宗教是人民的精神鸦片这一马克思主义观点。

第四，近代资产阶级无神论者不只是对种种有神论进行了揭露、批驳和否定，而且还提出“以教育代宗教”、“以美育代宗教”、“以科学代宗教”、以哲学世界观代替宗教信仰主义等主张，并明确指出：今后宗教必将被“废弃”。这就使反对宗教神学的斗争比古代更深入一层，提到一个新的高度。

资产阶级无神论发展了古代朴素无神论，建立了以近代自然科学为基础的、为资产阶级政治服务的新型的无神论，从而为中国马克思主义无神论的产生提供了必要的前提条件。李大钊无神论思想形成、发展过程也说明了这一问题。

中国新兴资产阶级无神论存在的一些明显的弱点和不足，主要有以下几方面：

第一，中国新兴资产阶级无神论者或具有无神论思想倾向的思想家，尽管对有神论的认识论根源、社会根源有一定的分析和认识，但没有、也不可能分析它的阶级根源；他们虽以近代自然科学为根据，批驳有神论的荒诞、虚妄性，但没有、也不可能从其产生、存在的经济根源上进行系统的分析，因而就不可能揭示有神论产生、存在、流传、直至消亡的经济条件。只从科学与神学的对立、神学与政治关系上揭批有神论，也还不能真正批倒有神论。

第二，中国新兴资产阶级无神论者或具有无神论思想倾向的思想家，由于不懂得有神论、特别是宗教神学的产生、存在、流传，不仅是与科学不发达相关，而且是由一定的社会基础、经济条件决定的。因而，他们提出以教育、或美育、或科学、或哲学等代替宗教，在当时是行不通的，希图通过批驳而即能废弃宗教也是不现实的，证明他们过高地估计了理论批判的力量。

第三，中国新兴资产阶级无神论者或具有无神论思想倾向的思想家。他们的无神论思想也存在一些缺陷，甚或错误。他们对天命论、君权神授说、世俗迷信、神仙鬼怪观念、宗教神学等种种有神论的批驳，不能说不激烈、不尖锐，也击中了要害，但其中有的人批驳了基督教神学，却受了佛教的影响；或相反，有的人批驳了佛、道教等神学，却受到基督教神学某种影响，说明这两种人在不同程度上没有看清宗教神学的本质。

中国新兴资产阶级无神论尽管有颇多的不足之处，但它对中国无神论思想史的贡献是主要的，所以应当继承、发扬之，以作为我们宣传马克思主义无神论、批驳有神论的借鉴。

第二章 严复

严复（1854—1921年）初名传初，曾改名宗光，字又陵，又字几道，晚号瘉壄老人，福建侯官（今闽侯）人，福州船政学堂第一届毕业生。1877年至1879年留学英国，归国后，任福州船政学堂教习。翌年调任天津北洋水师学堂总教习，后又升为总办。中日甲午战争后，他在天津《直报》上先后发表《论世变之亟》、《原强》、《辟韩》、《救亡决论》等政论文章，大力提倡西学，批评中国传统的封建旧学，主张创立议院，改革中国的封建专制制度。后译述赫胥黎的《天演论》（原名《进化论与伦理学》），宣传达尔文进化论，企图以"物竞天择，适者生存"等思想，激发国民奋起救亡图存，并以进化论直接批评了宗教神学。这部书在近代中国思想界中产生了深远的影响。接着，他又翻译出版了《原富》、《群学肄言》、《群己权界论》、《穆勒名学》、《法意》、《名学浅说》等著作，比较有系统地介绍了西方资产阶级的哲学和社会政治学说。这些译著在中国近代起了重要的启蒙作用。辛亥革命以后，严复在政治上主张复辟帝制，思想文化上鼓吹尊孔读经，并曾在1913年列名发起孔教会，1915年参加袁世凯的"六君子"筹安会。这时他的思想、行动与时代的发展背道而驰了。1921年10月，他在福建故里病逝。严复的译著有《侯官严氏丛刻》、《严几道文钞》、《严几道先生遗著》、《严译名著丛刊》等。

严复作为中国近代最著名的启蒙思想家，具有鲜明的无神论思想，是我国第一位近代无神论者。

第一节 以自然科学反对宗教迷信

宗教迷信总是把自然物人格化、神灵化。这种思想发展的结果，是把"天"神灵化为上帝，使之凌驾和临监于世人之上。它的意旨就是"天意"、"天命"。严复看到了各种宗教迷信的这一特点，他说："使宗教而不任天，则一切之宗教可以废。"（《孟德斯鸠法意》第20卷，第21章）

因此，要批判宗教有神论，就必须打破对“天”的迷信，还它自然界的本来面目。严复正是这样做的。他对宗教迷信的批判，首先便是以自然界的天去否定人格化的“天”。他认为，从古到今，人们对“天”字有各种各样的解释，有的是“以神理言之上帝”；有的是“以形下言之苍昊”；也有认为它是“无所为作而有因果之形气”。这三种解释“皆绝不相谋”。第一种以神理把“天”说成为上帝，这是有神论。第二种“以形下言之苍昊”，是属于古代的朴素无神论。第三种解释指什么呢？他说：“天演天字，则第三义也。”（以上所引，均见《群学肄言》成章第十六脚注）可见，这第三种解释是建立在近代自然科学（主要指进化论）基础上的近代无神论。很明显，严复是站在近代无神论的立场上，主张的是第三种解释。他认为，“天”就是物质性的自然界，它具有因果规律、可以为人们所认识，毫无神秘的意味。这个“天”经常处在演化之中，严复名之为“天演”。“天演”是什么？严复首先从唯物主义观点出发，指出：“一气之转，物自为变。此近世学者所谓天演也。”（《庄子评语》，《严复集》第四册，第 1106 页）他还根据近代自然科学知识对“天演”之义作了全面的阐释。他认为，宇宙间的各种天体，是由星云逐渐演化而成的，比如就太阳系来说，它初时本是一团“星气”（星云），由于质点间吸力的作用，便收摄成各种球形星体，“太阳居中，八纬外绕”（《天演论》导言二按语），从而形成太阳系。他进一步指出：宇宙间所发生的这种“天演”，是自然界内部“质、力相推”造成的，是自然而然的，其间并无神意的主宰。佛、道、回及基督等教往往把我国古书上的“神道设教”引作有神论的重要根据。对此，严复以无神论观点予以反驳。他说：“《易·系》所云‘神道设教’一语，张清恪解谓：‘阴阳不测之谓神，一阴一阳之谓道’。是为的诂，非释、道、回、景诸教宗所得据也。”（《支那教案论》“教事篇”按语）

“天演”表现在生物方面便是生物的进化。严复说，达尔文的生物进化论，即是“以天演之学言生物之道者也。”（《原强》，《严复诗文选》第 16 页）可是，基督教圣经《创世记》上却宣传地上各种各样的生物都是神（上帝）分别创造出来的。严复一针见血地指出：根据近代生物进化学说，“有生之物，始于同，终于异”……地球上的生物，原来是同一祖先，由于进化的缘故，产生了变异，随着时间的迁转，互相间的区别愈来愈大，以至出现许许多多种类各不相同的生物。可见，“万类之所以底于如是者，咸其自己而已，无所谓创造者也”（《天演论》导言一按语）。严复不但明确地以达尔文进化论批判和否定了传教士宣传的上帝创造说，而且，还用达尔文进化论否定了我国古代宗教迷信所谓的“天”是造物者、“天道好生”等论调。他说：“支那古语云：天道好生。吾不解造物者之必以造万物为嗜好也，其故何耶？此姑不论。但论其既好生物，则必有生而无死而后可谓之‘好生’。若云有生无死，则地不能容，故不容不死。不知同此一器，容积既满，则不能再加，必减其数而后可，此我等之智则然……若造物则当不如是。使造物而亦如是，则其智能与吾等耳，吾何为而奉之哉?”（《保种余义》，《严侯官全集》卷一，第22页）这说明了所谓“天道好生”，事实上是说不通的。他认为，达尔文说的现今地球上各种生物都是由进化而来，才是符合客观的实际情况。“生物之初，官器至简”，通过不断的生存竞争，优胜劣败，“如此递相胜不已，则灭者日多，而留者乃日进，乃始有人。”（同上）所谓“天”是造物者，是站不住脚的，天地间根本不存在有什么造物者和“天道好生”的事。达尔文的进化论——“争存天择之理”，则是“不可易”的真理。

那么，在世界上，被称为“万物之灵”的人类又是怎样来的呢？严复根据达尔文进化论明确地指出：

> 古者以人类为首出庶物，肖天而生，与万物绝异；自达尔文出，知人为天演中一境，且演且进，来者方将，而宗教抟土之说，必不可信。（《天演论》导言一按语）
>
> 人道为生类中天演之一境，而非笃生特造，中天地为三才，如古所云云者。（同上书，导言十二按语）

他还举出达尔文的《人类起源和性的选择》、海克尔的《人的进化》、赫胥黎的《人在自然界中的位置》，说这三本书“皆明人先为猿之理”（同上）。他认为，这一论断已是“证据厘然”，不可动摇的。当然，严复反驳宗教神学的上帝创造人的说法，纯粹是依据自然科学，他所说的人是自然的“人”；至于人怎样真正与动物界脱离而成为社会的人的问题，那是在他的视野之外。

总而言之，在严复看来，整个自然界——从宇宙空间的各种天体到地球上形形色色的生物以至人类，都是自然演化出来的，并没有什么神灵、上帝的创造。这样一来，便把神灵、上帝从自然界中驱逐出去了。

对于人类社会，无神论与有神论也存在根本的分歧。在宗教有神论看来，既然人是天神、上帝的创造物，那么，人类的社会生活自然也是要按照天神、上帝的意旨安排的。严复根据斯宾塞的普遍进化学说，把进化论运用到人类社会，认为人类之所以组织成为社会，也是由于“物竞、天择”，从进化而来的。他说：

> 人之由散入群，原为安利，其始正与禽兽下生等耳……夫既以群为安利，则天演之事，将使能群者存，不群者灭；善群者存，不善群者灭。(《天演论》导言十三按语)

在物竞天择的进化规律的作用下，人类为了自己的安全和利益才组成了社会，而人类社会的形成也正是物竞天择——进化的结果。可见，人类的社会生活绝不是按什么天神、上帝的意旨安排的。由于严复基本上是按照自然科学的进化论观点去理解社会历史及其变化发展，因而对于社会历史变化发展的基础和动力，是一无所知的，他的社会历史观点从根本上说还是属于唯心主义。但他明确肯定，社会历史的变化发展是一个客观过程，完全排斥了宗教神秘主义，表明了他在社会历史领域也坚持了无神论观点，这是可贵的。

第二节 强调人为，反对天命

天命论者一方面是宣扬神的万能，大讲天命，另一方面又极力贬抑人的作用，颂扬怯懦、服从驯服。神学家宣传说，“一切皆天之所命也”(转引自《孟德斯鸠法意》第23卷，第21章)，人只能服从神的旨意，听天由命，不能有什么作为。严复反对这种有神论的说教。他认为，在宇宙间，造成事物的种种变化，除物质的自然“天演”和人为的作用以外，再也没有什么别的东西了，更无所谓神灵、上帝置身其间。他说，有神论是“任天”的，否定人的作用，“而吾国之民，上者乐天任数，下者谄鬼祷祈，此其性质，实与宗教最合”(《孟德斯鸠法意》第23卷，第21章按语)。他认为这种崇信天命和祷祈鬼神，“而谓人功无取者”，是“亡国之民”(同上)。为了反对天命，他把中国的封建世俗迷信与西方国家资产阶级的积极进取精神相比较，说：“其于祸灾也，中国委天数，而西人恃人力”(《论世变之亟》，《严复诗文选》第5页)，因此，“凡遇中土旱干水溢，饥馑流亡，在吾人以为天灾流行，何关人事，而自彼而论，则事事皆我人谋之不臧”(《救亡决论》，《严复诗文选》第63页)。严复主张学习西方资产阶级积极进取的精神，摆脱天命论的束缚。他说：“天固何尝为不织者减寒，为不耕者减饥。”(《原强》，《严复诗文选》第23页)

因此我们只有以人力去争取，绝“不事事听其自至”（同上）。

在“任天”“任人”的问题上，斯宾塞主张任天为治，听任天演自然，否定人为，说什么“因任自然，依乎天理，而无或间以其私，斯天演常进于最宜，而无为之义贵矣。”（《群学肄言》宪生第十四）严复反对斯宾塞这种任天为治、否定人为努力的错误思想，强调“与天争胜”。他看到赫胥黎的《天演论》讲述了“天人互争”，注重了人为的作用，旨在“救斯宾塞任天为治之末流”，因此把它翻译介绍到中国来，以激发国人的奋发努力。斯宾塞虽然承认自然界是客观的物质实在，但他主张“任天”，否定人为，要人们听命天演之自然，实属一种宿命论思想。

那么，天与人的关系应怎么处理呢？严复说：

> 顺天者存，逆天者亡。天者何？自然之机，必至之势也；阅今而考古，格物而致知，必求真实而后已者。凡为此耳，夫非妖祥咎征之谓也。（《原富》部丁篇8按语）

他这里所讲的“天”，是指自然界的客观规律。人们只有按照自然的客观规律去做，才会取得胜利。若违反了它，就必然失败以至灭亡。所谓“顺天”是讲通过人为的努力，探求事物的客观规律，并运用它去改造现实，以争取较好的生存条件，绝不是“妖祥咎征”一类封建世俗迷信的把戏。在这里，严复把遵循客观自然规律与人为的活动二者结合起来。这正如吴汝纶为严译《天演论》作的叙中所说的：“人之争天而胜天者，又皆天事之所苞，是故天行人治同归天演”。

赫胥黎虽讲“天行人治”、“同原而相反，是所以成其变化者”，也适合于社会的“修齐治平”，但他的思想是偏重在人与自然界的关系方面，而严复强调以人为促进天演的思想，则主要是反映在社会历史领域。这是由于中国近代急切要解决中国向何处去的问题这一历史特点所决定的。严复当时面临的社会问题是改革封建旧制度，发展资本主义，挽救民族的危亡。要改革封建专制制度，就必须打破传统的君权神授说，君权神授思想即是一种天命论思想。“受命之君，天意之所予也”（《春秋繁露·深察名号》）。这种思想成了改革封建制度的一大障碍。严复为了推进资产阶级的改革，提出了一种相反的意见。他说：在人类社会里，当人性还未尽善的情况下，人们为了维护自己的切身利益，在人群中，“择其公且贤者，立而为之君”（《辟韩》，《严复诗文选》第86页）。他的这一观点，实质上是讲君权“民授”，以人为代替天命，否定了中国传统的君权神授思想。但那时迫在眉睫的是民族的存亡问题。怎么救亡图存呢？严复认为，如果人们按照传统的迷信思想，“乐天任数”或“谄鬼祷祈”，不去努力奋斗，那么，中国在“天演”中将必然会“亡国”。相反的，如果我们以积极的态度，奋发“争存”，实行“鼓民力”、“开民智”、“新民德”，即禁止吸鸦片和妇女缠足，提高人民的健康水平；废除科举，学习西方资产阶级的文化科学知识；设立议院，实行资产阶级的平等、自由，等等，只要这样做了，那么我们的民族和国家就可以转贫弱为富强，站立于世界之上。

严复这种充分相信和肯定人的作用、以人为否定天命的无神论思想，反映了新兴资产阶级的自信和积极进取的精神。但这里要指出，严复是站在维新派的立场上，他讲的人为，主要是指资产阶级的逐步改革，是排斥革命的。后来，章太炎、邹容、孙中山等革命派思想家以革命反对天命，就比严复前进了一大步。

第三节　以科学的实证反对宗教虚妄

如果说，康有为、谭嗣同也曾运用一些近代自然科学知识，对宗教迷信作过一定的批判，那么，严复则不但以进化论等自然科学对宗教神学进行了有系统的批判，而且还运用科学的方法去反对宗教神学的虚妄。

严复在向西方国家寻找真理时，不但注意吸取它们的近代自然科学成果，同时还学习了西方资产阶级的科学方法，这主要就是逻辑归纳法和演绎法。其中，他尤为注重培根的唯物主义经验归纳法。这一科学方法，他称之为“实测内籀之学”（《天演论》论十一按语）。他对这一科学方法曾加以具体的说明：

> 大抵学以穷理，常分三际：一曰考订。聚列同类事物而各著其实。二曰贯通。……考订既详，乃会通之以求其所以然之理。于是大法公例生焉。……第三层谓之试验。试验愈周，理愈确实矣。（《西学通门径功用说》，《严侯官全集》卷1，第19页）

这里说的第一点，也就是他所谓的“即物实测”，即通过对客观事物的实际考察，积累大量可靠材料，这是整个科学方法的出发点。第二点是他所谓的“内籀”，即从“即物实测”所得的可靠材料中，归纳出公理、法则。第三点是把所求得的公理、法则拿去试验，看其结果是否正确。严复揭露、批判宗教神学的虚妄无实，主要就是运用这种唯物主义的经验归纳法。

严复抓住宗教的虚幻性的特点，从科学方法论上对它进行了多方面的揭露和批判。严复认为，宗教迷信的荒谬，在于它的虚妄无据。如佛教的“三世因果之说”，便是全“无确据”（《天演论》论7按语）的。又如神秘的五行说，“所据既非道之真，以言万物之变，乌由诚乎？（天地五行，开口便错）”（《穆勒名学》部〈乙〉篇4第7节按语）。其他的宗教也是如此，它们所托，“莫不载灵异，言感生，表圣迹，然而皆无据”（《孟德斯鸠法意》第24卷，第8章按语）。严复还特别讲到中国的封建世俗迷信的“九流之学”，他说：

> 中国九流之学，如堪舆、如医药、如星卜，若从其绪而观之，其不顺序；第若穷其最初之所据，若五行支干之所分配，若九星吉凶之各有主，则虽极思，有不能言其所以然者矣。无他，其例之立根于臆造，而非实测之所会通故也。（《穆勒名学》部〈乙〉篇4第6节按语）

这里，他明确地以唯物主义的经验归纳法，对中国传统的封建世俗迷信思想作了较为全面的分析批判，指出具有神学迷信性质的“中国九流之学”，从其推衍来看，似乎都有逻辑顺序，但其推论的根据和前提却是“臆造”的，根本违背了唯物主义的经验归纳法。宗教神学这些虚妄无实的东西，当然是站不住脚的，随着科学的发展，必然会被推翻。严复举西欧国家的历史来证明这一点。他说：“五百年以往，教力之大盛于欧也，彼皆隤然以旧、新二约为古初之天语，上帝运无穷悲智，于以默示下民，凡说之与此异者，皆殃民之妖魅也。乃三百年以还，其中无实虚诬之言，在为科学之所发覆。”（《孟德斯鸠法意》第25卷，第15章按语）因此，“格致哲学日精，而宗教神权日坠”（同上书，第28卷，第31章按语）。说明宗教的虚妄“为科学之所发覆”是一种必然的历史趋势。

宗教崇拜抽象的实体，如佛教的“真如”，耶稣教的“上帝”，都是“无对”的绝对的精神实体。严复认为，从逻辑上讲，这在宇宙间现实的物质世界中，也是没有的东西。他在《穆勒名学》里说：“自名理言之，天下无无对之名也。今如但言浅近，则‘父、子’、‘夫、妇’诸名为异名之对待，‘朋友’一名为同名之对待……”因为从人的认识来说，“人心之思，历异始觉；故一言‘本’，必有其非水者，一言‘风’、‘草’、

'木'，必有其非风、非草、非木者，与之为对。而后可言、可思，何有无对独立者乎?"（《穆勒名学》部〈甲〉篇2第7节按语）他这里说的"对"是指矛盾。他还说："世间一切可以对待论者，无往非实。"（同上书，部〈甲〉篇3第8节按语）宗教有神论所谓的神灵、上帝，既然是独立"无对"的，那自然是非实有的。可是，宗教有神论却又鼓吹这虚幻无实的神灵、上帝创造和支配宇宙万物，这是说不通的，他说："往者释氏尝以真如为无对矣，而景教（本为耶稣教之一宗……）则以上帝为无对矣；顾其说推之至尽，未有不自相违反者。"（同上书，部〈甲〉篇2第7节按语）宗教神学不能自圆其说的矛盾，严复在这里并未具体指出，到后来，章太炎在《无神论》里才从逻辑上给以尽情的揭露。

严复从逻辑方法上对宗教神学的批判，进而指出宗教与科举的根本对立。他说：

> 教之为物，与学绝殊；学以理明，而教由信起，方其为信，又不必与理皆合也。（《孟德斯鸠法意》第25卷，第15章按语）
>
> 西学与之西教，二者判然绝不相合。"教"者所以事天神，致民以不可知者也；致民以不可知，故无是非之争，亦无异同之足验，信斯奉之而已矣。"学"者所以务民义，明民以所可知者也；明民以所可知，故求之吾心而有是非，考之外物而有离合，无所苟焉而已矣。（《救亡决论》，《严复诗文选注》第159—160页）

在严复看来"教"与"学"可以说是截然对立的。"教"讲事神，提倡对神灵、上帝的盲目迷信，不讲是非，无真理可言，更谈不上实际的验证；"学"则是要探究有利于人民的道理，提高人民的智慧，因而它必须分清真理与谬误，而且要经受实际的检验，一点也苟且不得。而且严复还从学理上进一步指出：

> 大抵中外古今，言理者不出二家，一出于教，一出于学。……言学者期于征实，故其言天不能舍形气；言教者期于维世，故其言理不能外化神。（《天演论》论十六按语）

这里，他把科学与宗教的分歧，提高到唯物主义和宗教唯心主义两条哲学路线对立的高度。他的思想倾向明显地是站在唯物主义路线一边。

严复认为"教"与"学"的这种分歧是多么的清楚。可是"中国政家……且举宗教学术而混之”（《孟德斯鸠法意》第 19 卷，第 17 章按语）。如过去中国君师之权出于一、因而教与学之事合而为一。戊戌时期，康有为、谭嗣同等人提倡西洋的近代科学，又要建立新孔教，以图推动变法维新，把宗教与科学调和折中起来。严复认为这种做法是很错误的，他说，在宗教的神灵世界中，“固无从学，即学之亦于人事殆无涉也”（《穆勒名学》部〈甲〉篇 2 第 8 节按语）。如果我们不晓得“教”与“学”的区分，把两者混淆起来，“将不徒其学为谬悠无实也，而其教亦将以人例天，敢为妄诞之说，以自欺欺世”（《原富》部戊篇 1 按语）。严复这样坚决主张划清“教”与“学”的界限，事实上是要把宗教从学术领域里驱逐出去，同时也是反对宗教神学借学术的名义干涉世事。他的这一思想比康有为、谭嗣同等人大大前进了一步。

第四节　要民智国强，必须清除宗教的祸害

严复在一定程度上看到了宗教对国家社会产生的不良后果。与他的无神论思想紧密相连的，是他对宗教的消极的社会作用的揭露和批判。

严复说：“西谚有曰：魔之第一能事，以其说谎。又曰：妄则终凶。”（《孟德斯鸠法意》第 24 卷，第 22 章按语）他引述西方国家的这个谚语，表达了自己对宗教的基本看法。宗教神学是骗人的，它本质上是虚妄的，而虚妄则必然导致有害的社会后果。严复认为，宗教迷信之害，首先在于它是国家社会进步的阻力，西班牙、葡萄牙便是个很好的例证，他说：“西班牙、波陀噶尔二国，政窳民漓，由来远矣。受天主旧教之害最深，虽处群雄之间，民怀自奋之意，而神甫力大，有以制之，使改弦易辙，其道无由。”结果在美西战争中，西班牙大败。严复认为，西、葡二国“使其沿而不革，则十年以往，善则为法兰西之革命，不善则为波兰之瓜分。旧教之为祸，岂不烈哉！”（《原富》部丁篇 7 按语）除了西班牙、葡萄牙，沙俄也是个典型例子。他说：俄罗斯“深宗教之迷信，禁报章之昌言，其塞一是之开通，保其礼俗，于以成其专制之治”，结果如何呢？在对外战争中，“有百败而无一胜”（《孟德斯鸠法意》第 19 卷，第 12 章按语），以至造成了“革命之局”。这些都说明了，宗教是维护旧统治秩序、造成国家社会“政窳民漓”，它是进行改革的严重障碍。一个国家如果不摆脱宗教的束缚和支配，不激成革命，也会败于列强而有被瓜分的危险。

严复上面说的虽然是沙俄和西班牙等国的历史教训，其实是在影射中国。当时的中国外受帝国主义列强的欺凌，内部正在酝酿着革命，而清朝

统治者却顽固坚持封建专制统治，反对任何政治改革，国内封建世俗迷信也相当严重。严复说：对于宗教，“中国今日所既知其非而犹踵其事者岂少也哉?”“近之宫闱之中，远之圭筚之内，大者秩宗之所典，小者村妪之所谈”（《孟德斯鸠法意》第24卷，第22章按语），无非是宗教迷信之事。这类宗教迷信，是当今中国社会“进步之沮力”（同上）。为什么?他认为，“国之强弱贫富治乱者，其民力、民智、民德三者之征验也，必三者既立而后其政法从之。”（《原强》，《严复诗文选》第24页）国人的智、德、力是国家的根本，只有民智、民德、民力提高了，国家和民族才能日进于文明与富强。民智、民德、民力三者中，开民智是关键。要开民智，靠的是科学，因此他对科学极其重视，他曾说：“吾党日求为文明人，舍宝贵真实，别无安身立命处也。”（《孟德斯鸠法意》第24卷，第22章按语）这里说的“真实”即指科学。他以为，宗教迷信之害，主要就在于它用虚妄的神学说教反对科学，愚弄人民。如何反对宗教的祸害呢？他以为，第一是努力研究和掌握科学，以摆脱“笃教”（同上书，第28卷，第41章按语）之弊。第二是大力提倡教育。提倡教育“最大之目的，曰：去宗教之流毒而已”（同上书，第24卷，第20章按语）。这表现了他作为近代启蒙思想家的本色。

值得注意的是，在批判宗教的有害社会作用方面，严复还特别揭露了资本帝国主义侵略者在中国传播耶稣教对于中国的民族和国家的严重危害。他说，耶稣教早已传入中国，“何至于今，而教案日繁，缙绅弗道?盖彼之所以行之者，条约也，条约得以兵力者也”（同上书，第19卷，第27章按语）。严复这话的意思是说，基督教传入我国较早，只是到了近代，西方殖民主义者通过不平等条约，把它强加给中国人民。从此，基督教在中国的传播与资本主义列强的侵略直接结合在一起，因而遭到中国人民的坚决反对，这是理所当然的。

严复清楚地看到了，西方传教士在中国“传教”活动实是一种侵略，对于我们的民族和国家造成了极为严重的威胁。他说：“教会之有权，国家之蠡贼也，是故政法之家恒惴惴然恶之，而顾早为之所。……比者吾国耶稣军之众日张，而据产亦至富，顾国民犹在睡梦之中……”（同上书，第25卷，第5章按语）这一情况实在值得忧虑。又说：基督教“在欧、美已世衰矣”，可是他们这种已衰朽的东西却在我们东方的国家盛传起来。可以断定：“他日乱吾国者，其公教乎？此不待智者而可知者也。”（同上书，第25卷，第2章按语）“公教”即基督教。在这里，反映了严复的忧国忧民的爱国主义思想。

从上所述，我们可以看到，严复是从资产阶级要改革封建专制制度和维护民族独立的需要出发，态度鲜明地反对了宗教蒙昧主义和资本主义列强的宗教侵略。

第五节　严复无神论思想的局限性

严复并没有完全否定宗教，他的无神论思想不彻底而有严重的局限性。他赞同斯宾塞斥责一些人彻底否定宗教的“过失”，认为“宗教精粗不同，而无可废之一日”（《群学肄言》教辟第12脚注）。严复为什么要保留宗教？照他的说法，主要有两个理由：第一，在“六合之内”即在现实的物质世界中，并无神灵、上帝的存在，这是肯定无疑的；但在“六合之外”的那个不为人们所感知的彼岸世界，是否有神灵、上帝的存在，那是不得而知的，因而是不能完全否认它。第二，宗教对人类社会有其特别的效用。他说：宗教“于人心有至灵之效”（《孟德斯鸠法意》第17卷，第3章按语），因而它有“维持社会之功”（同上书，第8卷，第13章按语）。正是由于这样的缘故，他在反对宗教迷信的同时，又要承认宗教的存在，这种思想的矛盾充分反映了他的无神论思想的不彻底性。

他的无神论思想的不彻底性，首先是他的资产阶级立场所决定的。资产阶级维新派康有为、谭嗣同等人，都在不同程度上害怕人民群众，特别害怕农民群众起来革命，因而他们都需要宗教来安抚群众，使他们不至于作出越轨的行动。在这一方面，严复也不例外。他很害怕革命，特别害怕发生像法国那样的大革命。他认为，只有宗教才能从心灵上解决问题，导引“小民”为善。他举出西方资本主义国家的宗教为例，具体说明这一点。他说：

> 今微论西洋宗教如何，然而七日来复，必有人焉聚其民而耳提面命之，而其所以为教之术，则临之以帝天之严，重之以永生之福。人无论王侯君公，降以至于穷民无告，自教而观之，则皆天之赤子，而平等之义以明。平等义明，故其民知自重而有所劝于为善……西洋小民，但使信教诚深，则夕惕朝乾……内省不疚，无恶于志，不为威惕，不为利诱……民之心有所主，而其为教有常，故其效能如此。（《原强》,《严复诗文选》第30页）

戊戌维新失败以后，在民主革命潮流汹涌澎湃的形势下，严复更需要发挥宗教特有的欺骗和麻醉群众的“效能”去导民为“善”。在此期间，他接连发表《群学肄言》，《孟德斯鸠法意》等译著，大讲宗教的效用，明确反对废除宗教，正说明了这一点。也正是由于对宗教的需要，在反对资本帝国主义的宗教侵略的同时，却又认为西方的基督教的根本教义，对于当今的中国还是有补益的。他说：

> 教者，随群演之浅深为高下，而常有以扶民性之偏。今假景教大行于此土，其能取吾入之缺点而补苴之，殆无疑义。且吾国小民之众，往往自有生以来，未受一言之德育。一旦有人焉，临以帝天之神，时为耳提而面命，使知人理之要，存于相爱而不欺，此于教化，岂曰小补！……苟得其术，虽有利而无其害可也。（《孟德斯鸠法意》第 19 卷，第 18 章按语）

中国的人民群众要反抗，要革命，这在严复看来，便是“民性之偏”，是“缺乏教育”的主要表现。而基督教却提倡“爱仇敌”论，说什么“不要与恶人作对，有人打你的右脸，连左脸也转过来由他打”，等等。严复以为，用基督教这类说教去“教化”老百姓，“扶民性之偏”，使知人理而“相爱”，不是很有益的吗？

关于为什么需要用宗教“教化”小民？严复还有进一步的论述。他说：在社会进化不甚高的情况下，完全靠道德不足以维世的情况下，宗教还是非有不可的。他说，康德等人根据“善者，人性也”，曾提倡道德独立之教，认为“道德独立者，宗教虽灭，人道亦有以自存也”。严复不完全赞同康德的意见。他以为不能笼统地这么说，而是要依“民质”的进化情况而定。他说：“世法莫不相倚而立者。使民质汙，道德固无由独立，方独立之说不足维世，其时宗教之义自不可破；迨民质进而宗教义衰，则独立道德将自有以持世而有余。”（同上书，第 24 卷，第 8 章按语）可见严复是从资产阶级实用主义去看待宗教的，只要对资产阶级维持世道有利，宗教就有存在的必要。他的阶级局限性在这里表现得至为明显。

严复的无神论思想的不彻底性还有其认识论的根源。严复的唯物主义思想并没有贯彻到底。他由于受到了穆勒、赫胥黎等人的思想影响，走向不可知论和唯心主义。穆勒和赫胥黎认为，人的认识止于感觉，举例来说，今有一物于此，视之泽然而黄，臭之郁然而香，抚之挛然而员，食之滋然而甘者，吾知其为橘也。假如去掉这种种感觉，则“橘所余留为何物耶？”那是“断断乎不可知也”。“是故物之本体，既不敢言其有，亦不得遽言其无”（《天演论》论九按语）。严复几乎完全接受了他们的这种思想，认为“万物本体虽不可知，而可知者止于感觉”（《穆勒名学》部〈甲〉篇3第8节按语）。比如说，我们对于一个圆形的红石子，从感官所得到的是这石子为圆形，赤色、坚硬等感觉。于是他得出结论说：“石子本体，必不可知，吾所知者，不逾意识，断断然矣。”（《天演论》论九按语）正是根据这一思想，严复认为凡是感觉以外的东西，都是“不可思议”的，如涅槃，真如、上帝、天地元始、造化真宰，万物本体，等等，都是不能感知，不可言说的。因此，关于神灵、上帝的有无问题，我们只能采取“存而不论”的态度，他说：“神道幽渺，非人能知，所以六合之外，中国圣人存而不论。”（《支那教案论》《教事篇》按语）他的经验归纳法也同样存在类似的缺陷，他认为，天下凡是对待的事物都是可认识的，孤立无对则不可理解，具体说来便是：从逻辑上讲，“理之可解者，在通众异为一同，更进则此所谓同，又成为异，而与他异通于大同。当其可通，皆为可解，如是渐进，至于诸理会归最上之一理，孤立无对……则不可解不可解者，不可思议也。”（《天演论》论十按语）他认为，佛教的“真如”，耶稣教的“上帝”，都是独立无对的，因而是属于“不可思议”的东西（《穆勒名学》部〈甲〉篇2第7节按语）。这便是他不敢否认有神灵、上帝存在的缘故。

从思想认识上说，严复之所以接受穆勒、赫胥黎等人的思想影响，陷入不可知论，主要在于他没有很好地掌握辩证法思想。他不懂得矛盾是普遍的，根本不存在“孤立无对”的东西，因而也就不懂得物质本体与物质现象是对立统一的，物质现象是物质本体的表现。人们在实践中通过感官认识物质的现象，获得感性认识，又由感性认识进到理性认识，从而了解到现象背后的本体、客观存在的事物都是可认识的，凡是不可为人们所认识的，都属于客观不存在的、虚幻的东西，如所谓神灵、上帝之类。可是，严复却把客观存在的、可以被人认识的、实实在在的物质本体与虚幻的所谓“无对”的神灵、上帝混为一谈，认为二者同属于不可知的领域，从而，给神灵、上帝留下了藏身之所。他的失足就在于此。严复这一思想局限后来被革命派章太炎、朱执信等人所克服。

这里必须指出，严复的无神论思想尽管有这种种局限和不彻底的地方，但是，在我国近代无神论的初创时期，他出色地运用了近代自然科学（特别是达尔文进化论）和建立在近代自然科学基础上的经验归纳等逻辑方法，从各个方面对宗教神学进行了批判，把神灵、上帝从自然界、人类社会以及学术领域驱逐出去，而且他明确地以自然科学的“真”、“实”

去与宗教迷信的“虚”、“妄”对立起来，形成了比较有系统的近代无神论思想。可以说，严复是我国第一个近代的无神论者，在中国近代无神论思想发展史上占有很重要的地位。

第三章　章炳麟

章炳麟（1869 年—1936 年）初名学乘，后改名炳麟，字枚叔，号太炎。他出生于浙江省余杭县仑前镇的一个封建地主家庭，自幼熟读中国传统的经史。1890 年至 1896 年入杭州诂经精舍，从古文经学家俞樾学习。

章炳麟在杭州求学期间，受康有为等人的改良主义思想的影响，于 1895 年加入上海强学会。1897 年 1 月去上海任《时务报》编撰，与梁启超等共同鼓吹改良主义思想，被谭嗣同誉之为“司马相如”。但因崇尚古文经学，很快与康、梁的今文经学发生矛盾，“论及学派，辄如冰炭”（《致谭献书》）。同年 3 月被排挤出《时务报》编辑部。随后，他去杭州与宋恕等人合作办《经世报》。1898 年春，他去武昌为张之洞办《正学报》，不久因讥评《劝学篇》被张驱逐。戊戌变法失败后，他因逃避追捕，一度流亡台湾并东渡日本。这一时期，章炳麟在报刊发表了不少论文，结集并出版论文集《訄书》。在这些论文中，他驳斥有神论，宣传无神论，为变法维新服务。

1900 年 7 月，章炳麟参加了唐才常、严复等人在上海召开的“中国议会”，因反对他们打着“勤王”的旗号搞武装起义，愤然剪掉辫子，以示与改良主义决裂。1902 年，章炳麟第二次去日本，接受孙中山的资产阶级民主革命纲领。回国后修改《訄书》，清算自己前期的改良主义思想（《訄书·客常匡谬》）。1903 年春，他在上海参加爱国学社的革命活动，为邹容的《革命军》作序，同时发表《驳康有为论革命书》，驳斥康有为反对革命的谬论，指出“在今之世，则合众共和为不可已。”这些革命宣传，产生了巨大的影响。清政府命上海道官员勾结英帝国主义者，逮捕章炳麟、邹容，囚禁于上海英租界监狱。章炳麟在狱中坚持斗争，并与外界联系，于 1904 年与蔡元培、陶成章等人组织光复会。1906 年 5 月，他出狱去日本，加入中国同盟会，主编《民报》。在《民报》发表一系列宣传民主革命、与立宪保皇派进行不调和的斗争的论文。“真是所向披靡，令人神旺。”[1] 后因同盟会内部矛盾导致章炳麟、陶成章等人脱离同盟会，1909 年重组光复会，并在报刊上发表文章攻击孙中山，对革命事业造成极为不利的影响。这一时期，章炳麟发表了一系列政治、哲学论文和学术专著，其中所阐述的无神论思想，是其思想体系的重要组成部分。

辛亥革命爆发后，章炳麟回国，立即与立宪派结合在一起，成立“中华民国联合会”（后改为统一党），支持袁世凯、黎元洪篡夺革命果实，反对孙中山、黄兴为代表的革命派。后一度参加孙中山的护法军政府，但仍支持黎元洪。“五四”运动后，章炳麟从“趋时”变为“复古”，主张尊孔读经，反对新文化运动和新民主主义革命，便逐渐被人们遗忘了。与此相应，他向有神论妥协和投降，承认灵魂不灭和算命之类的迷信。

第一节　前期的无神论思想

章炳麟的无神论思想，主要分为两个时期，即 1900 年 7 月前的前期无神论思想与 1900 年 7 月至 1911 年辛亥革命爆发前的无神论思想。这两个时期的无神论思想，无论是哲学理论基础还是政治主张，都有显著的不同，必须加以区别。至于辛亥革命失败后，随着政治上的保守与没落，他向有神论妥协了，这是坚持唯心论导致的必然结果。这里论述他前期的无神论思想。

章炳麟在前期是个改良主义者，他自己并不讳言，1903 年他在致柳亚子等书中说：“丁酉（1897 年——引者）入时务报馆……而尚不能不迷于对山（指康有为——引者）之妄语。《訄书》中《客帝》诸篇，即吾往岁之覆辙也。今将是书呈览，二子观之，当知生人智识程度本不相远，初进化时，未有不经纪孔、保皇二关者，以此互印如何？”（《章太炎政论选集》，第 191 页）尊孔、保皇是资产阶级改良派的特征，章炳麟也如此。但他们打着尊孔的旗号，宣传的是资产阶级维新变法，即保皇也并非维护封建君主专制，而是搞资产阶级的君主立宪。他们认为，只有变法维新走资本主义道路，才能抵御帝国主义的侵略，挽救中华民族的危亡。为此，在思想战线上的一个重要方面就是批判中国传统的天命论，批判为帝国主义侵略服务的基督教神学。

章炳麟这一时期的论文，于 1899 年编成文集《訄书》（木刻本）出

[1] 鲁迅：《关于太炎先生二三事》。

版，同年8月至1900年2月发表于梁启超主编的《清议报》的《儒术真论》（包括其中所附的《视天论》和《菌说》），集中表达了他的无神论思想。1900年4月，章炳麟将《儒术真论》及其附文赠严复，希望“大匠为施绳削”（《章太炎选集》第109—113页）。可见直至这时，这些著作仍然代表章炳麟前期的思想。我们分析他这一时期的无神论思想，也以这些论著为根据。

章炳麟前期的无神论思想，是在批判中国传统的天命论、鬼神论，批判基督教的上帝创造世界、主宰世界的有神论中阐述的。主要集中在以下几个问题上。

一　以自然之天否定人格神之天

天是自然之天，还是人格神？这是无神论与有神论斗争的重大问题。到了近代，问题依旧，内容迥异。章炳麟为反帝国主义侵略和反封建主义的需要，既批判中国传统的天命论，又批判为帝国主义侵略服务的基督教上帝创世说。

君权神授，皇帝乃天之子，国家的治乱安危，也由天命决定，这是封建君主专制的神权支柱。“天不变，道亦不变”，则是封建顽固派反对变法和革命的理论依据。资产阶级要维新变法、要革命，就要推翻君权神授说，论证天是自然之天，天道变，人道也变。这就是近代在天道问题上与古代相比，所具有的不同阶级内容。批判基督教的上帝创世说，则是反对帝国主义统治，争取民族独立的需要。19世纪80年代末，康有为在《诸天讲》、《万木草堂口说》中论证天是自然之天。90年代，严复在《直报》上发表论文，尤其是在《天演论》按语中，以自然之天，否定上帝创世说，产生了巨大影响。章炳麟继康、严、谭之后，进一步论证天非人格神，而是自然之天，否定天命论和基督教的上帝创世说。

章炳麟反对传统的天命论，打的却是阐发孔子思想的旗号。他认为，“孔氏之于祭宗庙祢重之矣，其于上天及神怪祇鬼者，则皆摈之，以为稚愚之言。”“孔氏者，其圣足以干百王之蛊。”（《訄书·干蛊》）而《儒术真论》则是要阐明所谓真正的儒家思想。儒家真传是什么？章炳麟认为，就是孔子的无神论思想。所以他说：“仲尼所以凌驾千圣，迈尧、舜，轹公旦者，独在以天为不明及无鬼神二事。”（《儒术真论》）他认为，公孟子、荀子、王充、范缜等人，继承了这一传统，是真儒术，因而多处引证。至于“董、刘诸公，已不能以一家名，且弘、汤之法盛行，而儒杂刀笔，参以灾祥鬼神，而儒杂墨术。”（同上）对董仲舒等人的天人感应神学目的论，加以否定。

章炳麟继承了荀子、王充等人的朴素唯物主义的自然观，依据近代天文学的科学成果，论证天是自然之天，而非人格神。他在《訄书·天论》和《视天论》中指出，中国古代无神论者从元气一元论出发，论证天是自然之天。但他们所依据的天的结构理论即盖天说、浑天说、宣夜说则是有局限性的。章炳麟依据近代天文学指出，这三种学说都不够科学。因为这三种学说都认为宇宙中充满气，或认为天是有形质的实体。章炳麟认为："古者以天为积气，彼未尝有气也。""自地体咫尺以上，累高而气益微，以是知其未尝有天也。"（《天论》）这里说"未尝有天"，并不是说天是没有的，而是说天不是一个充满气的有形质的实体，"余尝谓苍苍之天，非有形质，亦非有大圜之气。盖日与恒星，皆有地球，其阿屯以太，上薄无际，其间空气复厚，而人视之苍然，皆众日之余气，固非有天也。"（《视天论》）

那么天是什么？章炳麟认为，天就是无限宇宙。他援引西方近代天文学，指出："昔利玛窦等知地圆而不知地动，奈端、哥白尼等知地动而不知日动，侯失勒等乃知日动。"人类所处的"地球为日所摄"，"太阳率八行星，成一世界"。"太阳之大，较地球三十三万二千倍，而较列宿为微末。""各恒星亦皆有所属之地球"，"恒星大群皆在天河中，即太阳亦天河中之一星球，而地球及诸恒星之统于天，夫何待言矣。""而天河大群以外，又有星群，散处无所纪者。"（同上）章炳麟认为，这无限宇宙中的无数天体，也不是浮于气之中，而是力的互相作用。他说："盖今者各体相摄之说，以为浮行太空，以已力绕本轴，以摄力绕重心，绕重心久，则亦生离心力，而将脱其韁锁，然于昊穹，则本未尝隶属也。"（同上）他又根据牛顿万有引力定律，认为"凡体大者必能摄小体"，"人第见地球为日所摄，而不知日球亦因摄而动，特未知所绕重心，果何所在？梅特勒以为所绕之点在昴宿中，或谓点离天平面26度，未可深信。太阳所绕，必在天河。"（同上）尽管章炳麟对近代天文学的了解有不少错讹，但较古代无神论者是一大进步。比同时代的康有为、谭嗣同也深入了一步。

章炳麟依据近代天文学论证了天即无限宇宙，按一定规律运动着，它在时间和空间上都是无限的。由此得出结论："'知实而无乎处，知长而无本剽'，则上帝灭矣，孰能言其造人与其主予夺殃庆耶？"（同上）就是说，近代天文学证明天是物质的无限宇宙，它在时间和空间上都是无限的，而不是人格神，这就否定了上帝的存在；既然上帝不存在，它又怎么能够创造人、并主宰予夺殃庆呢？由此可见，"天者，自然而已"，"命者遭遇而已”，“一人际遇，非能自主，合群图事，则成败视其所措，故一人有命，而国家无命。”（《儒术真论》）章炳麟当时强调，天是自然之天，否定天命论和上帝创世说，就是为了说明“国家无命”，“合群图事”，维新变法，就能抵制帝国主义的侵略，争取民族解放。

二　精离神灭的无鬼神思想

如果说章炳麟以近代天文学否定了人格神的天和上帝，还局限于就事论事的话，那么从人的形体与精神的关系来否定鬼神，则提高到了哲学的高度，应该说，这是他的无神论思想的第二个更高的层次。章炳麟从人的精神的产生和人死后精神则消灭两个方面来说明精神不能离开形体而独立存在，从而否定鬼神。

章炳麟继承了中国古代无神论者关于形神关系的学说，赞扬范缜关于形神相即、形谢神灭的思想，说：“《神灭论》桌诡倜傥，与余合契。”（《儒术真论·附录》）同时加以发展，以近代化学的元素论改造古代的精气论，认为构成人体的化学元素就是古代所说的精气。他说，人因“精气相离死，则神亦无存”。“故精离则死，死则无知，其流定各质，久则合于他物，或入草木，或入胎卵，未有不化者。”（《儒术真论》）这就是所谓“精气为物”。而构成人体的气体，“散而从于空气，涣然飘泊”，就称“游魂为变”。“焉有精化既离，而神识能独立者乎?”（同上）人死以后，构成人体的物质分解为各种化学元素（流定各质），精神也就消灭了。

章炳麟认为，人的精神（他称为智虑、神识），并非是构成人体的化学元素，那么，人的精神是怎样产生的？他并没有如范缜那样认为精神是形体的机能（“形质神用”），也不像王清任、谭嗣同那样认为人脑是思维的器官。他认为，人的精神正和人的身体一样，分于父母。他说：

> 人死而为枯骼，其血之转磷，或为茅蒐；其炭其盐，或流于卉木；其铁在卝（矿——引者），其肌肉或为虫蛾蚳豸。仲尼曰精气为物。其智虑非气也，所从受者，胎卵之成，成于牝牡之感，而子姓受之。感有交错，以成智虑。及死则若波之复，乃夫气则黴浡于水土也。仲尼曰游魂为变。（《訄书·干蛊》）

这里讲了两个观点：第一，章炳麟认为，人死以后，构成人体的骨骼、肌肉、血液分解转化为无机物、肥料，或为植物所吸收；构成人的铁元素则变为矿物质；肌肉被虫豸等动物吃了从而构成它们的机体。随着人的死亡，精神也就消灭了。他多次阐述同样的思想，如他在《菌说》中写道："人之死也，则淡（氮）、养（氧）、轻（氢）诸气，盐、铁、磷、钙诸质，各散而复其流定之本性，而人之性则亡矣。"人死以后，构成人体的物质最终分解为各种化学元素，精神也就不存在了，以此否定鬼神的存在。"人之性则亡矣"，则是针对谭嗣同《仁学》中的"性海"说加以驳斥，根本否定有什么"性海"存在，当然也就没有什么灵魂轮回。第二，他认为，作为个体的人的精神，是父母的遗传。"其智虑非气也，所从受者，胎卵之成，成于牝牡之感，而子姓受之。"就是说，人的精神（智虑）不是气，它是父母通过胎卵所遗传，"而子姓受之"。也就是他所说的："人所以有知者，分于父母，精虫胚珠是也。"（《儒术真论》）"感有交错，以成智虑"，是说"由于两精（指精、卵——引者）相搏，以生神明也。"（同上）精与卵"搏"，产生神明，这就像两水相触，即产生波浪一样。所以他接着说："及死则若波之复"。人死以后，"譬之水既淤堙，浪即无有"（同上），精神也就消灭了。

那么，这是不是说，父母遗传的只是胎卵，而无意识？人的精神仅仅是由于"两精相搏"产生的？章炳麟不认为是这样，恰恰在这个问题上，他陷入了灵魂转移说。

章炳麟认为，精、卵之所以相搏，是由于父母的精神作用。他说："由于两精相搏，以生神明也。斯如两水相触，即便生浪，水犹精，浪犹神，而两水之所以相触者，亦先有其浪，则父母交感之神也。"（《儒术真论》）父母的精神怎样使两精相搏呢？他说："因人有牝牡之情，而传之于精虫，精虫受之，其情则与人同，而有慕为人形之志，于是为之胚胎以象之。"（《儒术真论·菌说》）显然，章炳麟是受中国古代"胎教"说的影响，又受近代西方胚胎学中精原派的唯心论的影响，认为精虫有意志，而它的这种意志又非精虫所固有，而是人所遗传。这是违反科学事实的。精、卵子有某种反映能力，但并无意志、意识。此外，他在谈到祭祀祖先是必要的时说："至胙肉必餍饫之省，亦以形体神识，分于二人（指父母——引者），已在则亲之神识所分，犹在吾体，故食胙；异亲之食之也。"（同上）他否认因果报应论，赞同范缜的偶然论，但认为范缜"知遭遇而不知报施"（《儒术真论·附录》），说："九世之仇，百年之德，至于今而始报之子孙，即报者亦不知其所以，盖先人之神识伏藏体中是也。"（《儒术真论》）这说明，章炳麟在回答人类个体的精神是怎样产生的这一问题时，却落后于范缜。范缜以"形质神用"的"质""用"关系来解决形神关系问题，继承了荀子关于“形具而神生”的唯物主义形神观。章炳麟这里却认为精神可以离开人体而转移到另一人体中去，而且代代相传，这在实质上陷入了灵魂不灭论，只不过还没有认为灵魂（精神）可以独立存在就是了。从总体上看，人的精神是怎样产生的，章炳麟仍然没有解决。他试图从进化论的角度来回答。但是他不是如严复那样引用达尔文的进化论，而是陷入了物活论或万物有灵论，以内在的目的论，反对外在的神学目的论。

三　以内在的目的论否定外在的神学目的论

基督教神学认为，世界人类都是上帝创造的。中国传统的天命论同样认为，天或上帝不仅创造世界（包括人类），而且主宰世界，如国家的治乱安危，每个人的吉凶祸福，都由天或上帝决定。章炳麟为着资产阶级维新变法和争取民族独立，就必须批判这种神学目的论。

章炳麟论证天是自然之天而非人格神，就根本否定了上帝与人格神之天的存在，“孰能言其造人”。那么，人是怎样产生的？他说：

> 赫石赤铜著乎山，莙藻浮乎江湖，鱼浮乎薮泽，果然貜狙攀援乎大陵之麓，求明昭苏而渐为生人。人之始，皆一尺之鳞也。（《訄书·原人》）

“人之始，皆一尺之鳞也。”是说人是由鱼变来的，且概括地叙述了无机物进化为有机物，再进化为植物、动物，由动物再进化为人类的过程。这是汲取了达尔文生物进化论思想。但这里讲的并非只是进化过程，还讲了进化的动因，这是关键。进化的动因是什么？是无意识无目的、但有规律的自然进化呢？还是有意识有目的的自我创造？章炳麟正是后一种主张。

严复在介绍达尔文进化论时说：达尔文“垂数十年而著一书，曰《物种探原》。……其书谓物类繁殊，始惟一本，其降而日异者……因夫自然，驯致如是，而非太始生理之本然也。”（《原强》）这是说达尔文认为生物进化的原因在于“物竞天择”，“物竞者，物争自存也；天择者，存其宜种也。”（同上）以此说明，“人为天演中一境……而宗教抟土之说，不必可信。”（《天演论·察变》按语）根本否定神创论和目的论。章炳麟则不然，他认为，生物进化的原因在于“求明昭苏”。从无机物到有机物，从植物到动物，从动物到人，都是各自“求明昭苏”的结果。什么是“求明昭苏”在《訄书·原人》中并未说明，在《儒术真论·菌说》中则作了系统的说明：

> 故既有草木，则草木亦如瞽之求明，如痿之思起，久之而机械日生，刻意思之，以趋于近似，而其形亦遂从之而变，则于是有蜃蛤水母。彼又求明，则递为甲节，为脊骨，复自鱼以至鸟兽而为猿、狙、猩、狒，以至为人。（《菌说》）

这是说，由草木进化为动物，为人，是“求明”引起的。那么，草木是怎么产生的呢？章炳麟认为，原子、无机物都有意识，他说：“原质之于感觉，具体而微而已，有亲和背反之力，则不得谓之无知也。”（《菌说》修改手稿）“空气金铁虽顽，亦有极微之知”，“是佛像亦知金石为有知”（《菌说》）。正因为原子有知，才能结合为各种元素、单质、化合物。更重要的是，原子及空气、金铁等无机物有知，才按它们自己的意志，结合为草木。因而章炳麟说：“不如是，不能自成原质，亦不能相引而成草木。”（同上）既有草木之后，草木也有知。所以他批评范缜“知人物有知而不知草木亦有知，是其所蔽也。”（《儒术真论·附录》）草木有知，它们想使自己变成更高级的生物，正是由于有这种内在的目的，强烈的愿望，就像瞎子想见到光明（“如瞽之求明”）那样，像瘫痪的人渴望站起来（“如痿之思起”）那样，想使自己变成更高级的生物，长久地这么想，机体、器官也就逐渐改变，草木的形体也就按照它的意志改变了，“则于是有蜃蛤水母”。“彼又求明”，即蜃蛤水母等低级动物，又如草木那样想使自己变成更高级的动物，于是其机体就随着改变，以此类推，就进化为节肢动物，脊椎动物，鱼、鸟、兽，最后变为人。

在他看来，依靠主观意志就能改变形体，有两种情况：一种是依据思想同时借助于体力而改变形体，“如鸟之修颈长喙，适可以理羽毛，此或有体操之术，令其胸长而颈伸，此致力以自造者也”（《菌说》）。另一种情况是，不借助于体力，只靠思想就可以改变形态，如鸟卵有各种不同的保护色，“然则必由鸟之思护其卵，积精专思，而逐变其形色”。由此，章炳麟总结说：“夫自诸异物而渐化为人，此亦以思自造者也。”（同上）由此可见，章炳麟认为赭石赤铜、莙藻、鱼、果然、玃、狙等都有意识（知、思），它们都想使自身变成更高级的东西，于是形体就跟着改变，从而进化为人类。这样把整个自然界的进化过程，说成是一系列有目的自我创造过程。这就是“求明昭苏”的真解。

章炳麟的上述思想，显然是受拉马克学说的影响。拉马克认为，生物天生具有要求向高级发展的能力，才能由低级向高级进化，甚至认为这是上帝所赋予的能力。当然这不是拉马克进化论的主要方面。章炳麟除受西方近代生物学中的唯心论影响外，还有物活论的影响，在这一点上颇与谭嗣同相似，《仁学》就认为万物都有灵魂。但谭氏认为灵魂是一种特殊的物质——以太，而章炳麟则认为万物有意识，灵魂不是以太。其次，中国古代的万物有灵论，佛教关于万物皆有佛性的思想，章炳麟都有所汲收。正是这些复杂因素，构成了他的无神论思想的特殊面貌。章炳麟批判了中国古代“天地故生人”和西方基督教的“上帝创造人”的神学外在目的论，但又陷入了内在的目的论。

第二节　1900 年至辛亥革命前的无神论思想

1900 年至 1903 之间，章炳麟的政治思想发生了重大的转变。从主张改良转向革命。1902 年修改的《訄书》（于 1904 年在日本以铅印出版）表明，其哲学思想和无神论思想基本与木刻本《訄书》一致。

他的哲学思想和无神论思想的转变是在 1903 年至 1906 年之间。这期间章炳麟被囚于上海英租界监狱，革命之志不衰。但同时潜心佛学、深入钻研法相唯识宗的主要著作《瑜伽师地论》、《成唯识论》及其逻辑学《因明入正理论》，从而否定了他前期的唯物主义思想，完成了向唯心论的转变。对此，章炳麟在辛亥革命后回顾说：“遭世衰微，不忘经国，寻求政术，历览前史，独于荀卿韩非所说谓不可易……继览佛臧，涉猎《华严》、《法华》、《涅槃》诸经，义解渐深，卒未窥其究竟。及系上海，三岁不觌，专修慈氏、世亲之书。……解此以还，乃达大乘深趣。”（《菿汉微言》）章炳麟主要是汲取佛教唯识法相宗的宗教唯心论，建立自己的唯心主义哲学体系。

1906 年 5 月，章炳麟出狱去日本，立即提出：为了推进革命，必须统一革命队伍的思想（他称之为感情），“没有这感情，凭你有千万亿的拿破仑、华盛顿，总是各人一心，不能团结”。他认为，要统一思想，激励斗志，最可用的就是经他改造过的佛教，即他所谓无神的宗教。当然，佛教并非无神的宗教，无神也不成其为宗教。问题的实质在于，章炳麟鼓吹的是他的一整套唯心主义哲学。他认为，只有使革命者认识到“我”（作认识主体的人）、“法”（一切物质现象和精神现象）俱空、“万法惟心，一切有形的色相、无形的法尘，总是幻见幻想，并非实在真有……才得勇猛无畏，众志成城，方可干得事来”。（同上）为此，他批判有神论，而批判的理论武器，就是他的唯心主义哲学。

章炳麟前期与这时期的无神论思想的主要区别就在于：首先，从政治方面说，前一时期批判有神论是为了论证维新变法的必要性，后一时期则是为了扫除资产阶级革命的障碍；其次，从批判有神论的理论武器上说，前期的无神论基本上是建立在唯物主义基础上的，后期则是唯心主义反对有神论，具有极大的局限性。他主张建立无神的宗教，则陷入“高妙的幻想”。总的看来，章炳麟这一时期对有神论的批判，在当时的历史条件下，有着积极的意义。

一　批判有神论的出发点

为什么要批判有神论？章炳麟从反帝反封建的资产阶级革命需要出发，指出：“惟神之说，崇奉一尊，则与平等绝远也。欲使众生平等，不得不先破神教。”（《无神论》）在当时中国的特殊历史条件下，资产阶级革命派借用西方资产阶级革命的平等口号，其内容则有所不同，它包含两个方面：在国内推翻封建专制制度和满族封建贵族的民族压迫，建立资产阶级民主共和国；对外推翻帝国主义在中国的统治，争取民族独立。因此，章炳麟批判有神论的锋芒主要指向维护封建专制的君权神授的天命论和为帝国主义侵略服务的基督教神学。同时对其他宗教有神论和世俗迷信也进行了批判。

首先，章炳麟批判康、梁等立宪保皇派利用有神论、鼓吹君主立宪、反对资产阶级革命。康有为在戊戌变法失败以后，在资产阶级革命高涨的形势下，把攻击矛头主要指向革命派。他们组织立宪保皇党，编注书籍（如《大学注》、《中庸注》、《孟子微》等），出版报刊（如《新民丛报》）发表论文，宣扬天命论，为保皇立宪大造舆论，反对革命。1902年，康有为发表《答南北美洲诸华商论中国只可行立宪不可行革命书》，系统地提出他保皇立宪、反对革命的理论和主张，宣称立宪可以“不待力争，不待流血”，由皇帝赐予；光绪皇帝在戊戌变法失败后，“幽居而不失位，西幸而不被弑，是有天命存焉。”对此，章炳麟在《驳康有为论革命书》中一一加以驳斥，指出：通过革命，建立资产阶级民主共和国是历史的必然，“在今之世，则合众共和为不可已”，“公理之未明，即以革命明之；旧俗之俱在，即以革命去之”。并针对康有为鼓吹的天命论，他指出，说光绪皇帝（载湉）不失位、不被杀“是有天命存焉”，这和王莽相信天命，而结果被杀一样荒谬，“王莽渐台之语曰：‘天生德于予，汉兵其如予何！'今之载湉，何幸有长素以代为王莽也。"章炳麟否定天命，指出"拨乱反正，不在天命之有无，而在人力之难易"。革命依靠的是人民拥护（"万姓合意"）和杰出人物的领导，而不是什么天命。立宪则一无人民拥护，二无杰出人物领导（"载湉小丑，未辨菽麦"），不能实现。

第二，揭露基督教是帝国主义的侵略工具。1900 年八国联军侵略中国，镇压义和团运动，民族矛盾进一步激化。正是在民族民主革命运动高涨的推动下，一大批知识分子脱离改良派转向革命派，章炳麟也正是在这时从改良派转向革命派的。义和团反帝爱国运动，是从反对基督教对中国人民的压迫和奴役开始的，继而发展为"扶清灭洋"，在遭到清政府与帝国主义的联合镇压后，中国人民进一步认清封建主义和帝国主义的反动面目，提出了"反清灭洋"的口号。血的教训，使章炳麟进一步认识到基督教的本质。为反对帝国主义的侵略，章炳麟在这一时期对有神论的批判，主要是针对基督教。

他说："中国人的信仰基督并不是崇拜上帝，实是崇拜西帝。"（《演说录》）一针见血地揭露了帝国主义利用基督教对中国人民进行精神奴役，为其政治、军事、经济侵略服务。而基督教会吸收中国教徒，勾结封建势力，则是"鱼肉乡愚，陵轹同类"（同上），这就揭露了它宣扬热爱一切人的伪善。"所以中国的基督教，总是伪基督教，并没有真基督教。"（同上）"但就是真基督教，今日还不可用"。因为它"于中国也是有损无益"（同上），必须进行批判。章炳麟把批判基督教提高到反对帝国主义侵略的高度，作为政治革命的前导，所以他在《民报》上发表的批判有神论的论文，主要是批判基督教神学，兼及其他有神论。

二　对基督教等有神论的批判

章炳麟对宗教有神论及世俗迷信的理论批判，可以说，凡是站在唯心主义立场所能指出有神论的种种谬论，他都有所揭露与批判。但他批判的矛头，主要是指向基督教神学的人格神上帝，其次吠檀多教的非人格神"梵天"创世说，以及对斯宾诺莎的泛神论、哈特曼的"神即精神"、康德为上帝留地盘的不可知论均作了分析，认为"有神之说"是"无根据"（《无神论》）的。

（一）对基督教上帝的批判

章炳麟对基督教的批判是十分激烈的。他通过用"因明"的四因论的矛盾，以达否定上帝的目的。

“因明”是古印度的逻辑学，与认识论有密切联系。因明作为论辩方法，就是用以证明（立）和驳斥（破）的。他在《无神论》中驳斥基督教的有神论，就是用这种论辩方法。他破基督教有神论，是从两个方面进行的：第一方面，出过破；第二方面，立量破。前者是指出基督教论证上帝存在的论式中的过失，从而摧破对方所立的宗义；后者提出自己的“万法唯识”理论，来否定上帝存在，破除上帝创世说。

关于“出过破”，章炳麟指出，基督教以上帝“无始无终、全知全能、绝对无二、无所不备”这四因，“成立耶和瓦为众生之父”，是自相矛盾，不能成立。这里他要驳斥的“宗”是：“耶和瓦为众生之父”。按照因明，指出宗、因、喻三支中的任何一支的过失，则宗不能成立。所以章炳麟分别指出上述四因的过失，在于都与基督教教义中其他论断相矛盾，犯了逻辑错误。他指出，所谓上帝“无始无终”，就是“超绝时间”，这与说上帝创造世界用了七天“末日审判”，都是相悖的。既然上帝七天创造了世界，那么以何日为第一天？若有第一天，则不能说“无始”；所谓“末日审判”，“果有末日，亦不得云无终矣。”如果说上帝在创世界以前“无始”，“末日审判”是世界之终，非上帝之终，那么，上帝创造世界，毁灭世界的思想之产生和熄灭是无常的，根据“用不离体”的原则，上帝本身也是“起灭无常”的。“是故无始无终之说，即彼教所以自破者也。”（《无神论》）所谓上帝“全知全能”，章炳麟驳斥说，既然上帝全能，就应创造出纯善无恶之人类，为什么人类又有恶性？这不与上帝全能相矛盾吗？将人类之恶归咎于魔鬼的引诱，那么，魔鬼是否为上帝所创造？“若云是耶和瓦所造，则造此天魔时，已留一不善之根，以为诱惑世人之用，是则与欲人为善之心相剌谬也。”如果说魔鬼非上帝所创造，则魔鬼与上帝对立，就否定了上帝“绝对无二”。如果说上帝创造魔鬼是为“侦探人心之善恶”，既然上帝“全知”，也就用不着侦探。“是故全知全能之说，又彼教所以自破者也。”（同上）所谓上帝“绝对无二”，章炳麟指出，这就是说上帝独立于世界万物之上。那么上帝创造万物的物质材料，是在上帝自身之中呢，还是在上帝之外？如果说“此质料者皆具足于耶和瓦中”，就会如庄子所说的那样，万物自然流出，而且随时都可以产生万物，用不着上帝创造。如果由上帝体中流出，为什么不见突然产生某种新的物种？若构成万物的物质材料在上帝之外，“则此质料固与耶和瓦对立……适自害其绝对矣。是故绝对无二之说，又彼教所以自破者也。”（《无神论》）所谓上帝“无所不备”，章炳麟驳斥说，“无所不备”就是“无待于外”。那么，上帝创造万物和人类，是有需求还是无需求？

若无需求，则不必创造；若为了“善”而创造人类，则与“无所不备”相矛盾。如果说上帝之“善有不足，必待人类之善以弥缝其缺，又安得云无所不备乎?”仍然是“彼教所以自破者也”。由此，章炳麟总结说，“基督教人以此四因成立耶和瓦为众生之父，夫其四因本不足以成立，则父性亦不极成。”（同上）

关于“立量破”。章炳麟认为对基督教有神论进行上述批判，只“能摘其宗教之过，而尚不能以神为绝无。”因而进一步提出自己的理论来否定上帝存在及其创世说。首先，章炳麟把这一问题提到哲学基本问题的高度，即什么是世界的本原？章炳麟是“持三性以衡宗教”（《建立宗教论》）的。他批判基督教的上席创世说，仍然以“三界惟心”，“万法唯识”的理论为武器。所以他说：上帝如果是非人格神，“则不异于佛家所谓藏识，藏识虽为万物之本原，而不得以藏识为父。”（《无神论》）所谓“藏识”为“万物之本原”，并非说“藏识”产生万物之后还独立存在，而是说“藏识”中所包含的精神性的“种子”变现出来的“幻相”即是宇宙万物，从而否定上帝存在。不过章炳麟这一批判，是不能驳倒有神论的。其错误与上帝创世说相同，都是企图在客观物质世界之外去找另外的“本原”，把精神这种特殊的物质属性，加以夸大，颠倒过来作为宇宙万物的本原。其次，从方法论方面批判上帝创世说。章炳麟继承了中国古代老庄哲学的自然说和佛教哲学的缘起说，否定宇宙万物之外还有创造者。他指出：“若万物必有作者，则作者亦更有作者，推而极之，至于无穷。”找不到最终的创造者。由此可见，如果“神造万物，亦必被造于他，他又被造于他……”（《无神论》）即是说，如果承认万物被神创造出来的，那么同样，神也是被另外的创造者创造出来的，这个创造者之上还有创造者，以至形成一个无穷的创造序列，也就找不到最终的创造者，“以此断之，则无神可知已。”（同上）章炳麟用缘起说批判基督教上帝创世说的形而上学外因论，是相当机智的，是其唯心论体系中所包含的辩证法因素。第三，他批评康德关于上帝存在与否不可知的论调是“千虑一失”，并指出：从认识过程看，“物者，五官所感觉；我者，自内所证知。”（同上）客观事物可通过感觉，认识其存在；作为认识主体的自我，通过本身的内省体验，也可证实其存在。它们都是“识”的“相分”（即把“识”变现的幻相作为认识对象）。若认为它们是真实存在的实体，则是一种与生俱来的错误认识（“俱生执”）。然而，“神者，非由现量，亦非自证，直由比量而知。”（同上）就是说，神既不能感觉，又不能靠认识主体的内省体验，是能用推理证明它存在。“而比量又不可合于论理”，是一种后天产生的错误认识（“分别执”）。从认识构成来看，“神之为名，本无其相，而不可竟拨为无乎！”（同上）人们认识客观事物，事物本身有一定形状（相），反映到头脑中形成印象或表象（“吾心所想之相”），并以概念（名）来表示。神只是概念，本来就没有相应的实体（相），当然也就不存在了。第四，引用近代自然科学，批判上帝创世说。他指出，所谓上帝创造万物，必有质料（物质）才行，“若云耶和瓦外本无质料，此质料者皆具足于耶和瓦中”，“若云耶和瓦外本有质料……则此质料固与耶和瓦对立。质料犹铜，而耶和瓦为其良冶，必如希腊旧说双立质料工宰而后可，适自害其为绝对矣。”（《无神论》）《旧约·创世纪》中讲上帝创造世界万物，只是上帝说要有什么，就有了什么，并未讲需要质料。章炳麟在这里肯定了万物由物质构成，仍然保留了他前期哲学中的唯物主义因素，实际上承认了物质既不能创造，也不能消灭这一物质不灭定律。他还从近代生物科学方面批判“上帝为众生之父”。他认为，无论从生物进化看人类的产生，或是从人类生存的条件来看，人都依赖于地球和空气，如说：“人之生也，亦有赖于空气、地球，非空气、地球则不能生。”如果上帝真有父之资格，那么，“要必有母与之对待”，这就不是“绝对无二”了；“若云不待牝牡，可以独父而生”（《无神论》），那就成了无性繁殖，上帝就是低等的原生动物，像夜光虫，浸滴虫那样靠自体分裂繁殖。由此可见，上帝为众生之父的说法是违背科学的，“存为戏论，无不可也。”（同上）

章炳麟从政治上揭露基督教神学是帝国主义侵略中国的工具，从哲学理论上批判基督教神学的荒谬性，此外，他还指出基督教神学阻碍文化科学的发展。他总结历史经验说：“试看罗马当年，政治学术何等灿烂！及用基督教后，一切哲学都不许讲，使人人自由思想，一概堵塞不行，以致学问日衰，政治日敝，罗马也就亡了。……所以真正的基督教，于中国也是有损无益。”（《演说录》）尽管罗马灭亡的原因不能归之于基督教，但基督教作为上层建筑中的一方面，对经济基础和上层建筑中其他部门的发展，对文化科学的发展，的确起了消极的阻碍作用。章炳麟的这一批判，在当时历史条件下是相当深刻的。

章炳麟对基督教神学的批判，有力地抗击了帝国主义利用宗教麻痹中国人民的精神侵略。《无神论》发表后，当时在华的帝国主义传教士们力图消除他对基督教的批判所造成的影响，广州的基督教主办《真光报》，攻击章炳麟“狂悖至极”，并出专刊，论证上帝存在，妄图修补其拙劣的神学说教。

（二）对吠檀多教“梵天”创世说的批判

吠檀多教作为印度中世纪的婆罗门教，对中国没有什么影响，章炳麟为什么要进行批判呢？一般地说，他认为，吠檀多教主张有神论，“崇奉一尊，则与平等绝远也。欲使众生平等，不得不先破神教”。其次，章炳麟认为，基督教神学在理论上“谬妄可笑，不合哲学之处，略有学问思想的人，决定不肯信仰”（《演说录》）。而吠檀多教，在宗教哲学理论上远远高出于基督教，因而可作为比较精致的有神论加以批判，具有普遍的理论意义。

章炳麟指出，吠檀多教的“梵天”创世说，在理论上也是矛盾重重，不能成立。吠檀多教所建立的最高精神实体称为“高等梵天”、（或译为上梵），它没有任何具体性质、无内在差别、无任何形态，无任何限制，是一个绝对精神。从认识论方面讲，“高等梵天”不能言传，不能定义，不能想象，只能通过神秘的内省体验宗教修养方法证实其存在。由“高等梵天”变现的“劣等梵天”（或译为下梵），则有具体的性质，它既是宇宙精神，又是人的灵魂，还是神的化身，如释迦牟尼就是它的化身之一。总之，宇宙万物都是“梵天”变现出来的幻影。章炳麟认为，“梵天”创世说的根本谬误就在于：第一，如果“高等梵天有士夫用，则不得不有自性；既有自性，则无任运转变，无明何自而生？劣等梵天依何而起？”（《无神论》）就是说“高等梵天”具有发生发展的作用，能变现出劣等梵天，再变现出宇宙万物，那么它应有质的规定性（而吠檀多教认为“高等梵天”是“四无”，没有任何质的规性定）。既然“高等梵天”有质的规定性，那它就不能转变，劣等梵天就不能产生。如果说，“高等梵天”没有发生发展的作用，没有质的规定性，那它就与佛教所谓“真如”没有什么区别，“劣等梵天”就相当于“无明”。这样；就应取消“梵天”的说法，代之以“真如”、“无明”。第二，吠檀多教认为，人类和整个物质世界，都是“梵天”变现出来的“幻象”。对人类，它要求通过宗教修养求得解脱，达到与“梵天”合一，即达到彼岸的“天国”，那么地、水、火、风、空等无生命的物质世界，没有意识，无所谓宗教修养，也就永远不会消灭，这就否定了物质世界是“梵天”这个魔术师所创造的“幻象”的说法。第三，吠檀多教还认为，“高等梵天”被“无明”（即痴愚）蒙蔽，成为劣等梵天，变现出物质世界，物质世界毁灭即与“高等梵天”合一，称为一劫。劫劫循环，无穷无尽。章炳麟指出，这说明“高等梵天乃不能断无明，则高之与劣，复有何异？”（同上）总括以上三点，他认为，吠檀多教的有神论，在哲学理论上虽然比基督教高，但仍然是矛盾重重，不能自圆其说。如果将“高等梵天”、“劣等梵天”的说教，改为“真如”、“无明”一套理论，就克服了上述矛盾。可见章炳麟仍然是以佛教法相唯识宗的唯心论批判吠檀多教的有神论，虽揭露了有神论的矛盾，但无法摧毁其理论基础。

（三）对泛神论的分析

对泛神论，章炳麟作了历史的考察，肯定其合理方面。他说：“泛神者，即无神之逊词耳！”（《答铁铮》）

关于西方泛神论所经历的发展过程，他说：“万有皆神之说，未成宗教，而有建立宗教之资。自曼布轮息、斯比诺沙、海格尔（系指马勒伯朗士、斯宾诺莎、黑格尔——引者注）辈，积世修整、渐可惬心。然近世泛神教之立说，则亦有可议者。”（《建立宗教论》）对西方无神论史的这种分析，是不准确的。如果说法国的唯心主义者马勒伯朗士，认为神自身包含着万物即是泛神论者，还有其合理因素，那么把客观唯心主义者黑格尔也说成泛神论者，则是不正确的。因为黑格尔的绝对精神，是离开自然界而独立存在的，自然界和人类社会不过是其发展过程的一个阶段。因而恩格斯认为，黑格尔的这一说法，是比基督教的上帝创世说还要荒唐和混乱。

章炳麟主要是肯定斯宾诺莎批判有神论的功绩，他说：

> 近世斯比诺莎所立泛神之说，以为万物皆有本质，本质即神。……是故世界流转，非神之使为流转，实神之自体流转。离于世界，更无他神；若离于神，亦无世界。……观其为说……若其不立一神，而以神为寓于万物，发蒙叫旦，如鸡后鸣，瞻顾东方，渐有精色矣。（《无神论》）

斯宾诺莎（1632 年—1677 年）是 17 世纪荷兰的唯物主义哲学家，他的泛神论是反对封建神学，宣传唯物主义而采取的一种特殊形式。斯宾诺莎反对封建君主专制，“为要触犯当时的社会制度，就必须从制度身上剥去那一层神圣外衣”[1]。章炳麟当时批判有神论，也为了反封建，因而他赞扬斯宾诺莎是报晓的雄鸡，充分肯定他反封建神学的启蒙作用。然而，在哲学理论上，则不赞成其唯物论和形而上学。

关于中国的泛神论，章炳麟认为“儒老皆主泛神之说”，而儒家创始

---

① 《马克思恩格斯全集》第 7 卷，第 401 页。

人孔子其“学说受之老聃”，老子说道“象帝之先”，就是先于帝而存在。庄子继承老子的学说，认为道在蝼蚁、稊稗瓦甓、屎溺，就是“体物而不可遗者。无物非道，亦无物非鬼神”（《答铁铮》）。在章炳麟看来，孔子是泛神论者，有破坏鬼神的功劳，所以他“景仰孔子当如岱宗北斗”。至于有人认为“孔子亦有天祝、天丧、天厌、获罪于天等语，似非拨无天神者。……然其言曰：鬼神之为德，体物而不可遗。此明谓万物本体即是鬼神，无有一物而非鬼神者，是即斯宾诺莎泛神之说。”（同上）他还认为，中国的无神论者公孟子、王充、刘禹锡、柳宗元等人，正是继承了孔子的思想，因而“推表元功，不得不归之孔子”（同上）。

章炳麟肯定了泛神论否定有神论的方面，然而却否定其唯物主义的哲学理论基础。所以他说：“泛神之说虽工，而由不了依他，故损减自心，而增益外界，其可议者犹在。”（《建立宗教论》）按照他主张的“万法唯识”来看，泛神论认为离开物质世界就是没有神，实际是主张物质第一性，这就是所谓“增益外界”。从而抛弃了泛神论的唯物主义这一基本内核，对泛神采取否定态度。

（四）对世俗迷信的批判

章炳麟的无神论思想还表现在对传统的世俗迷信，诸如崇拜草木鱼虫、迷信神怪、符咒谶纬等都进行了批判。

在前期，他从唯物主义出发，引用自然科学知识，认为在古代由于对自然现象缺乏认识，以为在自然界之上有鬼神主宰，于是产生迷信观念。他说：在古代“见夫芜荑之萎于燕，鲸鱼彗星之迭相为生死，与其他之眩不可解者，而以为必有鬼神以司之。则上天之祭，神怪魖头之禓祓，自此始矣。”（《訄书·干蛊》）关于山精物魅，古书多有记载，民间亦有传说，实际是一些不常见的动物，“而人遂以鬼神目之，斯亦惑之甚矣。”（《儒术真论》）古代的封禅，章炳麟认为是帝王们“设险守固。其封泰山者，于周礼则沟封之典也。因大麓之阻，累土为高，以限戎马，其制同行于蒙古之鄂博。是故封禅为武事，非为文事。”（《訄书·封禅》）而后代帝王的封禅，纯粹搞迷信活动。对传说的河图洛书，章炳麟也试图以唯物主义解释。他认为河图，乃是在伏羲之前圣哲所画的地图，“沦于河，伏羲得之”。夏禹得到洛书也是“遇而拾之，宠灵其书，以为天赐也。”（《河图》）章炳麟的猜测，未必与历史事实相符，但反对迷信的方向是肯定的。

1900 年以后，章炳麟对世俗迷信的批判，是为批判康有为等的立宪保皇活动和辛亥革命后的复辟活动。早在戊戌变法时期，章炳麟就反对康有为的孔子改制及孔教说，与他们“论及学派，辄如冰炭”。辛亥革命后，袁世凯篡夺革命果实，复辟封建帝制。康有为为配合这一复辟逆流，鼓吹建立孔教会，以孔教为国教，在《不忍》杂志上发表《孔教会序》、《以孔子为国教配享天坛议》。针对此，章炳麟写了《驳建立孔教议》、《反对以孔教为国教，示国学会诸生》等文加以驳斥。他认为中国素无国教，孔子是历史家、教育家、哲学家，“孔子于中国，为保民开化之宗，不为教主”（《驳建立孔教议》）；“孔教之称，始妄人康有为，实今文经师之流毒。视六经为道士天书，其祸过于秦之推烧史记。”（《反对以孔教为国教，示国学会诸生》）章炳麟在揭露孔教说理论上的荒谬之后，进一步指出其搞封建复辟的实质，“至于冕旒郊天，龙衮备物，民国所必不当行者，亦可籍名圣教，悍然言之。”（同上）他还从历史根源上揭露康有为等人的思想渊源，指出：“谶纬之书，俱近宗教。谶为预言，今鲜存者；纬则五经皆有……《诗纬》、《书纬》、《春秋纬》，讲鬼甚多，其荒诞不经，恐视耶稣创世纪为尤甚。此风起源于西汉末，系今文家所捏造的。”章炳麟的批判，有力地打击了当时的封建复辟势力。

三　对有神论的理论批判及其局限性

章炳麟从哲学理论上批判有神论可以归结为三个方面；第一，世界观。章炳麟前期从唯物主义出发，有力地批判了有神论的唯心主义理论基础。后期则以客观唯心论批判有神论，如他主张以佛教法相宗为基础，“用华严、法相二宗改良旧法”（《演说录》），建立无神的“惟以自识为宗”（《建立宗教论》）的新宗教。并以此为批判的武器，从“万法唯识”出发，认为“物质”、“自我”、“神”都是虚幻的，只有“真如”才是真实的存在。这是以一种比较精致的唯心论反对另一种粗俗的唯心论，不能和有神论划清界限。第二，方法论，章炳麟前期从物质世界自身的发展来批判神创论的外因论，后期则以佛教唯心主义的缘起说批判神创论，虽包含辩证法因素，仍显得软弱无力。第三，认识论。章炳麟前期以唯物论的反映论批判有神论，后期则以“阿赖耶识”的先验论批判有神论，力图区别“真如”与“神”的不同，最后求救于神秘主义的直觉，认为“真如”可以亲证，“神”不能亲证，因而神不存在。实质上，“真如”不过是神的别名。总之，章炳麟后期用唯心论去反对有神论，则是其理论上的严重矛盾。

章炳麟批判有神论，还探讨了宗教有神论的根源。第一，是社会根源，由于生活贫困，他说：“饥寒疾苦，辐凑交迫，死亡无日，乐欲不恒，则以为我身而外，必有一物以牵逼我者，于是崇拜以祈获福。此其宗教则烦恼障实驱使之。”（《建立宗教论》）章炳麟意识到贫困是宗教有神论产生的社会根源，是极可贵的。但他的解释仍受佛教法相宗的影响，归结为人的心理活动，所谓受“烦恼障”的驱使，当然更不可能追溯贫困的根源，即在原始社会的自发宗教，是社会生产力低下的反映，而在阶级社会中的人为宗教，则是阶级剥削和压迫的产物。第二，是认识论根源，他说：“或有山谷之民，出自窟穴，至于高原大陆之上，仰视星辰，外覩河海，而爽然自哀其形之小，所见所闻，不出咫尺，其未知者乃有无量恒河沙数。且以万有杂糅，棼不可理，而循行规则，未尝衍于其度，必有一物以钤辖而支配之，于是崇拜以明信仰。此其宗教，则所知障实驱使之。”（《建立宗教论》）章炳麟在这里说，人们在无限广大的自然界面前，显得很渺小，对自然界的认识也极其有限，尚未认识的事物无数之多。面对复杂多变的自然界，看到它的运动又有一定的规律，于是就说认为在自然之外，必定有一个神秘的东西在主宰世界，从而崇拜这个神秘的主宰者，“又与之以神之名，以为亦有人格。”（同上）他认为由于人的认识的局限性，产生对自然界力量的虚幻反映，接触到了宗教有神论的认识论根据。但他从哲学理论上批判时，又陷入谬误。他认为，以上的“烦恼障”、“所知障”造成的有神论，是因为“不能退而自观其心，以知三界惟心所现”（同上），只要认识到物质世界和神都是“心”（即“识”）的幻象，有神论就驳倒了。这是不科学的。

章炳麟在前后两个时期，都主张无神论，对宗教有神论和世俗迷信进行批判，为反帝反封建的资产阶级政治斗争服务。然而他并不否定宗教，而是要建立无神的宗教，他认为佛教就是无神的宗教。实际上，佛教从小乘发展到大乘，以及传入中国和中国化，都编造了一系列的鬼神和天堂、地狱的说教；而佛教唯心主义哲学发展到后来，论证繁琐，目的还是否定现实世界，鼓吹灵魂不灭和死后成佛，进入天国。在19世纪末、20世纪初中国资产阶级革命高涨的时期，章炳麟在《民报》上发表一系列论文，企图用佛教增进革命者的道德，激发革命斗志，并未为人们所接受。革命派内部就有提出怀疑和反对，指出：“《民报》宜作民声，不宜作佛声也。”（《答梦庵》）当时，革命派在政治上已经提出了三民主义，在哲学上，唯物主义和进化论已占优势，因此，章炳麟提倡新宗教，“说佛法，谈‘俱分进化’”，正如鲁迅指出的那样，“却仅止于高妙的幻想”①。

① 鲁迅：《关于太炎先生二三事》。

章炳麟由不彻底的无神论和唯物论，转向唯心论和无神教，最后随着政治走向保守，终于和有神论妥协了。辛亥革命后，他一度被袁世凯囚禁，1915 年至 1916 年写成的《葑汉微言》就把“惟识”论与灵魂不灭、生死轮回统一起来。“八识”讲阿赖耶识还灭为无垢识或庵摩罗识，就是变相的不灭的灵魂。如说：“若谓一切灭尽是死；即涅槃，又堕入断见矣。”他认为灵魂是不灭的，“受、想、行、识四蕴，此为业力所持，流转诸趣”，变为人或别生物，当灵魂未转生时，叫做“中有”，“俗人横执死后幽灵常住不灭，不审其为中有”，就是说有鬼。他进而针对怀疑轮回说写道：“或疑：果有轮转，情命要当有数，今则孳乳繁衍，知不尔也。应答曰：……上古草昧，傍生多则人少矣，今世开拓，人多则傍生少矣，互为正负”。他还认为，信仰佛教，能占卜未来。如说：“桂伯华治内典，笃信而好学。以其信之笃，每以占察经卜事，多有验者。”（以上引自《葑汉微言》）进入新民主主义革命阶段以后，章炳麟对新文化运动持反对态度，陷入宿命论，吹嘘“名相昆云使者蔡北仑先生”，“素研相术”，“吉凶祸福，所言皆能实验，无一空谈。”（《申报》，1927 年 6 月 3 日）这是章炳麟受佛学影响，坚持唯心论的必然结果。

第四章 《革天》和《续无鬼论》

辛亥革命准备时期，随着以孙中山为代表的资产阶级革命派登上历史舞台，反帝反封建的斗争的深入发展，无神论与有神论的斗争也更为激烈。这时，无论是政治上还是学术上，是古今之争还是中西之辩，形成了一个“百家争鸣”的局面，而科学、民主、无神论则是主流、方向。

为着革命斗争的需要，一批批进步的、革命的报刊雨后春笋般地出现了。它们除了介绍、宣传近代自然科学知识和资产阶级的政治学说外，还刊载介绍如《唯物 = 巨子（底得娄、拉梅特里）之学说》（《大陆》第 2 期，1903 年 1 月）等法国无神论思想的文章，发表了一系列否定天命论，反对世俗迷信、批驳宗教神学的无神论思想专文。《革天》、《续无鬼论》具有一定的代表性。这两篇文章的内容，不在于涉及面广，而在于对有神论的某一方面的抨击、揭露，很有特色。

第一节 《革天》的“人定代天”思想

《革天》一文，刊载在 1903 年《国民日报》上，收入《国民日报汇编》第一集。它继承、发展了传统的“人定胜天”思想，提出“人定代天”和“革天”的战斗口号，是批驳天命论的专文。

《革天》对天命论的批驳，是从崇信“天”的“学说”和“风俗”两方面展开的，进而否定人格神的“天”的存在。它尚人道，反对天道；主人为，反对无为。

一 “人定代天”思想

《革天》对中西古今关于“天”的学说进行了考察，认为有两种：一是“旧学说”，一是“新学说”。所谓“旧学说”，就是中国古代的“言天之学”；所谓“新学说”，就是近代西欧的“天演说”。它对这两种“学说”作了具体分析，提出了自己的看法。

在《革天》的作者看来，中国古代“言天之学”有种种，但大都是“不善言天”的。它立足于人道和人为。对“不善言天”的学派、思想家提出了批评。诸如，“邹衍之谈，秦宓之论，涉于怪幻，无关宏旨”、孔子的“获罪于天，无所祷也”、朱熹的“天即理”、老子的“天网恢恢，疏而不漏”、董仲舒的“言天必验之人”，以及汉儒的“天与经合”、宋儒的“天与道合”，凡此种种，不是妄说，就是废弃“世间录贤奖正，惩奸指佞之法”，不合事理。它认为，人世间的一切事物，都有其本身的“势”与“理”。这个“势”或“理”，不必“附合于天”，也不能“归之冥冥不可捉之天”，而“必征诸事，事之呈露，而后以验理之真妄”。这是强调事物本身固有的“势”或“理”，并从唯物主义认识论上对上述“不善言天”观点的批驳。同时指出，老子“纯乎主任天之说”，是不符人为的。它说：“造无为之死语，定知辱之奴戒，致酿成疲软无气之人类者，皆老氏言天之罪也。”（同上）对老子“无为”思想的指责，有过激，但却有其合理之处。

古代“言天之学”大都是阻碍人类社会进步的。尤其是“听天以治天下”的思想更为错谬，不足取。因此，《革天》把批判的矛头重点指向天命论，它说：

> 中国数千年来之学子，莫不以天为最大之指归，以便为其遁词之地。凡遇有不可思议、不可解说之事，辄曰天也天也，而人相遇信之。因有此迷信，而遂生出误点。一误以事之成为天命所归，而妄欲得天者，假符窃谶，以扰乱天下之安宁；一误以事之败为此天亡我，而失势者，遂任意丧志，一齐放倒，以沮败人群之进步。凡此皆不善言天者之过也。

就是说，天命论的实质是“以天为最大之指归”，它是一种“遁词”和“迷信”。因有此等迷信，遂产生了两个错误：一是把事情的成功看成是天命决定的，一是把事情的失败说成是“天亡我”。其结果，前者使有人“假符窃谶”，搞迷信活动，扰乱天下；后者则使“失势者”丧失斗志，不敢进取，影响社会进步。这种对天命论的实质及其后果的揭露，是相当精彩而深刻的。而将天命论与人的事业的成败，社会兴衰和治乱结合起来分析批判，是有力的。可以看出，《革天》对天命论的批驳，是为反对封建专制制度制造舆论的。

关于近代西欧的“天演学”即生物进化论，《革天》也提出了自己的看法。它虽肯定了“天演学”有启蒙作用，但基本上是持批评态度的。如说：

> 近世欧洲有所谓天演学者，盛于英人达尔文，有物竞、天择二义，以凡事无非由天所演，天行之虐，必人治以救之。此固已一新言天之面目，质之倚天以求福者，足以醒其迷梦。然而虚言不如实验，与其天演，吾毋宁言人演也。

这里说的“天演学”，与中国古代“言天之学”不同，也与近代西方的“天体演化说”不同，是指达尔文的生物进化论。就是说，所谓“天演学”，是指“物竞、天择二义”，讲的是“汰劣存优”的道理。但为达此目的，也“必人治以救之”。这确是一种新思想，对于那些纯然倚天求福的人来说，“足以醒其迷梦”。

“然而虚言不如实验，与其天演，吾毋宁言人演”，是说，自然、社会中的万事万物的变化，不是用“天演”所能解释得了的，实是“人演”。比如赫胥黎将“优胜劣败”视为天演，其实剥去“天演”的外衣，“纯属人为”。禽兽战胜草木，人战胜禽兽，文明人战胜野蛮人，“天演几不见”。又比如，我国六朝一松树，当时“力可摧残而护惜之”，保留至今，常青不衰；一“辟金之鸟”，“本将烹杀而骄养之”，保其生命，继续生长。如此等等，“此中何以见天，果天择耶？抑人择也？”一伐一护，一杀一养，若都“属之天”，则天“抑何其偏而不全？”

在作了上述分析后，《革天》指出：古代中国“言天之学”，“其弊足以馁尽无量英雄之气”；近代西欧“天演学”，虽“可以长人争竞之心，然终不足以表明一定之实验，其立说恒鼿兀而不安”。由此，它否认“天”的作用，提出“人定代天”的主张，如说：

> “天之苍苍，其正色耶？”天意果安在耶？余意以为天者冥冥而无足凭者也。……斩截而出之曰：“人也！人也！”语曰：“人定胜天。”今易之曰：“人定代天。”代天者，以己之权行己之志，无所谓天者也。语谓代天者只一人，号为天之子，殆不可训。

就是说，“天者冥冥”，“不可捉”，“无足凭”，没有意志作用，关键在“人”。进而将“人定胜天”改为“人定代天”，断言“无所谓天”，强调“以己之权行己之志”，否定帝王“代天”说，这不仅否认了“君权神授”说，也从根本上否定了天命论。

二　“革天”口号的实质

在批驳了“天”的“学说”的同时，《革天》一文对崇信“天”的“风俗”迷信，也进行了无情的揭露。

在《革天》看来，社会中的风俗、习惯，一般只限于一部分人，惟独关于“天”的“风俗”迷信，却流毒全社会，所谓“自天子至庶人，未有不以靠天为唯一之目的者也”。“靠天”，是认定“天”能奖善罚恶，“兢兢而守之，丝毫不敢溢”。这真是“愚之可怜”。“倘天有如是之信用，则扰乱不道之事，将绝于天壤。而自有生民以来，考其进化之级数，当一流无间，而人道早成于郅治也。”可现今善恶不分，社会“滞碍”。

信“天”的人，供天香，进天灯，敬天神，拜天老爷，以求升官发财，其中有人确是“富贵福泽以终”，有人则遭天灾人祸以亡。对于“富贵福泽以终”的，“流俗见而涎之，仿而行之，而或不验”，仍是潦倒一生，贫困而死。“天乎！天乎！果何之而可乎？”所有这些都说明，“天”是不可信的，也不会给人带来实际效果。否则，将“堕人道之功修，长虚无之伪习，不可以不察也。”

“天”不可靠，不可信。然在现实社会中，古来关于“天”的“风俗”迷信，仍有种种表现，所谓“万事不由人算定”、“半靠天，半靠人”、“各人头上有青天”、“皇天不负苦心人”等，就是其中比较典型的说法。这种种说法，意在“假天以治人”结果是“绝灭人道，废尽人事”，是社会“滞碍”的一大原因。

因此，《革天》对崇信“天”的各种迷信进行了批评、揭露，并指出各种人崇“天”的意图、性质各不相同。比如它说，对于“天”，“畏天”的狼戾恣睢之人，“假之为诅咒之用”；“托天”的诡诈之人，“以行其狡计”；“依天”的狡民，“售其欺诈，以贼人群之进步”；“信天”的偷惰依赖之人，“假之以为掩饰之用”；“恃天”的愚民，“自相蒙敝，以阻人群之进步”，等等。诚然，这里关于各种人的“畏天”、“托天”、“依天”、“信天”、“恃天”等的分类及其分析，不见得科学，但它指出其对社会的危害性，不无合理之处。它又说：“言天之有弊害于风俗也，此显而可见者也。”这是《革天》关于崇信“天”的“风俗”所产生的结果的结论。

在分析、揭露了崇信“天”的“学说”和“风俗”的基础上，《革天》严肃地指出：为了中国进步、同胞的幸福，必须“冲决无量之网罗”，破除天命论，倡导人为。而破除天命论，则必须“革天”。它说：

> 由是而谈，则崇尚不可知之天道，而沮败当前即是之人道。天何言哉？则言天者不得辞其咎也。中国数千年之坐误于此其多矣。今者公理大明，人智增进，将冲决无量之网罗。大索同胞之幸福，而仍遮蔽于此，岂可训欤！甚矣，天之不可以不革也。革天者，非天之所以为革也，有革之者在也。天革，而他革乃可言矣。

以“人道”反对“天道”，尚人为反对天命，“天之不可以不革”；“天革，而他革乃可言”。可见，“革天”的口号，不只是一般的反对天命论，否定有意志的“天”的存在，而是为反对“君权神授”说立论的。这一点，正是《革天》一文反对封建专制制度，要求建立资产阶级民主制的一个重要理论基础，也是该文作者的用意所在。

《革天》口号的提出，无论是从理论深度上说，还是就其政治内容来说，是对传统的“人定胜天”思想的继承、发展，标志着反天命论斗争的深入。

不过，《革天》一文仍有不足之处。它虽然以人为反天命，以有为反无为，以人道反天道，断言“无所谓天”，但其批驳还缺乏科学性；它在剖析近代西欧“天演学”时，强调“人演”即人为，但因不懂自然规律与人力的辩证法，却否定了“天演”即生物进化规律。

第二节 《续无鬼论》

《续无鬼论》发表于1903年《浙江潮》第2、3期上，为陈榥所作。

陈榥（1868—?）字乐书，浙江金华义乌人。戊戌变法失败后，受革命思潮影响，逐渐倾向革命，撰文批判封建主义和有神论。他的《续无鬼论》，主要是依据近代自然科学知识，否定鬼神，同时也批驳了世俗迷信、宗教神学，是辛亥革命准备时期战斗性较强的无神论专文。

一 鬼是没有的

《续无鬼论》的主旨是否认鬼的存在，但又不限于此。它通过对偶像、魂魄、妖怪、符咒、方位、谶纬等的实质分析、揭露，否定社会上流行的一切鬼神仙妖的存在，揭穿“阴界冥冥，上界昭昭”的谬说。

（一）人的生死与城隍无关

偶像城隍一直是被认为管人的生死的，被人们所敬拜。与此相反，《续无鬼论》则认为，偶像城隍是泥塑木雕的，即“盈尺之木，堆泥具耳目口鼻手足形”，不能主人生死、福祸。人的生命的产生是自然现象，如说：

> 人何由而生，何由而死，权果属于城隍与否，此理明而城隍之妄将不言而自明。夫人之有生命……西人考究人种，知为极细之虫，形蝌斗而长尾，其初胎也，亦不止一精虫，而群精虫相竞争，惟强者独存，后乃变成人形。……既婴而有人之生命，未婴而有虫之生命……（《续无鬼论》）

这是从自然科学上说明人的生命是由精虫发展而来的，与偶像城隍无涉。人的生命的由来，同“植物之生命，农夫有树艺之权，动物之生命，乃父母有生育之权”一样。说“城隍之轮回，主此生命”，是错误的。

人的死亡是自然现象，也与城隍无关。如说：“人之死也，如老树之必归腐朽，如旧机器之必归损坏，乃新陈代谢之公理。”又比如，鼠疫流行，在中国，人们常“诵经号佛以治之，罹而死者多”；而在日本，则“栅居毁室以防之，罹而死者少”。这一“治”一“防”的两种方法，一“多”一“少”的两种结果，也说明人的死亡与城隍无关。

在《续无鬼论》看来，偶像城隍被当作“神”而拜跪于前，以求人的生死、福祸，是一种迷信。同样，以为“他神为能祸福人”，也是迷信。“故举一城隍，而凡庙食如城隍者，皆无烦吾之赘述矣。”这是对一切偶像“神”的否定。

（二）死后无灵魂

《续无鬼论》否认神，更否定鬼。它以近代自然科学为根据，从多方面阐述人死神灭，不存在鬼。从生理学上说，它指出：

> 按人之灵能由于脑，脑有大脑小脑之分，一主知觉，一主运动，而传知觉运动之媒介物为神经。人死时：目无视，而视官之神经熄矣；鼻无息，而嗅官之神经熄矣；耳无闻，而听官之神经熄矣；口无言，而语官之神经熄矣；手足腰脊不能运动，而肢体官之神经熄矣，夫神经俱熄，为灵能已寂之证……

这是从生理学上说明脑、神经、灵能（精神）的关系，即人的“灵能”

在脑，通过神经主知觉、运动。人死，身体上的“神经俱熄”，则“目无视”、“鼻无息”、“耳无闻”、“口无言”、“手足腰脊不能运动”，说明人的“灵能已寂”。

神经熄，灵能寂，这是从人的灵能必须依赖于神经这个“媒介物”说明的。神经与灵能这种关系，犹如传电体与电、传光体与光、传音体与音、传热体与热等的关系，“必有电有光有音有热而后有传”；没有传电体、传光体、传音体、传热体，电、光、音、热也不会发生作用。这个比喻，并没有真正说明“灵能寂”的问题。为此，《续无鬼论》又以电与电池、音与振动体、光和热与燃烧等关系，作了进一步说明。如说：

> 灵能之于脑，如电之发于电池，各音之发于振动体，如光与热之发于燃烧体，而其寂也，如电量之已竭，如振动之已止，如燃烧之已毕。故老而健忘，如脑弱之初，死而全忘，为脑弱之终。驯以渐至，老濒于死，成敛级数焉。由是观之，生前有灵感，死后无灵魂也。

这种用物理学知识比喻灵能与人脑的关系，颇为形象又有说服力，在于说明：灵能是人脑的机能、属性；没有人脑，就不会有人的灵能；灵能随着人的“脑弱之初”、“之终”而“健忘”、“全忘”即尽竭。所以说，“生前有灵能，死后无灵魂”，没有鬼。

《续无鬼论》还依据近代自然科学，对所谓“鬼火”、“鬼声”等进行了分析，进一步批驳了有鬼论。它指出，根据化学知识，人身体是由磷、碳、氧、氢、氮等多种元素组成的。人死尸体腐烂，“必腐尽而后止”，各种化学元素遂重新“化合而去”，没有留下任何东西，所谓“魄则为鬼之所守”的“魂魄之说”，是不能成立的。至于所谓鬼火，那是腐烂的动物骨肉里散发出的磷质，与空气中的氧“极而燃烧”的现象，“火固有之，鬼则非也”。所谓“俗闻夜声，则以为鬼号”，也是一种妄说。因为，人的声音是“由声腺发”，当“尸已腐矣，声腺之不存，音将焉附”？这些说明，“死后无魂魄，则夜间无鬼物可知”；夜间没有鬼物，那“一切新鬼故鬼之现形”的流俗迷信，则可以收起了。

（三）妖怪不可信

禽兽虫鱼草木千年得道为妖，特别是狐妖（或说狐狸精），是中国古来的世俗迷信，为里谚街谈所盛传。《续无鬼论》根据动物学、药物学、光学、物理学、化学等自然科学知识，一一给予剖析。比如说狐能成为妖，它驳斥道：“苟明动物学之公理者，则狐之生命，自有一定之限，背是而妖，不能也。”即狐是一种动物，同其他动物一样，有生有死，绝不能久生而为妖。

在《续无鬼论》看来，人是由动物演化来的，这是一个漫长的进化过程。因之，其“构造乃臻于群类之极”，为万物之灵。说“狐乃倏忽进化”为妖，“臻其极”，神通广大，是不符合科学道理的。它由此得出：“妖无由兴，上古蒙昧，因而有魑魅魍魉诸称，后世进化，勿沿其误可也。”妖怪是没有科学知识的蒙昧时代人的错误认识，其实是没有的，社会进化到科学昌明的今天，不应沿袭古人的错误了。

（四）对符咒、方位、谶兆等的批驳

关于符咒，《续无鬼论》指出：炉焚香、盂注水、首散发、手杖剑、烧符念咒以召神，是“愚不可及”。声学道理告诉人们，声音的大小、强弱是与距离远近成正比例的，咒语与说话在空气中传播的情况“必无差异”，而念咒时“仅喃喃语”，在远方的神仙“曷闻咒”？化学的知识说，烧符与烧一般有字的纸一样，焚后，一为气体飞出，一为余剩物灰烬“落于地”，是“不能飞至他处请鬼神”的。若说“烧符新生之气体，乃与鬼神有关系”，那烧一般有字的纸也生出同样的气体，为什么不能召鬼神？况且，“空气中本有此气体”，是“与鬼无关系”的。从而得出结论，说：“符咒万不足以请鬼神。”那些搞这种迷信活动的人，“行为自欺，而自欺实由于欺人”。

关于方位（即堪舆）、五行生克等迷信。《续无鬼论》指出：五行生克，“医卜星相，依附唾余，鬼神界乃益支离而旁杂”；而“今日之大害者，则莫如堪舆，铁道矿山，均因之生障碍”。它认为，依据方位“定祸福，吁其谬也”，而五行生克之说则“不伦不类”。化学原理告诉人们，水为氢、氧二气化合而成，“非金所能生也，因分解蒸腾而失，非土所能克也”。

关于谶兆迷信。《续无鬼论》指出：彗星、日月食、地震、白虹贯日、日中黑子等可以“昭儆戒”，醴泉、甘露、芝草、白凤、黄龙等“所以昭瑞应”，都是“神道主义”，不足信。它根据天文学，说：“日蚀月蚀为月之阴影蔽地，与地之阴蔽月”所成；“虹为空中水滴分析日光所成”；“日中黑子，无日无之。而黑子之多寡亦与地震颇有关系，此种原因，虽未尽悉，要之，太阳系诸星皆绕日行，凡所关系，匪惟我国，全球实依赖之，匪惟全球，同系诸星皆依赖之”。可见，这些都是自然现象，“其与人事吉凶何与哉”！从而批驳了“灾异祥符之说”。这里的批驳尽管简单，但较为科学，比古代无神论者对灾异祥符说的批判前进了一步。

《续无鬼论》还指出：醴泉“出于山谷间”，“芝为植物”，“龙凤无是物”，这些“何瑞应之有”！这些迷信，纯为“荒唐无稽之谈”，“以为愚民之资助耳”。一针见血地揭穿了世俗迷信与愚民政策的关系。

《续无鬼论》在分析、批驳上述种种世俗迷信后，要求人们对自然现象，特别是人们没有亲自见过、听过的奇异现象，不应随流俗妄说，而应“求其故”，相信自然科学，才能“道其原理”，破谬妄俗见。“否则长此绅权柄政之时代，而倚托之则愚，奉守之则拙，顺从之则柔，号呼之则蔽，希望之则贫。”这就指出了世俗迷信与绅权政治的关系。

二 否定宗教科学

《续无鬼论》对宗教神学的批判，其中心是否认鬼神，同时揭露基督教神学与帝国主义侵略的关系。

（一）佛教言鬼神是愚人惑己

前已指出，《续无鬼论》根据新陈代谢的自然规律，说明人有生必有死，从而驳斥了轮回说。关于“舍利”，它则说：“俗云舍利，为佛圆寂后毁化不灭之灵蕴。顾鱼类等物皆有舍利，则不仅佛骨为然矣。”这是对佛的“舍利”的贬斥。

对于佛教的鬼神说。《续无鬼论》是持否定态度的。它说：“日本，佛教之国也。执日人而叩以释迦金身何若，韦陀真相何若，必掩鼻而笑，而以我为大愚。彼教上乘之书无一言及鬼神者，言鬼神者皆下乘经也，所以愚愚夫愚妇者也。而惑之亦自惑而已矣。”这是将佛经分为不言鬼神的“上乘之经”与言鬼神的“下乘经”，诚然不当。因为佛教作为一种宗教，不论是什么经或书，都是要谈鬼神的。这里说明《续无鬼论》是立意反鬼神的。

（二）“洞天仙境”是大自然的造化

如前所述，《续无鬼论》驳斥城隍主人的生死之说，否定烧符念咒召鬼神，实是对道教神学的批判。

除此，《续无鬼论》还用自然科学知识，斥责道教神学虚构的“洞天仙境”。根据地质学知识，它指出：道教所谓的“洞天”，实是自然景观，如说：“山脉中之石灰岩，最易为酸所溶解，故成洞窟，又溶后余滴自上坠下，复成沉淀物，结成石笋、石柱，或极奇妙，而不知者又以为其洞天福地矣。”就是说，道教所谓的“洞天福地”，不是别的，只是石灰岩经酸性物质作用而形成的天然“洞窟”。根据光学知识，它解释了道教所谓的东海“仙境”，只不过是自然界中一种虚幻景象。如说：“海上空气，整然成层时，则船舶、岛屿，由全反射之理，其影倒植空中，恍如天有是物，而不知者又以为仙人楼阁矣。”“仙人楼阁”，就是今人说的海市蜃楼。这里的解释基本上是准确的，对“仙人楼阁”的批驳确是有力的。

（三）上帝为“空漠无着之虚名”

与否定鬼神相一致，《续无鬼论》也否认上帝的存在。在它看来，所谓上帝，就是“空漠无着之虚名”，如说：

> 人言法人在中国传教者多系军人，为测量地图而来，然则所来者果教士乎？抑侦探之队乎？彼其口言上帝，直以上帝为其杀人戳人之前导，上帝有知，其必殛之，而不然则上帝固徒为空漠无着之虚名。

就是说，当时来中国的法国传教士是法帝国主义的“侦探队”，他们打着“奉天行道”的神旗，口言虚名上帝，实则是作为帝国主义侵略中国的“前导”。为了证明自己的分析，它还引用德国皇帝的话作证。这话是：“东方多一德国教师，则德国多一分利益。”不能不说，《续无鬼论》对基督教神学与帝国主义侵略的关系的揭露是客观的、有力的。

由此，《续无鬼论》还进一步指出了基督教传入中国的害处，使中国人“或昵之或排之”，“而西人乃挂手支颐于其旁”，一旦双方力竭，帝国主义者则“因以为利而国祸遂不可底止”。因此，人们不要信鬼神、上帝，而要学习自然科学。当然，它认为义和团为反对基督教神学，也打着“奉天行道”的神旗，“以趋以战以死”，表明它对义和团反帝爱国运动的认识是不清的。

《续无鬼论》对宗教神学的批驳是有其缺陷的。这除了上已指出外，还在于它对宗教神学的本质认识不足。比如它说：“故夫教也者，沿于古代论说，未纯如耶教之大同、佛教之慈悲、孔教之仁，皆自有统一世界之思想，若杂以鬼神果报之说，普救之效未见，迷信之论日丛，言及于国则国颓，言及世界则世界无进步，害斯烈矣。”显然，这里它仍然坚持反对鬼神迷信。但问题是，若将耶稣教、佛教等宗教的“鬼神果报之说”去掉，也就不成其为耶稣教、佛教等宗教了。将“鬼神果报之说”与宗教分开，正说明它没有真正认识到宗教神学的本质。

三　迷信鬼神的危害性

《续无鬼论》之所以猛烈抨击、无情揭露有神论，是因为它对有神论的危害性有着深刻的认识。而它对宗教神学的批判，也正是从其“杂以鬼神果报之说”这一点出发的。

《续无鬼论》对世界各国信教情况，以及其危害，作了考察、分析，认为各种宗教近代中国都有。它说，世界各种宗教，中国“兼而有之”，因而形成“门径歧迤，支派嚣纷”，流毒深广。所以它要“辩其大略，叙类而纰其谬，以为我国同胞告焉。”

鬼神说、世俗迷信、宗教神学的“纰缪”，已如前述，那它们的危害性又是什么呢？一是“国颓”，二是“世界无进步”。具体说，《续无鬼论》认为，世界上一些信鬼神之说的国家，或滞、“或殆或亡”；“回首祖国”，四千年文明，因搞迷信活动，敬天拜偶像，信鬼神、遂使“中国无医学”、“无理学”、“无农学”、“无工学”、“无商学”、“无文学”。因此它又说：“信鬼神则危亡”、“国亡”、“种亡”。诚然，它这里关于中国信鬼神所造成的种种后果，似有夸大，但有神论阻碍科学发展却是至理。

为此，《续无鬼论》指出：反对鬼神论，必须崇科学、尚实学。不然，科学落后，实学不兴，则鬼神迷信必然流行。所以说：“必先自废实学而鬼神之说乃得而入之，继则入以鬼神、而实学日益废，二者固相因矣。”说明了鬼神说与实学的对立关系。

总之，《续无鬼论》吸取、利用近代自然科学知识，批驳鬼神学、世俗迷信、宗教神学，是有说服力的；从世界进步、国家安危、实学兴废等方面，指出有神论的危害性，其理是颇为深刻的。这就使它的无神论思想具有科学性、战斗性，比以朴素经验论、逻辑推理等驳斥有神学有所前进，有所发展。不过，它的无神论思想还缺乏一定的理论高度。

第五章 《新世纪》

辛亥革命准备时期，许多革命的或进步的刊物，在宣传自然科学知识、反对封建专制制度的斗争中，大都具有无神论思想倾向。《新世纪》就是其中一个著名的刊物，且是中国早期无政府主义者无神论思想的颇为典型的代表。

中国早期无政府主义者对有神论思想的批判，除以近代自然科学为依据外，主要是从否认一切社会的、政治的组织，不要国家、废除政府、反对等级制、建立无政府社会这一立场出发的。这是有别于近代其他无神论者的最基本的特色。《新世纪》的无神论思想，就反映了这一特点。

无政府主义思想在中国的传播，略可分为两个时期：一为辛亥革命准备时期，一为“五四”运动前后时期。在第一时期，总的说，它具有反封建、反神学的性质；在第二时期，它是与马克思主义对抗的，并从“左”的方面歪曲、攻击马克思主义。由此引起了马克思主义与反马克思主义的一场大论战。本章所介绍的内容，就是处于第一时期的、信奉无政府主义的《新世纪》的无神论思想。《新世纪》刊载的《祖宗革命》、《三纲革命》、《普及革命》、《无政府说》、《无父无君无法无天》、《排孔征言》等鲜明的无神论思想文章，以及散见在《续革命原理》、《毁家谭》等文中的片断的无神论思想，皆为近代无神论的一种表现形式。而这种无神论思想具有强烈的反封建的进步性，它与第二时期的无政府主义者有着不同的社会作用。

第一节 人格神的“天”是不存在的

同这一时期的其他无神论者一样，无政府主义者的无神论思想内容是多方面的，而从近代自然科学、哲学、无政府主义等方面批驳有神论，则是它的中心内容。

中国早期无政府主义者对天命论有所抨击，认为人格神的“天”是不存在的，“天”不过是物质，是自然界，没有意思。之所以产生、存在人格神的“天”，那是由于野蛮时代的人不能解释宇宙中某种神奇的自然现象、进而“慑伏”的一种认识，后由于强权者的提倡，流传至今的结果。如说：

> 天——野蛮之崇拜风雷日月，不必为其天也，即被认为天之创造能力之所寄，苟稍神奇者，已慑伏而莫敢或狎，此亦必为世人所公认。当此之时，则天之威力最尊，嗣是天有民德之可以相胜，天有魔鬼之足以相扰。求天之故愈多，而褒天之情亦见。及至迁就于哲理，天已付诸不可思议。又复整理于科学，天遂等诸顽然物质。而天之运命亦告终。此“天”之自有至无之一段历史也。（四无：《无父无君无法无天》）

就是说，所谓“天”，实是野蛮时代人类崇拜的“风雷日月”，被赋予了“创造能力”，继而对它“慑伏而莫敢或狎”，使之“威力最尊”，代代相传，“求天”、“褒天”现象由此而生。后来，人们从“哲理”上来考察，“天”已被弄得“不可思议”；而从科学上看，“天遂等诸顽然物质，而天之运命亦告终”，寿终正寝了。这就是“天”的“自有至无”的历史，实际上是说，人格神的“天”本来是没有的，是人造的。

在无政府主义者看来，人格神的“天”与人事没有关系，它的“运命”不仅随着自然科学的昌明而“告终”，也随着君主专制制度的被推翻而推倒。它说“君”是凭借“强权以制人”的，且又自命为“天子”，所谓“依傍于天曰天子，又依傍于父曰君父，又依傍于法曰君者出令者”。况且，自古以来，“一班苛安之圣人”，“无名氏之哲人，流俗所谓妖人”，他们对“父、君、法、天”的竭力鼓吹，“久而愈盛”。然而，一旦“全恃强权成立”的“君”，首先被推倒，实行了资产阶级民主共和制（或立宪国），则“绝无影响之‘天’，即继之而倒”。这个道理，对于那些“略提共和革命之思想，略有科学真理之经验论者”，是“固然”的，这既批驳了君权神授说，更否定了“天”。

有的无政府主义者还对孔子的“死生有命，富贵在天”的思想进行了批评。他认为，人的智愚、贤不肖犹如手指有长短、大小，其差别本来“甚微”，很自然。由于少数人有私产，不劳而获享幸福、能受教育，从而产生了人为的智愚、贤不肖的差别，所谓“今之智愚贤不肖，皆本于贫富，并非生出来就有智愚贤不肖之分”。他进而指出，人们的贫富、贵贱并不是命中注定的，也不是上天安排的。如说：

> 什么叫贫富有命，贵贱在天！此等迷信，现在没有价值，没有人相信了。富贵人拿了私产传子孙，传了数代数十代，现在可以传完了。把他纸老虎打破，便可将共产主义见诸施行了。（民：《驳时报论中国今日不能提倡共产主义》）

这里的“共产主义”，实是指无政府共产主义。就是说，只要实现无政府共产主义，普及教育，就可消除存在于人们之间的智愚、贤不肖的不平等现象，破除“贫富有命，贵贱在天”的“迷信”，戳穿其“纸老虎”的面目。

诚然，说人的智愚、贤不肖是“私产”造成的，把“贫富有命，贵贱在天”说成是“迷信”，是“纸老虎”，是有道理的，是对天命论的一击。但他没有，也不可能揭示出“贫富有命，贵贱在天”与“私产”的真实关系，以及“私产”的起源。

第二节　论科学与迷信的对立

早期无政府主义者依据近代自然科学，特别是达尔文生物进化论，对社会上流行的种种世俗迷信、祖宗崇拜展开了批驳，并指出其实质、危害。

一　祖宗没有“神灵”

认为祖宗有“神灵”，进而崇拜，以求保佑，是有神论思想的一种表现。这种思想一直是意识形态领域里的一个禁区。与众不同，有的无政府主义者却撰文给予尖锐的批驳，立论颇为精到。

在他们看来，说祖宗有“神灵”，能保佑子孙，而子孙则视祖宗“事死若生”，烧纸帛而祭祀，实是一种迷信。如说：

> 于迷信中，祖宗为神明，保佑子孙，永传血统。子孙感其恩德，族人畏其神灵，于是祭祀之，祷祝之，奉纸币纸帛，事死若生。故祖宗乃纯然一宗教上之迷信。（真：《祖宗革命》）

就是说，视“祖宗为神明”这种迷信，与一般迷信不同，“乃纯然一宗教上之迷信”。这种观点是有见地的。

祖宗有“神灵”作用，是违反科学事实的。科学知识告诉人们，“祖宗乃死物”。根据“物力不灭，无有神灵”这一科学公理，已死的祖宗是没有“神灵”作用的。如说：

> 于科学中，祖宗仅为传种之古生物耳。及其死则其功用已尽，复何神灵之有。考生物进化学，乃知吾人非突然生于世，实由他生物传演而来，故他生物中亦有吾之祖宗也。吾最近之祖宗为人，吾之远祖宗为猿，或为他种生物，故吾之祖宗非他，即已死亡生物耳。（同上）

这是从生物进化论上说明：人的“近祖”为人，“远祖”为猿，或“其他生物”，都为“已死亡之生物”，是“死物”；既然是“死物”，它们都就失去生命物质的特征及其作用，即“其功用已尽”，没有“神灵”。这就否定了人能成神仙或死而为鬼的神鬼说。

从古今人类的知识、能力上说，古人不及今人，无力保佑今人。如前所述，祖宗死亡功用已尽，不能“保佑子孙”。再说，祖宗活着的时候，其知识、能力远不如今人。因为人类的知识、能力是不断进化的。“凡物愈古，其构造愈简单，其能力愈薄弱，此自然之公例。”那种视“吾之祖宗胜于吾人”的迷信，是不能成立的，“为知道者所最不堪”的。这不仅说明了古今人类的不同，也区别了科学中的祖宗与迷信中的祖宗。

由此，早期无政府主义者指出：祖宗迷信实是“非至愚，即自私”，（真：《祖宗革命》）一语道破了这种迷信的要害。同时，他们认为这种迷信有“四大罪恶”：违背科学真理，颠倒是非，阻碍中国知识的改良和人群进化；肆行迷信专制，侵犯子孙自有的人权；耗费大量的民力和财力于无用武之地；攘夺人民养命的生活来源。这种对祖宗迷信的抨击，不免过激，但不无合理之处。

二　迷信阻碍社会进步

早期无政府主义者认为，所谓“迷信”，不只是祖宗迷信，世俗迷信，一切信鬼尚神的有神论思想（如宗教神学、天命论等）及其活动，也都是迷信。这种种迷信影响所及，使“贫者安之，富者固之”，“内以为羁制之具，外以为沽明之资”，阻碍了人类文明进步。

鉴于这一认识，他们将迷信与科学加以比较，指出其不同的社会作用，称赞科学，批判迷信。他们从考察近代西欧入手，批评有的人把近代西欧文明进步说成是基督教新教的功劳的错误观点，指出：近代西欧文明进步快，是科学发达的结果；若不是它存有信鬼神的迷信现象，其进步会更快的。如说：

> 今之论者漫不加察，竟以欧西之文明归功新教，不知使无科学之发明。吾未见欧西之文明遂有今日也。科学者，进化之利器也；迷信者，思想之桎梏也。二者固绝对的不同物。以有科学之发明，故始有今日之文明；以未行迷行之革命，故仅止于今日之文明。（绝圣：《排孔征言》）

就是说，科学与迷信是绝对对立的，具有不同的社会作用；科学是社会进化的“利器”，迷信是思想的“桎梏”；近代西欧文明进步是科学发明带来的，绝不能“归功新教”。

“科学者，进化之利器也；迷信者，思想之桎梏也。”言简意赅，正反映了早期无政府主义者无神论的理论深度。而用“利器”和“桎梏”，说明科学与迷信各在人类文明进化中的不同作用，既形象又入理，具有说服力。

在指出了科学与迷信的关系，以及二者不同的社会作用同时，他们还阐述了迷信与政治的关系。在他们看来，迷信是强权政治的思想基础，是政府统治人民的思想工具。利用、借助迷信（或宗教神学）来统治人民，则是“神道政治”。而“神道政治”又使迷信得以存在、流传。如说：

> 恐惧、迷信，世界强权之所基也。基以迷信，助以恐惧者，宗教是也。基以恐惧，助以迷信者，政府是也。……神道政治，则迷信存之。……若夫迷信，则自有人类以来，未尝破也。（同上）

“基以迷信，助以恐惧者，宗教是也。”这基本上击中了宗教神学的要害。“基以恐惧，助以迷信者，政府是也。”恰当地说明了迷信与政府的关系。正是因为迷信与政治有这种关系，是自有人类以来不能破除迷信的一大原因。这段引文的意义，在于从理论上概括了迷信与政治的关系。

但迷信与恐惧是不同的。迷信“制人于无形”，恐惧“制人于有形”。因而，破除迷信、革除宗教神学“难”，破除恐惧、进行政治革命“易”。比如，路德能够破除原有宗教的旧仪文，但不能去掉“神道之观念”；

英、法等西欧国家所进行的政治革命，推翻了封建专制制度、建立了新的资产阶级民主制，并一一得到了实现，但宗教神学依然存在。

在早期无政府主义者看来，资产阶级革命之所以不能消除迷信，是因为它仍然要进行新的“政治之建设”，即设立资产阶级政府。而迷信与政府是分不开的，已如前述。所以要进行无政府革命，革命后不设政府，才能破除一切迷信，使全人类迅速达到无政府共产社会，享自由、平等、博爱的幸福生活。他们认为，在当今世界上要进行一场迷信“大革命”，破除一切迷信，是“一日不容缓”的。如说：

> 吾请正告曰：欲世界人进于幸福，必先破迷信；欲支那人之进于幸福，必先以孔丘之革命。（绝圣：《排孔征言》）

这里把孔子崇拜与迷信同作为无政府主义无神论革命的对象，是无政府主义无神论的一个特点。他们甚至说：“孔丘砌专制政府之基，以荼毒吾同胞者，二千余年矣。”（同上）对孔子的这种批评，未免过于偏激，不甚符合历史事实。但说历代统治者把孔子当作偶像崇拜，以“砌专制之基”，不无合理之处。

第三节　鬼神是宗教的要素

早期无政府主义者从无政府主义、自然科学理论出发，对宗教神学进行了无情的揭露、猛烈的抨击，主张将宗教神学排除在科学之外，以利无政府革命。

一　宗教神学与科学对立

倡导科学，主张无政府革命，是早期无政府主义者反对有神论的两个论据。对宗教神学的批驳，也不例外。

在早期无政府主义者看来，科学与宗教是火水不相容的。宗教主神创说，科学则认为宇宙万物是物质不断地演化而成的。如说：

> 吾之地初为气质，继为流质，更为坚质，亿万年更化无穷，此地之进化也。因地而有生物现，由简单而至于繁复，此生物之进化也。因生物而有人现，由愚顽而及于聪敏，此人之进化也。因人而成社会，由谬妄而至于较正当，此社会之进化也。总之，地、生物、人、

社会之进化，皆相因而来。（真：《进化与革命》）

显然，这是从近代自然科学理论上，说明现今世界是物质不断地演化的过程和结果，且世界进化，“前进而不止，更化而无穷”，“无一事一物不进者，此天演之自然”（同上）。这是早期无政府主义者批判宗教神学的立论基础。

在他们看来，任何一种事物或理论，都有其“特素特味特性”的，不然就不成其为该事物了。同自然界现象一样，宗教作为一种社会现象，也有自己的“特素特味特性”的，这就是“鬼神、迷信、虚伪”。如说：

宗教者，亦有其特素特味特性也。宗教之素者，鬼神也；其味，迷信也；其性，虚伪也。以重科学、凭公理之社会主义较，何啻霄壤之隔。（民：《无政府说》）

这里的“社会主义”，系指无政府主义。就是说，宗教之所以为宗教，就是因其主张鬼神、迷信、虚伪，这与重科学、凭公理的无政府主义有“霄壤”之别。这是早期无政府主义者关于宗教的总的看法。

宗教与科学的不同，就在于科学注重实验，追求真理，能获得新知；宗教崇尚虚伪，迷信妄诞，思想愈加谬误。如说：

宗教与科学，适为反对。科学求真理，而宗教尚妄诞；科学重实验，而宗教尚虚伪。求真理，智识日以发达；尚妄诞，思想日以谬误；重实验，则新理、新学、新器之发明日见；尚虚伪，则无益、无用、无理之事日多。（民：《普及革命》）

这是从宗教与科学二者各自的本质属性、作用上，指出了宗教的危害性，赞扬了科学在人类文明进步中的伟大作用。这是早期无政府主义者摈弃宗教神学的一个重要原因。他们将宗教与科学进行比较、概括，路子是对的，理论也是深刻的。

宗教不仅与科学“适为反对”，也与无政府革命对立。如说：

革命为进取，而宗教尚保守；革命重有为，而宗教尚无为。求进取，社会日以改良；尚保守，世界日以腐败。重有为，则新事业、新社会之现象日见；尚无为，则可厌、可恶之事日多。（民：《普及革命》）

就是说，无政府革命之“求进取”、“重有为”，因而能促使社会不断进步；宗教因崇尚“无为”和“保守”，使世界日益腐败，且它“无非为利于强权者而设”（同上）。诚然，这里对无政府革命的意义所作的评价，是不恰当的，但对宗教神学的分析，似无不当。区别“进取”与“保守”、“有为”与“无为”，是早期无政府主义摈弃宗教神学的又一重要原因。

基于以上两点，即科学与宗教“适为反对”、无政府革命与宗教的对立，他们提出了“反对宗教”神学的主张。如说：

> 宗教信神道，无政府尚科学；宗教辅政府。无政府敌政府；宗教主安贫守分，无政府以平等为原理，以冲突为作用；宗教轻女子，无政府主男女平等。（《续革命原理》）

因此又说：

> 有宗教，则革命不得普及，欲普及革命，不得不反对宗教。有宗教，则科学不得发达；欲发达科学，不得不反对宗教。故反对宗教，一以普及革命，一以发达科学，诚对于社会之急务矣。有志于社会之改良，人道之进化者，可不一念及此乎。（民：《普及革命》）

就是说，宗教“信神道”、“辅政府”、“主安贫守分”、“轻女子”，正是无政府主义所反对的。因此，只有反对宗教神学，才能发达科学，普及无政府革命，进而促进社会改良、人道进化，这是“社会之急务”。

二　宗教神学不合人道

为了进一步阐明宗教神学不利于“社会之改良，人道之进化”，早期无政府主义者从宗教与教育不同的角度，对梁启超等人的“改良宗教，以造就人格”的论调，进行了有力的批驳。

在他们看来，宗教的“有鬼神、重迷信、贵虚伪”的主张，不利于科学昌明时代的社会发展，也曾有碍于野蛮时代的社会进化。它的本质就决定了它是“阻碍进化、束缚思想”，“导人于昏昏”（同上）。因此，它不能给人以知识，也不能增进人的道德，养成具有高尚人格的人。这是因为：

宗教之言鬼神，以恐吓人民也，使其勉善绝恶，恐生前之赏罚有时或穷，故借死后之祸福，劝惩于无形。……以怪诞导人，愚人也；以服从教人，卑人也。宗教者，愚人也，适与科学反对也；卑人也，尤与人道不合也。（民：《无政府说》）

就是说，宗教讲鬼神以恐吓人，以怪诞导人，是"愚人"、"卑人"，这是违反人道，与教育宗旨不合。他们甚至说："宗教之可恶者，以其设虚伪之词以愚民，敛公众之财以利己。此末流之失也。"（鞠普：《毁家谭》）不改变宗教本质的所谓"改良宗教"，仍然是宗教，不能代替教育。

有政府的教育，也与人道不合。在早期无政府主义者看来，以德的教育"为有政府教育"，而"有政府教育"是重军队、法律、宗教三者的。从政府与宗教的关系上说："宗教之愚人卑人，大有利于政府也，故政府之视宗教，如夜之有司更，常于不知不觉之中制压人民之行为。"（民：《无政府说》）这是说，"有政府教育"与宗教一样，不可能达到教育人的目的。

如何才能达到教育人的目的呢？就是说，能给人以科学知识，养成高尚的人格。他们认为，今后的革命和教育应该"以无政府为其目的"，或说"以公道、真理为正鹄"，以去掉以强权、压制、愚人、卑人、私利为目的的"有政府教育"。所以他们说：

今世纪，科学日以发达，真理日以显明，当以正当的教育代宗教，以真理的科学破迷信，而不当以宗教代教育替科学也。不知出此。而惟斤斤以宗教为补救之道，其谬误为何知哉。（民：《普及革命》）

又说：

非实施无政府教育，则宗教必不能消灭。（民：《无政府说》）

"正当的教育"，就是"无政府教育"。就是说，当今世界，科学日益发达，应当以无政府教育代替科学教育，把宗教当作近代社会的"补救之道"是"谬误"。不仅如此，无政府主义者是要使宗教"消灭"的。

因此，"改良宗教"是不必要的，也不可能。说"改良宗教，以造就人格，欲造就人格，则舍宗教之道末由”的观点，是错误的。第一，从历史上说，古今道德本不是宗教的“专制品”。一定要使道德“附会于宗教”，却使人“百思不得其故”。第二，平等、博爱的良德，只是宗教内容中的“一小部分”，已为无政府主义内容所包含。既然有了无政府主义，就不必改良宗教。第三，“有鬼神、重迷信、贵虚伪”是宗教的本质，此不去掉，就无所谓改良。若去掉鬼神、迷信、虚伪这三点，则宗教就不成其为宗教了。如说：

> 科学一发明，则一切虚伪妄诞扫地矣，不能试验、不合学理者，则斥之于科学之外。然则无鬼神、不迷信、绝虚伪，则宗教不为宗教矣。（同上）

就是说，宗教既不能试验，也不合学理，必须“斥之于科学之外”。可见，早期无政府主义者不只是反对“改良宗教”，而是立志一扫鬼神、迷信、虚伪、妄诞的宗教神学。他们的无神论思想跃然纸上。

第四节　论有神论思想的根源

早期无政府主义者在批驳有神论同时，还从多方面分析了有神论思想产生、存在、流传的根源。

在他们看来，星云说、进化论、生物学、心理学、化学、物理学等近代自然科学，不仅公开否认祖宗有“神灵”，且断然否定一切鬼神的存在。他们认为，所谓神不灭即“身死魂不死”，是一种“幻语”（民：《普及革命》）。“谬想”、“妄想”（真：《祖宗革命》）。这是科学不发达时代的产物。

“不信鬼神”，这是早期无政府主义者的鲜明观点，也是他们反对有神论的思想基础和基本前提。鬼神既然不存在，为什么有人相信呢？对此，他们进行了较为正确的分析，认为有人对自然现象无法解释，又因其神奇而惊惧，遂凭“妄想”而“创造"出来的。如说：

> 古人生于天地间，而不知天地为何物，闻风雨而惊，见日蚀月蚀而惊，凡一切不能解者，皆归之于上帝。故上帝者乃凭人之妄想，而创造者也。后来之人，不识先人为何物，不知其死何之，深夜闻声而惊，中宵梦思而惊，凡一切无可考证之谬想，皆归之于祖宗之神灵。

> 故祖宗之神灵亦凭人之妄想而创造者也。盖信上帝，由于不知天地之学；信祖宗，由于不知生物之学。凡科学不明，皆脑髓之未改良；脑髓之未改良，由于人类之未进化。故崇拜祖宗，与崇拜上帝，同此原因。（同上）

说古人因为没有自然科学知识，所以“不知天地为何物”，“不知先人为何物”，“不知其死后何之”，而对天地、万物、人的产生、存在等自然现象、生理现象、社会现象不能解释，则归结为“上帝”、“神灵”；而“上帝”、“神灵”又是“凭人之妄想，而创造者也”。这是立足于科学，从认识论上分析了有神论产生的根源。说上帝、神灵是“凭人之妄想，而创造者也”，是说神鬼是由人自己“创造”出来的，这是有识之见。说古代科学不发达，是因脑髓没有“改良”，脑髓没有“改良”，是因为人类没有进化。这种认识也是应予肯定的。

上述见解，在早期无政府主义者的文章中是不少见的。如另一文说：“疑雷电风雨不测之作，必有司之者也，叹天地山水伟大之状态，必有造之者也，于是神灵与上帝之想象生焉。不解日食月食之为月形地影也，彗星之为无定轨道之行星也，地震之为地心热度膨胀而致火山爆烈也，洪水之为山水涌溢而致江河决口也，于是惊为祸兆天灾流行之起焉。其武断、其自饰如是。”（民：《普及革命》）这里，不仅否定神灵、上帝的存在，斥责灾异说，且说它们是“想象”，是“武断”、“自饰”，同样是从科学上分析了有神论的认识论根源。但科学是不断发展的，人类是不断进化的，那有神论思想为什么能流传于今呢？在早期无政府主义者看来，这除了古代自然科学还没有发展到足以解释自然现象、生理现象外，还有其他种种原因，可归结为：

第一，各民族崇信祖宗神灵，“皆野蛮时代用之惑众，乘机利用，以图利己”，“为不平等不公道之事之护法”（真：《祖宗革命》），因而能为历史统治者所利用、提倡。

第二，古时大教主、大圣贤的宣扬、鼓吹。大教主、大圣贤虽比常人略高“一等”，但却以先知先觉，全知全能自居，初则施其伎俩，武断自大，提倡对鬼神的“信仰与服从”，以对人民进行统治、奴役；继则对不能解释的自然现象、社会现象，“动辄归之于天，推之于神”；进而以果报说、末日审判、赏善罚恶的“预言”，恐吓人民，使之“崇信悠悠昊天”，以灵魂不死的“幻语”，制造所谓“生为暂时，死为永久之说”，要人们“欣天堂之无量幸福”。而那些“迂儒污僧，取利于己，从而推波助澜，以附和之”（民：《普及革命》）。这样，“佛说、福音、儒论、神话”等就深入于人们的脑中。

第三，家庭教育、社会影响造成的。由于氏族、家庭讲祖宗神灵，宗教讲鬼神、上帝，流毒社会，代代相传，所谓“少时受欺于家，长受欺于社会，壮而老以所欺欺人，辗转相染，而遂酿成一鬼神世界”（民：《无政府说》）。

第四，如前所述，宗教有利于历来的统治者，被用来作愚人、卑人的工具。就是说，古代“君长使百姓崇奉宗教，令其愚弱，乃易制服”；“此种之迷信通行，则贫者安之，富者固之，是以历代帝王相继，民无异词，贫富悬绝，民无怨语。由此而知创造上帝祖宗（神灵）之用意无异，皆以之为不平等不公道之事之护法也”（真：《祖宗革命》）。

第五，崇信上帝、敬拜祖宗神灵，是与升官发财有莫大的关系；所谓“如狼如虎之民贼独夫，取便于己，从而扬汤加薪，以提倡之”（民：《普及革命》），等等。

可见，早期无政府主义者关于有神论思想的产生、存在、流传的分析，是有卓识之见的。诚然，他们没有从生产发展上说明，而在阶级社会中又未能从阶级关系上分析，是其不足。这一缺陷，不只是早期无政府主义者一家有，是当时整个时代理论水平的共性问题，是不可能克服的。然而，他们立足于近代自然科学，对有神论思想的产生、存在、流传的认识论根源、社会根源的分析，却是达到了时代应有的高度。

第五节 《新世纪》无神论的特点

早期无政府主义者的无神论思想是有其特点的，在中国近代无神论史上作出了自己的贡献。他们对世俗迷信、天命论、宗教神学的分析、批驳，言词之激烈，内容之广泛，且有一定的系统性、理论深度，在辛亥革命前是比较典型的。

早期无政府主义者与同时期的资产阶级革命思想家，批判有神论的政治目的，以及使用的武器，不尽相同。资产阶级革命派思想家批判有神论的武器，主要是科学与民主，是为建立资产阶级民主共和国制造舆论的；无政府主义者批判有神论的武器，主要是科学与无政府主义，是为建立无政府共产社会制造舆论的。以近代自然科学为依据，批驳形形色色的有神论，是辛亥革命准备时期的无神论者（或具有无神论思想倾向的思想家）的共同特征。批驳有神论与资产阶级革命紧密结合，是资产阶级革命派无神论的突出特点；而从无政府主义原则出发批判有神论，则是无政府主义者无神论的最突出的特点。

早期无政府主义者对有神论的批驳，特别是对祖宗神灵、宗教神学的分析、揭露，较为深刻，具有一定的现实的、理论的意义。

所谓现实主义，主要表现在两方面：一是促进思想解放，二是有利于孙中山领导的资产阶级革命。他们在宣传近代自然科学理论时，要求人们相信科学、追求真理，反对迷信，否定祖宗神灵；在宣传、鼓吹无政府主义时，主张公理，反对强权，提出革除愚人、卑人的宗教神学。这在当时是具有思想解放的作用。早期无政府主义者与资产阶级革命派在思想体系、政治主张上虽有不同。但是，第一，他们认为无政府革命与当时的资产阶级革命是不矛盾的。所谓“由民族革命而进为共和革命，由共和革命而进为无政府革命”（四无：《无政府可以坚决革命党人之责任心》），表明他们是支持孙中山领导的资产阶级民主革命的；第二，他们在揭批强权政治、否认一切社会的、政治的组织时，就国内来说，主要是反对封建专制制度，批判君权神授，提倡自由、平等、博爱，这是符合资产阶级民主革命要求的。仅就这两点说，早期无政府主义者无神论思想是有利于资产阶级民主革命的。

所谓理论意义，尤为值得重视。前已所述，早期无政府主义者从迷信与科学的对立上，从理论高度将宗教神学的实质、特性概括为“鬼神、迷信、虚伪”三点，说它“谬误”而“妄诞”，并指出上帝、祖宗神灵、神仙鬼怪观念是“妄想”、“想象”、“幻语”，都是古人因不懂得科学而“创造”出来的，确是击中了有神论的要害。他们对有神论的认识论根源的分析，关于有神论与政治的关系，以及对有神论的危害性的揭露，也较为中肯，有说服力。这都是他们对中国近代无神论思想的贡献。

由于他们依据近代自然科学批驳有神论（包括君权神授说），反对封建专制主义，从而促进人们思想解放，有利于资产阶级革命，所以说，他们的无神论思想已大大超出古代无神论，基本上属于近代无神论范畴。但这并不等于说，他们的无神论就是资产阶级革命派的无神论。早期无政府主义者与以孙中山为代表的资产阶级革命派，二者的无神论虽都是以近代自然科学为基础，且无政府主义者也在一定程度上支持（有的也参加了）资产阶级革命，他们的无神论思想也有利于资产阶级反帝反封建斗争，但他们与资产阶级革命派在指导思想、政治主张、革命目的等重大原则问题上是不同的。在指导思想上，前者是无政府主义，后者是三民主义；在政治主张上，前者是批判、否定一切现存的社会的、政治的组织（包括资产民主制），后者是反对封建专制制度，主张资产阶级民主制；在革命目的上，前者主张实行无政府共产主义，以达到无政府共产社会，后者则主张实行三民主义，建立资产阶级民主共和国。因此我们说，早期无政府主义者的无神论，不是资产阶级革命派的无神论，只是近代无神论的一种表现形式。

早期无政府主义者无神论，虽是以近代自然科学为基础的，也有一定的理论深度，个别论点也是很精彩；但由于受其无政府主义指导思想的限制，不可能批倒有神论，也不可能指出有神论终将消亡的经济方面的原因。

第六章　朱执信

朱执信（1885 年—1920 年）名大符，原籍浙江萧山，生于广东番禺（今广州市），近代资产阶级革命家、思想家，杰出的无神论者。他勤奋好学，善于接受新思想，敢于同不利于民主革命的思想和行为进行斗争。青少年时期，他通读了四书五经等古籍，同时学习初等数学、研读了“自古代以至前清时代诸算书”（朱秩如《先兄行状》、《朱执信先生殉国十三周年纪念专刊》）。1902 年进教忠学堂，喜读新学书籍，已萌革新之志。1904 年以公费留学日本，涉猎更广，除学法政科外，继续探研数理，并致力于经济学的研究。

1905 年，中国同盟会在日本东京成立、朱执信被推选为该会评议部议员兼书记。从此，他一直追随孙中山革命，参加过多次武装斗争，曾担任广州大元帅府的军事联络和秘书工作。在斗争中，他积极从事革命理论的宣传工作，先后任《民报》、《民国》、《建设》等杂志的编辑，撰写了大量政治、经济、哲学、无神论等方面的文章，同时撰写了《德意志社会革命家小传》一文，介绍了马克思恩格斯的生平，评介了《共产党宣言》、《资本论》、《剩余价值学说史》等著作的有关内容，他自己亦受到一定的影响，是他思想形成的一个重要来源。

朱执信的短篇论著较多，其中《神圣不可侵与偶像打破》、《复林直勉李南溟函》、《复查光佛函》、《男子解放就是女子解放》、《耶稣是什么东西》、《介绍杂志》、《青年学生应该警戒的两件事》、《人生问题》等，是他无神论思想的代表作，都收集在 1979 年中华书局出版的《朱执信集》里。

朱执信的无神论思想内容涉及面广、旗帜鲜明，其批判的锋芒不仅指向当时存在的主要宗教神学，同时还批判了封建神权、世俗迷信。因此，他的无神论思想在近代无神论史上占有重要的地位。

第一节　批驳上帝造人说

朱执信生活在帝国主义猖狂侵略中国，外国传教士在我国大肆宣扬宗教神学思想的时代。长期革命斗争的经历，使他深感宗教神学不利于中国革命和独立，有碍人民思想解放，于是便起而与之斗争，批驳上帝造人说，自称是“反宗教的人”（《耶稣是什么东西》、《朱执信集》第641页。以下引文凡出自《朱执信集》的，只注篇名、页码），其尖锐，激烈而又明快的态度，颇值得赞扬。

一　教主耶稣是“拟制”出来的

辛亥革命前后，朱执信把自己的精力主要放在推翻清朝封建统治的政治斗争上，很少触及有神论思想。随着革命斗争的深入发展，对宗教神学思想的批判，很快成为他的思想理论工作的一项重要内容。“五四”运动时期，在他全力进行思想上“革新”的同时，更加觉察到宗教神学对革命和人民危害甚大，认为非批判不可。因此，他挥笔著文，公开向宗教神学宣战。

在朱执信看来，当时各种宗教神学虽各标其帜，都是束缚人们思想的，但其中最具有“诱惑力”的要数耶稣教，如说：

> 现在所讲的宗教，自然不止耶教，然而现在诱惑力最大的还是耶教。所以我这议论，可以先朝耶教一方面说。（《青年学生应该警戒的两件事》，第884页）

这是他“五四”运动后说的话，是符合当时实际的。

“五四”运动是中国人民反帝反封建的革命运动，也是近代中国人的思想解放运动。其历史意义，不仅表现了中国人民伟大的爱国主义精神，而且它在思想领域内，集中批判了孔孟之道，世俗迷信，以及宗教神学思想。然而，“现在的学生，已经把从前儒家那些谬说通通打破了”，而对耶稣教神学的批判，其言论还“没有效力”，它在中国继续传播、流行，影响有增无减，所以当时“自然是耶教的独舞台”（同上书，第885页）。在这种情况下，由于“学生对于宗教的诱惑没有抵抗能力”（同上书，第884页），社会上也有不少人染上了“宗教的瘟病”（《介绍杂志》，第855页）。这就是朱执信在批判宗教神学过程中，把斗争的矛头首先指向耶稣教的原因。

在批判耶稣教神学时，朱执信根据文献资料和传说将历史上的耶稣、新旧约中的耶稣作了具体的分析和比较，认为这种种不同的耶稣，是有一个由真人到偶像的“拟制”过程的不同表现。他根据“可信的记载，和想象得出来的事实”，指出：耶稣原是普通一个人，即因“反抗当时的祭司，被人拿去杀了的一个人”，而不是所谓的神，“自身没有多大的力量”（《耶稣是什么东西》，第 638 页），“是无足轻重的”（同上书，第 645 页）。至于圣经里说耶稣是由一个女孩子“清净受胎”，即由“天胎生出来的”（同上书，第 636 页），这是不能使人相信的“假设”；所谓耶稣有十二大弟子，这同中国《封神演义》中的十二大弟子一样，也完全是“拟制”（同上书，第 637 页）出来的。

既然都共奉教主耶稣，为什么后来教徒之间会有激烈的矛盾和斗争，致使一些教徒别立教门，从而产生新旧教的区别呢？朱执信认为，这是不同教堂的僧侣随意“增删经典”的结果。之所以有“增删经典”的现象发生，如同国会议员买选票差不多，“一定是和某富贵人家有利害关系”（同上书，第 639 页），有利自己的条文就作为“护符”，不利自己的条文就删掉。这样，就产生了新、旧教的不同和斗争。

在朱执信看来，新、旧教所谓的耶稣，不仅是“假造”的教主，还是“口是心非、偏狭、利己、善怒、好复仇的一个偶像”（同上书，第 645 页）。他用《马太传》和《马可传》等有关章节的内容，分析、说明圣经里耶稣这种品质“是基督教会自来有的”（同上书，第 641 页）。虽然圣经里在道德、人生观方面讲了一些平等、博爱等话头，“确是很有价值的”（同上书，第 639 页），但“都是门面的话”（同上书，第 641 页），“好看的话”，而实质上它讲的是“做奴隶就该烧，做人民就该杀”（同上书，第 643 页），具有“排他狂谬的性质”（同上书，第 639 页），无道德可言。

由此，他还进一步指出：不能因为耶稣这个偶像是“假造”的，我们就不理它。因为，能在历史上、现实社会中起作用的，“不是历史上的耶稣，却是圣经上的耶稣”（同上）。圣经上的耶稣“披上博爱的外套”（同上书，第 643 页），以迷惑、欺骗人们。所以，我们必须正视它，揭穿它的实质。他甚至说：“那欧洲的野心家，对于我们东方非基督教民族，完全不认我们的人格，是从基督教固有的属性来的。我们拿着自由、平等、博爱和他讲，真是无聊。”（同上）

诚然，说帝国主义侵略者的本性“是从基督教固有的属性来的”，是缺乏阶级观点的。但从某种意义上说，他确实看到了它们二者的一定关系，且体现了他把反帝与批驳基督教神学的斗争结合起来的思想，这是值得肯定的。他关于由历史上的真人到偶像崇拜的教主、新旧教产生等的分析，也是有道理的。

二　批判神创说

朱执信还依据唯物主义哲学、利用近代自然科学知识，对神创说进行了有力的批驳。

朱执信根据物质进化论思想，认为宇宙中原初没有生命物质，经过了漫长的物质演化过程，在一定的条件下才出现了有生命的物质。“人类为进化的生物”（《神圣不可侵与偶像打破》，第384页），是由最低等的生物经过漫长的物质演化而成的，所谓“从苔藓起进化成一个人”（《睡的人醒了》，第329页），其“堂兄弟”是哺乳类。“近亲”是猴属（《人类的将来》，第657页），“是从猴属发达来的”（《睡的人醒了》，第324页）。“所自出之人猿”（《生存之价值》，第193页）。这就是说，自然界不仅是进化发展的，而且这个进化发展，是一个由简单到复杂、由低级阶段到高级阶段的过程，人类则是处于这个不断进化过程的最高阶段，是“万物之灵”，从而否定了神创说。

自然界是不断进化发展的，动植物、人类都是这个进化过程中的产物，因此，探寻自然界的发展，考察人类历史，必须根据进化论，才能算得真正的研究。他说：

> 在今日欲为真正之研究，必先从进化论入手，则知宇宙中经无数进化而始有人，决非被上帝创造者。（《人生问题》第888页）

朱执信还指出：人生目的也不是“上帝所与”的，是人类本身所固有的；人活着不是如宗教神学家所谓的“服从他力之命令而有目的”，即人生目的不是“他授的”；就是动物“亦各可以有相当之生存目的，不由他人付与”的。如果不是这样，人类生存就毫无意义。他说：

> 若如宗教家之说，上帝造人，特与以生存之目的——信仰——而其他动物不过作一种手段，陪补人类。则动物之生存固无目的，人之生存就人自身计，亦不得谓为有目的明有。……如此，则人生问题，完全可以不发生。（《人生问题》，第888页）

就是说，动植物、人类不是上帝创造的，其生存目的也不是由上帝决定的。所谓“上帝”，与自然界、人类社会没有任何关系。这就批驳了神学目的论，实质上也是否定了上帝的存在。

此外，朱执信还就国家制度、社会道德与宗教神学各于人生价值有何关系等方面进行了分析、比较，以说明宗教神学对于社会生活不起什么积极作用。他认为，就国家制度与宗教神学比较而说，善良的国家制度是增进人的“生存价值之一手段”（《生存之价值》，第190页）。而宗教则不然，“其效果不见于与快苦之事物，而见于感快苦之一面”，就是说，宗教不能给人以现实的快苦，只是自我感觉，寄于希望之中。从社会道德与宗教比较来看，道德的善恶是非的评价是“存于理智”中的，并对“各个人之行为加以规律，其结果亦使其人自身并其社会之现在幸福，将来希望有所改善”，这不论对于个人或社会，现在或将来，都含有明显的“必求所以利之”的目的，而宗教反理智，讲“信仰”（同上书，第191页），为虚构的偶像所限制。因此，宗教神学不能说明人生目的，也不能增进人生价值。

这就是说，对人生目的及其生存价值等人生问题，进行真正的科学研究，只有从进化论思想出发，使人类社会不断进步，“更去宗教迷信”，否定“天意前定”（《人生问题》，第888、889页）等错误思想才有可能。

这样，朱执信不仅根据史实揭露了圣经中的耶稣教主是“假造”的，还依据进化论，说明了生物、人类是物质进化的产物，批驳了上帝造人、上帝决定人生目的等谬说，从而否定了神创说。

第二节　否定灵魂不死说

否定灵魂不死说，主张神灭论，是朱执信在批驳佛教神学过程中提出来的。这是他的无神论思想又一基本内容。

一　宗教神学、谶纬迷信等都是不可信的

朱执信从资产阶级民主革命出发，立足于现实社会，以人道主义、进化论为思想武器，对佛教神学的理论及其所谓的社会作用进行了批驳。他否认佛教神学的权威，认为它同基督教神学一样，是虚构的，不能解决社会问题和人生问题。

在他看来，现实世界虽纷繁复杂，千变万化，但它确确实实是一个见得到、摸得着的物质世界，宇宙中根本不存在一个与现实世界相对的所谓

彼岸世界。基于这一认识，他指出：和尚念经绝不能“超度死人”（《新文化的危机》第880页）；佛学讲的“圆觉”和“无明”，是“强生分别”（《复林直勉李南溟函》，第410页）。他问道：假如没有世俗的现实世界，“无无明尽之境，宇宙不存，人道正义复在何处”（同上）？他认为，社会上的事情，诸如做不做官、善恶的标准、人道正义等问题，“仍当以社会上情况决定之，不必问之佛学”（同上书，第412页），也“不必引佛学为言”（同上书，第410页）。这里的两个“不必”在于说明：社会问题绝不能用佛教神学去解释，也不应以佛教神学为标准，只能从社会现象本身寻找答案。

朱执信对佛教轮回说也进行了批驳，指出它的荒唐之处，如说：

> 在其从顺世界不灭无明之际，倘可以人道主义进化论发挥出去，而排斥军国主义与神造论、轮回论，此犹之证明一次无穷小数比之二次无穷小数大，与面的形非积线所能成耳，毫无不合理之处。（同上，第411页）

就是说，立足于现实世界，讲求人道主义和进化论，必然要将军国主义与神创说、轮回说一齐抛弃。但以人道主义为思想武器，是不能批倒宗教神学的。他自己的话也证明了这一点，如他说：“人道正义不能与佛教并存，亦不能与佛教对立。”（同上书，第410页）不能“对立”，又如何用人道主义批驳佛教神学呢？这与他上述思想是矛盾的，是他无神论思想不足处的一个具体表现。

不过，朱执信对佛教神学的批判和否定，是其主导思想，不能抹煞的，其实际意义就在于：把佛教神学排除在现实生活之外，引导人们关心现实斗争，积极投身到反对北洋军阀统治的民主革命中去。

此外，朱执信对道教神学、谶纬神学等有神论思想，也进行了一定的批驳。他指斥道教“修仙”，揭露它的“夺舍”、“借胎”（《耶稣是什么东西》，第644页）的实质，否定“符箓”，认为它根本不能保证人类社会“风调雨顺、国泰民安”（《我们要一种什么样的宪法》，第514页）的，说“求仙封禅”是无稽之谈，而“离奇鬼怪的孔教”则是谬说。他认为汉代的谶纬与欧洲的圣经是“无独有偶”的一对，都是“完全不可信”（《耶稣是什么东西》，第639页），都是“假造”的，没有任何社会价值的。

在朱执信看来，只有改造社会，才能造福人民。为此，就得倡言革命，否定鬼神说，并反对将人事的一切“归到相命堪舆里头”（《兵的改造与其心理》第827页）。从上所述，不难看出，朱执信之所以尖锐地揭露、批驳宗教神学，除了它是违反科学的“拟制之权威”（《生存之价值》，第191页），还因为它根本不能解决社会、人生等问题，没有存在的价值。

二　神不灭是“神话”

朱执信在批驳佛教神学斗争中，在继承中国古代神灭论思想基础上，利用自然科学知识，断然否定人的灵魂不死说，不承认在客观物质世界之外，还有一个天堂、地狱的神仙鬼怪世界。

首先，他从哲学基本问题上较为正确地阐述了物质与精神的关系，认为精神是“从质生”，“依力现”的，即它是“依托物质”，而不是“离脱”物质的；“物质不灭”（《神圣不可侵与偶像打破》，第385页），精神是要灭的。所谓“物质不灭”，不是说具体的物体（包括人身）不能转化，不消失，而是说“宇宙间的质力不灭”（《复查光佛函》，第524页），这是自然科学的“定论”（《神圣不可侵与偶像打破》，第385页）。所谓精神要灭，是说人的精神与肉体相对于物质来说，同属“个性”，是具体的，有变化、要消失的；人的精神是随着人体死亡而消灭。比如，他在回答查光佛提出的“质力既有不灭之理，何于精神反云有灭”，“吾人精神，可不依附肉体而能常住不坏”（《建设》杂志1919年11月，第1卷，第4号）等问题，依据唯物主义思想，作了如下解释：

> 佛教是蒙着婆罗门的影响，所以有六道轮回等等话头。其实过去现在未来这种时间观念，东西南北上下的空间观念，不特在佛教认为无明妄作分别，即在近代哲学者对之亦不免有所疑惑。而且个性的基础在于时间之联续，和空间之互相排斥性。当然不生一种不灭之问题。论那要享乐之性，本来和个性相比附而来，如果灭去人我相，如何能够殉享乐？既然是依托物质，那死后精神当然应附枯骨，如何能够有天堂地狱？如果本来不一定依附物质，那就应该连他以苦乐也可以离脱物质。那些拿有形有色，能报恩怨，来解释不灭精神的神话，当然不能成立了。（《复查光佛函》，第523—524页）

这里，他否定神不灭论的前提是：“宇宙间的质力不灭”，一切具体的物体，即他说的“个性”，都是要灭的。他论证神灭论的逻辑是：人身是基础，人的思想、属性（如“享乐之性”）是与人身这个具体的“个性”物体“相比附而来”的，脱离人的肉体就谈不上人的苦乐及其感觉；精神“是依托物质”即人的肉体的，人死后它“当然应附枯骨”，随之死灭了。因此，绝不会“别有天堂地狱”的神鬼世界；如果说精神本来就不是“依托物质”即人的肉体的，那人的苦乐就可以“离脱物质”。这样，佛教所谓的“有形有色，能报恩怨”的轮回说，就成为无稽的“神话”，神不灭论“当然就不能成立了”。

同批驳基督教神学抓住“上帝造人”说一样，他批驳佛教神学则抓住“神不灭”说，是打中了宗教神学的要害的。而且他紧紧抓住不放，发挥神灭论思想，以自然科学知识为依据，进而否定形形色色的灵魂说。他说：

> 别种宗教所拟议的灵魂，固为海克尔所排斥……也不是不生不灭的东西。（同上，第 524 页）

说各种宗教所谓的灵魂是“拟议的”，这就指出了它的不真实性，也同偶像崇拜一样，是虚构的。朱执信由批驳佛教的灵魂说，到否定一切宗教的灵魂不灭说，这是他在理论上对近代中国无神论思想的一大贡献。

“固为海克尔所排斥”，说明朱执信的神灭论思想，也受到德国生物学家、达尔文主义者海克尔（1834 年—1919 年）的《宇宙之谜》一书的影响。海克尔在这部自然科学名著中，对宗教神学也进行了尖锐而有力的批驳。如说，宇宙中的质力是守恒的，而作为个体的有机体的人同任何具体物体一样是要转化或消失的，人的“‘灵魂’即大脑功能”也随着个人的死亡，“像其他生理功能一样，都要消失”或说“其灵魂也就停止存在了”。并坚信：“‘灵魂不死’的老教条是完全站不住脚的；这种教条在 20 世纪已不再成为严肃的科学研究对象，而只能是先验信仰的对象。”①可见，朱执信的神灭论思想，以及他反对“把神秘主义的东西掺在知识里头”等观点，是渊源于海克尔上述思想的。朱执信自己也是这样看的。他说：对于社会上一切有神论的活动和现象，“稍有知识的人，大概总不会信服他的。拿海克尔的话来对付他，已经是全力搏兔了。”（《复查光佛函》，第 525 页）这说明，自然科学是朱执信反对宗教神学的有力武器。

---

① 《宇宙之谜》，上海人民出版社 1974 年版，中译文，第 177、181、191 页。

第三节　相信科学，反对宗教信条

任何宗教都是一种偶像崇拜，而科学是不承认偶像的。它要求人们不断地认识世界，探寻反映事物及其规律的真理。宗教与科学，本质上是不相容的。

朱执信是相信科学，反对偶像崇拜的。正如他说：

> 凡今所认为定论者，如物质不灭、势力不灭之属，本为一种任人攻击之说，而至今未能倒之（镭质出后已有疑此原则者）。以其任人攻击之故，吾人可以信其不倒为绝有理由者。进化理论，亦正与此同。（《神圣不可侵与偶像打破》，第 385 页）

“以其任人攻击之故，吾人可以信其不倒为绝有理由者”，表示了他相信科学的坚定立场，追求真理的科学态度。而质力不灭、进化论等自然科学，正是他批驳神创说、灵魂不死说等有神论思想的科学基础，已如上述。

朱执信还从进化论出发，坚持科学精神，反对偶像崇拜，否定宗教信条。他认为宇宙中的万事万物，没有“神圣不可侵”的东西。所谓“神圣不可侵，即偶像之标帜也”（《神圣不可侵与偶像打破》，第 384 页），这实在只是一种“幻想”，是不存在的。在他看来，人类社会是不断进步的，人的认识是逐渐深化的，过去认为是正确的东西，现在可能就不正确了；今天对人类进步有利的事，明天就可能不利了；对人类社会发展来说，没有任何一个东西是永远的、绝对的、不变的。他举例说，一切现存的事物，诸如宗教和非宗教、君主和国会、宗教信条和具体科学等，都不是“神圣不可侵”的，它们都是历史现象。如果一定要指出其中谁是“神圣不可侵”的，那么，只有科学。如说：

> 最近于神圣不可侵，宜莫如科学。科学之效用，可以垂之久远，可以普适于现所知之世界。然而谓为绝对的、永久的，不可也。吾人能安心以信科学，而不能安心以信宗教信条，何以故？以信条不容人讨议，而科学随时容人讨议，故也。（同上书，第 385 页）

相信科学，必须废弃宗教信条。朱执信认为，假如科学也不允许人们讨论、修正，那也就“等于信条”，成为一种偶像了。但这时候，“打破科学上偶像者，惟以科学之研究可以得之，此外皆不能成功”（同上书，第388页）。科学是不断发展的。然而，作为偶像的宗教信条，是一种信仰的对象，既不允许人讨议，也不允许人反对的。就是打破宗教信条，也不是从宗教的研究上解决。因为，“此种信条，有设立与废弃，而无改良者也”（同上书，第386页）。“故对于信条，除绝对排斥以外，不能再认有他种办法”（同上书，第387页），表明他主张废弃宗教信条的战斗精神。而废弃宗教信条，排斥宗教神学是符合科学的，是人类进步的要求和表现。他一再重申、大声疾呼：“不要把神学的遗产，应用到现在社会去。”（《恢复秩序与创造秩序》，第872页）应当注重科学，讲求实际，用科学精神考察、研究自然现象和社会生活。

第四节　要从神和上帝的迷信中解放出来

批驳宗教神学，是为了废弃宗教，使人们从神和上帝的迷信中解放出来。这是朱执信无神论思想的最终目的。

一　宗教神学危害种种

作为资产阶级民主主义者的朱执信，他对宗教神学的批驳，主要是与现实斗争联系在一起的。在他看来，宗教神学毒害人的心灵，禁锢人的头脑，影响青年成长，不利于近代中国民主革命的。他同意马克思的“宗教是人民的鸦片”的观点。他认为：宗教和鸦片是“很相像的”两个东西，对人都有毒害作用；只不过，鸦片毒害人的肉体，宗教则毒害人的灵魂。二者是通过“诱惑”而起作用的。他说：

> 宗教的诱惑，要到一个人失败以后，走投无路的时候，才显出效力来。……在这个时候，如果碰着宗教的诱惑，就立刻变了神的奴隶，这和一个人身体弱，受了鸦片的诱惑一样，很容易中毒的。现在人人晓得肉体上不应该受鸦片的诱惑，还不晓得精神上也会受精神的鸦片的诱惑。（《青年学生应该警戒的两件事》，第885页）

说人们容易受到宗教的“诱惑”而“中毒”，是在他们认识自然、改造社会斗争中遭到“失败，走投无路的时候”发生的，“五四”运动时期，有一些人还不知道“精神的鸦片的诱惑”及其危害的，这是有道理的，也是符合当时实际情况的。

因此，他一再向人们严肃地指出：警防“中宗教的毒”，不要当“神的奴隶”。他告诫人们，特别是青年学生：信教是“慢性精神自杀”（《青年学生应该警戒的两件事》）。他把青年学生对“宗教的诱惑”缺乏抵抗能力，看做是非常“忧虑的一件事”，而把自己对宗教神学的揭露和批判，则看做是对青年学生的“一点责善的贡献”（同上书，第883页）。在他看来，“五四”运动时期，青年学生把儒家谬说打破了，但有神论思想，尤其是欧美传来的宗教却活跃起来，它欺骗、蒙蔽了不少青年学生，他们“如果被耶教乃至一切宗教诱惑下去，就是人类社会改革，少了一个彻底的人物”（同上书，第885页）。这里，不仅表现了他对当时青年学生寄予厚望，也再一次把对有神论批判的矛头指向“耶教乃至一切宗教”神学。这是他无神论思想的又一鲜明特点。所以他又说：“为革命而献身是应大加赞扬的”，为“宗教而殒其生，吾人当不奖励之”（《未来之价值与前进之人》，第151页），说明他的无神论思想与资产阶级民主革命是一致的。

宗教神学思想的危害性还表现在思想学术界。他认为，在思想学术界不少人是受了宗教神学的影响，不同程度上中了毒。在上当中毒的人中，其中大都是“想敷衍宗教”，以便“暂时利用”；有的则“以为精神生活和社会的爱，是要宗教才能完成的”；有的虽不是教徒，但因“看惯了那些信教文士的小说”，自己口里说的也简直“都是教徒口里说剩的话”；还有不少的出版物尽管挂着“改革社会”的招牌，却“感受了宗教的瘟病”，字里行间里浸透着神学的毒素，等等。这种种“诈伪”、“荒唐”的现象，是近代中国进步的“大障碍”（《介绍杂志》，第855页）。在这种神学空气的声浪中，其结果，“那些灵学会、基督教救国会之类，还可以把我们的世界，当他们的光天化日来大出风头”（同上）。所有这一切，是应该引起人们警惕和注意的。

有神论思想是为反动统治阶级利用的，这是朱执信指出其危害性的表现之三。他认为，辛亥革命失败后，出现的一股有神论思潮的逆流，是与反动军阀、政客、官僚和总统等人物信鬼神、拜偶像等言行分不开的。他们不仅自己这样做，还要求所有的官吏以至老百姓也跟着他们一同去尊偶像、敬神信鬼、跪拜天地。其目的何在呢？他说：

> 这就是他的一个秩序。因为人民是贱的，官吏是贵的，小官是贱的，大官是贵的，所以承接一个总统的头衔以后，就要显一显尊卑的

式样。尊贵的人信了这个偶像，卑贱的人不管你信不信，总不能不拜这个偶像。(《恢复秩序与创造秩序》，第867页)

就是说，尊偶像，跪拜天地，是尊卑贵贱的一种“秩序”，等级的标志，是维系反动统治的。这是对袁世凯式的人物的揭露，深刻而有力。

在朱执信看来，中国向来信教的那一班旧官僚等政界上层人物，他们信教不为别的，“这些人心目中，都是升官发财”。对这种人，他进行了无情的鞭挞和辛辣的嘲弄。他说：这些人在信教前，本来是听从流俗驱使，拜偶像、拜孔圣一类人物。“到了信耶教以后，也不过是把蒙恩陛见，改做蒙召归主；把红顶花翎紫禁城骑马，变做天国享福，只是把这一种坏人，改变做别一种坏人；这一缸的粪蛆，调去第二个缸养活”(《青年学生应该警戒的两件事》，第884—885页)。

总之，朱执信揭露有神论的危害种种，是他对宗教神学不能解决人生和社会问题的观点所作的进一步发挥。他告诉人们：有神论对人类社会的进步，对近代资产阶级革命，不是有益的，而是有害的，“我希望先觉的人合力去打破他”(同上，第885页)。

二　必须打破有神论思想的束缚

朱执信认为人们必须从神和上帝的迷信中解放出来。这虽是一种不容易的事情，但却是非做不可的。他将人从神的迷信中解放出来与人的政治解放比较，认为“这两种解放，的确有不同的地方”。从名称上说，他把前者“叫做解放了社会特种秩序义务等的束缚(解放了社会的束缚)”，后者“叫做解放了人的束缚”。从两者解放的难易上说，他认为人们从神的迷信中解放出来，要比人们的政治的解放困难得多，任务也十分艰巨。

在他看来，所谓人们的政治上的解放，是说由一定的社会政治统治(如封建专制制度)下解放出来；这种解放，只要一推倒了这一定的社会政治统治，不仅直接参加革命的人当即获得了解放，全国人民也跟着得到了政治上的解放。因为这种政治上的统治者是“社会上一个人或一个继续的团体”，它的力量“是依托几个人来存在”的，少数人一推翻它，全国人也就不受它束缚了。由神的迷信中解放出来却不这么简单。他说，一些人若由信神转而不信神，由拜偶像到不拜偶像，可说是打破了对神和上帝的迷信、崇拜、信仰，先由神底下解放了，由上帝底下解放了。但这仅仅是不再信神、不再拜偶像的人“先解放了”，而仍然信神和上帝、拜偶像的人，并没有得到思想上的解放。为什么呢？他说：

(对“神同上帝的迷信”)不是依托一两个人来维持的，他是社会上一种过去遗留下来的凝成产物，混入人民日常生活里头，做了生活内容的一部。他同我们的日常生活，一时分别不出来。我们只管能够自己打破了，不能令人人都晓得所以我由神权解放了下来，与你无干。你从神权解放了下来，也与他无涉。好说罢，就是各行其是。不好说罢，就是不相为谋了。(《男子解放就是女子解放》，第608—609页)

就是说，对神和上帝的迷信，不是一两个人的事，也不是由一两个人就能决定对它的取舍的，因为它是历史“凝成产物”，已成为人民“生活内容的一部”，很难剥离开来。所以他又说，“我们不信上帝，立刻就可以办得到”，但要使所有信上帝的人立刻解放出来，则是“很艰难的”(同上，第609页)。

很难打破人们对神和上帝的迷信，不是说不能打破，不应该打破。朱执信认为，人们只要懂得进化论等自然科学道理，认识到宗教神学、世俗迷信等有神论思想是毒害人的心灵，阻碍社会进步的，“则古来宗教之种种迷谬之传说，不可不从根本上概予打消”(《人生问题》，第888页)，迟早一定能从神和上帝的迷信中解放出来。

第五节 朱执信无神论思想的历史价值

朱执信的无神论，主要是以进化论和近代自然科学为依据，以唯物主义为基础的，为反帝反封建斗争提供了理论武器，具有鲜明的战斗性、浓郁的时代气息。

由于他敢于进击，勇于接受新思想，受到马克思主义有关理论的一定影响，使他的无神论思想同其政治理论一样，除有资产阶级革命派无神论思想的共性，还有自己的特点。正是这一特点，体现了他的无神论思想的历史意义。这可归纳为以下几个方面：

第一，他不只是反对某一种宗教神学，而是对“耶教乃至一切宗教”神学都持否定的态度，明确、坚定，很少妥协性。

第二，他对基督教和佛教的历史都有所研究，尤其是对基督教，不只是驳斥其“上帝造人”谬说，还撰写专文进行了系统而有力的揭露。他考查基督教历史，分析圣经条文，并给予一一否定，这正是朱执信无神论的一大特点。它有利于中国人破除对基督教神学的迷信。

第三，他与同时期的其他资产阶级革命派思想家一样，是从科学与民主两方面批驳有神论的。所不同的是，他从整个社会着眼，看到了政治斗争与思想斗争的不同，区别了政治解放与思想解放（即破除“神同上帝的迷信”），从而指出：相对于思想解放，人们政治上解放通过革命较容易解决，但推倒神学，使人人从“神同上帝的迷信”中解放出来，则是较难的。这证明，作为一位清醒的思想家，他充分认识到战胜有神论的艰巨性。

第四，他依据近代自然科学，不仅否认上帝存在，还从物质与精神二者基本关系的唯物主义哲学高度，阐述物质派生精神，人的精神不能脱离人身而独立存在，人死“精神当然应附枯骨，如何别有天堂地狱”。因此，“精神不灭”的说法“不能成立”。这种对灵魂不死说的批驳，既是哲理的，又是科学的。而他相信科学，立足于唯物主义，既公开否认上帝，又驳斥灵魂不死说，是他无神论的突出特点。

第五，“五四”时期，他对于宗教所做的分析，不限于一般地提出“反对”、“代替”、“废除”等字眼，也不认为宗教只是个简单的“改良”问题，而主张必须“废弃”宗教信条，“更去宗教迷信”，首先注重从思想上解决。所以，他要求信教的或受到有神论思想影响的人，不仅要反对帝国主义，从封建专制制度下解放出来，打倒北方军阀政府，还要从“神同上帝的迷信”中解放出来，尤其是告诫青年学生，“千万不要”在“打破一个偶像”（即孔子偶像）后，又受到宗教的诱惑，变成“神的奴隶”。他指出宗教是“精神的鸦片”，“中宗教的毒”，是“慢性精神的自杀”。这种提法及其所表达的思想，颇形象、深刻，有见地，达到了一定的理论高度。显然，这与他的思想受到马克思主义的影响是分不开的。但也应看到，他的某些言词过于激烈。

以上就是朱执信的无神论的特点，以及他在近代中国无神论史上的贡献。他的无神论的特点及其所作出的贡献，是他在“五四”时期“全力从事于思想上之革新”（《致蒋介石函》，第321页）的一项基本内容，是他对“五四”运动前资产阶级无神论的继承和发展，是他作为资产阶级革命派的激进的思想家的一个重要表现。科学、民主、无神论三位一体，在他身上又一次得到了鲜明的体现。

第七章 蔡元培

蔡元培（1868—1940 年）字鹤卿，号孑民，浙江绍兴人，自幼入私塾读书，学四书五经，从 17 岁起，相继中秀才、举人、进士。1894 年受职翰林院编修，开始涉猎新学，思想渐起革命。1898 年冬任绍兴中西学堂监督（即校长），1902 年十月被推为爱国学社总理，1904 年冬与章炳麟等人在上海成立反清的革命团体光复会，1905 年秋加入中国同盟会，并被委任为上海分会会长。1908 年后，多次游学西欧，探研哲学、心理学、美学、民族学等理论，受到德、法两国近代某些思想家的影响。

1912 年元月 1 日，中华民国临时政府成立，被孙中山委任为教育部总长。袁世凯窃取革命政权后不久，他辞去总长职务，退出内阁。自 1916 年底起，任北京大学校长十余年。后曾任国民党中央监察委员、中央政治会议委员、中央研究院院长等职。1932 年，与宋庆龄、杨杏佛等在上海成立中国民权保障同盟，被推为副主席。1940 年 3 月 5 日病逝于香港。

蔡元培是资产阶级民主主义者。他学问渊博，通古今，谙中外，是我国近代著名的教育家、美学家、思想家、哲学家。他又是杰出的无神论者。他的无神论思想内容丰富，在教育、美学、伦理学、政治、史学、哲学等领域，都有所涉及。而以科学批宗教神学、“以美育代宗教”、以哲学主义代替宗教信仰主义这一统一的无神论思想体系，则是他的无神论的明显特点。

蔡元培既有大量的、内容广泛的论文、演说词等，也有学术性的专著、译著。他在世时，有 1920 年北平新潮社出版的《蔡孑民先生言行录》，1931 年广益书局出版的《蔡元培言行录》；新中国成立后，中华书局于 1959 年出版了《蔡元培选集》、1984 年开始出版的《蔡元培全集》（高叔平编，现已出四卷）。此外，还有孙常炜编的《蔡元培先生全集》等。

第一节　以科学批驳宗教神学

以科学批驳宗教神学，是蔡元培的无神论思想的重要内容。他依据近代自然科学理论，对宗教的起源、实质、危害等进行了分析，指出科学与宗教在本质上是对立的，科学不断发展，宗教神学必将日趋衰落，没有存在的必要。因此，他要求人们相信科学，不要相信宗教。

首先，他分析了宗教的实质。在他看来，所谓宗教，是古人出于自己的愿望，对心灵制裁的一种“信仰”，它有广狭两义。从狭义上说，凡宗教必有神秘主义思想，如多神教，耶、回、佛等一神教就是这样。从广义上说，必有形而上学的人生观和世界观，是一种“信仰心”（《再致〈新青年〉记者函》，高叔平编：《蔡元培全集》，第3卷，第55页，以下凡引自《蔡元培全集》的，只注篇名、卷、页码）。这种“信仰心”就是宗教的“最后的原素”（《非宗教运动》，第4卷，第179页）。根据这个定义，他否定中国有孔教一说。他认为孔子既无形而上学的人生观和世界观，又无神秘主义思想，“故孔子决非宗教家，而孔教为不辞”（《再致〈新青年〉记者函》，第3卷，第56页）。这是他关于宗教的定义、本质的看法，也是对康有为等人“定孔教为国教”的直接否定。

关于宗教的起源、发展，蔡元培从科学发展状况上进行了分析。他认为，由于古时科学不发达，古人对自然、社会的现象还不能正确地解释、说明，就产生了原始宗教，由多神教而一神教。如说：上古时候，草昧未开，人的脑力简单，知识浅陋，“所见惊奇疑异之事，皆以为出于神意”。比如人生自何来，死将何往；万物的新陈代谢，谁将使之，有何意；高山大海，云雨雷电，日月星辰，乃至“一草一木，一勺水，一撮土，凡不知其理由者，皆以为有神寓乎其间而崇拜之，此多神教所由起也”。这就是原始宗教的由来。后来，古人又以为“天地间有大主宰焉，虽大至无外，小至微尘，莫不由其意匠之所造。此一神教之所由起也”（《在信教自由会之演说》，第2卷，第490页）。由于当时科学不发达，这种宗教一经产生，天地间一切疑难不可解的问题，无不借助宗教教义去解释，并进而推广去说明人的感情、道德行为。既然有天堂地狱，那人的疾病、死亡、痛苦等一切不能满足的思虑，就可在死后去天堂得以“慰藉”；而人们要想登天堂不下地狱，就得今生去恶从善。这就是“半开化人所信仰之主义，而无不求其主宰于冥冥之中者”（同上）。以上分析，基本上是符合人类早期的认识水平的。

关于现今各种宗教，蔡元培认为都是“有信条”，沿袭以往的陈腐思想，加以夸张的宣传，配以荒诞的仪式，以引诱无知识的人盲目信仰。因此，宗教信仰“不过是一种神道设教的托词，或是积思以后的幻想。……这全是因为科学没有发展的缘故”（《简易哲学纲要》，第4卷，第393页）。

科学则不然。它“舍威以求理”（《华工学校讲义》，第2卷，第435页），“与宗教为敌”（《关于宗教问题的谈话》，第4卷，第71页）。它对宇宙万物的产生、存在及其变化的解释是客观的，符合实际的。古时人们关于宇宙中神秘而不可解释的现象，随着科学的不断进步，遂将逐一得以正确的说明。他说：

> 迨后社会文化日渐进步，科学发达，学者遂举古人所谓不可思议者，皆一一解释之以科学。日星之现象，地球之缘起，动植物之分布，人种之差别，皆得以理化、博物、人种、古物诸科学证明之。而宗教家所谓吾人为上帝所创造者，从生物进化论观之，吾人最初之始祖，实为一种极小之动物，后始日渐进化为人耳。（《以美育代宗教说》，第3卷，第31页）

就是说，科学发达后，宇宙间的一切事物和现象，大至太阳系的形成、变化，小至地球上的生物、人种等不同，以及原子的存在，都能由近代自然科学给予解释。所以他又说：古人认为人类是天神创造的，今人根据进化论学说，“则知人类为生物进化中之一级”（《华工学校讲义》，第2卷，第434页）。“是从他种动物进化的”（《美术的起源》，第3卷，第403页）。其过程是：“先由无脊椎动物而进化为鱼。而水陆两栖动物、而鸟、而兽、而猴、而类人猿、而人。”（《民族学上之进化观》，《蔡元培选集》，第307页）这是对神创说的批驳。

由此并进而指出：

> 其后人智日开，科学发达，以星云说明天地之始，以进化论明人类之由来，以引力说原子论明自然界之秩序，而上帝创造世界之说破；以归纳法组织伦理学社会学等，而上帝监理人类行为之说破。于是旧宗教之主义不足以博信仰。（《在信教自由会之演说》，第2卷，第490—491页）

"旧宗教之主义不足以博信仰"，是蔡元培根据近代自然科学、社会科学得出的正确观点。这是在批驳神创说基础上，对宗教神学本身的否定。

与此同时，他还对有神论者的灵魂说进行了批驳。他认为灵魂说是空虚之谈，不足为信。他指斥宗教神学"讲精神而遗其肉体"，主张人的肉体与精神"须当并重"，认为只有人的肉体强健，才能使其"精神以全"。如说：

> 自昔科学不曾发明，似乎精神贵于肉体，故休养精神，每珍于肉体。不知自科学发明后，群知精神与肉体有关，须当并重，要不能从而轩轾之，未有谓可以贵其精神而贱其肉体者也。盖精神与肉体之关系，肉体有如物质，精神即为物质的力量。可知保重肉体，于精神大有益。(《在绍兴各界大会演说词》，第 2 卷，第 480 页)

这是从科学的角度，说明人的肉体与精神的关系，即"肉体有如物质，精神即为物质的力量"，寓有人的精神（灵魂）是不能脱离人的肉体的思想，因为它是"物质的力量"。这实际上是批驳了人的精神可以脱离肉体的灵魂说。

在他看来，人的精神（灵魂）不仅不是脱离人的肉体的，还是依赖肉体，由人脑产生的。那种"以身体与灵魂为二物"的观点是错误的。他说：

> 今经科学发明，人之智慧学术，皆由人之脑质运用之力而出。故脑力盛则智力富，身体弱则脑力衰。……(《复冯国璋快邮代电》，第 8 卷，第 59 页)

人的灵魂、智慧、学术等思想性东西，"皆由人之脑质运用之力而出"，而人的"脑质"、肉体，则由细胞构成，而细胞一旦停止其新陈代谢，人也就死亡了。所谓"人之生也，呼吸机关，无时不有吐故纳新之作用；全体细胞，无时不行其推陈出新之作用。非是，则病且死"(《对于送旧迎新二图之感想》，第 2 卷，第 470 页)。

因此，蔡元培认为，神仙鬼怪纯属"虚无缥缈之谈"(《在北京通俗教育研究会演说词》，第 2 卷，第 494 页)。随着科学的发展，生理学的进步，人们都将晓得，"所谓灵魂者，不外意识之总体"(《华工学校讲义》，第 2 卷，第 428 页)；在昔有昌"灵魂论者，宗教家主义，究之仍属空洞”（《在南开学校敬业励学演说三会联合讲演会上的演说》，第3卷，第49页）。这就明确地否定了宗教神学的灵魂说。

在蔡元培看来，佛、老不“近理”（《宋育仁〈采风记〉阅后》，第1卷，第76页），耶教“非真理”（《佛教护国论》，第1卷，第106页）；随着自然科学的发展、社会不断进步，“宗教只是人类进程中间一时的产物，并没有永存的本性”（《关于宗教问题的谈话》，第4卷，第70页）。因为同科学不一样，宗教在“超乎经验之上的，不能以学理证明其是非”（《欧战后之教育问题》，第3卷，第283页），是保守的，讲信仰的。因此，它是思想自由、“学问进步之障碍”（《北京留法俭学会预备会开学式演说词》，第3卷，第52页），“社会之流毒”（《对于送旧迎新二图之感想》，第2卷，第469页），“不足征信也”（《在南开学校敬业励学演说三会联合讲演会上的演说词》，第3卷，第50页），“将来必被淘汰”（《传略〈上〉》，第3卷，第329页）。

蔡元培还正确地指出，随着科学日益进步，宗教神学的衰落，神学家也会利用某些科学知识，以维护宗教的地位和影响。他说：“实验之科学与臆造之宗教，本不相容，徒以科学自有范围，不能不留有存而不论之余地，宗教家遂得假零星之科学知识以张其义，以莠乱苗，其害乃较蒙昧之宗教为甚。”（《复任鸿隽函》，第2卷，第393页）这不仅指出了宗教利用某些科学知识所产生的欺骗性更大，而且说明了宗教之所以能利用科学，是因任何具体科学只研究客观世界的一定范围的事，所以给宗教以可乘之机。这里也含有单凭自然科学不能驳倒宗教之意。

第二节　神仙鬼怪“不足信”

蔡元培对一切神仙鬼怪等迷信思想都持否定态度。他相信自然科学，并用所学到的知识解释自然现象，驳斥神仙鬼怪等迷信。他说：“引力说及进化论，皆鄙人所信”（《致〈新青年〉记者函》，第3卷，第24页），“破除迷信，非受科学教育不可”（《市民对于教育之义务》，第4卷，第299页）。所以，他在自己的著作、演说中，始终把批驳宗教神学、神仙鬼怪与迷信思想作为自己的一项任务。

在他看来，同宗教信仰是“托词”、“积思以后的幻相”一样，神仙鬼怪观念，也是古人的心理作用。中国古代所谓的“天”（上帝），是一种“假定之观念”（《中国伦理学史》，第2卷，第10页）。如说：五千年前的古人，“沐雨露之惠，懔水旱之灾，则求其源于苍苍之天，而以为是即至高无上之神灵，监吾民而赏罚之者也”，从而，“敬天畏命之观念，由是立焉”。这种“根据于心理”而产生的“祭天”行为是一种“故习”（《中国伦理学史》，第2卷，第9页）。

为了反对敬天畏命的有神论思想，蔡元培还提出了“理信”与“迷信”两个对立的概念。所谓“理信”，是说自然和社会中一切事物产生、存在及其变化等现象，是为人们生活经历、科学实验证明了，而又为人所能信的。比如种瓜得瓜，种豆得豆，础润而雨，履霜坚冰至，“有是因而后有是果，尽人所能信的”（《华工学校讲义》，第2卷，第433页）。所谓迷信，就是敬天地、信鬼神的思想及其活动。如说：

> 昧理之人，于事理之较为复杂者，辄不能了然。于其因果之相关，则妄归其因于不可知之神，而一切倚赖之。其属于幸福者，曰是神之喜我而佑我也；其属于不幸福者，曰是神之怒而祸我也。于是求所以喜神而免其怒者，祈祷也，祭告也，忏悔也，立种种事神之仪式，而于其所求之果，渺不相涉也。然而人顾信之，是迷信也。（同上书，第433—434页）

又说：

> 昧理之人，既归其一切之因于神，而神之情不可得而实测也，于是不胜其侥幸之心，而欲得一神人间之媒介，以为窥测之机关。遂有巫觋卜人星士之属，承其乏而自欺欺人；或托为天使，或夸为先知，或卜以龟蓍，或占诸星相，或说以梦兆，或观其气色，或推其诞生年月日时，或相其先人之坟墓，要皆为种种预言之准备，而于其所求果之真因，又渺不相涉也，然而人顾信之，是亦迷信也。（同上书，第434页）

这两段话，不仅把所谓的神鬼的虚妄本质——“不可知”、其“情不可得而实测”，“喜神”、“事神”的种种迷信活动及其仪式，揭露的淋漓尽致，而且指出了所谓的“神”是人造的，敬神、求神是得不到“所求之果”的。

什么是真理呢？蔡元培认为能以科学解释的，得到实验证明的知识、理论，就是真理，可以“理信”的。他说，古人说日食、月食的出现是“天”对人的警告，而今人则根据天文学知道是“月影、地影之偶蔽，而可以预定其再现之时”；古人把疾病看成是神之谴责，今人根据微生物学则知是“微生物之传染。而可以预防”（《华工学校讲义》，第2卷，第434页）。就是说，经过实践证明的科学理论是可信的，“天道福善，徒虚语耳”（《君子修之吉小人悖之凶论》，第1卷，第2—3页）。

基于上述认识，他认为“袪迷信而持理信”，反对封建神权，也必须相信、依靠科学。他对“神造动物以供人用”的神学目的论进行了驳斥，说：“自有生物进化论，而知人为各种动物之进化者，彼此出于同祖。”（《华工学校讲义》，第2卷，第427页）他嘲弄一切偶像崇拜，说它与拜空气“同一无理”（《佛教护国论》，第1卷，第106页）。他多次称赞中外古今具有无神论的人和事，比如他说王充对于“一切阴阳灾异及神仙之说”的抨击，“不信汉儒天人感应之说”，是“特见”，“卓识”（《中国伦理学史》，第2卷，第63页）。在今天也是“不朽”的，是当时思想家中的代表人物；他多次赞赏近代法国“尤少迷信宗教之迹”（《致各省行政机关函》，第二卷，第417页），等等。

第三节　以美育代宗教说

以美育代宗教说，既是蔡元培的美学思想，又是他的无神论思想。为此，必须从他关于宗教与教育、与道德、与美育等关系上，加以分析，进一步说明他反对宗教神学的无神论思想。

一　立论基础

蔡元培受康德思想影响，认为世界有两个基本方面：“一为现象，一为实体”；现象是“表”，实体是“里”；现象即为客观物质世界，实体即是“本体世界”；现象存在于时空中，受因果律支配，“可以经验”，是人的认识、道德范围，因而是相对的。实体是超对空、因果律的，“全恃直观”，是人们认识现象必须达到的“最高观念”，因而是绝对的。这是他的哲学基本观点。

如果从政治、教育、道德与宗教的关系上说，“现象世界之事为政治，故以造成现世幸福为鹄的；实体世界之事为宗教，故以摆脱现世幸福为作用。而教育者，则立于现象世界，而有事于实体世界者也，故以实体世界之观念为其究竟之大目的，而以现象世界之幸福为其达于实体观念之作用”（《对于新教育之意见》，第2卷，第133页）。

以上，是他从哲学高度，区别宗教与教育、政治、道德、美育、科学的出发点和基本前提，也是他要将宗教神学从教育、政治、道德、美育等领域排除出去，“以美育代宗教”的理论基础。

二 教育与宗教

蔡元培反对宗教干涉教育，主张教育独立，以使受教育者成为一个有知识、有健全人格的人。

在他看来，教育与宗教是不同的，有以下几个区别：第一，宗教是关于“实体世界之事”，它将现象世界的文明看成是“罪恶之源”，因而排斥现象世界，摆脱现世幸福。教育则不同，它虽以达到实体世界为“大目的”，但却是“立足于现象世界”，通过现象世界的幸福达到实体世界；而且它使受教育的人能发展自己的能力，并使其个性和群性得到平均发展，“完成他的人格，于人类文化上能尽一分子之责任”（《教育独立议》，第4卷，第177页）。第二，宗教是保守的，它的教义是不准批评的；教育是进步的事业，能使学术得到不断发展。第三，宗教是差别的，不仅各种宗教不同，就是同一宗教中的各教派也不同，“彼此谁真谁伪，永远没有定论”（同上书，第177—178页）；教育则是共同的。受教育者不受民族和国家的限制，在世界上各个国家，学什么，都是可以的。第四，宗教认为信仰不能自由，比如“现今各种宗教，都是拘泥着陈腐主义，用诡诞的仪式，夸张的宣传，引起无知识的人盲从的信仰，来维护传教人的生活。这完全是用外力侵犯个人精神界，可算是侵犯人权的”（《非宗教运动》，第4卷，第179页）这同封建帝王一样，视本教信徒为“奴隶”，把他教人当“仇敌”，是不平等的。教育是主张学术自由、人权平等的。因此他说：“君主也，官吏也，教主也，辄利用酋长之威，或神之威，以强人去善而为恶。其最著者，政治之战、宗教之战是也。于是乎威者不但无成效，而且有流弊。”（《华工学校讲义》，第2卷，第435页）所以他把宗教与君主专制看成是教育的两个“障碍”（《华法教育会之意趣》，第2卷，第414页）。为了发展教育事业，必须排除这两个障碍，代之以人道主义的教育，而人道主义的教育，又“必有资于科学及美术”（同上书，第416页）。这里指出了教育与科学、美育的关系。他进一步说：“数千年君权、神权之影响，迄今未沫，其与共和思想抵触者颇多。同人以此建设兹会，以人道主义去君权之专制，以科学知识去神权之迷信。”（《社会改良宣言》，第2卷，第137页）这里指出了反君权必要反神权，表现了他反封建反神权的革命民主主义的精神。

在上述思想基础上，蔡元培提出教育脱离宗教和政治，以反对封建主义教育，不许宗教干涉教育。“五四”运动前后，他反对人们、特别是青年学生“皈依宗教”（《战后之中国教育问题》，第3卷，第338页），反对当时某些“守旧学者”“想把孔教当作国教，并规定在学校教科中”（同上），尤其是反对教会学校、青年会“诱惑未成年的学生，去信仰他们的基督教”（《非宗教运动》，第4卷，第179页）。因为，把教育权交给教会，教育就不自由。为此，他提出：“大学中不必设神学科”；“各学校中，均不得有宣传教义的课程，不得举行祈祷式”；“以传教为业的人，不必参与教育事业”等三条措施和规定，表明他“绝对的不愿以宗教参入教育”（同上），以及“教子当屏去一切星卜命运仙怪之谭，以正其趣”（《夫妇公约》，第1卷，第104页），等等。

蔡元培还对“信仰自由”作了正确的解释。1922年4月4日至9日，世界基督教学生同盟为宣传基督教神学，发展组织，在中国北京清华学校召开了第十一届大会。是年4月9日，北京大学召开了非宗教同盟大会，李大钊、蔡元培等人在大会上发表了演说，反对宗教神学，宣传无神论思想。蔡元培还针对当时有人以尊重信仰自由为理由而反对非宗教同盟运动，从“凡事都是相对待的”原则出发，严加驳斥。他说：

> 有了宗教同盟的运动，一定要引出非宗教同盟的运动，这是自然而然的。有人疑惑以为这种非宗教同盟的运动，是妨害“信仰自由”的，我以为不然。信教是自由，不信教也是自由。若是非宗教同盟的运动，是妨害“信仰自由”，他们宗教同盟的运动，倒不妨害“信仰自由”么？我们既然有这“非宗教”的信仰，又遇着有这种“非宗教”运动的必要，我们就自由作我们的运动。用不着什么顾忌呵！（《非宗教运动》，第4卷，第180页）

这就是说，有信教的自由，也有不信教的自由，有宗教同盟运动，必有非宗教同盟运动。“这是自然而然的”。任何人不能以信教自由反对不信教自由。若说不信教是妨害信教的自由，那信教自由不是也妨害了不信教自由吗？在蔡元培看来，宗教向人们灌输其信条，使人浑沦而吞之，实是强加于人，遂使“普遍社会，为宗教臭味所熏习、迷信兹彰，至今为梗”。正说明宗教是“思想自由之障碍”（《文明之消化》，第2卷，第467页）。

与上述思想相类似，蔡元培主张政教分离，反对宗教干与政治。他认为政治与宗教不同，不仅因为政治是关乎人世间的事，涉及的是人的切身利益；宗教是关乎“实体世界之事”，它排斥现世幸福，二者是不相干的。而且“一国常有数教，一教常涉数国”，因此，“不能以教限国，亦不能以国限教”（《再致〈新青年〉记者函》，第3卷，第55页）。

可见，蔡元培在教育与宗教、政治与宗教等的关系上的言行，进一步表现了他反对宗教神学的无神论思想。

三　道德与宗教“渺不相涉”

蔡元培认为人类没有开化时期，宗教势力大，道德与宗教有密切关系，甚或“附丽于”宗教。那时，所谓道德规范不是隶属于宗教教义之中，就是所谓“神之命令，何谓道德，神之所许故也；何谓不道德，神之所戒故也；而尤以敬神为最高之道德”（《哲学大纲》，第2卷，第378页）。这种由神所规定的道德永远不变的，任何人不得越轨、反对。

在他看来，这不符合历史事实。因为，随着人智日开，各门具体科学纷纷建立，道德作为一门社会科学也必然要脱离宗教。同时，各民族和国家的道德是“随时随地而变迁”（《以美育代宗教说》，第2卷，第31页），也“往往因时地而不同”（《哲学大纲》，第3卷，第378页），比如古希腊思想家到各地考察，认识到“各民族之所谓道德，往往互相抵触”（《以美育代宗教说》，第3卷，第31页），因而对所谓不变的道德产生了怀疑。又比如第一次世界大战之时，俄国人的宗教信仰比德、法两国人浓厚而强烈，但政治腐败，国民道德也远不如这两国人民，再加以科学落后，军械不足，因而不能进行持久战争。这说明道德的养成与宗教“无大关系”（《我之欧战观》，第3卷，第3页），“不足利用”（《致〈新青年〉记者函》，第3卷，第24页）。

在道德问题上，不仅不能利用宗教，相反，它还会有害于人的道德的养成。前已所述，道德属于意志，是讲人在现象世界的行为，要求自由、平等、博爱的，而宗教讲信仰，排斥人在现象世界的快乐和幸福，这不利于人的道德的培养。他说：

> 爱快乐、忌痛苦，人之情也；人之行事，半为其所驱迫。起居动作，衣服饮食，盖鲜不由此者。凡人情可以徐练，而不可以骤禁。昔之宗教家，常有背快乐而就刻苦者，适足以戕贼心情，而非必有裨于道德。（《中学修身教科书》，第2卷，第178页）

就是说，宗教家宣传“背快乐而就刻苦”，是违反人性的。因此说，宗教家的所谓道德“全不适用”（《以美育代宗教说》，第3卷，第32页）。

总之，科学发达以后，人们一切知识和道德问题，“皆得由科学证明、与宗教无涉”（《再致〈新青年〉记者函》，第3卷，第23页）。这里指出道德与宗教毫无关系，而须由科学说明。同样将宗教排斥在道德领域之外，表现了他的反宗教神学的无神论思想。

四　以美育代宗教说

蔡元培的“以美育代宗教说”，有两方面的含义：一是说人的道德的培养，不能靠宗教，而要代之以美育，二是说通过美育，人们才有高尚的道德，进而能认识“实体世界”。

首先说人的道德的培养。在蔡元培看来，宗教原初是兼有知识、意志、情感三种作用的。所谓知识、即科学问题；意志，属于伦理道德范围；情感作用，“即所谓美感”（《以美育代宗教说》，第3卷，第32页）。而所谓美感是通过“美术”（他所说的“美术”，往往与“美学”相通的，其内容包括建筑、雕刻、图画、工艺美术、文学、音乐和舞蹈等）而显现出来的。随着科学日益发展，社会不断进步，知识、意志两种作用不仅已脱离宗教而独立，且与其是“无涉”、“为敌的”，剩下来的就是情感作用问题。

社会发展到近代，原“附丽于”宗教的美术，“渐离宗教而尚人文”。在民主共和时代，各种美术已发展成独立的学科，“多取资于自然现象及社会状态”，遂使美育与宗教分离。这时的宗教，不仅因其保守性，固守成见和陋习，失去陶养情感的作用，还因其本身固有的排他性，常发生宗教之间、宗教内部各教派之间的斗争，刺激人的情感。所谓“美育之附丽于宗教者，常受宗教之累，失其陶养之作用，而转以激刺感情。盖无论何等宗教，无不有扩张己教、攻击异教之条件”（同上）。所以他说：

> 今日科学发达，宗教亦无所施其技，而美术实可代宗教。（《教育界之恐慌及救济方法》，第2卷，第489页）
>
> 鉴激刺感情之弊，而专尚陶养感情之术，则莫如舍宗教而易以纯粹之美育。纯粹之美育，所以陶养吾人之感情，使有高尚纯洁之习惯，而使人我之见、利己损人之思念，以渐消沮者也。盖以美为普遍性，决无人我差别之见能参入其中。（《以美育代宗教说》，第3卷，第33页）

因科学发达使宗教“无所施其技”，是美育代替宗教的基本前提条件。而美育之所以能代替宗教，是因宗教有“激刺感情之弊”，美、美感则具有普遍性，能陶养人的感情，培养人们的高尚纯洁的道德。所以要“舍宗教”、倡美育。

再说美育在人们认识实体世界中的作用问题。前已述及，蔡元培受康德思想影响，将世界分为“现象”与“实体”两个方面。那么，怎样才能认识“实体”呢？他认为宗教排斥现象世界，摆脱现世幸福，是不能解决这一问题的。宗教神学是一种“托词”，“幻想”，又强加于人，是阻碍人们认识“实体”的。要认识“实体”，必须运用其他手段。在他看来，在现象世界中，由于人与人之间存在贫富、强弱的不平等，而产生了人我差别和对幸福的营求两种意识。有了这两种意识，使人们对现象世界的认识，不是“与实体违”，就是“与实体隔”。而人我差别和对幸福的营求，是人们认识实体的主要“障碍”。要破除这种障碍，就得泯营求而忘人我，才能“合现象世界各别之意识为浑同，而得与实体吻合焉”（《对于新教育之意见》，第2卷，第134页），即认识到实体。

如何才能达到泯营求而忘人我？蔡元培认为一定要既立足于现象世界，又要超脱现象世界。而且只有美感教育才有这种功用。他说：

> 孑民对于宗教，既主张极端之信仰自由，故以为无传教之必要。或以为宗教之仪式及信条，可以涵养德性，孑民反对之，以为此不过自欺欺人之举。若为涵养德性，则莫如提倡美育。盖人类之恶，率起于自私自利。美术有超越性，置一身之利害于度外。又有普遍性，独乐乐不如与人乐乐，与寡乐乐不如与众乐乐，是也。故提出以美育代宗教说。（《传略〈上〉》，第3卷，第333页）

就是说，美感具有普遍性和超越性的品格，因有普遍性它“可以破人我彼此的偏见”；因有超越性，它“可以破生死利害的顾忌”。

因此美育可以代替宗教信仰。所以他又说：

> 在现象世界，凡人皆有爱恶惊惧喜怒悲乐之情，随离合生死祸福利害之现象而流转。至于美术，则即此等现象为资料，而能使对之者，自美感以外，一无杂念。……无厌弃而亦无执著也。人既脱离一切现象世界相对之感情，而为浑然之美感，则即所谓与造物为友，而已接触于实体世界之观念矣。（《对于新教育之意见》，第2卷，第134页）

这是说，人一产生美感，就超脱了现象世界的“离合生死祸福利害之现象”，泯灭了“爱恶惊惧喜怒悲乐之情”，从而破除了人我之见、利己损人之心，达到“与造物为友”，认识到实体世界。这就是他以美育代宗教的真义。

蔡元培不以科学或道德代替宗教，而提出以美育代替宗教，是因为科学是关于现象世界的知识，人的道德的培养“恃有美术之作用”（《我之欧战观》，第3卷，第3页）。而美感则是“介乎现象世界与实体世界之间，而为津梁”（《对于新教育之意见》，第3卷，第134页）。因此，他认为要使人的认识由现象世界达于实体世界，必须进行美感教育，以美育代宗教。

对于有人说宗教具有与美术、文学相同的“慰藉”作用，因而对于解决人生的困苦也有存在的价值。他反驳说，既然承认美术、文学有“慰藉”作用，更足以证明美育可以代替宗教。因为第一，美术、文学对人的感情的“慰藉”作用不是凭借宗教的。第二，美术、文学的“慰藉”作用是随时代思潮而进化的，并且美术、文学种类繁多，亲切活泼，可以任人自由选择、欣赏，而宗教的“慰藉”作用是“执著而强制”的，不自由的。因此他说：“文学、美术与宗教的关系，也将如科学一样，与宗教无关，或竟代去宗教”（《关于宗教问题的谈话》，第4卷，第71页）。

五　哲学与宗教的关系

以上，蔡元培只是从美感是由现象到实体的“津梁”，美育能泯营求而忘人我，提出“以美育代宗教”，但这里，他并没有提出代替宗教的信仰问题。

蔡元培说科学与宗教是“为敌的”。以科学批驳宗教，是就现象世界范围内来说的。因为科学是求知识的，是现象世界的问题，而宗教是讲信仰的，要摆脱现世幸福，属于“实体世界之事”（《对于新教育之意见》，第2卷，第133页）。就是说，凡是宗教涉及现象世界的问题，科学理论都能给予一一的批驳，但科学不能代替宗教信仰，解决实体世界的问题。为此，他又提出了以哲学上的信仰代替宗教信仰。这是他的无神论思想的又一表现。

在蔡元培看来，代替宗教信仰的是哲学主义。他认为哲学与宗教虽是“同源”的，但二者不同。他说：

> 哲学自疑入，而宗教自信入。哲学主进化，而宗教主保守。哲学

主自动，而宗教主受动。哲学上的信仰，是研究的结果，而又永远留有批评的机会；宗教上的信仰是不许有研究与批评的态度。所以哲学与宗教是不相容的。（《简易哲学纲要》，第4卷，第462页）

就是说，哲学与宗教不同，且对立。既然是不同又对立，为什么哲学能代替宗教信仰呢？

在蔡元培看来，哲学之所以能代替宗教信仰，是因为二者原是“同源”的，都是精神产物，研究的对象相同，而哲学也“统有知情意三方面”（同上）。只是因宗教保守，信仰的对象是“随哲学之进化而改变，亦即因各人哲学观念之程度而不同”（《传略〈上〉》，第3卷，第329页），这说明宗教只不过是人类进化过程中的暂时现象。哲学因为是“主进化”的，“主自动”的，允许批评、反对独断的，所以是永存的。既然二者研究的对象相同，所以哲学主义可以代替宗教信仰。如说：“宗教不过哲学的初阶，哲学发展以后，宗教实没有存在的价值。”（《简易哲学纲要》，第4卷，第461页）“将来的人类，当然没有拘牵仪式、倚赖鬼神的宗教。替代他的，当然是哲学上各种主义的信仰。”（《关于宗教问题的谈话》，第4卷，第10页）或如说：“以自由选择的随时进步的哲学之信仰，代彼有仪式有作用而固然不变的宗教信仰。”（《复陈衡哲函》，第4卷，第226—227页）一旦人类发展到“新的和完美的方面”，各人只有一种哲学信仰时，这时，就“没有宗教存在的余地的”（《关于宗教问题的谈话》，第4卷，第70页）了。

至此，蔡元培就从科学、教育、政治、道德，美育、哲学等领域，否定了宗教的作用。

宗教所谓的上帝，“使上帝果人若，则空洞不可得见。以脑力思之，则上帝非人。而其至何时，其境何似，均不可知。是宗教亦不足征信也”（《在南开学校敬业励学演说三会联合讲演会上的演说词》，第3卷，第50页）。“凡现在有仪式有信条之宗教，将来必被淘汰”（《传略〈上〉》，第3卷，第329页）。他坚信：“宗教上的信仰，必为哲学主义所替代。”（《关于宗教问题的谈话》，第4卷，第70—71页）进一步表现了他反对宗教神学的无神论思想。

第四节 蔡元培无神论思想的特点及其缺陷

蔡元培的无神论是鲜明的，内容是丰富的，有其特点，也有不足之处。

同近代其他无神论者一样，蔡元培的无神论也是以近代自然科学为基础的，为民主革命提供理论根据的。所不同的是，第一，他提出“以美育代宗教”，而“宗教上的信仰，必为哲学主义所代替”的观点。第二，他力图从政治、思想、社会科学和自然科学中清除宗教神学的影响，旗帜是鲜明的，但不如朱执信激烈，却同孙中山相类似。而在对待佛教、基督教的态度上，又同章炳麟颇相像，但却没有章的倒退，以及受佛学影响之深。第三，当他以近代自然科学批驳宗教神学、世俗迷信时，表现为唯物主义的无神论思想；而他的“以美育代宗教”，以哲学代替宗教信仰时，其无神论思想基本上是唯心主义的。第四，他对宗教神学的分析、驳斥是全面的、细致的，有其较为正确的政策，这是同时代的资产阶级思想家不能相比的，等等。

不过，蔡元培的无神论也是不彻底的。主要表现在以下几个方面。第一，他对宗教神学、神仙鬼怪等迷信的产生、发展原因，虽也涉及社会原因，但基本上是从认识论上分析的。他指出了有神论（包括宗教神学）必然被“淘汰”，断言现存的宗教必“日趋衰亡”（同上，第71页），但没有也不可能指出其“淘汰”、“衰亡”的社会的、经济的、阶级的基础。第二，宗教信仰、仪式、社会作用等是不同的，但却是以信仰神、主张灵魂不死为轴心的、统一的整体，不能简单分开的。蔡元培常常把三者分开，显得没有抓住宗教的实质。他“以美育代宗教”，以哲学代替宗教信仰就是典型的表现。第三，他虽对有神论（包括宗教神学）的危害性进行了有力的揭露和猛烈的抨击，但也有不足的地方。如他早先有“国无教，则人近禽兽而国亡”（《佛教护国论》，第105页）的宗教护国论思想表现，后来又说现有的宗教无不“带着美术的作用”，因而“还有吸引信徒的能力”的“长处”，这个“长处”虽不及美育，却是实在的，不仅表现在宗教的建筑、雕刻、图画、乐歌、经典的文字、教士的雄辩、祈祷的仪式等外形上“都有美的作用”，而且“就是照主义上说，宗教的最高义，在乎于有穷世界接触无穷世界”（《简易哲学纲要》，第4卷，第462页）。诚然，宗教的一些建筑、雕刻、图画等有美感作用，有的宗教的典籍也含有一些辩证法或唯物主义因素（比如佛教），但他这里没有具体分析，而是从一般意义上说的，这就夸大了。而他说“宗教的最高义，在乎于有穷世界接触无穷世界”的说法，显然是错的。因“宗教的最高义”不是别的，就是上帝、佛、仙等神，这是不能认识世界的。何况宗教神学的宇宙论基本上是宇宙有限论，更谈不上“接触无穷世界”的问题。第四，他原说神鬼是“托词”、“幻想”，在科学上得不到验证的，但后来，他在无鬼论上有所动摇。比如，他在述及世界文化进步趋势时又说：以前“宗教家率唱有鬼论，而科学家恒反对之，以其不能实验也。然近来科学家已渐悟武断的无鬼论之非是，而欲加以探讨……”（《六十年来之世界文化》，《蔡元培选集》第283页）这一点，是他受其世界观、自然科学理论水平限制所致。

尽管蔡元培在无神论上有一些缺陷、不足、动摇，但综观他一生的言行，仍不失为近代一位杰出的无神论思想家。

第八章　胡适

胡适（1891—1962 年），字适之，原名胡洪骍，安徽绩溪人，出生于封建官僚家庭。他早年肄业于上海公学，1910 年赴美留学，先后就学于康乃尔大学和哥伦比亚大学，是美国著名的实用主义哲学家、教育家杜威的学生，1917 年回国，任北京大学教授，并参加《新青年》的编辑工作，是中国新文化运动的右翼领导人。在“五四”运动前后，他发表过《文学改良刍议》、《建设的文学革命论》、《中国哲学史大纲》、《尝试集》、《红楼梦考证》等著作和文章，对于现代白话文学的形成、中国文学史和中国哲学史的研究都有开拓之功。随着中国革命的深入发展，胡适的立场逐渐转向反动：1919 年发表《多研究些问题，少谈些主义》，企图抵制马克思主义在中国的传播；1925 年他参加段祺瑞策划的“善后会议”，与孙中山主张召开的“国民会议”对抗；1931 年“九・一八”事变后，创办《独立评论》，支持蒋介石“攘外必先安内”的反共政策。因反共有功，1938 年出任中国驻美大使，1942 年任行政院最高政治顾问，1946 年任北京大学校长。1948 年全国解放前夕，由于不愿接受共产主义在中国胜利的现实而逃往美国，后去台湾，1962 年病逝。

胡适的无神论思想散见于《易卜生主义》、《不朽》、《科学与人生观序》、《我们对于西洋近代文明的态度》、《我对丧礼的改革》、《读王小徐先生的〈佛法与科学〉》等文章。其中《易卜生主义》、《不朽》、《科学与人生观序》三篇，据他自己说“代表我的人生观，代表我的宗教”（《介绍我自己的思想》，《胡适论学近著》第 1 集，商务印书馆 1935 年版，第 634 页），是其世界观和无神论思想的集中反映。

第一节　“自然主义的人生观”和“科学方法”

胡适是近代著名的学者，有系统的世界观，他对宗教的态度与其世界观是连在一起的，弄清其世界观的性质，对于评述其无神论思想是至关重要的。为此，我们先对其世界观作简单的剖析。在《介绍我自己的思想》一文中，胡适追述自己思想的形成过程，他说：

> 我的思想受两个人的影响最大：一个是赫胥黎，一个是杜威先生。赫胥黎教我怎样怀疑，教我不信任一切没有充分证据的东西。杜威先生教我怎样思想，教我处处顾到当前的问题，教我把一切学说理想看作待证的假设，教我处处顾到思想的结果。（《胡适论学近著》第 1 集，第 630 页）

由于受赫胥黎和近代自然科学的影响，同时又受杜威的影响，胡适的世界观性质颇为复杂，其中既有赫胥黎式的“羞羞答答的唯物主义”成分，又有杜威式的把真理看作认识工具的唯心主义成分。当然就其体系和主要倾向而言，胡适的世界是唯心主义的。他思想中的唯物主义因素主要反映在他的所谓“自然主义人生观”中，而唯心主义则主要表现在其“科学方法”中。他说：

> 根据于一切科学，叫人知道宇宙及其中万物的运行变迁皆是自然的，——自己如此的，——正用不着什么超自然的主宰或造物者。（《科学与人生观序》，《胡适文存》第 2 集第 2 卷，第 25 页。以下简称《文存》）
>
> 在那个自然主义的宇宙里，天行是有常度的，物变是有自然法则的，因果的大法支配着他。……（同上书，第 28 页）

显然，这些有关物质世界是按本身规律运动的论述，属于唯物主义观点。

但是胡适思想中的唯物主义因素是微不足道的。作为实用主义的忠实信徒，胡适思想中唯心主义方面更为主要。他自己说得好，自从他成为杜威的门生之后，“实用主义成了我的生活和思想的一个向导，成了我自己的哲学基础”（《胡适留学日记·自序》）。因此，他虽然承认物质世界按自身规律运动，但他又认为这是一种方便的假设，客观物质世界究竟是什么样子，客观规律究竟是怎么回事，是无法知道的，因为客观世界在我们认识它的过程中，已经为我们“改造”过或“打扮”过了。他说：

> 实在是我们自己改造过的实在，这个实在里面含有无数人造的分子。实在是一个很服从的女孩子，百依百顺的由我们替他涂抹起来，

装扮起来。(《实验主义》,《文存》第1集第1卷,第106页)

(一)科学律例是人造的,(二)是假定的,——是全靠他解释事实能不能满意,方才可定他是不是适用的,(三)并不是永永不变的天理,——天地间也许有这种永永不变的天理,但我们不能说我们所拟的律例就是天理;我们所假设的律例不过是记载我们所知道的一切自然变化的"速记法"。(同上书,第79页)

在这两段话中,胡适一方面羞羞答答地默认客观上存在一个未经我们"改造"、"打扮"的实在和"永永不变的天理",另一方面又认为我们观念中的"实在"、"律例"不是主观对客观物质世界和规律的摹写,而是主观的假设。他在这里否定了真理的客观内容,否认了认识是主观对客观的反映。

胡适的无神论思想立足点之一就是承认客观物质世界是按自身的规律运行的。正因为他认为客观物质世界是按自身规律运行的,因此才"用不着什么超自然的主宰或造物者"。但我们又看到这立足点不过是一种主观的假设,立足在其上的对超自然的主宰或造物主的否定,显然也只能是建筑在假设之上的理论了。因此,胡适世界观中的唯物主义因素,决定了他是一个无神论者,而其实用主义又决定了他的无神论思想很不彻底。

第二节 对上帝的存在和灵魂不灭说的批判

一切宗教有神论都以上帝的存在和灵魂不灭为根本信仰,而一切无神论也莫不对上帝的存在和灵魂的不灭说进行批判。中国历史上无神论和有神论的斗争是围绕天命论和反天命论,神不灭论和神灭论进行的,就是证明。胡适紧紧地抓住了宗教有神论这一实质,把矛头对准"上帝的存在与灵魂的不灭"这两条宗教"最低限度的信仰"(《我们对于西洋近代文明的态度》,《文存》第3集第1卷,第11页)。他的无神论思想就是围绕否定上帝的存在和灵魂的不灭展开的。

一 用不着什么超自然的主宰或造物主

胡适否定存在着超自然的主宰或造物主,这一思想形成很早,还在他就读于上海公学时,就在《竞业旬报》上发表反宗教小说《真如岛》,在这篇小说中,他借书中人物孙绍武之口,否定人的善恶祸福有什么人格神"为之主宰"。他说:

如果有什么人为主宰，什么上帝哪，菩萨哪，既能罚恶人于现作孽之后，为什么不能禁之于未作恶之前呢？……“天”若是真有这么大的能力，何不把天下的人个个都成了善人呢？……“天”既生恶人，让他在世间作恶，后来又叫他受许多报应，这可不是书上说的“出尔反尔”么？（《四十自述》，亚东图书馆 1947 年版，第 127 页）

写这段话时，胡适大约只有十七岁。据他后来说法，此时他的思想还仅仅是重复范缜驳斥因果报应说的观点。他用以否定存在所谓“人为主宰”的思想武器也是范缜的“偶然论”。所以他对范缜“人生如树花同发，随风而堕，自有拂帘卷幌坠于茵席之上；自有关篱墙落于粪溷之中”的说法非常赞赏，认为很有理。

胡适接受了近代自然科学知识之后，发展了早年的无神论观点，不仅从人的善恶、祸福等有关人性和人的命运领域驱逐了上帝存在的观念，而且进一步把上帝逐出整个宇宙之外。他依据近代天文学和生物学的成就，从两个方面驳斥上帝的存在。

（一）宇宙万物皆按自身规律运行，因此用不着上帝这个假设，他说：

宇宙及其中一切万物的运行变化皆是自然的，自己如此的，用不着什么超自然的主宰或造物主。（《今日教会教育的难关》，《文存》第 3 集第 9 卷，第 1163 页）

宇宙万物运动的动力问题以及宇宙和谐问题，曾是基督教用以为上帝存在论证的最有力的两个证据。他们认为天体之所以能够运动，最初的动力就来自上帝，同时由于上帝主宰其间，宇宙万物的运动才表现出完美的和谐。随着近代天文学的发展，随着天体运行规律被揭示出来，特别是刻卜勒行星运行规律和康德——拉普拉斯星云说提出之后，上帝作为宇宙第一动力和作为宇宙秩序的安排者的观念就被粉碎了。所以当拿破仑问拉普拉斯为什么在他的《论天体力学》一书中，不提世界创造主的名字时，这位伟大的天文学家回答说：“陛下，我不需要这种假设。”胡适是否知道这件历史轶事，不得而知，但是可以肯定，他根据近代自然科学知识得出了和拉普拉斯一样的结论：宇宙万物是自己运动的，因此用不着上帝作为第一推动力；宇宙又是按自身的规律运行的，因此用不着上帝的安排，上帝的观念完全是多余的。

从早年否认上帝、“天”主宰人类命运，发展到后来否认上帝主宰宇宙，胡适用以反对上帝存在的武器也有变化。如果用偶然论解释人的命运，反对天命说还是一个颇为得力的武器的话，那么用它来驳斥上帝主宰宇宙便不适用了。因此胡适后来主要用宇宙自身规律运行说来反对“神秘主宰”。随着这一变化，他也由早年推崇范缜而推崇老子。他说：“老子最大功劳，在于超出天地万物之外，别假设一个‘道’。”（《中国哲学史大纲》上册，商务印书馆 1919 年版）

（二）生物是按生存竞争规律进化的，因此有“好生之德”的主宰的假设不能成立。

生物界的物种不变的观念是宗教论证上帝存在的最有力的证据之一。由于人们对于生物繁多的种类，而每一种生物又具有适应环境的官能感到困惑莫解，基督教便利用人们的这种疑惑论证一切生物都是上帝的创造物。18 世纪兴起的生物进化理论，打破了上帝创世说的谬论。近代进化论奠基人之一拉马克认为，物种不是一成不变的，生物起源于共同祖先，从而否定了上帝创世说。但是拉马克认为动物的内在要求是进化的动力的观点，则是唯心主义的。他认为，最初进化的动力来自上帝，而进化的顺序也是上帝规定的。真正从生物领域彻底剔除上帝观念的是达尔文。达尔文批判地继承了拉马克及其他先辈的观点，主张“一切生物都不是特殊的创造物，而是少数几种生物的直系后代”。他摈弃了拉马克进化论中唯心主义观点，认为“每一种生物都很美妙地适应它们的生活习惯”，“不是生物的意志可以说明得了的”。他完全以物质的自然的原因说明生物进化。因而也只有在达尔文的进化论出现之后，才彻底地把上帝的观念从生物这个最复杂的自然领域驱逐出去。

胡适对达尔文的伟大功绩称赞备至。他认为达尔文的进化论“打破了有意志的天帝观念”（《五十年来之世界哲学》，《文存》第 2 集第 2 卷，第 235 页）。在达尔文进化论出现之前，科学家由于不能以自然本身原因解释生物进化和有机体对环境的适应，不能打下基督教的气焰，科学家们忍气吞声，采取“敬宗教而远之”的态度，“但是到了达尔文出来，演进的宇宙观首先和上帝的宇宙观起了一个大冲突，于是三百年来不敢侵犯的两国就不能不宣战了。达尔文的武器只是他三十年中搜集来的证据。三十年搜集的科学证据，打倒了二千年来尊崇的宗教传说。”（同上书，第 240—241 页）

受达尔文进化论思想的影响，胡适也认为，“根据于生物的科学的知识……那‘有好生之德’的主宰的假设是不能成立的”（《科学与人生观序》，《文存》第2集第2卷，第26页）。他说：

> 如果一切生物全靠着时时变异和淘汰不适于生存竞争的变异，方才能适应环境，那就用不着一个有意志的主宰来计划规定，况且生存的竞争是很惨酷的；若有一个有意志的主宰，何以生物界还有这种惨剧呢？（《五十年来之世界哲学》，《文存》第2集第2卷，第235页）
>
> 生物界的生存竞争的斗争惨酷与浪费，使我们明白那仁爱慈祥的主宰是不会有的。（《今日教会教育的方针》，《文存》第3集第9卷，第1163页）

胡适抓住了进化论的精髓，得出了否认上帝存在和创世说的无神论结论。

从上述两点可以看出，胡适对上帝存在的否定是以近代自然科学—天文学和生物学的成就为依据，自然科学就其本质而言是与唯物主义一致，而与唯心主义格格不入的。因此当胡适以天文学和生物学为依据，否定上帝的存在时，他已在一定程度上突破了实用主义的思想樊篱，这一点突出地表现在他对詹姆斯的批评上。

詹姆斯是略早于杜威的美国哲学家，实用主义哲学的奠基人。从实用主义的有用即真理的观点出发，他主张宗教观念对现实生活是有价值的，“是合乎真理的”，而上帝的观念在他看来是满有用的，因此上帝的观念也是真的。“如果有人说它‘不真’，实用意义是可以认为这种说法毫无意义的”[①]。詹姆斯的这一推论，却遭到胡适的批评：“他以为这个上帝的观念——这个有意志，和我们人类的最高理想同一方向进行的上帝观念，——能使人类安心满意，能使我们发生乐观，这就是可以称他是真的了！这种理论，仔细看来，是很有害的。”（《实验主义》，《文存》第1集第2卷，第104页）显然胡适在这个问题上没有使用实用主义的方法，而是仅仅根据近代自然科学得出否定上帝存在的结论。

二　灵魂不是无形体、独立存在的事物

胡适反对灵魂不灭的谬说，主张“神灭论”。早在二十世纪初，他就著文，“持无鬼论”（《无鬼丛话》，《竞业旬报》第二十五期），反对有鬼论。他认为，人们“所见之鬼，固其人心目中之鬼，而天壤间果无所谓

---

① 《西方现代资产阶级哲学论著选辑》，商务印书馆1964年版，第154页。

鬼也明矣”（《竞业旬报》第三十二期）。后来，他在《四十自述》中，追述了他继承王充、范缜、司马光等人的无鬼论思想，说：有一天，读到《资治通鉴》第136卷中有一段论范缜反对佛教的故事，说“缜著《神灭论》，以为‘形者神之质，神者形之用也。神之于形，犹利之于刃。未闻刃没而利存，岂容形亡而神在哉？’此论出，‘朝野喧哗，难之，终不能屈。’我先已读司马光论地狱的话了，所以我读了这段议论觉得非常明白，非常有理。司马光的话教我不信地狱，范缜的话使我更进一步，就走上了无鬼神的路。”这段追忆反映出胡适是受范缜《神灭论》的影响，而走上无鬼论的道路。

胡适早年关于形神关系的总看法是：灵魂不过是形体的作用、功能罢了，它不能脱离肉体而独立存在。所以司马光的“形灭神散”说虽然曾对胡适走上无神论道路发生过一定影响，但当他读到范缜的“形质神用”说之后便对司马光的“形灭神散”说感到不满意了。他说：

> 司马光说的“形既朽灭、神亦飘散”，还不免把形与神看成两件事，不如范缜说的更透切。范缜说的人的神灵即是形体的作用，形体便是神灵的形质。正如刀子是形质，刀子的利钝，是作用；有刀子方才有利钝，没有刀子便没有利钝。人有形体，方才有作用：这个作用，我们叫做“灵魂”。若没有形体，便没有作用了，便没有灵魂了。（《不朽》，《文存》第1集第4卷，第106页）

对司马光的“形既朽灭，神亦飘散”的观点，胡适认为这种说法有不“透切”之处。他以为，不能把神、灵魂看作在形体朽灭之后，可以“飘散”的东西，更不能把它看作可以离开肉体而独立存在的东西，所谓神、灵魂仅仅是肉体的作用，当肉体死亡时，灵魂也就消失了。应该说，在这段话中，胡适毫不含糊地反对形神二元论，而主张一元论。

胡适早年形成的神灭论观点，在接触现代自然科学以后，得到进一步发展，他以现代生理学的观点解释灵魂和肉体的关系，说：

> 人的灵魂并不是什么无形体，独立存在的物事，不过是神经作用的总名，灵魂的种种作用都即是脑部各部分的机能作用。（同上）

所谓灵魂即是神经作用的总名，意即灵魂是大脑的机能作用，因此没有什么可以暂时离开形体而独立存在的灵魂，更没有什么在人死之后依然存在的不朽的灵魂。胡适的这一看法是符合近代自然科学的，是比较彻底的无神论思想。

否定灵魂不灭是胡适无神论思想的核心，他以此为出发点，对各种迷信思想和活动进行批判。他对以灵魂不灭为基础的宗教迷信的批判可以归纳为以下几个方面：

（一）举一切地狱因果之说而摧陷之

首先与灵魂不灭说紧密相关的是宗教中的天堂地狱的观念。迷信灵魂不朽的人认为天堂地狱是人死后的居所；“做好事的享受天堂的快乐，做恶事的要受地狱的苦痛。”（同上书，第104页）

胡适否定了灵魂不灭，便也否定了天堂地狱因果报应等迷信：

“我不信灵魂不朽之说，也不信天堂地狱之说。”（《介绍我自己的思想》，《胡适论学近著》第1集，第636页）他鄙夷地称“末日裁判”、“天堂地狱”之说是“愚夫愚妇的迷信。”（《不朽》，《文存》第1集第4卷，第105页）主张“举一切地狱因果之说而摧陷之”。（《四十自述》，第130页）

（二）反对儒家以父母的观念和祖先观念来裁制人生行为

天堂地狱因果报应说是佛教的信仰，中国儒家传统思想中无此观念，但却有对父母亡灵和祖先的崇拜。胡适对此也持否定态度。他说：“中国儒家的宗教想出一个父母的观念和一个祖先的观念，来做人生一切行为的裁制力”，这种“见鬼见神”的“神道说教”的办法“在今天是不中用了”（《不朽》，《文存》第1集第4卷，第117页），他指出那种认为“做儿子有罪，连带父母”的观念，完全是一派鬼话，是“不能成立”的，人们的“心里本不信这种野蛮的功罪见解”（《我对丧礼的改革》，《文存》第1集第4卷，第145页），这种否认宗教具有教化功能的见解是当时的无神论者的共同看法，是新文化运动以来提倡新道德，反对旧道德的时代精神的体现。

胡适否定建立在灵魂不朽说之上的“神道说教”，那么以什么来代替宗教规范人生行为呢？在这一点上他却与其他无神论者有所不同，主张一种实用主义的功效道德说。他认为世界上存在不朽的事物，但不是灵魂，而是人的言行；一个人不管是大人物还是小人物，也不论其行为善恶，都会引出一定的后果，比如“他吐一口痰，也许可以毁灭一村一族，他起一个念头，也许可以引起几十年的血战”（《介绍我自己的思想》，《胡适论学近著》第1集，第636页）。而一口痰，一个念头所引起的后果，又会引出新的后果，从而构成一个连锁反应，以至万世无穷。人只要念及自己的行为会引起无穷的后果，顾及自己的恶行会殃及后世，便不会作恶了。

胡适受自然科学的影响，得出了否认灵魂不朽的正确结论，但由于他的实用主义立场作祟，却又重新杜撰出一个不朽的幽灵。他正确地否认了“前世”种下的因可以在“后世”结下果，却又认为“前代”种下的因，哪怕微小到吐一口痰，也会在无数年后的“后代”结下果。他这套议论显然是荒谬的，错误的，这是把因果关系夸大到了不着边际的程度，混淆了本质和非本质的区别、必然性和偶然性的区别；从历史观上说，这种“一言兴邦，一言丧邦”的观点，是唯心史观的体现。

（三）改革丧礼

中国古代相沿下来的丧礼也与灵魂不灭的观念紧密相关。胡适在《我对丧礼的改革》一文中指出，祭礼中的“降神”、“三献”、“侑食”、“望燎”、“举哀”等等都是“见神见鬼的做作”，其“根据在于深信死人的‘灵’还能享受”。此外，后世丧礼中的和尚念经超度亡人，棺材头上点“随身灯”，做法事“破地狱”、“破血盆湖”等等，也都与佛教中的地狱天堂，轮回果报等观念紧密相关。他不同意这种做法，说：“我们既不信死者能享受，便应该把古代供献死者饮食的祭礼，改为生人对死者表示敬意的祭礼。”（《我对丧礼的改革》，《文存》第1集第4卷，第133页）

（四）对“名教”的批判

胡适还认为中国的“名教”也与灵魂可以脱离肉体的观念有关，他说：“中国不是没有宗教的，我们有一个很伟大的宗教。”（《名教》，《文存》第3集第1卷，第91页）这个宗教就是“名教”。

“名教”系中国封建社会的秩序、制度和伦理道德的总称。胡适所说的“名教”与此有关且又不尽相同，他所说的“名教”是“信仰‘名’”、“崇拜‘名’”（同上书，第92页）的宗教，而“名”就是魂。他说：

> 我们的古代老祖宗深信“名”就是魂，我们至今不知不觉地还逃不了这种古老迷信的影响。“名就是魂”的迷信是世界人类在幼稚时代同有的。埃及人的第八魂就是“名魂”。我们中国古今都有此迷信。（同上书，第102页）

譬如说小孩受到惊吓，做父母的就需要到孩子受惊吓的地方，一面高叫他的名字，一面往回走，谓之“叫魂”。“叫名字就是叫魂”（同上书，第95页），这是信奉“名教”最典型的例证，由此可见，胡适所谓的“名教”主要是指与信奉灵魂不灭，灵魂可以出壳，独自而去的灵肉二元论有关的一种世俗宗教迷信。

在《名教》一文中，胡适辛辣地嘲笑了种种对名的崇拜，认为这种崇拜“名”的迷信必须打倒：“打倒名教！名教扫地，中国有望。”

胡适从否定灵魂不灭出发对宗教有神论展开的批判，有助于清除人民群众中根深蒂固的迷信观念，是应该予以肯定的。

第三节 对宗教神学的批判

佛教和道教是中国古代最有影响的两大宗教。基督教传入中国较晚，但在近代发展迅速。胡适从无神论观点出发，对影响中国最深的这三大宗教都持批判态度。一切宗教都以上帝的存在和灵魂不灭为“最低限度的信仰”。因此胡适关于否定上帝存在和灵魂不灭的论述，就是对道教、佛教和基督教的批判和否定，此外他还进一步对宗教的虚伪、迷信、不近人情加以揭露。

一 对佛、道教有神论的批判

胡适声称中国古代“两大宗教——佛与道——都不高明”（《论六经不够作领袖人才的来源》，《胡适论学近著》第1集，第521页），对佛教他尤感厌恶。为什么佛道二教如此使他反感呢？其中一个原因就是他认为和尚道士都是“认真作假”的：

> 道教中的所谓圣书的《道藏》，便是一大套从头到尾，认真作假的伪书。道教中所谓的经——那也是《道藏》中的主要成分，大部都是模仿佛经来故意伪作的，其中充满了惊人的迷信。（《胡适口述自传》，台北传记文学出版社1981年版，第256页）

道教的经是模仿佛经伪作的，那么是不是佛教就不作伪了呢？胡适认为，佛教也同样作伪。他说：

> 禅宗佛教里面百分之九十，甚或百分之九十五，都是一团胡说、伪造、诈骗、矫饰和装腔作势。（同上）

为了揭穿和尚道士是怎样“认真作假”，他写了《陶弘景的真诰考》，揭露陶弘景“用最严谨的方法来说鬼话”（《胡适论学近著》第1集，第162页）。他发现《真诰》中竟然整章整章地窃佛经《四十二章经》，共剽窃了20章之多，并由此得出结论：“那位当年‘脱朝服挂神虎门’，‘辞世绝俗’的第一流博学高士的行径也不过是如此而已”，“其实整部《道藏》本来就是完全贼赃，偷这20短章又何足惊怪”（同上书，第172页）。

道士如此，和尚亦如此。胡适曾以很大精力治禅宗史，从中发现，禅宗实际的传承关系并不像后来的禅宗史料所记载的那样。神会为了争夺禅门法统进行了一系列伪造、诈骗活动，最后终于推翻了神秀的禅门正统地位，而把自己的老师慧能推上禅宗六祖的位置。因此“神会自己就是个大骗子和作伪专家，禅宗里的大部经典著作，连那五套《传灯录》……都是伪造的故事和毫无历史根据的新发明”（《胡适口述自传》第256页）。胡适对道教和佛教经典所作的考据工作，在一定程度上揭穿了宗教的虚伪以及宗教教派斗争的残酷和不择手段。

胡适对佛道二教厌恶的第二个原因是他认为佛道二教的教义中都充满迷信：道教的经典中，“充满了惊人的迷信”；佛教的“五神通（即神境通、大耳通、他心通、宿命通、天眼通）是一种印度古来的迷信”（《从禅本里研究佛教的禅法》，《文存》第3集第4卷，第441页）。

科学与宗教是彼此对立的，胡适由于充分认识到宗教的迷信实质，因此他反对一切把宗教同科学挂钩的做法。三十年代初有一个叫王小徐的写了一本《佛法与科学》，把佛教中某些理论同科学加以比附。胡适认为，把佛教同科学“拉拢来做搭题八股”完全没有“必要”。科学自是科学，宗教自是宗教；科学是反宗教的，而宗教是反科学的迷信，二者水火难容，不可同日而语。他说：

> 佛弟子的立场是迷信的。他们说我是妄，眼前的桌子是妄，手里的笔是妄，但他们却深信轮回之道是真，真现量是真，极乐世界是真。（《读王小徐先生的〈佛法与科学〉》，《胡适论学近著》第1集，第603页）

在胡适看来，科学认为是真实的东西，佛教恰恰认为是妄，佛教认为是真的，恰恰又是科学认为根本不存在的。因此把佛教和科学拉拢来做搭题八股，是乱点鸳鸯谱。

王小徐除了认为佛教中包含某些科学思想萌芽外，还认为佛理中关于心理现象的分析和因明学也是科学的。如何看待为佛教教义论证的认识论和逻辑方法呢？胡适认为，佛教尽管摆出科学分析的架子，说什么七识八识，百法五百四十法，“到头来一切唯识的心理学和因明的伦理学都只是那最下流的陀罗尼迷信的障眼法！其实迷信咒术，崇拜生殖器，与七识八识有何交涉？与百法五百四十法又有何交涉？”（同上书，第601页）因此在他看来，佛教作为一种迷信，是毋须用什么认识论和逻辑方法论证的：“说到归根，他本早已走上这条路了”，“本来不靠这一套”（同上）。他进一步指出，佛教中的认识论和因明理论也不是什么科学的方法，因为它们以“佛及大菩萨之真现量”为前提，这本身就是一种迷信，而所谓的“真现量”，即感觉器官对“自相”的直接反映，是一种不能用语言表述的活动，这“不过是下等动物的知觉状态”（同上书，第602页）。

胡适对佛门弟子迷信的批判，直接触及了佛理，对于杨仁山以来的弘扬佛法的思潮，起了一定遏制作用。

胡适厌恶佛道二教的第三个原因是他认为佛道二教，特别是佛教最违悖人性。他说：中国在印度佛教传入之前，其宗教是比较简单近乎人情的，而“中古的宗教——尤其是佛教——排斥肉体，禁遏情欲，最反乎人情，不合人道”（《老残游记序》，《文存》第3集第6卷，第813页）。佛道二教“都太偏重于消极的制裁，使人们压抑自己的一切情欲”（《论六经不够作领袖人才的来源》，《胡适论学近著》第1集，第521页），特别是佛教这种不近人情，突出表现为佛教信徒的“刺血写经”、“舍身焚身”。胡适认为，这种戕害自己的行为，是“一种下流的求福心理”，一种“疯狂心理”（《庐山游记》，《文存》第3集第2卷，第244页）。这种不近人情、不合人道的宗教对中国古代政治生活的影响是极其恶劣的，因为“自苦的宗教决不能有乐利的政治，违反人性的道德观念决不能产生体贴人情的政治思想”（《读吕氏春秋》，《文存》第3集第3卷，第367页）。

中国宋明理学是在佛道二教影响下形成的，理学家们莫不出入佛老多年，由于他们都曾在佛老思想中滚过，因此把其中不近人性的禁欲主义成分也带进理学。胡适在批判佛道二教的禁欲主义的同时，也连带批判了宋明理学，他说：

> 宋儒以来的理学挂着孔教的招牌，其实因袭了中古宗教的种种不近人情的教条。中古宗教的要点在于不要做人而想做菩萨、神仙。这

> 固然是很坏，然而大多数的人究竟还想做人而不想做神仙菩萨。故中古宗教的努力究竟还有个限度，到了理学家们出来，他们把中古宗教做菩萨神仙之道搬运过来，认为做人之道，这就更坏了。(《几个反理学的思想家》，《文存》第 3 集第 2 卷，第 147 页)
>
> 宋儒用人伦的儒教来代表出世的佛教，固然是一大进步。然而宋儒在不知不觉之中，受了中古禁欲的宗教的影响，究竟脱不了那排斥情欲的根本态度，所以严辨"天理""人欲"的分别，有许多不人道的主张。戴东原说宋儒的流弊，遂使后世儒者"以理杀人"；近人也有"吃人的礼教"的名言，这都不算过当的判断。(《老残游记序》，《文存》第 3 集第 6 卷，第 813 页)

宋明理学不是宗教，胡适也没有把它看作宗教，但他对宋明理学的批判是具有反宗教意义的，因为宋明理学中的不近人情的禁欲主义是从宗教(主要是佛教)中因袭来的，对理学中的禁欲主义的批判，也就是对佛教的批判。

二　对基督教神学的批判

近代无神论者，特别是其中受西方资产阶级思想影响的人，有的对佛教道教采取严厉的批判态度，而对基督教则有所批判又有所保留，胡适也具有这一特点。

胡适对基督教的批判主要是从三个方面进行的。

(一) 否定基督教的根本教义，他说："我们现在对于基督教的教义与信条也渐渐明白了。但我们有人要进一步疑问基督教的根本教义能不能成立。我们有人要问上帝究竟有没有，灵魂究竟有没有。"(《今日教会教育的难关》，《文存》第 3 集第 9 卷，第 1163 页) 这是以一种赫胥黎式的怀疑主义态度对待基督教教义，他之所以这样，是与他说话的场合有关。《今日教会教育的难关》是胡适 1925 年在燕京大学教职员聚餐上的一篇讲话稿，而燕京大学是个教会大学，教职员一般都是基督教信徒。在这种场合下，对上帝的存在和灵魂不灭的怀疑，实际上是对基督教根本教义的否定，在这次聚餐会上，胡适正像他自称的那样，充当了一个反对基督教教义的"魔鬼的辩护士"的角色。在《不朽》一文中，胡适就不再采取这种彬彬有礼的怀疑口气，公开声称："基督教徒说耶稣是上帝的儿子，他的灵魂永远存在"，是"无凭据的神话"(《文存》第 1 集第 4 卷，第 108 页)。

（二）认为基督教“没有精神上的价值”。在《易卜生主义》一文中，胡适还指出基督教“没有精神上的价值，却极有物质上的用场，宗教是可以利用的，是可以使人发财得意的”，“宗教的兴旺，并不是因为宗教真有兴旺的价值，不过是因为宗教有可以利用好处罢了”（《文存》第1集第4卷，第21页）。胡适在这里揭穿了基督教宣扬的平等、博爱都是虚伪的，它的真实本质是富人用以发财的工具，一旦有人（如《国民公敌》中的斯铎曼医生）威胁了富人的利益，基督教徒会同富人一起对之迫害。

（三）反对教会借办教育为名行传教之实。历史上基督教几次派传教士到中国传教，但都遭到中国人民的抵制而失败。近代以来，基督教为了传教能比较顺利的进行，一般都采取办教育、医院、育婴堂等方式。胡适反对基督教这种借办教育为名进行的传教活动，主张教会应“抛弃传教而来办教育”（《今日教会教育的难关》，《文存》第3集第9卷，第1164页）。他说：

> 右手拿粉笔和教科书，左手拿《马太福音》，也是我们所反对的。教育是为儿童的幸福的，不是为上帝的光荣的。学校是发展人才的地方，不是为一家一派收徒弟的地方。用学校传教，利用幼稚男女的简单头脑来传教，实行传教事业，这种行为等于诈骗取利，是不道德的行为。（同上书，第1168页）

胡适主张今后教会学校应该“不强迫作礼拜”，“不把宗教教育列入课程表内”、“不劝诱儿童及其父兄信教”，“不用学校作宣传教义的机关”，“思想自由，言论自由，信仰自由”。教会办教育只是手段，传教才是目的。胡适要教会学校只办教育，而不传教，显然是一种与虎谋皮的幻想。

胡适反对教会借办教育之名行传教之实，应予肯定。但同时也应看到胡适对基督教会存在着好感和幻想，否则他也就不会向教会提出上述种种可笑要求了。所以在《慈幼的问题》一文中，他面孔一改，不再写基督教会“诈骗”、“不道德”，而对教会教育大唱赞歌：

> 我们深深感谢帝国主义者，把我们从这种黑暗的迷梦里惊醒起来，我们焚香顶礼，感谢基督教的传教士带来了一点点西方新文明和新人道主义……我们十分感谢这班所谓“文化侵略者”提倡“天足会”、“不缠足会”，开设新学堂，开设医院，开设妇婴医院。（《文

存》第3集第9卷，第1178页）

他还称赞基督教的传教士是“中国新教育的先锋”，“他们当年的缺陷，是我们应该原谅宽恕的”（同上）。如何看待基督教传教士的功过，是一个比较复杂的问题。过去把基督教传教士统统看作文化侵略者固然不对，传教士中确有一些人如利玛窦、汤若望等人为中国带来西方文化的信息，应予肯定。但就他们传播基督教这一点来说，也是不应肯定的，何况传教士中也确有一些人怀着不可告人的目的来中国，充当帝国主义侵略的先锋，因此像胡适那样不分青红皂白对传教士“焚香顶礼”更是错误。

第四节　信任天不如信任人，靠上帝不如靠自己

胡适提出“信任天不如信任人，靠上帝不如靠自己”的口号，是他重人事轻鬼神的表现。

在胡适看来，无论是对神鬼的敬畏，还是对神鬼的信赖，无论是对天堂的憧憬，还是对神仙生活的向往，“都是因为人类不信任自己的能力，不能不倚靠一种超自然的势力”（《我们对于西洋近代文明的态度》，《文存》第3集第1卷，第13页），以“求得感情上的安慰”（同上书，第12页）。

那么这种对神鬼的敬畏和信赖，对天堂和神仙生活的憧憬和向往，除了给人以虚幻的安慰之外，究竟给人类带来什么实际好处呢？胡适认为，根本没有。他说：

> 天旱了，只会求雨；河决了，只会拜金龙大王；风浪大了，只会祷告观音菩萨或天后娘娘。荒年了，只好逃荒去；瘟疫来了，只好闭门等死；病上身了，只好求神许愿。树砍完了，只好烧茅草；山都精光了，只好对着叹气。（《介绍我自己的思想》，《胡适论学近著》第1集，第638页）

信神不但不能给人类带来实际利益，相反还会使人变得又愚蠢又懒惰，使人类“不能征服物质”而“完全被压死在物质环境之下”（同上）。

人类敬畏、信赖鬼神，憧憬天堂和神仙生活，在自然面前落得如此可悲结果，那么在社会生活面前又将如何呢？胡适认为，由于追求“那不可知的天堂净土”，追求那自私的个人灵魂的超拔，结果是丢弃了“建设

‘人的乐园’，‘人世天堂’的努力”；由于相信神意主宰着人世，于是“见人富贵，说他是‘前世修来的’；自己贫，也就是‘前世不曾修’，说是‘命该如此’。”不敢想、甚至不曾想到“贫富的不平等，痛苦的待遇，都是制度的不良的结果。”不知道“制度是可以改良的”（《我们对于西洋近代文明的态度》，《文存》第3集第1卷，第19页）。

总之，宗教使人“自安于现成的环境与命运，故不想征服自然，只求乐天安命，不想改革制度，只图安分守己，不想革命，只做顺民”（同上书，第20页）。

胡适认为，敬畏和信仰鬼神给人类造成不幸，是人类发展初期的必然现象，是不可避免的。但是人这个“两手动物”，“用他的两手和一个大脑”，“能做出许多器具，想出许多方法”，“他不但驯伏了许多禽兽，他还能考究宇宙间的自然法则，利用这些法则来驾驶天行”（《科学与人生观序》，《文存》第2集第2卷，第28页）。在人类还在残酷的自然面前感到无力的时候，“也曾拜物拜畜生，也曾怕神怕鬼”（同上）。但当人们掌握了自然法则，能“驾驶天行”时，“他渐渐增加对于自己的信仰心，渐渐把向来信天安命的心理变成信任人类自己的心理”（《我们对于西洋近代文明的态度》，《文存》第3集第1卷，第12页）。

胡适认为，人类的幸福的源泉在于人类自身的力量。“最大多数人的最大幸福，不是袖手念佛号可以得来的，是必须奋斗力争的。”（同上书，第19页）敬畏和信仰神灵，在自然面前只会俯首膜拜，在社会面前“只做顺民”，而信赖和依靠自己的力量却可以改变自己在自然和社会面前的奴隶地位。据此，他提出了“信任天不如信任人，靠上帝不如靠自己”的口号。他说：

> 信任天不如信任人，靠上帝不如靠自己。我们现在不妄想什么天堂天国了，我们要在这个世界上建造“人的乐园”。我们不妄想做不死的神仙了，我们要在这个世界上做个活泼健全的人。我们不妄想什么四禅定六神通了，我们要在这个世界上做个有聪明智慧可以戡天缩地的人。我们也许不轻易信仰上帝的万能了，我们却相信科学的方法是万能的，人的将来是不可限量的。我们也许不信灵魂的不灭了，我们却信人格是神圣的，人权是神圣的。（同上书，第14页）

不信天而信人，不靠上帝而靠人！在缺少凌厉之气的胡适口中，能喊出这样的口号来，是非常难得的。

由于胡适主张信任天不如信任人，靠上帝不如靠自己，所以他反对中国“不以人易天”、“不识不知，顺帝之则”等古训。认为“这是畏难，这是懒惰”（同上书，第9页），是“懒人哲学”（《介绍我自己的思想》，《胡适论学近著》第1集，第638页），而对荀子的“制天命而用之”的思想非常赞赏，称赞李觏的“圣人为天之所为”的思想是“完全注重人事的哲学”（《论李觏的学说》，《文存》第2集第1卷，第59页）。

人与其信任依赖上帝、“天”，不如信任依靠自己的力量，那么人类自己的力量来自何方呢？胡适认为，人类的力量来自科学。他说：

> 科学的根本精神在于求真理。……只有真理可以使你自由，使你强有力，使你聪明圣智；只有真理可以使你打破你的环境里的一切束缚，使你戡天，使你缩地，使你天不怕，地不怕，堂堂地做一个人。（《我们对于西洋近代文明的态度》，《文存》第3集第1卷，第8页）

当时梁启超为了抵制提倡民主和科学的新文化运动，在《欧游心影录》中提出“科学破产”论，胡适对此十分愤慨。他痛斥梁启超的谬论说：“中国此时还不曾享着科学的赐福，更谈不到科学带来的‘灾难’。我们试睁开眼看看：这遍地的乩坛道院，这遍地的仙方鬼照相，这样不发达的交通，这些不发达的实业，——我们那里配排斥科学？……我们当这个时候，正苦科学的提倡不够，正苦科学的教育不发达，正苦科学的势力还不能扫除那迷漫全国的乌烟瘴气，——不料还有名流学者出来高唱‘欧洲科学破产’的喊声，出来把欧洲文化破产的罪名归到科学身上，出来菲薄科学。”信仰科学的人，“能不大声疾呼出来替科学辩护吗？”（《科学与人生观序》，《文存》第2集第2卷，第7—8页）

第五节　胡适无神论思想的局限性

胡适的无神论思想是很丰富的，是中国近代史上重要无神论者，但是由于在哲学上他是一位实用主义者，他的无神论思想不能不受到很大的局限。胡适无神论思想的局限性表现在下述三个方面。

第一，胡适没有把反宗教有神论的斗争同反封建反帝国主义的斗争结合起来。

我们曾指出，中国近代无神论有一个鲜明的特点：为变革封建制度、反对帝国主义侵略而反对宗教有神论。胡适恰好缺少这一特点，为什么会这样呢？为回答这个问题，有必要回头来考察一下他对中国近代面临的问题的看法。在《我们走那条路》一文中，胡适说："我们的任务只在于充分用我们的知识，客观地观察中国今日的实际需要，决定我们的目标。我们第一要问，我们要铲除的是什么？这是消极的目标。第二要问，我们要建立的是什么？这是积极的目标。"（《胡适论学近著》第1集，第441页）他之所以提出这个问题来，是针对中国共产党把反帝反封建作为自己的政治任务的。他针锋相对地提出："要打倒的五个大仇敌：第一大敌是贫穷。第二大敌是疾病。第三大敌是愚昧。第四大敌是贪污。第五大敌是扰乱。"（同上）这就是他所谓的"五鬼闹中华"。他还说，这五大仇敌之中，"封建势力也不在内，因为封建制度早已在二千年前崩坏了。帝国主义也不在内。"（同上书，第442页）这是对中国近代社会性质的极大歪曲，他一笔勾销了中国近代面临的反帝反封建任务。

胡适不把封建势力和帝国主义列到中国的"仇敌"之列，并不偶然。胡适是中国资产阶级（即买办资产阶级）的思想代表，而中国大资产阶级恰是中国封建势力和帝国主义相结合的产物。作为这一阶级代表的胡适怎能会反帝反封建呢？所以，虽然胡适反对宗教有神论，但我们在他的著作中找不到类似孙中山、陈独秀、李大钊关于神权是封建专制制度护符的论述，更找不到对帝国主义者利用基督教进行文化侵略的斥责。胡适的保守乃至反动的政治立场窒息了无神论应有的战斗性。

第二，胡适的无神论思想由于受怀疑主义和工具主义哲学的限制，缺乏坚定性和彻底性。

胡适的这一弱点突出地表现在他对上帝的存在和灵魂不灭的否定上。比如在上面所引的胡适否定上帝的那几段话里，他不说上帝是不存在，却说"用不着"什么超自然的主宰或造物主。诚然这也是对上帝存在的否定。但这不是从真伪角度作出的否定，而是从哪个假设更方便这一角度作出的否定。再如他否认了灵魂不灭的观念，但是他又说：

> 许多人总舍不得把灵魂打消了，所以咬住说灵魂另是一种神秘玄妙的物事，并不是神经的作用。这个"神秘玄妙"的物事究竟是什么，他们也说不出来，只觉得总应该有这么一件物事，既是"神秘玄妙"，自然不能用科学试验来证明他，也不能用科学试验来驳倒他。既然如此，我们只好用实用主义的方法，看这种学说的实际效果如何，以为评判的标准。（《不朽》，《文存》第1集第4卷，第107页）

灵魂是"神经作用的总名"，还是"神秘玄妙的物事"，这本来是科学已经明确作出结论的问题，胡适本人也倾向于前者，但是他却不敢坚持，企图用"实际效果如何"来作评判二者是非的标准，我们看他用这个标准是如何评判的。他说："依此标准看来，信神不灭论的固然也有好人，信神灭论的也未必全是坏人。即如司马光、范缜、赫胥黎一类的人，说不信灵魂不灭的话，何尝没有高尚的道德？"（同上）也就是说依"实际效果"来看，看不出信奉灵魂不灭的与主张神灭论的有多大区别，二者都有好人，也都有坏人，既然二者在道德上的"实际效果"半斤八两，也就分不出谁是谁非，所以他又说："总而言之，灵魂灭不灭的问题，于人生行为上，实在没有什么重大影响；既没有实际的影响，简直可说是不成问题了。"（《不朽》，《文存》第1集第4卷，第107页）神灭与神不灭这个哲学和宗教中的重大问题，就这样被胡适用实用主义一笔勾销，变成毫无意义的问题了。上文我们曾指出，胡适本人是赞同范缜的"形质神用"论，主张"神灭论"的。但由于他用实用主义取消了神灭与神不灭孰是孰非的问题，无异也就取消了自己的原有主张。

作为实用主义者，胡适是没有正确的是非标准，一切皆以实际效果为转移，自然也就不会坚定地相信自己无神论观点正确。他说："在今日的中国，在宗教信仰向来比较自由的中国"，可以不必像赫胥黎那样慑于宗教的威势，"明明是无神论者"却不得不挂出"不可知论"的招牌，"不妨自居为无神论者"。一旦"等到有神论的证据充足时，我们再改信有神论，也还不迟"（《科学与人生观序》，《文存》第2集第2卷，第14—15页）。由此可知，他持无神论观点并不是十分坚定的。

第三，胡适的无神论思想的不彻底性，还表现在他一方面批判旧宗教，一方面又主张建立新宗教。

从本性上说，资产阶级是需要宗教的。他们代表人们批判过旧宗教，是因为旧宗教维护封建专制制度，不符合资产阶级的利益。但为了麻痹人民群众的斗志，为不合理的资本主义剥削论证，他们又需要有适合资产阶级口味的新宗教。法国资产阶级大革命领袖罗伯斯庇尔主张建立新的对"最高主宰的信仰"替代天主教，章太炎主张建立"惟以自识为宗"的新宗教都是如此，作为大资产阶级思想代表的胡适更不能例外。因此他在批判道教、佛教、基督教的同时，也提出建立新宗教的主张。胡适所要建立的新宗教是什么货色呢？他说：

"天国不在天上也不在人心里，是在人世间"，这是今日的新宗

> 教趋势。大家要使天国在人世实现，这便是宗教。（《祝贺女青年会》，《文存》第3集第9卷，第1173页）

又说：

> 根据于生物学及社会学的知识，叫人知道个人——“小我”——是要死灭的，而人类——“大我”——是不死的，不朽的；叫人知道“为全种万世而生活”就是宗教，就是最好的宗教；而那些替个人谋死后的“天堂”“净土”的宗教，乃是自私自利的宗教。（《科学与人生观序》，《文存》第2集第2卷，第27页）

又说：

> 那种“默示”的宗教，神权的宗教，崇拜偶像的宗教，在我们心里也不能发生效力，不能制裁我们一生的行为。以我个人看来，这种“社会不朽”的观念很可以做我的宗教了。（《不朽》，《文存》第1集第4卷，第117页）

在这三段话里，胡适勾画了他的“新宗教”的大致轮廓：1. 在这新宗教中，也存在着对“不朽”事物的信仰，不过不是灵魂的不朽，而是行为的“不朽”，即他所谓的“社会不朽”。2. 在这新宗教中，也存在着对“天堂”的信仰，不过这“天堂”不在天上，而在人世间，说得具体一点就是美国。3. 这新宗教反对人们去追求死后的天堂，而主张去谋个人的现世快乐，“真实的为我，就是最有益的为人”（《介绍我自己的思想》，《胡适论学近著》第1集，第634页）。这就是他的信仰。至于什么“为全种万世而生活”，那不过是掩盖他那新宗教极端个人主义本质的虚饰之辞。

因此，胡适不是不要宗教的，他只是以新宗教代替旧宗教，在这个新宗教中，“个人”取代了上帝的位置，成为崇拜的神明。

第九章 陈独秀

陈独秀（1879—1942 年）字仲甫，号实庵，安徽怀宁人。早年曾任北京大学教授，主编进步刊物《新青年》，在当时的中国知识界有很高声望。后来，他受俄国十月革命影响，成为马克思主义在中国的最早传播者之一。1921 年中国共产党召开成立大会，陈独秀虽未参加，但由于他声誉卓著，仍被选为总书记。在 1924—1927 年国共合作期间，他推行右倾机会主义路线，使党在蒋介石、汪精卫叛变革命时，遭受惨重损失，“八七”会议上被解除总书记职务，他拒不承认错误，由右倾投降主义进而滑向取消主义，还组织小集团进行反党活动，因而于 1927 年被清除出党。此后，陈独秀与中国托派结合，成为其领袖。1942 年，病死于四川江津。

陈独秀在“五四”运动前后，积极提倡民主和科学，反对封建专制和宗教迷信，其思想曾产生过非常积极的影响，无神论则是其思想的重要组成部分。他的无神论思想散见于《敬告青年》、《今日之教育方针》、《驳康有为致总统总理书》、《人生真义》、《偶像破坏论》、《有鬼论质疑》、《克林德碑》等文章和一些通信中。

第一节 否定一切宗教

陈独秀早年是一位激进的民主主义者，拥护民主共和，反对封建君主专制制度，反对袁世凯及其后继者复辟帝制的活动。这种激进的民主主义立场，使他对维护封建专制统治的宗教有神论必然要采取批判否定的态度。他说：“若论及宗教，愚一切皆非之。”（《答俞颂华》，《独秀文存》亚东图书馆 1922 年版，第 3 卷第 67 页。《独秀文存》，以下简称《文存》）从这句话可以看出，他对一切宗教都持否定态度。

陈独秀不是学者，而是政治活动家和宣传家，与此相关，他对宗教有神论的批判尖锐但不甚深刻；其着眼点是宗教的消极反动的社会作用，而不是它的理论。

一　宗教是封建君主专制制度的精神支柱

陈独秀在批判宗教有神论时，首先指出宗教有神论是维护封建君主专制统治的精神支柱。这一观点，不仅出于对中国数千年封建君主利用神权维护自己统治这一事实的认识，也来自袁世凯利用神权从事复辟活动的启示。袁世凯为了证明黄袍加身乃“奉天承运”，乃天命使然，于 1914 年发布了《祀天典礼告令》，演出了一出“祭天”的丑剧。在这出丑剧演出之后不久，他就登极加冕，作了洪宪皇帝。时至 20 世纪，他搞“祭天”的把戏不能简单地看做是愚昧无知。他这样做，完全是由于复辟帝制的需要，是为了给自己复辟帝制的活动披上一层神圣的外衣。袁世凯为作皇帝“祭天”这一事实，告诉人们帝制和宗教有神论之间存在着唇齿相依的关系。

虽然封建势力为复辟帝制和维护封建专制制度，必须披上一层神圣的外衣，那么“为要触犯当时的社会制度，就必须从制度身上剥去那一层神圣外衣”[①]。出于反对封建专制制度和复辟帝制的需要，出于维护刚刚建立、十分不巩固的民国的需要，陈独秀对“君权神授说”展开了猛烈的批判。

陈独秀指出，封建君主专制这种不合理的制度之所以能存在，不是因为君主本人有什么超人的智慧和力量，而是由于人们“迷信君主是天的儿子，是神的替身，尊重他，崇拜他，以为他的本领与众不同”（《偶像破坏论》，《文存》卷 1，第 224 页）。君主必须依靠骗人的神权的庇护才能“统一国土”，“号令全国”；君主专制制度必须依靠宗教有神论的支撑才得以建立和存在下去。几千年来宗教为封建制度涂上一层神圣的光环，使人们望而生畏，不敢触动。因此要想打倒君权，求政治上的解放，必须破坏神权，使人们从宗教有神论的束缚下解放出来。

陈独秀以历史事实论证了欧洲近代的历史是一个“破坏君权，求政治之解放”与“否认教权，求宗教之解放”（《敬告青年》，《文存》卷 1，第 3 页）相统一的进程。他说：“君权与教权，以连带之关系，同时削夺，为西洋近代文明史上大书特书之事。”（《驳康有为致总统总理书》，《文存》卷 1，第 97 页）欧洲近代史如此，中国亦当如此。中国如果想推翻君主专制的封建制度，“改用立宪共和制度”，那么“什么大权政治，什么天神，什么圣王，都应该抛弃”。反之，一方面实行共和，一方面又

① 恩格斯：《德国农民战争》，《马克思恩格斯全集》第 7 卷，第 401 页。

觉得神权政治“为无上治术，那共和立宪，便不值一文”（《今日中国之政治问题》，《文存》卷1，第224页）。

那么用什么去破除维护封建专制制度的宗教有神论呢？陈独秀认为，科学是反宗教有神论最锐利的武器。他主张，为了从根本上推翻封建专制制度，在提倡民主的同时，必须提倡科学。近代欧洲由封建专制走向民主，就是如此。科学的发展成为欧洲反封建运动的先导。欧洲近代自然科学的兴起和发展，动摇了基督教教义中的创世说，动摇了上帝的观念，打破了基督教强加给人们的精神枷锁，反封建的民主革命运动才得以蓬勃开展起来。因此对于欧洲近代历史进程，“科学之兴，其功不在人权说，若舟车之有两轮焉”（《敬告青年》，《文存》卷1，第9页）。

陈独秀认为，中国要想彻底推翻封建制度，也必须像欧洲一样打破宗教神权统治，为此，在提倡民主的同时，应大力提倡科学，二者不可偏废。提倡民主，用以反对封建专制；提倡科学，用以反对宗教迷信，而反对迷信，最终也是反对封建专制。陈独秀主编《新青年》就以提倡民主和科学为根本宗旨。在回答封建守旧势力对《新青年》的攻击时，他说：

> 本社同人……只因为拥护那德莫克拉西（Democracy）[①]和赛因斯（Science）[②]两位先生。……要拥护那德先生，便不得不反对孔教，礼教，贞节，旧理论，旧政治；要拥护那赛先生，便不得不反对旧艺术，旧宗教。（《新青年罪案之答辩书》，《文存》卷1，第363页）

他还宣称，为拥护德、赛这二位先生，就是“断头流血，都不推辞”（同上）。民主和科学，像两条红线，贯穿“五四”运动前后的陈独秀思想，也贯穿他所主编的《新青年》杂志。陈独秀提出的拥护德、赛二先生的口号，反映了当时的时代要求，对青年知识分子产生了巨大的思想影响，为伟大的“五四”运动作了思想准备。

陈独秀关于君权和教权连带关系的论述，不仅具有重大的实践意义，而且具有一定的理论意义。古代无神论者是站在维护君权和封建专制制度立场上批判宗教，势必在一定程度上掩饰了宗教维护封建专制制度这一本质属性。陈独秀关于君权和教权相关连的论述，突破了古代无神论者的局

① 即民主。
② 即科学。

限，揭示了宗教维护封建专制制度的反动作用，这是中国无神论思想史的重要发展。

二　宗教是社会发展的阻力

陈独秀早年受社会进化论影响，主张社会进步，而宗教在他看来，恰恰于社会进步“无不弊多而益少”（《再答俞颂华》，《文存》卷3，第98页）。

陈独秀以世界史上某些民族因笃信宗教而衰落为例论证了宗教是社会进化的大敌。他指出：“笃信宗教之民族，若犹太，若印度，其衰弱之大原，无不以宗教迷信，为其文明改进之障碍。”（同上）与此相反，近代欧洲之所以强盛，第一在于欧洲人思想行为“一遵理性”，“罔不诉之科学法则，以定其得失从违”（《敬告青年》，《文存》卷1，第9页）。第二在于欧洲人尊重现实。这种尊重现实和理性的精神，“见之宗教”就是“无神论”（《今日之教育方针》，《文存》卷1，第21页）。由于无神论和科学的兴起，使阻碍欧洲社会进步的宗教迷信“斩焉”，而“不知妄作之风息焉”（同上），欧洲人才得以从中世纪的黑暗愚昧中走出来，取得迅速的进步。陈独秀从对比中，得出结论：“我们相信尊重自然科学、实验哲学，破除迷信妄想，是我们现在社会进化的必要条件。”（《新青年宣言》，《文存》卷1，第367页）

当时已堕落为封建复辟势力代言人的康有为在上黎元洪、段祺瑞书中，胡说文明社会不能没有宗教。如说：“今万国之人莫不有教，惟生番无教。”“今中国不拜教主，非自认为无教之人乎？则甘认与生番野人等乎？”宗教几乎成了文化的代名词、社会进步的标志。针对康有为的谬论，陈独秀反驳道：“台湾生番及内地苗民，迷信其宗教，视文明人尤笃。”（《驳康有为致总统总理书》，《文存》卷1，第96页）这一事实说明，宗教是蒙昧时代的产物，它产生于人类的无知，反过来又阻碍人们走出蒙昧状态。因此，宗教绝不代表文明，相反，宗教是社会进化的障碍。

为什么宗教会阻碍社会进步呢？陈独秀在回答这一问题时，阐述了宗教的消极社会作用。他认为，宗教是悲观弃世精神的产物，引导人们嫌弃尘世生活追求子虚乌有的来世幸福，所以宗教之“根本作用，重在出世间，使人生扰攘之精神有所寄托”（《答俞颂华》，《文存》卷3，第65页）。它必然要引导人们“由厌世而灰心，由灰心而消极”（《答李大槐》，《文存》卷3，第3页），使人养成“任命听天之情性”，而把“奋发有作，积极进取”叫做“妄想”。因此人类历史上每每都是宗教兴而人治废。在陈独秀看来，个人的幸福以及社会的进步既非神赐，也非天予，乃“人生自身出力造成的”（《人生真义》，《文存》卷1，第184页），而宗教恰好束缚人的智慧和力量的发挥。

陈独秀主张，要想社会进化，必须首先破除宗教这一障碍。欧洲正是由于把“神圣不易之宗风，任命听天之惰性吐弃无遗”，才“物力人力于焉大进”（《法兰西人与近世文明》，《文存》卷1，第11—12页）。从宗教束缚下解放出来，是克服人们听天由命的懒惰习性，从而促进社会进步的必要条件。

三　宗教无助于教化

借口宗教能使人民有所信仰，具有胜残劝善、率民成教的作用，是某些人坚持宗教不可废弃的一个重要理由。

陈独秀在驳斥这一点时没有像其他无神论者那样从揭露宗教道德的虚伪着眼，而是严格地区分宗教与道德的界限，以此否定宗教具有教化意义。他指出，宗教的“根本精神”“属于依他的信仰，以神意为最高命令”，而道德“属于自依的信仰，以良心为最高命令”（《答俞颂华》，《文存》卷3，第67页），二者根本相反。陈独秀关于道德的见解显然来自康德唯心主义的道德自律说。康德否定对上帝意志的服从是道德原则的根源，主张道德出自自律的善良意志。这种道德观建立在唯心主义的抽象人性论基础上，它有否认宗教信仰具有教化作用的意义。陈独秀以此为根据严格区分道德和宗教的界限，指出，宗教从根本上说，不是人生行为的规范，宗教“倘以规定人生之行为为义”，“将于根本上失其独立存在之价值”（《答俞颂华》，《文存》卷3，第65页）。退一步说，即使承认宗教教义中包含着对人生行为的规定，即所谓的宗教“戒律”，但这并不属道德范畴。因为某些信奉宗教的人慑于上帝或鬼神的惩罚，也可能不敢为非作歹，然而这种对戒律的被动服从与“以良心为最高命令”作出的自觉行为根本不同，不是真正的道德。

陈独秀认为，宗教的戒律、神的意志，事实上对人的行为也没有真正的约束力。中国的魏晋，是佛教的兴盛时期，可是正是这时，士大夫“由消极而堕落”，“世法大坏”（《答李大槐》，《文存》卷3，第3页）。因此宗教并没有率民成教的作用，相反它是社会罪恶的渊薮。企图依靠宗教信仰挽救风俗浇薄，是枉费心机的。他主张：“吾人信仰，当以真实的合理的为标准。”（《偶像破坏论》，《文存》卷1，第230页）只有在人民中普遍建立起真实的合理的信仰，社会道德水准才会提高。

陈独秀否定宗教具有劝人弃恶从善的教化作用，反对把道德建立在宗教之上，就其具有反宗教的意义来说，是应予肯定的。但他主张道德是以良心为最高命令的自律，同样也是错误的，唯心主义的。

四　宗教有碍人类认识宇宙和人生

还有人认为，科学只能使人们获得对世界局部的认识，而“宇宙人生之秘密，非科学所解，决疑释忧，厥惟宗教”（《再论孔教问题》，《文存》卷1，第130页）。比如“佛”（Buddha）本意就是“觉”，佛教就是使人达到大彻大悟的宗教。他们以此为借口，贬低科学，为宗教保存地盘。科学是否真如这些人所说，在宇宙人生的秘密面前，无能为力，人们只有依赖宗教，才能达到对宇宙人生的真谛的彻底了悟呢？这个问题涉及科学是否具有把握客观真理的能力，也涉及宗教信仰是否包含真理。陈独秀对后者的回答是否定的。他认为，在宗教信条中，毫无真理可言，纯属想象。他说：“想象者何？既超脱客观之现象，复抛弃主观之理性，凭空构造，有假定而无实证，不可以人间已有之智灵，明其理由，道其法则者也。”（《敬告青年》，《文存》卷1，第9页）而宗教“皆想象时代之产物”（同上）。这种背离客观实际和理性的凭空虚构，是无助于人类对宇宙和人生的认识的。因此尽管宗教吹嘘自己能使人从困惑中解脱出来，达到对宇宙和人生“大彻大悟”的智慧彼岸，吹嘘自己能使人“顿悟”，甚至能使“一阐提人皆得成佛”，但这完全是欺人之谈：“宗教之能使人解脱者，余则以为必先自欺，始克自解，非真解也。”（《再论孔教问题》，《文存》卷1，第130页）

陈独秀认为：“真能决疑，厥惟科学。”（同上）他承认，科学发展到今天尚不足以对宇宙人生之秘密作出最终的回答。但今日之科学，尚属“方始萌芽之科学”（同上书，第129页），“科学之进步，前途尚远，吾人未可以今日之科学自画，谓为终难决疑”（同上书，第130页）。陈独秀对科学的未来发展充满信心，认为宇宙和人生中一些现在还未为人所认识的秘密，在科学的今后发展中会逐步得到解决。

近代一些无神论者在否定宗教时，提出了以什么取代宗教被否定之后所留下的精神真空的问题。有人主张在旧宗教被否定之后，应建立新宗教，章太炎采取这种观点；另一些人如蔡元培则主张“以美育代宗教”。而陈独秀出于对科学的信心，提出“以科学代宗教，开拓吾人真实之信仰”（同上）的主张。他说：“人类将来真实之信解行证，必以科学为正轨，一切宗教皆在废弃之列。”（同上书，第129页）

陈独秀的这一主张抬高了科学的地位，把科学看做是引导人走向真理的惟一途径。他的主张反映20世纪初小资产阶级知识分子寻求真理的要求。

第二节 对佛教和基督教的批判

佛教和基督教是影响中国最大的两种宗教。从“一切宗教皆在废弃之列”的观点出发，陈独秀必然也要否定佛教和基督教。但他对佛教和基督教的批判不是上面观点的简单重复。他除了揭露和批判佛教和基督教的消极社会作用外，还进一步批判了它们的某些神学理论。

一 对佛教的批判

佛教自东汉传入中国，经历代封建统治者扶植提倡，发展迅速，其影响遍及中国的每一角落。近代，佛教成为抵制新思想传播的屏障和使新思想变质的腐蚀剂。为了使新思想能顺利传播，陈独秀对佛教展开批判。

（一）对佛法的批判

与其他宗教不同，佛教中包含一个体系严整的“广大精深之哲学”（《答李大槐》，《文存》卷3，第3页）。佛教（主要指大乘佛教）哲学以否定客观世界的真实性为其特征，其基本观点一如《般若心经》所云：“色不异空，空不异色，色即是空，空即是色。”佛教认为，惟有真如本性是真实的，其他一切都是幻象，真如为无明妄心所染，于是生出种种幻象，即现象世界。佛教就以这种唯心主义的世界观引导人们轻视现实和人生。

陈独秀指出：佛教哲学的根本错误在于“以现象之变迁，疑真常之存在，于物质世界之外，假定梵天真如以为本体”（《今日之教育方针》，《文存》卷1，第21页）。佛教“承认有超物质的灵魂世界，且承认超物质世界有绝大权威，可以左右这虚幻的物质世界”（《克林德碑》，《文存》卷1，第353页）。这就是说，佛教的根本错误在于否认客观物质世界的真实性，而把“超物质世界”的精神性的东西——梵天真如作为世界的本体。从陈独秀对佛教的批判可以看出他本人的世界观是唯物主义的，他认为物质世界是惟一真实的存在，在物质世界之外没有什么精神性本体，也没有什么超物质的灵魂。陈独秀批判了佛教把精神性的梵天真如作为世界本体、否认物质世界和人生真实性的谬论，坚持了物质世界“实有”的唯物主义原则。他说：

觉官有妄，而物体自真，现象无常，而实质常住。森罗万象，瞬刻变迁，此无常之象也。原子种性相续不灭，此常之现象也。原子种性不灭，则世界无尽；世界无尽，则众生无尽，众生无尽，则历史无尽。尔我一身，不过人间生物一部分之过程，勿见此身无常，遂谓世间一切无常；尔之种性及历史，乃与此现在实有之世界相永续也。（《今日之教育方针》，《文存》卷1，第20—21页）

这是他对世界、人生、历史的理解，也是他对否认世界、人生、历史的佛法所作的批判。

但是陈独秀对佛法的批判有严重缺陷，首先表现在他对物质概念的理解十分狭隘，把物质结构的特定层次——原子当作物质一般，他所谓的物质世界的“真”、“常住”、“不灭”指的仅是原子性质不变、数量守恒，这就限制了他对佛教的批判。又由于受到割裂现象与本质联系的唯心主义观点的影响，从而认为感觉不反映客观实在。这就使他在感觉是否真实地摹写客观实在、现象是否反映本质等问题上，和佛法有某种相似之处。如他说：“印度诸师，悉以现象世界为妄觉，以梵天真如为本体；惟征之近代科学，官能妄觉，现象无常，其说不误。”（《今日之教育方针》，《文存》卷1，第20页）就是证明。这就是说，在否定现象世界的真实性和感觉的可靠性上，陈独秀和佛教是近似的，二者的区别仅在于佛教认为在虚幻的现象背后是一个精神性的本体——梵天真如，而陈独秀认为在“无常”的现象世界背后存在着物质性的实体——原子。然而，割裂现象和本质的联系是一切唯心主义，也是佛教唯心主义产生的认识论根源。陈独秀在批判佛理时，肯定了世界是以物质微粒——原子为本体的，这是正确的、唯物主义的，但是由于他没有跳出割裂现象和本质，常和变的窠臼，不但未能批判佛教否定现象世界的真实性和感官可靠性的谬论，反而得出“其说不误”的结论。他对佛理的批判是不彻底的。

（二）对佛教消极社会作用的批判

陈独秀在批判佛教以真如为世界本体的唯心主义谬论基础上，进一步指出，佛教必然“薄现实而趣空观”，使人“厌倦偷安”，结果“人治退化”。“印度民族之衰微”，佛教“不能无罪”（同上书，第21页）。陈独秀认为，自佛教传入中国后特别是佛法大盛的魏晋时期，“生事日毁，民性益偷，由厌世而灰心，由灰心而消极，由消极而堕落腐败，一切向上有为，字曰妄想，出世无期，而世法大坏”（《答李大槐》，《文存》卷3，第 3 页）。

陈独秀还揭露了佛教僧侣依附权贵，助纣为虐，猎取富贵的罪恶。指出“好言护法，不惜献媚贵人，以宏教大业，求诸天下万恶之魁，如尊武则天为菩萨化身之类，古今不乏其人”。“号为大师而不腐败堕落者”（同上）事实上是极为少见的。佛教僧人绝不像他们自我标榜的那样弃绝红尘，不薄世法，他们之中很多人都是投靠权贵而混世的。

二　对基督教的批判和肯定

陈独秀还着重批判了上帝存在观念和创世说。基督教“创世说”即上帝在六天中创造了人和整个世界的说法，出自《圣经》《旧约》中的《创世记》。它本来是希伯来人的古代神话，类似的神话在其他民族那里也可以见到，但基督教将其定为最根本的教义之一，不许人们对此有任何怀疑。陈独秀在批判基督教时，首先把锋芒指向了它。他说：“上帝有无”是“根本不能证实”（《人生真义》，《文存》卷 1，第 182 页）的。既然上帝的存在大成问题，那么“基督教底创世说”、“三位一体说”和各种灵异，也就不足信了。在陈独秀看来，这些其实都是“古代的传说，附会”（《基督教与中国人》，《文存》卷 1，第 424 页）。他对基督教的基本教义从根本上加以否定。

基督教的历史是一部充满了对所谓“异端”进行血腥镇压的历史。文艺复兴以来，为了维护基督教的教义和教会的权威，天主教会对科学家和进步思想家多方加以残酷的迫害，如布鲁诺就因宣传哥白尼的太阳中心说，被宗教裁判所活活烧死，而新教在迫害自然科学家方面丝毫不次于天主教。陈独秀对基督教这方面的罪恶也加以抨击。他说：“在欧洲中世纪，基督教徒假信神信教的名义，压迫科学，压迫自由思想家，他们所造的罪恶，我们自然不能否定。”（同上书，第 418 页）他还指出，欧洲从君主专制制度下解放出来是与从基督教教权的束缚下解放出来相联系的。表明他对基督教维护君主专制制度、阻碍社会进步和科学发展都有所认识。

但是，陈独秀一面对基督教神学加以批判、否定，一面又把基督教说成是“爱的宗教”，加以肯定，观点十分矛盾。他对基督教的肯定可大体归纳为三个方面。

（一）赞美基督教教主耶稣基督。陈独秀认为，在“中国底文化源泉里，缺乏美的、宗教的纯情感”（同上书，第 423 页）。为了弥补这一缺陷，他主张中国人应放弃旧信仰，另寻新信仰，这新信仰在他看来，“就是耶稣崇高的，伟大的人格，和热烈的、深厚的情感”（同上书，第420页）。他甚至声称：“要把耶稣崇高的，伟大的人格，和热烈的，深厚的情感，培养在我们的血里，将我们从堕落在冷酷，黑暗，污浊，坑中救起。”（同上）陈独秀说这些话，口吻很像一个从西方跑到中国来“拯救”中国人灵魂的传教士。

（二）说基督教的根本教义是爱。他说：“我以为基督教是爱的宗教”，“基督教底根本教义是信与爱，别的都是枝叶。我们一天不学尼采反对人类相爱，便一天不能说基督教已经从根本坏了。”（同上书，第418页）在他看来，基督教的根本教义好得很，谁要是反对，谁就是尼采一类的狂人。在这一点上，他不如朱执信等近代无神论者。也与他说“各国政府拿传教做侵略中国的一个工具”（同上书，第419页）的说法相矛盾。

（三）认为基督教是欧洲近代文明的来源。他说：“欧洲的文化从哪里来的？一种源泉是希腊各种学术，一种源泉就是基督教。”（同上书，第418页）在文化类型的划分上，确实有人以宗教信仰为标准把世界文化划分为基督教文化、伊斯兰文化、佛教文化等等，但这正如有人把东亚文化叫做“筷子文化”，欧洲文化叫做“叉子文化”一样，不意味着“筷子”是东亚文化的来源。同样称欧洲文化为“基督教文化”，也绝不意味着基督教是欧洲近代文化的来源之一，相反，它正是欧洲近代文化发展的障碍。陈独秀这一说法显然也是错误的。

由于陈独秀对基督教的教主、教义和历史作用都加以肯定，他说出下面这番话，也就毫不足奇：“余虽非耶教徒，由良心判断之，敢曰推行耶教胜于崇奉孔子多矣。”（《答刘竞夫》，《文存》卷3，第93页）他的这句话显然不是就基督教与孔教孰好孰坏相比较而言的，他是真心实意地希望基督教能在中国推行。正因为这样，所以他对基督教未能在中国得到广泛传播，深感惋惜，为中国人抵制基督教深感“惭愧”。他责备中国人不该把基督教“只看作一种邪教”，从而“没有积极的十分得到宗教的利益”（《基督教与中国人》，《文存》第1卷，第417页）。陈独秀在如何对待基督教的问题上，丧失了一贯反宗教的立场。

为什么陈独秀对基督教如此赞赏？这和基督教经路德和加尔文改革已逐渐变成资产阶级宗教以及陈独秀向往欧美资产阶级民主有关。陈独秀极其羡慕欧美资产阶级民主，主张中国的政治制度“应当拿英美做榜样”（《实行民治的基础》，《文存》卷1，第380页）。他爱屋及乌，在羡慕英美政治制度的同时，连同其宗教也一起赞颂起来。

总之，陈独秀虽对基督教所谓的上帝、创世说等神学思想有所批判，但更多的是肯定。这一方面说明他对基督教本质缺乏认识，同时反映他对基督教的态度与其“一切宗教皆在废弃之列”的总立场相矛盾，是其无神论思想不彻底的表现。

第三节　反对定孔教为国教

1911 年的辛亥革命虽然封建帝制被推翻了，但作为中国封建帝制的“根本思想”的孔教，即儒家思想，并没有受到多少触动。在人们心目中孔子仍保持着大成至圣先师、万世师表的地位，其思想仍支配着人们的头脑。袁世凯及其后继者为了复辟帝制，维护封建专制统治，无不利用孔教。袁世凯在其《大总统命令》中，就吹捧孔子“树万世之师表，亘百代而常新”。与此相配合，社会上也出现了一股尊孔的逆流。1912 年上海成立“孔教会”，其他如“洗心社”、“宗圣会社”、“孔道会”等也纷纷破土而出，主张定孔教为国教。一时间孔教是否应定为国教，如何评价孔子及其学说，成为“五四”运动前夜进步与保守，革命与复辟两大社会力量斗争的焦点之一。在这场斗争中，陈独秀旗帜鲜明地站在反孔一边。

针对康有为等人定孔教为国教的主张，陈独秀首先明确指出：“孔教绝无宗教之实质与仪式，是教化之教，非宗教之教。”（《驳康有为致总统总理书》，《文存》卷 1，第 97 页）根本否定孔教是宗教。为什么孔教名之曰“教”，却不是宗教呢？陈独秀认为：（一）凡宗教必有教主，为信徒神化和礼拜，而“孔子，儒者也”，“儒家之孔子”并“非教主”，“其立说之实质，绝无宗教家言也”。（《再论孔教问题》，《文存》卷 1，第 130 页）（二）“凡宗教必言神，必论生死”，“盖宗教不离鬼神也”（《答俞颂华》，《文存》卷 3，第 66 页）。而孔子“不论生死，不语鬼神”（《再论孔教问题》，《文存》卷 1，第 130 页）。儒家虽然有“鬼神体物不遗”之说，但“此所谓鬼神，与《周易》一阴一阳之谓道相同，非宗教家所谓有命令的拟人格的主宰之神也”（《答俞颂华》，《文存》卷 3，第 66 页）。（三）宗教乃“出世之宗”，其宗旨在劝诱人们弃绝尘世，追求虚无缥缈的西天乐土或天堂，而孔子“其为教也，文行忠信”（《再论孔教问题》，《文存》卷 1，第 130 页）；“其称儒行于鲁君也，皆立身行己之事”（同上）；其思想的中心“性与天道”，属“入世之教”，与“出世之宗”（《驳康有为致总统总理书》，《文存》卷 1，第 97 页）的宗教不可混同。据此，陈独秀断定孔教“乃哲学，非宗教”（同上）。他认为，把本不属于宗教范畴的孔教硬说成是宗教，乃“惑民诬孔”，即不仅是对人民群众的欺骗，而且也是对孔子及其学说的歪曲。

陈独秀严格区分哲学和宗教的界限，并断定孔教是哲学不是宗教是有理论意义的。哲学和宗教都是竖立在社会经济基础之上的社会意识形态，二者相互联系，相互渗透，但又存在着本质的区别。中国历史上确实有过儒释道三教的说法，也存在过援老入儒和援佛入儒的事实，但儒家学说始终保持了它的入世态度和立场，始终未被宗教同化。因此陈独秀认为孔教“乃哲学，非宗教”是符合事实的，应予肯定，这一观点维护了中国自古以来的无神论传统。

陈独秀在明确孔教不是宗教之后，进一步驳斥了康有为“以孔教为大教，编入宪法”的主张。他指出康有为的主张不符合时代精神。近代的时代精神是什么呢？陈独秀认为，近代的时代精神就是提倡民主和科学，反对专制和迷信。所以近代欧洲各国的进步思想家和科学家纷纷“指斥宗教之虚诞”，“非宗教之声已耸动法兰西全国”（同上，第98页）。在反宗教的浪潮冲击下，欧洲各国陆续实行政教分离，康有为在这种情势下提出定孔教为国教，完全是不合时宜的，是逆时代潮流而动的。

其次，他指出，康有为的主张也不合中国国情。中国人与印度人、犹太人不同，“宗教信仰心由来薄弱”。“勉强杜撰一宗教，设立一教主，亦必无何等威权，何种荣跃”（同上）。何况中国是一个有多种宗教信仰的多民族的国家，如果把孔教勉强定为国教，写进宪法，那么，“何以处佛道耶回诸教徒之平等权利”？结果势必“启国家无穷之纷争”（《再论孔教问题》，《文存》卷1，第131页）。因此他主张：“非独不能以孔教为国教，定入未来之宪法，且应毁全国已有之孔庙而罢其祀！”（同上书，第133页）

陈独秀并不因孔教是宗教才对之批判的。他自己说得很清楚：“愚之非孔，非以其为宗教也。”（《答俞颂华》，《文存》卷3，第67页）“吾人今日之研究，乃孔教果能实行于今世而有益与否之问题。”（《四答常乃德》，《文存》卷3，第72页）也就是说，他是从孔子的学说是否有利于中国现代化进程这一角度来考察和批判孔子及其学说的。

陈独秀认为，孔子思想并非“一无可取”（《答佩剑青年》，《文存》卷2，第48页），“孔教之为国粹之一，而影响于数千年来之社会心理及政治者最大，且为当时社会之名产，此均吾人所应绝对承认者”（《四答常乃德》，《文存》卷3，第72页）。他甚至表示对孔子“未尝不服膺”（《再答常乃德》，《文存》卷3，第38页）。这说明“五四”运动时期的陈独秀对孔子没有采取简单的否定态度。其实，新文化运动中的相当一部分人（除吴虞等少数人外），对孔子及其思想都是有所肯定的，他们主要是因为孔子思想妨碍中国走向近代化才对之批判。

后来他在《孔子与中国》一文中写道：“科学与民主，是人类社会进步之两大主要动力，孔子不言神怪，是近乎科学的，孔子的礼教，是反民主的，人们把不言神怪的孔子打入冷宫，把建立孔教的孔子尊为万世师表，中国人活该倒霉。”（《后期的陈独秀及其文章选编》，四川人民出版社 1980 年版，第 70 页）这段话比较清楚地反映了陈独秀对孔子的无神论思想是肯定的，而他反对康有为定孔教为国教正是维护孔子的无神论思想不被歪曲。

第四节　破除世俗迷信

辛亥革命失败后，由于社会动乱，军阀混战，民不聊生。这种动乱局面正是宗教迷信泛滥的温床，各种世俗迷信也乘机泛滥。从事迷信活动的人，除以中国固有的迷信活动方式骗人外，还借助从欧洲输入的“心灵学”。他们创办刊物，著书立说，尽管其中鬼话连篇，却也为世俗迷信涂抹上一层薄薄的“理论”色彩。他们还利用某些近代科学技术，如摄影照相技术，从事迷信活动（如摄鬼影等）。因此这时的世俗迷信活动除中国固有的之外，又增添了一些洋花样。封建势力有意识地利用世俗迷信，愚弄人民，维护其统治。如湖南军阀张敬尧带兵打仗，所到之处，必建九天玄女庙。开战时，他命令兵士在双手上分别写下“得”、“胜”二字，以此给兵士打气，为其卖命。世俗迷信的泛滥，阻碍了科学和民主思想的传播。破除迷信，是当时中国争取民主、发展科学的当务之急。陈独秀在批判佛教、基督教、反对定孔教为国教的同时，以很大精力从事破除迷信工作，专门写了《偶像破坏论》、《有鬼论质疑》等文章。

各种世俗迷信，如果究其底蕴，莫不以承认超自然的力量存在和灵魂不死为根据。因此要想破除迷信，必须首先否定鬼神的存在。陈独秀正是由此入手展开其破除世俗迷信的理论宣传工作。他指出，认为“世间万事有神灵主宰”，“都是一派妖言胡说，万万不足相信的”（《今日中国之政治》，《文存》卷 1，第 224 页）。他断言，世界是按自身规律运行的，其间没有神灵主宰。如果森罗万象之中，“果有神灵为之主宰，则成毁任意，何故迟之日久，一无逃于科学的法则耶”（《科学与神圣》，《文存》卷 2，第 57 页）。

在《有鬼论质疑》中，陈独秀继承王充、范缜等人的观点，以近代自然科学为根据，对“有鬼论”展开了猛烈的抨击。他指出，如果鬼“非为物质所包”，即鬼是非物质的，属于“灵界”的东西，那么鬼应“非感觉所及”才是，可是为什么在有鬼论者之中，“鬼之形使人见，鬼之声使人闻”？为什么鬼有“衣食男女之事，一如物质的人间”？鬼既然是脱离了肉体躯壳的灵魂，为什么“仍保其物质生存时之声音笑貌”？为什么“其国籍语言习惯衣冠之各别，悉若人间”？既然人的灵魂可以脱离肉体而为鬼，那么一切生物也应如是，可是为什么有鬼论者“只见人鬼，不见犬马之鬼”（以上引文皆见《文存》卷1，第231—232页）？

在陈独秀批判有鬼论的言论中，特别值得一提的是他对“物灵二元论”的批判。他认为，那种认为鬼是灵，“与物为二”，“鬼属灵界，与物殊途，不可以物界之观念推测鬼之有无”的观点，是没有“立足之余地”（同上）的。他坚持了精神是物质的属性、不能脱离肉体而单独存在的唯物主义一元论立场。

与鬼神观念相联系，旧中国佛寺、道观、山神庙、龙王庙、土地庙、宗祠、家庙，比比皆是，其中供奉着神、圣、佛、仙、鬼、怪的泥塑木雕，人们对之焚香顶礼，祈求保佑。针对这种迷信情况，陈独秀在《偶象破坏论》中指出：“泥塑木雕的偶象，本来是件无用的东西。”相信这人造的偶像灵验，“不过是迷信的人自己骗自己”。

中国自古就有神道设教之说，持这种观点的人，本身并不相信偶像灵验，但认为偶像可以用来约束乡愚之人不敢作恶，达到惩恶劝善的目的。陈独秀认为，这种观点是愚民政策，不足取法。真正的道德是建立在真实合理的信仰之上，而“偶象倘不破坏，人们永远只有自己骗自己的迷信，没有真实合理的信仰”。他响亮地提出：“破坏！破坏！破坏虚伪的偶象”的战斗口号，认为阿弥陀佛、耶和华、玉皇大帝，“一切宗教家所尊敬的崇拜的神佛仙鬼，都是无用的骗人的偶象，都应该破坏”。

不但如此，陈独秀还把破坏偶像的口号扩大到政治伦理领域：“君主也是一种偶象”，封建国家“也是一种偶象”，“中国女子的节孝牌坊，也算是一种偶象”，都在破坏之列。他说：“宗教上，政治上，道德上，自古相传的虚荣，欺人不合理的信仰，都算是偶象，都应该破坏！”（以上引文见《文存》卷1，第227—230页）他的反世俗迷信的斗争与其反封建斗争是紧密结合的。

除迷信鬼神和与此相关的偶像崇拜之外，旧中国还流行其他迷信活动，陈独秀对此一概否定：“一切阴阳，五行，吉凶，祸福，灾祥，生克，画符，念咒，奇门，遁甲，吞刀，吐火，飞沙，走石，算命，卜卦，炼丹，出神，采阴，补气，圆光，呼风，唤雨，求晴，求雨，招魂，捉鬼，拿妖，降神，扶乩，静坐，设坛，授法，风水，谶语……种种迷信邪说”（《克林德碑》，《文存》卷1，第352页），都应抛弃。

陈独秀反对世俗迷信无疑是正确的。但他往往把一些不属迷信但不科学的观念也当作迷信加以反对，则是错误的。如他对中医、武术的否定就是如此。他还嘲笑中国古代“气”的学说：“其想象之最神奇者，莫如‘气’之一说；其说且通于力士羽流之术。”（《敬告青年》，《文存》卷1，第10页）以现代科学看中国古代“气”的学说，诚然是不科学的，但不能因此便把它划入力士羽流之术。陈独秀对“气”的学说显然是怀有偏见的。特别要指出的是他在反对世俗迷信时，不分青红皂白，对利用宗教迷信发动和组织群众的农民革命运动也加以贬斥，这更是大错。这方面的例子以他对义和团的看法最为典型。他说：“义和拳就是全社会种种迷信种种邪说的结晶。”（《克林德碑》，《文存》卷1，第353页）他认为造成义和团运动的原因有五：（一）道教；（二）佛教；（三）孔教；（四）儒释道三教合一的中国戏；（五）仇视新学的旧党。他闭口不提帝国主义的侵略引起中国人民的反抗才是造成义和团革命运动的根本原因。非但如此，他还公然骂义和团“可恶”（同上书，第351页）。对义和团横加指责甚至咒骂，反映了陈独秀对人民群众的贵族老爷立场，这是陈独秀无神论思想的瑕疵。

怎样才能破除世俗迷信呢？陈独秀认为：“厥惟科学。”他说，人们由于“不知科学，故袭阴阳家符瑞五行之说，惑世诬民；地气风水之谈，乞灵枯骨”（《敬告青年》，《文存》卷1，第9页）。迷信盛行既然是不懂科学之故，要想破除迷信，就必须大力提倡科学。一旦科学得到普及，“那和科学相反的鬼神，灵魂，炼丹，符咒，算命，卜卦，扶乩，风水，阴阳五行”（《今日中国之政治问题》，《文存》卷1，第224页）等等，也就不为人们所相信了。

“五四”时期的陈独秀是一位激进的民主主义者，他在提倡民主，反对封建专制制度时，对宗教迷信也展开了猛烈的抨击。但是由于世界观的限制，他的无神论思想有很大局限性。由于他羡慕欧美资产阶级民主，对基督教的批判是很不彻底的；他在批判世俗迷信时，对义和团有偏见；在批判佛教唯心主义时，一方面肯定了世界是由原子构成的，另一方面又肯定佛教关于现象世界为妄觉的观点。陈独秀对宗教有神论的批判尽管有以上这些缺点，仍不失为近代重要的无神论者，他倡导民主和科学，反对封建专制和宗教迷信的历史功绩是不可磨灭的。陈独秀逝世时，报纸评论说："青年时代的陈独秀，向宗教宣战，向偶像宣战，一种凌厉之气，不失为一个前驱者。"（《后期的陈独秀及其文章选编》第14页）这段话作为陈独秀无神论思想的评语也是中肯的。

第十章　李大钊

李大钊（1888—1927 年）字守常，河北乐亭人，早年就学于北洋政法专门学校，1913 年东渡日本，入早稻田大学政治本科。在日本期间，他发起组织“神州学会”，进行秘密反袁活动。1916 年回国，先后任《晨钟报》和《甲寅日刊》编辑，1918 年被聘为北大教授和图书馆主任，并参加《新青年》的编辑工作。李大钊是“五四”新文化运动的左翼领导人，马克思主义在中国最早的传播者和中国共产党的创始人之一。伟大的俄国十月社会主义革命发生不久，李大钊就在报刊上发表《法俄革命之比较观》（1918 年），指出俄国十月革命是不同于旧的资产阶级革命的“立足于社会主义之上之革命”（《李大钊选集》，人民出版社 1959 年版第 102 页。以下凡引此书，简称《选集》）。此后他又发表了《庶民的胜利》、《Bolshevism 的胜利》，《我的马克思主义观》等文章，颂扬十月革命，介绍马克思主义。与此同时，他还积极着手建立中国马克思主义政党的准备工作。1919 年他在北大组织进步青年成立马克思主义研究会。1921 年中国共产党成立后，李大钊担任北方区委书记，对北方工人运动的兴起和国共两党第一次合作做出巨大贡献。1927 年遭奉系军阀张作霖杀害，时年三十九岁。

李大钊早年是一位激进的民主主义者，后期则是一位坚定的马克思主义者。其政治立场和世界观的转变，始于 1917 年俄国十月社会主义革命之后，《法俄革命之比较观》一文的发表则是这一转变开始的标志。李大钊是最早接受十月革命的影响的中国的先进分子之一。

由于李大钊是由激进的民主主义者转变为马克思主义者的，他的无神论思想也相应地呈现出阶段性，其前期的无神论属旧的战斗无神论范畴，后期的无神论思想则属于马克思主义无神论。《民彝与政治》、《史观》、《唯物史观在现代史学上的价值》、《宗教与自由平等博爱》等著作集中地反映了李大钊的无神论思想。

第一节　早期对神权政治的批判

李大钊早年是位激进的民主主义者。中国近代积贫积弱的局面，使他痛心疾首，认真地考虑造成这种局面的原因，“是果孰之咎欤？余思之，且重思之，则君主专制之祸耳”（《民彝与政治》，《选集》第56页）。因此要想中国富强必须打倒帝制，实行民主共和，他说：“盖民与君不两立，自由与专制不并存，是故君主生则国家死，专制活则自由亡。”他主张“弃专制之我，迎立宪之我”（同上）。李大钊的民主主义立场是比较彻底的，因此，他能较早地看出辛亥革命的反封建不彻底性。早在1913年他就指出辛亥革命并没有真正推翻封建专制制度，“革命以前，吾民之患在一专制君主；革命之后，吾民之患在数十专制都督。昔则一国有一专制君主，今一省有一专制都督。”（《大哀篇》，《选集》第2页）他还指出，辛亥革命并没有给人民带来实际的幸福：“共和自共和，幸福何有于吾民也！”（同上书，第1页）袁世凯阴谋复辟帝制时，李大钊著文痛斥，认为他是“以一身演曹操、王莽、石敬瑭、张邦昌、刘豫、路易十四、拿破仑第三之历史”的窃国大盗和卖国贼。他宣布，那些“敢播专制之余烬，起君主之篝火者，不问其为筹安之徒与复辟之辈，一律认为国家之叛逆、国民之公敌而诛其人，火其书，殄灭其丑类”（《民彝与政治》，《选集》第56页）。

袁世凯复辟帝制活动是以“饰迹于祭天尊孔之典、匿身于微言大义之辞”的形式进行的，他企图以此“压服人心，钳制人口”（《民彝与政治》，《选集》第44页）。而“筹安之徒”也利用人民群众忧乱思治的心理，吹捧袁世凯为“神武”。这就充分暴露了帝制与宗教有神论之间的内在联系。李大钊站在激进的民主主义立场上，反对一切复辟帝制的活动，就不能不反对宗教有神论。

李大钊早年用以批判宗教有神论的武器是唯物主义自然观。他认为：

> 宇宙乃无始无终自然的存在。由宇宙自然之真实本体所生之一切现象，乃循此自然法而自然的、因果的、机械的以渐次发生渐次进化。（《自然的伦理观与孔子》，《选集》第79页）

他的自然观要点可以概括为：

（一）世界是物质的。所谓“宇宙自然之真实本体”，即物质。

（二）物质世界是无限的。宇宙“初乎无”，“终乎无”。“初乎无者，等于无初。终于无者，等于无终。无初无终，是于空间为无限，于时间为无极”（《青春》，《选集》第66页）。

（三）物质世界渐次发生渐次进化，即不断运动、变化。运动变化的基本形式是“进化”。

李大钊早年的世界观虽然带有机械唯物论色彩，但是仍不失为反宗教有神论的锋利武器，他反对“宇宙有一具绝对理性、绝对意志之不可思议的、神秘的大主宰”、反对“宗教信士”所谓“宇宙一切皆为神造，维护之任神自当之”（《青春》，《选集》第69页）等谬论，就是本于机械唯物主义世界观。在他看来，宇宙是无始无终的，“创世说”是毫无根据的。宇宙是循“自然法”、因果地、机械地进化着，因此所谓神作为宇宙秩序的维护者的说法也是不能成立的。

激进的民主主义立场使李大钊产生了批判为君主专制制度所利用的宗教有神论的强烈需要，而唯物主义自然观则为他提供了批判宗教有神论的思想武器。二者结合使李大钊早年成为一个战斗的无神论者。

李大钊早年反宗教有神论的斗争主要表现为对“神权政治”的批判。他说：

> 在亚洲实无政治之可言，有之皆基于宗教之精神而为专制主义之神权政治也。（《法俄革命之比较观》，《选集》第103页）

在他看来，专制主义和神权政治是一而二、二而一的关系。

为什么说专制主义统治基于宗教之精神呢？综观李大钊的早期著作，可以看出，在其心目中，人们对神的崇拜，英雄崇拜和君主专制之间存在着一种必然的联系。他认为，在西方人中，把英雄视为神的以加莱罗（即卡莱尔）和耶马逊为代表，前者认为对神的崇拜，必然导致英雄崇拜。“英雄者，神人也，神而降为人者也，能见人之所不见，知人之所不知，此其所以异于常人也。”（《民彝与政治》，《选集》第48页）后者认为：“英雄者，人神也，人而超为神者也。”（同上）在中国人心目中，英雄即“神武”之人。不管是加莱罗所谓的“神人”，还是耶马逊所谓的“人神”，抑或是中国人所谓的“神武”，总之，英雄身上都具有常人没有的“神”性。人们既然对神加以崇拜，必然也要对具有“神”性的人加以崇拜。但是“其民过崇圣智厚赖英雄之性，其即引盗入室之媒”（同上书，第49页）。在这种崇拜、仰赖英雄的心理支配下，“英雄”便会僭越于一般民众之上而成为君主，所以“英雄主义，乃专制之原”（同上）。由对神的敬畏崇拜，进而对“神人”、“人神”、“神武”的敬畏崇拜，再进而到对专制君主的敬畏服从，是历史的必然。因此凡崇拜神权的国家，人民无不慑于天威神权而匐伏于专制君主的脚下。中国、犹太、印度等文化古邦就是如此。由于儒教、犹太教和佛教的兴盛，“其民之具秀逸之才、操魁奇之资者，日惟鞠躬尽礼、局促趋承于败宇荒墟、残骸枯骨之前”，除膜拜神明和圣人、“神武”之外，“不复知尚有国民之新使命”；“风经诂典而外，不复知尚有国民之新理想”（同上书，第42页）。从而使人民群众把命运交给奉天承运，代表神意的君主，而自身则“寝微寝弱，失却独立自主之人格，堕于奴隶服从之地位”（同上书，第49页）。所以君主专制制度正是建立在人们对神以及由此而来的对“神人”、“人神”、“神武”的崇拜上，故称“神权政治”。

李大钊认为封建专制主义既然就是神权政治，那么若想推翻封建专制制度，首先就应戳穿神权的虚伪性。他指出人们所敬畏崇拜的神，事实上是不存在的，神“权”，即神对世界的主宰作用也纯属子虚乌有。他说：

> 历稽中国、印度，乃至欧洲之自古传来之种种教宗哲派，要皆以宇宙有一具绝对理性、绝对意志之不可思议的、神秘的大主宰。曰天，曰神，曰上帝，曰绝对，曰实在，曰宇宙本源，曰宇宙本体，曰太极，曰真如，名称虽殊，要皆指此大主宰而言也。由吾人观之，其中虽不无一二叶子学理的解释，而其或本宗教之权威，或立理想之人格，信为伦理之渊源而超乎自然之上，厥说盖非生于今日世界之吾人所足取也。（《自然的伦理观与孔子》，《选集》第79页）

这里既否定了有理性或意志的人格神——“天”、“神”、“上帝”等等，也否定了唯心主义哲学所杜撰的各种绝对精神——宇宙本体、太极、真如、实在、绝对等等。在他眼里宗教中的人格神和唯心主义哲学中的绝对观念、绝对精神之间本无差别，不过是对神的不同称呼罢了。宇宙中既然没有神秘大主宰——天、神、上帝等等，那么分有神性的所谓“神人”、“人神”、“神武”也自然是虚妄的，所以他又说：

> 然而“神武”之人，兹世亦安有是物，特一群心理，以是相惊，伯有之厉，遂为黎丘之鬼，而“神武”之势成，而生民之祸烈矣。（《民彝与政治》，《选集》第47页）

恐惧生神，所谓神武是人们对所惧怕的人物的心理反映，人们一旦将“伏于其脑之‘神武’人物一一僇尽，绝其根株而肃清之”（同上），封建君主专制制度也就没有存在的余地了。李大钊对神权政治、宗教有神论的批判，直接为其激进的民主主义服务。

李大钊早年对“神权政治”的批评虽然是以唯物主义自然观为基础，但就其历史观而言，他的批判又具有明显的唯心主义性质。马克思说：“我们不把世俗问题化为神学问题。我们要把神学问题化为世俗问题。相当长的时期以来，人们一直用迷信来说明历史，而我们现在是用历史来说明迷信。”[①] 李大钊刚好相反，他认为对神的敬畏崇拜，导致对“神人”、“人神”、“神武”的敬畏崇拜，进而再导致对专制君主的俯首听命。在这一逻辑顺序中，他把宗教当做人们“世俗狭隘性的原因”，“把世俗问题化为神学问题”，“用迷信来说明历史。”由于他颠倒了宗教与世俗世界的关系，错误地认为，“民贼（指袁世凯——引者注）之巢穴，不在民军北指之幽燕，乃在吾人自己之神脑”（《民彝与政治》，《选集》第47页）。即专制制度根源于人们的宗教观念。在他看来，“残民之贼，锄而去之，易如反掌，独此崇赖‘神武’人物之心理，长此不改，恐一桀虽放，一桀复来，一纣虽诛，一纣又起”（同上）。只有人们铲除头脑中宗教观念，将“伏于其脑之‘神武’人物，一一僇尽……则虽华山归马，孟津洗兵，不筑路易断头之台，不拓拿翁窜身之岛，亦可以高枕而无忧矣”（同上书，第47—48页）。李大钊的这些观点是与马克思恩格斯所批判的“认为宗教、概念、普遍的东西统治着现存世界”[②] 这种青年黑格尔派的历史观是完全一致的。由于他对宗教与现实的关系作了颠倒的理解，他也像青年黑格尔派那样，认为“只要同意识的这些幻想进行斗争就行了”[③]。从主观上说，李大钊反封建的立场是彻底的，但由于唯心史观的作祟，他开出的反封建专制制度的药方，却是很不彻底的。

第二节　对孔子及儒教的批判

袁世凯称帝时，曾“饰迹于祭天尊孔之典”；1916年保皇派康有为上书黎元洪、段祺瑞，主张定孔教为“国教”，载入宪法；1917年中华民国

① 《论犹太人问题》，《马克思恩格斯全集》第1卷，第425页。

② 《德意志意识形态》，《马克思恩格斯选集》第1卷，第23页。

③ 同上。

宪法草案明确规定“国民教育以孔子之道为修身大本”。这些事实表明，孔子及儒家思想是维护中国封建专制制度的最得力的思想武器。

李大钊从反封建专制的激进的民主主义立场出发，在批判“神权政治”的同时，对孔子及儒家思想也进行了批判。与陈独秀认为孔教非宗教、孔子非教主的观点不同，李大钊认为，儒教乃是一种宗教，他有“犹太教、儒教、回教、佛教、耶教五大宗教”（《唯物史观在现代史学上的价值》，《选集》第336页）之说，就是证明。由于他把儒教视作宗教，他对孔子及儒教的批判，就是对宗教的批判，而这一批判是与对“神权政治”的批判相互联系着的。

一切宗教皆崇奉神。在李大钊看来，儒教虽然不像基督教那样，明确宣布“上帝”为宇宙“大主宰”，但他们所谓“天”、“太极”，其实就是“上帝”的别名：“名称虽殊，要皆指此大主宰而言也。”天的主宰作用，即孔子所谓的“天命”。这一“天命观”与其他宗教所说的上帝以一定的形象出现在人们面前向人直接发出命令不同，“天命”是以天象表达的命令，即“垂象示人”，是以天象的变化来表达天的情感和意志。

李大钊在著作中批判了孔子的天命论。他认为，天象的变化是按自然规律自然地、因果地、机械地渐次发生的，其中根本不包含什么命令，所谓的天垂象示人，是骗人的，为生于今日世界之吾人所不取。

李大钊还指出，儒教的天命论，是历代封建君主愚弄人民的工具，是封建帝王改朝换代的手段，而在帝制被推翻之后，它又成为封建余孽阴谋复辟帝制的武器，袁世凯“饰迹于祭天尊孔之典”这一事实就是证明。由于李大钊深刻地认识儒家天命论的实质，所以每当有人利用天象变化做文章的时候，他都揭露其不可告人的目的，给以迎头痛击。民国初年，曾出现“五星联珠”这一不常见的天象，一时间议论纷纷，有人引经据典，大造舆论，说什么“汉高帝入关时，五星聚东井”，“宋太祖开国，五星聚奎”。这次“五星联珠”对中国社会也是一个好兆头。

李大钊尖锐地批判了这些天命论者，指出这“分明是一幅活人造的新推背图”，这种利用天象推测人事的议论全是“鬼话、梦话”。他还指出：“我却担心着又要有‘入关的汉高帝’，来‘开国的宋太祖’啊！”（《“五星联珠”“文运大昌”》，《选集》第254页）一语道破天命论的实质。

孔子本人常以受命于天自居，如他说：“天生德于予，桓魋其如予何！”（《论语·述而》）“文王既没，文不在兹乎？天之将丧斯文也，后死者不得与于斯文也；天之未丧斯文也，匡人其如予何！”（《论语·子罕》）孔子的弟子也这样认为孔子乃“固天纵之将圣”（同上）。后来历代封建统治者进一步神化孔子：“尊之祀之，奉为先师，崇为至圣。”（《自然的伦理观与孔子》，《选集》第80页）孔子遂成为人们崇拜的偶像。

李大钊把神化和偶像化了的孔子同释迦和耶稣并列，视作宗教的教主，并在著作中竭力戳穿蒙在孔子身上的神圣外衣。他指出古人“本着迷信为孔子、释迦、耶稣作传，辉煌孔子、释迦、耶稣为亘古仅有天纵的圣人，天生的儿子”，是“怪诞不经的”（《研究历史的任务》，《选集》第484页），其实孔子只是一代哲人，不是什么“天纵”的圣人。他把孔子从九霄云天重新拉回到地上，将其还原为凡人，这一做法是和西方无神论者常用的把耶稣看作罗马大兵的私生子的手法是一致的。其目的是为了破除对孔子的盲目信仰。所以他说：“吾人今日与其信孔子、信释迦、信耶稣，毋宁信真理。”（《真理之权威》，《选集》第86页）

李大钊敏锐地看出，时至20世纪，中国已推翻了帝制、建立了共和，仍然有人死抱着孔子这具残骸枯骨不放，其目的就是为了推翻共和复辟帝制。

第三节　后期对“神权史观”的批判

李大钊早年批判“神权政治”时，认为人们敬畏“神武”之人的心理是君主专制制度产生的根源。他的历史观还是唯心的。但是随着世界观的转变，李大钊对宗教与现实社会生活关系看法也随之改变。在发表于1919年底的《物质变动与道德变动》一文中，他说：

> 思想、主义、哲学、宗教、道德、法制等等不能限制经济变化物质变化，而物质和经济可以决定思想、主义、哲学、宗教、道德、法制等等。（《选集》第261页）

这一观点来自马克思在《〈政治经济学批判〉序言》中所阐述的历史唯物主义基本原理。虽然李大钊在表述这一原理时还不很科学，但这一观点在其思想中以及当时整个中国思想界都是崭新的。表明他已不再把人们的宗教观念当作君主专制制度的原因，而把它看作社会存在的反映。

随着历史观的转变，李大钊后期不再限于批判“神权政治”，而把批判的锋芒转向“神权史观”。

一　何谓“神权史观”

李大钊所谓的“神权史观”，就是以人们的宗教观念解释历史，或者用马克思、恩格斯的话来说，就是“用迷信来说明历史”，“认为宗教、概念、普遍的东西统治着现存世界”。因此，所谓“神权史观”实际上就是唯心史观的一种，而且是其中最荒唐的一种。其荒唐之处在于按这种史观所理解的历史不是人创造的，而是神、上帝的创造物，正如自然界是神、上帝的创造物一样。因此，“神权史观”是创世说在历史领域的翻版。李大钊对“神权史观”的批判，既是对唯心史观的批判，也是对宗教有神论的批判。

李大钊认为旧历史观一般都是“神权史观”或与“神权史观”有关，他说：

> 古昔的历史观，大抵宗于神道，归于天命，而带有宗教的气味。当时的哲人，却以为人类的命运实为神所命定。国社的治乱兴衰，人生的吉祥祸福，一遵神定的法则而行，天命以外，无所谓历史的法则。(《史观》，《选集》第 287 页)

这里李大钊指出“神权史观”的普遍性。他认为，中国古代由于受孔孟、墨子、老庄、许行等人的影响，“征诛誓诰，则称帝命；衰乱行吟，则呼昊天”(同上书，第 290 页)。所以中国几千年历史亦为“神权的”“历史观所结晶”(同上)。

为什么中外的旧史观皆是“神权史观”呢？在论述道德变动时，他回答了这个问题。他认为，“宗教是一个无知的隐遁的地方”(《物质变动与道德变动》，《选集》第 257 页)，“人类对于自然界，或人间现象不能理解的地方，便归之于神”(同上)。社会现象比较复杂，由于历史活动有人类的情感意志参与其中，历史规律的发现比自然规律的发现更为困难，这就使天命神意支配人类历史的观点比神主宰自然的观点存在更久。

李大钊认为，只有在康德出现之后，“神权史观”才受到冲击。康德不满用天命神意解释历史，希望能有“凯蒲拉儿(即刻卜勒——引者)奈端(即牛顿——引者)其人者诞生于史学界，而期其发见一种历史的法则，如引力法则者然”(《史观》，《选集》第 288 页)。也就是说，康德希望有人出来发现历史的规律，而不再以上帝的意志来解释历史。但由于历史的局限，他的希望落空了。他本人的历史观“亦不能由当时的神学思想完全解放出来”（《唯物史观在现代史学上的价值》，《选集》第336页）。

李大钊在指出马克思主义产生之前的历史观都是“神权史观”时，把英雄史观也包括在内，他说：“凡伟人的历史观、圣贤的历史观、王者的历史观、英雄的历史观、道德的历史观、教化的历史观，均与神权的历史观、天命的历史观有密接相依的关系。”（《史观》，《选集》第288页）因为这种“重视王者、圣人、英雄、豪杰而崇之以为具有旋乾转坤的伟力神德”，以为他们是历史创造者的观点，其实是把圣贤英雄看做是“聪睿天亶，崧生岳降，仰托神灵的庇佑以临治斯民”（同上），是把“王者英雄”看作“拯世救民”，“应运而生、天亶天纵的聪明圣智”（同上书，第290页）。因此英雄史观仍未脱离“神权史观”的窠臼，不过是其一种变相罢了。

二 “神权史观”是对历史的颠倒

李大钊在界说“神权史观”之后，对其加以批判，他首先指出“神权史观”是一种歪曲历史事实的历史观，按这种历史观去观察历史解释历史必然会颠倒历史。为什么这样说呢？李大钊认为：“一切过去的历史，都是靠我们本身具有的人力创造出来的，不是那个伟人圣人给我们造的，亦不是上帝赐予我们，将来的历史亦还是如此。”（《唯物史观在现代史学上的价值》，《选集》第340页）但是“神权史观”恰好相反，它否认历史是人民群众创造的，认为历史是神或仰托神灵庇佑的英雄圣贤创造的。譬如火的发明、衣裳的发明、农业及农具的发明，本来是人类祖先不知“几经世代，经社会上的几多人，于有意无意中发见、应用的结果”（《史观》，《选集》第289页），可是“神权史观”却把这些发明创造归功于半神半人的燧人氏、神农氏。再譬如关于孔子的生平事迹，按“神权史观”去编写，必然把孔子置于“天纵之圣”的地位，大谈其“西狩获麟”一类的神话。总之，按“神权史观”编写出来的历史，只能是一部宗教神话史。接受了唯物史观的李大钊反对这种“历史的宗教的解释”（《唯物史观在现代史学上的价值》，《选集》第336页），认为“这种解释，未曾注意到与其把宗教看作原因，不如把他看作结果的道理”（同上）。李大钊的这一观点与他在批判“神权政治”时所持的认为人们头脑中的“神武”观念是专制制度根源的观点恰成鲜明对照，表明他对“神权政治”和“神权史观”的批判，是站在两种不同的历史观上进行的。

“神权史观”既然是对历史的颠倒歪曲，就必须抛弃。李大钊主张，应把颠倒的历史重新颠倒过来，恢复人民群众作为历史创造者的地位，“根据新史观、新史料，把旧历史一一改作，是现代史学者的责任”（《史观》，《选集》第290页）。

三 “神权史观”是“退落的循环的”历史观

李大钊在批判“神权史观”时，还指出“神权的、精神的、个人的历史观，多带有退落的或循环的历史观的倾向”（同上书，第289页）。

为什么说“神权史观”是倒退的、循环的历史观呢？李大钊认为，既然“神权史观”把人世的兴衰治乱归之于天命神意，既然认为“天生圣人则世运昌明，天降鞠凶则丧乱无已”（《现代史学的研究及于人生态度的影响》，《选集》第506页），那么社会进步与否，全看天意如何了。然“天命靡常”，它固然有时会生“王者”、“圣人”，但也会降元凶大恶，这样一来社会必然时而是昌明盛世，时而丧乱动荡，而没有一个定准的趋势。“神权史观”还认为，“天”、上帝特别看顾古人，因此圣人、王者多生于上古。如中国的圣人尧、舜、禹、汤、文、武、周、孔都生于三代，三代之后，“天”、上帝不知为什么不再疼爱它地上的子民，不降圣人于世，于是中国也由三代太平盛世降而为乱世。欧洲中世纪也有同样看法。“神学者流”认为，上古时代为“黄金时代”，当时的情况是“化美俗良，德福并茂，真是人间的天国”。后来社会日渐堕落，“由金时代，降而为银时代，而铜，而铁”（《“今”与“古”》，《选集》第435页），历史就这样一天不如一天。所以“神权史观”由于把历史看作是由天命神意主宰的，不能不陷入历史循环论和历史倒退论。

李大钊在批判“神权史观”时指出，“神权史观”所包含的历史退落和历史循环的内容，其社会作用是极为反动消极的，它使人缅怀过去，对未来失去信心，放弃改变目前状况的努力，它是阻碍历史前进的精神障碍。

四 “神权史观”的实质

李大钊在批判“神权史观”时，还指出“神权史观”维护阶级统治的实质，他说：

> 从前的历史，专记述王公世爵纪功耀武的事。史家的职分，就在买此辈权势阶级的欢心……凡他所纪的事实，都是适合此等目的的，否则屏而不载，而解释此类事实，则全用神学的方法。此类史家把所

有表现于历史中特权阶级的全名表，都置于超自然的权力保护之下。所记载于历史的事变，无论是焚杀，是淫掠，是奸谋，是篡窃，都要归之于天命，夸之以神武，使读者认定无论他所遭逢的境遇如何艰难，都是命运的关系。(《唯物史观在现代史学上的价值》，《选集》第 337 页)

"神权史观"一方面用所谓"天命"把帝王和特权阶级置于神权的保护之下，为其焚杀淫掠辩护，一方面又欺骗被压迫的人民，告诉他们，不管环境如何痛苦不堪，"都是天命所确定的，都是超越自己所能辖治的范围以外的势力所左右的"。被压迫者对帝王和特权者的暴行只有默默忍受，祈祷上帝，才是慰藉目前痛苦的惟一方法，此外别无出路，因为这是"天命"使然。如果对"天命"发生怀疑，或者"以自己的努力企图自救，都是至极愚妄的事"，这样做的结果，"不但要丧失现在的平安，并且还要丧失将来的快乐"(同上)。因此，"神权史观"用欺骗的方法使"那些永据高位握有权威的人"，"平平安安的常享特殊的权利，并且有增加这些权利的机会"，而让一般人民"永沉在物质道德的卑屈地位"(同上)。李大钊对"神权史观"的批判，淋漓尽致地揭露了以宗教解释历史的"神权史观"保护帝王和特权者的利益、麻醉人民的反动阶级实质。

第四节 宗教是阶级压迫的工具

以阶级分析的观点考察宗教，是李大钊接受马克思主义之后无神论思想的另一显著特点。由于他以阶级的观点观察分析宗教，他能从中看到许多同时代人看不到的东西。如认识到宗教是阶级压迫的工具，就是他超越前人和同时代人的地方。李大钊的这一观点，在其批判"神权史观"时已有所表露，它还集中地反映在他对宗教具有所谓自由、平等、博爱精神的批判上。他说：

常听人说，某派宗教，颇含有自由、平等、博爱的精神，这等观察，适与我的观察相反。(《宗教与自由平等博爱》，《选集》第 392 页)

佛教讲"众生平等"，基督教主张人类的普遍的爱，由于受宗教欺骗宣传的影响，很多人也相信宗教真的讲自由、平等、博爱，这些人中甚至包括一些激进的民主主义者。如陈独秀认为，基督教的根本教义是爱。陈独秀之所以对宗教有这种错误的认识，关键在于他不能以马克思主义的阶级分析观点观察宗教，而李大钊由于初步地掌握了阶级分析观点，在如何看待宗教的所谓自由平等博爱等方面高出陈独秀一筹。

一　信仰宗教断无思想自由存在的余地

李大钊指出，宗教按其本质而言，是和自由绝对对立的，因为“宗教是以信仰的形式示命人类行为的社会运动，宗教的信仰就是神的绝对的体认，故宗教必信仰神。既信仰神，那么心灵上必受神定的天经地义的束缚，断无思想自由存在的余地”（同上）。宗教要求人的一切行为皆以天命神意为准，势必否定个人的意志自由。李大钊并不以指出宗教限制人们自由为限，更重要的是指出了宗教对人的束缚，实质上是阶级的压迫。因为所谓的“天命”、“神意”，其实是统治阶级的意志。在宗教中，统治阶级正是假借天命神意把自己的意志强加给普通的人民群众，让他们服从，在“天命”“神意”的威压下，帝王、特权阶级的意志得到保护，他们对人民群众可以任意暴虐、篡窃，焚杀，虏掠，而人民“不但不能反抗，抑且不敢怨恨”（《现代史学的研究及于人生态度的影响》，《选集》第506页）。无论其所受的痛苦，惨酷到什么地位，“亦只能感恩，只能颂德，只能发出‘昊天不吊’的哀诉，‘我生不辰’的悲吟而已”（同上）。因此宗教是统治者意志的体现，它让被压迫者处于服从天意即统治者意志的地位上，绝无什么自由可言。

李大钊还指出，宗教具有强烈的排他性质，任何一种宗教都“不容异己的意念”（《宗教与自由平等博爱》，《选集》第392页），凡不合自己宗教教义的，一律斥为异端而加以迫害。比如欧洲的宗教改革运动，就是“因反抗罗马公教的压制而起”（同上）。而新教在压抑思想自由方面同旧教没有什么两样。在迫害科学的自由研究上，新教甚至超越了天主教会。所以“真正的思想自由，在宗教影响之下，断乎不能存在”，“宗教实足为思想自由的障蔽”（同上）。真正的思想自由，只有在彻底破除对宗教的崇奉迷信之后，才有可能。

二　宗教本质就是不平等关系的表现

李大钊认为宗教起源于五种“缺陷”：强力的缺陷；身体的缺陷；生命的缺陷；品性的缺陷；运命的缺陷。所谓“强力的缺陷”是指在自然力的面前，一般人民感到畏惧，而个别人则能对于自然现象有几分“先知预见”或有几分“抵抗力”，于是他们“对于一般人民成为有不平等关系的优者强者”（同上书，第393页）。“身体的缺陷”、“生命的缺陷”、“品性的缺陷”、“运命的缺陷”亦如此，都是人类在体力和智力上存在着天然差异的表现。由于人类在体力和智力上存在着自然的差异，那些体力和智力上强于一般人的“优者强者”自称能预见未来的自然变化，袪除瘟疫。或自称能沟通天人之间或神鬼与人之间的联系，祈求神明赦免人们的罪恶，免祸为福，于是他们便“得一般劣者弱者的敬仰”（同上），而原始宗教就起源于这种敬仰。据此，李大钊得出结论：“宗教本质全系不平等关系的表现。”（同上书，第394页）

李大钊认为，宗教一方面表现人类不平等关系，另一方面，宗教又反过来加深和扩大人们之间的不平等，宗教“把那皇帝、王公、侯伯、世爵这等特权阶级放在神权保护之下”（《现代史学的研究及于人生态度的影响》，《选集》第506页），而把被统治者置于任人宰割的地位。如果说原始宗教所表现的不平等还仅仅建立在人类体力和智力自然的差异上，那么它有意加以维护的不平等则是社会的、阶级的。因此，在主张众生平等的外衣掩盖下，宗教行使着阶级压迫的职能。

三　宗教宣扬的博爱是虚伪的

李大钊由否定宗教具有自由、平等精神，进而否定宗教所谓的博爱精神。他说：“宗教的教义，多有以神为介而阐导博爱的精神的。但是我很怀疑，没有自由平等作基础的博爱，而能达到博爱的目的么？”（《宗教与自由平等博爱》，《选集》第394页）

在宗教是否具有博爱精神问题上，宣扬爱一切人（包括你的敌人）的基督教特别具有欺骗性。李大钊以阶级分析观点深刻地戳穿了基督教所谓的博爱的实质，他说：

> 即如基督教义所含的无抵抗主义，如“人批我左颊，我更以右颊承之”，“人夺我外衣，我更以内衣与之”，“贫贱的人有福了”，“富者之入天国，难于骆驼之度针孔”等语，其结果是不是容许资产阶级在现世享尽他们僭越的掠夺的幸福，而以空幻其妙的天国慰安无产阶级在现在所受的剥削与苦痛？是不是暗示无产阶级以安分守己的命示，使之不必与资产阶级争抗？是不是以此欺骗无产阶级而正足为资产阶级所利用？资产阶级是不是听到这等福音便抛弃他们现世的幸福而预备入天国，这是大大的疑问。（同上）

这段话是李大钊全部无神论思想中最精彩的一段话。在这段话中，他剥下了宗教所谓博爱的外衣，将其欺骗无产阶级以及其他劳动人民，为资产阶级等剥削者效力的本质，赤裸裸地暴露出来。他指出宗教所谓的博爱，其实是让资产阶级和其他剥削阶级享尽人间的幸福，而把虚无缥缈的天国幸福留给无产阶级以及其他劳动者；是让无产阶级和广大劳动者，放弃同资产阶级的斗争，俯首帖耳受其剥削和压迫。李大钊把对宗教有神论的批判大大深化了，他远远超过了古代无神论者，也超过了他的同时代人。他之所以能在批判宗教有神论时达到一个新的高度，是与他用唯物史观和阶级观点观察分析宗教有神论分不开的。

四　宗教是麻醉人民的鸦片

列宁说："宗教是麻醉人民的鸦片——马克思的这一句名言是马克思主义在宗教问题上的全部世界观的基石。"① 李大钊由于接受了阶级观点，从而使他在宗教问题上，能够站到这块"基石"上观察分析宗教。在总结太平天国失败的教训时，他说：

> 太平党人虽然知道鸦片是帝国主义麻醉中国民族的毒物，而不知宗教亦是帝国主义者麻醉中国民族的东西，其作用与鸦片一样。他们禁止了鸦片，却采用了宗教，不建设民国，却建设天国，这是他们失败的一个重要原因。他们宗教感念，在好的方面减少了狭隘的人种的仇恨，在坏的方面遮蔽了帝国主义者凶恶的真相，埋没了这次革命的反帝国主义性，使他们没有看清他们所认为洋兄弟的，可以摇身一变而为扶助满清、扑灭太平天国的长胜军。(《孙中山先生在中国民族革命史上之位置》,《选集》第541—542页)

李大钊的同时代人陈独秀为基督教在中国受到抵制而深感惋惜，胡适对基督教"焚香顶礼，感谢基督教的传教士带来了一点点西方新文明和新人道主义。"他们虽是无神论者，却为基督教宣扬的虚伪的"博爱"所迷惑，这与他们不懂或不愿以阶级分析观点看待宗教有关。李大钊由于立足在马克思主义宗教观的"基石"上，使他得以看出，基督教和其他宗教对人民的麻醉作用。他对宗教的批判，达到了马克思主义无神论的高度。

由于李大钊能以阶级分析观点对待宗教，因而能够分清作为麻醉者的

① 《论工人政党对宗教的态度》,《列宁选集》第2卷，第375页。

统治阶级以及被麻醉者的劳动群众的是非。在他看来，劳动者被宗教麻醉是统治者的罪恶，作为一个无神论者不能因劳动者受到宗教的毒害而加以责难。这一观点使他在如何对待受宗教迷信毒害的人民群众问题上，同陈独秀的态度判若泾渭。陈独秀曾因义和团迷信种种宗教邪说，大骂义和拳是“拳匪”，污蔑其“可恶”。李大钊与此相反，他对于迷信“阴阳”、“五行”、“沙语”、“符咒”的类似义和团的鲁豫陕三省的农民武装红枪会，加以肯定。认为红枪会的存在表明“中国的农民已经在那里觉醒起来”，“形成一个伟大的势力”(《鲁豫陕等省的红枪会》,《选集》第564页)。他还认为，红枪会“要求‘真主’”，“是农民要求政治的安定的表现”(同上书，第566页)。他主张：“我们应该告诉他们，只有工农民众自己团结起来，才是他们得到生活安定的唯一出路，‘从来没有什么救世主，不是神仙亦不是皇帝，谁也解放不了我们，只靠自己救自己’这一类的歌声，应该常常吹入他们的耳鼓。”(同上书，第567页)李大钊这些话对农民武装既有肯定，又有批评，而他的批评是善意的，和陈独秀的态度形成鲜明的对照，反映了李陈二人在如何对待宗教问题上存在着严重的分歧，陈独秀把宗教看作人民群众愚昧的产物，而李大钊把宗教看作统治阶级强加给人民群众的精神枷锁。这一分歧是资产阶级民主主义者与马克思主义者在宗教问题上的根本分歧。

第五节　宗教随社会经济基础的变动而变动

李大钊后期接受了马克思在《〈政治经济学批判〉序言》中所阐明的历史唯物主义原理，宗教在他眼中失去了独立的外观，成为竖立在一定社会经济基础上的社会意识形态，成为随“经济变化和物质变化”而不断改变其形态的东西。他不再像近代大多数无神论者那样简单的否定宗教，而是把宗教看作特定的精神现象加以研究，探讨它产生、发展直至消亡的基础和条件。这种把宗教作为对象加以研究比简单的否定是对宗教的更深刻的批判。因为只有弄清宗教产生的真正根源，才能正确地指出宗教消亡的条件。这正如在马克思恩格斯之前也曾有人批判和否定资本主义制度，但只有马克思和恩格斯彻底研究了资本主义生产、发展和灭亡的条件之后，才达到了对资本主义的真正的批判和否定一样。

在《物质变动与道德变动》中，他把宗教与经济基础的关系概括为：

一切宗教没有不受生产技术进步的左右的，没有不随着他变迁

的。(《选集》，第 261 页)

这一表述在概念使用上，不是很“精当”的，但意思是清楚的：宗教是竖立在社会经济基础上的上层建筑，随经济基础的改变而改变。宗教既然是由经济基础所决定的，那么它产生、发展、消亡的原因和条件，也必须到经济基础中去寻找。由此可见，李大钊正是依据马克思主义历史唯物主义基本原理去探讨宗教的发生、发展、消亡的规律的。

一　宗教产生于人类生产水平极不发达的“上古时代”

关于宗教有神论的产生，在马克思主义产生之前有过种种的观点，有的人认为，恐惧产生神的观念；有的人认为，人天生具有一种宗教情感，是为宗教产生的根源，他们都企图从人的先天观念或心理因素中寻找宗教产生的根源。只有马克思主义才为宗教的产生找到了真正的现实的基础，宗教的根源“不是在天上，而是在人间”[①]。李大钊接受了马克思主义创始人的观点，认为宗教产生于人类生产力极不发达的上古时代，他说：“上古时代，人类的生产技术还未能征服自然力，自然几乎完全支配人类，人类劳作的器具，只是取存于自然界的物质原形而利用之，还没有自制器具的知识和能力。”(《物质变动与道德变动》，《选集》第 261 页) 由于这时“周围的外部自然”支配着人们，它们便成为人们崇拜的对象，所以“那时的人类只是崇拜自然力，太阳、天、电光、火、山川、草木、动物等，人类都看作最重要的物件，故崇拜之为神灵”(《物质变动与道德变动》，《选集》第 261 页)。李大钊关于原始宗教的论述中，紧紧地把宗教的产生同生产力发展水平相联系起来。在中国无神论发展史上他第一次为宗教找到了现实的基础。

二　宗教随生产技术的进步而变迁

李大钊认为，宗教产生于人类生产力极端低下的时代，随着生产技术的进步，宗教也不断改变其形态，他把宗教发展分为以下几个阶段：

(一) 从崇拜自然物原形到崇拜人格神

适应原始时代极不发达的生产力的状态，最初的宗教形式是“崇拜自然物的原形”。但是由于生产技术稍稍进步，农业的出现和发展，军人宗祝这一类人渐握权力，人们从前受制于自然，现在受制于地位较高的人

---

① 《马克思致阿·卢格》，《马克思恩格斯全集》第 27 卷，第 436 页。

了，随着生产力以及在生产中人与人关系的这一变化，宗教也由最初的对自然物原形的崇拜，变为“把自然物当作一个有力的人去崇拜”（同上）。如荷马史诗的神，既代表着自然力（如宙斯是雷电之神），同时又具有人的形体和品格。

（二）从人格神到把道德精神认作神

生产力的进一步发展，特别是在希腊“商工勃兴”之后，人类精神成为商业竞争中“最重大的要素”。宗教也随之一变，人们由崇拜健美肉体和超人力量的神，进到“把道德的精神认作神”（同上书，第 262 页）。苏格拉底和柏拉图的“神”已失去了人的形体和品格，成为一种纯粹的精神实体，——观念。

（三）从多神教向一神教的转化

适应“经济上政治上全不统一”，“各国还未组成一个大商业社会”，宗教也采取多神教的形式，古希腊的自然神宗教便是一种多神教。在古希腊人的观念中，每一种自然力都有一种神，风有风神，海有海神，甚至每一种行业都有自己的守护神。但是随着希腊商业发达，特别是罗马帝国的建立，多神教便失去存在的基础，所以到罗马帝政时代，“恰有一种适合当时社会关系的一神教进来”（同上），这就是基督教。

（四）基督教教阶制度的形成

罗马帝国的灭亡，标志着欧洲中世纪的开始。中世纪的欧洲是“分有土地的封建制度、领主制度的社会，社会的阶级像梯子段一样，一层一层的互相隶属”，“这种阶级的经济组织又反映到教会的组织”（同上书，第 262—263 页），形成了中世纪特有的教阶制度。与此同时，神的家族也分成了上帝、圣子、圣灵、天使等阶级，恰与地上的情况相照应。李大钊认为：“人类的精神把地上的实物写映于天上，没有比这个例子更明白的了。”（《物质变动与道德变动》，《选集》第 263 页）

（五）宗教改革是资本主义萌芽时期市民要求自由独立的反映

中世纪末，随着资本主义生产关系的萌芽和发展，西欧各国“都市上的居民，因其工商业的关系，渐立于有权力的地位，对于贵族、僧侣有了自由独立的位置”。与此相适应在西欧出现了路德和加尔文领导的宗教改革运动。因此所谓宗教改革，不是别的，就是“近世资本家阶级自觉其经济实力的结果”（同上）。

李大钊在这里主要以欧洲宗教史为例描述了宗教的发展过程，他的描述也不尽准确，但有一点是必须加以肯定的，这就是他时时处处都以经济基础的变化作为宗教观念以及教会组织变迁的终极原因。正因为如此，他提出了“人类的精神把地上的实物写映于天上”的观点，这一观点是和马克思所说的“把神学问题化为世俗问题”，“用历史说明迷信”是完全一致的。

三 论宗教消亡的物质条件

大机器生产为人类最终克服宗教迷信创造了条件，而担负这一历史任务的是无产阶级，几乎从宗教有神论产生的那一天起，无神论思想也就存在了。历史上的无神论者一千遍一万遍地批判否定了宗教有神论，但宗教有神论却像可恶的莠草，一次又一次蔓延开去。为什么宗教有神论这样难以刈除呢？李大钊从唯物史观出发，认为这是由于生产力水平低下，宗教有神论还有其存在的经济基础。宗教有神论不是靠理论上的批判可以消灭得了的。李大钊指出，宗教有神论的消亡要有一定的经济的、物质的条件，只有在大机器生产出现以后，才成为可能。这时“自然现象的法则渐为人智所获得，超自然的存在一类神秘的事遂消灭于自然界”（《物质变动与道德变动》，《选集》第 264 页）。同时“人类社会的实质”也逐渐被人类揭开，于是“自然现象、人类社会都脱去神秘的暗云，赤裸裸的立在科学知识之上，见了光明”（同上书，第 265 页）。也就是说，自然和社会不再作为人类的“异己”力量而存在，它们都成为“为我之物”了。这样宗教也就失去其存在的根据，而逐步归于殒灭。

李大钊还指出，担负使宗教有神论消亡这一历史使命的是无产阶级，他们不但创造了使宗教消亡的经济物质条件，而且他们自身也是惟一能抛弃宗教有神论的阶级。他说：

> 他们天天在工厂作工，天天役使自然，利用自然，所以他们也了解自然了。自然现象于他们也没有什么神秘不可解的权威了。至于人类社会的实质，他们也都了解，他们知道现在资本主义是使他们贫困的唯一原因。知道现在的法律是阶级的法律，政治是阶级的政治，社会是阶级的社会。他们对于社会实质的了解，恐怕比绅士阀的学者还要彻底，还要明白。太阳出来了，没有打着灯笼走路的人了。（同上）

总之，无产阶级是人类历史上惟一能凭自身力量解放自己，同时也是解放全人类的阶级，他们用不着求助于什么“救世主”，上帝、神的观念，自然也将为他们所抛弃。

我们知道，中国的无神论者，包括近代的无神论者（如主张以科学代宗教的陈独秀），都以批判为武器，以为借助科学和唯物主义就可以把宗教有神论批倒批臭，永世不能复活，但他们的批判只能稍稍打下宗教有神论的势焰，过后不久，宗教有神论又重新抬头。事实证明，他们都不懂得宗教有神论产生和存在的社会根源，因而也不懂得宗教有神论消亡的条件。他们或多或少地夸大了“批判”的力量。李大钊由于接受了马克思主义的唯物史观，在中国无神论史上，第一次向人们揭示了宗教有神论产生和存在的现实的基础，从而也第一次向人们揭示了宗教有神论消亡的条件。他对宗教有神论的认识远远超过了古代无神论者，也超过了他的同时代人。

李大钊早期的无神论思想，仍属旧无神论范畴，后期的无神论思想则是马克思主义无神论。在中国无神论发展史上，李大钊是第一个用社会存在决定社会意识这一唯物史观的基本原理和阶级分析方法考察研究宗教、批判有神论的人。他用唯物史观批判研究宗教，在中国他首次向人们揭示了宗教产生、发展的经济基础和宗教消亡的条件，最先向人们揭示了宗教是阶级压迫的工具和毒害人民的鸦片。他深化了对宗教有神论的批判，提高了无神论的水准，开创了中国无神论思想发展的新阶段。

少数民族编

第一章　绪论

中国是一个统一的多民族国家。自远古以来，各民族的先民大都劳动、生息、繁衍在祖国这块富饶而广阔的土地上，共同创造了中国灿烂的古代文化。历史表明，同汉族一样，各少数民族也有反映本民族特点的无神论思想，它是中国无神论思想史的重要的组成部分。

第一节　我国少数民族的社会历史简况

在中华民族大家庭里，共同生活着56个兄弟民族。除汉族外，有55个少数民族。根据1982年全国人口普查统计，汉族人口10亿多人，约占全国总人口的93.3%，55个少数民族6723万人，约占全国总人口的6.7%，“因其人口所占比例较小，习惯上一般统称少数民族”①。在55个少数民族中，人口数量很不平衡，多至千万人以上，少至一千多人。各少数民族的居住地分布很广，大多在边疆地区，其面积约占全国总面积的60%。全国各省、市、自治区都有少数民族，但主要聚居在内蒙古、新疆、西藏、广西、宁夏等五个自治区，其次是云南、贵州、青海、甘肃、吉林等省。其他如黑龙江、辽宁、广东、湖南、湖北、浙江、福建、海南、台湾等省都聚居着一定数量的少数民族。有一些少数民族的分布，有着“小聚居、大分散”的特点。

在中华民族大家庭中，只有汉族经历了原始社会、奴隶制社会、封建制社会等明显而典型的历史发展阶段，既曾有过高度发展的古代封建经济，又在近代资本主义经济发展上走在前头。各少数民族的状况则有所不同。其中，小部分少数民族同汉族一样，大体上走完了这几个自然历史过程，只是经历的这几个发展阶段的长短，以及所处的时代不同。而大部分少数民族则没有走完或经历这几个历史发展阶段，且有的少数民族内部还

① 《中国大百科全书·民族》，中国大百科全书出版社1986年版，“总论”第2页。

存在着几种经济形态，社会发展也很不平衡。直到中华人民共和国成立前，虽有相当一部分民族是封建经济占统治地位，且有一定的资本主义萌芽，但有不少民族发展缓慢，其中有的仍处在原始社会的末期，“存在着浓厚的原始公社制的残余”①，有的还保留着较为典型的奴隶制，有的存在着封建农奴制，等等。少数民族社会历史发展的这种不平衡状况，正说明“我国各民族的解放前的社会经济情况，就是一部活生生的、丰富的社会发展史，并存在着从原始公社制到近代资本主义的各种经济形态”②。

第二节　少数民族在经济、文化、科学等方面的贡献

中国各民族有悠久的历史，灿烂的文化，曾对世界文明进步产生过重大影响。这样的历史、文化及其影响，汉族诚然起主体作用，但少数民族也发挥了不可缺少的重要作用。

我们常说，中国是一个地大物博、人口众多的统一的多民族的文明古国，这一事实本身，就充分体现了少数民族在伟大祖国的重要地位、作用及其贡献。具体从经济、文化、科技等方面说，也是符合历史事实的。

中国古代农牧业发达，门类齐全，技术先进，农牧产品丰富多样。这与少数民族先民的开发、创造是分不开的。在历史上，少数民族或是以种水稻为主的农业，或是以饲养马、羊等牲畜为主的畜牧业。这自然就促进了祖国农牧业经济的全面发展，加强了各民族间、中原地区与少数民族地区间的经济交流，从而为中国各民族丰富多彩的生活方式提供了物质条件。

古代不少少数民族的手工业颇为发达，技艺高，产品精，名冠中外。和田玉，龟兹铁，大理刀，壮、布依等族的铜鼓，有关民族的开矿、冶炼，制作兵器等，遐迩闻名。壮锦、侗锦、“婆罗布”、“宾布”、“瑶斑布”、毛毯，还有蜡染等，技艺精湛，国内享有盛誉。

在科学方面，古代少数民族也有很多成就，藏族医学家宇妥·云丹贡布的《四部医典》、名医帝马·丹增彭错的《晶珠本草》，维吾尔族农学家鲁明善的《农桑衣食撮要》（简称《农桑撮要》，又名《养民月令》），回族天文学家扎马鲁丁的《万年历》，蒙古族数学家明安图的《割圆密率

① 刘先照、韦世民著：《民族文史论集》，民族出版社1985年版，第4页。

② 李维汉：《中国各少数民族和民族关系》，《中国民族关系史论文集》，民族出版社1982年版，第110页。

捷法》，满族文通的《百一三方解》、奇克唐阿的《厚德堂集验方萃编》，等等，都在中国历史上占有一定的地位，有的还相当先进。少数民族自然科学的成就，是认识自然、从事研究的结晶，为后人认识自然、改造自然、从事研究提供了重要的武器。

古代少数民族的文学艺术，著称于世，为中外学术界所重视。在文学方面，它们创造了体裁多样的优秀作品，如鲜卑族民歌《敕勒歌》，回族诗人萨都剌的《雁门集》，蒙古族的《蒙古秘史》、《一层楼》、《泣红亭》、《江格尔》，维吾尔族的《福乐智慧》、《真理入门》，彝族的《西南彝志》、《阿诗玛》，藏族史诗《格萨尔王传》，柯尔克孜族史诗《玛纳斯》，满族纳兰性德的《饮水词集》等等。此外，还有大量的民间文学作品。在艺术方面，他们能歌善舞，长于戏曲，很富特色。现在艺术活动中使用的笛、琵琶、箜篌、胡琴、腰鼓、羯鼓、铜钹等一些民族乐器，是从少数民族地区传进来的。至于敦煌、云岗、龙门石窟、克尔孜千佛洞，闻名中外。广西右江沿岸的花山崖壁，南诏白蛮、乌蛮等族所凿的剑川石窟，都具有很高的艺术水平。

第三节　少数民族的无神论思想的萌芽和形成

一　无神观念的萌芽

任何民族，为了生存与发展，首先总是碰到与自然界的关系问题：人在自然界中处于什么地位？人能否认识、征服自然？适应自然界还是改造自然界？这就是最简单的天人关系问题。

人们对自然界最初有一种素朴的看法，即认为世界万物是由某种具体的物质性的东西演化而来的，这种具体物质性的东西，因民族不同而有别，如汉族的五行、阴阳二气说，壮族的“一团大气”说，苗族的“雾罩”说，彝族的“雾露”（“混沌”“云彩”）、清浊二气说，傣族的“气体、烟雾、狂风”说，纳西等族的“混沌”说，等等。说法尽管不同，但有两个共同点：第一，它们的本质是物质；第二，它们都被看成是客观存在的原初物质，由此逐渐演化为天地、万物、人类。如彝族史诗《查姆》中说：远古时候既没有天也没有地，“只有雾露一团团，只有雾露滚滚翻，雾露里有地，雾露里有天”，雾露不断演化，最后形成了天和地。而在《宇宙人文论》中则说，天地、日月星辰、风云、雨露、霜雪、雷电、地上万物等，是清浊二气或是“接触”，或是“充溢”，或是“相搏”，或是“凝结”的不断演化的产物。苗族先民将天和地看成是“两块厚冬冬的”物质实体，它虽先于万物，但同万物一样，是由“雾罩”不断演化成的。所谓“雾罩生得最早，雾罩生白泥，白泥变成天，雾罩生黑泥，黑泥变成地，有了天和地”，“天地又才生万物”；“天地生游走天下的东西，天地生钻山涉水的东西，天地生昆虫，天地生鬼神，天地生草木，天地生撵山的狗，天地生犁田的牛，天地生报晓的鸡，天地生我们和你们”（《贵州少数民族哲学及社会思想资料选编》第一辑，第11、12页）。就是说，鬼神不仅不能主宰世界、创造万物，相反，它却是“雾罩”产生白泥和黑泥、白泥和黑泥演变为天和地后，与万物、人类同时由天地产生的。可以说，这些以自然自身演化而否定神创说的思想，带有朴素的唯物主义色彩。

鬼神是由物质性的东西直接产生的这一观点，在有的少数民族的思想资料中也不少见。如哈尼族先民认为，宇宙原初只有“雾”，通过演化，“雾”“变成极目无际的汪洋大海，从当中生出了一条看不清首尾的大鱼”，大鱼的右鳍“变成天”，左鳍“变成地”，又“从脊背里送出来七对神和一对人。世间这才有了天和地，有了神和人”（《云南少数民族哲学社会思想资料选辑》第5辑，第30页）。傣族先民认为宇宙原初“是一个真空，没有边际，没有下底与上盖。在这个无限的真空里，充满着腾腾滚动的气体、烟雾、狂风”，后因其“紧紧挤拢，凝结成一团”而成“今天的地球”，“剩余的气体、烟雾和大风仍在翻滚流动”，又凝结在一起，“最终变成人形”的“蒸气人”，“是最早的天神”，“是天地间一切神仙们的始祖”（《云南少数民族哲学社会思想资料选辑》第3辑，第77页），等等。所有这些说法，尽管承认有鬼神，但有两点值得重视，第一，鬼神不是创造世界的，而是同天地、万物、人类一样，是由物质性的东西演化出来的；第二，他们承认有鬼神，却不是尊神，而是贬低神。这在少数民族先民有浓厚的原始宗教时代，确是难能可贵的，是无神论思想的萌芽、因素。更为可贵的是，苗族先民不仅认为“天地生鬼神”，还认为某种动物“修妞”，人类祖先“姜央”等都能“创造鬼神”（《贵州少数民族哲学及社会思想资料选编》第1辑，第9页）。

以上这些无神论思想的萌芽，大量反映在中国少数民族的神话、传说、史诗等作品中，也有的记载在有关文献资料中。由于历史的发展，这种无神思想萌芽、因素，也在缓慢地成长。同时，原始宗教、多神信仰也在发展着。随着有的少数民族“人为宗教”的出现，或是外来宗教的传入，与之对立的少数民族无神思想逐渐开辟了另一条战线，即产生了一股反对宗教神学、世俗迷信的思潮。

二 无神论思想的发展

中国少数民族无神思想的形成发展，主要是在三方面体现出来的：一是无神论思想的萌芽和不断滋长，二是批判世俗迷信，三是反对宗教神学。关于第一点，前面已有论述，这里主要分析第二第三两点。

（一）斥鬼神迷信

在古代，伴随着原始宗教的流传、泛滥，少数民族地区的世俗迷信也很盛行，人们在精神上、物质上受害匪浅。为了与迷信鬼神思想及其活动进行斗争，人民创作了怀疑鬼神，抗神斗鬼，嘲弄巫婆神汉，揭露有神论言行的骗局等一系列人胜神、人胜鬼妖的民间故事、传说、歌谣、谚语等作品。这些民间作品，受人喜爱，广为流行。如壮族的《讲多二尺布够我做条裤》、《黄砚规的故事》、《风水先生》，苗族的《榜金和鸡卜》、《竹筒巫师》、《翻江山斗鬼》，白族的《成仙洞》、《打山神》，纳西族的《祭鬼》，拉祜族的《拉努扎别》，等等。其内容，有拔龙须、擒雷王、打山神、斗阎王、捉鬼；有戏弄巫婆、惩治神汉，有勇斗装"魔鬼"的道公；有否认城隍、说土地菩萨是"木偶"等，表现了他们不怕、也不信鬼神的思想。

在文人的著作中，则是抨击、揭露世俗迷信有害国计民生。在他们看来，解决国计民生，不可由命，不能靠天，而在人事。他们的无神论思想除散见在一些诗文中，还撰写了一批专文，如壮族黄彦均的《问仙叹》、黎中产的《乞禁女巫呈吴凤楼明府用韩昌黎〈合江亭〉诗韵》、李维坊的《续葬论》，白族杨士云的《旱》、赵士铭的《论风水迷信之害》等。其中，有的说问仙治病是"荒诞甚无稽"，否定神仙鬼怪的世俗迷信；有的斥责风水迷信，指出只有摈弃堪舆，才能"国富兵强"，认为人生世上有无作为，"是在人自造的"，不能听风水先生的"谎话"；有的称道并发挥了司马光的《葬论》思想，批判"世多惑于风水之说"，认为风水迷信"皆富贵之念有以蛊之也"；有的在同情农民疾苦的基础上，斥责"恶如狼"的地主，发出："胡为乎苍天，造此不平局！吁嗟乎苍天，设心何太酷？"此外，有的人赞扬西门豹，反对"巫风"，要求当权者"禁女巫"，甚至有的在其任职期间，拘捕巫婆神汉等。就是说，他们不仅重人为，不信"命"与"天"，而且揭露了世俗迷信的危害，及其社会的、思想的根源，颇为有力。

（二）批驳宗教神学

自佛、道教等宗教神学传入少数民族地区后，一直受到来自民间、文人两方面的抵制、揭露和批驳。

关于民间方面的，主要是流传不少讽刺、戏弄、否认佛教、道教的民间故事、谚语。如壮族的《牛的故事》、《干鱼庙》，蒙古族的《巴拉根仓的故事》、《沙格德尔的故事》，彝族的《朱腊波提的故事》，纳西族的《阿一旦的故事》等。比如，在《牛的故事》里，将佛经说成是“黄纸，色如干禾稻秆”，被牛当成稻草吃掉。这不能不说是对佛经的莫大不敬。白族的一则故事，讲上京城应考的文人，在往返途中见到雪塑观音像、大雨淋湿破庙中的罗汉两件事，做了一副对联：“雪塑观音，一片冰心难救苦。雨淋罗汉，两眼流泪假慈悲。”这种非佛，形象生动，通俗有力，易于为人们接受。谚语、歌谣在反对宗教神学方面，更为明快、直率，如纳西族有一谚语说：“求神拜佛任你多，不如三月一阵雨。”壮族一首山歌说：“佛经有本句句假，山歌无本句句真。”

各族文人著作中也有颇多反对佛、道教等宗教神学的。如满族阿克敦的《过吕仙祠》、《原心亭记》，壮族郑献甫的《二教论》；蒙古族尹湛纳希的《青史演义》中有关部分、罗卜桑却丹的《蒙古风俗鉴》中的有关章节；以及其他文人著作中散见着大量的无神论思想。其中，有的人说，秦皇、汉武求长生不死药是“邈不可求”，“神仙不可见，俗虑徒绵绵”，“若谓世上神仙好，千古英雄学不了”。有的人在比较儒释两家“言心”时，肯定儒家心说，斥责佛氏心论，说：儒释两家都“言心”，儒家言心是“有体有用”，“性者心之体，知觉者心之用”，“心兼体用”；佛氏言心是“有体而无用”，“有体无用，故自灭其仁义礼智之性而并丧其知觉运动之能也”，因此说，佛家理论为“空虚”。有的人揭露了佛教的危害性，说它“使宇宙空荒”，使“人们的思想更加迷惘，行为也极度怠惰”，是蒙古族落后的“祸根”，等等。

三　无神论思想的特点

与汉族相较，少数民族的无神论思想是有其鲜明的特点的，主要表现在以下几个方面。

第一，从发展上说，中国少数民族的无神论思想，虽然萌芽早，但形成晚，发展缓慢。

第二，在思想水平上，虽对有神论作了一定的揭露、批驳，甚至有人“刀劈活佛”，但缺乏理论深度，且很少有杰出的代表人物。

第三，从内容上看，斗争矛头既指向宗教神学、世俗迷信，也指向多神教；在反对多神教斗争中，反鬼思想较为明显；在反对世俗迷信斗争中，则主要指向道公巫婆、鸡卜等带有本民族特色的有神论思想。

第四，在资料上，少数民族除有一定的文献资料，还有流传于民间的大量的神话、传说、史诗、故事、歌谣、谚语等口头文学作品，含有一定的无神论思想因素、成分。

第五，与汉族相同，少数民族也有把“天”看成为有意志的人格神；所不同的是，没有如汉族那样形成一个有系统、较完备的理论形态的天命论，以及君权神授说。这种现象的原因，正如苗族的谚语所说：“穷汉无粮，苗族无王。”没有帝王，当然不会产生君权神授说。因而，他们的无神论思想很少表现为反对天命论和君权神授说的；有的话，也是对汉族的天命论、君权神授说的批判，以反对中央封建王朝的统治压迫。

第六，中国少数民族中有自己特色的有神论，也传入了汉族的有神论，以及外来宗教神学。但他们的无神论思想也受汉族的影响，如他们对有神论的批驳、抵制所使用的思想武器，也利用、吸收了汉族的无神论思想及其资料，诸如儒家的重人为的人本主义，太极说、阴阳五行说、气一元论等思想。

中国少数民族无神论思想的种种特点，是有种种原因的。但社会发展迟缓，宗教神学势力大，自然环境较差等则是主要的原因。

第四节　几点说明

同其他七编不同，这一编为中国少数民族无神论史专篇。从结构上说，一个民族一章；就内容上说，相当一部分是考察、分析无神论思想萌芽、成长的历史。这是由中国少数民族的历史状况，文化发达程度等客观条件所决定的。而在有鬼神与无鬼神的两种思想斗争过程中，无鬼神思想发展缓慢，有鬼神思想愈加浓厚以致占统治地位，特别是进入阶级社会后更为明显。因此可以说，中国少数民族无神论史的研究，对于探讨作为观念形态的无神、有神的思想萌芽、成长的演变过程，是有理论意义的。

本书所涉及的民族，绝大部分历史上经济不发达，文化、科学较落后，因而无神论思想的萌芽难于成长、发展；又因多数民族没有文字，其所产生的无神论思想的萌芽、因素、成分则很难保存下来，只好以民间口头作品形式流传。由此，就产生了两种情况：一是无神论思想产生、形成、发展的阶段性不明显而难于划分；二是很难产生出无神论思想的典型代表人物。即使有的少数民族的文人用汉字著述，也有鲜明的无神论思想，但典型的代表人物也不多见。有的少数民族虽有文字，也有本民族的历史文献，但目前翻译、研究还不够，因而在本书中得不到充分反映。

历史上，宗教在汉族中的势力不大，但在大部分少数民族中却有着广泛的影响。本书所撰写的少数民族不仅仍保有原始宗教的残余，还有传入的佛、道教，近代又随帝国主义文化侵略而传入了天主教、基督教。其中有的民族几乎全民信仰某一宗教，带有全民性。就是说，在少数民族中有神论与无神论二者的关系，有神论思想占据着主导地位。这种状况，对中国少数民族无神论思想的萌芽、成长，以及无神论思想的因素、成分，不能不起着压制、扼杀等作用。这也是中国少数民族无神论思想微弱、思想水平低下的重要原因。

关于无神论思想的资料问题，与其他七编不同，本编是历史文献与流传的民间作品二者并用。历史文献主要指少数民族本族文字书写的文献和用汉文著述的文献，这是撰写中国少数民族无神论史可靠的凭据。但这部分资料较少，有待继续发掘。民间作品，是指经过调研、整理已出版的神话、传说、史诗、故事、歌谣、谚语等，它是集历史的、现实的于一身的凝结物，也是可靠的资料。由于少数民族历史发展的状况，从某种意义上说，民间作品思想资料，既可补文献资料之不足，更有利于分析少数民族无神论思想的发展过程。可惜，这部分思想资料以往不太被人重视。

中国各少数民族无神论思想形成、发展的状况是不同的。有的民族的无神论思想还仅仅是萌芽（或因素），有的为无神意识，有的表现为古代无神论思想的倾向，有的已带有近代无神论思想的色彩。从发展程度上说，有的民族仍处于无神论思想萌芽阶段，有的民族已由萌芽阶段进而发展到古代无神论思想阶段，有的民族还产生了鲜明的近代无神论思想意识。就是说，有的民族的无神论思想很微弱，有的则较鲜明，说明各民族的无神论思想发展进程的差异性。之所以有这种种情况，是由于各个民族社会历史发展状况及其所处的自然条件不同所致。

相对于汉族来说，中国少数民族的无神论思想就其总体上看，材料少、有待于进一步发掘，发展不充分，理论思维水平低，表现形式多样而不典型，说明它还缺乏一定的理论性、系统性，仍处在较低的思想水平线上。这更是社会历史条件造成的。

但我们不能因此而忽视它，轻视它。因为，中国少数民族无神论思想是中国无神论思想的重要组成部分，其历史的地位、作用，是不容否认的。研究它，探索其形成、发展的规律，有多方面的意义。第一，中国少数民族无神论思想中所包含的各具特色的无神论思想的萌芽（或因素）、倾向、表现、意识，不仅反映了各少数民族历史发展的过程，而且，它是中国无神论思想反对形形色色有神论思想的一个重要的方面军。第二，中国少数民族无神论思想，萌芽于原始社会，形成于阶级社会，有材料可依可寻，这就为探寻无神论思想的起源，开辟了新的途径。第三，由于中国少数民族社会中宗教（原始宗教、人为宗教）势力大，甚至有的民族全民信教，但就在这种环境条件下，无神论思想同样存在，这不仅说明无神论思想的顽强的生命力，也表明了中国大地上的无神论思想无处不在。第四，中国少数民族无神论思想在与有神论思想的斗争中，既通过笔伐，著书立说，又通过口诛，编制了大量的哲理性很强的民间作品，形式多样，丰富多彩，这可为各族人民反对有神论思想的斗争所借鉴，等等。

开展中国少数民族无神论思想史的研究，是现实的需要，也是理论的需要，是一项历史的任务。

本编名为中国少数民族无神论史，实际只写了五十五个民族中的蒙古、苗、彝、壮、满、白等六个民族。这次没有上书的民族，有待以后增补，请读者鉴谅。

第二章　蒙古族

第一节　蒙古族社会历史概况

蒙古族是我国民族大家庭中的成员之一，共约341万余人。主要聚居于内蒙古自治区，其余多分布于新疆、辽宁、吉林、黑龙江、甘肃、青海等省、自治区的各蒙古自治州、县。在宁夏、河北、河南、四川、云南、北京等省市、自治区，也有少数聚居或散居的蒙古族。

蒙古族是一个具有悠久历史的民族。“蒙古”最早见于唐代，《旧唐书》中称为“蒙兀室韦”。“蒙古”最初只是蒙古诸部落中的一个部落的名称，游牧于今内蒙古额尔古纳河南岸一带，大约在7世纪，蒙古部开始向西部蒙古草原迁移。到12世纪，它已经散布在今鄂嫩河、克鲁仑河、土拉河等三河的上游和肯特山以东一带。当时活动在北方草原上的还有塔塔儿、翁吉剌部、汪古部、蔑儿乞惕部、斡亦剌剔部、克烈部、乃蛮部等。它们大小不等，经济文化发展亦不平衡。游牧在草原的被称作“有毡帐的百姓”，主要从事畜牧业；居住在森林地带的被称作“林木中的百姓”，主要从事渔猎。后来，“蒙古”部逐渐强大起来，到了12世纪末13世纪初，以成吉思汗为首的蒙古部统一了蒙古地区诸部以后，逐渐融合为一个新的民族共同体，“蒙古”也就由原来一个部落的名称变成为民族名称。

成吉思汗（1162—1227年）名铁木真，统一各部之后，在斡难河畔召开了忽里勒台（大聚会），被全体领主推戴为全蒙古的大汗，号称成吉思汗，建立了统一的蒙古汗国。1271年，成吉思汗的孙子忽必烈（1215—1294年）入主中原，建立了元朝；1279年攻灭南宋，重新统一中国，结束了中国自唐末以来历史上长期的分裂割据局面，基本上奠定了我国现在的疆域基础。

1368年元朝灭亡，元顺帝与蒙古封建统治者退回蒙古地区，蒙古地区再次陷入长期的分裂割据之中。由于明廷的封锁政策和封建割据各部的连年内战，社会组织涣散，驿站荒废，城郭荒芜，蒙古人远循荒漠，仍旧过着成吉思汗以前的原始游牧生活。从 14 世纪后半期至 17 世纪初，蒙古进入了大混乱时期。蒙古各部的封建领主之间为了争夺领地汗权，掀起无休止的内战，造成蒙古社会沦于停滞、动荡不安。不过，15 世纪末 16 世纪初，达延汗（1461 年—1504 年）以成吉思汗嫡系正统的名义，统一了蒙古各部。在这期间，蒙古社会的生产力有了一定程度的恢复。16 世纪中叶以后，土默特部首领阿拉坦汗（1507—1581 年）成为右翼蒙古首领，与内地中原建立和平贸易关系，农业和手工业也有了发展，同时修建了板升城（今呼和浩特）。

17 世纪初叶，满族崛起于我国的东北。满族统治者利用蒙古各部的内讧，于 1634 年战胜了林丹汗（1604—1634 年），征服了漠南蒙古地区。清朝建立以后，自 17 世纪末至 18 世纪中叶，又发动了对喀尔喀和厄鲁特长达六、七十年的战争，最后统一了全蒙古。清朝统治者为了加强其统治，采取了一系列制驭蒙古人的政策：以爵禄羁縻蒙古王公贵族，使之成为统治蒙古人民的工具；在原有分裂割据的基础上设置互不相属的盟旗；严禁蒙古同内地汉族的往来；大力提倡喇嘛教以麻痹人民的斗志，企图束缚蒙古人民永远在清廷的统治之下。

清朝中央集权国家的建立，结束了蒙古地区的割据内战的状态，客观上有利于蒙古社会的发展。从此，蒙古地区进一步加强了同汉族和其他各族人民之间经济文化上的密切交流，促进了民族内部多种经济形态的发展，农区和半农半牧区扩大，商业和手工业也都得到了发展，并出现了一些城镇。

鸦片战争以后，随着资本主义势力向蒙古地区的推进，破坏了蒙古社会内部原有的经济和生产关系。外国商业资本主义势力凭借他们攫取的免税贸易等特权，使蒙古社会逐步地变为资本主义世界的商品推销市场和原料掠夺地。大约到 19 世纪末 20 世纪初，蒙古地区已犬牙交错地变为半殖民地半封建化的社会。

随着蒙古社会的长期发展，蒙古人民积累了丰富的生产斗争经验，发展了文化科学技术，为无神论的产生和发展提供了重要的基础和条件。

早在成吉思汗统一蒙古诸部之前，古代蒙古人在长期的生活和劳动实践中，逐渐对自然现象的变化规律有了一定的认识，较为明确地掌握了正确的时间概念和季节的变换，从而创造出了自己的历法，并能够依据季节特征，合理使用牧场。

12 世纪至 13 世纪初，蒙古的畜牧业已有了因畜而异。分开放牧的劳动分工管理，养畜方法也不断提高，牧人已注意牲畜的驯养和保护，应用了选配种畜和骗马技术，并懂得了牧场轮放制，注意草牧的选择和保护，提高了草场的利用率，为畜牧业的发展创造了条件。这时，蒙古的手工业生产已经发生了某种程度的分工，铁业、木业、皮革业已出现了，能够制造大车、马具、畜用皮革、日常的工具、锯、凿等器械，还有弓矢、枪矛、刀剑、甲胄及其他武器。

元朝建立后，蒙古族加强了同汉族和其他民族经济和文化的往来，使蒙古地区的科学文化有很大的发展。在文化领域，早在13世纪初，蒙古族就创制了自己的文字；14世纪初，蒙古文字学家却吉斡斯尔对原有蒙文进行了改革，使之成为今天仍然使用的蒙古文字。随着文字的产生，出现了各种形式的历史作品和文学作品，如13世纪中叶写成的《蒙古秘史》，是蒙古族的一部重要的历史、文学名著，对于研究蒙古的历史文化有着很大的价值。元代，脱脱（1314—1355年）主持编纂的《宋史》、《辽史》、《金史》，是我国重要的史籍。元代还出现了不少蒙古族的书法家和优秀学者，编译了许多汉文、藏文和其他文字的著作。这一时期，蒙古人民还学会了汉族的镂版刻的技术，印刷术的发展促进蒙古族文化的繁荣。在自然科学技术领域，天文学方面，由于蒙古天文学同阿拉伯、印度、汉族天文学的相互交流，蒙古民族的天文学有了很大的发展。蒙古族天文学家乌鲁别克（1394—1449年）的著作《乌鲁别克表》是一部记载太阳和行星的运行表，在世界天文学史上占有很高的地位。在地理学和测绘学方面，元朝政府主编了《大元一统志》，记载了当时全国的地理情况。在建筑方面，和林、上都等城市的建筑和市内许多雄伟华丽的宫殿，富有民族特点，显示了蒙、汉等族劳动人民的高超建筑才能和造型艺术。

14世纪至17世纪蒙古地区发生的长期的封建割据战争，蒙古族文化科学技术的发展受到了很大的阻碍。但是在达延汗和阿拉坦汗一度统一蒙古时期，蒙古族的文化科学技术仍有一定的发展。文化领域，这一期蒙古的学者撰述了许多著名的作品。其中著名的有《黄金史》《黄金史纲》和《蒙古源流》。此外，蒙、藏共同翻译了《甘珠尔经》，对蒙古语言的规范化和词汇的丰富，起了很大的作用，同时也促进了蒙、藏族的文化交流和共同发展。自然科学技术领域，阿拉坦汗时期，锻冶业及铸造业有了进一步的发展。据史料记载，阿拉坦汗向明帝进贡的银鞍全副，以及战阵上的“铁金戈，明光曜目”（《夷俗记·教战》）；“其精具铁浮图，马具、长刀大簇，望之若冰雪然”（王进贞：《北始末志》）；在建筑方面，板升城的宫殿、第宅、寺庙，吸取汉、藏建筑艺术的特点，建筑雄伟壮观；在医学上，随着蒙、汉、藏各民族间的联系加强，藏族的医学和内地的各种药材开始传入蒙古地区，这对促进蒙古医学的发展起了积极作用。

清朝统一漠南蒙古各部后，使蒙古社会安定、文化发展，其中比较突出的一个方面，就是书面语言的形成和规范化。蒙古族学者同其他民族的学者合作，编纂了很多蒙古语辞典和多种民族文字对照合编的大辞典。如《蒙文旨要》、《蒙文汇书》和五体（满、蒙、汉、藏、维吾尔文）《清文鉴》，这对于丰富蒙古族语言词汇，促进蒙古族同其他民族的文化交流起了积极作用。这时期不少蒙古学者还翻译了近百种汉、藏等族的古典作品，在蒙古地区广泛传播。在自然科学技术方面，突出反映在医学、历算上。蒙古族的医学，主要表现在总结了本民族人民生产斗争的实际经验，吸取了藏、汉医术的精华，以治创伤和接骨最为著名，治骨折、骨伤，脱臼均有奇效。在西医外科石膏绷带疗法普及以前，北京民间一直沿用蒙古疗法。在天文历算方面，杰出的蒙古族天文学家和数学家明安图（生活在康熙、雍正、乾隆年间，约1692—1765年）作了突出的贡献。他前后在清朝钦天监工作了数十年，参加了《律法渊源》、《历象考成后编》、《仪象考成》三部天文历法书的编纂工作。他的遗著《割圆密率捷法》一书，是我国第一个用解析方法研究圆周率的人，在祖国数学史上作出了贡献。在清代钦天监中也还有不少蒙古族天文研究人员，在机械制造、兵器制造、毛织、建筑、水利等方面，也有一定的成就和贡献。

蒙古族历史表明，蒙古民族兴起以来，蒙古地区虽然政权更迭纷繁，有时安定、统一，有时分立割据、各自为政，处于战乱状态；但是蒙古人民在长期的生产和生活实践中，在同汉族和其他民族的社会交往中，积累了丰富的生产斗争经验，创造和发展了文化科学技术，从而为蒙古族无神论的产生提供了基础和前提，并有力地推动了无神论的发展。

第二节　蒙古族古代的有神论与无神论思想

一　原始宗教萨满教与人为宗教

（一）原始宗教萨满教的产生及其表现形式

蒙古族最早信奉原始萨满教。萨满教是我国北方阿尔泰语系信奉的一种原始宗教，源于原始氏族社会。据《史集》记载：“珊蛮在其他地为数颇众，尤以近于巴儿忽惕（Bargout）或巴儿忽真（Balgoutcnin）隘之边境为伙。"[①] 从现在遗留下来的史料和传说等遗迹，可以窥见其原始面貌其表现形式。

自然崇拜　由于当时蒙古诸部落处于原始氏族社会，生产力十分低下，完全受陌生的、不可理解的外部自然界的支配，于是把与自身生存密切相关的日月星辰、风霜雪雨、雷鸣闪电、山川土地等自然现象当作崇拜的对象。史称："出帐南向，对日跪拜，奠酒于地，以酹……天体之行"[②]。他们认为月亮是善神，她能给人以幸福，故见新月必拜。出征时，"其择日行，则视月盈亏以为进止"(《黑鞑事略》)。[③] 还崇拜星宿，特别是尊敬星宿"七老"，即北斗星，拿酸马奶或其他动物来祭祀。除了崇拜日月外，还崇拜土地，认为地神可以保佑部落的幸福和安宁。在萨满教的颂词中，把天称作"慈悲仁爱的父亲"，把地神称作"乐善好施的母亲"，认为他们会给予世间以生命。与土地有关的山川、河流也是崇拜的对象，尤其是崇拜杭爱山、克鲁伦等三河流域。

火也是古代蒙古人普遍崇拜的对象之一。他们认为火是清洁的源泉的象征，还可以祛除邪祟，因此对火特别崇拜。每天进餐时，要先祭火，每年还举行隆重的火神祭祀活动。从一首萨满的颂火词可以看出古代蒙古人对火崇拜的热烈程度。"火种米荣扎呀！把坚硬化为松软，把黑暗变为光明，祈求你——火神圣母呀！赐予最大的福分，让我们在这幸福中永生！"[④] 她们对火还有种种禁异，例如，不准用刀触火，不准从火上跨过。凡是向火投掷臭的东西，都被认为是对火种最大的不敬。

图腾崇拜　古代的蒙古氏族社会还盛行着图腾崇拜，不少氏族部落以图腾为族称。当时处于原始氏族社会的古代蒙古人在万物皆神思想的支配下，为了区别氏族之间的界限，选择了本氏族特别尊敬的动物作为本氏族的标志加以崇拜。《蒙古秘史》记载：蒙古族历史上曾经有过以苍狼和白鹿为标志的图腾崇拜。狼取其雄武，鹿取其柔顺，在其他史料中记载着以白鸿、鹰为标志的图腾崇拜部落。这些"图腾"实际就是当时的"部落神"，反映了当时蒙古氏族社会一些动物同氏族部落的生活有着密切的联系。

鬼魂与祖先崇拜起初古代蒙古氏族的人对鬼魂的概念并不很清楚，既

---

① 《史集》，(波斯) 拉施特主编，余大钧译，商务印书馆 1983 年版。

② 《多桑蒙古史》上册，冯承钧译，中华书局 1962 年版，第 30 页。

③ 彭大雅著《黑鞑事略》，王国维笺证本，《王国维遗书》第十三册，上海古籍书店。

④ 《蒙古族历代文学作品选》，内蒙古人民出版社 1980 年版，第 37 页。

泛指被人格化的“精灵”，也指人死后脱离躯体而独立存在着的“灵魂”。他们认为死亡即由此世到彼世，其生活与此世同，并以木或毡制成偶像，“其名曰 orgon（翁昆），悬于帐壁，对之礼拜”[①]。他们认为，“翁昆”即死者的灵魂仍与部落维持着一定的关系，暗中监视参与部落成员的行动。因此他们把翁昆分为善翁昆和恶翁昆，善翁昆可以充当部落的保护神，恶翁昆遵照它在生前的习惯害人，侵入人的身体引起疾病。因此，当时的蒙古人对翁昆提供贡品，祈求保佑。随着氏族家长权力的扩大，逐渐萌生了氏族家长灵魂可庇佑本族成员的观念，对鬼魂崇拜的重点转移到对部族家长灵魂的崇拜即祖先崇拜。《蒙古秘史》记载：“盖汝乞牙百姓之族灵神来告之也。”[②] 这就表明祖先已被当作神来崇拜了，人们相信部族家长生前强而有力，死后的灵魂也是强大的。与此同时也形成了相应的崇拜形式，《蒙古秘史》就有俺巴孩合罕之妃，斡儿伯、莎合台二人，往行祭祀祖宗的记事[③]。以后在祖先崇拜的基础上，扩大到凡是对部落作出贡献，有影响人物的灵魂都加以崇拜，从而由对祖先神崇拜扩大到对多神的崇拜。

上述的自然崇拜、图腾崇拜、鬼魂与祖先崇拜，都是蒙古族原始萨满教的主要信仰。由此可见蒙古族在原始氏族社会末期已经具备了原始萨满教的内容、形式和必要的条件，在意识形态上形成了有神论思想体系的雏形。但无神论也已有了初步的思想萌芽。处在原始氏族社会的蒙古人，在征服自然的过程中，遇到重重困难，因此在生产斗争中产生了要求支配自然的幻想。如《化铁熔山》的传说，生动表现了古代蒙古族祖先为了迁出狭窄的山谷，争得生存，披荆斩棘，化铁熔山，进驻到了广阔的大草原的英雄气概，反映了古代蒙古人积极征服大自然的斗争精神。虽然“任何神话都是用想象和借助想象以征服自然力，支配自然力，把自然力加以形象化……”[④] 但这思想是积极的，它与无能为力地拜到于自然力脚下的宗教观念是不同的。另一方面，当时处在原始氏族社会的蒙古人在长期生活和生产的实践中，也逐渐地认识到自然界某些因果联系的简单的规律，比如雷能引起大火，带来暴雨，山是猎场牧野，火能驱兽熟食、照明取暖等等。这就使古代蒙古人不能不对客观世界采取现实的态度，且意识到只

---

① 《多桑蒙古史》上册第 30 页，冯承钧译，中华书局 1962 年版。

② 道润梯步：新译简注《蒙古秘史》，内蒙古人民出版社 1978 年版，第 28—30 页。

③ 同上书，第 33 页。

④ 《马克思恩格斯选集》第 2 卷，人民出版社 1972 年版，第 113 页。

有服从客观规律才能在生产实践中实现自己的目的。这样，古代蒙古人必须承认周围的事物的存在是客观实有的。这种对于客观世界的现实的态度，是唯物主义的胚胎，也为无神论的产生提供了初步的思想基础。

（二）早期人为宗教的形成

12 世纪至 13 世纪初，蒙古社会发生了急剧变化。由于当时阶级日益分化，原始氏族制已趋解体，蒙古社会开始向奴隶制过渡。原始宗教萨满教的内容、形式和作用都发生了很大的变化，从多神的崇拜走向绝对权威一神的崇拜，对腾格里（天）的崇拜和天命观念的流行，标志着蒙古古代有神论体系的形成。

当时蒙古社会对腾格里（天）的崇拜已成为人们的普遍意识。“鞑靼民族之信仰与迷信……皆承认有一主宰，与天合名之曰腾格里”（《黑鞑事略》）。这种对天的崇拜，实际上是汗权统治力量加强的反映，“没有统一的君主就决不会出现统一的神”。[①] 由于当时蒙古社会阶级的分化，在蒙古社会中产生了“诺颜”游牧贵族以及权于其上的领袖人物——“汗”。“汗”逐渐地发展成国家政权的统治者。“汗”为了巩固其统治地位，把神权与汗权纠合在一起，给汗的统治地位披上“君权神授”的外衣。“汗”自诩为天之骄子，奉天承运的统治者，成吉思汗二十二世祖孛儿帖赤那被说成是“受天命降生的”。阿兰豁阿也称其子是“特殊等级的人”，是“天的儿子，不可比作凡人，久后他每（们）做帝王呵”（《蒙古秘史》第 21 节）。[②] 至成吉思汗时代，这种意识在蒙古社会中更加巩固。“汗”和“诺颜”竭力宣扬天命论，成吉思汗认为每一次出征都是在执行“长生天”的意志，每一次胜利都是“赖长生天之力，得天地之赞助”的结果。这种天命观念十分明显地反映在人们思想意识中，当时的蒙古人“其常谈必曰托着长生天的气力，皇帝底福荫。彼所欲为之事，则曰天教凭的，人所为主事，则曰天识着，无一事不归之天”（《黑鞑事略》）。[③] 可见天命观念，在成吉思汗时代已成为占统治地位的思想。

随着蒙古阶级社会的形成，萨满教逐渐地改变了原始宗教的面貌，具有了浓厚的阶级色彩。萨满教的祭司——萨满和统治阶级纠合在一起，垄断了神权，使萨满教成为统治阶级的精神工具。在成吉思汗统一蒙古诸部时，萨满起了重要的作用。萨满认为，他们是上天的使者，负有传达上天

---

① 《马克思恩格斯全集》第 27 卷，人民出版社 1965 年版，第 65 页。

② 《蒙古秘史》，即《元朝秘史》，《四部丛刊》本，第 21 节。

③ 《黑鞑事略》，彭大雅撰、徐霆疏、海宁王静安先生遗书本。

旨意的义务，成吉思汗称汗时，萨满豁儿赤声称“天地商量着国土主人教铁木真做”[①]（第121节），萨满阔阔出也说：“神命你（成吉思汗）为普世之君主。”[②] 可见，萨满已成为汗的代言人，汗是利用萨满的舆论来巩固自己的统治地位。但同时，萨满与汗时有矛盾，争权夺利，如阔阔出不满足于自己的地位，“且欲当权”，要与成吉思汗“齐等”（《蒙古秘史》第246节），成为成吉思汗的抗衡势力。于是，汗命其弟拙赤借故害死了阔阔出，命兀孙老人为别乞，专门管理萨满事务，使萨满成为其驯服工具。这就说明，萨满教已完全改变了其原有的性质和面貌，成为统治阶级的得力工具。

占卜是萨满教的一种仪式，在蒙古社会中广为流行。“其占筮，则灼羊之杴之骨，验其文理之逆顺，而辨其吉凶，天弃人予一决于此，信之甚笃，谓之烧琵琶，事无纤粟必占”（《黑鞑事略》）。萨满通过占卜，编造出一套所谓的吉凶祸福的道理，以此来迎合汗和诺颜统治阶级的需要。成吉思汗每次出征“必命楚材卜，帝亦自灼羊胛，以相适应”（《耶律楚材传》，《元史》卷四六）。不难看出，占卜这种宗教仪式也得到了更进一步的发展。在原始氏族时，凡死者，“则在墓旁以其爱马备具鞍辔，并器具弓矢殉之，以供死者彼世之用”[③]。随着阶级社会的形成和发展，开始用奴隶来殉葬。成吉思汗逝世后，即以“美女四十人并良马殉葬”[④]。可见这些宗教仪式是为汗和诺颜贵族阶级服务的。他们生前对属民残酷剥削，死后又要对属民任意残杀，要奴隶们灵魂永远守在墓穴里。这种野蛮的宗教仪式，其思想根源正是灵魂不灭，鬼神和上帝为核心的有神论思想。

总之，随着蒙古阶级社会的形成，原始萨满教开始向阶级社会的人为宗教发展，多神的崇拜向一神崇拜转移。腾格里（天）成了主宰一切的绝对权威，在蒙古社会意识形态中占据了统治地位。当时的有神论思想体系是以其为核心思想，其他宗教思想观念都是由此派生出来的。

二　蒙古族古代无神论的萌芽与发展

在蒙古族有神论思想体系逐渐形成的过程中，作为其对立面无神论思想萌芽，也随着生产的发展、自然科学的进步和阶级斗争的展开开始产生

① 《蒙古秘史》，即《元朝秘史》，《四部丛刊》本，第121节。

② 《史集》第1卷第1分册，（波斯）拉施特主编，余大钧译，商务印书馆1983年版，第167页。

③ 《多桑蒙古史》，冯承钧译，中华书局1962年版，第29页。

④ 同上书，第184页。

和发展起来。

12 世纪至 13 世纪初，蒙古的畜牧业经济有了很大的发展，首先表现在牧人已因畜而异，有了“牧马人”、“牧羊人”、“放牧骆驼”人之分，改变了从前无所分工的状况。其次，养畜方法不断提高。蒙古牧民已注意牲畜的驯养和保护，并应用了选配种畜和骟马技术。此外，蒙古牧民已经懂得牧场轮放制，注意草场的选择和保护，提高了草场的利用率。这些表明了当时的蒙古人已对牲畜有了一定的认识，为畜牧业的发展创造了条件。

由于畜牧业生产技术和畜牧业经营方式的不断提高，蒙古的畜牧业得到了较快的发展，仅“十三翼之战”，成吉思汗与扎木合双方出动六万人（《蒙古秘史》第 129 节），以每人一匹马计算，就出动了马匹六万。可见，当时蒙古的牲畜的数量相当可观了。由于畜牧业的发展，为手工业和商业的发展创造了条件。首先是冶铁业有了发展。蒙古族很早就开始使用铁器，12 世纪以后，铁器已经应用于畜牧业生产，开始出现了专门从事铁器生产的铁匠，并能够制造铁车，以及日常工具斧、锯、凿等。铁器工具的使用，推进了木业和皮革业等手工业的发展，当时在蒙古社会有造车、马具、皮革、金属制造和加工等手工业。

畜牧业和手工业的发展，促进蒙古族和汉族及其他民族贸易往来和经济文化的联系，这对于促进蒙古社会经济发展，起了重大的作用。

以上蒙古社会经济发展和生产力的提高，表明了当时的蒙古人通过长期劳动和生活实践，在逐渐地摆脱了对自然的盲目崇拜，开始对蒙古族主要经济畜牧业有了一些认识，掌握了一定的同自然斗争的能力。这就为无神论思想产生创造了条件。

其次，蒙古社会奴隶反抗汗和诺颜统治阶级的斗争也直接促进无神论思想萌芽的发展。

随着蒙古阶级社会的发展，贫富差别相当悬殊，富者牲畜遍野，“贫者则困穷乏，卖子易肉”（同上书，第 14、15 节）。奴隶被统治阶级当作会说话的工具任意驱使，甚至成为祭祀的牺牲品。统治阶级对奴隶的残酷剥削和压榨，激起了奴隶们的反抗，他们采取各种形式的斗争，把矛头直指汗权神授的政权。他们或者逃亡，或者捕捉主人将其杀伤。如泰亦赤兀部塔儿忽台就曾被其“家人”纳牙阿父子捉住。扎答兰部扎木合也是被所谓“贱奴”所执，送交成吉思汗处死的（同上书，第 200 节）。当奴隶和统治阶级矛盾处于十分尖锐时，奴隶们群起而反之，对统治阶级采取暴力手段。如当被俘的塔塔儿人得知成吉思汗欲杀害他们时，“据了山寨……每人袖着一把刀……将军每（们）多（都）杀伤了”（同上书，第154节）。这些斗争表明了奴隶反抗汗和诺颜统治阶级的残酷压迫，其实质是向神权挑战，这不但严重冲击了汗权神授不可侵犯的权威，而且反映了奴隶根本不相信诺颜贵族阶级捏造的鬼神上帝的那套谎话，从而直接推动了无神论思想的发展。这表现为：

（一）对腾格里（天）信仰的动摇

按当时蒙古社会的普遍意识，腾格里即天是主宰一切的绝对权威，人间的一切都是天的意志的安排，人们只能绝对服从它，但是随着蒙古社会“星天旋转，诸国争战”的社会动荡的现实，天的观念有了新的发展。成吉思汗曾几次提出“忠诚得天佑护”的观点，一次成吉思汗派速别额台出征时说“你虽然远离了，但是像在我的身边，你虽然远去了，但是像在我的跟前，我们如果忠诚，上天会加佑护的”（《蒙古秘史》第199节）。成吉思汗这一得天助者必须“忠诚”的观点，虽然没有否定天的存在，但是却包含着它自身否定的因素，单靠天命是不行的，还需要强调人的作用，因此不可尽信。这就从客观上对天的绝对权威发生了动摇和怀疑。这种在神学外衣下，客观地反映出一种无神论萌芽的倾向也表现在早期萨满教的仪式中。萨满为了使自己的誓言、诅咒祝词等等愿望能够灵验，往往摹拟自然界的各种现象，“即通过造成你控制现实的幻觉，你就真的能控制现实。在它最初阶段，它是简单的摹拟术。你想要下雨，那你就跳个舞，在舞台模仿乌云密集，雷声隆隆，大雨瓢泼。他们幻想中演出所企望的现实就得实现。在它后来的阶段，这种模仿行动可以伴随一个命令，以命令口气说下雨！但是，它是一种命令，而不是一种祈求。”[①] 这就从客观上表现出对上帝没有任何的祈求和请求恩赐，而是自己的意志支配自然力，虽然这是看来很不现实的行为，但是从客观上大大降低了上帝权威的神圣性。

在当时的蒙古社会也出现了批判和否定灵魂不灭观念和天命论的思想。史诗《江格尔》曾有这样的一句格言：“有比正午更热的时辰吗？死后还能有什么幸福。”这句格言用正午最热作比喻，说明只有活着的人才能够得到幸福，不同意人死后还有幸福的观点，寓有否定灵魂不灭的观念。在《江格尔》中一位勇士和姑娘的对话也反映了这种思想：“为有天之贵胄者当差，不如你我在一起是幸福，同样这是谁都明白了的……”[②]

① 《印度哲学》，恰托巴底亚耶著，黄宝生等译，商务印书馆1980版，第46页。

② 《江格尔》，第27页。

这一对话闪烁着无神论的思想，它没有把幸福寄托于上帝，而是否定了天命观念。正如恩格斯指出的："古代世界具有强烈的自发的唯物主义，它把人世生命看得比冥土生命宝贵得多，希腊人则宁肯把死后的永生看作是一种不幸。"①

对天的怀疑和批判，在民间反映更为突出。《史集》中记载：蒙古兀良合惕部的人有这样一种习俗，当闪电大作时，他们就咒骂闪电，并向他们喊叫。② 在当时普遍敬天、信天的情况下，这种咒天、骂天的不敬行为，真不愧是一种大胆的蔑视神的举动。它虽然没有彻底否定人格神的存在，却足以说明人们对天信仰的动摇。这种对天怀疑和动摇的思想，对后来的无神论思想的发展影响是深远的。

（二）古代蒙古人对自然规律的认识

古代蒙古人由于在自然界面前处于无知或少知的状况，对自然现象不可避免地产生了神秘感，进入阶级社会，统治者有意无意地夸大这种神秘感，把大自然的变异如暴雨、风雪等皆说成天的旨意，以此塑造一个"人的自我异化的神圣形象"③，使人们对之虔诚膜拜。然而古代蒙古人在长期的生活和劳动实践中，逐渐对自然界的规律有了一定的认识。首先从事畜牧业的蒙古人，在当时生产力低下的情况"随季候而迁徙，春季居山，冬近则归平原"④，改变了以往"今日行而明日留，逐水草，便畜牧而已"⑤ 的状况。这表明当时蒙古人已能够依据季节特征，合理使用牧场。

恩格斯指出："首先是天文学——游牧民族和农业民族为了定季节，就已经绝对需要它。"⑥ 正是出于这种需要，引起了古代蒙古人对于天文历法的探索。经过长期的生产斗争的实践，对自然现象的变化规律有了一定的认识，较为明确地掌握了正确的时间概念和季节的变换，从而创造出了自己的历法。根据史书记载，早在成吉思汗统一蒙古诸部以前，蒙古人已经有了明确的年、季、月、日、时辰概念和特定的专用名词。一年分春、夏、秋、冬 4 季。一个季度分为 3 个月（《蒙古秘史》上记有头夏

---

① 《马克思恩格斯全集》第 22 卷，人民出版社 1965 年版，第 542 页。

② 《史集》第 1 卷第 1 分册，（波斯）拉施特主编，余大钧译，商务印书馆 1983 版，第 255 页。

③ 列宁：《哲学笔记》，人民出版社 1974 年版，第 275 页。

④ 《多桑蒙古史》，冯承钧译，中华书局 1962 年版。

⑤ 张德辉：《塞北纪行》，第 2 页。

⑥ 《马克思恩格斯选集》第 3 卷，人民出版社 1972 年版，第 253 页。

月），每月分多少呢？没有明确的记载。但是在《蒙古秘史》上记载：蒙古人把每月的16号当作月圆的日子。蒙古人的纪时法，把日子分为白天、夜；白天又分为早、中、午、下午、黄昏。可见当时的人们对时辰的概念已很明确了。蒙古人从1201年（鸡年）开始采用12生肖鼠、牛、虎、兔、龙、蛇、马、羊、猴、鸡、狗、猪作纪年。1220年开始用干支纪年。《蒙鞑备录》[①] 记载："去年春，珙每见其所行文字犹曰大朝，又称年属兔儿年、龙儿年，至去年方改庚辰年，今日辛巳年是也"。从13世纪30年代开始，又用十二支纪月。《白史》记有：龙月、虎月、蛇月等[②]。

从上述古代蒙古人对自然规律的探索，可以看出当时的蒙古人通过长期的生产斗争的实践逐渐开始认识自然界的变化规律。这种认识虽然是初步的朴素的，但却是科学的无神论思想萌芽。它与把天看作神秘、不可认识的神秘主义的神学思想是截然不同的。

（三）对世界形成的朴素唯物主义的认识

在古代蒙古社会，人们在日常生活中开始逐渐地思索与猜测世界万物从哪里产生，以及怎样产生的。一种是上帝创世说，认为神创造了世界、主宰了世界；一种认为世界万物的产生是从无到有，从小到大的朴素的唯物主义认识。

在蒙古古代史诗中，几乎都从这样的一个固定的格式开篇：

当蔚蓝色的遨尔其朗（宇宙），初次闪现曙光的时候，
当辽阔的大地，还只有土丘般大的时候，
当天空的星辰，还只是寥寥数颗的时候；
当世间的生物，还只有一两个的时候；
当高耸的山峰，还只有土坡一般的时候；
当宽阔的海洋，还处在沼泽般小的时候。

又如《蒙古秘史》写道：

自大地如土坷时……
自江海似小溪时……（《蒙古秘史》第245节）

---

① 《蒙鞑备录》，赵珙著，海宁王静安先生遗书本。

② 留金锁：《十二—十七世纪蒙古社会政治、哲学思想概述》。

从以上的词句，可以看出古代蒙古人认为世界是不断变化运动，万物的形成是从无到有，从小到大，从低级向高级不断发展的。这种朴素的唯物主义宇宙观，意味着古代蒙古人逐步地认识到自然万物产生和发展是一个客观过程，丝毫没有涉及所谓的造世主的地位和作用。这就排斥了神创说和天命论，是古代蒙古社会无神论思想的萌芽。

（四）重民和团结的思想

在蒙古社会进入阶级社会之后，产生了重民和团结的思想。这是由于随着社会的动荡，奴隶们反抗汗和诺颜的斗争，连绵不渐，汗权的统治受到了削弱。另一方面，由于畜牧业的发展，战争的频繁，统治者对人力的需求越来越迫切，需要更多的奴隶充当劳动的人手、战争的兵力，这样奴隶的作用在生产中日益显著，民众的地位和作用日益重要。根据《蒙古秘史》记载，扎木合与阿勒坛、忽岁儿等相议，欲打成吉思汗，当时脱斡邻勒说“计不如往取帖木真百姓，若亡其百姓，无百姓者，其将奈何！”[①] 这就说明民众在战争的作用的重要性。又如《蒙古秘史》记载：泰亦赤兀惕人塔儿忽台乞邻秃黑、脱朵延吉儿帖等不顾诃额仑母子，只顾自己沿着斡难河迁徙。……晃豁塔歹，察刺合老人（对成吉思汗）说：“汝贤父所聚之俺百姓，悉为其百姓而徙也，往劝而被戕如此。帖木真因哭之，出，去矣。诃额仑夫人被弃而徙也，躬自持纛上马而往；追还一半百姓，然所还之百姓，不住，（仍）从泰亦赤兀惕之后徙去矣。”[②] 这就说明畜牧业生产离不开民众，战争更是如此。汗权如果失去民众的拥护，那只是一个空架子而已。在这个意义上讲，民众是汗权的支柱，迫使统治者不得不重视民众的作用。

古代蒙古人在长期的生活和生产实践中，逐步地认识了人的作用。这里，虽然没有公开地贬低神的地位，但客观上“神”几乎成了一块招牌，主宰人事已经不是“神”而是民众的力量，这实质上也是对汗权和天的权威的进一步否定。

由上所述蒙古族早期的无神论思想萌芽的特点，可以得出以下几点认识：

1. 蒙古社会进入阶级社会以后，随着社会的激烈动荡，阶级矛盾的日益加剧，人们对天的看法有了新的认识，以天为核心的有神论经历了一次危机，无神论思想的萌芽终于产生出来。第一个变化，便是一部分人流

① 道润梯步：《新译简注〈蒙古秘史〉》，内蒙古人民出版社 1979 年版，第 135 页。

② 同上书，第 34 页。

行着对天和天命的怀疑和动摇，以至到咒天、骂天。这是古代蒙古人对神学束缚的冲击，否定上帝人格神存在的一个开端。这种对天的怀疑和动摇是社会现实的反映。它表明统治者内部的纷争，奴隶们的反抗斗争，使汗权的统治地位开始动摇。

2. 古代蒙古人经过长期的生产实践，有了一定的天文历法知识，初步认识到自然界某些自身变化的原因和规律，客观上排斥神秘的上帝创世说。这就说明无神论思想正在滋长和发展。虽然由于时代的局限，他们对自然现象，未能作出科学的解释，但是从中已认识到某些规律，这是对不可捉摸的神秘主义的人格神的观念的一次打击。

3. 对自然现象的初步认识、排斥神秘主义解释，到对天的怀疑、动摇，表现了无神论思想逐步冲破神学的束缚而生长、发展。同时又表现着"科学思维的萌芽向宗教、神话之类的幻想的一种联系。"①

4. 从对自然现象的初步认识，排斥神秘主义解释，以及产生重民的思想，到对天的怀疑和动摇，表现了无神论思想萌芽、发生、发展的规律性。但是，应当看到有神论和无神论仍然存在长期尖锐的斗争，以"天"为核心的有神论思想仍然统治着人们的头脑，占据着统治的地位。

第三节　近代蒙古族的有神论与无神论思想

一　近代蒙古族地区的社会经济与政治

1840 年的鸦片战争，揭开了中国近代史的序幕。从此，中国从一个封建社会一步步地沦为半殖民地半封建的社会。蒙古地区的社会面貌也相应地发生了深刻的变化。

鸦片战争前夕，蒙古地区的社会经济占统治地位的，是畜牧业和家庭手工业相结合的自给自足的自然经济。虽然随着畜牧业经济发展的需要，农业、手工业和商业亦有一定的发展。一些地区出现了不少的以商业和手工业、畜牧业产品交换为中心的城镇。但这个时期的商业贸易关系，主要是以物易物，货币关系在蒙古族社会还未得以发展。因此，鸦片战争前的蒙古社会，基本还没有改变封建领主占有制的畜牧业生产的经济基础。

鸦片战争以后，在外国资本主义势力的扩张下，促使着蒙古地区的封建经济的进一步解体，原有的蒙古封建领主占有制的畜牧业经济基础遭到了破坏，从 19 世纪中叶以后，帝国主义列强相继向蒙古地区扩张势力，

---

① 列宁：《哲学笔记》，人民出版社 1974 年版，第 275 页。

它们凭借着攫取的免税贸易等特权，通过洋行向蒙古封建上层贷款，不仅控制了蒙古地区的铁路、矿产森林、畜产品等资源，而且大量倾销商品，从而使蒙古地区逐步地变为资本主义世界商品的推销市场和原料掠夺地，这就使蒙古地区的经济具有浓厚的半殖民地半封建经济的特征。帝国主义不但在经济上扩张，而且在政治文化上进一步渗透。他们以宗教作为扩张势力的工具，在蒙古地区兴办教堂，发展教民，自备武装，私设法庭，并进行各种间谍活动，扶植奸细，制造民族纠纷，为帝国主义列强在蒙古地区牟取各种特权利益服务。

在帝国主义势力的入侵下，日趋腐朽的清政府，对外丧权辱国对内压榨勒索，以捐输之名，向蒙古牧民勒索银两驼马。蒙古族上层王公贵族为求自身之利禄，亦不惜搜刮民脂民膏，以满足清廷统治者的贪欲。为了摆脱帝国主义和封建上层的压迫和奴役，蒙古族人民从 19 世纪 50 年代开始，同全国各族人民共同展开反对帝国主义势力的斗争。在鸦片战争中，蒙古族数千骑兵开赴天津等地守卫海防。在第二次鸦片战争中，蒙古族骑兵又在大沽口的防卫战中严惩了英法联军，这是第二次鸦片战争中方所获得的惟一的一次大胜仗。在太平天国农民革命战争的影响下，蒙古族人民还掀起了反对清政府和蒙古族封建特权的革命斗争，如 1853 年蒙古东部地区八枝箭人民奋起反抗，拒绝从征镇压太平军。1861 年由绰金太、那木斯来等人组织的“老人会”，举行了反抗王公招垦自肥和强征“俊男俊女”充当奴婢的起义斗争。1858 年，伊克昭盟乌审旗爆发了以丕勒杰、米勒杰尔嘎拉等人组织的反抗封建王公压迫剥削的“独贵龙”运动。1861 年喀喇沁右旗爆发了以白凌阿为首的抗清起义。1900 年义和团反帝爱国运动爆发后，内蒙古东部和西部地区相继掀起反帝排教的斗争，烧毁教堂、惩罚教士，使为非作歹的帝国主义分子受到严厉的打击。1901 年至 1911 年，清政府“大局日危，上下交困”。为了挽救岌岌可危的政权，在“变法图强”、实行“新政”的外衣下，在蒙古地区大肆掠卖土地滥垦牧场，使农牧业生产遭到严重破坏，造成了广大牧民流离失所，加剧了以农牧矛盾为中心的民族矛盾。为了保护牧场，蒙古地区各族人民抗垦斗争此起彼伏，1902 年，伊克昭盟蒙古族人民在巴音赛因巴图和王喇嘛等领导下，进行了抗垦斗争，相继又在哲里木盟等地掀起了反夺地的武装斗争。这些斗争与全国各地推翻清王朝的斗争相呼应，成为中国近代革命运动的一个重要组成部分。

总之，鸦片战争以后，近代蒙古社会经济发生了很大的变化，阶级矛盾和民族矛盾也进一步复杂化和尖锐化。这些变化不能不在思想领域中产生十分深刻的影响，近代蒙古族的无神论同有神论的斗争正是在这一历史条件下展开的。

二　近代蒙古社会的喇嘛教

喇嘛教是佛教的一个派别。8 世纪时印度僧人莲花生等把佛教密宗传入西藏地区与西藏地区原始宗教“本教”相结合而形成喇嘛教。13 世纪元世祖忽必烈统治时期，西藏红帽派喇嘛教得到了蒙古贵族阶级的推崇和重用，但只是活跃于皇室宫廷之中，并未在民间广泛传播，元代蒙古地区的广大群众主要还是信仰原有的萨满教。16 世纪后期，宗喀巴所创的黄帽派喇嘛教，在蒙古地区开始传播，不仅逐渐地取代蒙古原有的萨满族，而且影响蒙古社会的政治、经济、文化等各方面。自俺答汗于明万历七年（1579 年）引入喇嘛教，蒙古贵族上层纷纷沉溺于拜佛诵经之中，俺答汗之孙把汉那吉竟“十三载无所事，日诵佛经数万言”（《把汉那吉列传》，《万历武功录》卷九）。在蒙古上层贵族阶级推崇和扶持下，崇佛敬僧成为社会生活不可缺少的组成部分，《夷俗记》记载当时情况说：“其幕中居恒祀一佛像、饮食必祭，出入必拜……无论男女老幼，亦往往手念珠而不释也。又有以金银为小盒，高可二三寸许，藏经其中，佩之左腋下，即坐卧寝食不释也。”（《夷俗记·崇佛》）由于上下普遍的尊奉，喇嘛的权威被视为至高无上，不能稍有违背：“凡事皆守僧之戒……一举动，僧曰不吉，则户限不敢越；一接见，僧曰不吉，则人罕都（睹之误）其面也。”（《夷俗记·禁忌》）在这种宗教至上、喇嘛佛爷至上的气氛中，蒙古人沉溺于虚幻世界，无所作为，逐步地丧失了尚武的素质。正如外国史学家格鲁塞在其著作《草原帝国史》谈到的：“16 世纪末再度高唱成吉思汗的史诗的人们，已不可思议地沉溺于宗教的惰性，专门埋头于养肥那些喇嘛。”清统治者征服蒙古地区后，认识到“兴黄教即所以安众蒙古，所系非小”（《卫藏通志》27 页），把扶持喇嘛教定为国策，用喇嘛教来驾驭蒙古人民，因此特别提倡喇嘛教，在蒙古地区修建许多寺庙。清统治者对于喇嘛设定种种奖励办法，凡当喇嘛的，除豁免其一切赋役外，并得享受种种特权。因此，蒙古地区几乎每户牧民，都有一个以上的男性成员去庙当喇嘛，喇嘛人数最多时，几乎达蒙古人口三分之一。

喇嘛教在清统治者和蒙古贵族的极力推崇下成为蒙古社会的惟一宗教，喇嘛教的神学说教必然满足统治者的需要，成为统治蒙古社会的精神工具。按照喇嘛教的说教，汗、诺颜，总之一切显贵的人们，都是因为他们前生的善行故此应享富贵，而牧民经受苦难和压迫，就是因为他们前生作“孽”而受惩罚。喇嘛教用这种因果说教解释统治者拥有特权，并劝导牧民放弃现实的反抗斗争，心甘情愿地承受今生的不幸和困苦，这样来生可以“得救”。人们要能“得救”，只有通过“活佛”的“引度”。这样，“活佛”成了蒙古社会至高无上的精神偶像。

由于喇嘛教“因果报应”、“解脱超度”等虚伪宗教说教的广泛影响，蒙古人逐渐地沉醉在“天堂”和虚幻之中，造成了蒙古民族人口锐减、疾病激增，社会经济停滞，民族意识模糊。一个爱好自由，英勇尚武，一时叱咤风云的民族，竟变成几乎无动声息的民族了。

鸦片战争以后，阶级矛盾和民族矛盾日益尖锐，清王朝已经处于濒临灭亡的前夕，作为维系封建上层统治的精神支柱喇嘛教已趋于衰落。但是在蒙古意识形态领域中，喇嘛教宗教思想的影响还根深蒂固，仍然是束缚着人们思想的精神枷锁。特别是趋于腐朽与瓦解的封建统治者，他们为了避免和挽救即将灭亡的命运，总是要乞求神灵，利用宗教为其统治利益服务。因此，对喇嘛教，尤其是喇嘛教上层人物，大加优待，赋予种种特权，实行各种手段拉拢，如授予喇嘛教各种特权、封号、尊号等等。根据清廷规定和蒙古人的传统习惯的计算，呼图克图在西藏、青海、内外蒙古全部不过 60 人。但到清末时期，清廷为了进一步利用喇嘛教，维持其统治地位，授予喇嘛教上层人物的尊号日益增多，仅内蒙古地区竟达 157 人，教主受封、寺庙林立，清末仅内蒙古各旗平均有寺庙 20 余座，最多者达 40—50 座。喇嘛的数目有增无减，到了清末喀尔喀蒙古地区当喇嘛的人数已占其男子人口的 50%，内蒙古地区占其男子人口的 30%—40%，有些盟、旗占到 50% 以上。喇嘛教的一些上层僧侣还每年举办大法会替清帝祝长寿半个月。如内蒙古大巴林庙一次大法会为清帝祝长寿，聚众喇嘛一万多人。可见，鸦片战争以后，喇嘛教尽管随着清王朝衰落而衰落，但是其影响和作用，仍然在蒙古政治、思想意识领域里占有重要的地位。

三　蒙古族近代无神论的产生和发展

鸦片战争以后，蒙古封建领主制经济日趋解体，社会性质不可避免地发生变化，逐步变为半殖民地半封建化的社会。伴随着封建领主制社会的演变，无神论在与有神论的斗争中，也相应发生了变化，进入了新的阶段。

首先，近代蒙古族无神论的发展和变化同当时蒙古民族矛盾和阶级矛盾有着密切的联系。

如前所述，19 世纪中叶以后，蒙古社会矛盾和阶级矛盾日益尖锐，蒙古族人民反对清朝统治者和蒙古封建上层的斗争连绵不断，日趋高涨。这些斗争，沉重打击清廷的统治和蒙古封建上层。这些斗争内容虽然没有提出明确无神论口号，但是他们用自己的实践行动对所谓几百年来神圣不可侵犯的封建统治者冲击，对蒙古族近代无神论的产生和发展起了巨大的影响，提供了发展的前提。

其次，近代蒙古族无神论的发展，同当时经济发展的要求、蒙古族思想文化的进一步发展有着密切的联系。鸦片战争以后，由于蒙古封建社会经济的瓦解和资本主义萌芽的产生，蒙古地区农牧业商业经济有了一定的发展。在这一基础上，出现了许多商业贸易为主的“买卖镇”。进入20世纪后，蒙古地区也出现一些资本主义性质的工矿企业、铁路，使蒙古地区的社会经济有了很大的变化。由于经济发展的要求，鸦片战争导致清统治者政治上经济上全面危机。清统治者不得不解除“隔离蒙古”的反动政策，对内蒙古地区实行以“练兵筹饷”为主要内容的“新政”，允许招垦土地，允许汉族移民，允许蒙古人与汉族通婚等。在清统治者允许放任开垦牧场的情况下，蒙古地区的牧区日益缩小，农区、半农半牧区日益扩大，出现蒙汉杂居、农牧交错的地区，蒙古民族被迫产生的“那种地方的和民族的自给自足和闭关自守状态，被各民族的各方面的互相来往和各方面的互相依赖所代替了，物质的生产是如此，精神的生产也是如此。各民族的精神产品成了公共的财产”①，由于蒙古民族同其他各民族经济联系和交往，促使蒙古文化也有了新的发展。首先，教育事业兴盛起来，从清朝末年开始，清廷为了推行“新政”，在内蒙古各旗地建立了一些蒙汉文书塾，与此同时，一些蒙古族贵族上层还不断选送子弟到北京、天津、南京等地学习深造，他们中的许多人后来成为先进文化和资产阶级民主主义思想的传播者，对蒙古族地区思想文化的发展起了促进作用。他们中的一些人热心兴办学校、担任教师，或者从事译著，撰写或翻译语言学、史学、医学、文学、天文学等方面的著作。同时又创办了铅印和石印出版事业，在北京成立“蒙文书社”，在张家口成立了“蒙文图书编译馆”，各自出版了一大批自然科学和哲学书籍。蒙文报纸也初次在蒙古族地区刊行。由于汉文书籍大批传入，学习汉文的人也逐渐增多。一些汉族名著如《三国演义》、《水浒传》、《红楼梦》，以及《四书集注》、《资治通鉴纲目》译成蒙文。同时，随着佛教的传播，一些藏族文学作品也译成蒙文刊行。由于汉族藏族作品的大量翻译，对喇嘛教宗教的泛滥起了抵制作

① 《马克思恩格斯选集》第1卷，人民出版社1972年版，第255页。

用，逐渐开始排斥曾经在蒙古地区充斥一时的《观音经》、《目莲变文》等一类麻痹人民精神的宗教作品。

由于鸦片战争以后，蒙古地区社会矛盾的日益尖锐，社会经济的变化，蒙汉文化交流的进一步密切，以及蒙古族思想文化新的发展，蒙古族近代无神论同古代的无神论相比较，有着显著的不同特点。

蒙古族近代无神论第一个特点是，鸦片战争以后日益严重的社会危机和民族危机，在蒙古族整个思想领域中产生了深刻的影响，一部分中下层蒙古族知识分子在社会急剧的动荡和变化的过程中，开始挣脱喇嘛教神学的羁绊，公开抨击喇嘛教宗教迷信，揭露封建僧侣上层的腐朽和黑暗，使无神论思想的发展走向新的阶段。

在鸦片战争前，清朝统治者为了强化对蒙古族人民和知识分子的思想统治，对蒙古地区实行“隔离蒙古”的政策，曾明令规定：不准蒙人学习汉文，不准蒙人建造汉式房屋等，同时也不给蒙人以发展本族文化的条件。1742 年（乾隆七年）清廷通令将内蒙古所固有的一切历史文献，尽行搜罗于北京予以全部焚毁。清朝统治者一方面实行“隔离蒙古”政策，另一方面推崇和发展喇嘛教，使喇嘛教成为思想领域中占据统治地位的思想，在喇嘛教的桎梏下，蒙古族仅有的一些知识分子在清统治者和蒙古封建上层的驱使下，沉湎于喇嘛教的经典中，纷纷埋头于古纸堆中，整日诵经、不问世事，穷年累月地一味从事喇嘛教经典的抄译、校勘工作，以求所谓灵魂上的解脱。由此造成鸦片战争前的蒙古社会思想界一片死气沉沉。

鸦片战争以后，清王朝已进入衰世，喇嘛教也日趋衰微，这些变化在蒙古思想界引起了强烈震动，一些中下层蒙古知识分子敢于面对现实，承认社会生活中的矛盾和危机，大胆揭露封建统治者的腐败。他们指出，那些被清廷加封的王公、贝勒、贝子是些“文不读诗书，武不下教场”的“败类”，有的人还尖锐指出清朝这个朝代不可避免地要成“空”。在思想领域中，他们认识到喇嘛教是阻碍蒙古民族发展的祸根，认为：蒙古民族之所以衰落，是由于“贪图安逸”、“好高骛远”，“想成佛反而成了废物还不醒悟”，“让子孙都去当喇嘛，使蒙古人快灭绝了”。他们不但认识到喇嘛教的危害性和欺骗性，而且还从理论上深刻地批判喇嘛教的神学理论，从此在思想意识形态领域中，打破喇嘛教一尊的统治地位，开始迸发出不满以至于愤怒的呼声。这一时期主要代表人物是近代蒙古族无神论思想的先驱者尹湛纳希和思想家罗布桑却丹等人。

蒙古族近代无神论思想的第二特点是，它继承了蒙古族传统的唯物主义思想，吸取了汉族素朴唯物主义思想，从理论上分析和批判了喇嘛教神学的理论基础，使蒙古族近代无神论在同有神论的斗争中不断趋向理论化。

这一时期，蒙古族无神论同有神论斗争主要表现为：人们周围的事物与现象是客观存在的（有）？还是虚幻不实的（空）？蒙古族近代著名的思想家尹湛纳希、罗布桑却丹等人用素朴的唯物主义观点，分析和批判了喇嘛教神学的理论核心，他们认为，“有就是有，它表现为现实的存在的实体；空就是空，它表现为现实中的不存在”，并一针见血地指出，“喇嘛教主张万物皆空，是引导人们以空为本”。他们对喇嘛教有神论理论基础的分析和批驳，阐述无神论的理论基础，从而使蒙古族近代无神论逐步克服以往无神论零碎不完整的缺陷，向系统化、理论化发展。

蒙古族近代无神论的第三个特点是，它把神学的批判同政治批判结合起来，从对神学的批判指向对社会的批判，把无神论作为反对封建上层的理论武器，从而增强了无神论的战斗力，使无神论在斗争中进一步深化。

蒙古族近代进步思想家用大量的事实揭露了喇嘛教的危害性和欺骗性。他们指出，众多的喇嘛脱离生产，坐享其成，不娶妻室，杜绝生育，给蒙古民族的经济生活，社会生产，文化教育带来了严重后果。并进一步指出，这些后果是清廷为了维护其统治，削弱蒙古民族而大力提倡喇嘛教的结果。蒙古族近代思想家不但深刻地揭露了喇嘛教的危害性和欺骗性，而且同批判封建上层结合起来。罗布桑却丹指出，“作为旗主和诺颜（富人）们，被喇嘛们迷惑，不知其所以然”。尹湛纳希指出，这些王公贵族“看起来尊贵无比，闻起来死猫般的恶臭”。蒙古族近代进步思想家不但揭露和批判了喇嘛教的危害性和欺骗性，而且把斗争矛头直指封建上层。从而表明无神论的战斗立场，推动了蒙古族无神论的发展。

第四节　尹湛纳希

尹湛纳希（1837—1892 年），汉名宝衡山，字润亭，原卓索图盟土默特右旗人。他出生于一个封建贵族家庭，父亲旺钦巴勒是一位爱国将领。鸦片战争时期，他统领蒙古军亲临渤海海防前线防守。旺钦巴勒还是一位藏书万卷、致力于史学研究的学者。

尹湛纳希秉承家学遗风，聪明好学，熟悉蒙、汉、藏、满四种文字，深谙蒙、汉民族的传统文化，并有绘画才能。富有的封建贵族家庭，使青少年时期的尹湛纳希过着那种“名茶一杯、古书一部、淡饮深论”的悠闲生活。1870年，尹湛纳希家族开办的煤矿由于动乱和亏损而倒闭。从此家道中落，每况愈下，正如他自述："三十岁时妻死儿亡，凡事均不顺利。"这些变化，不能不对尹湛纳希的思想产生深刻的影响，从而转向了对社会问题的关注和探索。尹湛纳希一生从未任过官职。现实生活使他意识到了贫富悬殊，利害相悖，不可避免地会引起矛盾。他说："穷与富之斗，正与邪之争，其生活之道截然相反，利害所得迥乎不同。"（《尹湛纳希》，蒙文，第42页）由于尹湛纳希对当时的社会矛盾有所认识，他同情穷苦百姓，鄙弃王公贵族。他晚年生活十分清苦，曾寄居锦州，靠借贷和典当祖传宝器度日。终因积劳成疾，于1892年2月25日（清光绪十八年壬辰正月二十七日）殁于锦州，享年55岁。

尹湛纳希一生主要著作有《青史演义》和《一层楼》、《泣红亭》，以及一些杂文和诗歌，所遗存稿150万言。这些著作反映了他的无神论思想，在蒙古族近代思想史上占有重要的地位。

一　尹湛纳希无神论思想的理论基础

无神论与有神论的斗争，归根结底是在世界本原问题上唯物主义与唯心主义的斗争。正如恩格斯指出的："思维对存在的地位问题，这个在中世纪的经院哲学中也起过巨大作用的问题：什么是本原的，是精神，还是自然界？——这个问题以尖锐的形式针对着教会提了出来：世界是神创造的呢，还是从来就有的？"① 当时，蒙古族无神论同有神论的斗争在理论上表现为：人们周围的事物与现象是客观存在的（有）？还是虚幻不实的（空）？

喇嘛教断言物质世界是虚空的，何谓虚空？喇嘛教认为，一切客观存在着的事物都是"因缘而合"所构成的假象，事物本身并不具有任何质的规定性，都不是独立存在的实体，是"无自性的"。所以物质世界是"空"的，因而由此产生的一切事物都是"空"的，这种"空"的观点正是喇嘛教有神论理论基础的核心所在。

尹湛纳希紧紧地抓住喇嘛教有神论思想理论基础的核心所在，一针见血地指出，喇嘛教主张万物皆空，是引导人们以"空为本"。他认为，有就是有，它表现为现实中存在的实体；空就是空，它表现为现实中的不存在。他说："我们这个朝代，我们本身，现在虽然都是有，但不可避免地要成为空。到将来，不能把灭亡了的朝代与人称之为有，亦不能把现存的

① 《马克思恩格斯选集》第4卷，人民出版社1972年版，第220页。

朝代与人称之为空。”（《青史》，第67页）[①]“具体的事物，在其有形体的时候便是有，在其形体毁灭之后便是空。”（同上）尹湛纳希对有与空的分析，虽然是感性直观的，但却是建立在素朴的唯物主义基础之上的。同时，他的有和空的观点，充满着强烈的战斗精神，认为“我们这个朝代，都将不可避免地要成为空”。不难看出他的矛头所向直指行将灭亡的清王朝。

尹湛纳希不仅辩证地分析了有和空的关系，而且还阐述了他的素朴的唯物主义宇宙观。他说：“此宇宙者，从天地日月乃至万物，皆起源于阴阳二气。因缘于五行法则，故充满世界，繁衍万物。”（《青史》第12页）尹湛纳希不仅认为宇宙的形成皆起源阴阳二气，而且还认为，“万物无不具有规律也”（《青史》第12页）。他举例说：“春晨一时冷风怎能使万物冻结？夏夜一阵北风怎能使万物成熟？秋午一时炎热怎能使万物返青？冬日一阵温暖怎能使万物复苏？”春生、夏长、秋熟、冬藏，四时交替，循序不紊。在他看来，有“阴阳二气的地方，就产生出人和物”，万物之差别是由地理条件与不同气候造成的。“世界气候和地理条件不同，日照远近与地形高低不同，春秋迟早与冬夏冷热不同，使万物各自具有了不同的特点。”（《青史》第57页）尹湛纳希还进一步认识到：“人和自然都服从同样的规律。”（《青史》第113页）他举例说：“得天地之气的勃特国，上下一心，所向披靡，国运蒸蒸日上。这与欣欣向荣的春天有何区别？唐古特国迷于歪门邪道，内外昏庸，不分日夜地恣情纵欲，这与酷暑炙人的夏天有何区别？金国法度弛张，正邪颠倒，争色夺财，国运颓败，这与草木凋零的秋天有何区别？……所以，对勃特国的复兴，天也予以扶持；对唐古特国的昏庸，神仙也难以清醒；对金国的淫荡，圣人也难以教化；对萨尔拉戈国的冷酷，佛爷也难以转变。”（《青史》第695页）从而说明了万物有自己的发展规律，神不能主宰，圣人也无法抗拒。

从上述尹湛纳希的观点，可以看出他运用自然现象解释自然，认为宇宙万物是阴阳二气自然生成的，并有它的发展规律。这一素朴的唯物主义自然观与喇嘛教有神论核心“虚空”说截然相反，公开否定了神的意志，神创说，从而使尹湛纳希的无神论建立在素朴唯物主义的基础上。

二　对“君权神授”的批判

尹湛纳希以反对特权阶级、主张人人平等、均有智慧为立论根据，批

① 尹湛纳希：《青史演义》，内蒙古人民出版社1957年蒙文版。

判了“君权神授”的神学观点。他说：“从天子到乞丐都是一样的人”，“在乐之邦的华夏州府，从天子到平民杀父杀君之事层出不穷”（《青史》第74页）。

天子、平民、乞丐不仅都有“杀父杀君之事”，“都是一样的人”，而且他们都有智慧，所以他又说：“具备阴阳之气的地方，要育出人类，既然产生出人类，则人人均有智慧，只是智慧有深浅之分。”（《青史》第32页）这就在一定程度上，从理论上否定了“君权神授”的神学理论。

他在批判“君权神授”的同时，还把批判矛头直指没落的成吉思汗黄金家族，对其进行了深刻的揭露，他指出：“这些东西不习文练武……头戴珠宝贵冠，帽插彩色花翎，身穿黄袍马褂……出则前簇后拥，宝辇快车招摇过市，入则美妾佳婢相迎，居则天堂般的宫殿，实则十恶不赦之罪过。……看起来尊贵无比，闻起来死猫般的恶臭。”（《青史》第30页）这些仰仗成吉思汗福荫作威作福的贵族，甚至“连自己的根基也不知道”。尹湛纳希愤怒地说：“与其白白地养活他们，不如贬为平民，摊差征税，岂不对国家更为有益？”（《青史》第28页）

从尹湛纳希上述的观点，可以看出他并不认为天子，“黄金家族”是受命于天，神圣不可侵犯的。他公开批判揭露了王公贵族的腐败无能，不但打击了“君权神授”的神学观点，而且对当时的统治者也是一个威胁。他主张人人平等思想，动摇了统治阶级统治地位，反映了尹湛纳希无神论思想中的民主主义的政治内容，从而使蒙古族近代无神论进一步深化。

三　对喇嘛教“同源论”的批判

蒙古喇嘛教一个主要的内容是所谓的印度、西藏、蒙古同源说。这种自我杜撰的说教认为，蒙古人的祖先是西藏诸王的后裔，西藏诸王则是印度诸王的后裔，而这些王统的共同的始祖是转金轮王，同时这种同源论的说教处处把蒙古历史上的诸汗、领主和神、佛联系起来，认为蒙古的诸汗和领主是诸佛的“化身”和“转世”，承受佛旨降临凡世，具有神圣的佛性。这种“神圣起源论”和“诸佛转世论”，几百年来一直成为蒙古僧侣封建主巩固其政权的思想支柱。

尹湛纳希一针见血地指出喇嘛教鼓吹“同源论”的危害性。他说：“虔信佛祖的蒙古人当然知道佛祖的历史。原来，佛祖是印度的，如今却变成我们蒙古的了。”（《青史》第4页）“为了让子孙成佛而都送出去当喇嘛，使蒙古人快灭绝了。”（《青史》第19页）从而揭露了喇嘛教鼓吹“同源论”，就是使蒙古人都为成佛当喇嘛，以至造成蒙古民族人口锐减，日益趋向衰亡。

为了“让蒙古人知道自己的历史，记着自己祖宗的根基”，尹湛纳希排斥了充斥蒙古文献的印、藏、蒙同源论的说教，论述了成吉思汗统一蒙古各部的功绩，说：“絪缊着诚的山川湖泊之气，因淤寒而凝结的如铁如石，致以无可复加的程度，突出爆发而起，大气弥漫天地，承天启运的成吉思汗应运而生。他从 13 岁起兴，以迅雷不及掩耳之势，讨还父仇，征战四方，经历千难万险而百折不挠，降服四色王夷，创建一统天下之蒙古基业。”（《青史》第 18 页）尹湛纳希记述成吉思汗的历史虽有天命论的色彩，但是他这种记叙蒙古历史的观点，“趋向于直接的观点，趋向于尘世的享乐和尘世的利益，趋向于尘世的世界”①。他的这一记叙历史的观点，不但与喇嘛教“同源论”的观点形成明显的对立，而且起着唤起蒙古大众从喇嘛教的精神桎梏中觉醒起来的强烈民族意识。

总观尹湛纳希的无神论思想，有着超越前人的贡献，在蒙古族无神论史有着十分重要的地位。首先他用素朴的唯物主义观点从理论上批判喇嘛教神学理论的核心思想，从而使蒙古族无神论同有神论的斗争中趋于理论化，推动了蒙古近代无神论史的发展。其次，尹湛纳希揭露批判喇嘛教的危害性，并进一步把批判矛头转向社会批判，无情揭露鞭挞了所谓“神授王权”的清统治者和蒙古的王公贵族，使蒙古近代无神论具有鲜明的战斗力。

但是尹湛纳希由于阶级与时代条件的限制，他的无神论不可能是彻底的。他一方面批判喇嘛教宗教的神学，另一方面则认为，“敝人虽不精通各教，但并不认为哪个教门绝对错误”。（《一层楼》第 5 页），反映了他的无神论思想的局限。

第五节　罗布桑却丹

罗布桑却丹（1874 年—?），卓索图盟喀喇沁左旗（今辽宁省喀喇沁左翼蒙古族自治县）人。他出生在贫苦农民家庭里，自幼勤学好问，刻苦自学，少出才名，17 岁时任“苏木章京”官职。24 岁时，他弃官赴藏求学，在京滞留，苦心钻研经书四年，在清廷理藩院应试，被授予“四种语言固师”（翻译学位）。在京期间，罗布桑却丹亲身经历了 1900 年震惊中外的“义和团”革命运动。1906 年被清廷翰林院所聘，次年

① 《马克思恩格斯全集》第 20 卷，第 412 页。

接受日本的邀请，东渡日本国，在“东京外国语学堂”任教，直到1911年。在日本的四年，他看到明治维新之后日本政治、经济和文化方面的发展，使他增加了振兴民族的决心。回国后，罗布桑却丹被聘在“京都本原寺佛教学堂”任教，以后从北京迁居奉天，在“南满铁路株式会社”从事有关蒙文方面的工作，以此谋生。

罗布桑却丹的一生正是生活在清末民初的时代。他出身贫寒，同情穷苦百姓；他久住京城，东渡日本，使他开阔了视野，具有了振兴民族的进步思想。但他的振兴民族，改变现状的主张屡遭反对，无法实现其政治抱负，于是发愤著书，写出了著名的《蒙古风俗鉴》。

《蒙古风俗鉴》是一部用蒙文撰写的“百科全书”式的风俗学著作，约20万字。这部著作，涉及面广，内容丰富，是研究近代蒙古社会的政治、经济、文化、哲学、宗教等方面的宝贵文献资料。在《蒙古风俗鉴》中，罗布桑却丹通过自己多年的僧侣生活，把喇嘛教作为一个很重要的问题加以考察和论述。他在许多地方谈到喇嘛教，并辟有专章论述，无情地揭露了喇嘛教的欺骗性和危害性，进而揭示了喇嘛教与封建势力的关系，充分反映了他反对传统的宗教神学的战斗的无神论思想。

一　揭露喇嘛教的欺骗性和危害性

罗布桑却丹首先对喇嘛教所宣扬的唯心主义世界观进行了揭露和批判。他紧紧抓住喇嘛教的“虚空”观和“三世”说（前世、今世、来世）的宗教世界观，一针见血地指出：“喇嘛教宣扬世事虚空不实，人不长生，一切无用。”（《蒙古风俗鉴》① 第174页。以下凡引该书，只标页码）罗布桑却丹指出，有些人相信了这类说教，“认为自己今生已经无所指望，希望投生幸福乐园，以便来世生活过得美好而潜心诵读佛教经卷。”（第221页）喇嘛教所宣扬的悲观厌世的说教，不是教导人们过好“今生”，而是引导人们去寻求那虚无缥缈的“来世”。罗布桑却丹根据自己丰富的阅历，从自己了解到的国内外的实际情况出发反问道：“难道现今世界各国不是都已觉醒并注重人们的生活，悉心经营生产、发展文化教育的吗?”（第175页）

按照喇嘛教的说教，王、公、台吉、诺颜（富人）等显贵们享有荣

---

① 罗布桑却丹：《蒙古风俗鉴》，内蒙人民出版社1981年蒙文版。本章汉译文节录自武国骥、李凤鸣《罗布桑却丹的无神论思想》一文，《蒙古族哲学思想史研究》，内蒙古社会科学院1985年出版。

华富贵，只因为他们有“福气”，是世代为官的天生的统治者，而哈剌除（平民）、阿勒巴图（牧奴）无权无势、生来穷困，只因为他们“命不好”，是永远属于下民的被统治者。罗布桑却丹说：“诺颜家族，认定自己世世代代为诺颜，总把自己看作高人一等，盛气凌人，不可一世；哈剌除人家，则断定自己永世不得当上诺颜，痛恨自己生为下民，抱怨命运，抑郁不乐。”（第 105 页）这种人间的不平，在喇嘛教那里却得到了合理的解释，认为这一切都是“命中注定”的。平民出身的罗布桑却丹对此愤愤不平，认为这种不平等制度是蒙古族“衰落”的根源之一。

罗布桑却丹对喇嘛教的欺骗性的揭露与批判，没有只限于对一般喇嘛的说教，他的笔锋直指喇嘛的最高层。活佛是喇嘛教的教主，在喇嘛教徒看来，他是神通广大、全智全能的活神仙。他的活神仙启示，无不灵验。因而，对他只能诚恐诚惶地顶礼膜拜，不能有半点的疑心。然而，喇嘛出身的罗布桑却丹却不信这一套。他说：“当初，大兴土木，兴建寺庙时，教主曾有训示：如兴黄教，则蒙古昌盛，蒙古人遵此训示信仰黄教，自元朝至明以至于今，一直虔诚地信仰，可是，为何蒙古地区的生产经营、生活状况一年不如一年，蒙古人的体力衰竭、面色憔悴一代不如一代，谁人晓得，这到底是什么缘故？这是多么值得评判的事情！教主常说：‘蒙古兴黄教为好，将来亦善’。对于这些话，当今仔细考究便可知道，蒙古民族信仰黄教，岂但没有得到一星半点的好处，反而日趋衰落，丧失其土地和财产，人们的性情也变得懦弱驯顺。到如今，蒙古民族如此衰落，归根结蒂症结何在，人们尚不知底细，处于昏聩状态。”（第 171—172 页）事实是最有说服力的。罗布桑却丹用蒙古民族日趋衰落的铁的事实，将喇嘛们的空言妄说打得粉碎，从而令人信服地说明了喇嘛教对蒙古民族的欺骗性及其造成的危害。

其次，罗布桑却丹对喇嘛教的危害性的揭露，有以下几方面。

1. 思想上腐蚀瓦解，使蒙古族化强悍为懦弱。

自古以来，蒙古族是一个强悍的民族，以英勇善战著称于世。可是，自从信仰喇嘛教以后，就变得先后判若两个民族。正如罗布桑却丹所指出的：“蒙古的民族性已经变易”（第 325 页），“喇嘛们把‘非永生，皆虚幻’之类的说教在老幼妇孺间说来道去，日久天长，使人们的习性变得特别懒散，意志变得特别懦弱”（第 174 页）。他满腔愤怒地责问道：“自幼就给人指明人生短暂以至于死亡的道路，结果好生活着的时候便一心想着如何去死的事情，难道这种毒害还轻吗?!”（同上）罗布桑却丹还借用当初已看出喇嘛教危害的具有真知灼见的智者的话说：“英雄的宝剑换成了手中的念珠，无畏的勇士变成了跪叩的懦夫，健康的人无谓地向佛像乞求佑护。人人手持数珠诵咒，家家喇嘛念经祈祷，敞开死亡的大门，面朝永不回首的方向。”在喇嘛教这种鸦片烟的毒害下，英勇尚武的蒙古民族变得萎靡不振、意志消沉、行为懒散，“如同醉翁入梦一般，处于懵懵懂懂的状态”（第172页）。蒙古人信奉喇嘛教不只是达到如醉如痴的程度，而且竟有人充当替死鬼（在寺庙举行跳神祭包伕式时），以身殉教，几于疯狂。

2. 阻碍生产力的发展，使蒙古民族贫困化。

清代喇嘛教的传播达到极盛，喇嘛人数愈来愈多。兹拉特金在谈到喀尔喀蒙古喇嘛的情况时说：“喇嘛教是满清统治及封建主政权的可靠支柱。三千五百六十五所寺院拥有十万零五千五百七十七名喇嘛（占全国男子总数百分之四十四）……在蒙古几乎没有一家阿拉特牧户是没有一个成员当喇嘛的：无论如何，全国喇嘛的人数终是超过全国牧户户数的。”① 除了这些寺庙喇嘛外，还有“呆在家里，但也穿上喇嘛服，信仰佛教，崇拜鬼神”的“乌巴什”（善男）和“削发、受戒、不管家务，终日念佛数珠”的“齐巴罕察”（信女）（第175页）。罗布桑却丹说：“蒙旗各地有如此众多的白吃闲饭的人怎么不贫困下去呢？无论何等富庶的国家也不可能养活起这么多坐享其成的人！……喇嘛们饱食终日而无所事事，怎能不使蒙古民族走向衰亡呢？蒙古民族啊，喇嘛们竟然堕落到如此地步不是太可怜而又太可悲了呢?!”（第175页）

3. 大兴土木，劳民伤财。

喇嘛教广泛流行，喇嘛庙鳞次栉比。就以内蒙古地区而言，平均每个旗有寺庙三十多座，最多的有四、五十座。据清末统计，内蒙古境内寺庙达一千座，并且不少是建造得雄伟壮观，从这些庙宇的数量、质地看，在人口稀少，交通闭塞、建筑器材奇缺的蒙古各地，为兴建这些佛寺耗费了多少人力物力财力便可想而知了。有了寺庙，就得有喇嘛。清时，大的寺庙竟有数千喇嘛。蒙古地区寺庙的各项礼仪，全是仿效西藏地区的，大的寺庙设有四个学部，每册封学位要花费大量资财。罗布桑却丹说：“在西藏，举办一次授封学位的开销，规模最小的也要花两千两银子。”（第168页）所有这些钱财不都是从阿勒巴图群众身上榨取的血汗吗？

4. 严重影响人口增殖，使蒙古族人口出现下降趋势。

喇嘛教宣扬悲观厌世的思想，要人们修善积德，憧憬来世所谓美好生

---

① 兹拉特金：《蒙古人民共和国发展史》，汉译本，北京时代出版社1952年版，第42页。

活，并且宣扬禁欲主义，要教徒不娶妻室，杜绝生育。这样，不能不对人口的增殖产生严重后果。罗布桑却丹说："不管兄弟几个，只留一个充俗守家业，其余均上寺庙当喇嘛。"（第170页）又说："由于人们相信'非永生，皆虚幻'的说教，便不考虑如何生存繁衍，传宗接代，却更多的思虑身后死亡之事而不注重如何过好今生。"（第174页）在清朝时期，蒙古族人口非但没有增加，反而出现下降，除了其他各种原因之外，喇嘛教在蒙古民族中广泛盛行也是一个重要原因。

5. 宣扬蒙昧主义，使蒙古族科学文化更加落后。

罗布桑却丹说："喇嘛教盛行后，二百多年来，人人所思谋的是如何当喇嘛、学经文，除此而外，对世上的任何文化知识不加相信也不去运用了。"（第106—107页）阿勒巴图群众是如此，那些诺颜官僚也不过是骄横跋扈昏头昏脑之辈罢了。"作为旗主的诺颜们，因没有受过起码的教育"，因而也被喇嘛们"迷惑住"，"不知其所以然"（第171页）。清皇乾隆说得明白："蒙古部落……自百年来，敬奉释教，并无二法，谨守国典，妄敢陨越，不知不识，太和有象，朕每嘉焉。"[①] 蒙古民族变得"不知不识"，不就是"敬奉释教"即笃信喇嘛教所造成的吗？

6. 喇嘛教无孔不入，使蒙古族的生活宗教化。

喇嘛教渗透到蒙古族生活的各个领域，无孔不入，贻害无穷。这种情景在罗布桑却丹的《蒙古风俗鉴》中得到全面的反映。蒙古民族是英勇尚武的民族，孩子长到十岁后，就教他如何骑马、射箭、挥刀。信奉喇嘛教后则不然，父母事先想到如何使幼子入庙当喇嘛、学经典。蒙古民族本来有传统的家庭教育，那是教育孩子怎样牧养牲畜、习武、军训，后却被"非永生、皆虚幻"之类的说教代替。自古以来，蒙古民族有敬天地、祭敖包的风俗。祭敖包时举行传统的男子"三艺"（赛马、摔跤、射箭），还断诉讼案件等，后又被喇嘛的念经所代替，甚至于生老病死，移营走场，也都要向喇嘛"卜凶问吉"、"消灾降福"和"解脱超度"。罗布桑却丹说：蒙古人对喇嘛教的信仰是"憨痴的信仰"。可见，蒙古民族被喇嘛教深深地毒害了。

总之，在蒙古地区，大兴喇嘛教之后，使蒙古民族经济文化落后，人口减少，处于贫困和愚昧的状态。剽悍的蒙古民族变得软弱，日益走向衰亡，无怪乎罗布桑却丹呐喊道："眼下蒙古民族委实岌岌可危了！"（第111页）

---

① 陶克涛：《内蒙古发展概述》，1957年版，第144页。

二　揭示了喇嘛教存在和盛行的社会阶级根源

罗布桑却丹认为喇嘛教在蒙古地区之所以能存在和盛行，是清朝统治者和蒙古王公贵族这些封建主阶级为了维护其反动统治而大力扶持、推行的结果，是残酷的封建压迫和剥削所造成的。

满族统治者征服蒙古，统一全国之后，面对蒙古族人民性情刚强、英勇善战的特点，一方面采取暴力手段，对蒙古民族严加防范；另一方面采取“挖心战”，借助宗教大力加以软化。清皇认为“兴黄教即所以安众蒙古，所系非小，故不可不保护之。”（《卫藏通志》卷首第 27 页）清廷对喇嘛教采取保护和奖励的政策，清皇亲自下令修筑寺庙，确定诵读“甘珠尔”吉祥经，并规定凡当喇嘛者除豁免一切赋役外，还享受种种特权。在清朝皇帝的支持和鼓励下，平时备受蒙古封建主欺榨，生活贫困的阿勒巴图群众，便争相奔向寺庙当喇嘛，喇嘛的人数急剧增加了。清皇对喇嘛教如此热心是出于对宗教的虔诚吗？绝不是！罗布桑却丹一针见血地指出：“满清皇帝和大臣们，他们的想法，他们对所征服的部落和民族的妙计是：一方面要随合被征服者的心意，另一方面要控制在自己的淫威之下。为此，他们以尊重被征服者的风俗习惯为主……在蒙古地区大力兴建寺庙，推行佛教。其缘由在于或是为了信仰，或是为了疑惑，或是为了试探，或是为了计谋，以此来进行诱导和安抚。”（第 288 页）就是说，清皇帝下谕在蒙古地区兴建寺庙，推行佛教是“妙计”、“计谋”，其险恶用心在于“诱导”和“安抚”，也就是“安众蒙古”。事实正是如此。清皇皇太极传谕满族诸贝勒说：“蒙古诸贝勒，舍其本国之语、名号、俱学喇嘛、至衰国势，当以为戒。”（魏源：《圣武记》卷十二）这一语泄露了清皇的天机，原来清皇就是把喇嘛教作为削弱蒙古人民反抗势力的得力工具。

清朝统治者对蒙古人民的统治是通过蒙古封建主进行的。因此清皇把蒙古社会的基础原封不动地保存下来。旗是蒙古封建主的世袭领地，旗内的土地和属民由他们支配和统治，同时又据其蒙古封建主原有地位的高低，对清廷功绩的大小和效忠的程度，分别授予新的官职和品级。这些旗主对清皇惟命是从，百般谄媚。清皇亲自下令修筑寺庙，提倡喇嘛教，旗主诺颜自然闻风而动。罗布桑却丹说：“作为顺臣的蒙古诺颜，为了讨好满清皇帝，在各自的旗地争相修筑甘珠尔庙，并规定举行祝福圣皇万寿的诵经会。正因如此伊始，蒙古旗府所在地甚至远乡僻野都尽力修筑了大大小小的喇嘛庙。”（第 172 页）这是说，遍及蒙古地区的寺庙，是旗主诺颜按照清皇的旨意建造起来的。

旗王诺颜对清皇是绵羊，而对旗内属民却是豺狼，他们对属民生杀予夺。“那些世代为主的旗诺颜，依仗其自己的幸运和福气，对待旗内属民如同犬马，随意摊派苛捐杂税，任意加重徭役而加以役使。”（第 170 页）在这种情况下，阿勒巴图群众为了生存，为了使孩子过得好些，不论有几个孩儿，只留一个守家业，其他孩儿都让去寺庙当喇嘛。“由此可见，让儿子入庙当喇嘛，其真情实意是叫他们过上舒适的日子，而决不是一心追求修仙成佛”（同上）。

“寺庙有各自的财产，因而僧徒们能够连绵不断地接续下去。”（第 173 页）庙产是从何而来的呢？主要是寺庙中的牧奴——沙比那尔的辛勤劳动创造的，施主的布施也是庙产的来源之一。施主中有的是封建主，他们为了表示对喇嘛教虔诚，将大批牛羊连同属民赠给寺庙。而寺庙又将布施银两放债于蒙古王公及其阿拉巴图群众，以收重利。随着庙产的增多，那些呼图克图、呼毕勒罕等上层喇嘛就成了僧侣封建主，庙产的存在，僧侣封建主的出现，是寺庙喇嘛不断增多的一个原因。

除了残酷的封建剥削逼迫阿勒巴图群众去当喇嘛外，可怕的兵役，更是驱使他们弃俗充僧的一个重要原因。清统治者一方面慑于蒙古人的威势，采取种种措施使之无法进行武装反抗。另一方面又巧妙地利用这支强大的力量为其巩固政权和对外扩张效劳。因此，兵役一向是阿日达群众的最沉重的负担。罗布桑却丹对此了解得很深切，他说：“在元朝，军法严明，蒙古人很怕服兵役。后来佛教突然大盛，并且兵役和其他差役都与喇嘛无关。所以，蒙古人为逃避兵役而去当喇嘛，是蒙古地区喇嘛增多的原因。”（第 171 页）

愈来愈多的蒙古人去当喇嘛，这与清廷对蒙古人实行的愚民政策是分不开的。清廷禁止蒙古人学习汉文，绝对禁止蒙古王公、台吉聘请汉人教书和充当书吏，所有公文都不得使用汉字，便无机会参加科举考试；学习蒙文，又无所用之处，所以只好当喇嘛，学经文。对此，罗布桑却丹犀利的笔锋也未放过，他指出：“在满清法律上规定，蒙古人不得学习汉文、汉字。蒙古人虽然是清朝的公民，却被清廷当作外族异类来对待。因而，到了清代，蒙古人愈发不重视学文了。尽管旗扎萨克在使用蒙文，但只有扎萨克、梅林两个可以进取的职位，无论旗分大小，仅此两位，所以，学习蒙文有何用呢？学蒙文既不能同汉人一样参加考试，可以当官封爵，也无法变更法定世代承袭的诺颜，可以取而代之……于是稍微长大懂事之后，便相信喇嘛的‘一切无常，虚空不真’的说教，而一心研读佛教经文”。（第 221 页）近代，在民族压迫和封建压迫下的蒙古族人民，真是上天无路，入地无门！学习汉民族的先进文化，绝对禁止；学习本民族的文字，又无用武之地，只有佛教经文任你诵读，佛堂大门任你出入，这完全是由当时的社会造成的。

从上可以看出，罗布桑却丹对喇嘛教神学的欺骗性、危害性，以及存在的社会阶级根源进行了深刻的揭露和批判，这无疑是具有深刻的进步意义的。然而，不足的是他未从认识论角度深刻剖析宗教的起源和存在的根源。同时，他提出用发展文化教育来克服宗教信仰。并作过努力，但不可能提出否定宗教的根本方法和途径。这些都是他无神论思想中的明显的局限性。

第六节　民间文学中的无神论思想

蒙古族民间文学数量极为浩瀚，内容丰富多彩，生动的反映了社会生活的各个方面，是蒙古族的宝贵文化遗产。随着近代阶级矛盾的日益尖锐化和民族民主主义思潮的兴起，传统民间文学中那种浓重的神话色彩逐渐淡薄，尖锐的现实问题代替了想象的世界。民间文学中有不少揭露喇嘛教，反对迷信的思想资料。这些资料通俗生动，富有风趣，对无神论思想的发展具有一定的积极意义。

在近代数以千万计的民间文学中，最受群众欢迎，流传最广，影响最深的是《巴拉根仓的故事》和《沙格德尔的故事》。

《巴拉根仓的故事》[①]，是一部优秀的民间讽刺故事集。这部民间讽刺故事集的斗争锋芒，主要是指向了没落腐朽的建封势力及其意识形态——宗教迷信思想。这部故事集的主人公巴拉根仓是一位智者、幽默家。他以其特有的斗争方式，一针见血地揭露了僧侣统治阶级的丑恶本质，揭穿和嘲弄了封建统治阶级利用宗教迷信欺骗人民的把戏，表现了强烈的反宗教迷信的无神论斗争精神。《斗阎王》就是其中的典型作品之一。这个故事梗概是：因为有人在阴间控告了巴拉根仓，所以阎王便下令传巴拉根仓到地狱与原告对质。阎王连续派牛头、马面、猴头、蜂子传巴拉根仓，巴拉根仓抓住四个小鬼的弱点，使他们几乎丧命，再也不敢露面。阎王无奈，只好亲自出马，巴拉根仓闻讯后，立即备好老母猪一头，当作坐骑，专候

① 陈清章、赛西·芒·牧林整理翻译：《巴拉根仓的故事》，内蒙古人民出版社 1979 年出版。

阎王驾临。贪婪的阎王一到，当他得知这头母猪有周游三界的功能时，非要跟巴拉根仓交换坐骑不可。巴拉根仓提出更换彼此的穿戴作为条件，将阎王的衣着换到了手。巴拉根仓穿上阎王的衣服，故装狼狈的样子，闯入阴间，登上了“阎罗殿”，冒充阎王向小鬼们火速命令：“巴拉根仓一到，不必引进，将他任意加刑，打入十八层地狱。”四个小鬼，听了此话，待假巴拉根仓一到，他们便一拥而上，把阎王撕个粉碎。可以看出，蒙古族人民借巴拉根仓这一劳动人民的形象，无情地嘲弄了封建统治者借以骗人的“阎王”、“小鬼”等宗教迷信的把戏，表现了强烈的无神论战斗精神。

巴拉根仓不但敢于向阴森恐怖的地府阎君挑战，而且用各种形式揭穿喇嘛、尼姑的伪善。如在《“查布干其”的虔诚》这则故事里，巴拉根仓就以小利狠狠地奚落了伪善的尼姑，对喇嘛教“勿伤生灵”的清规戒律给予了辛辣的嘲笑。

《沙格德尔的故事》，是一部叙述19世纪末20世纪初活跃在内蒙古东部地区的民间诗人沙格德尔的斗争事迹、和他的讽刺谴责诗为主题的民间故事集。这部民间故事集中有不少揭露封建宗教迷信的资料，思想深刻，尖锐泼辣，在蒙古族人民中广为流传。

故事中的主人公沙格德尔迫于生活，从小在召庙当喇嘛。在长期的寺庙生涯中，他看透了道貌岸然的宗教上层完全是一批寄生虫，灵魂极端丑恶：经济上依靠寺庙地租和畜群的收入，骗取百姓的供物，榨取下层喇嘛的血汗，政治上同王公诺颜相勾结，残酷地镇压贫苦牧民；精神上玩弄自欺骗人的宗教骗术。这就促使着他勇敢地站出来揭露和抨击僧侣统治者。他在诗中对喇嘛上层在所谓“积德行善”的骗人帐幕下进行的贪污腐化行为，愤愤不平地讽刺道：

坏事做尽不知耻，
目空一切座位高。……
佛经他不晓，
装神弄鬼披法袍。
啊，所幸召庙是岩石砌成，
这才保留到今朝；
如果它是白面捏的，
早被这些“活佛”们吞食净尽了！[1]

① 陈乃雄、道布合译：《沙格德尔的故事》（汉文），内蒙古人民出版社1963年出版。

沙格德尔不但把讽刺锋芒指向僧侣统治者，而且公开亵渎神灵，诅咒佛爷菩萨“无非是黄铜铸成、紫铜炼就的铜像，无非是颜色涂成、泥巴塑就的泥胎，无非是毛笔绘成、糨糊粘就的画幅”。

由于沙格德尔不断地抨击僧侣统治者，因此受到他们的拷打迫害，几次险些丧生。他深深地感到社会的黑暗，王公僧侣者的虚伪残暴，他决心和他们势不两立、斗争到底。

我和太虚苍天有仇！
我和黄金大地有恨！
我和观音菩萨有冤！
我和王公诺颜有愤！
你们要问这是为什么？这是因为：
苍天，它没有了恩佑，
大地，它失去了爱怜；
神佛，它不再仁慈，
掌权的诺颜们啊，
已经无法无天！

这是一个战斗的无神论者的宣言，充分表现了沙格德尔批判神权和僧侣上层的鲜明无神论立场和大无畏的斗争精神。

沙格德尔不但猛烈地抨击喇嘛宗教的伪善，而且公开揭露批判王公贵族，奚落他们是“酒囊”、“饭桶”、“肉堆儿”，认为他们不配有好的下场：“台吉不如小鸡，诺颜不如野狗！”他甚至把斗争锋芒直接指向了最高统治者清朝皇帝，蔑视整个封建统治秩序，大胆地宣称：做一个“真正自由自在的人”、“决不向王法请罪告饶”，嘲笑神圣的“王法”尽是些一文不值的“废纸”，惟一的用场是糊起来当“袼褙”。沙格德尔的言行不但有着强烈的无神论战斗精神，而且有着民主思想的闪光。

从上述两则蒙古族民间故事，可以看出：首先蒙古近代民间文学的无神论资料有着鲜明的立场和强烈的战斗精神，突出地表现为对没落腐朽的封建势力及其精神支柱喇嘛教宗教意识的批判。这种批判并非是偶然的，它反映了清朝末年清统治者及蒙古王公僧侣上层已经腐朽到了无可救药的地步，作为封建统治者的精神支柱喇嘛教，也随之衰落，它那“神圣”的光轮已经黯然失色，露出了腐烂堕落的丑恶本相，它的神圣权威也由此在蒙古族人民群众中开始瓦解。这就是蒙古族民间文学中的无神论思想资料的社会现实基础。

其次，蒙古族近代民间文学中的无神论思想资料反映无神论同有神论的斗争，坚决鲜明，富有战斗性，把宗教迷信的本质揭露的清清楚楚了。同时也反映同有神论宗教迷信的斗争方式，用事实去揭穿封建僧侣的伪善及其腐败；用宗教迷信的自相矛盾的弱点，采取以“鬼神治鬼神”的斗争方式，这对于打击各种宗教迷信无疑是一种有效的斗争方法。

另外，蒙古近代民间文学中的无神论资料，朴素自然，通俗易懂，脍炙人口，广泛流传在人民群众中，最能被一般群众理解和接受，对无神论的发展起着强大的推动作用，对于当前宣传无神论反对有神论也有着积极的作用。

第三章 苗族

第一节 苗族社会历史概况

苗族是我国多民族大家庭中的成员之一，现有五百多万人口，分布在贵州、湖南、广西、四川、云南、广东、湖北等省和自治区。其中贵州省的苗族人口最多，占全国苗族人口总数一半以上。

苗族是我国古老的民族之一，语言属汉藏语系苗瑶语族的苗语支，方言有东部方言（主要通行于湖南、湖北和黔东北铜仁地区）、中部方言（主要通行于黔东南、黔南大部分地区以及广西、广东等地区）、西部方言（主要通行于四川南部、云南东部和黔西、黔西北）三大方言区。根据苗族的民间传说和史歌，苗族古代曾有过自己的文字，这些文字写在羊皮或树皮上，后在不断的迁徙和战乱中失传了，现今只是在某些苗族地区还保存部分文字。但长期以来，在绝大部分地区的苗族是没有文字的。

苗族历史上曾因战争及天灾的胁迫经过数次迁徙。根据一些传说、古歌和历史文献推断，苗族很可能是从古代传说蚩尤领导的九黎部落发展而来。早在三千年以前，苗族先民就已活动在长江中游的荆楚地区一带；西周以前逐渐移到洞庭湖的西岸；大致在春秋战国时期，才离开洞庭湖溯沅江而上向西迁徙，其中大部分迁到了五溪（即沅江上游的五条支流）地区定居下来。史书上的“蛮夷之地”，主要就是指的这里。三国时期的战乱以及历代封建统治者对五溪地区各族人民实行野蛮的政治压迫和经济剥削，使社会经济遭受到巨大的破坏。这种种情况又迫使不少苗族先民离开五溪地区向各处迁徙，从而基本上形成了今天苗族大分散、小聚居的分布状况，进而造成了各地苗族社会经济发展不平衡，方言服装差别大的现象。

苗族社会的发展和祖国其他地区大致相同，只是进程稍为缓慢一些，发展也不平衡。一般说来，秦汉即西迁以前，苗族还处于原始氏族公社时期。西迁定居以后，社会经济有了一定的发展，个人已有可能脱离氏族独立谋生，各氏族成员也开始互相杂居，遂由血缘关系组成的氏族公社逐步过渡到以地缘关系为基础的农村公社。秦代开始，随着封建中央王朝势力的扩大与加强，以及苗族人民与汉族人民日益密切的交往而受其影响，苗族聚居区的边沿地区和苗族与其他民族杂居的地区，在原始社会崩溃以后，可能未经过奴隶制就直接向封建制过渡了。

秦朝在上述地区设置“黔中郡”，汉朝设置“武陵郡”、“牂牁郡”等。汉代以后，苗族社会分化出了领主和部曲（称“主户”和“田丁”，“田子”），表现出了初期封建领主制的特征。唐宋以后，领主和农奴两大阶级的分野日益明显。元明时期，封建王朝在苗区设置土司制度，领主经济得到进一步发展。明末清初，封建王朝在苗区改行“流土并治”的政策，在多种内外因素促成下，苗族地区领主经济开始日益走向衰落，地主经济获得迅速发展。清初实行“改土归流”，消除土司割据局面，地主经济发展更为迅速，几十年中，基本上代替了领主经济。近代，清王朝日益没落、腐朽，资本帝国主义势力侵入苗区，使苗族地区社会性质同全国一样，逐渐演变为半殖民地半封建社会。

至于苗族聚居的少数地区，如黔东南雷公山和古州山区等地，直到明代，经济的发展比较落后，有的仍保持着若干部落“无君长、不相统属”的现象，每个部落以族大富强者为首。人们在经济上虽有贫富之分，政治上还没有等级区别，有的地方则处于从原始农村公社向封建领主制过渡时期，如古州、都江和永从一带。近代，这些地区也仍是自给自足的自然经济占统治地位，这些地区的苗族人民生活极为贫困，内部几乎没有发生阶级分化。

苗族人民素有反压迫反剥削的斗争传统，从最初的反封建统治直到后来反对帝国主义侵略以及参加辛亥革命和新民主主义革命，苗族人民进行过无数次不屈不挠的斗争，直到 1949 年下半年，贵州苗族地区全部解放。从此，在中国共产党领导下，和全国各族人民一道，苗族人民也跨入了社会主义新时代。

苗族人民在长期的社会实践中，积累了丰富的斗争经验和科学知识，在此基础上萌发了无神意识。

狩猎生活是远古时代苗族人民的主要生活来源，由于苗族人民大部分生活在山区，故在农业发展起来以后，狩猎仍是发展生产、维持生活的不可缺少的条件之一。所以，狩猎知识在苗族人民中甚为丰富，他们对各种野兽的习性研究了解较深，创造了许多捕捉鸟兽的方法，并发明了药箭。

秦汉郡县制的推行，客观上促进了汉苗人民的友好往来，对苗族经济文化的发展起了积极作用。秦以后，汉族铁制工具在苗区的运用和推广，推动了农业生产。到元明清初，铁制农具在绝大部分苗区取代了“刀耕火种”的生产方式。长期的农业生产实践，使许多苗区的农民在农业技术、农田水利、土壤性能和作物习性等方面都积累了不少的知识和经验。

手工业方面，苗族人民早就能制造水车、水碾，木工能凭口算算出圆周和直径而定出水车齿轮的大小，从无差错。早在宋代，苗族人民的纺织和蜡染就享有盛名。苗族纺出的“溪布”是当时封建领主向皇帝朝贡的珍品。纺车也由原来只纺一根纱的手摇纺车改成了同时纺四根纱的脚踏纺车。宋代文献还有关于“苗船”的记载。元明清初时，苗族工匠们制作的银饰具有相当高的艺术价值，其冶炼水平也较高，并掌握了冶炼钢铁的技术。

农业生产的发展和需要，促进了苗族历法、天文、气象知识的发展。汉文献中很早就有“苗甲子”的记载，苗族民间也流传有不少“甲子歌”。苗族人民自己创造的历法与通常的农历稍有不同，一般年终都在农历十月或十一月，个别的在十二月。他们也知道用闰月的方法调整季节。苗族也有类似汉族的十二地支，用以推算一年中的二十四个气节和每天的属象。他们很早就懂得根据太阳的升降位置来确定播种和收割的季节，懂得“冬至日短”、“夏至日长”的规律。

苗族医药发端远古，历史悠久，积累了广博的医学知识和较精湛的医疗技术。大约在氏族进入农业时代时，苗族就已有了草医，民间文学资料中也有许多关于苗医的传说。从古代药书经典也可以发现苗人药物命名的痕迹，如长沙马王堆三号汉墓出土的《五十二病方》中，就有用来治病的“答”，说是豆类。现在苗语将豆称为“兑”，二者不仅同义，而且近音，可能是古苗语演变的结果。《本草纲目》第二册与苗名药物同音同义的达二十余种，都是苗名直接记录。[①] 大约在明末清初左右，苗族医师已能认识几百种草药，能治疗许多病症，拥有许多病种的特效偏方，民间有“三千苗药，八百单方”之说。临床辩证上创造了自己一套完整的辩证方法，如“英养之说”等等，与汉族中医的阴阳等学说相近，但它更为简明扼要，简单实用，易学易交流，很适合本民族无文字记载难以传授的特点。18 世纪初时，松桃苗族医师已能为孕妇剖腹取出死胎，黎平的苗族医师对医疗毒箭射伤和毒蛇咬伤则有了相当的技术。医学使人们有可能战胜疾病和死亡，这对于苗族人民破除迷信思想具有很大的作用。

---

① 顾志安《论湘西苗族医药》，载《贵州民族研究》1983 年第 2 期，第 75 页。

远古时期苗族先民的宗教迷信思想，一直在苗族意识中占据着统治地位。当然，由于苗族居住分散，与外族杂居较多，各地社会发展极不平衡等因素，其宗教迷信状况各地不尽相同。不过，自然崇拜、鬼神崇拜、祖先崇拜等原始宗教的各种崇拜形式和万物有灵、灵魂不死的宗教意识构成了他们神学思想的主要内容。同时，与汉族的长期交往，佛、道教等思想对他们也有很大的影响。特别是近代，随着殖民者势力的侵入，外国传教士窜进部分苗族地区传教，少数苗民又接受了天主教或基督教的神学思想，使苗族的有神论思想更为复杂化。不过，佛、道教的传入不成体系，只是一些支离破碎的观点，“洋教”影响的面窄，说明外来宗教影响较小。原始宗教中鬼神迷信虽然对苗族意识统治较强，但苗族对鬼神的来源却有着朴素的解释，这就形成了苗族神学统治的薄弱点。

苗族人民在长期的生产和生活实践中，所创造的技术，积累的经验，获得的农学、医学、天文、历法等知识，使之认识能力也逐步提高，慢慢地认识到了自然界某些因果联系等简单规律，从而萌发了一些原始的朴素唯物主义思想，而这种思想，就是苗族人民冲破神学统治，孕育无神论思想的前提条件和初步的思想基础，进而又在此基础上逐渐形成了不系统的无神论思想。

由于苗族没有文字，其思想变化和实践经验主要靠世代相传的民间口头文学总结、继承和发扬。苗族历史上也曾出现过许多知识分子，即苗举人、苗秀才，他们都有较高的汉文水平。如明代正德年间镇溪上涝（今吉首县吉首乡）人吴鹤，他曾两下江西就学于王阳明，后长期从事苗区的教育事业，曾写了许多造诣颇深的文章，可惜早已散失。又如同治年间凤凰县的龙凤翔（1862—1945 年），又名桥喜，也是位苗族秀才，一生中致力于苗族的公益事业，也曾留下一些可贵的理论著述。有人对他热心于架桥修路一事开玩笑：“桥喜桥喜，真是以修路架桥为喜，恐怕是在天上架鹊桥的喜鹊投胎的，日后一定能成佛成仙。”他作《七夕》诗回答说：“相隔银汉路几重？鹊桥不架总成空。做到神仙还怕水，人间毕竟胜天宫。”这首诗明确地表现出诗人“胜天”和“超仙”的抱负和气概。他还常说：我们要“把神仙做不到的事做好”①。可惜的是此类文章大都散在民间的手抄本中，短期内难以搜集整理。故要探寻苗族古代的思想，主要还得从民间口头文学中去发掘。苗族民间口头文学大致有诗歌，传说故

① 转引自龙羽飞：《苗族公益事业家龙凤翔》，载 1983 年湘西州民委编印：《苗族历史讨论会论文集》，第 637 页。

事，说唱文学等三种形式，这是我们探寻苗族无神意识萌芽及其发展的重要依据。这一特点，使我们只能依据上述资料所提供的时代特征对苗族无神思想作个大致的历史分期：远古时期，古代时期，近代时期。

远古时期，主要指阶级产生以前，苗族还处于氏族、部落、农村公社阶段。这一时期思想意识方面，主要是原始宗教的产生和形成，以及人们在探讨天地万物及人的起源时，提出的自然生成论。此时，无神论思想开始萌芽。

古代时期，主要包括苗族进入阶级社会后直到1840年鸦片战争这段历史时期。这一漫长的历史阶段中，受汉族的影响，苗族在原始宗教的基础上，引进了佛、道教，人们信仰菩萨、听信命运。同时，又有怀疑、否定鬼神和筮卜迷信的思想，已萌发的无神论思想得到了发展。

近代时期，自1840年鸦片战争到“五四”运动。此时，随着帝国主义入侵，传教士深入苗区传教，修建了教堂，一些苗民接受了外教。而各地苗民在反帝反封建斗争同时，通过起义、捣毁教堂的形式排斥天主教或基督教。古代时期已有的不信天命的思想，在此阶段得到了保存和发展。但是，由于此阶段苗族人民受着帝国主义、封建主义的压迫太深，尤其是聚居区的苗族，其社会历史发展非常缓慢，思想意识从总体上看，基本上处于停滞状态。

总的看来，神学思想虽在苗族社会意识领域内长期占据统治地位，但无神意识却早在远古时期就已萌发，并在后来有所发展，有所前进，这很值得我们重视、研究。

第二节　远古时期苗族的无神意识的萌芽

一　苗族原始宗教的产生和形成

远古时代，苗族和其他民族一样，都经历过漫长的原始社会。但由于多次迁徙，居住环境恶劣，以及其他各种原因，苗族的原始社会相对来说持续时间较长。约在秦汉以前，苗族还处于原始社会时期。

苗族在整个原始氏族公社的历史时期内，生产事业基本上是狩猎，采集。后来才逐步有了原始的农业、畜牧业和手工业，生产方式则是刀耕火种，劳动生产率十分低下。这种情况造成了人们与自然的关系的狭隘性。当时的生产关系基本上是原始共产主义，人人都离不开氏族集体，这种情形则又形成了人们之间关系的狭隘性。“这种实际的狭隘性，观念地反映在古代的自然宗教和民间宗教中”[①]。就是说，人们在同自然搏斗中力量还很软弱，理解自然和改造自然的广度和深度都十分有限。人们在自然的巨大压力下完全处于奴隶的地位，因而不得不盲目地服从和依赖于自然。而大自然虽一方面为人类提供生存所需的一切资源和条件，另一方面却又给人类带来一系列巨大的灾难，从而充当着先民最初的压迫者。这样，在原始社会人们的意识中，自然界具有人类所没有的特性，是一个恩威并重的两重性格的神圣巨物，先民对之产生了神秘感和畏惧心理，并对之崇拜。

此外，在远古时代，人们还不懂得身体的生理结构和机能，不了解肉体与意识的关系，特别是不理解梦境现象，认为在人的肉体内居住着一种叫灵魂的东西，这种东西在人死后仍能脱离躯体独自存在，并进入另一个世界生活，于是“灵魂不灭”意识产生了。

苗族先民就在这种自然神信仰和灵魂不灭意识的基础上产生并形成了自己的原始宗教。其主要内容及其表现形式有以下几种。

（一）多魂观念

原始社会有神论最早来源于灵魂观念。由灵魂不灭的信仰逐渐形成鬼神、图腾、祖先等原始宗教的崇拜形式。因此，灵魂观念的产生和发展是一切宗教信仰产生的重要条件。

苗族的灵魂信仰最突出的特点是信仰多魂。他们认为人死后有三个灵魂，各有分工和去所：一个灵魂守自己的坟；一个灵魂被送回祖先发祥地；一个灵魂无归宿变成野鬼。在《控诉歌》里，一个反抗父母包办婚姻而吊死的女鬼在诉说其苦难时唱道：“可怜女儿气已断，三魂分离剩个躯壳壳。”[②] 在《焚巾曲》里，巫师引导死者灵魂时唱道：“你变成宝浓（bod—niongs，苗语，意为死灵魂——作者），一个来家里，受香火敬供；一个守坟地，看你的骸骨；一个去野外，在路边找吃。”[③]

除三魂信仰外，也有的地方信仰五魂。如流传在丹寨县的《哭丧歌》说：“一个人有五个魂，一株稻子五丫穗。走到五岔路，五魂走五边，阿妈别忘记。”[④] 五魂的去向和分工如何呢？他们认为一个灵魂去祖宗那里和先人团聚，一个去赶场，一个去田坝种庄稼，一个去踩鼓堂吹芦笙，还

---

① 马克思：《资本论》，《马克思恩格斯全集》第23卷，人民出版社1961年版，第96页。

② 魏龄：《控诉歌》，《贵州情歌选》，第二集，贵州人民出版社1983年版，第174页。

③ 中国民研会贵州分会、贵州民族学院编印：《民间文学资料》第48集，第269页。

④ 丹寨县民委、丹寨县文化馆编印：《丹宗苗族民间文学资料集》第一集，第59页。

有一个去天堂。与此观念相适应，苗家对亡人也自成一套丧葬仪式，要请巫师或词师整夜地哭唱“丧歌”，指点亡魂沿祖先迁徙的道路一步步回到祖先居住过的东方。

就宗教起源来说，灵魂不死观念本身还不是宗教，但它是宗教的思想基础。

首先，它是万物有灵论的根源之一，使人们的思维和想象由己推广到自然界。原始初民有一个时期并没有完全把自己从自然界中划分出来，而把自然界万物看成是与己同等同质，所以人有精神活动，自然万物也应当有；人有灵魂，一切自然物也皆有灵魂。湘西有一部风俗长诗《招魂》，叙述主家请巫师用招魂的方式，为自己招回、赎回、呼唤富饶故乡的五谷六畜及其先祖的魂来，以帮助自己获得五谷丰收、六畜兴旺、人寿年丰。[①] 这充分证明了苗族内部由于迁居后生产生活条件恶劣，生产力不发达，思想意识中万物有灵和多神观念是较为浓重的。在这种意识支配下，就形成了一系列对动、植物以及对山、水、怪石的崇拜。

其次，它是祖先神产生的重要思想根源。既然灵魂不死，那么生前爱护关心自己的前辈的灵魂必然还会护佑自己，后辈也就必须对祖先之灵加以各种形式的祭奠。

苗族正是在此基础上产生并形成了自己的图腾崇拜及祖先崇拜。

（二）图腾崇拜

图腾崇拜中有植物、动物崇拜等多种形式。植物崇拜是原始宗教的重要组成部分，也是人类历史发展到一定阶段的产物。原始初民的生活来源主要依赖于采集植物，因此他们把植物当成自己生死存亡的命根子，从而对他们抱有特殊的感情。在万物有灵的观念支配下，便产生了原始人的植物崇拜。这是世界各民族普遍存在过的共同现象。只不过因为各民族生活环境不同，他们崇拜的对象有所不同罢了。

苗族一般认为凡年岁久远的古树都有灵，人们的祸福灾喜与树魂有关，故不能乱砍伐。如果砍伐时出现意外，则认为是树魂在作祟。例如《运金运银》叙述道：人们砍大树造船运金银，但是砍了半天也砍不倒，就怀疑是“婆娘有鬼没有人要，树子有鬼难砍倒”[②]。于是，砍树的波公把“草鞋倒起穿，蓑衣倒起背，三脚（架在火坑上煮饭用的铁三脚

---

① 湘西土家族苗族自治州群众艺术馆编印：《湘西民间文学资料集》第四集，第 22 页。

② 中国作家协会贵州分会筹委会编印：《民间文学资料》第 4 集，第 87 页。

架——作者注）戴在头上，拿锅烟涂脸，这样才来砍，这样才能把树砍倒”[①]。这实际上就是一种树木也有灵魂、有意识的观点。但这种意识还不属于图腾崇拜。

把某种动、植物神化为本民族或人类的祖先，在该类动、植物与人之间附上亲密的血缘关系，并对之编造了一些神话传说，且形成了一定的拜祭仪式，那么，对该动、植物的信仰就升华为图腾崇拜了。苗族先民有“枫木生人”的思想，认为人类祖先姜央，是由枫木树心生化出的蝴蝶卵生出来的。[②] 因而，苗族植物崇拜中，最典型的当数对枫木的崇拜。这在实际生活中有多种表现。诸如：某些地区建房一般以枫木树为中柱，目的不在于枫木本身的质地，而是期望它能使自己子孙繁衍，人丁兴旺；孩子病了，到枫树前拜祭求祖先保佑孩子；台江县苹东地区苗族搬家或迁徙，必须先栽枫木以其成活与否为己去留依据。[③] 许多苗寨，至今还保留着高大的枫木树，苗家称它们为护寨树，被看做是护卫吉祥的象征，这些现象无不体现了枫木崇拜的痕迹。

动物崇拜也是在万物有灵观念支配下形成的。苗族因居深山峻岭之中，狩猎生活曾长期是他们的主要生活方式，故与其他民族一样，也在远古时代形成了动物崇拜。其中，较为集中而典型的有龙崇拜、狗崇拜等等。龙崇拜在民间文学资料中反映十分多，大多是讲苗区人们相信：哪块地下有龙，这块地就是宝地，该地区就会出能人，该地区的人们也会幸福。如：

> 芦笙场还没有确定好……我们请阿垢送去找芦笙场。……他刚找到一块块，刚找到一坵坵。地下就有龙气，地下就有龙灵，天上就有雷显，这块地就有宝，就拿做芦笙场。[④]

黔东南台江县的苗族认为村子有龙保佑才会平安兴旺，龙若走了，大家就会感到软弱无力，出现不幸，这时就必须“招龙”。雷山一带也有招龙习俗，目的在于乞求生育、丰收及人畜平安。关于狗崇拜的起因，各地传说不一。贵州松桃及湖南西部传说狗是部分苗族的祖先，贵州西部及川南，

---

① 中国作家协会贵州分会筹委会编印：《民间文学资料》第 4 集，第 88 页。

② 同上书，第 195 页。

③ 欧阳评深：《枫木篇》，载《南风》杂志 1981 年第 6 期，第 75 页。

④ 中国作家协会贵州分会筹委会编印：《民间文学资料》第 6 集，第 193 页。

则传说苗族敬狗是因为狗为苗族取得了粮种。总之，许多地方的苗族是崇敬狗的。

（三）祖先崇拜

各民族在其意识形成的初期，都曾经历过对祖先神的崇拜阶段。苗族崇拜的祖先有三种类型：

一是氏族中的领袖或远古创业中的英雄。一般说来，苗族认为天地日月万物都是由远古某公某公制造的。在民间文学资料中，凡谈到自然物的产生，天地的开辟，火的发明，医药的创始等等，都说成是远古苗族某个老人的功劳。例如麻江一带的《开天辟地》歌唱道：

> 最高层的祖太撑，把天撑上去。下边的是祖公压，天去天上边，地去地下面。……天上就不亮，地上就不明。……祖太就来选日，祖公就来选月。[①]

有说太阳、月亮是由腊讲、腊宋、腊穿、腊当四人泼金银水在岩凹里铸出来的，[②] 有说天地是由够波、够雄、够且、够当四公象立谷包一样立好的。[③] 显然，这些老人实际上都是远古苗族氏族中的领袖，在苗族艰苦创业史上曾立下了汗马功劳，后代不忘其功勋，对之缅怀并加以祭祀。

二是传说中整个人类或苗族的第一位祖先，这与图腾崇拜相联系。例如清水江流域信仰枫木，在黔东南一带的苗族就有吃牯牲祭鼓的习俗，即祭主家请舅家的人用梭镖把一只大水牛活活刺死以祭神。这种祭祀每7年或13年或25年以至60年举行一次。每次要进行多日，要唱古老苗歌，远近十村八寨，近亲远友无不前来祝贺观礼。隆重的牯牲节（祭鼓节），是苗民祭祀祖先的一种仪式。

> 踩鼓为祭祖，为发财致富；跳鼓为欢乐，大家庆丰年。[④]

而从牯牲节的内容到形式，该地区的《枫木歌》有关追述始祖“蝴蝶妈妈”诞生前后的情节在此都有所反映。牯牲节主要是祭人类祖先姜央，同

① 中国作家协会贵州分会筹委会编印：《民间文学资料》第6集，第188页。

② 《佳》第8页，贵州省民间文学工作组编印：《民间文学资料》第33集。

③ 中国作家协会贵州分会筹委会编印：《民间文学资料》第4集，第25页。

④ 中国作家协会贵州分会筹委会编印：《民间文学资料》第6集，第159页。

时也祭奠蝴蝶妈妈和枫木，也祭三辈以上已故的祖先。

三是祭本家族或氏族的祖先。对本家族已故的爷爷奶奶父母等老人的祭奠主要局限在家庭里。苗家的习惯，吃饭时如果桌上有酒有肉，须先用筷子沾酒拈肉洒在地上，意在请祖先先尝，以示敬意。逢年过节，必以酒肉祭奠祖先。对氏族祖先的祭奠，则多是进行隆重的集体祭祖活动，如"吃牯脏"和"吃猪"，活动时间较长，参加的亲友也多。杀羊祭祖也属于这种集体祭祖活动。

任何精神现象的存在都不可能是绝对的。人类认识过程的复杂性决定着相互矛盾冲突的思想有可能经常并存在同一时期的人类意识中，甚而杂糅在一起，难于剥离开，这在人类幼年时期更为普遍。从后面的资料中我们可以看到，苗族在原始信仰十分昌盛的时期，也存在着无神意识的萌芽。

二　苗族无神论思想的萌芽

作为一种理论形态的无神论，是不可能突然产生出来的，必然会有一个历史的发展过程。人类诞生之初，对自然界和人类本身的认识，一方面靠主观幻想和臆测，另一方面却靠日益积累着的初步实践经验来解释。但从根本上说，人类这时处于无知的状态之中。随着物质生产的发展，人的器官日趋完善，人类认识能力则不断提高，无神意识的萌芽必然产生出来。

苗族最初的无神意识，大约形成于氏族社会后期，农村公社进入私有制阶段。此时，社会生产力有了一定程度的提高，生产和生活实践中已积累了一些简单的经验，有了自己简单的天文历法知识。如：

> 烈地昂彩邵啊，高杜占地奥啊；环绕世界观天文，走遍四方测地理。……把天文地理观察得有次有序。①

他们此时也掌握了用闰月的方式调整季节："年大十三月，年小十二月，拿一月来补。"② "两个半年是一年，三年多一点时间就闰月。"③ 与商周时代的汉族相似，他们把一年分成两个大阶段，即春季（包括春夏两季）

---

① 中国作家协会贵州分会筹委会编印：《民间文学资料》第16集，第46页。
② 中国作家协会贵州分会筹委会编印：《民间文学资料》第24集，第130页。
③ 中国作家协会贵州分会筹委会编印：《民间文学资料》第16集，第47页。

和冬季（包括秋冬两季），实际上就是指的“热天”和“冷天”。他们也用地支纪年和日。此外，苗族医学也在此时产生了，如湘黔交界处的苗族人民流传说：苗族医药的始祖是一个周身透明晶亮，状如玻璃的神人；他有翅能飞，披星戴月为人民寻找药方，人称药王爷爷。在黔西北威宁一带则流传着一篇记录苗族祖先则嘎老尝百草为人民治病的古歌：

> 则嘎老最聪明，则嘎老有智慧……他是农艺之师，是医学之祖。①
>
> 则嘎老拄着一根黄拐杖，用拐杖挖野草尝，尝了一种又一种，用草药来医治有病的人。……后来，世上的人们学会了，用草药来治病。什么病用什么药医，医病的根根从这时起。②

湘西也流传着“一个药王，身在四方；穿山越谷，行走如常；餐风宿露，寻药找方”③ 的故事。

以上所述的苗族简单的天文历法知识及苗族医药的发明，当然都还只是一些科学的幼芽。但是，这些生产和科学知识的总结，为人们提供了科学思维的前提，有助于人们以正确的思维方式探求自然界，认识天体，思考人自身的寿夭生死等问题，这种种思考与认识的结论，就为无神论的孕育提供了基础。

（一）与神创论相对立的自然生成观

宇宙万物以及人类自身是怎样产生的？自古以来，对此问题有两种基本观点：一是神创说，把一切自然物，都归之于上帝或神或某种精神力量的创造，这是唯心主义和有神论的观点；一种是自然生成说，认为世界万物及人类本身的出现，不是什么精神力量或神的智慧的结果，而是物质自身演化而成，这是唯物主义和无神论的观点。

关于神创说种种。黔东南黄平一带的《开天辟地歌》说：

> 那个亡洗老太，和公达老公，吐了三泡口水，一泡造成人神，一泡造成虫蚊，一泡造成天地。④

---

① 转引自贵州民间文学工作组编著，田兵、刚仁、苏晓星、施培中执笔：《苗族文学史》，贵州人民出版社 1981 年版，第 74 页。

② 中国作家协会贵州分会筹委会编印：《民间文学资料》第 16 集，第 43 页。

③ 湖南省凤凰县医科所：《凤凰县民族药调查报告三》，1980 年。

④ 中国作家协会贵州分会筹委会编印：《民间文学资料》第 6 集，第 195 页。

亡洗老太和公达老公，相当于汉族传说中的盘古。但他们的神性似乎多于人性了。天地人类万物由他们的口水造成，天地宇宙的完善又全靠了神仙的作用。流传在黔西北威宁石门坎的《创造天地万物之歌》，说天地是由一个名叫杜占彼的天神创造的："杜占彼技艺精巧会造天，造成平滑光亮的天盖着大地；杜占彼技艺精巧会造地，造成凸凹不平的地让人们住行。"① 这里描述的杜占彼，表面看来只是一个会手艺有技术的匠人，但他毕竟是在天地万物之前就已存在的，这不会是凡人，只能是神。再看后面的描述，蒙在杜占彼身上的神秘成分就更浓了。他：

叫世人住在平原上，叫世人住在大地上造房屋安居，让世上有能力的人管天下……叫天上的雷公，管暴雨下降。

他还"管雷电、管风云"②，显然，这是一位凌驾于自然和人类之上的天神。流传在云南彝良地区的《苗族古歌》，不仅认为天地万物是由天神锐觉藏努造的，就是人类也是由锐觉藏努造的。如说：

天地是哪个造的？天地是天神锐觉藏努造的。人类是哪个造的？人类是天神锐觉藏努造的。天神锐觉藏努，造出光滑平坦的天空，造出深沟，造出高山大岩，造出万山老林，造出万国九洲。他造出男人和女人，让他们成家立业，居住在这世界上。天神锐觉藏努是在天上。③

黑苗关于天地万物及人类来源则说：

防住造天地，儿尼造昆虫……天帝本聪慧，吐唾在掌中，合掌霹雳响，天地于以生。拈草为昆虫，石头造鬼人，造男并造女。④

湘西的《苗族史诗》却认为，宇宙之初天地不分，漆黑一片。是造明之神果楼生冷，造出了太阳和月亮，是盘古和晴皓开天立地并造出各种

① 中国作家协会贵州分会筹委会编印：《民间文学资料》第16集，第4页。

② 同上书，第4页。

③ 同上书，第102页。

④ 转引自孙诞先：《苗族来源的传说》，载《旅行杂志》第18卷，第12期，第87页。

树木生灵，定下时辰。如说：

> 要述说远古的时候，天与地相连，要传述远古的年代，天和地相混。……果楼生冷[①]才来造十二个太阳，果楼生冷才造十二个月亮，盘古开天才来成天，晴皓立地才来立地，天宇才见辉煌的日月，地上才有广阔的原野。水里才有鱼虾遨游，陆地才有骡马奔走；天空才有雀鸟飞行，地上才有爬虫走兽。[②]

以上列举的史歌，多持神创论的观点，作者们似乎都想象着在宇宙之先存在着一种超人超自然的神灵，宇宙万物是它们的创造物。而从其流传的地区看，又似乎在黔西北、滇东、湘西一带，苗族先民受汉族神创论影响较大，特别是贵州织金、普定一带的《创造天地万物歌》中，引进了“三皇”、“天王”、“四海龙王”、“夏禹皇帝”、“汉高祖”等等神帝名称。

如前所说，各苗族地区人们的思想认识并不是平衡的。由于种种原因，使得部分苗民已经意识到了神秘的创世说站不住脚，或者他们本来就没有想到整个世界应由神来创造，而从自发的无神论立场出发，试图从自然界内部寻找世界的起源。这种观点以流传在清水江流域的苗族古歌为代表。在这类古歌中，苗族先民们明确地把自然物质“雾罩”作为万物本原。在他们看来，宇宙之初只有雾罩，而后才由雾罩演化出了天地万物。古歌《开天辟地》这样唱道：

> 我们来看天地初生的时候，我们来看开天辟地的时候，高山没有树，平地没有粮，寨上没有人。

就是说，宇宙中什么也没有。那么，宇宙间最早出现的是什么？作者继续唱道：

> 哪个生来最早？他来造天地，他来造山造水，他来创造昆虫，他来创造鬼神，他来创造草木……雾罩生得最早，雾罩生白泥，白泥变

---

① 果楼生冷：即造明之神。

② 贵州省民族事务委员会、中国民间文艺研究会贵州分会编印：《民间文学资料》第60集，第145页。

成天，雾罩生黑泥，黑泥变成地……天地才又生万物。[①]

这首古歌为我们勾画出了这么一幅宇宙图案："雾罩→白泥、黑泥→天地→万物"。就是说，万物产生之前的宇宙只是充满着一片片、一团团的"雾罩"，然后由雾罩才逐渐化生出了天地、万物。显然，自然物质雾罩，在这儿被归结为宇宙的本原。这是对自然现象的直观和猜测。用这种直观和猜测解释自然，虽然显得朴素而幼稚，但却倾向于无神论。

此外，这类古歌的作者们在雾罩一元说的认识基础上，通过对自然万物的观察，还隐约认识到了动物是自然发生，人类是自然起源的。在专门叙述人类起源的古歌《枫木歌·十二个蛋》中，作者唱出了"枫木生人"的自生观点，认为人是由枫木树心的蝴蝶妈妈卵生出来的。如说：

> 最初最初的时候，最古最古的时候，什么地方生出人？枫香树干上生人，枫香树干生出妹榜，枫香树干生出妹留[②]。……那个时候只有她一人，世人还没有夫妇，案上还没有青年玩耍，没有同班同辈的青年和她讲恋爱……妹榜和水泡沫玩耍，妹留找水泡作伴。……他们玩了三个春天，他们玩了三个冬天，妹榜得了一肚子的胎儿，妹留得了一身子的崽崽。……生了十二个蛋。……孵了十六年，央那[③]才生出来。[④]

这一幅人类起源表即："枫木→蝴蝶→人。"从科学的意义上讲这与人类起源毫不相干，且枫木在这儿多少带有一点灵性，具有图腾崇拜的意义。但是，它与苗族其他关于人类由天神用石头造出以及世界许多古代民族流传的大神抟土造人的神话相比，又具有一定的合理性。它从完全不同的立场出发，认为人类的诞生是自然的结果，是由客观实在的一系列自然物种自生自变而来的，这就从事实上排除了神力因素。

纵观这部古歌，从《开天辟地》到《枫木歌》，苗族先民描绘的宇宙演化图就成了："雾罩→天地→万物→人"。"雾罩生得最早"[⑤]，雾罩是

① 中国作家协会贵州分会筹委会编印：《民间文学资料》第4集，第18页。

② 妹榜、妹留：苗语音译，"妹"即母亲，"榜留"即蝴蝶，"妹榜妹留"即"蝴蝶妈妈"的意思。

③ 央那，苗族传说中的人类祖先。

④ 中国作家协会贵州分会筹委会编印：《民间文学资料》第4集，第195页。

⑤ 同上书，第21页。

什么？是一种能“自己生来自己消”[①] 的东西。“雾罩生白泥，白泥变成天；雾罩生黑泥，黑泥变成地”；“天地才又生万物”。这个万物包括哪些？包括动植物：“天地生昆虫，天地生草木……”包括人类：天地“才生白枫木，白枫木生姜央，姜央才来制人，制你们、我们”[②]。整个宇宙，从简单的“雾罩”到天地的雏形，再到色彩缤纷的绚烂世界，经过漫长的发展，演化成了充满生机的宇宙。这一过程，全是自然物质自身的生化和运动，丝毫没有神力的干预。特别是人类被安排在雾罩、天地、植物产生之后，是在物质世界发展到一定阶段上才产生的。而且这种思想在湘西的《苗族史诗·龙人》表现得更为明确：

> 要传诵远古的史诗，要传述远古的故事，大地上出现了万物：天空有了雀鸟飞行，江河湖泊有了游鱼，陆地有了爬虫走兽……过了很长的时期，过了很多的世纪；大地上啊，开始出现龙身人首的鸟基，出现了人首龙身的代基；[③] 后来才生洛保造啊，后来才生闷造冷[④]……[⑤]

当然，不论是黔东南一带古歌中的雾罩说、枫木生人说，还是湘西一带的龙人演变说，它们都是直观的，没有科学根据，不符合自然史实，而且其中也包含有许多唯心的杂质。但历史的辩证法就是如此，这种今天认为是荒谬错误的观点在古代却包含着一定的合理性和进步性：即它们都从自然界本身出发来解释和寻找自然的原因，都从本原问题上排斥了神的存在。因此，它们在中国无神论史上的地位和作用是不容忽视的。

（二）对“天”的朴素理解

许多远古民族的原始宗教里，都有将天体、天象与气象神化和崇拜的现象。苗族在远古时，也曾因科学知识的缺乏有崇拜天神的现象，如敬雷神、风神等。但正如前所说，苗族在其社会出现了两次大分工后，内部由于生产实践的需要已出现了一些初步的天文历法知识，这些知识尽管还只是一些科学的萌芽，但它对启发人们正确地认识天体是有利的。一些地区

---

① 中国作家协会贵州分会筹委会编印：《民间文学资料》第8集，第92页。

② 中国作家协会贵州分会筹委会编印：《民间文学资料》第4集，第21—27页。

③ 苗族远古传说，说人是由龙演变成人首龙身的龙人，再由龙人演变成人。鸟基、代基即人首龙身的龙人。

④ 洛保造，苗族远古传说中的人类始祖之男，闷造冷，苗族远古传说中的人类始祖之女。

⑤ 贵州省民委、中国民研会贵州分会编印：《民间文学资料》第60集，第158页。

的苗族先民正是在这些知识的基础上，把“天”作为一种自然实体进行了考察。通过对有关“天”的各种现象所进行的不断探索，再附上自己的一些幼稚推测和奇妙的揣想，他们就形成了自己对“天”的基本观念，这种观念既不同于“天是神灵居住之地”，是“主宰万事万物的上帝”的宗教神学观点，也不同于“天是万物之本的精神实体”的唯心主义观点。在这些苗族先民的意识中，天就是客观的、无意志的物质自然界。

1. 天是客观的物质世界

总体看来，苗族先民对“天”的本质有两类观点：天是另一苗寨；天是物质实体。

天是另一苗寨的思想，主要反映在民间传说和故事中。如《天上人间》开场白就说：“最初最初的时候，天上人间，有梯相连。人要上天去耍就上天去耍，方便得很。后来长梯断了，天上人间就没有通路了。”① 天上的人是什么样子呢？《棒头人》故事描述道：“天地间分为上、中、下三层，每一层都有一种不同的人。那天上的人身子像囤箩，有那竹杆高，便称他们叫竹杆人；地上就是我们这些人，身子像碓杆大，有扁担高，就叫扁担人。另外还有一层人是住在地底下，身子的高大只不过像我们那捶草的棒头，所以叫他们做棒头人。”② 可见，不管天上人是什么样，他们是人不是神，而且与我们的生活习俗有许多共同之处：“天上有八个江略③，各个江略都有芦笙、铜鼓，开起芦笙会来，八排芦笙演奏，八个铜鼓敲打，十分热闹。”④ “天上的芦笙特别悠扬，天上的鼓声特别好听”⑤，“天上埋人用铁棺材，地下埋人用木棺材”⑥。此外，天上与人间还可自由联姻。《杜岂》故事叙述了一个苗族青年杜岂没有妻子，就跑到天上去选择情人，最后和朵陆（天上有权势的人）家的姑娘成了亲。⑦《多往颂和哥想共》故事则说古代地上有个又漂亮又勤劳的孤儿，天上嘎对（有钱人）的女儿多往颂爱上了他，就下地来和他成了亲。⑧

从上面所举的例证可以看出，苗族意识中的天上世界实际上就是另一

---

① 燕宝编：《苗族民间故事选》，上海文艺出版社 1981 年版，第 89 页。

② 中国作家协会贵州分会筹委会编印：《民间文学资料》第 15 集，第 224 页。

③ 江略：苗语音译，意为“鼓社”。以民族为单位组成的社团，用皮鼓作标志，是苗族社会的基本组织形式。

④ 燕宝编：《苗族民间故事选》，上海文艺出版社 1981 年版，第 89 页。

⑤ 中国作家协会贵州分会筹委会编印：《民间文学资料》第 5 集，第 118 页。

⑥ 同上书，第 103 页。

⑦ 中国作家协会贵州分会筹委会编印；《民间文学资料》第 15 集，第 34 页。

⑧ 中国作家协会贵州分会筹委会编印；《民间文学资料》第 5 集，第 75 页。

个苗族村寨，它和苗族社会一样有祭祖、跳芦笙的习俗，而且社会组织也一模一样。两地的青年可以相互恋爱、结婚，两处的人们可以亲密来往。这种意义上的天，就不是有人格、有意志的天帝或天帝的住所——天宫，不是神灵存在的世界。当然，天是另一苗寨的观点也不是科学的观点，也只是一种因不了解宇宙结构而主观臆测的幻想。但是，它对无神论突破宗教神学的天命观具有重要意义，因为它排除了有人格有意志的天帝的存在。

“天”是物质实体的思想，主要表现在清水江一带的苗族古歌中：“白泥变成天，黑泥变成地。”① 天地初生时：“天和地相粘，地和天相连，两块厚冬冬的，相连在一起。”从这些话语中可以看出，苗族先民把天看成是和地一样的物质实体，其质地是泥巴。当时的人们当然不可能懂得地球是长期演化而成，天空则是由无数星系组成的科学道理。但是把天看成是和地一样的“厚冬冬”的物体，这对宗教神学意义的“天”无疑是个否定。

天地初形成时是粘连着的，那后来是怎样分开成为现在的模式？古歌认为是由苗族的许多老祖公通过辛勤劳动分开的。如说：“府方是好汉……他把天地搬开，抬天到高高的上面去。”然后由够雄等四公“用肩扛”、“用杈杈杈”，再带上钉子，“爬到天边去，象爬上屋檐口，把天钉牢”。最后从遥远的东方运来金银，铸造天柱，造星星月亮，才把天地改造成现在的模样。纵观整个顶天立地的过程，“好比立谷仓”②。

天地经由人类改造后，其模式或形态像什么样？古歌说：天“又平又有点拱，像戴的斗笠”；地“像片瓦，有包包垒垒，又好像个撮箕”，“太阳和月亮，嵌在天空上”③。这种观点在黔西北地区也有类似的流传，如《杨亚射日月歌》说：天边地角处，“正像人编网套结圈样，地上边缘怎么兜着天呢？地上凹处海天相连，正像编篱笆相扣着”④。在云南彝良地区，人们则认为天“如同簸底”⑤。这种天像凹形盖子的看法仍是基于先民对天地的感性直观的认识，但它与“天”是神仙居住之地、是“天

① 中国作家协会贵州分会筹委会编印：《民间文学资料》第4集，第21页。中国民间文艺研究会贵州分会1985年翻印。

② 同上书，第22—26页。

③ 中国作家协会贵州分会筹委会编印：《民间文学资料》第4集，第25、135页。

④ 中国作家协会贵州分会筹委会编印：《民间文学资料》第16集，第12页。

⑤ 同上书，第1页。

帝”等等思想相悖的。因为天从产生到形成，都是物质演化的过程，是物质力量相互作用的结果，是先民用劳动对之改造的结果。

特别值得注意的是，苗族先民对宇宙结构的认识同有的古代民族一样，也曾有过带有神秘色彩的宇宙结构为三层（即天上、地上、地下）的观念，多把天上作为神仙居住之地，地下为恶鬼住的地方，中间是人类之所。如湘西的“苗族史诗”把宇宙分为果索果但，豆奈豆那，果苏果干（即天堂、人间、地下）①。

但是，西迁定居后，生产的需要促进了先民们对宇宙探索的新的突破。云南东部、黔西北的苗族认为天地间是空的，日月在天空中不停地行走，它们行走的路线有一定规律和轨道，人类可以掌握它。他们说：“日女在高空高层走，月男在高空中间行。”太阳比月亮离人更远，它们运行的路线不同。“到了春季蛇马正二月，日月分路走。日女走远程，月男行近路。八九月里秋来到，太阳月亮换路行，月男走远程，日女行近路。”日女“天天走的长路途，年年走的都一样”。“月男一天走不远，就说这月是小月；月男一天走得长，就说这月是大月。”② 歌中讲到的日月运行路线及大月小月的道理不见得准确，但它已看到日月运行和季节、昼夜有着一定的关系，即每年正二月后昼长夜短，八九月以后则昼短夜长的现象与日月运行的变化有直接关系。这是由于生产、生活的需要，长期观测的结果。这种几乎近于规律性的认识，对天神观念是有力的排斥。

2. 人定胜天的思想

汉族古代思想史上天人感应说，对远古苗族也有一定的影响。但也有部分苗族对“天灾”却持有不同的看法，其观点通过清水江流域的《苗族古歌》可见一斑。

前面介绍了《古歌》作者认为天是客观的自然界，排除了“天帝”这一支配万物的造物主。宇宙间既没有支配一切的“天帝”，就必然没有什么显示“天帝”意志的祥瑞或灾异。这就必然会否定“天人感应”的观点，而从天道自然的立场出发来解释自然灾害。如对地震引起的山崩地裂现象，他们想象是因为“以前的时候，用栋柏树撑天，用莴哩秆支地，撑天撑不住，支地支不稳”③。或是“用莪菜秆做柱子，用五棓木来

① 贵州省民族事务委员会、中国民间文艺研究会贵州分会编印：《民间文学资料》第60集，第147页。

② 中国作家协会贵州分会筹委会编印：《民间文学资料》第16集，第5—6页。

③ 中国作家协会贵州分会筹委会编印：《民间文学资料》第4集，第29页。

做柱子，撑天撑不到，撑地地不稳”，才出现“天常常会垮，地常常会动”①，“天上一天垮六次，地下一夜垮六回”② 的现象。对于旱灾，他们则认为是原来天上没有日月，出于对光明和温暖的渴望，出于生存的需要，人们千辛万苦，铸造了十二对日月，日月多了，又同时出来照射天地，才使得：

> 天空像炉火，烧焦了山上的树，晒干了河里的水，泥巴晒成了粘膏，石头晒成了稀泥。晒死了青年，晒死了姑娘。③

弄得人们无法生活。

《古歌》对地震及旱灾的解释，是根据他们对天是自然实体的观点而得出的。苗族先民认为，天是可以任由人类改造和打扮的自然物，其质地是泥巴。人们为了在天地间生存得更好，就像建房子一样，把天用一些自然物如莪菜秆等撑起来，使得天像斗笠一样斜扣在地面上。但天地间是黑暗的，人们于是又运金银造月亮星星，把它们钉在天顶上。由于人们没有经验，撑天支地用的东西不牢固，造成了山崩地裂的现象；太阳造得太多又出现干旱。苗族先民们的这一逻辑推理，完全是用主观臆造的虚幻的联系代替自然现象之间的客观联系，这反映了当时苗族人民知识的贫乏和社会经济基础的落后。但是这种解释并不认为自然界的灾异与人事有关，没有说到天与人有什么感应，也没把天灾与人世间的道德联系起来。因此，这种解释较之神秘的“谴告说”、“灾异说”，要朴实而自然。

更可贵的是，《古歌》对天灾不只停留在朴素的解释，而是进一步通过幻想形式唱出了苗族先民征服自然的颂歌，以肯定人在天灾面前的能动作用。既然天灾并非神秘力量所致，人们当然可以战胜它。苗族先民幻想着换上金银柱子来撑天支地以解决天崩地裂的问题，让英雄扎射去多余的日月以解决干旱的问题，反映了人类改天换地的愿望。

《古歌》关于“天灾”的朴素解释，以及对战胜自然灾害的想象，反映了他们征服自然的理想、愿望和功绩。这种种解释和想象，虽然没有科学依据，但从早期的无神论思想角度看它，却有着重要的价值。它与“谴告说”、“灾异说”等神学观点直接相对立。因为它的核心内容是肯定

---

① 中国作家协会贵州分会筹委会编印：《民间文学资料》第4集，第101页。

② 同上书，第29页。

③ 同上书，第135页。

了天是无意志的自然界。天既是无意志的客观自然，天灾也就是一种自然现象，不受任何神秘力量的支配。天灾既然是自然现象，人类当然可以通过自己的努力征服自然，战胜灾害。

天是客观的物质自然界，它无意志、无目的；自然界的一切变异与人事无关，不是天意的作用，事在人为，人定胜天。这就是《苗族古歌》对天进行考察所得出的结论。但可惜作者没有向理论的高度跨出一步，而只是停留在经验的解释和想象中。苗族先民的无神论意识，正是从这些解释和想象中萌发出来的。

从上面的叙述中我们可以看到，远古苗族的无神意识并不直接面对神学，它主要是通过唯物地回答世界的本质问题而从客观上排除了神学观念。而且，这些回答都还只是在直观的基础上，显得十分散乱。显然，这种状况的无神意识是无法战胜有神观的。

第三节　古代时期苗族的无神意识的发展

苗族社会在秦汉时代出现了阶级分化，到了唐宋时代，大部分苗族地区进入了阶级社会。从此，广大苗族群众承受着本族封建主及汉族统治阶级的双重压迫。这种特殊的阶级压迫，迫使广大苗族人民多次起义。

勤劳的苗族人民为了生存，在艰苦的环境中一直奋斗着。由于受汉族先进生产力的影响，苗族在进入阶级社会后，其生产力有了较大发展，农业、手工业都有了一定的规模和水平，商业也发展起来了，与内地的交易日益增多。不过，从总体上看，社会经济仍主要处于自给自足甚至自给不自足的状况。

由原始采集狩猎活动过渡到一家一户的农业个体劳动，由原始氏族制进入到封建阶级社会，苗族的社会意识形态也相应发生了一些变化。就宗教迷信思想而言，随着社会经济结构及阶级结构的变化，一方面，原有的自发宗教内容更为丰富和完善，另一方面，随着汉民逐渐移入苗区杂居，内地道、佛教的因果报应等观念也传入苗区，从而使苗区原有宗教迷信信仰的内容又增添了新的成分。

随着社会生产力和科技的进步，苗族先民的抽象思维能力也在不断提高，在朴素唯物主义的基础上，远古氏族公社时期就已萌发了的无神意识逐步明确，从而在许多领域里，对原有的自发宗教及后来的各种人为宗教思想产生了一定程度的怀疑，并以不同的方式对之进行了一定程度的批判和否定。

一　古代苗族的宗教迷信

（一）鬼神信仰

相信灵魂不死必然产生鬼神观念。早在氏族社会时，苗族先民在灵魂信仰的基础上就已形成了鬼的概念。不过那时认为鬼的集团是家族内的弟兄关系，为首的不过是长兄或族长，没有尊卑贵贱的阶级属性。到了阶级社会，苗族有了不平等的阶级划分观念后，鬼怪观念的内涵也有了发展，出现了一定程度的阶级分野。

从苗族民间的日常活动中不难看出，鬼神信仰在其意识中影响较深。苗人说神道鬼，确信实有其事。但值得注意的是，大多数边远山区苗族的鬼和神概念区分并不十分明显。苗语中没有“神”这个词，只有鬼。“鬼”，苗语称之为“滚”，其含义较汉语的鬼广泛，有野怪、精灵等意思。在一些杂居区如安顺，已出现了“神鬼”二词并用。这反映了杂居地区由于其他民族的影响，已逐渐出现了神的观念，一些鬼有开始向神转化的迹象。

苗族认为鬼的种类很多，但是不相统属。无论是善鬼或恶鬼，多是群居。善鬼很同情人，能保佑人们的生产和生活。人们有什么困难，可以求它们帮助。故人们对之采取虔诚的崇敬态度，祭祀它们时要摆放丰盛的祭品，讴歌它们的恩德，用满足人类的生活需要和心理要求的方式来取悦于它们，以求得它们的保佑。恶鬼则多贪图人们的供品，把疾病与灾难降于人们身上，与人们作祟为乱。故每遇到人畜患病或遇到什么奇异现象，就认为是恶鬼作祟所致，就得祭鬼赶鬼。而不论是祈求善鬼保佑还是祭赶恶鬼，都离不开巫师、仙娘、鬼师之类的迷信人员。由此可见，鬼神观念的产生，除认识原因外，也有一定的社会原因——与巫师的职业有关。如果善鬼不能有求必应，同情人们善良的祝愿；恶鬼不作恶、不贪吃，巫师、仙娘们就无事可作了。可见巫师、仙娘等对鬼神观念的产生起了推波助澜的作用。

鬼神是怎样产生的？苗族认为有三个来源：

1. 人死后亡灵变的。人死后其亡灵未死，变成了鬼。一般非善终者灵魂变成恶鬼；正常死亡者魂魄变成善鬼。《佳》说：卡凶因偷人家的蜂糖被人们打断了手脚，死后“才成强盗鬼，才成偷贼鬼”[①]。这是关于鬼怪来源的最普遍的观点。

---

① 《佳》，贵州省民间文学工作组编印：《民间文学资料》第33集，第187页。

2. 亡人尸体化生而来，这多指恶鬼来源。人凶死后，其身体各部分变化成了各种自然物，其中某些部分变成鬼。《说古唱今》说：人类祖先“公公”出门做生意被人射死，尸体各部分化成各种不同的自然物：“头发变成草，脑袋变成山，耳朵变成洞……嘴吧变成三个嘎扭闹丢（鬼名），舌头和牙齿变成七个嘎扭闹柳（鬼名）。”① 《说古理词》叙述了一桩偷羊、鹅的案件：良当拢懂（人名）偷吃了定拉公公的鹅和羊而被定辣杀死，结果：

“拉拢懂”去杀，杀在下游的“利蒙”地方；杀在上游的“基坡”地方。血变成天上的火星，变成地下的“西带”鬼。肠子变成“法臣”鬼。还有一颗桃心，桃心砰砰跳。……变成七斤汉子“苛色”鬼，变七个汉子“苛江”鬼。……腰子变成“囊狼”鬼……一眨一眨的眼睛，变成“吾够”鬼的子孙……变成“吾妮”鬼的后代。……拉“良当”去杀在下游的“赛沙”地方。……血变成天上的火星，变成地下的“西呆”鬼，变成“法成”鬼。还剩砰砰跳动的心……成多嘴的女鬼，变闹事的婆娘。②

3. 有些苗民认为鬼神是由万物祖先卵生出来的，如说：

很古的时候，很远的时候，黑蛋，花蛋；抱成东西，孵成生命。他们分散在窝边，分离在篮旁。龙去住在蓝色的深海里，……鬼住在东方的鼓里，怪住在西方的岩洞里，剩下雷公就住在天上，剩下央（人类祖先，作者注）就住在地下。③

看来，卵生说在苗族民间影响较大，民间文学资料记录较多。如《丹寨苗族民间文学资料》中的《混沌天地·十二个蛋》，在叙述人类及其他动物起源时说，鬼怪是由十二个蛋中的六个寡蛋（坏了的蛋——作者注）变成的。《人类第一对夫妻》也说：古时候有个长肚婆婆，寻夫昏倒于外乡，变成一只白母鸡，生下十二个蛋，这些蛋中：“黄壳的蛋变成

① 《佳》，贵州省民间文学工作组编印：《民间文学资料》第 33 集，第 261 页。
② 中国作家协会贵州分会筹委会编印：《民间文学资料》第 6 集，第 57 页。
③ 《佳》，贵州省民间文学工作组编印：《民间文学资料》第 33 集，第 270 页。

阿央，白壳的蛋变成雷公，花壳的蛋变成老虎，其余的蛋变成鬼神。”①

上述苗族关于鬼神来源的解释对于无神论的孕育有着一定的意义。人死为鬼的观点是灵魂不灭意识发展的自然结果，苗族人民的认识不可能摆脱这一规律。但同时，从总体上看待鬼的形成，苗族人民却又力图用朴素的唯物主义方式去解释。在上述第二个来源中，苗族用化生说来解释鬼的出生，其意义有二：第一在于它排除了形神分离的灵魂不灭理论，第二在于鬼和万物一样都是由同一个母体化生而来。因此，尽管它的前提肯定了鬼的存在，但这只是概念上的存在，实际上鬼成了一种和客观存在的江河万物一样的“东西”，较之“人死灵魂为鬼”说，神秘性要少得多。在第三个来源中更明确，鬼不是什么超物质的灵魂，而是和人类祖先姜央，和动物龙、虎以及天神雷公一起由共同的母亲卵生出来的。鬼在这里就成了实实在在的自然物，甚至是与人类共母的亲兄弟，出生以后才与人类分离，住在远方的洞里或山坡上。更值得一提的是，许多苗族还认为鬼神虽然存在，但也只是与众男众女众动物一样，并无特殊的超人的灵性。

上述关于鬼神的解释当然是荒诞的，可是在鬼神观笼罩着人们思想的古代，苗族却能力图摆脱形神分离说而用朴素的唯物的“化生说”或“卵生说”去解释鬼神的产生，力图摆脱神秘主义统治的精神，正是通向无神论的第一级阶梯，为无神论的产生提供了一定的可能性。因为只要把鬼看成是自然物，或认为人鬼共祖，鬼是人的兄弟，鬼没有什么特殊的灵性，人鬼可以和平共处，那么鬼就没有什么神秘之处了。不神秘，就不必畏惧。尽管承认有鬼，但不畏鬼，这必然会使人的意识从鬼神传说的压迫下得到自由，从而有可能进一步从实践中去考察鬼神的真实与否了。

（二）卜筮迷信

随着原始宗教的发展，苗族的精神生活中产生了具有一定内容和形式的筮卜迷信。卜卦和神明裁决是巫术的两种基本形式。

卜卦对苗族的日常生活影响较大，举凡苗族的婚丧嫁娶或出门动土乃至病痛等事，多要卜卦，根据卜卦过程中出现的征象判断事件的吉凶。例如《节气歌》叙述王保的老婆出门挑水见“老鸡要吃蛋，生角角丫丫，坐在河沙坝”。王保知道后，就“找巴茅卜卦，看撞什么鬼？什么鬼来缠？”② 谷子歉收了，也得找鬼师看看：“谷子颗颗轻飘飘的，牯牲头着急了……找鬼师来看……卜了九种鬼，问了七种鬼……还是牯牲头的母亲，

① 丹寨县民委、县文化馆1981年编印：《丹寨苗族民间文学资料》第2集，第28页。

② 中国作家协会贵州分会筹委会编印：《民间文学资料》第24集，第149页。

还是牯牲头的父亲，年多月久了，心想吃牯牲。”[①] 此外，家中若有人久病不愈，或事不顺心，家道不景气，甚至看见两条缠在一起的蛇，常做噩梦，碰到老虎，看到田坝倒塌，陨石坠落，被雷电触击……总之，遇到一切世俗领域中不能解释的现象，都认为是不好的兆头，即鬼魂将要施加惩罚的警告，必须举行迷信仪式，求祖先保佑。若认为是恶鬼作祟，就请苗老司来做苗语叫“谈却谈力”的驱恶鬼仪式。

神明裁判是苗族巫术的另一主要形式。其目的在于借助鬼神的虚幻力量来解决人间的纠纷。苗族社会内部发生的一切纠纷，先由理老或氏族首领或寨老判决，若解决不了，则诉诸神明裁判。神明裁判的方式主要有“烧油捞斧”、“烧汤捞斧”、“吃血赌咒”、“踩斧头”、“砍鸡剥狗”等等。每种神明裁判的方式都有一定的规定，如“烧油捞斧”，就是由纠纷双方经鬼师祭鬼，请鬼后，被告把手迅速伸进烧开的油锅或汤锅中，把锅底的斧头捞起来，以其手是否被烫伤起泡来判断被告是否有罪。

在频繁的巫术活动中，社会上逐渐分化出了一些不脱产的巫师（苗族称为“巴代”，即苗老司——作者注）。苗族内部所有的宗教仪式，一般都由苗老司主持。特别是对疾病的治疗处理，由于苗区交通闭塞，苗区人民长期处于自生自灭状态中，在鬼神观念支配下，他们深信巫师宣扬的疾病是鬼神作祟所致，故每遇疾病多是祈祷祖先保佑，从诊病到治疗，都离不开巫师。《苗防备览·风俗上》说：“苗中凡病必曰有鬼，延巫祈祷酿酒割牲，约亲邻饮福，名曰做鬼，既祭之不愈，则委之于命。”敬神驱鬼都不灵验，那么人事已尽，只好认为是寿终已到，怪自己命该如此。总之，苗老司在苗族中地位是较高的，作用也是重要的。不过，由于社会历史的原因，他们尚未成为压迫人民的上层。而且，苗族多在秋收后才举行苗族自己的传统宗教仪式，故苗老司平时必须自谋营生。当然，在替人占卜解难的过程中，多少也收点祭品作为报酬，这只能算是“副业收入”。

（三）佛、道教对苗族的影响

从秦代开始，历代封建王朝都曾以不同方式向苗族地区扩张势力，力图实现对苗族的统治。文化方面，他们通过兴科举、办义学，培养为其服务的苗族知识分子，其目的当然是为了控制苗族。这在客观上虽然对苗族人民接受汉文化起了一定的推动作用，但佛、道教等神学思想也随之逐步传入苗区。很多苗人，特别是聚居区的边沿区及湘西、黔西北等地的苗族，信仰天命和菩萨，信土地神，相信因果报应，转世轮回的观念等等。

① 中国作家协会贵州分会筹委会编印：《民间文学资料》第5集，第54页。

如湘西的《苗族古老话·前朝》谈到苗族杀牛祭祖时，要先祭三十六堂大神和三十六堂大鬼，而这些大神和大鬼的名称都是道教中的鬼神名称。[①] 佛、道教的传入虽不成体系，但对苗族的影响却广而深。

二　古代苗族的无神意识

（一）民间文学中反佛、道教的故事

苗族在佛、道教传入后，许多人学会了求神拜佛，特别是遇灾遇难时非得求助于菩萨不可。但对这种外来宗教，也有部分苗民不以为然，非但不崇敬，而且还编了许多戏弄菩萨的故事，在这些故事中，把菩萨当作是只收供品剥削人的地头蛇。有的故事还表现了苗民与菩萨的斗争。

在一首苗族的走客歌里，人们相互盘问路上遇到的东西时，把土地菩萨当作木偶来形容："你说是一个老公公，我说是一个木偶……神香钱纸当饭吃……姑娘叫不应，后生叫不应。"[②]《阿靳和菩萨》描写了这么个故事：一座高山上有墩土地菩萨，它是一个搜刮民脂民膏的地头蛇，要供品尽要活的牲口，要来后又放进山里养着成为野兽。苗家有个箭法好的青年猎人阿靳，每天都能打很多野兽，他打得越多，菩萨家的野兽就越少。菩萨很生气，先后派了两个脚夫去找阿靳算账，但两个脚夫都被阿靳用智斗败。菩萨只好亲自出面，也被阿靳戏弄；最后，阿靳略施小计，两个脚夫把菩萨误打致死。菩萨的灵光在这里被剥得精光。在苗家人看来，它只不过是一位有权有势有钱财的蠢员外式的人物。[③]

还有一个故事，说有个聪明能干的苗家娃崽叫暖般，幼年丧父，和母亲相依为命。他从小学会射箭，天天打猎。阿妈为他买了一只狗，这狗捕获猎物十分能干，在狗的帮助下，暖般母子的生活逐渐好起来。寨上有一位姓马的财主，知道了暖般有条乖巧的狗，就想要来。他和鬼师商量，假装用十挑谷子的田换暖般的狗来敬马家的保家菩萨。聪明的暖般看穿了他们的鬼把戏，就答应了。到了换狗那天，暖般把狗带到了小菩萨庙里，对鬼师说："你念经吧，等到菩萨要狗的时候，我就捆嘛。"暖般趁着鬼师和马财主念经时，就用链子把狗套在泥菩萨的腰身上，顺手抓了几条鱼和许多糯米饭丢给狗吃，然后带着狗往深山老林跑。狗一跑，把泥菩萨扯倒

---

① 贵州省民族事务委员会、中国民间文艺研究会贵州分会编印：《民间文学资料》第60集，第17页。

② 中国作家协会贵州分会筹委会编印：《民间文学资料》第23集，第34页。

③ 中国民间文艺研究会贵州分会、贵州省苗族民间文学讲习会编印：《民间文学资料》第51集，第187—190页。

了，砸翻了菩萨面前的贡品，等马财主他们去追狗时，泥菩萨已被拖断成几截了。[①]

以上几个故事，虽未对佛、道的思想理论进行批判，但它通过对佛、道的神圣的体现者——菩萨的戏弄和否定，表现了反佛、道的思想。

（二）对卜筮迷信的怀疑和否定

1．“神药两解”说的意义

早在氏族进入农业时代，苗族先民就开始重视访医求药，并逐步产生、形成苗家医药。进入阶级社会后，实践经验的积累及汉苗文化的交流，丰富了苗家医药知识。此时，苗族许多土医已十分有名气，在许多领域里都已有了自己的独到医术，如贵州关岭县的苗族医师，大约在16世纪左右，就能认识几百种草药，有若干病种的特效偏方。但是，由于苗族的土医药仍有很大局限性，很落后，对许多病症都还无能为力。对一些能治的病，也不能从理论上作出正确合理的解释。加上巫医有意地利用鬼神观念，掩盖其真实本质，给苗医罩上了一层神秘的色彩，使苗医糅进了某些迷信内容。《佳》里曾记录某个村寨“通方就屙米巴病，全寨就屙米巴”，人们急忙“去请那亚鬼师，去叫了岳鬼师，喊他来用巾遮面看鬼，请他找阴间脚印……”鬼师说：“你这个没有恶纳鬼，不得恳鲁怪，别人砍檀木鼓，别人砍鼓是构皮树，你制鼓是白杉木”，因此，“你就震天就动天，震地就动地，才整个地方屙赤痢，整个寨子屙巴尿”，只有“去砍刺拦冒在坡上的井水，拦你圈下面的井水……那你地方就清静，那你寨子就平安”[②]。

米巴病大概就是痢疾病，一般确是饮水不卫生造成的。鬼师要人们用刺把山上的井水和牧畜圈下面的井水拦住，目的不外乎防止牲口野兽污染人们的饮用水，这有一定的科学意义。只是鬼师为了神化自己治病的方式，有意用巾遮面把病的起因说成是制鼓用料不当而得罪了祖先神。正是上述两方面的原因，苗族民间盛传“神药两解”的观点。

所谓“神药两解”，即疾病神可医，药也可治。这种思想，虽然还没有完全摆脱巫术迷信的影响，但它毕竟在神秘的外衣下承认医药的作用，神学在这里只是形式，医药在这里才是内容。从苗医对疾病的命名和治疗情况看也证明了这点。“走胎”，就是讲小孩子的胎气走散了，实质指的是小孩消化不良，营养缺乏，变了胎型，瘦得不成样子，治疗时多用健胃

① 丹寨县民委、县文化馆1981年编印：《丹寨苗族民间文学资料》第2集，第220页。

② 《佳》贵州省民间文学工作组编印：《民间文学资料》第33集，第243页。

和助消化的药。“希巴斩”译成汉语是冷热病，即疟疾，西医说是疟原虫造成的疾病，苗医却说是“巴斩鬼”作祟的结果，解释是如此，但下药却用“常山复剂”，以杀“疟原虫”来治疗。名字和病因解释虽带有浓重的鬼神意识，但治疗却符合科学原则。这种迷信与科学相矛盾的现象，正好说明了“神药两解”。这种观点，说明人们对疾病的认识和治疗正在从神学的圈子里走出来。故尽管它形式上未完全否定神的作用，但它对神的作用是一种限制，因为它能在一定程度、一定范围内排挤巫术迷信，使人们有可能从实践中逐步认识到宗教迷信对于疾病的解释是荒唐的，进而促使人们去探索疾病的真正原因。这种观点，也反映了人们的思维正处于由有神向无神转化过程之中。

“神药两解”的观点是与当时不成熟的苗族医学水平相适应的。苗族先民虽已从一些实践中看到了医药对疾病的防治作用，但心理上一时还难以摆脱神力的威胁，故而把神、医二者并列。苗族遇病经药物治疗不生效后，才延巫祈祷，也就是说采用世俗领域的医学手段失败后，才祈求了神灵。这种“医巫一家、神药两解”的状况，在明清时代的史料中有大量记载：“疾病惟延医服药而已，妇女求愈心切，间行祈祷，其家亦听之而不禁。”① 在《凤凰厅志·卷之七·丧葬》中记有：“苗地多产药饵，有疾多祭鬼，不服药，间亦有药疗者，其药名色诡异，非方书所载，统谓之草药，或吞或敷，奏效最捷……”《凤凰厅志·卷之十二·苗防一》也记有：“疾病延医服药之外，惟祈祷是务……”②由于医学在本质上毕竟是排斥巫术迷信的，因而“神药两解”的观点，仍表明了巫术迷信在苗族民间的统治地位已动摇。正是由于苗医的作用日益为人民所认识，故许多苗族人民在此时得了病首先就想到求医用药了。这种状况在民间故事中也有大量的反映。

2．榜金戏鸡卜的故事

在卜筮迷信中，苗族笃信鸡卦。《古理古道》对鸡卦的作用有几句简单的解释：“杀鸡看鸡卦，杀鸭看眼睛，鸡眼圆如鼓，鸭眼平如镜。左眼占财，右眼占人。”③ 鸡卜有时对苗族人民特别是对青年的娶嫁大事起着决定作用。一般来讲，苗家订亲时，男方须提一只鸡到女方家去，鸡杀死后两眼半睁则吉，反之则凶；吉则成亲，凶则婚事不成。《说古理词》说

① 《乾州厅志·卷之五·风俗》第4页。

② 转引自《苗医纵横谈》，载湘西民委编：《苗族历史讨论会论文集》第435页。

③ 中国作家协会贵州分会筹委会编印：《民间文学资料》第23集，第90页。

太阳想娶定拉的女儿妮娥，定拉夫妇说，“等我杀鸡来看眼，待我蒸饭来看气，是亲就得开，是戚就得结。”如果鸡知道他两家成亲戚，鸡睁着眼睛。[①] 但也有不信这种迷信的，在民间文学资料中，有这样一个怀疑鸡卜可靠性的故事：榜金和冬岩青梅竹马，倾心相爱。但依照苗家姑舅开亲的婚俗，榜金必须嫁给表弟宝养。榜金的母亲依从媒人的建议，杀鸡看榜金和表弟宝养婚事的吉凶。榜金一心嫁冬岩，不愿与表弟成双，就在煮鸡时，“趁妈不注意，拿了一只筷，轻轻戳一下……煮好端上桌，大家就拢来看，左眼落了窝，右眼平平在”[②]。由于苗族认为煮熟的鸡眼有一定的兆头，左眼属内亲，右眼主外人。如果两眼平而匀称，则内外吉祥；左眼陷了则内亲不吉，右眼陷了则外亲不吉。舅舅一见鸡陷了左眼，怕儿子婚后不吉利，只好答应榜金可以嫁给外人。

榜金姑娘的行为，是建立在不信、至少是怀疑鸡卜真实性的基础上的。她不愿自己的终身幸福为这毫无科学道理的鸡卜所左右，用自己的行动巧妙地抗拒迷信统治的力量，其重要意义是不容忽视的。而故事作者通过榜金姑娘的行动所表达的思想，在筮卜盛行的苗族社会里，更具有反迷信的意义。

（三）对灵魂说及转生说的怀疑与否定

苗族人民很早就开始注意人类的生死问题。他们思索着：人为什么会死？死后是不是什么都完了？前面曾讲到，苗族先民信仰多魂，在他们的头脑里，虚构出了一个非人间的世界，认为人的肉体死后，其灵魂仍在活动。“我身回不去，我意却可归，我形回不去，我神却可回。”[③] 其中一个灵魂必定会到那非人间世界与祖先团聚。不仅如此，由于受佛教生死轮回说的影响，他们中许多人相信人死后其灵魂还可以投胎转生。如流传在丹寨苗族中的《哭丧歌》里，儿女告诉死去的母亲：“叫您投生转世间，您快答应去抽签……再来投人世，美满过百年。”[④] 在苗族民间，这样内容的“哭丧歌”或“孝歌”很多，说明在多数苗族先民的意识中，整个宇宙生灵就是这样在人间和“非人间”中相互转化的。

但是，个别苗族地区或个别苗族先民，或许是根据自己对自然界的观察，受万物生长、壮大、衰亡规律的启示，而怀疑上述转生的观点。在他

① 中国作家协会贵州分会筹委会编印：《民间文学资料》第6集，第36页。

② 中国民间文艺研究会贵州分会、贵州省苗族民间文学讲习会编印：《民间文学资料》第52集，第19页。

③ 丹寨县民委、县文化馆编印：《丹寨苗族民间文学资料》第2集，第21页。

④ 丹寨县民委、县文化馆编印：《丹寨苗族民间文学资料》第1集，第61页。

们看来，人与自然万物一样，有生有死，而且这种生死现象是必然的，是任何人也不可避免的。诸如说："到了雨季的时候，蓝靛自然会分棵，木浆花自然会开放，禾苗自然会抽芽……我看人只有一回生，不久也将要老去。"① "愿那秋天不再冷，愿那年节不再来，愿我们不再老，但是那年节照常来，那秋天照常冷，我们还照常老。"② "那花不永配枝丫，那人不久配山河，他瓜老要脱蒂去，他树老要倒根去。"③ "我们像春天的花朵，春天一过就谢了，我们坐久就老了。"④ "老人像棉花，果熟蒂自凋。想留她要去，花落时候到。"⑤ 在这里，老人们是用自然界新陈代谢规律来看待人的生死问题的。

既然人的生死是自然常规，那么人死后状况如何？还有灵魂、有意识吗？在人间世界之外是否还存在一个非人间的处所？没有！"再狠也不能与天长存，死了也逃不脱钻棺材"，"再狠也登不了天，死后也少不得泥土壅。"那么，人死后能转生轮回吗？老人们在上述人的生死是自然之理的观点的基础上，开始怀疑转生说："大山烂了许多柴，世上埋尽儿多乖，只见活的死起去，不见人死活转来。"⑥ "只来这一辈子啊！等到下一辈子转来，谁知变牛或变马，谁知是苗还是汉。"⑦ "山坡算稳固了，山坡还会倒，山岭算牢实了，山岭还会崩。人类像树木，人类像花朵，一个只能活一个时期……等到下一辈子是否转来，那就不一定了；"⑧ 因为人死后肉体腐烂了，"白烂一身肉，空朽一身骨"⑨，"什么也不知道啦"⑩。"断了气心头就忘记了，死了气就断了"⑪。"什么也不知道"，意味着人死后不再有意识存在，就更无灵魂可言了。没有灵魂和意识，就谈不上转生。因此，作为个体的人，在人世只有一次，所谓"人类只有一次生长，日月只能一次铸造"；或说"人类像树木，人类像花朵，一个只能活一个

---

① 中国作家协会贵州分会筹委会编印：《民间文学资料》第5集，第40页。

② 中国作家协会贵州分会筹委会编印：《民间文学资料》第23集，第121页。

③ 《佳》，贵州省民间文学工作组编印，《民间文学资料》第33集，第197页。

④ 中国作家协会贵州分会筹委会编印：《民间文学资料》第23集，第119页。

⑤ 中国民间文艺研究会贵州分会、贵州省苗族民间文学讲习会编印：《民间文学资料》第52集，第191页。

⑥ 湘西土家族苗族自治州文化馆编印：《湘西民间文学资料》第2集，第7页。

⑦ 中国作家协会贵州分会筹委会编印：《民间文学资料》第23集，第119页。

⑧ 同上书，第120页。

⑨ 丹寨县民委、县文化馆编印：《丹寨苗族民间文学资料》第2集，第14页。

⑩ 中国作家协会贵州分会筹委会编印：《民间文学资料》第23集，第123页。

⑪ 《佳》，贵州省民间文学工作组编印：《民间文学资料》第33集，第100页。

时期"[①]。这里，对转生轮回的怀疑实际上已升华为否定。正是有了这种否定，老人们才格外珍惜尚存的现实生活，而不寄希望于那不存在的"下辈子"，可见在大多数苗族老人看来，转生轮回并不可信，真正的幸福只在现实生活中。

（四）对鬼神迷信的怀疑与否定

1．不怕鬼的思想

本节第一部分曾指出苗族人民鬼神信仰虽深，但其关于鬼神来源的三个说法及人鬼兄弟说是与神秘观念相矛盾的。他们虽承认有鬼，但认为鬼并不可怕。在苗族人民心目中，鬼和人一样有善有恶。善鬼如人类的和睦兄弟或邻居，恶鬼则似人间的坏人。这种意义上的鬼，当然不值得怕了。

在湘西，翻江山几乎是一个家喻户晓的机智人物。苗族人们常常把自己的思想、愿望通过翻江山这个人物在民间故事中表现出来。同样，对鬼神不恭的思想，自然就会编出"翻江山斗鬼"的故事。故事说翻江山用计把苗寨一个横行霸道的员外活活气死了，为穷人出了气。但该员外死后却到阴间阎王殿告了翻江山一状。阎王先后派了四个神鬼去捉拿翻江山，都被翻施巧计痛打了一顿，而且还威胁要剥鬼的皮，最后阎王亲自出面，结果反而被他用计打死。至此，整个阴森恐怖的阎罗鬼系的威风，在苗族人们反抗精神的代表——翻江山面前一扫而尽。在这个故事中，苗族人们的想象也够丰富了，那掌管人间生死的阎罗爷，居然也有寿终的日子。鬼的威风，鬼的神秘，鬼的灵气，在这个故事中荡然无存。[②]

松桃苗族民间流传着这么几个不怕鬼的故事。一故事说两夫妻吵嘴，丈夫赌气到寨上玩去了，妻子在家生气哭泣。这时，忽从壁缝里伸进一个鬼脑壳，劝妻别哭，吊颈死算了。丈夫知道后，设计用绳子把鬼捆住，鬼变成了一只大鹅。丈夫把它卖了，还换得两斤盐巴回家，"从此以后，这个鬼再也不敢来吓人了"[③]。另一故事说有个脾气很犟的人，有一次着凉了，巫师说是被"靠西"鬼缠着了，要他买肉做粑粑请巫师禳解。可他病好后，想到自己这么穷，连饭都混不上，哪还有钱办这些东西敬神？"偏不办，看你怎样！"第二天，他出门做活时，遇到一条蛇绕着他打转，由此又引起他在敬神还是不敬神之间动摇了两次。但最后又想，"人穷被人欺，连鬼也来欺负"，还是决定不办。第三天，他勇敢地用镰刀把这蛇

① 中国作家协会贵州分会筹委会编印：《民间文学资料》，第23集，第120页。

② 湘西土家族苗族自治州文化馆编印：《湘西民间文学资料》第208页。

③ 松桃自治县民委会、贵州大学中文系编印：《松桃苗族民间故事选》，第107页。

砍死了。故事说："从此后，犟人也一直没有敬什么'靠西'鬼，但他却平平安安地过了一辈子。"①

这些故事的前提都承认有鬼，但它却告诉人们鬼并不可怕，人类完全可以制服它们。尤其是后一个故事，甚至确信不敬鬼人们也可以"平平安安地过一辈子"，那么鬼的存在与否，对人类又有多大的关系呢？这实际上是对鬼神采取无所谓的态度。这种态度再进一步，就会导致怀疑、否定鬼神的存在。

2. "鬼"概念的真实来源

更为可贵的是，不怕鬼的心理推动着苗族人们的思想初步从鬼神迷信的禁锢中探出头来，开始对鬼神观念进行理性考察，并从两个方面揭示了鬼的真实来源。

(1) "鬼"只是一种错觉

古代苗族人民虽还未从理论上探研"鬼"的产生及其实质等问题，但某些民间故事，却从认识论角度揭示了所谓的"鬼神"，乃是由于人们的某种错觉或臆想而造成的。

试举两例说明。《找脑壳》故事说：有一个爱吃酒的老者，一天在集上陪亲家多喝了几大碗酒，回家的路上昏昏沉沉地来到三岔路口，突然想到这个地方砍了不少歹人的脑壳，常有无头鬼拦路缠人。这么一想，吓得他身上的汗毛都倒立起来，心里直叽咕："哎哟，拐了！拐了！"说来也怪，他不想还好，一想就看见一个黑影在路边晃动，说像是人，又没有见脑壳，他想跑脚又拖不动。于是他横下心来捡了一根棒棒，壮胆问道："喂！前边是哪样？""是我！""你在那里搞哪样？""我在找我的脑壳嘛！"他听了更害怕。又问："你的脑壳咋个了？""我的脑壳打落了！""你的脑壳是别个砍落的？""你乱说！……""你找的到底是哪样脑壳？""哪样脑壳？烟杆脑壳嘛！""哦！"他这才走拢去一看，原来是自己的亲家也吃醉了酒，把烟杆脑壳丢了。②《贵法老师和大头鬼》的故事，说过去有个巫师叫贵法，法力很高。他常说自己是收鬼、捉鬼、送鬼的内行里手，有一年七月半晚，贵法为一寨子送鬼完毕，酒足饭饱，带着主人酬谢的粑粑和刀头回家。快到家时，似乎听到身后有响动，回头一看，只见一个身材高大，头如箩篼的大头鬼正向他走来，他的一身汗毛陡然立了起来，连忙用巫术驱鬼，但毫无作用，大头鬼依然一步步走来。他慌了，以

① 松桃自治县民委会、贵州大学中文系编印：《松桃苗族民间故事选》，第107页。

② 施秉县民委、县文化馆编印：《施秉民间文学资料》第1集，第74页。

为大概是今晚忘了请大头鬼。于是又忙把粑粑、肉块向大头鬼丢去，还是无用，最后只好把师傅传给他的伏鬼神器“师刀”丢去，可大头鬼仍不怕，还是一步步走来。贵法吓得魂飞魄散，急忙跑回家用长凳抵住门。谁知大头鬼却“依呀”一声推开了门，他吓得浑身发抖。大头鬼这才讲话：“老师，睡了没有？借你家躲一阵雨！”贵法这才明白，原来这人赶场遇雨用箩篼罩在头上遮雨。①

这两个故事没有从理论的角度揭示鬼神的秘密，但它却告诉人们：鬼怪观念是人们在某种场合下产生的恐惧心理造成的。

上面两个故事说明苗族虽未能从理论上概括出这一道理，但实践中已认识到了，并借用一系列的民间故事，生动、具体、形象地教育人民，以使人民逐渐摆脱鬼神的迷信。

（2）“鬼”出自骗子之口

从社会关系角度来看，“鬼”乃是某些剥削阶级或好吃懒做的江湖骗子人为编造的。从一些民间故事看，苗族人民已认识到了这一点。

《焚巾曲》中有段话：“人多出懒汉，出个笨后生……巧嘴会骗人，到处去骗吃……来欺骗大家：‘家乡要有灾，恶鬼进村寨，鬼从天上来。’‘酿鬼害处小，家鬼害处大。当公魂回来，要整人死绝。’一年过了去，两年过了去，没有鬼来害，家乡仍安宁。庄稼照样好，樱花照样开……家乡很安静。”② 这说明游手好闲的懒汉，唯恐世人安居乐业，勤苦创家，编造了一套鬼话来扰乱人心，并想借此骗吃骗喝。

《打魔鬼》说：有个长工在财主那儿支了几吊工钱，放在被盖蔸里。财主老婆偷走了钱，还在钱包里放一包灰，告诉长工：“是魔鬼偷走了，所以它才给你放上一包灰。你的命是应该穷的。”长工不信，又向财主支了点钱，仍然放在被蔸里，假装对财主老婆说去打秧青，半路上却悄悄回来躲在屋角里，看“魔鬼”如何偷钱。不一会儿看见是财主婆来偷钱，长工就用棒乱打。财主听见后忙来骂长工。长工说：“我打的是魔鬼，因为她偷我的钱。……我的命穷，打得木棒都断成九截了。”③ 这里长工不信魔鬼，不信命运，才敢于同人间欺压剥削自己的真正魔鬼作斗争。

《竹筒巫师》则进一步揭露了巫师的骗术。有一个名叫绞力的“巫师”，一次在回家的路上捡了个水车上的竹筒子，准备用它去做鬼师。第

① 松桃自治县民委，贵州大学中文系编印：《松桃苗族民间故事选》第109页。

② 《佳》，贵州省民间文学工作组编印：《民间文学资料》第33集，第255页。

③ 中国作家协会贵州分会筹委会编印《民间文学资料》第9集，第80页。

一次，他偷听了岳父对自己妻子的谈话，就捉了两只蜜蜂放在筒里，一敲竹筒蜜蜂就嗡嗡乱叫。他带着竹筒去岳父家做鬼师，先假装听听竹筒里说什么，后照偷听到的岳父说的埋金银的地方，一一指给岳父看。岳父以为他真的会做鬼师，就把埋的金银送给他一罐。从此，他有了起家的本钱，影响也日益扩大，甚至去欺骗皇帝。故事最后说："绞力怕以后露马脚，被人识破他的诡计"，就不想干了。他把竹筒故意放在路上，让一位商人的一百头水牛踩破了，借机骗取了那商人的一百头水牛。竹筒破了，当然鬼师就做不成了。[①] 这个故事清楚明白地揭露了鬼师是为了发财而装神弄鬼骗人。

湘西民间故事《算命如神》、《几抄狗动，几嘟哩缈》等故事，主题反映的基本上也是这类思想。《几抄狗动，几嘟哩缈》说：出门学本领的三兄弟中，老三不学种田却学装神弄鬼骗人，最后骗局被揭穿饿死在岩洞里变成一只鸟，成天呼叫着："几抄狗动，几嘟哩缈！"即"冒劳动，就冒得白饭呷啊！"[②]《算命如神》则介绍了一个算命先生完全靠偶合被人们当成活神仙的故事。作者最后借算命先生的口说："什么'活神仙'，什么'算命如神'，硬是自欺欺人。这几次都搭帮碰巧，长此下去难免不露马脚，不如搭早洗手不干，还好收场。"[③]

以上几个故事所表现的思想，已不仅仅停留在怀疑鬼神的思想基础上，而是在这个基础上，进一步去探讨鬼神观念的真正来源和秘密。这些故事虽没有讲出什么无鬼无神的道理，但这些道理却寓于其中，这是不言而喻的。而一旦能猜测到鬼神观念的真正来源，鬼神信仰自然就会动摇。这方面湘西的《高坡鬼》正好是个例证：有一个道法很高的李老司，能请来活鬼，他给人祭鬼时叫做请高坡鬼。每次请高坡鬼时，他总叫人抬了猪、牛、羊肉等放到高坡上，他身穿法衣，口念咒语，行起法事，把供品往东南西北四方的刺蓬里甩去，然后让人去看这些甩去的供品，看的人回来都说供品不见了，他就说这是被鬼吃去了。后来寨上几个调皮的后生想看个究竟，就先躲进刺蓬里，哪知刚进去就看见李的徒弟正躲在里面，这些后生才恍然大悟。[④] 松桃《遇鬼的故事》就包含了这种思想。故事说过去有个客栈里常常"闹鬼"，周围的客人都不敢去住。这年冬天，一个做

① 中国作家协会贵州分会筹委会编印：《民间文学资料》第 9 集，第 198 页。

② 湘西土家族苗族自治州群众艺术馆编印：《湘西民间文学资料》第 1 集，第 228 页。

③ 湘西土家族苗族自治州群众艺术馆编印：《湘西民间文学资料》第 3 集，第 199 页。

④ 同上书，第 214 页。

生意的远客住了下来。尽管人们悄悄告诉他这里常常闹鬼，但他却不肯换房，并作好了抓鬼的准备。几夜平安无事，第四天深夜，忽然从窗外传来"沙沙"的声音和"砰砰"的打门声。由于门已被远客抵死，这鬼就从窗口伸进两只血淋淋的大手。远客乘机抓住这手并死死卡住它的静脉血管，"鬼"疼得跳了一阵就没有气了。第二天早上大家赶来一看，地上躺着一具尸体：手涂猪血，身染黑炭，头发抹着面粉。这是谁呢？原来就是店主。[①] 要有效地破除鬼神迷信，实践是十分重要的，故事中的远客不信鬼，并亲自把这害人的"鬼"抓住，让人们看清"鬼"的真面目，这种行动比言语说教更富有说服力。

在当时的历史条件下，苗族显然还无法从理论上证明鬼神的有无，只是出于一种直观的经验式的感觉，并将这种零散的思想火花，形象地用故事来表达。通过生动、形象的故事驳斥神学迷信，虽未构成系统的理论，但作为生活在天命和鬼神观念居于统治地位时代的这些苗族作者们，敢于公开编作、宣传"鬼神是错觉"、"鬼神是骗人"的一些故事，实际上已打出了无鬼神的旗帜，在当时确实具有重大意义，尤其是对社会发展如此落后的苗族人民来说，能够做到这一点，确是十分难能可贵的。

当然，这一时期，与苗族落后的封建经济基础相联系，各式各样的宗教迷信思想仍在苗区的社会精神生活中起着重要作用。

第四节　近代苗族的无神意识的停滞

19 世纪 80 年代以后，外国资本主义经济势力深入到了苗族地区，对杂居区及聚居区的边沿地区进行商品倾销、掠夺原料、输入资本等经济侵略活动，使该类地区的自然经济开始遭到破坏。随着帝国主义的各种势力对整个贵州的渗透加深，各地的苗族也逐步在不同程度上遭受到帝国主义的政治和经济侵略的影响。20 世纪初以后，整个苗族地区也基本上陷入了半封建半殖民地的境地。

随着社会性质的变化，苗族的阶级矛盾和斗争情况也发生了新的变化。一方面，广大苗族群众仍然承受着本族封建主和外族封建主的双重压迫；另一方面，又受着帝国主义的欺负和压榨。压迫愈深，反抗也愈烈。为了反抗国内外一切不平等势力，苗族群众在近代掀起了数次起义。如闻名国内外的张秀眉起义、岩大伍领导的安顺苗民起义等等。这些斗争，都

① 松桃自治县民委会、贵州大学中文系编印：《松桃苗族民间故事选》107 页。

在一定程度上给予帝国主义及清王朝以有力的打击。

此阶段的思想斗争，主要是与反帝反封建的革命斗争相联系、相结合表现出来的。

一 基督教的传入

早在19世纪20年代，法国天主教会就已进入贵州的苗族地区进行活动。鸦片战争以后，特别是1900年以义和团为代表的全国人民反帝斗争失败以后，凭借不平等条约，英、法、美、比等国，先后派遣了更多的传教士到黔西北、黔东南等地的广大苗区进行政治的、文化的侵略活动，并建立了许多基督教和天主教的教堂。如英国传教士柏格里于1905年在黔西北威宁县石门坎建立的基督教循道公会石门坎教堂，党居仁牧师1904年建立的葛布苗族教堂，并以此为中心形成了苗族基督教内地会的活动网。

通过长期的宗教活动，帝国主义已把精神侵略的魔爪伸到了大部分苗区。传教士们除建教堂、发展教徒，还通过宣扬所谓"幸福在天堂"、"爱敌如友"、"教徒无国界"的说教来麻痹苗族教徒的爱国思想、阶级意识和反抗精神，使这些地区的苗族群众一时都被笼罩在基督教的神学迷雾之中，社会生活和精神生活无不受到基督教势力的影响，甚至个别地区的苗族起义还打起了耶稣的招牌。①

从总体上看，近代苗族人民的无神思想基本上仍停留在古代时期的水平，无神意识几乎没有什么发展。整个苗族社会普遍为传统的原始宗教及各种迷信思想所笼罩，部分地区则为基督神学所控制。苗族群众中偶尔也爆发出了一些无神思想的火花，但这类认识较之古代更显得散乱。对基督教的信仰，经历了由信仰的低潮转入高潮再又降入低潮的过程。在降入低潮过程中，除了其他原因外，认识上的怀疑也曾起过作用。但这种怀疑思想大多或是通过用传统的信仰来抵制基督教行动表现出来，或是与激烈的起义斗争相结合，通过驱逐洋人或教士的行动表现出来。如1906年4月(光绪三十二年三月)，贵州都匀府的苗族群众和其他民族群众一起，以"灭洋兴汉"的口号反抗法国侵略者，捣毁了都匀凯口和贵定犀牛崖等地的教堂，动摇了法国教会在黔南的势力。湘西苗族情歌还直接唱道："洋教士不能让进来，过去那洋人害人，没有什么便宜给我们。"② 苗族这种思想上的停滞不前是与其社会发展状况分不开的。这一时期的苗族人民由

① 《佳》，贵州省民间文学工作组编印：《民间文学资料》第33集，第139页。

② 中国作家协会贵州分会筹委会编印：《民间文学资料》第8集，第204页。

于受剥削、受压迫太深，其社会历史的进展十分缓慢。特别是每次起义失败之后，反动统治阶级对苗族地区总要进行灭绝人性的焦土政策，迫使幸存的苗族人民躲进深山，其社会生活又退回到了原始的水平。正是由于生活的动荡不安及社会历史进程的缓慢，使苗族近代的无神意识出现停滞状态。

第五节　关于苗族无神论思想的评价

综上所述，历代苗族人民在其实际的经济生活、文化生活和阶级斗争过程中，已在许多领域内萌发了一些无神论意识，有其特点。社会生产力的逐步提高，简单的科技的发展以及苗族人民数次反帝反封建的起义和斗争，实践经验的积累和不断丰富，是他们怀疑神学观念的虚妄性，萌发无神意识的基本原因。这些无神意识，从性质上说，还只是一些初级的、或萌芽性质的思想，未曾从世界观的高度去触及神学的理论基础，因而旗帜鲜明地否定神学的理论十分少见。从内容上看，既有反对巫术、反对宗教神学，也有批驳鬼神的。而以分析鬼的来源、不怕鬼的思想为其特色。从表现方式上说，多是人们在论事或记事时，通过一定的事件展示出来，或者是大量地利用故事的形式、通过一定的故事情节来表达。这必然使得苗族的无神思想显得不系统、不连贯。上述状况，是与其社会发展的缓慢落后相联系的。因为科技不发达、生产力低下，必然限制了人们的认识能力，使之无法理解某些自然现象，也无法揭露宗教迷信的本质和根源。因此，有些人即使已对某些神学思想产生了怀疑，但由于缺乏反神学的理论基础，思想也往往是动摇的。社会上对神学所持的“不可不信，不可全信”，“信则有，不信则无”的态度，也说明了这一问题。

用今天严密的、理论形态的无神论眼光去看上述苗族的无神意识，显然会有不充实甚至牵强附会之感。但是，发掘总结它们，仍有着重要的意义。一方面，作为人类无神论思想的起步，它对人类思维发展的促进作用是巨大的；另一方面，无神论的本质是否定的、批判的、哪怕是其胚胎，对社会发展的推动力量也是不可否认的，且其主流是积极向上的。此外，它的现实意义也是不可忽视的。今天，在广大苗区的现实生活中，由于生产力和文化仍十分落后，因而敬神信鬼的习惯在不少苗族群众的精神生活中仍广泛存在。为使广大苗族群众早日从神学的统治下解脱出来，除发展生产力，普及文化教育，宣传马克思主义无神论思想外，发掘其内部的无神思想，并在此基础上进行宣传教育也是完全必要和十分有益的。

第四章　彝族

第一节　彝族社会历史概况

彝族现有545万余人，在祖国各兄弟民族中仅次于汉、壮、回、维吾尔。彝族分布于云南、四川、贵州、广西等四省、自治区，其中以云南省最多，约335万余人。彝族居住较集中的地区有云南省楚雄彝族自治州、红河哈尼族彝族自治州以及哀牢山区、小凉山区，四川省凉山彝族自治州，贵州省威宁彝族回族苗族自治县。

彝族有许多支系，各支系有不同的自称和他称，如“诺苏”、“纳苏”、“聂苏”、“改苏”以及“改苏泼”、“濮拉泼”、“腊罗泼”、“葛泼”、“倮倮泼”、“撒尼”、“阿细”等等。新中国成立后根据全民族的意愿，统称彝族。

彝族有悠久的历史。虽然现今对其族源，众说纷纭，尚无定论，然而根据发掘出来的地下文物和历史文献可以断定，早在公元前数百年，彝族的先民就已经生活、劳动在金沙江南北的广大地区了。在那时，彝族先民就已同中原、内地有了经济、文化交流。如关于庄跻率楚人来到滇池地区的文献记载和传说，就表现着春秋战国时期彝族地区和内地的交往。

彝族先民同所有民族一样，经历过漫长的人类童年时代——原始社会。在彝文典籍《西南彝志》中说：“从前天地间，男的不知娶，女的不知嫁，知母不知父，跟禽兽一样，居住着的啊。”[1] 就是对原始时代的回忆和描述。凉山地区彝族史诗《勒俄特衣》中说：“远古的时候，吾哲施南一代生子不见父，施南子哈两代生子不见父，子哈地宜三代生子不见父，地宜苏涅四代生子不见父，苏涅阿署五代生子不见父，阿署阿俄六代生子不见父，阿俄石尔七代生子不见父，石尔俄特八代生子不见父。石尔

① 贵州省民族研究所、毕节地区彝文翻译组编译：《西南彝志选》，贵州人民出版社1982年版，第14页。以下引文凡出自该书的，均为此版本，不再注明。

俄特啊，要去买父亲，要去找父亲”[1]。这是对远古时代彝族从母系制到父系制过渡时期的回忆。《史记·西南夷列传》指出，当时居住于金沙江南北（西至洱海，东至滇池，北至西昌）的“巂”、“昆明”诸部族，“随畜迁徙，毋常处，毋君长”，即处于原始社会。现今学者多认为此之巂、昆明人即是彝族的先民。总之，大约西汉以前，彝族先民还未进入阶级社会，还处于原始社会时期。

大约从西汉起，彝族的先民，即巂、昆明诸部开始向奴隶社会转变。从古文献如《华阳国志》、《太平寰宇记》、《太平广记》等都可见到关于西汉以来彝族地区存在掳掠人口为奴的记载。特别是云南省晋宁县石寨山汉墓中发掘出来的大量铜器，其上铸有奴隶劳动、杀人祭祀、掳掠人畜的铜像，更生动而确凿地证明，西汉时期滇池地区已进入奴隶制时代。当时滇池地区建立的奴隶制地方政权称为滇国，滇国臣属于西汉王朝，其统治者受封为滇王，属益州郡管辖。关于滇国的统治阶级是否彝族先民目前尚有争论，然而滇国之居民中有大量彝族先民则为多数学者的看法。

魏晋至唐初，即公元3世纪至7世纪，彝族先民被称为“夷”人或“叟”人，他们居住在金沙江两岸，即今滇西、滇东北以及川南、黔西一带。这一地区当时称之为“南中”。夷人、叟人的统治者称为“夷帅”、“叟帅”。这时内地汉族大量迁入南中地区，其豪族大姓和夷帅、叟帅相互联姻，成为这一地区的统治势力，史称“南中大姓”。南中大姓内部各氏族激烈斗争，到东晋时，其中之爨氏称霸南中。爨氏统辖控制的地区不断扩大，形成以彝族为王、彝族白族先民共居的地方政治区域。一般把它分为“东爨”和“西爨”。“东爨”大致包括现今之滇东、滇东北地区以及滇黔交接之黔西地区，其生产以畜牧业为主，农业、手工业不甚发达。“西爨”包括现今昆明以西、洱海以东、北至金沙江南至建水县的地区，其生产较为发达，农业、手工业有了较快的发展，而商业也已开始发生发展。从社会形态看，两爨仍处于奴隶制阶段。

唐初，约公元8世纪前后，在今云南省洱海地区出现了六个民族集团：“六诏”（“诏”即王的意思）。这六个集团的主体是彝族和白族的先民。后来，六诏中的蒙舍诏，借助中央王朝（唐玄宗）的支持打败其余五诏，建立了“南诏”政权。南诏的统治者是乌蛮（彝族先民），同时也

[1] 曲比石美、芦学良、冯元蔚、沈文光搜集翻译：《勒俄特衣》，《凉山彝文资料选译》第一集，1978年，第55—56页。

有不少白蛮（白族先民）参与。[①] 南诏政权向四面扩张，最后成为包括现今云南大部以及川南、黔西、桂西部分地区的统一政权。它从统一六诏（737 年）起到灭亡（902 年）止，存在近二百年。这是历史上彝族和白族先民所建立的第一个强大统一的政权，它对彝族、白族的历史以及云南地区的历史都产生了重大的影响。南诏二百年始终是奴隶制社会，它对外向川、黔、桂边沿地区发动掠夺战争，掳掠各族人民做奴隶，对内实行奴隶劳动、盛行奴隶买卖。在残酷的奴隶制劳动的基础上，南诏成为祖国西南经济和文化较为繁荣的地区之一。

南诏之后，937 年白族段思平建立了大理国（937—1253 年）。大理国为首的统治者是白族，然而也有彝族参加。从大理国起，彝族地区的社会发展出现先后快慢的差别。滇西、滇中一带的白族和彝族逐步进入封建社会。大约经三百来年的封建农奴制，1253 年忽必烈灭大理国建立云南行省、实行土官制，及明初又实行"改土归流"政策，这就促进了内地和云南地区的经济交流，而交流又促进了生产的发展和经济的繁荣。在经济发展的基础上，再加政治变革的冲击，到清代滇西和滇中大多数地方的彝族都已进入封建地主经济阶段。至此他们同周围汉族农村在社会形态上已无根本性质的差别。而滇东、滇东北以及川滇交接的大小凉山地区、滇黔交接的水西（罗甸）地区，其社会发展又有各自不同的特点。

川滇交接的大、小凉山地区，周秦以来就有彝、白、汉等兄弟民族的先民居住。据传说，凉山彝族先民主要是由云南的兹兹蒲武进入凉山的。在进入凉山之前，他们还处于原始社会，进入凉山后，同其他地区的彝族先民一样，西汉时还处于原始社会，东汉以后逐渐进入奴隶制社会，并在奴隶制社会中经历了两爨、南诏和大理时期。从大理开始，其他地区先后向封建社会转变，而凉山地区虽然在元代建立土司制度，明代中后期进而"改土归流"，然而，上层虽为中央王朝委派之"流官"，而基层却仍然为土司、"兹莫"（奴隶主贵族）、"诺合"（黑彝奴隶主）所统治，社会经济形态始终都停留在奴隶制阶段。直到 1956 年凉山地区才在中国共产党和人民政府的领导下实行民主改革，彻底推翻了延续近两千年的奴隶制度，直接向社会主义社会过渡。

滇东北自隋唐以来称为乌蒙地区，与乌蒙毗邻的黔西称水西地区。这两个地区在古代关系密切连为一体，很早就有彝、白、汉各族先民活动其中。东汉以后，白族先民僰人大量迁出，彝族先民大量迁入，这一地区逐

---

① 有的学者认为南诏乌蛮主要是白族的先民，但同时也包含彝族的先民。

渐成为彝族聚居地之一。魏晋时期这一地区亦在爨氏统辖之下，称为东爨。唐代，水西彝族首领、“鬼主”阿佩受中央王朝封为罗甸王，故水西地区又称为“罗甸”。从此以后，乌蒙、水西（罗甸）地区不再有独立的地方割据政权，而直接隶属于中央王朝，由中央王朝封赐的土司、土酋进行统治。这一地区的社会经济形态则发展较为缓慢，元、明两代还基本上停留于奴隶制阶段，明代中期以后，随着经济的发展以及周围汉族地区的影响，才开始向封建农奴制转变。明末清初进而从封建领主制向封建地主制经济转变，其政权形式也从土司制改行“流官”制。至此，乌蒙、水西地区虽然还有彝族土司势力，经济上也保留有领主制的许多残余，但是，从总体上来说则已同周围的汉族地区基本一致了。

纵观彝族的源流和社会形态的发展，可见以下三个特点：第一、一部分彝族地区在古代经历了原始社会、奴隶制社会、封建社会，近代则沦为半封建半殖民地社会。第二、有的地区在宋元时期就已进入封建社会，而有的地区却长期滞留于奴隶制社会，甚至，个别分支直到近代还保留较多的原始社会的残余。第三、和中原内地以及各兄弟民族的交流、融合、影响。对彝族先民之来源，早有氐羌西迁（或南迁）之说。此即彝汉同源说，它是有一定根据的。它说明彝族与汉族之间远古就是相互联结、相互影响的。此外，彝族同白族、拉祜、纳西等族的先民皆为古之昆明人、叟人、蛮人（乌蛮、白蛮），因此远古之时又是互相影响、共同成长的。及后来两爨、南诏时期，彝族和白族、彝族和汉族之间的关系则更为密切。屯边的汉族军士、工匠以及被掳掠入滇的百工、技师是开发边疆，促进彝族地区发展的重要力量；随政治统一，经济交流而传入边疆的内地思想、文化则影响着彝族思想文化的发展。反之，两爨、南诏以来彝族对边疆的开拓、对文化、思想的贡献，则又促进着整个中华民族经济、文化的发展。以上三个特点，是我们在研究、考察彝族无神论思想之萌芽、发展时不可不注意的！

第二节　原始社会的宗教和无神论思想的萌芽

一　彝族史诗传说中有神论和无神论思想的萌芽

彝族有大量的史诗和传说，它们中有的是文明社会以至现代社会中所创作的民间文学作品，有的则起源于远古的原始时代而流传至今。我们认为后者可以作为研究原始意识以及无神论思想萌芽的资料。

以史诗来说，《查姆》、《梅葛》、《阿细的先基》、《勒俄特衣》以及

《俚泼古歌》等长篇史诗，来源久远，其中包含较多的原始时代的资料，故可作为我们研究原始时代无神论思想萌芽的依据。这几部史诗，有的既在民间口耳相传，同时又用彝文记载于毕摩经（又称毕摩书、贝玛经）中，如《查姆》；有的仅只口耳相传于群众之中，而未有文字记载。记载于毕摩经的史诗大致来说都受到毕摩（专业的或业余的巫师、又称“贝玛”）的修饰和加工，但其基本内容，仍然是原始时代形成的，所加工者仅枝节、形式而已。只在民间口耳相传的史诗，随着彝族群众思想意识的发展，不可避免地会发生相应的变化。但是，这类史诗流传的地区社会发展较缓慢，受外界影响也较少，因此思想意识变化较少，史诗基本上保留着原始的面貌。下面，先对几部史诗的有关情况作一概略的介绍。

《查姆》，汉语音译，彝语原意为“万物的起源”。在彝语中，“查”有起源之意；彝族把说明某一事物的起源、来历的诗歌，称为一个“查”；据说“查”之数量甚多，约120多个（篇），而《查姆》为其总称。《查姆》流传于云南省楚雄彝族自治州双柏县和红河哈尼族彝族自治州部分地区。它一方面在毕摩中以彝文抄本的形式流传，同时在一般群众中也始终口头流传着。这些地区的彝族，在节日祭祀、婚丧、建屋、收割等重大活动中，都要请毕摩来吟唱《查姆》，认为这是祭祀生效，庆典隆重庄严的必须环节。故此《查姆》享有崇高的地位，代代流传不绝。①

《梅葛》，汉语音译，在彝语中“梅”为文化、经典之意，“葛”为说唱之意，合之即数经、颂典之意。② 此外，“梅葛”也作为吟唱诗歌的一种曲调（梅葛调）的称呼。《梅葛》流传于云南省楚雄彝族自治州大姚、姚安等县的彝族中，没有彝文记载，仅在群众中口耳相传。然而能系统吟唱《梅葛》的依然是毕摩。毕摩在节日、庆典、祭祀中吟唱《梅葛》的不同部分以作为一种必要的仪式。③

《阿细的先基》是彝族支系阿细人的史诗，流传于云南省红河哈尼族彝族自治州弥勒县西山一带的阿细人之中。“先基”是阿细语的音译，原意为“歌”，《阿细的先基》即《阿细人的歌》。“先基”也作为一种曲调

① 目前汉译出版的《查姆》（云南省民族民间文学楚雄、红河调查队搜集，郭思九、陶学良整理，云南人民出版社1981年出版）非其全部，仅十一个“查”。

② 普同金：《略论彝族史诗“梅葛”中的原始哲学观念》，《云南民族学院学报》1984年第1期。

③ 现有云南省民族民间文学楚雄调查队搜集翻译整理的汉译本《梅葛》（云南人民出版社1959年出版）。

（先基调）的称呼。《阿细的先基》无文字记载，仅在阿细人中口耳相传。[①]

《勒俄特衣》，又名《勒俄石博》、《布比特衣》，或简称《勒俄》。“勒俄”在彝语中意为“历史真相”或“传说史诗”。《勒俄特衣》流传于四川省凉山彝族自治州和云南省宁蒗彝族自治县，除口耳相传外已有多种彝文抄本。它言及奴隶和主人、统治与压迫，因此包含着奴隶制社会的思想意识，然而，它关于天地万物、人类起源的叙述反映着原始社会的生产和社会生活，基本上属于原始意识。[②]

此外，还有流行于楚雄彝族自治州大姚县的彝族史诗《俚泼古歌》，流传于红河哈尼族彝族自治州的《尼苏夺吉》，流传于凉山地区的《古候》等。这些史诗都从天地万物的起源、形成讲起，然后说到人类的起源、社会的形成，再到社会生活的演变、民族的迁徙等等，体系宏大，内容丰富，是原始时代人们对整个世界的朴素认识，也是原始时代人类各种粗浅、零碎的认识的总结。在这些史诗中，既包含着宗教有神论的萌芽，又包含着朴素唯物主义和无神论思想的萌芽。

（一）关于天地万物起源的史诗中的无神论和有神论思想的萌芽。

彝族的各部史诗都认为，现今的天地万物不是从来就有的。那么，天地万物是怎样产生的呢？《查姆》、《梅葛》、《阿细的先基》、《勒俄特衣》、《俚泼古歌》、《尼苏夺吉》都认为是由神人所创造的。

《查姆》说：

> 涅侬倮佐颇，是所有神仙之王。他召集众神仙……共同来商议；要安排日月星辰，要铸就宇宙山川，要造天造地。[③]

由此众神在涅侬倮佐颇的指点下，共同商议，分工创造了日月星辰、天地山川以至动物、植物。

《梅葛》说：

---

① 《阿细的先基》，本世纪40年代光未然和袁家骅分别和阿细人毕荣亮合作翻译，整理过两个汉译本。1959年云南人民出版社出版了云南省民族民间文学红河调查队搜集翻译整理的汉译本（1980年再版）。

② 《勒俄特衣》，现有1978年曲比石美、芦学良、冯元蔚，沈文光搜集翻译的汉译本（刊于《凉山彝文资料选译》第一集）。

③ 《查姆》，云南人民出版社1981年版，第6页。

远古的时候没有天，远古的时候没有地。要造天啦！要造地啦！哪个来造天？哪个来造地？格滋天神要造天，他放下九个金果，变成九个儿子，九个儿子中，五个来造天……格滋天神要造地，他放下七个银果，变成七个姑娘，七个姑娘中，四个来造地。①

《阿细的先基》虽然没有把天地万物归结为某个神人所造，但说，天地形成后不稳，是阿底神用四根柱子把天稳住，是银龙神和阿托把地稳住。此外，还有金姑娘、金龙神……众多神人一起创造了天地间的万物。

《勒俄特衣》说：

天地还未分开前，诞生四仙子；东方这一面，儒惹古达生；西方这一面，署惹尔达生；北方这一面，司惹低尼生；南方这一面，阿俄署布生。宇宙的上方，住着恩体谷自家。……恩体谷自家，为了开天辟地事，请来仙子共商量……②

然后众仙人在恩体谷自的率领下创造了天地万物。

其他史诗如《俚泼古歌》、《尼苏夺吉》和上述各诗大体相似。

这些史诗中创造天地万物的神（涅侬倮佐颇、格滋、恩体谷自等），先于天地万物而存在，并且以自己的力量和智慧创造了天地万物。这样的叙述中当然包含着神灵观念。正因为如此，史诗才能在原始崇拜的仪式上享有崇高的地位。以后，随着私有制、阶级、国家的出现以及抽象思维能力的发展，原始史诗中的这些创造者，也就逐渐演化为宗教有神论的"天"、"地"、"上帝"了。由此我们说，彝族史诗对天地万物起源的叙述中，包含有唯心主义和宗教有神论的萌芽。

但是，彝族史诗的创世说中不完全是宗教有神论和唯心主义，其中还包含着唯物主义和无神论思想的萌芽。

首先，史诗认为，在神造天地万物之前并非什么都没有，而是有某种原初物质存在着。

《查姆》说：

① 《梅葛》，云南人民出版社 1959 年版，第 1—2 页。

② 《勒俄特衣》载《凉山彝文资料选译》第 1 集，第 5—7 页。

远古的时候，天地连成一片。下面没有地，上面没有天；分不出黑夜，分不出白天。只有雾露一团团，只有雾露滚滚翻。雾露里有地，雾露里有天；时昏时暗多变幻，时清时浊年复年。[①]

就是说在天地万物产生前并非什么都没有，而是有雾露，雾露是原初的物质。

《阿细的先基》则说，万物是神人造的，天地是神人安顿好的，但天地却不是无中生有地造出来的，在天地产生以前有原初的物质：云彩；天地是由云彩变成的。诗中以问答的方式说：

（问）最古的时候，没有天和地。那个时候啊！可有生天的，可有生地的？

（答）怎么没有呢。云彩有两层，云彩有两张，轻云飞上去，就变成了天。……重云落下来，就变成了地。[②]

《勒俄特衣》认为，天地的变化始于混沌，从似有似无的混沌中演化出水、光亮、声响，然后形成天地。再后，已形成的天地还要变化，并且要生出万物，那才是神人去创造的事。所以，混沌是原初的物质，它在神创造天地之前就已存在着了。诗中说：

远古的时候，上面没有天，有天不结星；下面没有地，有地不生草；中间无云过，四周未形成；地面不刮风，起云不成云；散又散不了，说黑又不黑，说亮又不亮之时：天的四方黑沉沉，地的四角阴森森。

天地还未分明时，洪水还未消退时，一日反面变，变化极反常，一日正面变，变化似正常。混沌演出水是一，浑水满盈盈是二，水色变金黄是三，星光闪闪亮是四，亮中偶发声是五，发声后一段是六，停顿后又变是七，变化来势猛是八，下方全毁灭是九，万物全殒尽是十，此为天地变化史。

---

① 《查姆》，云南人民出版社 1981 年版，第 5 页。

② 《阿细的先基》，云南人民出版社 1978 年版，第 6 页。

变化未说尽，后还有余声，已成的天地，却又变了样，……[①]

以后神才来把混沌、水、光、声中演化出的天地分开，并造出日月星辰、山川湖海、动物植物等天地之间的万物。

由此可见，以上各史诗都肯定在现今的天地万物形成之前已有某种原初物质存在着，这些原初物质（雾、云、混沌）是本来就存在着的，并不是神所创造的；天地由原初物质演化而来，神不过作了进一步的加工而已。显然这样的思想中就包含有朴素唯物主义的萌芽。这些萌芽可以发展为以某种具体物质为万物本源的朴素唯物主义学说，而朴素唯物主义和宗教有神论是相对立的，是早期无神论思想的世界观基础。

其次，在上述史诗中，神"开天辟地"（使天地分开并使之完善）和创造万物（日月、星辰、山河、动植物等），并不是后来宗教有神论所说的神创——无中生有地"创造"，而类似生产劳动，是依据物质材料的创造（劳作）。如《查姆》中说，神造日月是"去到太空中，种活一棵梭罗树"，这棵树上"白天、黑夜两朵花，轮流开在太空间。白天开花是太阳，夜晚开花是月亮"。创造日月就成了种树开花，即依据物质材料的农业劳动。而开天辟地则是神"打开风水门，雾露飘渺太空间。雾露里有地，雾露里有天；雾露变气育万物，万物生长天地间"[②]。即依据雾露的劳作而已。《梅葛》虽然没有说造天地用什么材料，但说，天地造好以后，天裂开地通洞，格滋天神的儿子和女儿，"用松毛做针，蜘蛛网做线，云彩做补丁，把天补起来。用老虎草做针，酸绞藤做线，地公叶子做补丁，把地补起来"[③]。地会动，就捉来大鱼撑地角，地就稳实了；天会摇，就杀死猛虎用虎骨作撑天的柱子。又用虎的眼、牙、心、肠分别作成日月、星辰、江河、大海。……这些，也都是依据某种具体物质的创造。彝族其他史诗中的神创说大体也都如此。

在原始时代，人们看到社会上的各种事物：住房、衣物、用具等等，无不是人造的，因此推测天地万物皆产生于人造，只不过造住房和用具的是普通人，而造天地万物的是伟大的人、特殊的人——神人。这种朴素的认识中，包含着夸大人的能动性的唯心主义和宗教有神论思想的萌芽；它把人类有意识的劳动当作万物的本源，这就会导致以人格神作为造物主的

① 《勒俄特克》，第1—3页。

② 《查姆》，第7—8页。

③ 《梅葛》，第8页。

宗教观念。但是，原始时代的人们还不能脱离具体的生产劳动而去设想一种抽象的、无中生有的创造，人们只能按照生产劳动的特征来设想神造万物的过程，把它设想为生产者运用物质资料制造产品的过程。这是对生产劳动幼稚的、夸大的认识，但确是对生产劳动的作用和特征的最原始的认识。在这种幼稚的认识中，既看到了人的能动性，又看到了物质资料的基础的、决定的作用，因此它同只强调意识、精神的唯心主义和宗教有神论是对立的，并且它有可能从强调物质资料的决定作用而发展为唯物主义的思想。

（二）关于人类起源的史诗中的无神论和有神论思想的萌芽。

彝族各部史诗在叙述天地万物的起源之后，接着都用更多的篇幅来讲人类的起源和产生。

对于人类起源的问题，有的史诗明确地说，人类产生于神的创造，有的史诗则认为人产生于演化，但其中仍有神的创造。这就和天地起源的上述说法一样，首先就包含着唯心主义和有神论的萌芽，同时又有唯物主义和无神论的萌芽。

明确说神创的如《梅葛》：

> 天造成了，地造成了，万物有了，昼夜分开了，就是没有人，格滋天神来造人。天上撒下三把雪，落地变成三代人。①

《阿细的先基》说：

> 造人的男神阿热，造人的女神阿咪，走到太阳下的黄土山。山顶有一张黄桌子，在黄桌子上，要造男人了。造人的男神阿热，造人的女神阿咪，走到月亮下的白土山。山顶有一张白桌子，在白桌子上，要造女人了。②

而《勒俄特衣》基本上认为人类是物质演化的结果，但又说天神恩体谷自在其中起了重要的作用：他“派遣银男和金女，去到大地上，能否成人类？不能成人类。又派黄云和红云，去到大地上，能否成人类？不

① 《梅葛》，第 18 页。

② 《阿细的先基》，第 33 页。

能成人类。”[①] 以上关于人类起源的神创说中毫无疑问包含着唯心主义和有神论的萌芽。

但是，在彝族史诗关于人类起源的叙述中，又包含着唯物主义和无神论思想的萌芽。这大体和天地万物起源的部分相类似。首先，认为神不能无中生有地造人，而是用某种现成的物质材料来造人：格滋天神用雪，阿热、阿咪用泥土。其次，在《勒俄特衣》中则直截了当地认为，人类主要是物质演化的结果。这是关于人类起源的一种极幼稚、朴素的观念。它是这样说的：

> ……天上降下桐树来，霉烂三年后，起了三股雾，升到天空去，降下三场红雪来，降在地面上。九天化到晚，九夜化到亮，为成人类化，为成祖先化。作了九种黑白醮，结冰成骨头，下雪成肌肉，吹风来做气，下雨来做血，星星做眼珠，变成雪族的种类。雪族子孙十二种，有血的六种，无血的六种。[②]

人类属有血的六种之一。认为动物（有血的）和植物（无血的）都属于雪族，是由桐树——雾——雪再加风、雨、星星演化而成的，这当然是十分幼稚的说法，然而它没有强调创世神灵的作用，而是强调物质本身的演化，在这种演化中产生了各种生物，而人是生物的一种。这是原始、幼稚的生物进化说，它同宗教神创说是相对立的。

（三）关于丧葬的史诗中，有神论和无神论思想的萌芽。

彝族许多史诗都有关于丧葬的篇章，如《梅葛》第四部即为“丧葬”，下分“死亡”、“怀亲”等节；《查姆》第六章为“长生不老药”即专门讲死亡、丧葬的篇章；《俚泼古歌》第一部分“赤梅葛”，就用大量篇幅讲丧葬。在这些篇章中都探讨了人为什么会死的问题，即死亡的原因和必然性问题。在史诗对这一问题的回答中，既包含着有神论思想又包含无神论思想的萌芽。

从有神论思想的萌芽来看，如《梅葛》中就说：

> 天王撒下活种籽，天王撒下死种籽。活的种籽筛一角，死的种籽筛三筛。活的种籽撒一把，死的种籽撒三把。死种撒出去，会让的人

① 《勒俄特衣》，载《凉山彝文资料选译》第1集，第26页。

② 同上书，第29—30页。

就能活在世上，不会让的就死亡。[①]

这样把神（天王）说成死亡的根源，就包含着有神论思想的萌芽。

但是，彝族各部史诗总的来说，都强调死亡是人和一切事物自身的必然性，求神、医治、挽救都不能使人逃脱死亡和求得永生。这种看法强调：死亡有必然性，其根源在于事物自身，不在神，不是神可以任意变更的。因此它不是宗教宿命论，而是死亡的自然论，它包含着辩证的观念和无神论的观念。如《梅葛》中虽讲死种由天王撒下，但又说，一切事物都被撒下了死种，带有死种，因此"没有不会死的东西"。随即列举了天上地下的各种事物，指出它们都有生死，而人和它们一样也有生死，任何人都不能逃避。如诗中说：

地上树木都撒遍（死种），地上树木都会死。没有撒不到的树，没有不会死的树。[②]

地上的草都撒遍，地上的草都会死。没有撒不到的草，没有不会死的草。[③]

百兽都撒遍了，百兽都会死。没有撒不到的兽，没有不会死的兽。[④]

其余鸟、虫、鱼、家畜都如此。总之，"没有撒不到的东西，没有不会死的东西"[⑤]。人和自然物一样也是要死的：

早晨太阳出，晚上太阳落，太阳会出也会落，人和太阳一样，会生也会死。

高山长树木，发出嫩芽绿又旺，长出叶来也很稳，只说高山树木不落叶，那知九月叶会黄，风吹黄叶叶就落；人死就像落叶样，到死时候也会死。

诗中又以爹妈之死来进一步说明死亡之不可避免。它说，亲爹妈生重

① 《梅葛》，第 199 页。
② 同上书，第 201 页。
③ 同上书，第 202 页。
④ 同上书，第 203 页。
⑤ 同上书，第 206 页。

病要死了，子女不愿他们死去，希望躲过死亡，于是把爹妈背到高山上、深谷里、崖石下去躲藏，但是躲不了；又希望“朵觋”（即巫师，又称毕摩）祭神和送鬼来求得爹妈不死，但是，

> 所有的神都祭过了，我爹的病没有好，我妈的病没有好。
>
> 鬼也送过了，我爹的病没有好，我妈的病没有好，爹妈越病越重了，我爹死了，我妈死了！

死，就像流去的河水，是不可改变的趋势：

> 只见水浪滚出去，不见水浪折回来。阿爹也像水浪滚出去，阿爹救不活，阿爹死掉了！①

《梅葛》对死亡的叙述，虽然包含着宿命论和有神论的萌芽，然而，也包含着把死亡看成一个自然的、不可避免的客观过程的思想，这种思想是否定神灵意志和巫觋的。当然，这种思想是很幼稚、朴素的，但它确实存在着，并且影响着彝族人民，使彝族人民对于死亡，总的来说采取一种顺其自然的态度。

二　彝族原始崇拜中包含的朴素唯物主义思想的萌芽

原始崇拜又称为原始宗教，包括自然崇拜、图腾崇拜、灵魂崇拜等等。原始崇拜包含宗教的萌芽，宗教起源于原始崇拜，然而，原始崇拜还不就是真正的宗教，因此，原始崇拜中除宗教的萌芽外，还有其他一些社会意识的萌芽，如某些朴素唯物主义的萌芽。这些朴素唯物主义的萌芽是和无神论思想相通的。

自然崇拜在近现代彝族社会生活中仍然存在，但是，它却是产生于原始时代的原始意识。证据就在于，第一、它的内容只反映了人与自然的关系，还没有反映社会压迫和剥削等阶级关系；第二、它多以全民族（或氏族）平等的公共活动的方式来进行。在现代的彝族社会中它依然如此，只不过有的已变成了全民族人人平等参加的盛大节日，如火把节、云南大姚县的插花节。这种活动方式说明它根源于平等、互助的原始时代。

自然崇拜分为三种类型，第一是对某一自然物或自然现象的直接崇

① 以上引文均见《梅葛》第四部《丧葬》。

拜，第二是对支配某一类自然现象的神灵的崇拜，第三则是对支配生产活动的神灵的崇拜。

在自然崇拜的第一种类型中，还没有自觉的神灵观念，人们只是把某一些同自己生产、生活以及健康有关的自然物，同其他的自然物区分开来，看到了它们的重要性，但又不理解这种重要性（怎样产生的？其规律和本质如何?），因此盲目地迷信和崇拜这些自然物本身。如农历六月的火把节。有的学者考证说，火把节之所以在六月而且最为隆重，其原因在于彝族以六月为岁首，火把节即年节。[①] 而为什么要用火，却不是用水或其他东西来标志这一节日呢？这是远古时代对火的崇拜的遗迹。在远古，火对于一切民族的生存和发展都有重大的作用，而对于居住在山区的彝族作用更为重大：用火来耕种（“刀耕火种”），用火来取暖，用火来御兽，用火来除虫……因此，彝族崇拜火。火把节这一天，村村寨寨、家家户户都燃起火把，用火把遍照住房内外、禾苗庄稼以及人畜（或让人从火把上跨过），认为这样就可以驱走疾病、虫害、邪恶，带来健康、兴旺、丰收。有些地方最后要将火把集中插在地上，以酒饭祭祀之。在对火的这种崇拜活动中，人们崇拜的是火本身，而不是在火之上而支配火的某个神灵。在此，人们虽然夸大了火的作用，如认为用火把照一次禾苗则将终年无病虫害，然而，这些作用却是火本来就有的、现实的作用，只不过被夸大了而已。又如对水的崇拜。彝族多住山区，虽少水涝之灾，却经常缺水，甚至人畜饮用的水都缺，因此崇拜水，特别是崇拜出水的源泉。云南寻甸县彝族以某一水源为“神泉”、“神井”，平日谨慎爱护，到祭祖大典时，由毕摩在泉边念经，然后取一些泉水用一只带角的绵羊驮回进行祭祀。武定、禄劝等县的彝族也都有崇拜某一水源，并取回泉水进行祭祀的习俗。这就是崇拜水、泉水本身，而不是崇拜水之外的什么神灵。再如对树木的崇拜。云南省弥勒，路南等县的彝族过“密枝节”，这一天全村男子共杀一只或数只绵羊去祭“密枝林”。所谓密枝林，就是村外一片被选中的、枝叶茂密的树林。这也是由于树木本身的性质、作用（燃料、建筑材料、狩猎场所等）所产生的崇拜，崇拜的是树木本身，而非超越于树的某种神灵。总之，在原始时代对生产、生活有重要作用的火、水、木（或树）、土（或山）等等，都被人们崇拜过，这种崇拜中既包含由无知而来的神秘的意识，因此会通向宗教和神秘主义，同时又包含着对这些自然物的重要性的认识，因此可以通向朴素唯物主义和无神论。古代朴素唯

① 刘尧汉、央金、陈久金：《彝族天文学史》，云南人民出版社 1984 年版。

物主义以水、气或“五行”（金、木、水、火、土）为万物本源，其初并无多少论证而只是一种直观，实在近乎信仰和崇拜，其根源大约就在原始的自然崇拜吧！

第二种类型的自然崇拜中则萌发了神灵观念。在这种类型的崇拜中，崇拜的对象已是超越于自然物、并支配自然物的某种神灵，至于自然物本身，却只是神灵的标志和代表了。这种类型的自然崇拜在现代彝族中仍然广泛存在。如对土地的崇拜，在这种类型中已不是崇拜某一块土地本身，而是崇拜地神（田公、地母或田祖）。地神并不是土地本身，而是不同于土地却又支配土地的神灵。

第三种类型的自然崇拜，已经不是崇拜自然物或支配自然物的神灵了，而是崇拜支配生产活动的神灵，如农神、猎神。物质生产活动是人类改造自然界的活动，是解决人与自然的矛盾的过程，因此，生产活动不是单纯的自然物或自然现象，而是包含自然物（劳动对象）与人（劳动者）在内的社会活动。由此，支配生产活动的神灵就不是单纯的自然神了，对这类神灵的崇拜已经不再是自然崇拜，而是对支配生产活动的主体的崇拜。随着私有制和阶级的产生，支配生产活动的主体已不再是劳动者，而是掌握生产资料的剥削阶级，到这时，自然崇拜就变为宗教了。

第三节　阶级社会的宗教与无神论思想的斗争

一　滇爨时期彝族的宗教和无神论思想倾向

公元前2世纪左右，即西汉初年，彝族先民已进入奴隶制社会。现在知道的古滇国，就是西汉时滇池洱海地区的奴隶制国家，其主要居民当是彝族和白族的先民。[①] 古滇王已统属于西汉王朝，西汉在该地区设益州郡，又封其统治者为“滇王”。古滇国没有文字，而古汉文文献中对滇国的意识形态，记载也极少。据《华阳国志》、《后汉书》等文献记载说，当时的夷人“其俗徵巫鬼，好诅盟”（《华阳国志·南中志》）由此推想，当时滇国的奴隶制社会中，宗教有神论当占统治地位。本世纪50年代后期，滇池地区晋宁石寨山发掘出的古滇国文物中，有三件铜铸的贮具器，其盖上皆铸有众多人物组成的杀人祭祀场景。其人物群像分为三种，一种

① 现今学者有的认为滇国的统治集团为彝族先民，滇国为彝族先民建立的国家；有的学者认为，彝族的先民是滇国的主要居民，但不是统治阶层。

是统治者，他们乘舆肩高坐，次为侍候服役的奴仆、差役，第三种是被捆绑遭杀戮的牺牲者。由此可见，铸像所组成的场景，是奴隶主阶级的宗教仪式。贮具器上没有铭文，据说器上之铸像场景就代替铭文，记载着当时统治者的大事。由已发掘的贮具器来看，此类大事多为杀人祭祀。据此推想，当时宗教盛行，是占统治地位的意识形态。至于无神论思想，今则罔然不知。

东汉至南北朝，彝族奴隶制社会继续向前发展，同内地的政治、经济、文化联系进一步密切。

东汉以后，现今云南大部以及贵州、四川和云南交接地区，统称为"南中"地区。东汉时在南中设郡县，隶属益州刺史管辖。这一时期当地的居民被称为"夷人"或"叟人"，是为"昆明人"、"嶲人"之后，即今彝族和白族之先民。其中之贵族统治者称为"夷帅"、"叟帅"。当时已有大量汉族进入南中地区，其豪门大姓和夷帅、叟帅相互联姻，于是在南中地区出现了这样一些地方势力，他们是夷化了的汉族豪门，也是汉化了的夷帅、叟帅，史书称之为"南中大姓"。在两晋时期南中大姓互相兼并，经过两百年来的争斗，到339年，大姓中之爨氏得以独霸南中。在近四百来年的时间里，爨氏成为割据南中的地方势力。尽管割据，然而在爨氏统治时期，南中与内地关系进一步密切。爨氏在多数时间里都接受中央王朝的封授，承袭宁州刺史职务，向朝廷上贡纳赋，向内地汉族学习文化、技术。

爨氏统治时期，奴隶主贵族仍以宗教有神论为其统治思想。《新唐书·南蛮两爨蛮传》记载说："夷人尚鬼，谓主祭者为鬼主。"樊绰《蛮书》中说"……此等部落，皆东爨乌蛮也……大部落则有大鬼主，百二百家小部落，亦有小鬼主。一切信使鬼巫，用相服制。"（樊绰：《蛮书》卷一）所谓鬼主者，既是氏族或部落的首领、统治者，又是宗教的巫师，因此在爨氏统治时期，彝族先民的基层（氏族、部落）大约实行政教合一的政权形式，而宗教有神论思想必在社会意识中居于统治地位。又由于社会发展较落后，这种宗教有神论在很大程度上还具有原始崇拜的性质。

但是，在爨氏时期，具有无神论倾向的思想也是存在着的。现在所知者，就是儒家重仁重德思想在南中的传播和发展，文物依据就是著名的《爨宝子碑》和《爨龙颜碑》。

《爨宝子碑》为一墓碑，1778年发现于今云南省曲靖县，现存该县，从碑文可知，墓主名爨宝子，是东晋建宁郡同乐县人（今云南省陆良县），官至建宁郡太守，二十三岁死于任上。该碑是他属下官员于晋大亨四年（史书记载东晋大亨年号仅一年，此处姑且按四年推算当为405年）所立。从爨宝子的出身和为官的地区及年代来看，他应当是彝族的先民（注：有些学者认为，爨氏为僰人，即白族的先民。但这些学者也承认在爨氏统治下的人民以彝族为主）。碑文约四百字，其内容并非爨宝子的思想，也不一定代表他的同僚官员和统治阶级，但是，碑文中的思想至少是当时爨氏统治者所知道而不反对的。这是些什么思想呢？主要是儒家思想。如碑文在赞颂爨宝子时说："君少禀瑰伟之质，长挺高邈之操，通旷清恪，发自天然，冰洁简净，道兼行堇[①]。淳粹之德，戎晋归仁……"爨宝子是否如此不得而知，然而通句所赞扬的是质、操、道、行、德、仁，而非神鬼、灵异。可见，它是强调仁德的儒家思想（也有一些玄学意思），并非当时南中地区流行的宗教鬼神观念。

《爨龙颜碑》在清朝道光以前就已出土，现存云南省陆良县贞元堡。此碑为爨龙颜的墓碑，立于刘宋大明二年（458年）。爨龙颜及其祖、父三代皆为晋宁、建宁二郡太守、龙骧将军，故祖居滇东，是为东爨乌蛮，即彝族之先民。此碑为龙颜之嗣孙所立，碑文为爨道庆作。道庆生平不详，既姓爨大约为东爨乌蛮，即彝族先民。碑文思想既是道庆的思想，也应当是龙颜的亲属、嗣孙所赞同的思想，因此可以算作当时统治阶层中一部分人的思想。碑文主要内容是赞颂龙颜，其赞颂的标准也是儒家重仁德的思想，而非从原始崇拜而来的宗教神巫、鬼怪思想。如说龙颜年幼就"容貌玮于时伦，贞操超于门友。温良冲挹，在家必闻"。承袭父职当官以后则"仁笃显于朝野，清名扇于遐迩"，"民歌其德，士咏其风"。总其一生政绩："姿英雄之高略，敦纯懿之弘度，独步南境，卓尔不群。虽子产之在郑，蔑以加焉。"所强调的仍为"贞操"、"温良"、"仁"、"德"等儒家思想，以品德、清名、政绩为评价人物一生的标准，而不以神鬼、巫筮为准。

总之，从两爨碑可窥见，儒家有无神论倾向的思想，在当时的彝族先民中，已经有所传播和影响。这种情况一直发展到南诏时期，对南诏的社会意识亦有影响。

二　南诏时期彝族的宗教和无神论思想倾向

对南诏政权的统治者和主要居民的族属，学术界至今有争论。我们以为南诏所辖区域较广，即今云南全境以及川、黔、桂的部分地区，而现今

---

① 此字似"堇"，而不清，现暂书为"堇"。

云南的多数民族的先民已是当时南诏之居民，其中人口最多的三个民族：彝、白、汉应当是当时的主要民族。由于南诏时期彝、白、汉三个民族还处于相互融合、分化之中，因此，在一时难于确定谁为主的情况下，把南诏的社会思想看成彝、白、汉三个民族的综合为妥，在叙述彝族和白族的无神论思想发展时，都可包括南诏时期。

南诏东部仍称“东爨”，居民多为乌蛮，一般多认为乌蛮是彝族先民，《新唐书·南蛮传》说这一地区，“俗尚巫鬼，无拜跪之节。其语言四译乃与中国通。大部落有大鬼主，百家则小鬼主”。可见，在这时东爨的彝族先民中，适应奴隶制的宗教意识盛行，而这种宗教具有原始崇拜的特征，是一种原始的宗教。而在南诏的中心地区，佛教、道教则已经由中原传入，其中以佛教特别盛行。故此在这一时期中，统治者在洱海地区修建了不少佛寺、佛塔，著名的如南诏中期兴建的崇圣寺和寺内的三塔。南诏统治集团大力提倡佛教，是力图用佛教来为自己的统治作论证。如当时绘制的《南诏中兴国史画》就用图画和文字宣传：南诏奠基人细奴逻，由于全家虔诚信佛，因此受观音菩萨保佑，这样他才建立南诏，成为大“诏”。

南诏统治集团虽然提倡宗教以维护自己的统治，但是，作为新兴的边疆割据政权的统治者，他们又不能完全迷信鬼神，而需要一定的进步思想的指导。由此，南诏统治集团积极向内地学习先进的思想、文化。如先后派遣几千人到成都学习“诗、书”，对于战争中掳获的饱学儒生，则给予优待，让他们在统治阶层中教授中原文化。在这种情况下，儒家重仁德而远鬼神的思想也就传入南诏统治阶层，进一步发展了爨氏时期的无神论思想倾向。这突出地表现在《南诏德化碑》之中。

《南诏德化碑》立于766年，即南诏赞普钟（阁罗凤）十年，唐代宗大历元年。碑文共3600余字，主要是说明，南诏同唐朝连年战争（攻姚州，杀云南太守张虔陀；抗剑南节度使鲜于仲通，败之；反击李宓，致李宓全军覆没）是不得已之事，今后仍愿与唐朝和好，“世世事唐”，故立碑以为物证。碑文的作者郑回，据《旧唐书·南诏传》说：“有郑回者本相州（今河南省安阳——引者）人，天宝中举明经，授嶲州西泸令（今四川省西昌县——引者），嶲州陷为所虏，阁罗凤[1]以回有儒学，更名蛮利，甚爱重之，命教凤伽异。及异牟寻立，又令教其子寻梦凑。回久为蛮

① 阁罗凤、异牟寻为南诏之王（王亦称“诏”）。阁罗凤生子凤伽异，凤伽异之子异牟寻，异牟寻之子寻梦凑。

师，凡授学，虽牟寻、梦凑，回得箠挞，故牟寻以下皆严惮之。蛮谓相为清平官，凡置六人。牟寻以回为清平官，事皆咨之，秉政用事。”立碑的目的，一是表明对唐作战乃不得已之事，仍愿与唐和好；二是众朝臣（碑阴刻百余官员姓名）为阁罗凤歌功颂德：“有国而致理，君主之美也。有美而无扬，臣子之过也。……可以刊石勒碑，立功颂德，用传不朽，俾达将来。”

由此可知《德化碑》之作者虽为汉族人郑回，然而此碑为阁罗凤主持、众朝臣参与建立的，而不是郑回私人之事。由此，《德化碑》虽为郑回所作，然而代表着南诏统治集团的思想，至少是南诏统治集团认可的思想。郑回世代为王师，又居清平官之高位，南诏主“事皆咨之，秉政用事”，因此他的思想必然对南诏的政治、思想、文化发生影响和渗透。所以，《德化碑》实为南诏时期社会思想的重要代表。

《德化碑》在叙述南诏兴起、连败唐朝大军的过程时，不止于事实之罗列，而力求阐释其根源和基础。此中虽有宗教神灵观念，如说攻杀张虔陀，是因“三军齐备，先灵冥佑，神炬助威，天人协力”；和鲜于仲通战前，“具牲牢，设坛墠”，祭祀天地，阁罗凤亲至祭词，“至诚感神”。但是，总的来说，《德化碑》认为，国家之兴衰，战争之胜败，主要不在鬼神而在人事。如碑文对阁罗凤三胜唐军、振兴南诏的历程所作的总结说：

> 我王受气中和，德含覆育，才出人右，辩称世雄，高视则卓尔万寻，运筹则决胜千里。观衅而动，因利兴功，事协神衷，有如天启。故能拔城挫敌，取胜如神，以危易安，转祸为福，绍开祖业，宏覃王猷，坐南面以称孤，统东偏而作主。然后修文习武，官设百司，列尊叙卑，位分九等，阐三教，宾四门。阴阳序而日月不潜，赏罚明而奸邪屏迹。通三才而制礼，用六府以经邦。信及豚鱼，恩沾草木。戹塞流潦，高原为稻黍之田；疏决陂池，下隰树园林之业。易贫成富，徙有之无，家饶五亩之桑，国贮九年之廪。荡秽之恩屡沾蠢动，珍帛之惠遍及耆年。设险防非，凭隘起坚城之固；灵津蠲疾；重岩涌汤沐之泉。

这就把南诏兴盛的原因总结为三条：首先，是统治者阁罗凤的德才以及运筹策划的能力；其次，是实行了“修文习武”、“列尊叙卑”、“阐三教、宾四门”、“赏罚明”等正确的政治措施；第三、则是采取了“戹塞流潦”、“疏决陂池”、“易贫成富”等经济措施。在原始崇拜和佛教、道教盛行的边疆奴隶制政权中，能提出这样重德才、重人治而轻鬼神的思想，是具有无神论倾向的可贵的思想。

此外，在碑文的第一段就提出了对世界总的看法，作者以此作为全文的世界观基础。其实，这也可看成郑回以至当时南诏统治集团的世界观理论。这是一种什么样的理论呢？它说：

> 恭闻清浊初分，运阴阳而生万物；川岳既列，树元首而定八方。故知悬象著明，莫大于日月。崇高辨位，莫大于君臣。道治则中外宁，政乖必风雅变。

这是一种朴素唯物主义的世界观。它认为，天地乃清浊二气所成，万物由阴阳演化而生，天地万物都不是神鬼所创造的。《西南彝志·天地进化论》亦说：

> 天地未产生时，地也不曾生，大空空的呢，大虚虚的呢。
>
> 后来变化啦！出现了清气，清气青幽幽；出现了浊气，浊气红殷殷，清气升上去，升去成为天；浊气降下来，降来成为地。[①]

《西南彝志》成书于明清时期，晚于《德化碑》约九百来年，然而其中的一些思想却是彝族远古时期就提出的。因此，《德化碑》中的清浊二气的思想究竟是彝族先民所固有，还是由中原传入的道家思想，尚不能肯定。但是，这种思想著述于《德化碑》之中而为南诏统治集团所接受，这是确实的历史。《德化碑》继而认为社会和自然界的秩序一样，都是客观的，而非人或神可任意决定的："川岳既列，树元首而定八方。故知悬象著明，莫大于日月。崇高辨位，莫大于君臣。"由此，社会和自然界一样，贯穿着客观的秩序——道，人们尊道而行动则社会安定、兴盛，否则就动乱、衰败："道治则中外宁，政乖必风雅变"。这是一种承认社会的客观性和强调人事的进步的历史观，它在实质上是排斥南诏时期的原始宗教和佛教的有神论的。

由《德化碑》可知，南诏的兴起是有其思想基础的，这就是朴素唯物主义的世界观和强调德治、人事的儒家思想，它同原始宗教和佛教中的鬼神迷信思想是相对立和排斥的。

---

① 《西南彝志选》，第 11 页。

三　水西、罗甸彝族的宗教和无神论思想倾向

现今贵州西北部和川、滇毗邻的地区，是古代彝族先氏聚居的地区之一。这里的彝族各支系中，以居“水西”（今黔西县）者为大宗，故文献中常以“水西”为这一地区之泛称。水西彝族首领曾被唐朝封为罗甸王，故水西又称为“罗甸”地区。

据传说和古文献，彝族先民是由古朱提郡（今滇东北地区）迁入水西的，时间大约在魏晋前。《西南彝志·谱牒志》中记载说，彝族六祖慕齐齐一支（德施氏）的祖先妥阿哲，曾以军队和粮草支持诸葛亮南征，因此蜀汉“勅封妥阿哲，彝帅罗甸王”[①]。其他文献中未见这样的记载，故此说未必可信，然而，水西彝族许多传说中均有此事，因而对此说也不能简单否定。《新唐书·南蛮传》中记载：“昆明东九百里，即牂柯国也，兵数出，侵地数千里。元和八年（813 年），上表请尽归牂柯故地。开成元年（836 年），鬼主阿佩内属。会昌中（841－846 年），封其别帅为罗甸王。”由此可知，隋唐时期水西地区彝族已很兴盛，与内地关系密切。至五代，《新五代史·四夷传》记载：“昆明在黔州西南三千里外，地产羊马，其人椎髻跣足、披毡，其首领披虎皮。天成二年（927 年）尝一至，其首领号昆明大鬼主罗甸王。”元代加强对水西地区的统治，委任彝族首领阿画为顺元宣抚使。明代继续委任阿画的后嗣霭翠为贵州宣慰使。整个元明时期水西地区均由彝族土司所统治，中央政府对土司加封爵衔，但明代时，中央政府已开始增设卫所，开展军屯，至清初康熙时则实行“改土归流”在水西地区取消土司制实行流官制，建立四个府：平远、大定、黔西、威宁。

元代以前水西地区基本上是奴隶制社会。至元代，由于内部经济的发展以及周围汉族经济的影响，水西开始向封建地主经济转化，到明代，封建领主经济已占主要地位了。清代以后，随流官制度的建立，水西和周围汉族地区的地主经济渐趋一致，只不过水西的地主经济有较多的封建领土制的残余。

水西（罗甸）地区在长期的奴隶制社会和封建社会中，流行的是具有原始崇拜特征的本民族固有宗教。这种宗教最初是政教合一的，土司、头人如阿佩等即是宗教首领，故称“鬼主”。后来，政教逐渐分开，土司、头人是政权的掌握者、统治者，“布慕”（又译为“毕摩”）则专管

① 《西南彝志选》，第 185 页，并参见该书 194 页。

宗教。但是，政教仍有密切关系，布慕仍是土司、头人的“军师”，具有一定权力、威信。布慕精通本民族的历史、文化，是本民族中最有知识的人。作为祭师，他们传播宗教有神论思想，从事宗教迷信活动。作为本民族最有知识的人，他们当中，有的人从已有的知识出发，又能提出一些朴素唯物主义的思想，推进原始、自发的无神论思想，其代表著作如：《西南彝志》、《宇宙人文论》以及收录于《爨文丛刻》中的《宇宙源流》。

（一）《西南彝志》

《西南彝志》，原名《影形及清浊二气》，音译为《哎哺啥额》。彝语“哎”、“哺”，意即“影”和“形”；“啥”、“额”意即“清气”和“浊气”。现在出版的汉译本译名为《西南彝志》。此书作者是水西热卧土目家的一位“慕史”（即布慕），姓氏不详，人们称之为“热卧慕史”。“据说，他收集了彝族各支系中历代的许多文史篇章，经过整理编纂成为这部彝族历史文献。”① 根据书中所载历史事件推断，全书大约于1664—1729年之间完成，但是它的许多内容却是千百年来水西彝族所积累的思想财富。全书用彝文写成，共三十七万余言，四百多个标题，包括天地万物起源、彝族古代社会的面貌、各支系的源流和谍谱以及天文、地理、人文、经济等内容，可算作古代彝族的一部百科全书。由于水西和内地交往密切，汉族的思想、文化在水西早有传播和影响，因此，《西南彝志》中也吸收了汉族的某些哲学、历史和科学的知识。

由于《西南彝志》是根据各种文献汇集、编纂而成的，因此各种思想杂陈其中，既有唯物主义和无神论思想，又有唯心主义和有神论思想。

《西南彝志》中的宗教育神论思想有两种情况，一是由原始崇拜发展而来的有神论思想，二是受内地宗教唯心主义影响而来的有神论思想。前者主要是，认为天地万物演化、形成过程中有神参与创造。如《金锁管着混沌》篇说，天地由清浊二气以及影形演化而成，但是这过程中有神人努娄哲参与。努娄哲知道清浊二气被天门封锁，是他用钥匙打开金锁而使清浊二气流行开来演化出天地万物。《造天地的男女们》篇则说：“九女子造天，八男子造地”，“少男安织机，少女丢梭子；青红与白线，线线车头转。男女织天地，个个忙的欢。”② 是把天地说成是神人劳动所创造的。《年、月、日的产生及由来》和《定年界、月界》中认为，有个神人“大帝策耿纪”，年、月、日的时间区分是由他来确定的。此外，在

① 《西南彝志选》，“前言”第1页。

② 《西南彝志选》，第9页。

《论风》中说有风神，《论雨》中说有雨神，《论云》中说有云神，等等。这些神人的观念，是原始社会自然崇拜和天地起源史诗的继承和发展，虽不完全是宗教有神论，但终究包含着有神论观念的萌芽。在《西南彝志》中还掺杂着内地传入的一些宗教观念，如《孝子武色吞》中讲，武色吞行孝感动了天神，从而救活了母亲。《点措雅卧修行的和尚》中讲佛教的神灵。这些，都是外来的神灵观念。

但是，《西南彝志》在一些基本方面却包含着丰富的朴素唯物主义和无神论思想。首先，它认为宇宙的本源是具体物质（清气和浊气），而不是神灵或精神。比如全书从天地、日月的起源、产生讲起，然后说到人类的产生和彝族的源流，以及各种自然现象、社会现象的根源、特点。因此，宇宙的本源问题是全书的逻辑起点和基础。不仅如此，在后面论及到天体起源和彝族各分支的源流时，作者又从根本即宇宙的本源讲起，所以本源问题也是全书各章反复论述的基本问题。《西南彝志》原名《哎哺啥呃》，意即“影形和清气浊气”，即标明该书以清气（“啥”）和浊气（“呃”）为宇宙的本源。全书第一章开宗明义就提出：“金锁管混沌，不讲嘛不明；要讲从根起，先叙哎与哺。哎哺未观时，只有啥和呃，啥清与呃浊，出现哎与哺。”[①] 即认为，啥（清气）和呃（浊气）不是神所创造的，而是本来就存在着的原初物质。在《天地进化论》中则说：天、地、人三者都是由清浊二气演化而生的。

在其他各篇中，则以清浊二气（或称阴阳二气）为本源来说明各种具体事物的起源和本质，说明彝族的源流和历史。如讲述彝族德施氏（默部）一支的源流时说，阴阳结合产生清浊二气，清浊演化而生天地，“天上降雨雪，地上有江河。魑与魅出现，人兴于丛林。会动有生命，有血又有气，人始希慕遮。”[②] 然后，由人类始祖希慕遮传三十一代而生彝族始祖笃慕，由笃慕而传彝族六祖（六个分支的祖先）。这就是从物质本源——阴阳和清浊出发，来说明彝族的产生和源流。在《论雪和霜的产生》中说：“天地阴阳气，它两相结合，白雪有十二，白霜有十三，又不断繁殖。”[③] 在《论雨》中说：“在阁吐赫[④]上，产阴阳二气；阴阳相结合，不停地结合，产生了和风，产生了霖雨。”[⑤] 以物质性的清浊二气

① 《西南彝志选》，第 1 页。
② 同上书，第 166 页。
③ 同上书，第 406 页。
④ 原注：“阁吐赫”，彝语，指一个海。彝族先民传说，风和云雨都是从这海里来的。
⑤ 《西南彝志选》，第 410 页。

（或阴阳二气）作为万物的本源，这是一种朴素唯物主义的世界观。它同唯心主义以及神灵创世的宗教观念是相对立的，因此，它实质上也是一种无神论思想倾向。

在《西南彝志》中，这种朴素唯物主义的本源说，较原始史诗有了很大的发展。这表现在两个方面，一是抽象出了清、浊、阴、阳的概念；二是用唯物主义的本源说去解释天地起源、风雨雷电等自然现象的起源以及彝族源流，初步具有理论的系统性。

《西南彝志》中还有一些朴素的辩证法思想。这些辩证法思想排斥宗教神灵观念而有助于唯物主义的贯彻。如认为对立面相配而产生新的事物，因此，新事物的出现是事物自身演化的结果，而非神灵所推动的或创造的结果。在《天地进化论》中说：

> 哎阳与哺阴，又相交了啊。产清气三类，产浊气三类。阳极而阴生，夜暝暝成了，阴极而阳生，晨曦曦成了。晚晓与阴阳，它俩又相配。出现了天君，出现了地臣。晚晓与阴阳，它俩又相配，木与确[①]产生。木确上升去，天宇宙成了；木确下降来，地宇宙成了。[②]

以后，木与确相配产生了树木、野兽以至“议论与文学”[③] 而“议与文[④]一对，它俩又相配，有了管天君，有了管地君。”[⑤] 等等。总之，以阴阳，晚晓、木确、议文的相配来说明事物的发展、新事物的产生，而不说神的创造。

可见，在《西南彝志》这部宏大的著作中，贯穿着朴素唯物主义思想，而否定宗教有神论观念，并且，它的这些思想比原始史诗前进了一步，已从萌芽成长为初步的、朴素的理论。当然，它还自相矛盾地包含着神创说和某些神灵观念，这些，则是它的缺陷和不完善之处。

（二）《宇宙人文论》

《宇宙人文论》为笃仁和鲁琪两兄弟所作，他俩都是著名的布慕，故又称“布慕笃仁”和“布慕鲁琪”，其生平不详。有的学者推测他们生活

---

① 原注：木、确，古人认为是形成天、地、人和一切事物的一种东西。一说指“山精水怪”。

② 《西南彝志选》，第 16、18、20、22 页。

③ 同上书，第 24 页。

④ 原注：“议与文”指议论（口头语言）与文章（书面语言）。

⑤ 《西南彝志选》，第 25 页。

于南诏中期或后期[①]。有的学者认为《宇宙人文论》可能成书于明代中期[②]。现有贵州省毕节地区民族事务委员会彝文翻译组 1978 年的汉译本。《宇宙人文论》的基本思想和《西南彝志》是一致的，只不过它的概念更明确、逻辑更严密一些，并且受内地汉族思想的影响更多些、更明显些。

《宇宙人文论》认为，清浊二气是原初物质，是天地万物的物质本源。

> 布慕笃仁说："……在天地产生之前，是大大的、空空虚虚的无极景象。先是一门起了变化，熏熏的清气、沉沉的浊气产生了。清浊二气相互接触。清气翻出青色，浊气翻出赤色。青赤二气成对如浮叶飘飘，又起变化，变成天线、地线，织天又织地，天地同时出现了。"[③]
>
> 布慕鲁则说："天地是怎样产生的呢？先产生清气与浊气，清气变成蔚蓝色的高天，浊气凝成美丽的大地……"[④]

就是说，天地万物不是神灵无中生有地创造的，也不是按神的意志生成的，而是物质本源的清气和浊气演变成的；没有造物主和上帝，世界本来只有清气和浊气。在《西南彝志·创世志》各篇中还有大帝策耿纪和造天造地的男女神人，而在《宇宙人文论》中这些神人都没有了，这说明它的唯物主义和无神论思想较《西南彝志·创世志》向前发展了。

《宇宙人文论》又以清浊二气的演化来说明各种具体事物的起源和性质。如认为"太阳为众阳之精，是天气的延展。月亮为太阴之象，是地气的结晶。"[⑤] 又如，春夏秋冬四季的不同特点，"是天地间的清浊二气漫溢变化形成的"[⑥]，风、霜、雪、雨"是清浊二气充溢旺盛所形成的"[⑦]，"露水也是天地间的清浊二气充溢弥漫而形成的"，"雷电是清浊二气弥漫

---

① 王天玺：《略论彝族著作"生命的根源"的哲学思想》刊于《哲学研究》1981 年第 2 期。

② 陈久金、卢央、刘尧汉：《彝族天文学史》，云南人民出版社 1984 年版，第 26 页。

③ 《宇宙人文论》，贵州省毕节地区民族事务委员会彝文翻译组 1978 年 10 月译本，第 15—16 页。

④ 同上书，第 19 页。

⑤ 同上书，第 115 页。

⑥ 同上书，第 22—23 页。

⑦ 同上书，第 155 页。

于天地之间，天气与地气相搏而成的”[①]。进而认为，一切生物都是由清浊二气所生成的，它说：“当天地间的阴阳万象产生之后，清气、浊气也就是天气、地气随着降临，有生命会动的东西由它产生……千千万万的生物，从春生、夏长到秋收、冬枯，都是天气与地气结合演变的结果”[②]。《宇宙人文论》这种以物质本源、而不以神灵鬼怪来解释具体事物的思想，实质上是倾向无神论而排斥宗教有神论的。

特别值得注意的是《宇宙人文论》中对日食、月食以及人体的解释。日食、月食和人体常常是宗教迷信用来宣传有神论的两类自然现象，而《宇宙人文论》却着意地对它们作了朴素唯物主义的解释。对日食、月食，它是这样说的：

> 布慕笃仁说：“在产生天地同时，就有天气凝结而产生太阳。太阳照遍天空。但若遇到一颗星，太阳就隐避了。这颗星叫‘红眼星’，它是和太阳同时产生的，同列于天气星图[③]。地气凝结产生月亮，月亮照遍大地，要是遇到一颗星，月体就缺了。这颗星叫‘豹子星’，也是和月亮同时产生，同列于地气星图。
>
> 不是‘虎吃太阳’，而是‘红眼星’吃的，天气星有八千颗，以红眼星为首，它主管高天，它能遮蔽太阳。不是‘天狗吃月’，而是豹子星遮住了它，地气星有九千颗，以豹子星为首，它主管大地，它能遮蔽月亮。
>
> 太阳每天出没一次，一年旋转一周，运行角度渐渐走偏，这样转到一定时间，就和红眼星碰头，太阳见它就避让，甚至被它吞没了。等到红眼星走过之后，太阳又明朗朗的现出来。
>
> 月亮在天空中轮回运行，每转30度[④]盈亏圆缺一周，到十五盈圆时，光亮照遍了大地，但若遇到豹子星在地球上空慢慢移来，月体就被它遮掩了，月光昏沉沉，这就说是‘被月蚀星即豹子星吃掉的’。待豹子星走过之后等月亮又明亮起来。”[⑤]

《宇宙人文论》对日食、月食的以上论述，不仅同宗教迷信观念相对立，

---

① 《宇宙人文论》，第168页。

② 同上书，第133—134页。

③ 原注：天气星，古人认为太阳乃青清之气即天气凝结而成，太阳系统的星叫“天气星”，月亮是红浊之气即地气凝结而成，月亮系统的星叫地气星。

④ 原注：30度，指月亮30天运行的度数。

⑤ 《宇宙人文论》，第121—122页。

而且近于现代科学的理论，因此，在古代无神论史和天文学史上都是难能可贵的成就。

《宇宙人文论》又把清浊二气说和五行说同“天人同一”说结合起来说明人体的生理结构。它是这样写的：

> 布慕鲁则说：“人体和天体相仿，同样具有‘五行’，确有此理呢。当清浊二气充溢，由‘五行’而形成天地之后，又随着五行的变化，形成人体的根本。五行中的水，就是人的血，金是人的骨，火是人的心，木是人的筋，土是人的肉。在五行成为人体雏形之后，就开始有生命会动，仿着天体去发展变化，成为完整的人；天上有日月，人就有一双眼睛，天上有风，人就有气；天会雷鸣，人会说话；天有晴明，人有喜乐；天有阴霾人有心怒……这样看来，人本是天生的，人知道的天也知道，天知道的人也知道。”

以上论述中的五行说和天人同一说，可能受到汉族思想的影响。元明以来，中央王朝对水西的控制加强，内地与水西在政治、经济、文化方面的交往更为密切。明朝初年，就在水西彝区设立学校，并选送子弟到南京和北京学习。因此，五行说和天人同一说极有可能来自内地汉族，不过现今尚未发现实据，只能算作推测而已。天人同一说，和汉儒董仲舒的“天人合一”说、“人附天数”说有相同之处。如说“人知道的天也知道，天知道的人也知道”，似乎把“天”看成有意识的神灵，这同董仲舒的“天人感应”的唯心主义学说有相通之处。然而，从总体来看，《宇宙人文论》又认为，天是由清浊二气演化而成的物质性的天：“当清浊二气充溢，由五行而形成天地。”这又同“天人感应”说中的有意识的天有根本区别。在《宇宙人文论》中，“人附天数”只是说人是自然界产生的，因而和自然界是同一的。由于当时还不能科学地认识人体的结构以及生物进化的规律，希图用简单类比的方法直接从自然界来说明人体的生理结构和功能。这种对人体的说明，虽然幼稚、朴素，但实质上是唯物主义的思想，它同董仲舒“天人感应”一类的唯心主义、同宗教有神论是相对立的。

（三）《宇宙源流》（又译为《说文》），是流行于水西地区的又一部古代彝族的著作，1936 年由丁文江先生在贵州省大方县（原大定县）收集后由罗文笔（彝族）译为汉文。罗文笔在该书《序例》中说：“是篇《说文》始于密阿迭所造。”在彝族传说中密阿迭为公元前一千多年的人。

目前，多数学者认为彝文创始于唐代而集大成于明代[1]。因此，《宇宙源流》不应是密阿迭所作，而只能是元明时期才成书的彝文著作。

《宇宙源流》共分八章，内容包括关于天地万物起源的学说、社会政治思想、天文地理知识，以及婚姻丧葬习俗等等。书中认为，天地万物起源于清浊二气的演化，而非神灵、上帝所创造。它说："清气向空浮，天覆地（它）来张，天国白明净，他（它）造自然造。""浊气下凝结，地载他（它）来组，地国广而坚，他（它）成自然成。"这种看法同《西南彝志》、《宇宙人文论》是一脉相通的。对人体的生理结构，《宇宙源流》也从物质性的气来作了说明："太阳匀始世，人气向空吸，人成他（它）来成，他（它）造自然造，身体赋灵魂，血存以气存。"这种观点，把人体说成由气自然形成的，而灵魂亦依存于血气，因此是一种朴素唯物主义的观点，它在实质上是反对宗教有神论的。

四　凉山彝族的无神论思想

处于四川、云南两省交接处的大小凉山地区，包括四川凉山彝族自治州和云南宁蒗彝族自治县一带。这一地区同其他彝区一样，在东汉以后就进入奴隶制社会。它先后归属于西爨、南诏和大理国，社会状况和其他彝族地区相似。凉山的特点在于，宋明以后其他彝区都先后从奴隶制社会过渡到封建社会，而这一地区却始终停留于奴隶社会阶段，直到新中国建立后，这种残酷、落后的制度才被铲除，凉山由此向社会主义社会直接过渡。由于这样，在近现代，凉山地区的经济、政治和意识形态基本上仍是奴隶制的，与其他彝区迥然有异，故而需对它作专门的介绍。

同古代的奴隶社会一样，近现代的凉山奴隶社会中，仍是由宗教迷信占统治地位。奴隶主竭力支持宗教以维护自己的统治，而奴隶们则因处于落后的生产方式中，并且被剥夺了接受教育、学习文化的权利，因此大多接受宗教有神论，受宗教所控制。由于凉山地区奴隶制始终是不发达的奴隶制，因此其宗教也就发展不充分，还没有形成为一神教，没有系统的宗教理论、戒律和组织，而带有原始崇拜（如自然崇拜）的特征。此外，又由于凉山奴隶制是等级制的奴隶制，而在等级中血缘关系又起很大的作用，奴隶主（"兹莫"和"诺合"等级）利用家支制度来巩固其统治，因此在凉山地区的宗教观念中，祖先崇拜占有突出的地位，超度祖先的"送灵"（撮毕）仪式是最隆重、最复杂的宗教仪式。

---

① 《中国民族古文字》，中国民族古文字研究会编印1982年版，第34页。

奴隶在残酷的压迫、剥削下不断进行反抗，其斗争形式有消极怠工、破坏工具、逃亡、自杀以至杀死奴隶主和武装起义。此外，由于奴隶特殊的社会、历史地位，他们也利用宗教观念来进行斗争。如布拖一带（特木里地区）的“赤黑”斗争。“赤黑”是奴隶主由边缘地区掳掠来的非彝根奴隶（“阿加”），他们在二百多年前（清初）就秘密串联起来集体对奴隶主进行诅咒。由于奴隶主相信宗教、宗教迷信观念在社会意识中的支配作用，致使奴隶主也畏惧这种诅咒。赤黑们的这种诅咒集会称为“亦黑蒙故”，每年召开一次，由赤黑的领袖主持。在会上，赤黑成员可以充分发表意见，最后根据大家的意见，特别是遭到杀害、出卖等迫害的赤黑成员的意见，由首领决定对那个奴隶主进行诅咒。在集体诅咒所形成的思想、心理和组织的基础上，有时候就进而爆发赤黑们的武装反抗行动①。

从凉山奴隶社会的整个情况来看，宗教有神论占据统治地位。无神论思想很难有条件发展和传播，更无法形成系统理论。只有在民间谚语和传说中有一些怀疑和驳斥宗教的内容。

谚语如：

> 祈祷如有效，毕摩不会死；金钱如有效，兹莫②会生长。
> 毕摩计穷求神灵，兹莫计穷求汉官。
> 有了苏业③就出鬼，出了毕摩就闹病。
> 马死利狗，送灵利毕摩。
> 念咒语多少，看猪的大小。④

民间故事如《驴子蛋》，其中说，黑彝奴隶主自以为“黑彝头人是天菩萨生的，肚子里装满了聪明；奴隶是地下穷鬼变的，肚子里装满牛屎”。但是，他却愚蠢地中了奴隶的计谋，打死自己的老婆还赔了银子。于是，故事的叙述者得出结论说：“……有啥办法！天菩萨也不能把死去的女人活过来，也不能把用去的三百三十两银子找回来。”⑤ 机智人物松

---

① 《凉山彝族奴隶社会》编写组：《凉山彝族奴隶社会》，人民出版社 1982 年版，第 222—223 页。

② 兹莫：奴隶主中的贵族。是奴隶主中受过封建王朝册封的土官，汉译为“土司”、“土目”、“土舍”，人们把他们看成凉山的最高等级。

③ 苏业：和毕摩同为巫师，但苏业不懂经典，专事跳神、驱鬼、治病。

④ 以上谚语转引自《凉山彝族奴隶制社会》，人民出版社 1982 年版，第 181 页。

⑤ 《驴子蛋》，李德君、陶学良编：《彝族民间故事》上海文艺出版社。

谷克忍的故事中说，黑彝奴隶主让松谷克忍拿猪腰子去祭祀祖先，“克忍烧熟猪腰子，根本不把祖先神灵放在眼里，干脆把敬祖的供品吃了”。黑彝奴隶主想把祭祀之后的猪腰子拿来吃，就向克忍去要猪腰子，克忍回答说：“啊巴巴！你的祖先肚子饿极啦，嘴馋，我刚把猪腰子供上去，还不等我磕完头，他们就吃完啦！”奴隶主只好说：“啊巴巴！真灵！真灵！”① 这个故事说明，有的奴隶并不相信祖灵的存在，甚至还利用祖灵观念去诘难奴隶主。

第四节　近代彝族无神论思想的发展

近代，我国沦为半封建半殖民地社会。在这一前提下，彝族地区的社会经济状况分为三种：一是大小凉山的奴隶制经济；二是滇东北等边远山区的封建领主制经济；三是多数地区的地主经济。在这样落后的经济基础之上，广大彝区的社会意识形态虽然随时代发展而有了一些变化，但是，一些基本方面却仍旧保持着古代封建社会、甚至奴隶社会的特征：宗教有神论在社会上占统治地位，无神论思想发展和传播的条件仍然缺乏。地主、土豪、土司和奴隶主推行宗教以麻痹人民，维护自己的统治，同时他们自己也相信宗教有神论，认为人事乃由冥冥中之神灵所决定。如本世纪30至40年代统治云南的滇东北彝族官僚地主集团，他们虽然发展了一些官僚资本主义工商业，同国内外资本主义有了联系和交流，然而其思想意识仍然带有封建领主的特征，相信有神论。

只有在近代彝族农民大起义的过程中，我们较少看到宗教有神论，起义的彝族领袖很少讲天命、鬼神而强调各民族贫苦农民的团结和争取民心。1856年爆发于云南哀牢山区的农民起义，控制了今巍山、墨江等十余个县，前后坚持了二十多年，参加起义军的有彝、汉、回、哈尼、傈僳、苗、傣、白等族人民，首领李文学、李学东等多为彝族贫苦农民。起义军提出“铲尽满清赃官，杀绝汉家庄主”的反封建口号，强调包括汉族在内的各民族的团结。李文学说：“本帅与夷汉贫户同受满贼汉庄主之苦”，宣誓同各族首领“共率哀牢、蒙乐、六诏之夷众，除满贼，为夷家除害，至死不渝”。李学东指出：“……贵在得民，有民何患不王，苟无民，虽王亦亡。”（〔清〕夏正寅撰《哀牢夷雄列传·李文学传》）由于实行了这样的方针，故而能团结哀牢山区人民坚持斗争二十余年。李文学起

① 《松谷克忍的故事》，《彝族民间故事》上海文艺出版社。

义受太平天国革命的影响，与之同时发生，然太平天国尚以拜上帝会来号召群众、制造舆论，而李文学起义发生于偏边山区的少数民族中，却能突出反封建的政治、经济要求，而不以宗教为口号，这实在是难能可贵的。

本世纪以来，随着全国范围的资产阶级民主革命形势的发展，彝族地区也在不同程度上卷进辛亥革命的洪流之中，一些彝族青年开始向外学习近代科学、文化，接受资产阶级民主、自由思想。因此，彝族的无神论思想也就发展到新的时期。而到新民主主义革命时期，许多彝族先进分子进而接受马克思列宁主义，成为马克思主义的无神论者，历史便翻到了新的一页。

第五章 壮族

第一节 壮族社会历史概况

壮族是我国少数民族中人口最多的一个民族，有1337.8万余人。其中，90%以上分布在广西壮族自治区境内，少数分布在云南省文山、广东省连山、湖南省江华以及贵州省黔东南等地区。

壮族有自己的民族语言。壮语属汉藏语系，壮侗语族，壮傣语支。长期以来，由于部分地区壮、汉两族杂处，所以有不少壮人兼操汉语。南宋时期，壮族一部分人曾借用汉字的形声义结构，创造了一种方块字，叫做“土俗字”。例如“䍂”字，取汉字的“那”音，“田”义，壮语称田为“那”，“䍂”就是田。壮族民间的许多歌谣、传说和唱本，就是用这种土俗字记录下来的。但土俗字数量不很多，在整个壮族地区也未统一使用。1955年，党和人民政府帮助壮族人民创造了一种用拉丁字母拼写的新壮文，并出版过壮文书报。目前，壮族人民仍以使用汉文为主，新壮文尚属推广阶段。

壮族来源于我国南方的古代越人。古代越人包括很多支系，号称“百越”。其中，聚居在广东西部和广西境内的西瓯、骆越等支系，与壮族有密切的渊源关系，他们应是壮族的祖先。古代的西瓯人和骆越人，经历了漫长的历史时期，逐步融合发展而形成统一的壮族。

史籍上对壮族有不同的称呼。东汉以前，有“西瓯”和“骆越”之称，东汉以后，被称为“俚”、“乌浒”、“僚”、“俍”、撞“僮”，等等。中华人民共和国成立后，统一称为“僮族”。1965年，根据周恩来总理倡议，“僮”改为“壮”，僮族遂统一称为壮族。壮族自称的有：“布壮”、“布越”、“布雅依”、“布依”、“布土”、“布侬”、“布曼”、“布傣”等等，共二十余种。

在祖国多民族的大家庭里，壮族是一个历史悠久，勤劳勇敢，聪明智慧，富于革命传统的民族。

各地陆续发掘的文化遗址说明，早在几万年前，壮族初民就广泛分布在祖国的南疆，用自己的双手制造简单的工具，从事渔猎生产，谋取生活资料。大约在旧石器时代晚期，壮族开始进入氏族公社阶段。此后，氏族部落便成为壮族原始社会组织的基础。在新石器时代的早期和中期，壮族的社会组织是母系氏族公社。到新石器时代晚期，壮族的社会组织才由母系氏族公社逐步进入父系氏族公社。在壮族历史上，原始氏族公社的制度延续了漫长的岁月，直到战国末期，才逐渐解体。

远在春秋晚期，西瓯、骆越地区的人民就已普遍使用青铜器。到战国时期，已经在战争和生产中使用青铜器和铁器了。秦始皇统一岭南，设置桂林、南海、象三郡，派遣官吏进行统治。接着，从中原迁来一批汉族人民与本地越人杂处，带来了汉族地区的先进文化和生产技术。

铁器的使用，生产力的提高，使越人内部的社会结构也相应地发生了变化。战国末期，西瓯已经出现了“君”、“将”这样的人物，很可能就是壮族阶级社会的统治者。从战国末期到唐朝灭亡的一千多年间，壮族处于奴隶制社会阶段。壮族古代奴隶制是由古代东方农村公社发展起来的家长奴隶制，是一种不发达的奴隶占有制。它还没有形成统一的国家政权，还没有文字，奴隶被当作家内成员看待，奴隶反抗奴隶主的斗争也较少。造成这一状况的原因，在于壮族刚进入阶级社会，便受到中央封建王朝各方面的强大控制与影响，奴隶制得不到充分发展。

秦汉以后，金属工具在生产中得到普遍推广和使用，大大提高了劳动生产率，给文化艺术和科学的发展创造了条件。这一时期制造的铜鼓，鼓面普遍刻有各种花纹图案，部分鼓面还铸有立蛙、骑士等浮雕，技术颇为精湛。唐初，在左、右江和红水河流域的壮族地区，建立了羁縻州、县，利用当地原来的部落首领充任都督、刺史，产生了封建主义的因素。随后，唐王朝还采取了一些解放奴隶的政策，促进了壮族奴隶制向封建制的转化。这种封建制保留有较多的奴隶制成分，属于封建农奴制度。在封建领主经济发展的基础上，北宋王朝进一步健全和严密了羁縻州县制度，一般称之为土官（土司）制度，对当地土酋分别授以知州、权州、监州、知县、知峒等官职，允许世袭。同时又委派寨官、提举等汉官，进驻土官地区实行监督和控制。土官制度有利于中央政权对边远地区的统治，所以元、明两代这一制度又有了发展，明代土官制度更盛极一时，整个广西只有苍梧一道而没有土官。

土官制度既是政治制度，又是经济制度。土官是由封建王朝封赐的享有政治经济特权的封建领主，是独霸一方的土皇帝。而土官统治下的土民

（峒民），则是隶属于土官和被束缚在土地上的农奴。“生杀予夺，尽出其酋”，“一有微过，遣所亲军斩之上流，而自于下流阅其尸也”[①]。土官对峒民享有种种特权，实行超经济的剥削。

虽然如此，土官制度毕竟属于封建领主制度，比起奴隶制度来，是一个历史的进步。所以在它建立初期，是适应生产力发展要求的，壮族地区的经济得到了发展。至南宋时期，多数地区已使用牛耕，桂北已使用转筒车（水车）灌溉高地旱田，左江地区龙州一带已使用竹枧引山泉灌溉，使旱地变为水田。手工业也有新的发展。田、冻、忠、江四州皆有冶铁，炼制技术相当高。冻州所打的扁刀，可以连斩数牛而芒刃不钝，远近驰名。壮族妇女所织的各式各样精美布匹，载誉中原。邕州左右江和宜州溪峒间，盛产丹砂。当地壮族人民掘取矿砂，采用土法提炼，即成水银；再取水银加工提炼，即成银朱。随着生产的发展，商品交换也兴旺起来。山乡农村的市集，星罗棋布，三五天定期开圩，钦州更成为对外贸易的一个商埠。到了明代，壮族地区的农业生产又有所发展。大量兴修农田水利，耕作技术也提高了。许多石山地区的壮民，也掌握了煅石为灰的技术，并以石灰作为肥料。畜牧业的生产水平，大致与邻近的汉族地区不相上下。

随着经济的发展，日益腐朽没落的土官制度越来越成为生产力发展的桎梏。自明中叶以后，封建王朝在土官统治地区逐步推行“改土归流”的政策。清朝康熙、雍正、乾隆年间，中央政府继续厉行“改土归流”，壮族地区原有较大的土府州、县、峒，均于此时被裁革，改由王朝派遣的流官进行直接统治。其余较小的四十三个土官，也于清末陆续改流。“改土归流”以后，以委任的流官代替世袭的土官，在一定意义上说，是壮族社会历史上的一大进步。它标志着封建地主制战胜了封建领主制，确立了封建地主经济的主导地位。壮族农民摆脱了对土官的人身依附关系，解放了生产力。农民以一家一户为单位，耕种自己的或从地主那里租来的小块土地，整个壮族地区以自给自足的自然经济为主。农业、手工业和商业都有了新的发展。另一方面，地主阶级利用对土地的占有，通过地租、雇工、高利贷等手段，对农民进行残酷的剥削，激起农民阶级不断的反抗和斗争，阶级矛盾是很尖锐的。

1840 年鸦片战争以后，特别是 1884—1885 年中法战争以后，壮族社会逐步沦为半殖民地半封建社会。壮族人民在帝国主义、封建主义和官僚资本主义的三重大山压迫之下，过着贫困的生活。1949 年，中国共产党

---

① 周去非：《岭外代答》卷三，“峒丁”条。

领导的新民主主义革命取得胜利，壮族人民和全国人民一样获得翻身解放，从此走上了社会主义的康庄大道。

勤劳勇敢、聪明智慧的壮族人民，在漫长的历史年代里，创造了灿烂的古代文化。这些文化包括铜鼓、崖壁画、壮锦、陶瓷工艺和麻栏建筑，以及丰富多彩的歌谣、音乐、舞蹈、戏曲、传说故事和文人著作。其中，工艺美术品壮锦驰名中外，民间文学以歌谣最具有民族特色。

广西号称“歌海”。壮族人民爱歌又善歌，刘三姐就是其中最著名的、艺术化了的典型代表。壮族歌谣的产生和流传是源远流长的。刘向的《说苑·善说篇》以汉字记音的方法，记录了楚令尹鄂君子晰游岭南参加舟游盛会时，一位越人为他所唱的一首迎宾歌，称之为《越人歌》。这是春秋时代壮族先民创作的一首歌，距今已有两千五百多年的历史。传统壮歌有诉苦歌、叙事歌、农事歌、盘歌、情歌之分；进入近代以后，更充实了反映阶级斗争的革命内容。壮族人民在劳动中唱歌，在过年过节时唱歌，在红白婚丧时也唱歌。一年当中，往往举行数次歌圩。歌圩上人山人海，歌声此起彼落，热闹异常，有时甚至持续三、五日夜才尽兴而散。

历史上壮族出现了不少文人。据史书记载，唐太宗大宴群臣时，曾命突厥首领颉利起舞，南方高凉郡壮族土官冯智戴赋诗。唐代一些壮族首领和文人的汉文水平已相当高。唐代以后，壮族文人逐渐增多。例如，宋代的覃光佃、韦旻、区革，明代的韦昭、韦广、张煊、李璧、李文凤，都考上了进士。张煊有《吉山集》行世。李璧著有《名儒录》、《剑阁集》、《剑门新志》、《皇明乐谱》等书，被当时学者推崇为“今之胡瑗”。李文凤著有《月山丛谭》、《越峤书》。清代以来，能诗善文、博学多识的壮族文人就更多了。据有关学者的初步统计，从宋代到清代，壮族文人的著作，已知者有168部。

壮族人民具有光荣的革命传统。在古代，他们对奴隶主阶级、封建领主阶级（土官）、封建地主阶级进行过不屈不挠的斗争。在近代革命史上，1851年1月11日金田起义的两万多名太平军中，壮族战士约占四分之一。壮人石达开、蒙得恩、林凤祥、李开芳、谭绍光等，都是太平军的高级将领。19世纪70—80年代，壮族人民又积极参加了刘永福、冯子材领导和指挥的抗法战争，粉碎了法帝国主义的侵略，也有力地支援了越南人民。20世纪初，壮族人民踊跃参加孙中山领导的辛亥革命。在钦廉上思之役镇南关之役、河口之役中，壮族将领王和顺、黄明堂分别临阵指挥，壮族士兵奋勇杀敌。1911年的广州黄花岗之役，也有壮族同盟会员参加。新民主主义革命时期，壮族人民在中国共产党领导下投身到反帝反封建的伟大斗争中，为中华人民共和国的成立作出了重大贡献。

第二节　壮族历史上的宗教与迷信

壮族历史上的有神论思想，主要表现在某些宗教信仰与迷信活动当中。

壮族没有统一的宗教，其先民由自然崇拜开始，到祖先崇拜，最后发展到信仰多神。造成这种现象的部分原因是，壮族居住的地区分散隔绝，闭塞狭隘。秦汉以后，一方面与中央封建王朝保持统属关系，另一方面在政治上经济上又具有相对的独立性，而且壮族内部各土官所统辖的地区又互相分立。这种实际的狭隘性，反映到宗教上，表现为信仰多神。没有统一的君主，也就不会出现统一的神。

在远古的原始社会里，壮族初民由于生产力水平十分低下，科学知识极端贫乏，对自然现象诸如水、旱、火、风等灾害无法摆脱与控制，对自然物和自然力存在恐惧心理，认为它们具有生命、意志和伟大能力，因而壮族先民往往把某些山岳、树木、动物、河流、井泉当作神圣的东西来崇拜。直到近代，许多壮村的居民，还把周围的大树、高山奉为树神、山神，对它们顶礼膜拜。尤其是年龄较老的大榕树，多被崇拜为树神。这虽然已经产生了超自然的神灵观念，但从中仍可以看出自然崇拜的痕迹。

壮族先民的图腾崇拜。从出土和收藏的铜鼓上面的饰纹浮雕以及民间故事、传说、歌谣来看，他们崇拜的图腾主要是青蛙，其他还有乌鸦、蛇、鸡等。这些动物，被看做是或与自己有亲缘的关系，或有大功于人类，或成为人类的保护者。壮族聚居地区属于亚热带，雨量充沛，雨季长，时有洪水泛滥。而青蛙的鸣叫与天气有密切关系，每当群蛙齐鸣的时候，常常预告雷雨即将来临。这种现象，远古时代的壮民当然无法解释，他们误认为青蛙是雷神的代表或使者，因而加以崇拜。流传于东兰一带的《蚂蚜歌》说："蚂蚜是天女，雷婆是她妈。她到人间来，要和雷通话。不叫天就旱，一叫雨就下。你们伤害她，老天就惩罚。"[①] 这些唱词说明了壮族先民崇拜青蛙（蚂蚜）的原由。东兰一带的壮民还有一种"唱蚂蚜歌"（或称"埋蛙婆"）的习俗。每逢农历新年开初，村里的男女青年便举行找蚂蚜、孝蚂蚜、游蚂蚜和葬蚂蚜的仪式，祈求雷神下雨，保佑

① 转引自胡仲实：《试论雷神形象的历史演变》，《南宁师院学报》（哲学社会科学版）1984 年第 4 期。

全年风调雨顺，五谷丰登，六畜兴旺，家人平安。这种习俗，实际上是青蛙图腾的遗风。而云南省文山地区壮民崇拜的图腾是乌鸦。

随着生产力的发展和人们抽象能力的提高，壮族先民由自然崇拜演变为自然神崇拜。他们把自己不可理解和不能驾驭的自然物或自然力人格化，而形成各种神灵，例如雷神、社神、土地神、水神、蛟龙神、山神、灶神等等。直到新中国成立前，各地壮族仍然普遍祭祀上述诸种神灵。壮族先民最崇拜、最敬畏的神灵是天神，也就是雷神。雷神则有雷婆、雷公、雷王等称呼。它被看做是天地间最大的一个神灵，不仅掌管着天上的风雨雷电，而且也主宰着人间的生死祸福。从“天上最大的是雷公，地上最大的是舅公”的谚语，可以知道雷公的绝对权威。周去非《岭外代答》“天神”条说：

> 广右敬事雷神，谓之天神，其祭曰祭天。盖雷州有雷庙，威灵甚盛，一路之民敬畏之，钦人尤畏。圃中一木枯死，野外片地草木萎死，悉曰天神降也，许祭天以禳之。苟雷震其地，则又甚也，其祭之也，六畜必具，多至百牲。祭之必三年，初年薄祭，中年稍丰，末年盛祭。每祭则养牲，三年而后克盛祭。其祭也极谨，虽同里巷亦有惧心。一或不祭，而家有疾病官事，则邻里亲戚众尤之，以为天神实为之灾。

祭仪如此隆重，祭品如此丰盛，可以想见雷神在壮族先民心目中的地位了。崇拜龙神也颇为常见，环江等地，历来有“打龙潭”祭龙神求雨的习俗，而且有政府官员参加。

壮族普遍崇拜祖先，许多地区还供奉“莫一大王”。

各地壮人多相信巫觋，俗称为巫公、巫婆。巫术大概在氏族社会已经产生，不断流传演变，至今未息。巫婆壮族叫做“禁婆”，她们自认为是神的代言人，是神与人的沟通者，可以帮助问事者寻找死去的亲人或远方的生魂，并且同他们对话。巫婆不会诵经念咒，但会哼类似歌谣的唱词。巫公和巫婆的迷信活动，主要是占卜问卦、祭祀祈祷、驱鬼赶邪、符咒治病。汉代史书有“鸡卜”的记载。唐代柳宗元在《柳州峒氓》诗中曾有“鸡骨占年拜水神”之句。李商隐在《异俗》诗中也说“家多事越巫”。宋代以后，又出现“卵卜”、“茅卜”等说法。巫觋通过跳神、符咒、相术、星占、神签等活动，对群众进行欺骗和勒索。因家中有灾病而请巫觋驱鬼赶邪的壮民，除了需给巫觋钱、米之外，常常还要杀鸡、杀猪，甚至要宰牛，不少人弄得债台高筑，倾家荡产。

唐、宋以后，随着壮、汉两个民族经济文化交流的日趋频繁，壮族地区的巫觋也不断吸收道教、佛教的一些形式和内容，逐步趋于巫、道、佛合流。因此，各地普遍建立有城隍庙、三界庙、观音庵、北帝庙、关帝庙、蛟龙庙、都逻庙、大王庙、大神庙、土地庙、雷王庙、神农庙等等，各家的神龛上也往往设有十多个神位，供奉多数神灵。

壮族巫公在唐、宋以后大体上演变为师公、道公两种。师公没有系统的经典和完整的斋醮仪式，祭祀中除迎神、驱鬼、祭祖之外，以戴假面跳神为主，还有些不同形式的文艺表演，娱人的成分较浓。他们又舞又唱，唱词内容多取材于民间故事和神话传说，这就是师公舞与师公戏，属于一种半宗教、半文艺的活动。道公与汉族的道士略有不同，可以娶妻成家，吃肉喝酒。既念经做道场，平日又可算命、测字、问卦，有的还兼做地理风水先生。因他们念经时口语含糊不清，故老百姓称他们为“呐谟”。壮族的佛教徒也不出家，不吃素。

上述从事巫、道、佛宗教或迷信活动的人，一般属业余性质，很少有专门以此为职业者。他们平时大都兼操其他职业，也参加生产劳动，只是在打斋醮、送鬼、丧葬等情况下才进行宗教迷信活动。

鸦片战争以后，外国传教士陆续到壮族地区活动，建筑多座教堂，但壮族人民信奉天主教和基督教的不多。

宗教和迷信都相信世界上存在超自然的神秘力量，都相信神灵。但壮族的宗教信仰和迷信活动有其特殊的一面。首先，由于壮族历史上的经济、文化的落后，在宗教信仰上原始宗教、自发宗教的成分较多，宗教的教义、教规、组织均不完整，不系统，不严密。宗教与迷信的区分有时不甚明显，有些教徒同时又充当迷信活动者的角色。其次，从事宗教或迷信活动的人，大多数属于劳动者。再次，师公和巫婆往往既有宗教迷信传播者的身份，又有民族文化（歌谣、舞蹈、戏剧等）保存者的身份，壮族历史上的许多民间文艺作品（例如叙事长歌《唱秀英》）就是靠师公或巫婆的唱本、唱词而保存下来的。师公戏和师公舞虽然来自宗教迷信，但在长期的发展中，也在一定程度上反映了壮族人民的历史生活、民俗风情和思想性格，因而深深地植根于民间，成为具有特色的地方剧种和地方舞种。新中国成立后，经过改造革新，抛弃了原来的宗教迷信色彩，增加了革命的健康的内容，并且上演了一些现代剧目，取得了一定的成绩，在农村为群众所喜闻乐见。基于上述原因，我们在壮族人民中间进行批判有神论、反对封建迷信的斗争时，在政策上和措施上都应当审慎从事，绝不能急躁粗暴，才能取得良好的效果。

第三节　远古神话中的无神论思想成分

在原始社会中，人们对自然界以及人本身的种种现象感到迷惑，无法理解，无法解释，由此产生了畏惧、依赖的崇拜心理，同时又想去了解、控制和驾驭它们。由于崇拜心理，萌生了原始宗教；由于想去了解、控制和驾驭的愿望，产生了神话。

壮族远古初民在生产劳动和生活斗争中，创作了许多美丽动人的神话。这些神话大量保存在人们的口头传说中，同时在巫觋、师公的经文或唱本中也有记载。

壮族初民对自然以及人与自然的关系的看法，就包含在神话故事里边。由于壮族初民的思想观念是以神话的形式来表达的，所以往往把自然力人格化，把人超人化——神格化，这就不可避免地带着某些神秘荒诞的色彩。但是，从壮族远古神话的精神实质、主题思想和客观效果来考察，无神论思想成分却是鲜明的。

一　排斥神创说的宇宙生成论和人类起源论

壮族人民自古以来就喜欢探索大自然的奥秘。他们在同大自然进行伟大斗争的过程中，逐步产生了对宇宙生成、人类起源的猜测和想象。有一个著名的传说故事，叫做《妈勒访天边》，叙述了壮族初民为了寻找天边，揭开宇宙有限还是无限的秘密，进行了勇敢的探索和坚忍不拔的努力，非常感动人。从这个故事和《姆六甲》、《布洛陀》、《布伯的故事》、《月亮妹》等神话传说来看，壮族初民对宇宙的看法，大体上属于盖天说。关于宇宙有边际还是没有边际的问题，壮族初民没有明确的论断，但从《妈勒访天边》的故事结尾来看，已经暗示了天是没有边际的。

关于天地的形成问题，壮族远古神话排除了无中生有的观点和上帝创造世界之类的神创说。一种代表性的传说认为，在宇宙中，最初只存在着一团大气。这团大气不停地旋转着，渐渐地越转越急，最后收缩凝聚，变成一个大圆蛋，大圆蛋中有三个蛋黄。后来，这个蛋爆开，分为三片，一片飞到上边，成为天空；一片落下地底，成为海洋；一片留在中间，成为我们居住的大地。于是，宇宙就形成了上中下三界①。这种宇宙生成论肯

---

①　蓝鸿恩：《壮族神话简论》，《三月三》1983 年第 1 期。

定了世界的本原是物质——大气，而且大气是经过运动变化而形成天、地、海洋的。流传在广西右江、红水河一带的神话故事《布碌陀》（《布洛陀》的另一音译）则是另一种说法："远古的时候，天和地紧紧地重叠在一起，结成了一块坚硬的岩石，不能分开。那时候，没有风雨雷电，也没有人类。后来，一声巨响，岩石裂开，上面的一片往上升，成了天下面的一片往下落，成了大地。"① 这种说法，也承认自然界本来已经存在，自然界是天地万物的本原。这类神话虽然只是一种想象，但本质上是一种朴素的唯物主义自然观。

壮族初民的宇宙结构观念，认为宇宙空间是立体的三个层次，即上界、中界、下界。在历代根据神话制作的铜鼓上，也精心地表现了这种三界说，而且还突出地表现了太阳居于中心的地位。三界说来源于生产活动和对自然的长期观察，它不同于地狱天堂或阴阳界的宗教迷信观念。

关于人类的起源，神话《姆六甲》说，天、地、海洋形成之后，在中界土地上长出了一朵花，花朵中间长出一个女人，叫姆六甲，她就是人类的始祖。姆六甲看见大地没有人种，毫无生气，便想着要造人。她站在山口上，一阵风吹来，觉得尿急，于是撒尿。接着把尿湿的泥土挖起来，照着自己的样子捏成很多小泥人，用乱草盖起来。经过四十九天，打开乱草，这些泥人活起来了。"泥土造人"的说法，在今天看来当然是十分荒唐的，但其中也包含反对上帝造人的思想。它认为人类是泥土变成，而捏土造人的姆六甲本身也是由在大地上生长的花长出来的。从无生命的泥土，到有生命的花，再到"万物之灵"的人类，这一人类起源论和"上帝造人"的宗教论点有所区别。

在壮族远古神话中，也有"神"，例如雷王、龙王，但这些神不能创造世界万物，而且往往还斗不过人。神话中的英雄人物，生长在人类社会，既没有神秘的出身，也没有牛头马面的怪相，也和常人一样。安排世界万物的布洛陀，不过是原始社会里的一个头人（首领），他一直住在山洞里。

布洛陀的故事在壮族地区流传很广，他被描绘成一个极聪明极能干的头人，大家有什么事，都来请他帮助解决。他的功绩很大，主要有：带领人们用大树把天升高，用手造山坡把地加厚；给万物安名定姓；用斧头砍树取火，开凿江河；种植稻谷；用泥土造牛；筑水坝，架鱼帘打鱼；驯养鸡鸭；建造房屋；织麻造衣；教牛马猪狗替人做工；禁止鸟兽讲人话；禁

① 杨亮才等著：《中国少数民族文学》，人民出版社 1985 年版，第 42 页。

止草木走动；等等。布洛陀带领众人创造了一个生机盎然的天地，“天高渺渺，地厚哒哒”①，“风雨循环，阴阳更替，四季分明，万物兴旺”②。而布洛陀自己呢，因为整天帮助人们排难解纷，公断事情，连搭房屋的时间都没有，就一直住在山洞里，这种舍己为群的精神，可以和汉族传说中治水十三年，三过家门而不入的夏禹媲美了。这种神话故事朦胧地反映了壮族祖先在原始时代的生活，撩开神话的面纱，可以看到其中的思想核心是歌颂人类征服自然、改造世界的业绩，说明天地万物和人类生活不是神创造和安排的，而是人类自己创造和安排的。布洛陀虽然具有超人的本领，但他也只是用艰苦卓绝的体力去改造自然而已，并未施行什么神通法术。

二　对神表示怀疑的《特康射太阳》

在原始社会中，壮族初民产生了自然神的观念，以及祭祀雷王、龙王等神灵的迷信活动。但是他们在长期的生产实践和生活经验中，逐渐懂得了以现实的态度对待大自然，依靠自己的力量和大自然作斗争，才能从中获得维持生命的生活资料。人们不止一次虔诚地求神降雨，可是天并没有降下甘露。这类严峻的事实，不能不使人们对神灵产生了怀疑，神话歌谣《特康射太阳》反映了当时人们认识的这种进步。歌谣唱道，雷王制造了十二个太阳，晒得大地上“河里鱼虾全渴死”，“垌里的禾苗尽枯焦”，“到野外去的人死在野外”，“到园里去的人死在园里”，“所有的山泉断了水，所有的深潭露了底。八个后生去洗澡，找不到水喝。九个姑娘去挑水，挑着空桶回”。人们简直活不下去了，怎么办呢？开始，“大家去问巫，大家去求水，杀鹅来祭泉，杀牛去祭龙”。可是，所有的求神活动终归无效，“十二个太阳天上排排挂，晒得人们发焦脑壳烂”。人们对神的信仰动摇了，发誓要和烈日战斗了：“人们齐叫苦，人们同呼号，哪个力气大，杀死太阳精；哪个射箭狠，射落毒太阳。”其中有一个大力士叫做特康的挺身而出：

> 特康手中拿着强弩，特康腰间插着硬箭，大步走出门。走上猴儿山，穿云入雾上山顶。发出第一箭，三个太阳齐打滚。发出第二箭，

① 《保洛陀》，农冠品，曹廷伟编《壮族民间故事选》第1集，广西人民出版社1982年版，第7页。

② 《布洛陀》，蓝鸿思编《壮族民间故事选》，上海文艺出版社1984年版，第3页。

六、七个齐落。特康又扳弩，山下的人们齐声喊："特康呀特康！留一个晒谷子，留一个暖人间！"垌里的禾苗又转青，人间从此得安生。①

这就说明，只有靠人力才能射落太阳，改善生存环境与生活条件。许多民族的神话里都有关于射落太阳的传说故事，看来古代地球上曾发生过特大的旱灾，《特康射太阳》正是壮族初民经历了特大旱灾之后的口头创作。

三　直接向神权挑战的《布伯的故事》

按照壮族民间传说，姆六甲是人类的始祖，年代最早。布洛陀是安排万物的头人，年代稍后。布伯是布洛陀的继承人，年代较晚。从《布伯的故事》中所描写的农业生产活动来看，布伯显然是进入农业社会以后的氏族领袖。这一时期，由于生产力的提高，实践经验和知识的积累，人们已经初步掌握了自然的某些规律，在一定范围内和一定程度上可以驾驭自然，并力图从自然力的沉重压迫下解放出来，于是就萌发了反抗神权的思想意识。这就是《布伯的故事》产生的客观条件。

故事中的布伯是一个为民请命，不畏强暴，不怕鬼神，机智勇敢，舍生忘死的英雄，作为布伯对立面的雷王，则是一个贪婪、残暴、凶狠的坏蛋；而龙王是与之狼狈为奸的帮凶。如前所述，在壮族神权系统中，雷王是最大的神，具有至高无上的权威，人们必须毕恭毕敬地供奉他，祭祀他。传说他把十二个铜鼓当作太阳，照得大地干旱枯焦（见《特康射太阳》）；他规定凡是年老死去的人，肉必须让众人吃掉，即使自己的亲生父母也不例外（见《雷鼓的传说》）；他管天池、天河的水，管风伯，管雨师，海中的龙王、山中的虎王都是他的兄弟，地上的人都是他的臣民，要向他供奉香火，还要交租（见《布伯的故事》）。总之，雷王神力无边，权倾天地，呼风唤雨，视人类如草芥，玩凡间于股掌。因此，雷王被称为雷神或天帝，历代都受到供奉、祭祀，香火不断。可是，远古神话里的布伯，却敢于蔑视雷王的权威，面对残暴凶狠的雷王，拔剑而起，挺身而斗，直至最后牺牲自己的生命。布伯反抗雷王的斗争，主要表现在以下几个方面：

第一，抗租。雷王自己以为管天晴落雨，便宜布向地上的人们收租。

---

① 《壮族民间歌谣资料》第1集，广西壮族自治区科学工作委员会壮族文学史编辑室1959年编印本，第3—5页。

布伯对雷王说："好嘛！种出的庄稼你要上面还是要下面？"雷王说要上面。当年布伯就种上芋头，到秋天雷王下来收租的时候，只收到烂了的芋头叶子和干了的芋头秆秆。第二年雷王说要收下面的，布伯就改种稻谷，到秋天雷王收租的时候，只拿到一些稻根。第三年雷王说除了中间，上下全收，布伯就全种上玉米，结果雷王仍然收不到粮食。就这样，布伯用机智巧妙的办法进行"抗租"，把雷王捉弄了一番。

第二，拔龙须。布伯"抗租"激怒了雷王，雷王命令以后再不给人间送雨水。布伯便带领众人去和雷王的兄弟龙王作斗争，七手八脚地拔龙王的胡须，疼得龙王直喊救命，只好答应放出地下水。"待龙王放水后，布伯才放走龙王。龙王带着残留的两根胡须，狼狈地逃到深海里去了。"这是人对神进行斗争的又一次胜利。

第三，斗雷王。第三年，天上没有雨，地上没有水，干旱极了。"有些父老埋怨布伯多事，触犯了神灵，大家就凑合着去请道公来念经，请师公来跳神。但是，雨还是没有下，露还是没有撒。"布伯不相信求神降雨这一套，他把剑磨好，从邕赤山日月树爬上天去，闯进雷王的宫殿，把他拉下殿来，用剑逼着雷王降雨。雷王连忙磕头哀求："你放我，三天后一定给你们降雨！"故事本身近似荒诞，但对神威则是一种否定。

第四，擒雷王。布伯回到地面以后，雷王反悔起来，不但不给雨水，还到人间来找布伯报复。布伯事先做了周密的布置，把河里的豆藜铺到屋顶上去，用纱树皮来扎木楼的晒棚（豆藜和纱树皮遇水都很滑）。又把全家人都武装起来，他的儿女伏依兄妹拿扁担，他的妻子拿鱼网，他自己拿鸡罩，准备与雷王搏斗。雷王冲向布伯房屋的时候，滑倒在地上。布伯全家人一齐动手，用扁担打、用鱼网缠、用鸡罩罩，把雷王捉住了。布伯决定把雷王杀掉，把雷王的肉腌起来，分给大家吃。这个情节，说明了人可以战胜神，神是可以捉可以杀的。至此，神的权威扫地以尽。

第五，牺牲。当布伯上街买盐，准备回来杀死雷王，用盐来腌雷王肉的时候，雷王利用伏依兄妹的幼稚和善良，逃回天上。雷王为了淹死布伯和地上所有的人，倾倒天河天池的水，龙王也放开海水，全世界洪水滔天。布伯决计和雷王再斗一番。他以倒置的伞为船，随水漂浮到天上，挺胸提剑，和雷王展开搏斗，一剑就把雷王的脚削断了。雷王和龙王吓得连忙退水。由于水退得又猛又快，布伯的伞船从天上堕到山顶，人和伞都摔得粉碎。布伯的一颗红心，迸到天蓬上，成为我们现在看到的启明星。全世界的人都被水淹死了，只剩下躲在大葫芦里的伏依兄妹。伏依兄妹结婚后生下一个怪胎——没眼、没嘴、没手、没脚的肉团团，伏依兄妹便用刀把肉团团砍碎，往山下一撒，就变成了许多人。人类就这样繁衍下来了。这个情节，歌颂了布伯再接再厉，不畏艰险，与神拼搏到底的博大坚忍和自我牺牲精神，气氛是悲壮的。布伯的心变成启明星之说，表达了人们对他的怀念。故事的结尾说，雷王因为被布伯砍断了脚，只好用一双鸡脚衔接起来，所以雷王以后就有了一双鸡脚。“现在他虽然忿怒时还能发出轰隆轰隆的恨声，但就是不敢再到人间来惹祸了。”而龙王呢？龙王被拔了胡须之后，便逃下海去，他的子孙也只能生两根胡须。大家都见过鲤鱼吧，那不是只有两根胡须吗？[①] 龙王再也不是神，而变成普通的鲤鱼了。故事告诉读者：布伯的力气没有白费，布伯的鲜血没有白流，人反抗神的斗争毕竟取得了巨大的胜利。

《布伯的故事》虽属神话，但它仍然来源于远古时代壮族社会的现实。故事中，原始社会生活的陈迹斑斑可辨。例如，伏依兄妹结婚的情节，真实地反映了壮族历史上也曾经历过近亲血缘结婚的群婚阶段。水灾、旱灾以至洪水滔天的故事，反映了远古时代壮族初民生活的艰难。

布伯和雷王、龙王的斗争，一方面反映了壮族先民和自然的斗争，另一方面也反映了无神论和有神论的斗争，故事的主题是严峻的。这个神话传说的价值在于它直接反抗神，向神权挑战。虽然它还不是彻底地、明确地否定神，但它已经动摇了神的权威，动摇了对神的信仰，敢于把神从至高无上的宝座上拉下来，降到了可捉可拿可打可杀的地位。

值得注意的是，在巫觋的一些经文或唱本里，布伯的故事被用来宣传因果报应观念，说是由于人类作恶多端，才引起天神的惩罚，降下洪水滔天，灭绝天下人类。其目的是要人们对天神崇拜畏惧，不得反抗。而在神话里，布伯却是一个和神作不屈不挠斗争的英雄。这更显示出了《布伯的故事》的可贵。

比《布伯的故事》稍晚一点出现的，还有一个流传在广西东兰、都安、马山、龙州等地区的神话故事《雷鼓的传说》，也是歌颂反抗雷王的英雄的。大意说，古时候人老死了，肉要分给众人吃，骨头要留下埋掉。这是天上雷王定下来的规矩，谁要不这样做，雷王便要用他的雷斧劈人。当时有个寡妇，病得很重了。她有三个儿子，最小的叫特依。特依牧马时看见母马养仔很痛苦，因而联想到母亲生养自己三兄弟时一定也很痛苦，母亲把三兄弟拉扯成人，很不容易。现在母亲要死了，他心里很难过。他和两个哥哥商量，决定不把母亲的尸体交给众人吃，偷偷地藏到一根空心

① 以上引文见蓝鸿恩编：《壮族民间故事选》，上海文艺出版社 1984 年版，第 25—36 页。

木头里去——这就是后来棺材的来源。三兄弟把马杀了，分马肉给大家吃，骗大家说这是他们母亲的肉。雷王知道了大怒，打起雷来。特依说："雷王的威风全靠铜鼓，我们也来做几面铜鼓，我们的鼓声压住了雷王的鼓声，他自然就输了，不敢逞威风了。"三兄弟用空心木头和马皮做成了十几面铜鼓，和雷王竞鼓。"雷王见鼓声赛不过三兄弟，想劈下斧来，但又怕被人擒住（因他曾被布伯擒住过），便怏怏地溜走了。""后人为纪念特依三兄弟斗雷王，便把这套鼓编成雷鼓舞。在双亲过世时，都要跳这套雷鼓舞，祝去世的人安息，也表彰人们能战胜天神。"① 这个神话通过对铜鼓来源的解释，歌颂了敢于和天神雷王作斗争，并且取得了最后胜利的特依三兄弟。

《布伯的故事》和《雷鼓的传说》反映了远古时代壮族祖先的初步觉醒，它们都是对反神英雄的颂歌。

在壮族神话中，否认有创造世界或主宰一切的神。它们不接受神权的统治，不向神顶礼膜拜、俯首听命，而是号召人们反抗神，和神作斗争。这是壮族人民无神论思想传统的开端。

第四节　古代民间故事中对世俗迷信的批判

从秦、汉到唐末，壮族处于奴隶社会的历史阶段。唐末以后，壮族进入封建社会；直到1840年鸦片战争发生，封建社会才逐渐解体。在这漫长的历史时期中，由于残酷的民族压迫和阶级压迫，壮族人民遭受着重重的苦难。他们的反抗斗争屡遭失败之后，往往向宗教寻求精神上的慰藉。奴隶主阶级、地主阶级也经常利用宗教和迷信作为维护自己统治地位的工具，加上外来宗教传入壮族地区，宗教有了发展，迷信活动也日趋繁杂。宗教有巫教、师公教、道教、佛教；神灵有雷神、龙神、社神、土地神、水神、山神、灶神、火神、树神、禾神、牛神、蛙神……寺庙有雷王庙、城隍庙、三界庙、观音庵、北帝庙、关帝庙、蛟龙庙、都逻庙、大王庙、大神庙、土地庙、神农庙……真是五花八门，名目繁多。数不清的神灵，统治和威胁着壮族广大人民的精神世界，影响着他们的物质生活。但是，道高一尺，魔高一丈，壮族人民中的无神论思想同时也在不断发展，对有神论展开了长期的批判。

在壮族的奴隶社会和封建社会中，民间歌谣和民间故事是壮族文学的

① 蓝鸿恩编：《壮族民间故事选》，上海文艺出版社1984年版，第54—57页。

主体。唐宋以后，虽然陆续有壮族文人的著作问世，但流传下来的极少。而民间故事有相当大的一部分得以保存至今，供人们研究和欣赏，也是壮族无神论者批判有神论的主要武器。民间故事在壮族人民中影响广泛而深远，对有神论是很大的打击。

一　对巫觋的批判

巫觋，壮族俗称巫公、巫婆，产生于原始社会，至今流毒未止。巫公、巫婆主要从事占卜问卦、祭祀祈祷、驱鬼赶邪、符咒治病等迷信活动，借以骗取财物。不少人家有灾病，即请巫公、巫婆求神赶邪，结果灾病未除，徒费钱粮。因此，巫觋历来对壮族人民危害不浅。壮族人民中的无神论者，曾经创作了许多故事，揭露巫觋的荒谬，批判他们装神弄鬼骗人财物的行径。

在广西百色地区，流传着一个《讲多二尺布够我做条裤》的故事。大意说，有个骗人的仙婆叫刘三仙姑，她丈夫是个专靠她骗人收入养活的烟鬼。有一次，来了三位青年妇女，问自己这辈子是否有孩子，因为她们都结婚几年了还没有孩子。刘三仙姑的丈夫要三仙姑升坛后伸出一只手指作为对问仙者的回答。这样，如将来三位妇女均有孩子，则一只手指暗示一齐有孩子，如将来三位妇女均无孩子，则一只手指暗示一齐没有孩子；如将来其中一位妇女有孩子，则一只手指暗示一位妇女有孩子，如将来两位妇女有孩子，则一只手指暗示一位妇女无孩子。无论结果如何，都可以说问仙灵验。于是，三仙姑升坛后喃喃唱道：

> 好信徒你们问我，我上天去问仙姑，仙姑叫我出只指，暗示不能明讲知，这叫天机不可泄，泄露天机罪难移，仙姑有话讲我知，每人要布一尺四，上好布料祈神用，速送谢神不宜迟。

后来，有一位妇女无意中知道了刘三仙姑夫妇的骗局，便走到神坛前，倒回米，拿回封包，挑起三牲酒担就走回家。以后逢人就讲她这次问仙的亲身经历，从此再也没有人到三仙姑那里去问仙了①。

这个民间故事对巫婆的揭露和批判很尖锐，也很直截了当。开门见山就指出仙婆是“骗人”的，她丈夫是个烟鬼，“专靠她骗人收入养活”。

---

① 《壮族民间故事资料》第2集，广西壮族自治区科学工作委员会、壮族文学史编辑室1959年编印本。

巫婆出面卜卦问仙，她丈夫则整天冥思苦想出鬼主意，两人合谋解决问仙中的问题。可以看出，这对夫妇是以巫术骗人财物作为生活的主要来源。

有的巫公不但装神弄鬼，骗人财物，而且有时还借行巫调戏奸污妇女。流传于扶绥一带的《吃糍粑》的故事，揭露和鞭挞了他们的这类行径：从前有个叫光斗的人，出了一年门，回到家里。他妻子哭诉说："孩子死了，我成天想啊想的。昨天又去喊他的魂回来——一共喊了两回了——孩子真乖呀，跟平时一样，哭着要吃奶。我抱着他，让他吃了个饱才罢。"光斗愣了一会，问她是怎么回事，她说："我抱的不是真孩子，是附在仙公身上的灵魂呀。"光斗知道妻子被仙公玩弄，非常气恼。当仙公再次玩弄他妻子的时候，他设巧计让仙公吃了人粪馅糍粑，又给仙公"连掴了几个嘴巴"，"把仙公的仙桌香炉摔个稀巴烂"①。

面对利用迷信为非作歹的仙公，光斗不但有敢于斗争的气概，而且也有善于斗争的策略，从而以实际行动破除此类迷信。这个故事，读起来令人痛快。

二　对道公的批判

道公与巫公的性质相类似，只是道公受汉族道教的影响比较明显，他们的衣装打扮很像道士。他们经常从事的迷信活动是念经做道场、算命、测字、问卦等等。他们手执宝剑，以送鬼、招魂、驱邪为标榜，迷惑了不少人。古代壮族的一些民间故事，曾经无情地揭露和批判了道公的骗人伎俩。

故事《农民和道公》写道：从前有个种田人叫田志三，和妻子辛勤劳动，节俭度日。有一天，他们在地里挖到一罐金子，日子越过越好，他们拾到金子的消息也传开了。后来，田志三的妻子患病死去。他含着眼泪去请张郎道公来打醮。"张郎是个贪财的人。他曾哄骗了不少的人，骗上不少的钱财"。这次田志三来请他，他乘机向田志三勒索了二两金子。张郎道公在田志三家念了一天道经，临走时对田志三说："你妻子移葬后第五天晚上还阳回煞。"第五天晚上，张郎道公杀死公羊，解光衣服，把羊皮套在身上，装扮成魔鬼，吓唬田志三，想把那罐金子弄到手。田志三鼓

① 《广西壮族文学资料》，广西壮族自治区科学工作委员会，壮族文学史编辑室 1960 年编印本，第 189—190 页。

起勇气，拿起木棒，和“魔鬼”展开搏斗，把“魔鬼”打得狼狈逃跑[①]。这是流传在龙州县一带的民间故事，颇有点戏剧性。故事一针见血地揭露道公贪财与诈骗行径。由于道公的诡计彻底破败，被人人唾骂为“黑公羊”，人们对道公看法的改变，说明大家的认识提高了，而这是田志三勇斗道公这一事实教育的结果。

道公身穿道袍，手执宝剑，口中念经，喃喃谟谟，俨然可以真正驱鬼赶邪似的，其实他们自己心里也明白这一套全是假的。《道公赶鬼》的故事道出了事情的真相：

从前有个道公去帮人家赶鬼，他说他不怕鬼。一些青年人就想试一试是真是假。有一次他去到一个村子帮人家赶鬼，半夜回来，四个青年人就埋伏在半路吓他。第一个用泥沙撒过去，他不怕，第二个亮火，他也不怕；第三个戴四五尺的高纸帽，他有些害怕起来，就拔出赶鬼的剑刀乱舞乱画，最后再见第四个戴一丈高的纸帽，他实在害怕得顶不住了，就连剑刀都不要，逃跑了。

以上所写的，可能是生活中的真实故事。道公本是给别人赶鬼的，结果自己却被装扮成“鬼”的赶跑了，这真是一个极大的讽刺。

还有一个机智的青年日勒巧妙地戏弄道公的故事[②]：

从前，白马村有个道公，传说他既会相面卜卦，预知凶吉，又会驱魔捉鬼，消灾除病。方圆十里以内的人，差不多都五体投地地信服他。而村里有个叫日勒的青年农民不信他，但日勒的妻子又偏偏信得不得了。

有一次，道公的儿子突然生了病，卧床不起，道公自己捉了几次“鬼”，还是不见好。有些人就说开了：“这次他怎么不‘预知凶吉’了？‘驱魔捉鬼，消灾除病’也不灵了！”话传到道公耳里，也忙放出话来，“我孩子有了仙运，眼下正闭门修心养性，过几天神仙还会降赐宝物给他哩！”日勒听了这些话，想了一个主意，自己暗暗好笑起来。

一天，他从山上找了一块粉红的化石回来，将它削得四四方方，又在上面刻些字非字画非画的东西，然后叫妻子用黄纸包好，用根红线扎好。他妻子莫名其妙。当天晚上，日勒悄悄地把这块化石扔到道公的屋顶上，“当郎”一声，惊得道公立即差人爬上屋顶去察看。第二天一早，“仙赐

① 《壮族民间故事资料》第1集，广西壮族自治区科学工作委员会、壮族文学史编辑室1959年编印本，第158—160页。

② 《壮族民间故事资料》第2集，广西壮族自治区科学工作委员会、壮族文学史编辑室1959年编印本，第166页。

宝印”的消息就传开了，好多人都拥来看。道公将那“宝印”供在祖龛上，真个是满堂祥光瑞气，香烛交辉。日勒的妻子也跑去看。一瞧，“嘻!”差点笑出声来，急忙捂住嘴跑回家。日勒在门口迎着她说：“你看，我当‘神仙公’，你当‘神仙婆’，给道公‘降宝’啦!”逗得他妻子笑出眼泪。从此，她再也不信道公了。后来，懂得这件事的人越来越多，道公的家门就越来越冷落了①。日勒向来不信道公，于是故意和道公开了一次玩笑，把他戏弄了一番。并以此事实教育了自己的妻子，也启发了周围许多受骗的群众。这在宗教迷信的乌烟瘴气弥漫着壮乡的时代里，日勒的行动是值得称道的。壮族人民从无数的经验教训中，逐步悟出了患病只有靠医药才能治好，信鬼神是无济于事的，因此流传着“穷莫信命，病莫信神”② 和“穷勿信命，病勿信鬼”，“道公不吃狗肉，眯眼睛念假符”③ 的谚语。

三　对风水迷信的批判

壮族过去有专门的地理风水先生，也有些地理风水先生是由巫公、道公兼任的。他们为人相宅、相墓，宣扬住宅或墓地周围的地形、方向、水流、草木等形势，能招致住者一家或死者亲属的祸福，应该选择好的地方建筑住宅或安葬死者。人们为了寻找“龙脉”之类的好地，不仅花费大量人力财力，而且经常引起人与人之间的矛盾和纠纷，甚至有酿成人命案者。

在壮族民间故事中，有不少篇章揭露和驳斥了地理风水迷信的荒谬无稽。《黄砚规的故事》说：距今两百多年前，上思县东平附近的新村住着无父无母的黄砚规、黄砚玉兄弟，他家只有一小块地，虽然辛勤做工，生活仍过得不好。他们的父亲与那郎屯宁万元的父亲，原是十分要好的朋友，所以当他俩死后，两人便合葬在一起。宁万元自小出外读书，成人后到京城参加考试，当上了大官。“这样，同是一块坟山埋葬的人，万元与砚规的命运就有很大不同。因此，黄砚规气怒了。”黄砚规长得高大粗壮，食量大，力气也大，还会拳术，连盗贼都怕他。“虽然黄砚规这么有

① 《日勒戏道公》，《右江日报》1962 年 12 月 23 日。

② 《广西民间文学丛书》1983 年第 9 期，第 321 页。

③ 鄂嫩吉雅泰、陈铁红编：《中国少数民族谚语选辑》，广西人民出版社 1981 年版，第 331 页。

本事，可是他从没有做过什么大事，一直沉落在民间，直到死。”① 这个故事有力地说明了，黄砚规兄弟和宁万元的命运之所以如此不同，并不是由于先人的墓地风水不同。黄砚规为什么穷呢？因为他家只有一小块地，他一辈子除了种地之外，就是替别人看牛，或挑点盐贩卖。尽管他有点迷信风水，但人还是很老实的，所以一辈子沉落在民间。他在南宁订做的一双鞋，也没有钱去取；那双鞋特别大，没人能穿，只好在某鞋店的门口挂了几十年。而宁万元家里有钱，从小在外读书，受到教育和训练，在那样的社会里，自然会走上“学而优则仕”的道路。故事说明了这样的道理：一个人的遭遇或命运，是由社会客观条件和自身主观因素造成的，并非由风水来决定。

在龙州地区，流传着一个《风水先生》的故事。故事大意说：有一天，地主叫一个长工连夜到街上买一百个碗和一百个碟，天亮以前赶回家里干活。长工在回来的路上，因为天黑，一脚踩中芭蕉皮，滑倒了。人跌伤了，碗碟摔了一地，只剩下一个碟子没有摔破。他把这个碟子拾起来，放入钱袋里，心里又恼恨又忧虑。他一边在街上来回转，一边自言自语，心里盘算着今后的去路。街上的人见长工肩上缭挂着一个白布袋，袋里装着一个圆圆的盘子，嘴里还叨念着什么的，便以为他是个风水先生。其中有一个人把长工请到家里，盛情款待，然后说自己数月前父亲亡故，不到几个月又死了母亲，认为是埋葬父亲的地方不好，才连遭灾祸。因此请求长工给他父亲选择一块好坟地，以便迁葬。长工听了，才知道那人把他错认为风水先生了，感到十分为难。不得已，乃将错就错，冒充风水先生，以碟子当罗盘，到山坡上随便给那个人选了一块“龙地”。并且宣称，这个罗盘是他的曾祖的曾祖传下来的宝罗盘，不能再向其他人提起他的姓名和他的宝罗盘。“那人给长工三吊钱作酬劳，说道：‘将来我家如能荣华富贵，定不忘记你的恩义。’”长工收了钱，买了一把锄头，一把斧头和一把铲子，离开当地，到别处开荒种地去了。若干年后，有一天长工家里忽然来了一个客人，还送来了许多礼物，并请长工去做客，弄得长工莫名其妙。问起来由，才知道客人正是早先误认他为风水先生的那个人。他的儿子中了状元，当了丞相，说这是长工给他找到“龙地”的结果。消息传开，皇帝也知道了这件事。还有人传说，京城附近有一块“龙地”，葬中了就出皇帝。于是皇帝命令全国的风水先生都集中到京城，为他找这块

① 《壮族民间故事资料》第2集，广西壮族自治区科学工作委员会、壮族文学史编辑室1959年编印本，第192—194页。

"龙地"。当然，首先被召去的是长工。长工吓得冷汗都出了，心想："糟了！我哪里知道什么地方是龙地不是龙地；上回瞒得过人，这回该怎么去瞒得皇帝呢?"皇帝的命令，不得不去。他买了一个真罗盘，仍然装入一个布袋里。但是，"长工根本就不懂得使用罗盘，心想：倘若在皇帝面前露出马脚来怎么办?"便借口说宝罗盘禁忌别人看见，连皇帝也不例外。"全国所有的风水先生都被召到了皇宫，这些真正的风水先生们知道是皇帝叫他们集中起来去找龙地，就都大惊失色，暗暗叫苦。原来这些风水先生们也弄不清楚哪儿是龙地，哪儿不是龙地。平日他们全都是欺骗人们的，哪里有什么龙地！现在皇帝要他们找出一块龙地来，这可把他们吓坏了。他们各自担忧着，为了不使自己露出马脚来，各人都忙着去翻阅风水通书，练习使用罗盘，忙得不可开交。"长工见他们个个神情不安，也就看穿了他们的底子，便越无忧无虑地走来走去，东张张，西望望，装着很不在乎的样子，累了就睡觉，也不看风水通书，也不练习使用罗盘。那些风水先生们看见他这样安然自在，就更加认为他是个了不起的风水先生了。等到找龙地那一天，"可把那些风水先生们吓坏了，各自心想：'嗐呀！哪里是龙地？猜对了可侥幸，猜错了，莫说当场出丑，脑壳也难保得住哩'"他们各自担忧，一天、两天过去了，谁也不敢说哪儿是龙地。长工心里觉得好笑，后来故意指着一个山坡，胡诌了一番，说是"龙地"。风水先生们都异口同声地跟着说这正是"龙地"。皇帝也就信以为真了，大大地奖赏了长工。长工为了避免以后招惹麻烦，便借口不愿再去替别人找龙地，把罗盘烧毁了。

这个故事的主题思想是十分明显的，就是揭穿风水迷信的荒谬虚假，指出风水先生全是骗人的。故事中的长工，本质上仍然属于一个劳动农民。而其余的风水先生们，则是地地道道的迷信活动者，是存心骗人骗钱的。尽管这两种人的身份、目的不一样，但他们所看的风水、所找的"龙地"，都是胡说八道，自欺欺人，这一点是相同的。故事对风水先生弄虚作假、自欺欺人丑态的描写，生动而又深刻。《风水先生》的故事，是一个破除地理风水迷信的好教材。①

四　对各种寺庙鬼神的批判

壮族村寨多建立寺庙，寺庙中供奉各种各样的神灵。寺庙是人有意建造的，神灵也是人有意虚构出来的，这是故事《干鱼庙》的主题思想。

---

① 依易天编：《风水先生》，广西人民出版社1958年版。

故事说：有一个心地善良的人，从来不肯杀死一只有生命的动物。有一次他上京参加考试，家里人为他准备了干粮，还给他几条大干鱼做菜。半路上他无意看见一个捕鸟器上吊着一只野鸡，甚感可怜，就把它放走了。他想到自己虽然救了一条小生命，但是猎人得不到野鸡，可能一家人就没有饭吃了。后来，他拿出一条干鱼吊在捕鸟器上，作为那只野鸡的抵偿。猎人来了，见捕鸟器上有一条干鱼，觉得异常奇怪。回到村里，他把这件事传了出去，大家都感到不平常。有一个财主就说："山上钓到干鱼，这里一定是有神仙，假如我们做一个庙给他们住，那一定赐福于我们，假如我们不做，他发怒起来，全村都会被他们害死。"大家听了，都说有道理，公推财主做发起人和管账的，全村人出钱出力，动手修起庙来。财主乘机把大家捐出来的钱，贪污了一大半。"庙起成了，大家都等福音的到来，可是，没有丝毫的信息。"上京应考的书生，考完试回家路过这里，发现有一座新房子，走近一看，才知道是庙，再一看，写着"干鱼庙"。他想起自己救了野鸡吊上干鱼的事，一切都明白了。于是拿出笔来在墙上题了一首诗：

去时野鸡吊，回来干鱼庙，不是神灵显，两个钱发闹（浪费）。

村里人见了这首诗，知道干鱼是怎么来的，就去跟财主算账，要他拿出钱来归还。"从此，那个庙也没有人去拜了。"① 这个故事告诉人们：神灵是人虚构出来的。

还有一类民间故事叙述了人或动物蔑视、亵渎神灵，同时冒充或装扮成神灵来惩罚恶人，并且取得了胜利。《"城隍爷"显"圣"》可以作为这类故事的代表：

老更得知土司抢了穷哥黄三的妻子，如果五更天拜过城隍爷，就算作土司家的人罗。他急忙三脚两步赶到城隍庙，对城隍爷说：

"城隍爷啦城隍爷，穷人黄三有难，被土司佬抢去老婆，我老更要救他一救，特来借你的衣袍穿穿，只好委屈你一下啦！"说罢，剥下城隍爷衣袍自己穿上，装扮停当，把城隍爷藏过一旁，竟大模大样、神气十足地坐到神台上等着。不多一会，土司来拜庙了。敬供的鸡端出摆好，三杯酒倒上，点好香烛，便祭拜起来。只见他两眼微闭，嘴里祈祷：

---

① 《壮族民间故事资料》第2集，广西壮族自治区科学工作委员会、壮族文学史编辑室1959年编印本，第87—89页。

"城隍爷爷，黄三欠我的债，没银子归还，我把他老婆抢来，做我的二房顶债，今晚成亲！……"

话未完，不料"城隍爷"忽然说起话来：

"噢，你说什么？这可不合理啵！"

土司一听，只吓得两腿跪着还打颤，不得已大起胆子说："老爷，怎么不——不合理？"

"抢人家老婆来顶债，伤天害理！你要不送还回去，我要你的命！"

"是，是，是，小人照办——照办，马上送还——送还！"土司慢慢爬起来，头也不敢抬，一溜烟逃回去了。

老更跳下神台，脱下衣袍，仍穿在城隍爷身上。

"城隍爷，对不起罗！这只鸡，你呵气，我吃肉，多谢你啦！"① 从故事中可以看出，城隍爷本身既不能帮助好人，也不能惩罚恶人。城隍爷不能显"圣"，显圣的是见义勇为的老更。而老更，正是作品肯定和赞扬的人物。

与上面这个故事相类似的，还有《鹩哥的故事》②。《鹩哥的故事》说，有一只鹩哥被财主摔到墙外，被一个好心的首饰匠带回家里喂养护理。财主女儿看上了首饰匠，让鹩哥衔一枚金钗送给他。财主诬赖首饰匠偷了他女儿的金钗，和土司互相勾结，把首饰匠抓进牢房，还把鹩哥的毛拔光。后来，鹩哥躲进寺庙关圣帝君泥塑身背后的洞里，冒充关圣帝君，罚土司和财主互相扯光胡子，以作报仇雪恨。这一类作品的思想倾向，都是否认神灵的存在和作用，并且亵渎、戏谑神灵的。一方面捉弄神灵，另一方面也捉弄宣扬神灵的统治阶级。

民间传说的机智人物，他们本身是不相信鬼神的，但有时也假借鬼神来惩罚、嘲弄恶人。《公颇的故事》中，有一个故事说，土司企图霸占一个孤老头管的池塘。在土司家服劳役的公颇就用萤火虫装鬼火，把土司吓跑，帮助了孤老头子③。还有《哥乖的故事》，说有一个刚从北方调来的县官，在青黄不接的时候下乡征收捐税，但又怕乡下的野鬼，出告示说招一个胆子最大、最不怕鬼的人当随从。哥乖便乘机宣称自己"胆子比瓮缸还大十倍，无论什么鬼见了都不敢近身"，充当县官的随从下乡去了。

---

① 农冠品、曹廷伟编：《壮族民间故事选》第1集，广西人民出版社1982年版，第208—209页。

② 蓝鸿恩编：《壮族民间故事选》，上海文艺出版社1984年版，第228—234页。

③ 同上书，第346—347页。

县官在乡下搜刮钱财，得了满满一袋银子，赶回县府。走到半路时天色已黑，蚂蜗正在鸣叫闹塘，县官感到害怕。哥乖便故意说这是鬼在喊叫要杀县官，县官吓得把一袋银子扔进塘里送鬼，然后连滚带爬逃回县城。哥乖装作和鬼干仗的样子，跳下塘里，把那一袋银子摸上来，天亮以后挨家挨户地把银子送回给老百姓[①]。以上两个故事赞扬了公颇和哥乖的机智勇敢，同时也说明了他们都不相信有鬼，只是借鬼来惩罚恶人，帮助穷人。这可以说是故意和有神论者开玩笑，因为他们惩治的恶人都是相信鬼、害怕鬼的。

从明代到清代，在广西马山、上林、都安一带流传着一篇《传扬歌》，这篇长歌主要是讲伦理道德的，但其中也表达了作者的唯物主义自然观和无神论思想倾向。它认为："山中石垒石，平地土无垠。上天不会想，地下不会分。"天地山河都是一些自然物，并没有意志。它否定天命的存在，而从社会中寻找贫富悬殊的原因："穷不是天定，富不是命好。"它主张依靠人力来改造自然，"不敬天和地，不怕鬼作祟"。[②] 这些观点，都是可贵的。

第五节　近代的无神论思潮

鸦片战争以后，壮族人民为了争取自由、民主和国家民族的独立，前仆后继，奋起斗争。在思想战线上，无神论对有神论的批判也进入了一个新的阶段。这种批判，是与政治上、经济上的斗争结合在一起的，是反帝反封建的资产阶级民主革命的组成部分。

一　壮族人民的反洋教斗争

从19世纪中叶开始，国外传教士陆续到壮族地区活动。据1907年统计，广西全境设有天主教堂50座，壮族聚居的许多县、市均设有教堂；云南省文山地区也设有教堂。1862年，基督教传入壮族地区。据1907年统计，在广西全境设有教堂29座，其中有相当一部分分布在壮族地区。一些外国传教士充当帝国主义侵略中国的先遣队，从事特务间谍活动。他们经常强占土地和房屋，修建教堂，用威胁、诱骗等各种手段强迫壮族人民信仰天主教和基督教。他们还勾结官府以及封建势力，包揽诉讼，庇护

① 《广西民间文学丛刊》1983年第9期。

② 《传扬歌》，广西民族出版社1984年壮文版，第2、3、64页。

坏人，干涉中国内政；课以租税，进行敲诈勒索；干涉婚姻，奸污妇女，鱼肉乡民。外国传教士的罪恶活动激起了壮族人民的义愤，多次掀起了群众性的反洋教斗争。其中最著名的有：1856 年发生的“西林教案”，杀死了法籍神甫马赖等三人。1884 年 10 月，浔州人民捣毁天主教堂，驱逐法国传教士出境。1884 年 11 月，板桥人民怒捣法国天主教堂。1896 年，有法国传教士三人，从百色到田林，在逻里镇住宿，被当地人民打死。1897 年 4 月 20 日，广西永安州群众杀死法国传教士苏安宁。1930 年 2 月 1 日红八军在龙州成立时，天主教反对人民革命，法帝国主义者出动飞机恐吓，当地军民愤怒地包围法国领事馆，赶跑了法帝国主义分子，没收了当地地主恶霸窝藏在馆内的全部财产。壮族人民抵抗了帝国主义的文化侵略，对天主教和基督教的宗教神学进行了一次又一次的武器的批判。

在历次反洋教斗争中，壮族人民表现了勇敢顽强和自我牺牲的精神。1910 年 12 月，南丹爆发了“铲洋教”武装起义，参加者多为壮族。起义队伍曾占领过南丹县城，1911 年初因官府镇压而失败，起义者绝大多数壮烈牺牲。被捕的起义者都慷慨赴难，视死如归，无一贪生怕死而向反动派低头。他们许多人在临刑前还唱山歌表明自己的革命心迹，鼓励群众继续斗争，完成他们的未竟之志。年仅十七岁的壮族青年邓老五临死前安慰母亲说：“今日之死是光荣的。”并且唱出气壮山河的山歌：

十七十八好威风，
睡在平地像条龙，
为了人民刀下死，
人头落地像吹风。①

这首山歌，充分地表达了参加“铲洋数”斗争的壮族战士的伟大抱负与革命英雄主义精神。

壮族人民的历次反洋教斗争，虽然都因为缺乏正确的路线指导和清政府的血腥镇压而失败，但这些斗争不同程度地打击了帝国主义和封建主义势力，促进了人民群众的觉醒，意义是很重大的。

二　猛烈抨击神权的《唱秀英》

《唱秀英》属壮族师公调唱本，是一篇民间叙事长歌，流传在柳州地

① 《广西壮族文学》，广西人民出版社 1961 年版，第 13 页。

区来宾县一带，影响相当大。从思想内容上考察，长歌可能产生于封建社会末期，而定型于近代。[①] 长歌内容如下：

勤劳聪明的姑娘林秀英，从小和同村的孤儿黄三相处在一起。青梅竹马，两人在生活和劳动中逐渐建立了深厚的爱情。秀英妈也同意这桩亲事，并准备给他们完婚。正在这时，当地有名的大财主刘正才，看到秀英聪明美貌，人才出众，便想谋娶秀英为自己的儿媳，遭到秀英母女的严词拒绝。刘正才派家丁半夜将黄三抓走杀害，后又打死秀英妈，劫走秀英。秀英愤怒万分，坚决不肯和刘正才的儿子刘茂芳成亲，把刘家闹得天翻地覆，鸡飞狗走。算命先生认为秀英遇着了妖魔，发了疯。于是，刘正才先后请来了道士、和尚、仙姑驱妖赶邪，但都无法制服秀英。刘正才听从仙姑的诡计，请天上的王母娘娘下凡来。王母娘娘对秀英软硬兼施，威胁利诱，直至使用各种酷刑，但始终无法征服秀英的心。最后，王母娘娘想把秀英放到油锅里去炸。秀英用计烧死了王母娘娘和财主刘正才一家，报了深仇；并从王母娘娘那里夺得两颗“还生丸”，救活了自己的母亲和黄三，从此过着美满的生活。

这个唱本歌颂了一对壮家青年男女忠贞不渝的爱情和他们反封建反神权的英勇斗争精神。作品中一些离奇的情节和神话般的结局，虽然在现实生活中不可能存在，但它充分体现了壮族人民追求美好生活的愿望和斗争必胜的坚强信念。

《唱秀英》的可贵之处，在于它对封建统治工具之一的神权展开了猛烈的抨击。唱本详细地描绘了这场无神与有神的激烈斗争：秀英被劫进刘家强迫成亲，她誓死不从。“秀英摔烂了刘家的香炉，秀英拔下了刘家的香火。”这是对神灵极大的轻蔑。刘正才请来了道士老，念咒画符，秀英当即表明她绝不是因为遇到什么妖魔，而是因为刘正才拆散她和黄三的婚事而愤怒。接着：

> 道士拔出插在背脊的神剑，在秀英面前划了几个圈，喷了几口咒水在秀英脸上，又想把黄表贴上秀英的脸。[②]

---

① 区农乐整理本收入广西壮族自治区科学工作委员会壮族文学史编辑室 1959 年编印的《壮族民间歌谣资料》第一集。农冠品、区农乐搜集整理的本子，发表于《广西文学》1980 年第 12 期。

② 黄表：画有符咒的黄纸。

这种种所谓“法术”，并未吓倒、“镇住”秀英，相反：

> 秀英这时更生气，上前把道士的八卦衣拉住。道士慌得神剑落下，八卦衣被撕烂抛在地。

刘正才又请来了贵县南山寺的老和尚。他自称：

> “佛法高强”，“木鱼敲得像大锣响。佛号念得像放纸炮。”

但是秀英并不把和尚放在眼里，警告他：“你快回去念你的经吧！不然我就不给脸。”和尚劝诱秀英：“你和刘少爷成亲，保你享福到百年。”

> 秀英实在忍不住了，身上好像大火烧，扑过去夺了老和尚的木鱼，撕破他的绸袈裟。

“老和尚摇着光头就跑”，宣告失败。接着，刘正才请来桂平西山的仙姑。

> 她自夸“本领高强”，“嘴里不断念着王母娘娘，文帚扫着上下四方”。

秀英同她针锋相对，她要尽伎俩：

> 仙姑当天祷个告，仙姑当天又下了个卦，七十三经都念了，八十洞仙都请了。仙姑喷了千口咒水，仙姑念了千张道法，仙姑摇文帚的手软了，秀英眼睛鼓鼓的望着她。

仙姑面对这位不屈的壮家姑娘，无可奈何，只好替刘正才请来“至上天尊”的王母娘娘。秀英大骂王母娘娘：“我不怕你老熊婆，瘟神下降我也不怕。”并且表示：“什么的法术我都不怕，妖魔不能把我吓，我不怕刀砍斧劈，我不怕不怕万不怕。”见此，“王母娘娘”对秀英先施用各种酷刑，把秀英折磨得死去活来，但秀英始终骂不绝口。“王母娘娘”见硬的不行，就来软的：

> 你是个伶俐有福的姑娘，你和茂芳是天配良缘。

秀英则说：

> 我不懂什么是福，不见三哥哥我就像黄连下肚。我不懂什么天配良缘，我和三哥情义厚过天。

“王母娘娘”见诱骗破产，就拿出最厉害的一招：要把秀英放到油锅里去炸。机智沉着的秀英，这时想起了一首壮歌：“若要战胜王母娘娘，第一要意志坚强，第二要扯脱她的灰头发，把她的头弄成葫芦样。”① 于是她用计拔下王母娘娘的头发，并烧死了王母娘娘和刘正才一家。秀英反抗神权的斗争，取得了最后的胜利。

林秀英同封建势力和神权展开了正面的搏斗，真是刀光剑影，惊心动魄。秀英不信道、不信佛、不信天命（天配良缘）、不怕妖魔、舍生忘死，无所畏惧，这种雄伟气魄，实在难能可贵。争民主、争自由、反封建、反神权，构成了《唱秀英》的主题。从这个唱本中，可以看到民主革命的曦光，封建主义和神权的统治摇摇欲坠了。神权是封建统治的工具和帮凶，长歌对它进行了猛烈的抨击，并宣告了它必然失败的命运。

三　文人作品中的无神论思想

由于壮、汉两族人民长期和睦相处，文化上互相交流，使得壮族历代产生了一些能够熟练地运用汉文写作的文人。早在两汉时期，郁江流域就出现了不少著名的壮族文学家，如养奋、申朔、牟子、顿猗等。东汉时期，苍梧郡的陈钦、陈元父子，是当时名噪一时的汉学家。唐代，玉林壮族首领宁纯在文学上负有盛名。唐以后，每代都有长于汉诗的壮族文人。到了近代，壮族文人就更多了。随着资产阶级民主主义革命的发展，壮族地区“改土归流”斗争的节节胜利，壮族文人作品中回荡着人道主义、爱国主义和民主主义的呼声。同时，无神论思潮也随之兴起。

武鸣县诗人黄彦珀，庠生出身。当地巫风甚盛，人多信之。黄彦珀专门写了一篇《问仙叹》，予以猛烈批判：

> 癖性好闲游，不惜俦侣寡，采药白云巅，探奇古名野，忽逢簇簇

① 以上引文均据区农乐整理的《唱秀英》，见《壮族民间歌谣》第一集，广西壮族自治区科学工作委员会、壮族文学史编辑室1959年编印本，第29—50页。

女若男，纷纷相从山之下，借问众去此何为？答云因病问仙者。仙者在何处？遥指前村去。此处有仙人，幸免抱疑意。我闻神仙深伏匿，天风吹倒去不得。又闻此事妄诞甚无稽，紫府贝城徒炫惑，蓬莱方壶及瀛洲，汉武秦皇空费力，桃源彭泽本寓言，岂有神仙此栖息！何为咫尺却相逢，把袂比肩行行即，欣然纵步到前村，相随共入仙之门。座上阶前罗列坐，男女杂聚如云屯。仙者面墙持扇坐，低吟俯唱索根源，忽然来神降若翁，絮语生前酷肖同，翁言病者鬼求食，调乐差可答神工。我闻此语掀髯出，一笑全无一事实。无奈世人迷惑深，又求仙者换骨髓，印囊长剑入门来，喃喃不知作何语。公然大嚼索谢去，瞬息病人长已矣！呜呼，世俗信鬼不求医，至再至三无已时。倾财荡产终不悔，夜深空有双泪垂。安得手挽大海之波澜，洗涤此辈之心肝，霍然如服返魂丹，安得尚方宝剑握在手，誓将此辈心肠来一剖，呜呼！此愿未知能了否？①

此诗以浅俗的语言，严密的逻辑，生动的形象，确凿的事实，揭穿了巫婆师公骗钱的把戏，主张信医不信鬼。诗人强烈希望唤醒群众，打破迷信，消灭巫觋。黄彦堉这篇诗是呈报县令的"诉状"，也是昭告群众的"揭贴"。据说县令详悉此情，明文禁止，当地巫风遂息。

宁明县诗人黄焕中（1832—1912?），字尧文，号其章，诗人黄体元的次子。出生才四月，父亲即遭土官害死，家境贫寒，靠母亲抚养成人。黄焕中曾入黑旗军刘永福幕府，参与军机。身历 1885 年的中法战争和 1894 年的中日战争。黄焕中继承父志，刻苦读书，成为一名有影响的诗人。著有《天涯亭吟草》，诗作洋溢着爱国主义与民主主义的激情。他有一首被人广为传诵的《苦农行》，以深沉悲痛的笔调，描述了一户贫苦农民在封建压迫下妻离子散、家破人亡的惨状。他同情农民，而痛斥"田主恶如狼，利啄催租谷"。诗的最后写道：

嗟彼大地主，坐享现成福。
煌煌身上衣，垒垒仓中粟。
巍巍阁与楼，堂堂园与圃。
非农何由来，非农何由筑？
不感农人恩，反把农人辱。

① 曾唯儒编：《武鸣县志》，民国四年刊本。

胡为呼苍天，造此不平局！

吁嗟乎苍天，设心何太酷！[①]

作者不仅大骂地主，而且大骂苍天，这在当时确实是很有勇气的。

韦丰华（1821—1905年）是武鸣县人，祖父和父亲都是清代进士。他著有《今是山房吟草》、《今是山房吟余琐记》等书，许多作品反映了当时社会矛盾的尖锐和革命运动的兴起，透露出一股清新的民主气息。他写过一首《奉统宪严谕饬团捣韦朗村即日偶记》的长诗，淋漓尽致地描绘了一场白热化的阶级斗争。韦朗村的地主恶霸，大厦连云，财宝满地，平日积恶如山，农民恨入骨髓。官兵奉统宪的命令抄洗韦朗村，农民借此机会群起斗争。"内外五十里，莫不欢跃起。""有坡皆是路"，"奔集且如云"，把韦朗村捣得稀巴烂。"大厦数千间，顷刻化乌有。"农民们捣毁了地主恶霸的楼馆房屋，也扫荡了他们的寺庙祠堂："余问庙忠府，何亦摧其堵？谓此神不明，焉用他作主。余问诸祠堂，何亦捣其梁？谓此鬼亦恶，何莫非遗殃。"[②] 农民们从自己的生活经验中，认识到鬼神不灵，甚至可恶。他们在斗争中把反封建和反鬼神结合起来，表明了他们新的觉悟。

黎申产（生卒年不详）是鸦片战争时期的一位诗人，曾在宁明宁江书院做过二十余年的山长，著有《菜根草堂吟稿》二卷，《宁明州志》二卷，已梓行世。另有《宿缘小名录》一卷，《医案》一卷，《菜根草堂读书记》四卷，均未刊行。他的许多作品揭露和批判了封建制度的腐败，讽刺了封建官僚蝇营狗苟的丑态。他激烈地主张禁止女巫，专门写过一首《乞禁女巫呈吴凤楼明府用韩昌黎〈合江亭〉诗韵》：

汤网开三面，祝曰欲左左。姑息以养奸，此语拾余唾。歌舞儆巫风，保衡真王佐。敝乡有女巫，媚道巧黩货。纵之将日滋，杀之亦略过。宜为鹰鹯逐，使彼气一挫。女巫夫如何？淫哇日唱和。契女拜某某，卢娘收个个。倾家事馈遗，典衣忘坎坷。高坛终日嬉，密室连宵卧。一年数置酒，聚会如文课。防闲谁不知，引诱出无奈。遂令丈夫家，刚果变柔懦。此风始越南，至今恶四播。邪毒中贫妇，赀尽甘冻饿。古有西门豹，溺巫众相贺。法立令必行，始勤终勿惰。忍令邪诞

① 《思乐县志》。

② 《今是山房吟草》。

妇，附会观音座。从来官威尊，能使鬼胆破。浊流一洗清，此后永不涴。①

这首诗描写了女巫淫哇唱和的迷信伎俩，揭露了她们媚巧骗财的本质，指出巫婆会使求巫者倾家荡产，典衣当物，遭受冻饿；而且还会养奸诱邪，伤风败俗，其危害很大。虽然诗中对观音表示了容忍的态度，但全篇充满激烈的反巫思想，是值得肯定的。

在近代，风水迷信受到凌厉的批判。清光绪二年（1876 年），李维坊所著的《续葬论》刊刻发行。李维坊字春亭，广西上林县人，道光十五年（1835 年）恩贡生。《续葬论》是系统批判风水迷信的专著，该书发挥宋代司马光《葬论》的思想观点，揭露和批判了风水迷信的荒谬，指出了它的危害。徐衡绅为该书写的序说："尝闻葬者藏也，谓藏先人形体而勿使暴露也。乃世多惑于风水之说，借祖父之骨骸，希子孙之富贵，往往待寻吉地，遂有停柩数年或数十年而不葬者。其有既葬之后误听堪舆邪说，发冢检骨，辗转迁移。是皆富贵之念有以蛊之也。"② 序言本身也是一篇反对风水谬说的论文。它指斥风水之说为"邪说"，慨然于世人多被这种邪说所迷惑，因而极力推荐这本书。李维坊的《续葬论》在当时颇有影响，其事载入《上林县志》。县志对李维坊这本著作推崇备至，说作者"因痛世之溺于风水而亲死不即遽葬，或葬后又复择地迁诸他处，以倖获富贵。见宋司马温公《葬论》驳斥堪舆之术最为明快，遂本其意，恢广言之，故名曰'续'。议论精辟，识解高超。且援引极其精详，切中时弊。一片救世苦心，昭然若揭。洵足发聋振聩，有裨世道风化不浅。"③ 从这段评介，可以了解李维坊著《续葬论》的用意以及该书所产生的社会效果。

武鸣县黄诚沅是一位多产的壮族学者。他虽然受到基督教的影响，但他对近代自然科学有所了解，对雷神持否定的态度。他在《蜗寄庐随笔》一书中写道："庸夫愚妇迷信雷神云：'凡被击者，必为恶人。'殊不知人孰无过？不幸而触电，则以其为过之应遭者。余尝问曰：'有人之罪更甚于斯人者，雷神何不击之耶？'曰：'时未至耳。'假如所击之人善，则曰：'此前世之罪也。'呜呼：触电已冤矣，乃更毁其名誉焉，不亦冤之

① 《菜根草堂吟稿》抄本，广西图书馆藏。
② 《上林县志》卷之十四，第 19 页。
③ 《上林县志》卷之十三，第 5 页。

又冤哉!"① 他明确指出相信雷神是一种迷信，人被雷电击中，是触电，是自然现象，并非是雷神对他实行惩罚。他不相信善恶报应的无稽之谈。

第六节　郑献甫和曾鸿燊的无神论思想

道光、咸丰、同治年间，壮族出现了一位影响巨大的学者和思想家——郑献甫（1801—1872 年），原名存紵，别号小谷，广西象州县人。道光十五年进士，授刑部主事。未及一年便致仕还乡，从事教育工作，先后在庆远、桂林、广州、顺德、东莞、象州等地书院主讲近三十年。门徒众多，著述宏富，是一位蜚声岭表的学者。曾经刊刻发行的主要著作有《四书翼注》、《愚一录》、《补学轩诗集》、《轩学刊散体文》、《补学轩骈体文》、《补学轩文集外编》等。

郑献甫生活在列强频繁入侵，民族灾难深重，同时民族民主革命风起云涌的时代。他虽不满意太平天国的革命行动，但又出自爱国心，反对外国对中国的侵略，反对清王朝对外妥协投降、对内压迫专制的政策。他通经学，明考据，善诗文。他不仅博学多才，而且很同情劳动人民，痛恨为非作歹的贪官污吏。在广州、象州等地，流传着许多关于他的故事。

郑献甫自称"识字耕田夫"，写过一篇自传《识字耕田夫别传》。传中刻画了自己的为人："性不好品茶，不好饮酒，不好驯禽，不好种花，不好琴，不好棋，不好蓄古玩，不好仙，不好佛，不好作官人。其与人也不好结盟，其处己也不好讲学，而好读书，好游山，好近妇人。人或以为苦，而窃自以为乐，更历寒暑不厌也。"他身为清朝进士、刑部主事，却表示自己不喜欢官吏，并宣称自己"好近妇人"，这对清朝官场和传统封建思想是一个冲击，在当时具有个性解放的意义。他还公开宣称自己不喜欢道教，不喜欢佛教，更表现了一个无神论者敢于与流俗异趣的勇气。

《二教论》是郑献甫批评道教、佛教的专论。这篇文章劈头就尖锐地指出："近世无仙家，近世亦无佛家，惟共趋于巫家而已。"为什么呢？他认为，原始的道家、佛家和后世的道家、佛家不同。本来，仙家（道家）的宗旨是"无劳尔形，无摇尔精"，属于养生之谈。佛家的宗旨是"无色不空，无梦不觉"，讲的是宇宙人生的哲理。郑献甫虽然不赞同上述理论学说，但他认为世界上既然有这些人，那么大家不妨并存于天地之间。但是后来的道家，佛家却向巫觋方面堕落了。他指出，如果一个人不

① 《蜗寄庐随笔》，民国十四年版，第 34—35 页。

从事士农工商的任何一项职业，不要田园庐墓，不乘舟车牛马，不服药，不吃饭，是不能生存于天地之间的。道家、佛家自己心里也明白这一点，所以他们“必倡为福利之说，解脱布施以诱顽愚之氓。而仙之章表斋醮兴焉，佛之香花超度兴焉。故曰共趋于巫而已。”为了生存，道家、佛家这才大力宣扬求仙拜佛以获得幸福吉利，从苦海中解脱出来的理论，以此来欺骗迷惑群众。这就是章表斋醮、香花超度等类迷信活动产生和流行的原因，这些活动和巫觋的活动没有什么两样。佛教还主张清净寂灭，内心不可有思虑意见，也不可探求事物之理，以为凡是向外寻求的都是不正确、不妥当的。对此，郑献甫反驳说：饮食也是由外而入的，不吃饭就会饥饿。衣服也是由外而加的，不穿衣服就会受冻。要去往北方的燕、南方的越，没有舟车就达不到。没有裘，冬天不能御寒。没有葛，夏天不能防暑。不经过数学测量计算，就不知天有多高地有多厚。“圣人者，因其自然而副以当然，戒慎恐惧以养其心，坐立跪拜以养其身，视明以养其目，听聪以养其耳，恶有屏去一切而清净寂灭可存于两间者耶?”[①] 人要生存于天地之间，就必须依赖自己身体的各种器官，依靠食品衣物等生活资料，凭借舟车牛马等运载工具，接触外界事物，进行种种活动。屏去一切活动，高谈“清净寂灭”，人类便要灭亡。在这里，他用唯物主义的基本观点，对道家、佛家的迷信活动和荒谬理论进行了有力而深刻的批判。在郑献甫看来，先秦的道家和原始佛家都是思想学术上的一个流派，后来由学术而成宗教，由宗教而成迷信，每况愈下，离本源越远越背离自己原来的宗旨。到了近代，则与流为利禄的儒家之徒同其堕落，他们之间再也没有什么是非同异可以分辨区别的了。在这篇论文里，郑献甫对作为宗教迷信的道教和佛教是明确地加以否定的。

在许多诗作中，郑献甫对佛教、道教也采取了批评的态度。《补学轩诗集》中说：

食不茹荤非学佛，身常勿药胜求仙。（《归舟感怀》）

饥来食饭倦来眠，老懒欺人说悟禅。（《羁栖》）

老怀澄淡羞衣佛，诗境清凉爱感秋。（《甲子新秋坐庭树下偶成》）

佛法虚传仙境杳，懒从天上问前因。（《遣闷杂书》）

懒向三生说净因，聊将五字寄清新。（《题〈昙花现诗存〉》）

① 《补学轩散体文》卷一，同治十一年杨鸿文堂续刊本，第4—5页。

他反复表示宁愿过平常人的生活，饿了就吃饭，困了就睡觉，不吃肉并非是学佛，身体没病胜过求仙。佛法是虚妄的，仙境是渺茫的。因此他不屑学道，耻于求佛，懒得探讨因果轮回的理论，求证“净因”的方法。

郑献甫受老庄自然无为思想的影响较深。他认为世界并无神灵主宰，日月星辰的运行，草木的荣枯，人的生老病死，都是自然的规律。他笔下的“天”就是指天地；“造化”就是指自然界及其规律。他指出，天是没有意志的：“嫩白茶花开，深黄枫叶落。物态有枯荣，天心无厚薄。”万物之所以有荣有枯，有生有灭，是由于气的流行变化，是自然规律在发生作用：“一气递来往，万物随荣落。”“生老死病期，造化久斟酌。”他的许多诗歌着力描绘了大自然一年四季的不同景色及其交替变化，人由少而壮而老的历程，认为这些恰恰是正常的现象，是物理事理的极则。他主张遵从造化，顺应自然。“至人善委心，请与造物游。”“去来到处只随缘，出处平生本自然。”在他看来，贪生怕死是不必要的；求仙拜佛，飞升坐化等等，都违背自然规律。佛家修禅，道家炼丹，企图通过这类修炼成佛登仙，郑献甫讽刺他们是“妄作”：“佛家欲忘生，俯首闭六凿。仙家欲贪生，苦口尝百药。不能为顺受，未免等妄作。……”“飞升为寿坐化死，二氏高谈一笑起。贪生怕死殊可怜，求仙拜佛皆无权。未能安命欲夺命，造化何物容汇缘?”他明确表示对佛、道的轻蔑，对生死的泰然：“寿毋颂祷死毋祈，翻觉两端无可否。……车无柅系舟无桩，别有神工暗中运。”“怕死羞依佛，贪生懒学仙。委心聊任运，我与我周旋。”“懒参西竺如来法，一树风花悟夙因。”从风吹花落可以知道自然变化的奥秘，造化的力量，恰似鬼斧神工，非人力所能及，亦非人力所能改变。人的寿夭，是由造化来安排的，人自己应该像没有木块阻止前进的车那样，让它随意奔驰；像没有系在木桩上的船那样，让它随水漂流。郑献甫特别强调自然，主要是反对佛教、道教的生死观，并不是宣扬宿命论，他在许多诗文中还是肯定人力（包括养生）的能动作用的。即使他患了病，也不改故态，不变初衷。《病中偶吟》其一说：“瓶钵图作佛，服食图成仙。退隐为此事，不如早生天。饮博学豪士，声色学少年。”其二又说：“贫不告故人，病不谢生客。……起居辟醉候，谈笑却禅伯。善读《养生主》，中医真上策。寿夭听天公，别注东王籍。”[①] 平日不避博饮声色，不事佛仙，病时宁信医术，不近禅伯，这就是郑献甫的一贯态度。

---

① 以上引文均据《补学轩诗集》，《郑小谷先生全集》黔南节署光绪五年刊本。

郑献甫还表示不相信占星术。他说："老大况堪多难日，死生羞占少微星。"① 他还认为周敦颐绘制的《太极图》，把太极说成是先天地而存在，带有神秘意味，不能赞同。

壮族历来重视丧葬，先人去世之后，往往用棺材埋葬三数年，然后洗骨入坛立坟安葬。郑献甫以为这种做法简直和寇贼盗墓的行为没有两样。"不图子孙行，乃与寇盗伍"，死去的先人如果地下有知，也会愤慨的！由于不相信因果报应和灵魂不灭之视，所以他进一步指出了土葬留坟的弊害与不必要：

> 故鬼积千年，新坟堆几处。
> 一鬼守一抔，人将无所寓。
> 所以古文园，或即今老圃。
> 卑者犁为田，高者踏成路。
> 纵留青冢草，不见白杨树。
> 残碑与残碣，得之亦有数。
> 邑希明代屋，野少宋时墓。
> 陵迁谷变后，谁能识其故？
> 造化何离奇，一笑了可悟。②

郑献甫虽然没有明确反对土葬，主张火葬，但他指出了土葬留坟占用土地所造成的不利后果，并从哲学的高度指出了历史和自然界都在不断发展变化，因而得出了土葬留坟不必要的结论。

清末民初，壮族还出现了一位具有无神论思想的学者——曾鸿燊（1865—1931年）。他是广西同正（今扶绥）县人，原名文鸿，字子仪，号瓶山。1893年中举人，终生一意讲学，历主康山、丽江书院讲席三十一年，民国以后曾任小学教员，劝学所长，县师范讲习所教员，执教到病重时才停止。著作有《瓶山诗集》、《瓶山诗续集》、《瓶山后集》、《瓶山文集》等。曾鸿燊不仅钻研中学，而且学习西学，思想比较清新，反对抱残守阙，故步自封。他认为，社会习俗风尚与世界潮流相适应，并且不

① 《自桂林返里晨夕闲居偶成六首》之五，《补学轩诗集》卷六，《郑小谷先生全集》黔南节署光绪五年刊本，第16页。

② 《偶书杂感》之三，《补学轩诗集》卷五，《郑小谷先生全集》黔南节署光绪五年刊本，第5—6页。

断变化，这是历史发展的必然趋势。不应当盲目反对外国传来的东西，也不应当无条件保留中国原有的传统。晚年，他写了不少诗，揭露社会的黑暗，民生的惨痛。其中最有代表性的是《感事六首》，他在序文中说："民十以来，所谓军阀、官僚、土豪、劣绅，权利之争，混乱已极，以致兵祸盗患，四境骚然"①。他的作品，富于人民性和民主精神。

曾鸿燊不相信佛教。他作过五首总题为《南朝》的咏史诗，其中一首写道："已为天子愿无生，赢得如来万念轻。三度舍身皈佛寺，翻劳亟相陷台城"②。这首诗是专门讽刺梁武帝萧衍的，说萧衍当了皇帝，享受人间荣华富贵，还不满足，还想成佛，去追求无生的涅槃境界。梁武帝大力提倡佛教，广建寺院，并三次舍身同泰寺。549年侯景叛乱，攻破都城南京，八十五岁的梁武帝被围困并饿死在台城。尽管梁武帝崇拜佛教，但如来佛也挽救不了他败亡的命运。这首诗既讥讽了梁武帝，也讥讽了佛教。

1890—1895年间，广西左右江一带连续遭受旱灾。曾鸿燊家居其地，身历其事，对农民的悲惨境遇有深切的了解。他曾写过一首《苦旱行》，描绘了那几年旱灾的严重，接着说："昨者官衙祈沛泽，青天愈青赤日赤，干风飒飒吹林鸣，故作炎空凄淅声"③。作者看到旱灾对农民所造成的危害和威胁，忧悯不已，不禁愤慨地咒骂老天爷太残忍了。而那些封建衙门各级官吏，平日只顾作威作福，歌舞升平，根本不考虑为农民兴修水利，防涝抗旱，一旦旱灾降临，便假惺惺作态，为农民祈神求雨，结果并没有解决任何问题，青天更青，烈日更烈。诗的结尾给这辈官僚以辛辣的讽刺，同时也说明了祈神求雨是毫无意义的迷信行为。

第七节　韦拔群领导群众破除迷信

社会是不断进步、不断发展的。随着民主革命的逐步深入和科学的逐渐昌明，壮族人民也在日益觉醒。宗教迷信不断被揭露和批判，市场越来越小。武宣县的情况，足以说明这种变化。该县向来盛行巫、师公、佛、道等宗教迷信，清代县府还设道纪司专门管理师公教和道教。19世纪末，由于科学的传播和变法维新运动的影响，道纪司被撤销。1906年该县将

① 《同正县志》。
② 同上。
③ 同上。

仙城书院改为县立小学，拆取北门外清虚宫的材料来建筑校舍。县城提倡拆毁神祠，各乡闻风效法。民国建立以后，北门外的天后宫，东门外的观音堂，城内西北角的城隍庙，北门城楼的北帝庙，均先后被拆除，充作小学校、仓库和其他机关的建筑材料或办公地址。北门外的花婆庙，则被改造为农业试验场。《武宣县志》记载了师公和道教的衰落："民国以来破除迷信，神像毁尽，此道遂敛迹，不敢公行。惟僻远城市愚民智识未开，病家送鬼，旱干求雨，时有用之，然亦不敢大吹法螺。近来严禁，较前日少。"其他各种宗教迷信和寺庙神灵，也受到了猛烈的扫荡："迄民国成立，民智日开，神权日堕。……附城淫祠一扫而空，各区淫祠亦拆毁将尽，现存无几。……惟查巫道降童，妄言吉凶，堪舆家侈谈祸福，最易迷惑乡愚，尚须严行禁绝，以免流毒社会。"隆安县的情况也与此大体差不多，《隆安县志》记载："俗有男巫、女巫、师公三教，民间往往信之，有病则恃为祈祷，以冀消除灾害。不惟耗销金钱，实于风俗人心大有妨害。民国二年，议、参两会议决一律禁止。"这是无神论的又一战果。这两个县志都指出宗教迷信的危害，一是浪费财物，二是败坏风俗人心，流毒社会，主张严厉禁止。从这两个县的变化可以看出，在近代壮族社会中，"民智日开，神权日堕"是总的趋势和潮流。

新民主主义革命开始以后，马克思列宁主义在壮族地区广泛传播，共产党的组织相继建立。神权在壮族人民心目中的地位就根本动摇了，信马列的人越来越多，信神灵的人越来越少。《庙祝斧劈北帝神》的故事，反映了形势的急剧转变和人们觉悟的极大提高。故事说，东兰县武篆区拉甲山山腰有个岩洞，名叫北帝岩，可容纳四五千人。岩洞中供奉着北帝和几十尊木雕泥塑的神像，还住着一个头发花白的管香火的庙祝公。庙祝公平日靠进香的善男信女布施过活，以此为安身立命之地。这一天，忽然来了几个年轻人，他们一边东瞧西望，一边议论："这里地面平坦，光线充足，是座天然的校舍。""这里离村屯远，土豪劣绅也不容易探听我们的活动。""哈哈，这样说，那就请这些菩萨让位给马列吧！"庙祝公虽然不知道他们讲的是什么，但听见"请菩萨让位"几个字，就如霹雷轰顶。几个青年人中，一个为首的对他说："阿公，想和你商量一下，我们要借这个地方来办农民运动讲习所，把菩萨……"话未说完，庙祝公叩头大哭道："少爷！少爷！可怜可怜我这个孤老头吧！我千里逃荒，流落到这里，好不容易才找到这个差事，你们行行好，高抬贵手吧！"为首的那个青年对庙祝公说："你莫担心生活。我们办农民运动讲习所，是为解救劳苦大众，你也是个穷苦人，将来就和我们住在一起，有我们吃的，也少不了你一份。”为首的青年就是韦拔群。他领着人把神像推倒，搬到一边，扛来木料、竹簟，在宽阔的石洞里隔宿舍、围课堂、搭课桌、安坐凳，还给庙祝公专门围了一间房。农讲所的学员有200多人，来自十多个县。起初，有些人想把庙祝公赶走。韦拔群说：“他是个穷苦的孤老头子，只在这里看庙烧香，没有做过坏事，我们应该把他当作阶级弟兄看待”。庙祝公不供神了，在一旁看着农讲所讲课、操练、讨论，也渐渐懂得了许多过去不懂得的道理。有一天，庙祝公把木雕的北帝神像抱到火炉前，手提斧头，脚踩神像，对大家说：“我活了几十年，现在才懂得马列主义的道理是救穷人的道理。《国际歌》里面讲：从来就没有什么救世主，也不靠神仙皇帝……我诚心诚意服侍了这些神仙那么多年，但是它也没给我什么好处。不能让它再骗人了，干脆把它劈来烧火还好些!”说完，他举起斧头，“噼噼啪啪”地把北帝神像劈了①。从这个故事可以看到，韦拔群等共产党员不仅具有宣传马列主义、宣传无神论的满腔热情，而且还注意讲究宣传工作的方法和艺术，善于引导群众，教育群众，因而取得了良好的效果。北帝岩里的菩萨让位给了马列，北帝岩也改名为列宁岩。革命群众认识到只有马列主义才是穷人翻身求解放的指路明灯，再也不给神灵供奉香火了。管香火的庙祝公，在韦拔群等共产党员的教育帮助下，从自己几十年的亲身经历和体会中，也懂得了神灵是骗人的，并亲手把神像劈来烧火。这个故事雄辩地证明了，马克思列宁主义是彻底批判和战胜有神论的最锐利的思想武器。

第八节　对壮族无神论的评价

在壮族历史上存在有神论与无神论的长期斗争。这种斗争，具有本民族的特点。

在原始社会，壮族的有神论观念主要表现为自然崇拜和自然神崇拜，尤其是雷神崇拜。而这一时期萌芽的无神论思想，体现在远古神话当中；这类神话，一方面反映了人对神的斗争，另一方面也反映了人对自然的斗争。

在奴隶社会和封建社会阶段，即秦、汉到1840年鸦片战争以前，壮族的有神论观念主要表现为巫觋、师公、道、佛、地理风水以及各种寺庙鬼神等宗教迷信，可称之为多神信仰。而民间故事则是无神论批判有神论

① 《三月三》1983年第1期，第169—170页。

的主要武器，它们在壮族人民中间长期流传，影响既广泛又深远，对有神论打击很大。在许多民间故事中，有神论往往被批得一败涂地，狼狈不堪。

到了近代，无神论对有神论的斗争进入了一个新的阶段。壮族人民多次掀起“反洋教”的斗争，对天主教和基督教的宗教神学进行了武器的批判。师公调唱本《唱秀英》是反封建、反神权的代表作，它对神权进行了猛烈的抨击。近代涌现了许多壮族文人和文人著作，其中不少作品宣传了无神论思想，批判了巫觋、天命、雷神、佛教、道教等宗教迷信。还产生了批判地理风水迷信的专著《续葬论》。近代无神论对有神论的思想斗争，是与政治上、经济上的斗争结合在一起的，是反帝反封建的资产阶级民主革命的组成部分。

壮族历史上的有神论，主要表现为原始宗教、自发宗教以及一些迷信活动，没有统一的宗教，也没有完整、系统、严密的宗教组织或宗教派别。宗教与迷信的区分有时不甚明显，有些教徒同时又充当迷信活动者的角色。从事宗教或迷信活动的人，大多数属于业余性质。有些师公和巫婆，在客观上对保存民族文化有一定的贡献。

在壮族历史上，无神论对有神论的批判，具有明确的针对性，即主要是针对本民族、本地区流行的宗教迷信观念与活动，涉及的内容非常具体，而不是泛泛地讨论一般的理论问题。除了李维坊的《续葬论》是批判地理风水的专著之外，其他无神论思想多散见于神话传说、民间故事、民间歌谣、文人诗词当中。造成这种状况的原因，一方面是由于壮族历史上没有本民族统一的文字，文化长期以来比较落后；另一方面也是由壮族人民的心理素质和性格特点（例如爱唱歌、爱讲故事）决定的。

有神论被历代统治阶级所利用，得到他们的提倡，加上科学技术的落后，文化的不发达，因而宗教迷信在壮族地区能够长期流行，危害很大。但壮族历史上的无神论思想仍对有神论进行了持续不断的批判和斗争，产生了不少有影响的文艺作品。而在长期的思想斗争中，无神论本身也得到锻炼和发展，其水平随历史的前进而逐步提高。壮族历史上的无神论思想，是祖国无神论史的一份宝贵文化遗产。

第六章　满族

第一节　满族社会历史概况

满族原称满洲，是我国统一多民族社会主义国家中的一个成员，总人口为4299000人，分布于全国各地。辽宁、吉林、黑龙江、河北及北京等省市较为密集，其中以辽宁省为最多，达1990937人。

满族历史悠久，发祥于祖国东北部的远东和极北地带，“白山黑水”是她的故乡。早在周秦，就有文献记载了她远古肃慎时期的历史。后来随着中原各王朝的演变和发展，曾先后称为挹娄、勿吉、靺鞨、女真、满洲等。自清初称满洲之后便相沿不改。迄今已有三千多年的文明史了。

满族自肃慎以来，其氏族、部落分散杂居于“白山黑水”之间，独立发展，为着生活和繁衍，在地理环境较差的条件下，同大自然展开了谋取生活资料的斗争。由于各部落所处的自然环境不同，在谋取生活资料的方法和对象上就产生了许多差异，基于这种差异就使各部落的社会发展呈现出一种不平衡的状态。其中条件优越发展较快的部落，则凭借其经济、政治、军事的优势，不时对周围各部落展开兼并活动。到唐代，粟末靺鞨部建立了渤海国，至宋代时期，黑水靺鞨部（后称女真）建立了金朝，出现了两次统一的局面，但都为时不久。由于两个政权的先后覆灭，统一局面也就随之瓦解，靺鞨、女真又相继陷入分裂状态之中。进入中原地区的靺鞨和女真人便同当地汉人融合在一起；留居故乡的靺鞨、女真人仍继续在当地的社会和自然环境中，从事生产活动，因其受到不良自然环境的影响，其社会发展仍然是很缓慢的。因此，在建州女真兴起出现第三次统一之前，其社会基本是处于长期分裂与发展不平衡的状态之中。基于这种社会发展不平衡及其所受汉族文化影响的深浅不同，各部满族人在社会性质上，常常出现原始制、奴隶制、封建制的交叉发展。

满族在肃慎之后，经历了挹娄、勿吉、靺鞨、女真等不同时期的发展。在这一发展过程之中，从其族称和族体的内涵上看，都曾出现过一些变化，对此是不能把她们等同起来的，但就其主体部分看，却是一脉相通的。如史籍记载挹娄为“古肃慎之国”，勿吉为“旧肃慎国”，女真与渤海本一家等，这些都表明了她们之间在经济、政治、文化以及心理状态上是有其继承性的。满族作为一个民族共同体，虽然多次出现过本族成员游离出去融合于他族之中以及他族成员融合进来的“出入分合”的历史现象，但居住在其故乡的民族主体部分，都一直世代相承，其族脉清晰可辨，并未因其“出入分合”而打乱了族的主体和割断了她们之间前后的继承性，其变化乃是在族体组成上的扩大与缩小而已。民族属于历史范畴，其出现是有着长期的形成过程的，她的形成过程自然是历史的一个组成部分。因此我们不能把清前的一段满族历史划为满族的先世，在她形成过程中的历史，无疑是满族史本身的一个部分。只有把从肃慎以迄于今天的全部历史都包容在内，才是完整的满族发展史，也才能体现满族和汉族等民族的历史一样，都是从低级向高级从分散到统一的一个形成和发展过程。

由于满族从远古肃慎至清朝之前，长时期处在一个曲折和缓慢的发展过程之中，其科学文化一直不甚发达。这种不发达的科学文化，就成了有神论思想长期存在和滋长的一个重要的社会条件，由此而形成了有神论思想长期笼罩着满族社会的局面。当时有神论思想和无神论思想杂糅在一起，微弱的无神思想尚无力从有神思想中剥离出来而形成自己的体系。

至明朝末年，建州女真部首领努尔哈赤统一女真各部建立大金政权，其子皇太极继位之后，不久改号为大清，进一步统一了东北地区，迨及其孙顺治便从割据东北一隅的皇帝一跃而成为君临全中国各族的皇帝。这一历史的巨大变化，使满族在分布上，形成了在全国范围内的大分散小集中的局面。这就为满族的发展创造了前所未有的有利条件。从此满族得以更加广泛和深入地汲取汉族的先进科学文化，以此来提高自己民族的科学文化水平，从而也就不断地冲击着满族中长期流传的宗教迷信思想。但是，作为一个长期存在并和民族习俗交织在一起的宗教信仰，对满族来讲仍是根深蒂固的，甚至到清末，在满族的一般家庭之中，迷信鬼神、崇拜祖先的思想和活动，依然在广泛地流行着。

第二节　满族的有神论思想

满族的崇神敬祖思想产生在原始社会，它是作为人类社会最初的一种意识形态——原始宗教而出现的，当进入阶级社会之后，又出现了人为宗教。由于它适应统治阶级麻醉人民思想的需要而得以长期流传下来，并且获得了不断地发展和完善。至清朝时期，满族在崇神敬祖的活动上，已经形成一套自己的宗教仪式。

一　满族的多神教

满族在清朝时期，依然信仰多神教。但她的这种多神崇拜并不是从清朝才开始的，而是由她的原始社会延续下来的。随着历史的发展，特别是到努尔哈赤（1559—1626 年）统一女真各部之后，当时确已产生了统一的王权，但这时封建社会已经发展到晚期，神权在政权之中的作用已大大减低了，统治者主要靠人治，所以也就没有太大的必要再借助一个统一的神为其统治效力了。所以在满族当中一直延续着多神教。

满族崇拜的神灵众多，如天神、地神、山神、河神、苗神、树神、虎神、鹰神、蟒神等。其所以崇拜这些神灵，不外是为了祈求诸神的保佑。比如祭山神，是因为这个神和他们的采集、狩猎活动有着密切的关系。一般在人们进山之时，首先要祭山神，以祈求山神保佑他们不遭到野兽伤害，并能获得更多的猎物。祭马神，马和满族狩猎与战争活动有着密切关系。马为主人立下功劳，祭祀它是为表示不忘马对主人的恩德。祭祀苗神，当时在满族的生产和生活之中，农业生产已居于主要地位，农作物的丰歉，是件生命攸关的大事，祈祷苗神，是为保佑禾苗茁壮成长，帮助驱除灾害，以取得丰收。祭祀河神，祈祷在下水采珠捕鱼之时，平安无事。其所祭诸神，目的大体相似，后来，传入了释迦牟尼佛、观音菩萨、关圣帝君等各类佛和神，在满族人当中也多有供奉者，他们拜神念佛的目的，也不外是为了祈祷自己能够人财两旺吉祥如意而已。

二　满族的敬祖思想

满族和其他民族一样，在原始社会时期，曾于母系氏族社会阶段出现过图腾崇拜。传说满族的始祖是一位天女，名佛库伦。据记载说："有神鹊衔朱果置季女衣，季女爱之，不忍置诸地，含口中甫被衣，忽已入腹，遂有身。"（《清太祖高皇帝实录》卷 1）佛库伦所生的布库里雍顺，就是满族的男性祖先。反映在布库里雍顺之前，满族先人是处在知母不知父的母权制社会时代，神鹊可能是满族的图腾。当满族进入父系氏族公社时期，男子在生产中发挥比女子更大的作用，一些男子在与大自然的斗争中为氏族成员作出了贡献，这样便出现许多被歌颂的男性英雄人物，而深受氏族成员的爱戴。由于氏族成员对为氏族作出贡献的男性英雄人物所产生的生前爱戴和死后怀念的心理，以及在梦境中常常见到已死去的亲人，便以为他们仍活在另外的一个地方，基于这种观念，便产生了对祖先的崇拜。于是在进入父系氏族公社时便以祖先崇拜代替了母系氏族公社时的图腾崇拜。崇拜祖先是和崇拜英雄人物一致的。在满族的祭文中，常提到阿浑耳锡、阿春阿雅喇、穆哩穆哩哈、纳丹岱珲、纳尔珲、轩初、恩都哩僧固、拜满章京等人。他们大概都是对本族作过贡献的人物，因为他们生前受到爱戴，死后自然受到怀念和祭祀。满族家家户户都供奉祖先板子，对祖先举行虔诚的祭祀。他们所以虔诚地举行祭祖活动，还有不可忽视的一点，就是想借此以加强血缘关系这一纽带，使亲族联结起来，与敌对势力进行有力的斗争。

三　满族的祭祀活动与形式

满族在进行宗教活动时，已形成自己的一套仪式。萨满作为人神之间的媒介，正如殷周时期介于人神之间的巫史一样。萨满是通古斯语的直译，也有直译为萨麻、察玛、叉马、萨马、撒麻等汉字的，只是汉字标准不同而已。其汉语意译为“巫”的意思。在祭祀时，由萨满假借己口转传神旨，设祭的主人遵照神旨办理。满族的祭祀异常频繁，每祭都由萨满勾通人神之间的关系。

满族的各个阶层，大都按照时令或在特殊事情发生之时，举行各种祭祀活动。由于祭祀者的阶层不同，出现各类萨满。

宫廷萨满：满族入关之前，祭祀活动甚为频繁。入关之后，仍保持自己的宗教信仰，照旧举行祭祀，藉此维系本族的心理素质和民族感情。为此，满族最高统治者特在京师建立堂子，并在紫禁城中的坤宁宫里供立神龛，作为祭祀的处所。在堂子和坤宁宫中，都设置专主神职的萨满来主持祭祀活动。在坤宁宫中所供奉的神位，全都依照盛京清宁宫的旧制。宫中专设一名女官为萨满，食三品俸禄，每日代皇后行礼祭祀。宫中的祭祀方式大体都是从关外搬进来的。

一般萨满：清初的满族家祭，一般是“以族人为察玛，戴神帽，系裙摇铃，持鼓跳舞，口诵吉词，众人击鼓相合，曰跳家神”（《吉林通志》卷二十七）。当时在满族村中，也常有在族人之外另请萨满来主持祭祀的。这种萨满同披着神的外衣借为病人治病而进行敛财的巫医不同。

满族上自皇帝下至平民都举行祭祀活动，按其种类大体可有祭堂子、坤宁宫祭神祭祖以及一般家祭等。

祭堂子：堂子是祭祀社稷神祇的祠堂。祭堂子，就是清朝皇帝祭祀土谷神的活动。顺治定都北京，当年即在北京长安门外五河桥东建立了堂子。盖起两座南北相对的神殿，一座名神殿，另一座叫拜天圜殿。还建立了上神殿，作为祭祀苗神之所。堂子里面还附祭明将邓将军。“每届元旦，清朝皇帝，都要亲诣堂子行祭典。皇帝至堂子内门降，入中门诣圜殿前就拜位，南向，率群臣行三跪九叩礼。”其仪式有：“上香、献酒、奏神弦、鸣拍板、附掌应节，歌‘鄂啰啰’等。”（《清史稿·礼志四》）皇帝从堂子归来，开始受百官朝贺。除元旦祭堂子外，每岁春秋两季，在堂子内，立杆祭祀，每次设祭三天，每月初一由皇帝祭堂子，初二起亲王、郡王、贝勒、贝子、公依次进行祭祀。“其余月祭、杆祭、浴佛祭、马祭，则率遣所司。”（同上）另外，在命将出征凯旋之日，皇帝都要亲诣堂子行礼。

坤宁宫祭神祭祖：北京紫禁城中的坤宁宫，是完全仿照盛京清宁宫建成的，是清朝皇帝祭神祭祖的场所。在这里的祭祀活动是很频繁的：“每日坤宁宫朝祭、夕祭、每月祭天，每岁春秋二季大祭。”（《满洲祭神祭天典礼》）在每月祭神之时，由宫中萨满请出神牌放在西墙下面，献上祭品，一般进猪两头，除大祭之外，全由萨满代祭，皇帝并不亲自驾临。每年元旦翌日及仲春秋朔，皇帝至坤宁宫主持大祭，并请大臣吃祭肉。当时皇帝“面北坐，诸臣各蟒袍补服入，西向神幄行一叩首，礼毕，复向上行一叩礼，合班席座，以南为上，盖视御座为尊也。……司俎官以臂肩臑骼各盘设诸臣座前，上自用御刀割析，诸臣皆自脔割，遵国俗也。”（昭梿:《啸亭续录》）

满族家祭：“满族无论富贵士宦，其内室必供奉神牌，只一木版无字。”（《吉林通志》卷二十七）木板俗称祖宗板子，一般在板子上置木匣，匣内盛谱书，一律置于西面墙壁之上。在庭院的东南角立一索罗杆子，又称为神杆。每次祭祀历时三天，“及期，未明，以豕置于神前，主祭者捧酒尊而祝之，毕，以酒浇豕耳，耳动则吉。”（同上）这时主祭人率家人向神叩头行礼，然后杀猪制作祭品。至“晚复献牲如晨礼，撤灯而祭”（同上），称为背灯祭。全家跪拜，吃避灯肉。次日，在索罗杆前祭天，“男子皆免冠拜，妇女则不与，其斗中切猪肠及肺肚生置其中，用以饲乌。每祭，乌及鹊来食”，“祭之第三日换锁，换锁日，换童男女脖上所带之旧锁也，其锁以钱为之”（同上）。

满族从统治阶层到一般人民，都存在着较为浓厚的崇神敬祖、信仰神佛的思想，这就严重地禁锢着满族人们的头脑，束缚着满族科学文化的发展。也正是由于这种有神论思想长期笼罩着满族社会，致使满族无神论思想的发展显得十分缓慢。

第三节　满族的人本思想

满族自建州女真于明末兴起以来，贵族势力迅速发展，由小到大，由弱到强，从建立割据东北一隅的大金政权，进而至顺治时成为君临全中国的统一的清王朝。究其原因，固然决定于那种长期社会发展所给予创造出来的物质条件，即客观的历史发展趋势，但它也是同满族最高统治层中所具有的一种精神力量密不可分的。这种精神，就是实际上属于无神论范畴的人本思想。努尔哈赤、皇太极因具有这种思想，卒成“帝业”；康熙、雍正、乾隆因具有这种思想，乃有“康乾盛世”局面的出现。这种人本思想在满族上层中的广泛传播与发展，产生了积极的社会效能。它是满族无神论的组成部分，并且是其主要的表现形态。

一　金国时期的人本思想

满族的人本思想，不是清代才开始出现的，在其以前的历史时期里就曾出现过。金朝时期，统治者大都注重人事，废帝海陵王完颜亮曾说：“国家吉凶，在德不在地，使桀纣居之，虽卜善地何益，使尧舜居之，何用卜为。”（《金史·本纪五》）强调作为帝王的人所具有的“德”，对国家的兴衰存亡起着决定性作用。

金世宗完颜雍也曾说过：“人多奉释老，急欲微福，朕早年亦颇惑之，旋悟其非，且上天立君，使之治民，若盘乐怠忽，欲以侥幸祈福难矣，果能爱养下民，上当天心，福必报之。”（《金史·本纪七》）虽然他没有直接否定天命，但强调人君要能“爱养下民”，天必降福，如若“盘乐怠忽”，天就无法降福，把天命置于人君的从属地位，认为“天心”是依人君的行为发生转移的。他还说：“至于佛法尤所未信，梁武帝为同泰寺奴，辽道宗以民户赐寺僧，復加以三公之官，其惑深矣。”（同上）他于大定十八年三月下令：“禁民间无得创兴寺观”。

金章宗完颜璟在位之时，金朝的统治已开始走向衰落，但他仍不迷信佛、道等教，不向其祈求降福。明昌元年十一月“以惑众乱（民），禁罢全真及五行毗卢”（《金史·本纪九》）。五年他又指责佛、道两教：“僧道以佛老营利，故务在庄严宏侈，起人施利自多，所以为观美也。”（《金史·本纪十》）

金代统治者的这种非佛道而强调人事作用的人本思想，当时没有得到发扬光大的机会，随其政权的灭亡，其思想也就成为历史的过去了。其后直至大金及清朝前期，这种人本思想，才在满族有作为的皇帝当中得到了进一步的发展。

二　努尔哈赤的非仙佛重人为的思想

爱新觉罗·努尔哈赤（1559—1626年）是大金政权的创建者。同时也是清王朝的奠基者。他青少年时期即接受了汉族文化。自起兵之后，他虽然在每举大事之前，诸如订盟、誓师，迁都等，都要举行由萨满祝祷的祭祀仪式，确守着本族传统的祭神祭祖的风俗习惯，也没有抛弃传统的天命观，但在实际的治军治国上面，却接受了西周在总结殷商失败的经验教训基础上提出的天不足信的“天命无常，唯德是辅”的统治思想，即人本思想。努尔哈赤对此曾说：“人以公正存心，生即获福，死亦流芳；人以邪慝存心，生罹显祸，死有余孽。”（《清太祖实录》卷四）又说：“治国者，尚宽大秉公诚，乃能传世久远，基业巩固，若自恃智力，肆行侵夺，存心不善，所行非道，必身罹忧辱，运祚衰微。”（《清太祖实录》卷四）这里指出由于治国者“公正存心”或“存心不善”的差别，必定导致祸福不同的结果。这样就把传统单纯依靠天命的思想转移到人君的“存心”上来，从而强调了人君“善”（即德）的重要作用。他还引用典故指出秦始皇不行“善道”的下场，“恣行暴虐，二世而亡”（《清太祖实录》卷十）。

努尔哈赤还主张做事要从实际出发不要盲目靠“天佑”，他说：“天佑我可以克敌，但我储积未充，纵得人民畜产，以养之，若养其人民畜产，恐我国之民反致损耗，唯及是时，抚辑吾国，固疆围，修边备，重农积谷，为先务耳。”（《清太祖实录》卷四）努尔哈赤强调做人要作强者：“人知鬼魅之恶，然鬼魅虽恶，遇寿算未尽之人，不能害也”，其弱者“始被其祟耳”（《清太祖实录》卷五）。

另外，努尔哈赤认为佛、道两教对治国无所裨益，说：“我国习俗所尚，守忠信，奉法度，贤而善者举之不遗，悖而乱者治之不贷，以治盗窃潜消，暴乱不作，拾遗于道，必还其主，习俗如此，所以获膺天眷。而蒙古人所持者念珠，所称者佛号，而不息盗窃之风，遂遭天谴。”（《清太祖实录》卷八）

三　皇太极“兵民是赖”、“力行仁义”的思想

皇太极（1592—1643年），继其父努尔哈赤之后为大金国汗，不久改

国号为大清，当上了皇帝。在他的统治期间里，积极蓄积力量同明朝展开争夺最高统治权的斗争。在这一争夺中，他在发展其父努尔哈赤的人本思想的基础上，根据当时易姓改朝的需要，进一步议论和阐明了“天命无常，唯德是辅”的思想。

关于“天命无常”，他说道：“自古天下非一姓能常有，天道循环，几人帝，几人王，有未成而中废者，有即成而复败者，岂有帝之裔常为帝，王之裔常为王者哉，独不见辽、金、元亦曾君临天下，后复转而属之明，可见皇天无亲，善者培之，否则倾之，乃不易之理也。”（《清太宗实录》卷四十七）为了阐明这一问题，他认为自己为君也毫不例外。他说：“今朕蒙天佑为国主，岂敢遂以为天之子，为天所亲乎，倘不行善道，不体天心，天厌朕躬，更择有德之人，君主是国。”（王先谦：《东华录·天聪九年》）其在议论“唯德是辅”时，说：“天下者非一人之天下，唯有德者能居之，亦为有德者可为天子。”（同上）他还说：“皇天无亲，有德者受命，无德者废弃，从来帝王有一姓相使，永不易位者乎？自古及今，其间代举之国，崛起之君，不可胜数。”（《清太宗实录》卷九）

皇太极在阐明其“天命无常，唯德是辅”的同时，更提出了兵民为本的思想。他说：“君亨康宁，臣居尊显，俱兵民是赖，即尔等功名，亦籍士卒之力。”（《清太宗实录》卷三十一）基于这种兵民为本的思想，他提出了行仁政的主张，说：“自恃其力，恣行杀夺，未有不败者也，克尽其道，力行仁义，未有不兴者也。”（王先谦：《东华录·天聪五年》）他确认天是虚无缥缈的，立足于仁政才是可靠的：“今天心所向，岂能予知，朕唯仗义而行而已。”（同上）否则“君若不修德，舟中之人皆敌国也”（《清太宗实录》卷二十八）。因此他始终认为作君主的要持一个“德”字，也就是“以德配天”。皇太极的这种人本思想迨至康熙时更出现了一个飞跃。

四　康熙对人本思想的光大

康熙（1654—1722年）名玄烨，皇太极孙，是清朝前期也是中国历史上的一位有作为的皇帝。他勤奋好学，广泛地吸收了中国历史上的科学文化成就，并向西方学习自然科学和社会科学知识。因此，他虽然出身于少数民族，其科学文化造诣却是很深的。他雄才大略，颇富进取精神，在其统治期间及其后来的年月里，曾出现一个“康乾盛世”。

由于康熙综合了自己所学的各种知识，使自己逐步形成了一个朴素的自然观；并在其自然观的指导之下，提出自己的人道观，在实际活动中重人道，轻天命；同时对佛教、道教等神学思想，进行了比较深刻的批判，从而光大了其祖辈的人本思想。

康熙在其社会政治观方面，则一反过去传统的天道设教，而将其归之于人道，发展了人本思想。在论述人本思想时，他往往在天人对比之中加以说明，首先强调人为，把天道置于从属人道的地位，他说：

> 朕惟天人感召，理有固然，人事失于下，则天变应于上。（《御制文》四集，卷二十四）

在其《老安少怀说》一文中，更明确地指出：

> 夫天道人道，必待人而后兴。（同上）

其中所说的人，通常指圣人。他认为圣人是天地的主宰（经天地者），天地只不过是人们赖以生养（育万物）的环境，在阐述这一观点时，他是这样说的："天地者，生民之本也；教养者，王道之原也。圣人者；功化之极也。民非天何以生，非地何以养，然天地能生养民，而不能人督其孝弟，户赐以衣食也。惟圣人出而节民之性，阜民之财，然后长幼得遂其宜，出入得安其命，故：天地育万物，而圣人经天地，然其道要不越于教养。"（《御制文》一集，卷二十一）

至于圣人之所以能成为圣人，明君贤相之所以具有卓识远见，都不是"生来"的。康熙以自己为例，曾反复说明学识并非来自天授，如说：

> 朕常讲论天文、地理及算法、声律之学，尔等闻之则奏曰："皇上由天授，非人力可及。"如此称誉朕躬，转掩却朕之虚心勤学处矣。尔等试思，虽古圣人，岂有生来即无所不能者。凡事俱由学习而成，务学必以敬慎为本，朕之学业皆从敬慎中得来，何得谓天授非人力也。（《九朝圣训》卷五）

可见康熙非常强调人的自身作用。

在治国问题上，他强调君相的作用，认为一个政权的"兴废"，不是出于天命，完全在于"修德安民"。他说："守国之道，惟在修德安民。民心悦，则邦本得，而边自固，所谓众志成城者之也。"（《清史稿》卷五百八十）又说："观古废兴之际，如夏商之桀纣，周之幽、历所以坠失天命，皆其自取。后世亦有无大失德而陨覆其家国者，如明之崇祯年间是也，皆由其臣子背公徇私，处言路者，变易是非，淆乱可否，曾无实心体国之人，故至此耳。”（《御制文》一集，卷二十七）因此，他提出了“王道在乎因民”（同上）的主张。

康熙认为国家“兴废”在君相的“人治”，而“人治”的成败决定于民意，他说：

> 居官之善与不善，到任不过数月，人即知之，故曰：天视自我民视，天听自我民听，民意即天意也。（《九朝圣训》卷四十六）

这里康熙提出的天意、民意合一的观点，也就是以民意代替了天意。由于他把民意提到天意的高度，实际上也就把天意给架空了。

五　雍正、乾隆的人本思想

雍正（1678—1735 年），名胤禛，康熙第四子，在位十三年。雍正曾撰《御选语录》的佛学著作，自诩为佛学通家，为了控制和利用佛教，支持圆悟派反对法藏派的佛派斗争，自号圆明居士。

雍正著的《圣谕广训》一书，每篇文章之后，都附有《圣谕广训衍》，用白话文对原文进行绎衍，衍文虽不出于雍正之手，但来自原文，可以代表雍正的思想。此书中有《黜异端以崇正学》一文，此文的“衍文”，只把儒学看成为正宗，其他如佛道、天主教以及民间宗教等都视为要排斥的邪教，对之进行了痛斥。衍文说：“万岁帝的意思说，天下的风俗，最怕的是刻薄，但是人心不好，如何风俗能够厚道呢？就是这个人心，本来也是极端正的，只因为有了邪教，人都习学得不好了。”世上“唯独圣人留下的五经四书”，是正经的道理，背离五伦，胡说乱道的，哄劝愚民，都“是杀人的钢刀，迷人的毒药，都叫邪教。”又说：“万岁帝着实怜悯你们，要叫你们省悟，你们还不仔细听着吗！从古以来就有三个教流传，除了读书的秀才，就是和尚、道士。这和尚的讲论，不过是成佛作祖。又说道，一子出家，九族升天，你们想一想，那里有个佛哟。怎么是佛，佛就是心，怎么是念佛，就是时时刻刻的念头，都要照管着心肠，你们心肠好，这就是佛了。……至于道家讲的，都是修炼的法心，甚么乾汞捉铅，甚么龙吟虎啸，甚么内丹外丹，不过是要养的精神好，多活几年罢了。”

衍文中还将佛、道的念经、修炼等虚文作了淋漓尽致的奚落，如说，

“就是那名山宝刹里头最会讲经说法的大和尚，也只说得个心字，那深山古洞，讲做神仙的好道士，也只完得个炼气，究竟把五伦灭绝，逃走到那没人烟的所在，去参他的禅，打他的坐，且莫说成不得佛来，做不得神仙来，便是真个成了佛，做了神仙，有谁看见他上了西天，有谁看见他白日飞升，活活都是捣鬼。偏你们百姓，最容易被他哄骗信了。你看这些苦修的和尚，炼气的道士，空把人伦灭绝，一毫没有济人的去处。”衍文又说，“就依着他们佛书上说，佛是梵王的太子，因为厌弃红尘，躲开了。各自去雪山顶上修行，他连爹娘儿女夫妻，都是不顾的，到顾起你们众生来，与你们讲经说法吗！他把皇宫内院，龙楼凤阁，尚且舍弃了，倒希罕你们盖的庵观寺院吗？就是玉皇天尊，果然有这个神，他在天上，难道不逍遥自在，用着你去塑他的金身，给他盖房子住吗？这些吃斋做会盖庙塑像的话头，都是游手无赖的和尚、道士，造作出来狂骗你们的。”“又如你们念佛，说是行好，在神佛面前烧钱化纸，上供打斋，可以消灾灭罪，增福延寿。你想想，从来说是聪明正直为神，既是一个神佛，岂有贪图你的元宝供献，就保护你，你若是不与他烧元宝，不与他摆供献；神就恼你，降祸与你，这神佛也是一个小人了。”“凡佛经上的咒语，都是佛国里的番语，就如我们中国各处的乡谈一般。他把佛国的乡谈，说是佛菩萨的咒。又造作出手捻的决来，道士家越发荒唐，说什么驱神遣将，斩妖去邪，呼风唤雨，礼星拜斗，且莫说都是谎话，就是偶然有些灵应，也都是一团的幻术，障眼的法儿，并不是实实在在的。”

乾隆在乃祖乃父的人本思想的基础之上，又作了进一步的阐述。他在论证历史上所出现的“治与乱”、“盛与衰”的现象时，指出了君相的重要作用，他说：

> 自古有一治必有一乱，有一盛必有一衰，天运循环，未始不由人事致之也。致治之主，其兢业恒凛于板荡之余；骄亡之君，其奢泰常肆于宴安之日。语曰：“君相不言命”，谓其有造命之权也。若诿之天数之适，然亦过矣。（《日知荟说》卷一）

在天人关系上，他同样重视人的作用，如说：“为事在人，成事在天，天而不佑，事何能成；人而不为，天何从佑。”（《高宗御制文》三集，卷九）在强调人的作用时，他认为君相所具有的“造命之权”，能使社会达到“治”和“盛”，关键在于爱民。因为“天视自我民视，天听自我民听，民之所与即天之所与”（《高宗御制文》三集，卷一），所以

"人君畏天当知畏民，畏民莫若安民，而安民又在爱民"（《高宗御制文》初集，卷一）。在这里乾隆为了强调民的作用，竟把民和天等同起来。

基于上述认识他提出作为君相之人，一定要敬天爱民，天命是不足恃的，他说："纣之言曰：我生不有命在天，此岂非恃天之与己乎，吾是以祇申难谌廉常之义，而戒负扆者栗栗畏惧，以敬天爱民慎守其器，而此之与子与贤胥不必论，后此之与子与贤胥不可恃，故曰斯二言不足以示后之继业为万世法则也。"（《高宗御制文》三集，卷一）

乾隆注重实效，反对神学，不仅表现在他贬斥佛道教神学上，也反映在他对待世俗迷信的态度上。他从历史、事实、理论等三方面阐述了这一思想。

乾隆对佛教实际并不信仰。但是，他为了控制西藏，制定了金瓶抽签制；为了怀柔蒙古、则采取保护喇嘛教的政策。这些都是出于他巩固清朝和加强边疆统治所采取的手段。比如，他一再说："兴黄教即所以安众蒙古，所系非小，故不可不保护之，而非若元朝之曲庇谄敬番僧也。""若我朝之兴黄教，则大不然，盖以蒙古奉佛，最信喇嘛，不可不保护之，以为怀柔之道也。"（《高宗御制文》三集，卷四）

乾隆对道教也是不信的。在其即位之初，有议论其父因笃信丹术服之而致死的传言。对此，他曾下达谕旨说："皇考万岁余暇，闻外间炉火修炼之说，圣心深知其非，聊欲试观其术以为游戏消闲之具，因将张太虚、王定乾等数人置于西苑空闲之地。圣心视之与俳优人等耳，未曾听其一言，未曾用其一药，且深知其为市井无赖之徒，最好造言生事。皇考向朕与亲王面谕者屡矣。"（王先谦：《东华录·乾隆一》）

符瑞、祯祥之说，盛行于封建社会，禁锢着人们的思想。乾隆认为符瑞并不重要。他说："盖闻国之将兴，必有祯祥，而祯祥之物申乎天，而致天乏赐则由乎人。"（《高宗御制文》二集，卷三十二）又说："盖以治天下之道，惟在君臣上下一德一心，政绩澄清，黎民康阜，斯为国家祥瑞之明效大验，而不徒在云气物产之菁华也。如果海宇一道同风，众庶安居乐业，虽不闻瑞物之来，亦无损于太平之象。"（王先谦：《东华录·乾隆一》）

对卜筮迷信行为，乾隆也持反对的态度。他认为"古今异宜"，卜筮能行之于古，不能行之于今。古时圣人如大舜并不信卜，商王盘庚虽信卜筮，也不过是因为"神道设教，用以安众"的需要而已，可见古人也并非全信卜筮。所说的神实际上并不存在，如三人同卜一事，所卜结果不同，无法回答"所疑之事"。所以为帝主者，只要"濬哲文明，温恭允塞，"就足以"通天地，愜神明"了，而无需问卜。为此他还作了《卜筮说》的专文，用以阐明自己的思想。其说云；"圭瑁封建井田以及公尸像设之说既陈，则卜筮亦有类于是者，不可不申其义而为之说。……故余不敢云古圣人卜筮之说为无，而实谓今之无卜筮之人与其器，则亦可无卜筮之事也。且舜之命禹日卜不习吉，可知古之时已有不用者矣。至于盘庚之卜稽大诰之卜陈，所谓世治听人，世乱听神，神道设道，以安众志耳。岂如大舜之志，先定而询佥同哉！且国家大事，动资卜筮以定吉凶，则言吉凶者纷至，将何适从，岂不同待议论定而敌兵早过河乎。兹故明言卜筮不能行于今。而以大舜不习吉之言为准，然舜岂无所本哉，濬哲文明，温恭允塞，具此德则通天地惬神明，动罔不吉，又何卜筮之足藉乎。"（《高宗御制文》三集，卷四）其论归根到底还是强调人君所具有"德"的作用，不必遇事问卜。

六　对清代统治者的人本思想的总评

清代从太祖努尔哈赤到清高宗（以及其后各朝皇帝）都是萨满教的虔诚信徒，都是有神论者，而不是无神论者。但是这些统治者都是很聪明的，他们知道要打天下，要统治地方这么大，人口这么多的中国，靠信仰萨满教是不行的，靠求神拜佛是不行的，必须靠人的智慧，人的努力，特别是要靠"得民心"，要靠广大人民的力量。因此，他们对儒家的"重人事"、"轻天命"，"人定胜天"的思想特别感兴趣，感到儒家的这一套对他们"治国、平天下"很有用处，而尊重儒家学说与他们信奉萨满教并无矛盾，他们一面照旧信奉萨满教，一面大力尊崇儒家的学说。而事实上，满族以八旗兵力起家，统治中国这么大的国家，这么多的人口二百余年，并不是靠他们的萨满教，而是靠了儒家的"重人事"、"轻天命"、"人定胜天"，以及"天视自我民视，天听自我民听"的"人本"思想与"民本"思想。

从这里我们也可看到，中国历代的统治阶级（不论是汉族的，或是少数民族的），自汉武帝"罢黜百家，独尊儒术"以来，都把儒家的学说捧得那么高，把孔子的地位抬得那么高，就是因为儒家的学说对他们统治中国有莫大的好处。

这里就涉及儒家学说与中国无神说的关系。因为古代中国的无神论者，或具有无神论思想倾向的人物，一般都是儒家，他们无神论思想或倾向，都披着儒家的外衣，因而中国历代统治阶级对儒家外衣的无神论思想或倾向，不能不给予一定的合法存在的地位。因而儒家的外衣对中国无神论思想或倾向，客观上起了很重要的保护色的作用，没有受到像西方无神论者那么残酷的迫害。这也可以说是中国无神论的特色。

第四节　阿克敦的无神论思想倾向

阿克敦（1685—1756年），字冲和，满洲章佳氏，隶满洲正蓝旗。他的先人自努尔哈赤兴起以来，世代为功臣显官。他本人自幼受到良好的教育，14岁入学为生员，20岁中副榜为贡生，25岁（康熙四十八年）时中进士，选庶吉士，散馆授翰林院编修，从这年起便开始了他的宦海生涯。他历仕康、雍、乾三朝，备受皇帝信任。但也曾两次被判为“斩监候”，不过都为时不长即被赦出，又复加官晋级。阿克敦官职多变并经常升迁。曾先后任河南乡试考官，擢侍讲学士，侍读学士、詹事、内阁学士等。其后，擢兵部侍郎兼圣祖实录馆、四朝国史馆、会典馆、治河经略馆、八旗志书馆、一统志馆等副总裁，署理两广总督兼广州将军。他还曾出使朝鲜册封王子，并受命调解喀尔喀与准噶尔的纠纷事宜。后擢刑部尚书，翰林院掌院学士、内阁协办大学士。另外还迭署都察院右都御史、步军统领以及授任镶蓝旗满洲都统和镶白旗汉军都统等官职。曾授太子少保，卒谥文勤。《清史稿》评其为官“惇大而清”。

阿克敦一生勤于政事，颇具政治才干。在其居官的同时，呕心文史，尤喜探求哲理。对选拔与培育人才也颇为留心。时人有“天下俊伟之士多在门下，而总领书局，怀铅舐墨，承其点窜者，无不各惬其意”（钱仪吉：《碑传集》）的赞誉。阿克敦平素探求哲理的议论颇多，惜在其生前未能形成专著，直至其曾孙那彦成，始将其遗稿辑成《德荫堂集》，付刻传世。其书仅四册十六卷，篇幅虽不大，其中却保留了他的主要思想，闪烁出一位满族杰出朴素唯物主义无神论者的思想光芒。

阿克敦继承了我国传统的太极说和张载的哲学思想，并将二者结合，形成了自己的朴素唯物主义无神论思想体系。

一　万物自生并非神造

阿克敦认为，世界是物质的，不断运动的；万物自然生，非神造。这是他的无神论思想的基本观点。

在他看来，宇宙有体也有用，体即太极，用即阴阳，二者不可分。他说：

> 大化之在两间，有体有用。体者何？太极是也。用者何？阴阳是也。体未尝不具夫用，用未尝或离夫体。太极阴阳又不可歧而视之也。……五行是顺布，即二气之良能所充满流动于天地者也。（《洪范五行经世四象同异论》，《德荫堂集》卷15）

这就是从体用关系上阐述的太极、阴阳、五行的同异观。然而，他又认为，太极、阴阳、五行三者是同一的，即“阴阳一太极也”（《一故神论》，《德荫堂集》卷十五），“五行一阴阳也”（《阳陷于阴为水附于阴为火论》，《德荫堂集》卷十五）。可见，他的“太极”概念，是物质性的东西。

在阿克敦看来，阴阳是“对待之体”，二者流行、相感，交资为用，以生物成物。他在《阴阳之精互藏其宅论》中说：“夫天地间万有不齐之物，聚而后有其形。使阴自阴而阳自阳，则阴之精无所依，无所依则散而无以为受；阳之精无所蔽，无所蔽则泄而无以为施，阳无以为施，阴无以为受，而造化之功能或几乎息，又何恃以生物成物于不已也。且夫阴有阴之宅，而阴之精不宅乎阴也；阳有阳之宅，而阳之精不宅乎阳也。盖天下凡属乎阴者，其质本阳；属乎阳者，其质本阴。阳入乎阴之宅而藏其精，而阴乃得阳以为质；阴入乎阳之宅而藏其精，而阳乃得阴以为质互藏精于其宅，然后阳非独阳，阴非独阴，以之生成万物而无穷也。”这种阴阳互藏生成万物的观点，肯定了世界的物质性，排斥了神创说。并强调人要因道之变而加以利用：“大道有消长，哲人在乘时，身心役于物，出处失其宜。”（《读汉留侯唐邺侯传》，《德荫堂集》卷三）同时指出人是宇宙中的英华：“惟人赋秀灵，慎勿负苍穹，进德与修业，争肯弃时光。”（《此日不再得和龟山杨氏原韵》，《德荫堂集》卷三）鼓励人们要珍惜自己，抓紧时机取得成就。他的这种思想是同其生活在康、雍、乾的清朝上升的全盛时期有着密切关系的。反映当时清朝统治阶层，还具有一股励精图治奋发向上的精神，这一思想也正是人本思想的一种表现。

阿克敦非常强调人在实践中的主观能动作用，并提出了“道”的概念。他所说的“道”，是指着宇宙万物的客观发展规律。“夫道也者，放而至于六合，推而至于四海，近而至于人伦，事物之间，莫不有道，而不可须臾之或离，盖亦极其大矣。”（《道能物身故大论》，《德荫堂集》卷15）这一客观规律的“道”，是同人们的社会实践分不开的。“道与身常相待也，身离道则身为具体，道离身则道为虚名，故身必待道而后能践夫形色之性者，道必待身而后能扩夫弥纶之量，夫固有阙一而不可者也。”（同上）接着他又进一步提出“宏道”的观点，即人的创造作用。“人能宏道，非道能宏人。人宏道者，体道而成其大之谓也。道不宏人者，道能体身而成其大，不能，必人之体道而成其大之谓也。”（同上）

二　阿克敦反宗教神学的思想

阿克敦有着较为明显的无神学思想，主要表现在反对佛、道宗教神学方面。

（一）佛教理论是“空虚”的

阿克敦赞扬张载的“合性与知觉有心之名”的观点，是“不易之论”。由此，他从体用二者的关系上阐述了“心”。他说：

> 今夫心非冥然无有者也，则必有所具之实理。心非顽然无灵者也，则必有运动之良能。自异端以寂灭为学，而心之本有者失其有，心之至灵者失其灵，遂使天下后世昧昧焉，惑于其说而不明夫心之为物也……夫心者，一身之主宰，寂然不动之为体，感而遂通之为用。（《合性与知觉有心之名论》，《德荫堂集》卷15）

就是说，“心”为“有”，即体，比如仁义礼智四德为“性”所固有，“四德根于心者，心之体也”；“心”的“运动之良能”，为用，如说知觉发而为仁义礼智四端，“四端起于心者，心之用也”。所以说，天下没有无用之体，也没有无体之用，性与知觉不可分，“心固兼体用而不遗者矣”（同上）。

在阿克敦看来，“心兼体用”是儒家的观点，它不同于佛家“言心”。他肯定儒家“言心”，否定佛家“言心”。如说：

> 夫性者心之体，知觉者心之用。心兼体用，则心固不能外性与知觉而冥然独存者也。乃吾儒言心，释氏亦言心。吾儒之言心，有体亦有用；释氏之言心，有体而无用。有体无用，故自灭其仁义礼智之性，而并丧其知觉运动之能也。然则亭名原心殆亦原其所谓有体有用之心，而不可入于释氏之空虚乎。（《原心亭记》，《德荫堂集》卷16）

这里主要有两点，第一，儒佛两家“言心”之不同在于：一说心有体有用，一说心有体无用。有体有用，人则“日进于高明”；有体无用，人则“日趋于卑下”（《合性与知觉有心之名论》，《德荫堂集》卷15），因为这是“自灭其仁义礼智之性，而并丧其知觉之运动之能”，“遂使天下后世昧昧焉”。第二，“不可入于释氏之空虚”，是说佛氏所谓的“心”是玄虚之体，佛氏的“言心”是“空虚”的。一句话，否定佛教神学的理论及其作用。

（二）神仙是梦中人

阿克敦对道家的神仙说同样持着鲜明的否定立场。他曾以汉留侯张良和唐邺侯李泌的进退有节，得保身家的故事为题吟诗一首，其诗有云：“汉唐两先生，令闻善保之，托言养生术，罗网安所施，神仙亦杳渺，功名不可羁，遗编览夏日，绿叶亚槐枝。”（《读汉留侯唐邺侯传》，《德荫堂集》卷3）在这里，他认为以道家“养生术”为借口是可以避祸，“善保”其身，但神仙实在是“杳渺”的，只有“遗编览夏日”的现实生活才是真实的，可行的。在其另一首诗“南柯一梦”有感而吟的七言绝句中，曾写道：“卢生一卧古祠新，未断炊烟悟已真，争道神仙能醒世，神仙亦是梦中人。”（《过吕仙祠》，《德荫堂集》卷7）更加明确地指出神仙只能存在于梦境之中，从而也就否定了道家的所谓修炼成仙之说。

阿克敦还针对传统的所谓具有意志并主宰世界的至高无上的天，提出“天心更何有”的论断。在其咏夜诗中写道：“徐步广庭间，高吟独昂首，白云向空尽，天心更何有。”（《中秋玩月五首》，《德荫堂集》卷3）用“天心更何有”一句，来表明自己对天的看法：“天心”是没有的，当然也就不会有什么“天命”了。

阿克敦有时也讲天命、“百神”，比如他在考察祭时、寒暑、日、月、星、水旱的“六宗说”的来源的专文中说：

> 王者与天地合德，故燔柴瘗埋之外，百神皆得而祭之。……王者以圣人之德，居天子之位，至尊无上，而必曰畏天命者，不恃其尊天也。则夫祭时、祭寒暑、祭日、祭月、祭星、祭水旱，而谓之宗者，以六者从乎天之类也。地统于天，从乎天之类，而谓之宗，即尊天之意也。然泰坛泰圻反不得谓之尊者，岂尊天地反不如尊六者耶？盖王者父天母地，天地之大不嫌于不尊，故无假于尊之名也。此六宗之说所由来乎。（《六宗说》，《德荫堂集》卷16）

这是对皇帝“至尊无上”，而又要“畏天命”、祭“百神”的解释，显然带有两重性的特点。但进一步分析，可看出以下几点：第一，“王者与天地合德”一句话，是将人、天、神并举；第二，肯定帝王的地位是“至尊无上”的；第三，时、寒暑、日、月、星、水旱六者是“从乎天之类”的，因而祭六者为之宗，对于本来就至大的天“不嫌于不尊，故无假于尊之名也”。不以“天”为宗，还说它“不嫌于不尊”，“无假于尊之名”。总之，不论从那一点说，这里不是“尊天”，实是贬天，轻天命的。由于他的地位及其所处的时代的限制，他还不可能公开地反天命，只好采取这种隐晦的手法。

由于阿克敦出身于满族贵族，他的思想受到阶级的、时代的局限。特别是在其长达四十七年宦途生涯里埋头于纷忙的政务之中，使其在对许多问题的探讨上，受到干扰，以致在其生前未得时间将其研究的成果写成专著，实为可惜。尽管如此，他的思想里确实放出了耀目的光芒，他在阐明了自己的哲学思想的同时，又据此而批判了佛、道的唯心主义的神学思想，更以“天心更何有”，向传统的天命观提出了挑战。这对属于统治层、处于高位的阿克敦来说，确是难能可贵的。他堪称为满族中具有无神论思想倾向的代表人物。

第五节　满族无神论思想的特点及其历史作用

满族的无神论思想，有着较为丰富的内容，鲜明的特点。

有清一代，是我国佛、道教等宗教神学流行，天主教、基督教等外来宗教神学的传人，传统神学、世俗迷信泛滥的时代。这些有神论思想，有碍社会发展，不利于清前期统治阶级的统治。因此，清前期的几个封建帝王、大臣，以及一批满族的文人学士各从不同方面，不同程度地与有神论展开了斗争。在斗争中，他们从巩固、加强清封建专制的政治需要出发，以人本思想为武器，对佛、道教等宗教神学、世俗迷信等有神论进行了一定的批驳，具有一定的无神论思想倾向。

满族无神论思想倾向有其特点，主要有以下几点。第一，重人轻神、注重人为、贬斥宗教的人本思想，是满族无神论思想倾向的主要表现形态。他们强调“惟民是赖”、“修德安民”，指斥宗教神学是“虚幻”、“错谬”的“若空之说”，“无益于政治”，“惑世诬民”，颇为突出。第二，由于以人本思想为主导，满族中具有无神论思想倾向的人物，大都不是竭力鼓吹天命论，而是抑制天命论的，甚或是贬斥天命论。“皇天无亲，有德者受命”，“民意即天意”，“天道环境，未始不由人事致之”，就是这种思想倾向的表现。清朝前期的几个帝王有此思想，与他们处于创业、或守业并强化其统治等因素不无关系。第三，本章所撰的具有无神论思想倾向的人物，还不能算作无神论者。在他们的思想中，还有不同程度的有神论思想的一面。他们扼制、贬斥天命论，但也讲天命，天意、天佑；他们不信佛、道教等宗教，但承认、保存本民族原有的敬神信祖的祭礼仪式；他们尽管抨击宗教有神论和世俗迷信，但却保护西藏、蒙古两地区的宗教，也搞以神权治民的一套。所有这些，说明他们在有神无神问题上的矛盾的两重性。第四，满族的人本思想有着巨大的社会政治作用。无神论思想在满族中的产生、发展，特别是在有清一代的进一步发展，对满族历史的发展和进步发生了深刻的影响。满族之所以被誉为一个颇具才干的民族，虽然原因很多，其中重要一点，是同其所具有的这种人本思想有着密切的关系。尤以清代前期统治层中所出现的几位代表人物，他们一反过去历史上传统的天道设教的统治术，而将其转到人道设教上来，以"实心行实政"，对国家进行了励精图治，社会影响巨大。

人本思想赋予满族以一种强烈的进取精神，支配着满族的社会行动，从而产生了一定的社会效能，使满族在清朝特别是清朝前期，对中华民族的发展作出了新的贡献。这在祖国经济、科学、文化发展，开发边疆，反对分裂维护国家统一，反对外敌侵略保卫领土完整，以及加强各族联系、发展统一的多民族国家等方面，都有不同程度的表现。比如在人本精神的支配下，满族重视并善于学习汉族的先进文化，发扬光大，用汉文著书立说，从事文艺活动，出现不少文学家和艺术大师，纳兰性德及其《饮水词集》等，就是其中著名的代表。从自然科学上说，在康熙、乾隆相继主持下编写的《数理精蕴》、《皇舆全览图》、《乾隆内府舆图》、《医宗金鉴》等著作，是很有价值的自然科学著作。满族人在文化、科学上取得的成就，大大丰富了祖国的文化宝库，客观上有利于无神论思想的发展，或给无神论思想提供了自然科学基础。

满族在历史上有鲜明的无神论思想倾向，这是无疑的。但是也必须看到，满族无神论思想水平还不高，从中国无神论史上看，现在还没有发现称得上杰出的无神论者的代表人物。

第七章　白族

第一节　白族社会历史概况

白族有113万余人，居住在云南省的有1121051人，云南白族又有80%以上聚居在大理白族自治州，此外，四川省的西昌和贵州省的毕节地区也有少数白族散居。

白族自称“白子”、“白尼”，汉语意为“白人”。新中国成立前有他称：“民家”、“那马”、“勒墨”等。1956年根据本民族的意愿，定为“白族”。

白族有悠久的历史。根据考古发掘的文物可知，远在三千多年前，今白族聚居的大理地区就已有古人类的活动，该地区是云南古文化发祥地之一。

四千多年前，我国西南地区氐羌族群的一支称为僰人。僰人分布于今川西南、滇东北以至滇中的平坝地区，他们是白族的远古来源。关于白族的族源，学术界尚无统一的看法，但是我们认为，白族共同体的最后形成大约在10世纪前后的大理国时代。

根据古文物记载和地下文物，白族先民大约在战国时期才先后不同地向阶级社会过渡，此前则处于原始社会阶段。如《史记·西南夷列传》载：当时居住于金沙江一带、滇池与洱海之间的白族先民，即“嶲”“昆明”诸部，“地可数千里”，“随畜迁徙、毋常处、毋君长”，也就是说，还处于原始社会时期。而在远古流传下来的白族史诗和传说中，亦有对原始社会的模糊的记忆和反映。如云南省碧江县白族《开天辟地》的传说中讲道：“那时人们不会种地，专靠打野兽吃。后来知道种庄稼，但不知道牛耕，用‘石天斧’和‘神木棒’能干所有的事。”《开天辟地》的传说中还说：“当时有一位老妈妈，她的本领是最大的，管理很多人，大家都听她的命令，她说干啥，大家就干啥，并且一干就成。她给人吃肉，给人吃饭，当所有人的家。”[1] 这些传说反映了白族先民曾在原始社会中经历了从采集、狩猎到农耕的转变、从母系制到父系制的转变。甚至到了近现代个别落后和闭塞地区的白族，还保留着某些原始时代的习俗、遗风，如碧江县白族在新中国成立前把土地称为“庸次即”，意思是“我们这一氏族的土地”；无牛户可以使用有牛户的耕牛，而不给报酬，因为他们认为“主人只有耕牛的头和皮，其他部分是大家公有的”[2]，这些都是原始社会的遗风。

公元前4世纪左右，白族先民开始向阶级社会过渡。近年来在洱海、滇池地区发掘的文物、墓葬，说明在这一时期人与人之间已有贫富悬殊、阶级分化[3]。到公元前后，即秦汉时期，在滇池洱海地区出现了滇国，滇国则已是完全的奴隶制社会了。滇国的主体民族是僰人，其中包括有昆明人和叟人，他们都是现今白族的先民[4]。到了西汉时期，滇国臣属于西汉王朝，其统治者被封为滇王。滇国处于奴隶制社会的发达时期。到了东汉，滇国奴隶制日趋衰落，反映在文献上已经没有关于僰族滇王活动的记载。东汉末，代之而起的是封建主大姓的割据。东汉末至唐初，由于内地汉族大量迁入云南，其中的豪族大姓同当地僰人以及其他民族的统治集团相联结，形成了地方割据势力，史称“南中大姓”。到东晋时期，形成了彝族和白族先民共居的地方政治区域。一般来说，居住在现今的滇东、滇北以及滇黔交接的黔西地区的主体为彝族；居住在今滇池以西，洱海以东，北至金沙江，南至今建水县的平坝地区则以僰人为主。到唐初，居民中“白蛮”的成分日益发展，白蛮大体即是后来的白族先民。

唐初，在今云南省洱海地区出现了“六诏”集团。737年六诏中的蒙舍诏，借助唐朝的力量，击败了其他五诏，建立了“南诏”政权，738年，唐朝封南诏首领皮罗阁为云南王。从此至902年，南诏在约二百年的时间内始终控制了云南。南诏的统治者是乌蛮（彝族先民），由于它兼并了洱海地区的白蛮，并迁徙大量西爨贵族到滇西一带，所以南诏政权中也有不少白蛮（白族先民）参与。南诏政权是奴隶主政权，南诏的社会性

---

① 《碧江勒墨人调查报告》，转引自《白族简史简志合编》（初稿），中国科学院民族研究所1963年印，第32、33页。

② 同上书，第32页。

③ 如祥云县大波那发现一座公元前400年左右的木椁墓，内置铜棺，随葬物有各种精美青铜器，这说明墓主已非一般平民，而是有身份的剥削者。

④ 有的同志认为，僰人是彝族的先民，我们认为，僰人处于分化、发展之中，其后裔，有发展为彝族的，也有发展为白族的，由此可以说僰人既是白族的先民，也是彝族的先民。

质基本上属奴隶制社会。

902年，南诏政权灭亡。以后35年中出现短暂的“大长和国”、“大天兴国”和“大义宁国”。937年，白族首领段思平联合滇东“三十七部”的白、彝等族人民，推翻了“大义宁国”，建立了号称“大理国”的地方政权。大理政权的统治集团以白族为主，同时也联合了彝族以及其他民族的统治者。从南诏末期开始形成和发展的封建经济，到大理时期则已成为占统治地位的经济形态。

1253年，忽必烈率军灭大理国，建立云南行省，在大理地区设置大理路、鹤庆路，实行土官制。明朝时期，大理一带被“改土归流”，促进了云南和内地的经济，文化交流。在这一时期内，新的封建地主经济开始发展，逐渐取代领主制。清代，大体继承了明王朝的制度。至此，大理、剑川、鹤庆等坝区的白族先后都进入了封建地主经济时期，而云龙、兰坪、碧江一带山区的白族则还保存封建领主经济以及奴隶制或者更落后的原始公社残余。

近代以来，大多数白族地区同周围汉族地区的经济、政治形态已无根本区别，即沦为半封建半殖民地的社会。

第二节　原始社会白族宗教和无神论思想的萌芽

一　白族原始崇拜中有神论和无神论思想的萌芽

（一）白族的自然崇拜

最初的原始崇拜是自然崇拜。自然崇拜即是对各种自然物的盲目迷信和崇拜。从现今白族的某些习俗中可以窥见，远古时代白族对山、水、木、石、天、地等自然物，都有过盲目的迷信和崇拜。

对石的崇拜。洱海地区的白族近现代都还保留着崇拜石崖的习俗，许多壁立高耸的石崖都成为他们崇拜迷信的对象。如剑川县的蟒歇岭石崖，洱源县牛街的观音崖，大理苍山的凤眼洞石崖，邓川的石窦香泉崖等等，都是人们顶礼膜拜的对象。剑川县白族崇拜红沙石（该县多红沙石），甚至作为“本主”即当地的主宰神。大理县太和村白族对旧址一块巨石十分崇敬，称之为“女儿石”。大理、剑川一带白族崇敬家中支锅的三块石头，不许人们跨越，对旷野中成品字形排列的巨石，人们也都崇敬，如大理蝴蝶泉附近曾有三块巨石鼎足而立，当地白族称之为“支锅石”，经常向之顶礼膜拜，烧香献祭。近年来为修水利，已将三块巨石炸碎，但至今仍有人去原址祭献。

对树木的崇拜。大理喜洲一带自古就有崇拜神树的习俗，原喜洲公社十六村几乎每村都有自己崇拜的神树。怒江兰坪的勒墨人（白族分支的他称）也把村旁的大杨树视为神树，不准砍伐，并对之祭祀。

从白族自然崇拜的上述遗迹中可以看到，自然崇拜是原始时代人们对自然力的幼稚认识，其中既包含着对自然力的歪曲反映和神秘认识，因而有宗教观念和神秘主义的萌芽，同时，也包含着对自然物的实际性能、作用的正确认识，因此也有朴素唯物主义和无神论观念的萌芽。

从原始的自然崇拜向神灵观念发展，第一步就是由崇拜具体的自然物发展到崇拜管理自然物的人格神。从白族神话《石头皇帝的神力》中可以看出，这时人们所崇拜的已不是石头的性能，而是崇拜管理山石的石头王的神力。神话中这样说："洱源县和云龙县交界处，有座很高的大山，名叫兔罗坪，这山顶上，古时遗留下五间石屋，里面各有块大石头，相传是石头皇帝，管辖所有的山神和野兽，猎人和牧民们，一律敬奉他。"①显然，这样的神灵观念已具有宗教神灵的雏形，只不过在这种原始的自然神灵崇拜中还只反映着人与自然的关系，因此还不是后来严格意义上的宗教而已。

（二）白族的图腾崇拜

远古时代的白族先民，都曾经有过自己的图腾崇拜。现代，在经济文化发展较快的大理地区，已经很难看出原始图腾的遗迹，但是在交通闭塞，经济文化较落后的白族支系勒墨人和那马人居住的地区，直到解放初期，还明显地保留着自己的图腾崇拜。白族图腾崇拜的种类很多，有虎、鸡、熊、蛇、鼠和龙等，其中，鸡图腾是较为普遍的一种。比如，在白族的四十多种他称中，有阿介、洛介、介侯、介特扒、腊介、勒介六种称之为鸡（介是白语鸡的音译，意即鸡人、鸡家）。这六种他称，很可能就是鸡氏族的标志。在今天的大理、剑川、洱源一带，仍有鸡村、鸡邑、鸡登、鸡鸣村、鸡坪、拉鸡井、黑鸡村、鸡足山等地名，这也可能是鸡图腾的遗迹。另据60年代初的调查材料证明，碧江县第四区金满村的鸡氏族共计有十二代：介侯—摩干蒲—干山蒲、冻则蒲、金冲蒲、念冲蒲、怒则蒲—腊冲、腊汪—普米蒲—阿托蒲—尼子蒲—念通蒲—科鸡蒲—哈祖赛蒲—鸡波乍蒲—左子蒲。这些，都可以作为白族鸡图腾的印证。白族的虎图腾也较明显。白族的四十多种他称中，有十一种称为虎人。1956年碧江县第四区托托村还保留虎氏族的族谱，直到60年代，居住在怒江和俅

① 《山茶》1981年第四期，第16页。

江两岸的勒墨人还认为自己是“腊扒”即虎族。凡虎氏族的人禁忌吃虎肉，认为虎是自己的祖先，他们都是虎子虎孙。白族的虎图腾还保留在许多传说中。流传在怒江勒墨人中的《虎图腾故事》讲道，七姑娘嫁给了老虎，生了两个男孩，这两个男孩又生了许多子孙，其中有一个叫腊修的跑到怒江，发展成了怒江和俅江两岸白族的虎氏族。

除鸡、虎的图腾外，白族还有熊、鼠、蛇等图腾。碧江勒墨人民间故事《氏族来源的传说》中说，人类的始祖生了五个女儿，大女儿嫁给老熊生了许多儿子，成了熊氏族，住在兰坪，二女儿嫁给虎，住在怒江，成为虎氏族。三女儿嫁给青蛇，成了蛇氏族。四女儿嫁给老鼠，住泸水，为鼠氏族。①

（三）白族的英雄崇拜

近现代的白族社会中，还保存着“本主”崇拜这样的迷信活动。然而人们所崇拜的“本主”中，有一些是传说中战胜自然，为群众兴利除害的英雄，这些英雄斗争的对象是自然界，而不是社会，他们没有阶级属性，因此应属于原始崇拜的范畴。这种对英雄人物的崇拜中，包含着宗教有神论的观念，同时也有无神论思想的萌芽。比如被人们尊之为猎神的大理县周城“本主”杜朝选，是一个为民斩蟒除害的猎人，被称为神药孟优的大理县海东“本主”，是为民治病除疾的民间医生；被尊为“南海阿老”的洱海东岸的玉儿岛“本主”，是为民除猴害的渔民，被奉为“赤子三爷育物景帝”的大理县甸中村“本主”张小三，是一位给人民消除旱灾、治灭蝗害的少年英雄；被奉为“独脚龙王”的宾川大王庙“本主”阿龙，是一位为民治水的樵夫、渔民。

这种对人自身的能力和作用的崇拜，其中包含着人能战胜自然灾害的观念，应是后来“重人事”、“人定胜天”等无神论思想的萌芽。当然，由于神化了英雄，也孕育着宗教的萌芽。所以，到了南诏、大理时期，对英雄的崇拜就逐渐演化为对“本主”神灵信仰的宗教。

二　白族的史诗与传说

（一）白族“打歌”《开天辟地》

“打歌”白语音译，即游戏、娱乐的意思，形式为边唱边慢步走。“打歌”的内容十分丰富，《开天辟地》是用“打歌”这一古老艺术形式创作出来的史诗。全诗分为《洪荒时代》、《天地的起源》、《人类的起

① 大理白族自治州文化局编：《白族民间故事选》，上海文艺出版社1984年版，第7页。

源》三部分。

《打歌·开天辟地》一开始就提出天地、日月、山河和人怎样产生的问题。它唱道：

> 谁来变天地？盘古盘生两兄弟。哪个变天？盘古来变天。……哪个来变地？盘生来变地。

可见，天和地不是从来就有的，而是盘古盘生两兄弟变成的。盘古盘生两兄弟是神吗？不是，他们是普通的人，是两个樵夫。诗中这样说："哪个天天去砍柴？""盘古盘生两兄弟"，"天天砍柴养母亲"。

有了天和地，那么天地之间的万物又是怎样来的呢？史诗认为，万物不是从来就有的，也不是凭空产生的，而是由"木十伟"这个人的身躯变成的。史诗唱道：

> 木十伟怎样造万物？木十伟自己变万物。左眼变什么？左眼变太阳。右眼变什么？右眼变月亮。睁眼是白天，闭眼是黑夜。小牙变什么？小牙变石头。眉毛变什么？眉毛变竹子。头发变什么？头发变树木。耳朵变什么？耳朵变耳顺风。鼻子变什么？鼻子变笔架山。大肠变什么？大肠变大河。小肠变什么？小肠变小河。心变什么？心变启明星。肝变什么？肝变湖泊。肺变什么？肺变海洋。肚脐变什么？肚脐变成大理海子。气变什么？气变成风。脂油变什么？脂油变云彩。肌肉变什么？肌肉变成土。汗毛变什么？汗毛变成草。骨头变什么？骨头变大崖石。手指脚趾变什么？手指脚趾变飞禽走兽。嘴巴变什么？嘴巴变城市和村庄。手指甲变什么？手指甲变屋上的瓦。筋脉变什么？筋脉变道路。四手四脚变什么？四手四脚变四大山。

《打歌·开天辟地》关于天地、万物起源的叙述，显然是神话。然而就在这种神话中却包含着朴素唯物主义和无神论思想的萌芽。人的身躯当然不能够变成天地和万物，但是，这种幻想却包含着这样的观念：天地万物，既不是从来就有的，也不是神灵凭空创造的，而是由具体的物质——人的血肉之躯变成的，"变"就是转化，即一种具体的物质形态（人体）转化成了其他各种具体的物质形态。这就同宗教有神论关于神灵凭空创造天地的说法大相径庭，而同朴素唯物主义思想相近。

但是，《打歌·开天辟地》中的盘古、盘生和"木十伟"终究是先天地万物而生又创造天地万物的人，这样的“人”是被极度夸大了的、神秘化了的人。这样一种对人的认识，包含着宗教神秘主义的萌芽；这样一种“人”进一步神秘化就会成为宗教的神灵。

所以，《打歌·开天辟地》和一切原始史诗一样，还是朴素唯物主义的萌芽和有神论思想的萌芽相互交织、渗透的矛盾统一体。

第三节　阶级社会中的白族宗教和无神论思想的斗争

一　阶级社会中的文化科学

自古滇爨时期起到近代这一漫长的白族阶级社会中，充满着压迫、剥削与反抗压迫、剥削的阶级斗争。从古代的奴隶主对白族先民的残酷压迫、剥削和杀戮，到近代封建地主、官僚买办、帝国主义“三座大山”对白族人民的压迫，以及人民反抗这些压迫和剥削的斗争，是白族阶级社会历史发展的重要内容和动力。白族无神论思想和有神论思想的斗争，就反映着这种压迫与反压迫的斗争，并为这种斗争所推动。

在阶级社会漫长的历史时期中，白族的科学技术以及文化，随着生产力和经济形态的发展而发展，这是白族无神论思想在阶级社会中能够发展的又一社会基础。

原始社会里，白族原始崇拜中已经孕育着天文、医学、文学、历史、艺术等科学文化知识的萌芽。滇爨时期，作为白族先民的僰人，在经济文化科学方面已经较云南其他民族发达，故被称之为“夷中最仁，有人道”的民族。南诏、大理时期，白族的天文、医学、建筑、水利等方面已有了较大的发展。元、明、清时期，白族的文化科学发展基本已经和汉族一致。白族文化科学知识的迅速发展，除了继承本民族的优秀传统以外，更主要是大量吸取汉族和其他民族的优秀成果，使之成为有本民族特色的东西，其中吸取汉文化是最主要的方向。据有关文献记载，南诏时期，大量汉族被掳掠和迁移到滇池、洱海地区，其中不少是能工巧匠和知识分子，他们给白族地区带来了内地汉族的先进文化科学技术。另外，南诏统治者提倡学习和积极推广汉族文化，据《旧唐书·南诏传》载，巂州西泸令、汉族人郑回被南诏俘虏，因为郑回“有儒学”，南诏主阁罗凤“甚爱重之”，命其教授王子异牟寻、异牟寻继立为王，又命郑回教其子寻梦凑，并委命为清平官。南诏和唐朝修好后，在很长时间里派遣了大批南诏子弟到成都学习，“如是者五十年，群蛮子弟于成都者，殆以千数。”（《资治通鉴·唐记》）大理时期，白族和内地的交往甚频。元朝以后云南作为中央政权的一个行省，与内地的交往就更多了。这样，就促使南诏以后白族地区的文化科学技术又有了长足的进步。

白族的天文历法。据《蛮书》卷七和《新唐书·南蛮传》记载，南诏“以寅为正，四时大抵与中国小差”的历法，对促进农业生产有一定作用。元代，大理地区设立了观察天象气候的测景所。明清时期，出现了一批对天文气象方面有成就的学者。如明代学者杨士云对天文就有较多研究，在月食方面有比较科学的看法。清代的何中立、李彪、周思濂等，也写了一些著作。其中周思濂的《太和更漏中星表》是杰出的代表作。

白族的建筑和雕刻也较为发达。据樊绰《蛮书》记载，南诏时期，白族人民就修建了许多精巧宏伟的城池、宫殿、寺塔、楼阁。又据考古鉴定，大理三塔寺的主塔——千寻塔，建于南诏兴盛时期，其塔高69.13公尺，有16层，造作精巧，建筑结构尤佳，几经大地震仍巍然屹立，现为全国重点文物。白族木匠手艺高明，特别是“剑川木匠”更是远近闻名。不仅长于建筑，而且木刻水平也很高，因而在白族民间流传着大量的木匠传说。白族的雕塑也有辉煌成就。剑川的石钟山、金华山石窟造像是我国艺术宝藏之一，在我国石刻艺术上有较高的地位。

白族医学历史悠久，早于南诏以前就认识了麝香、牛黄等名贵药材。南诏时期已知人体的心、肝、胆、肾、胃、膀胱等的解剖位置，比中医对解剖学的认识要早。元代以后，白族地区出现了许多名医，如善治疯犬咬症的赵良弼和周思濂，有以小儿学盛名一时的杨世宾和杨宗儒等。这一时期还产生了不少医学著作，如明代陈洞天的《洞天秘典注》，李星炜的《奇验方书》和《痘疹保婴心法》等。清代有更多的医学著作问世，如孙福荣著《病家十戒医学十全合刊》、赵子罗著《本草别解》和《救疫奇方》等书。这些医学家和医学著作的出现，说明白族医学已经发展到较高水平，这在云南少数民族医学史上是较为罕见的。白族文化科学技术的发展为无神论思想的形成打下了基础。

二 阶级社会中白族宗教和无神论思想的特点

进入阶级社会以后，白族的原始崇拜已逐渐演变为人为宗教，并且由于统治阶级的提倡、支持，宗教成了白族阶级社会中占统治地位的意识形态。在这漫长的历史时期中，白族的宗教有下述特点：

第一，多种宗教信仰并存。在白族中首先盛行由原始崇拜转化来的巫教和“本主”崇拜，同时，汉唐以后佛教和道教传入，并为各个时期的统治阶级所着意支持和提倡，因而逐渐兴盛。近代以来随着帝国主义的入侵，基督教和天主教也进入某些白族地区。上述宗教在白族中长期并列共存着。除此而外，在兰坪、碧江等县偏僻地区的白族中，原始崇拜则始终是人民的主要信仰。

第二，宗教在意识形态中占统治地位，群众普遍信仰宗教。徐嘉瑞先生在《大理古代文化史》中说："大理现存之本主庙，若稽来源，皆历史甚古，今大理之七十村中几乎各有本主庙。"① 又据《滇系》所载："土主、龙神，即十室之邑，亦必建宇而栖焉。"可见村村崇拜本主，无一例外。除本主崇拜外，白族中还有历史久远、传播广泛的佛教和道教信仰。远在唐代以前，佛教和道教就开始传入白族地区，到了南诏中期，佛教取代巫教而成为国教。尔后，佛、道、巫教和本主崇拜等相互融合，成为人民的普遍信仰和占统治地位的意识形态。白族地区的佛教派系繁多，其来源也较为复杂。据《新纂云南通志·宗教考》所载："滇之佛教，传闻于汉晋，兴隆于唐、宋。"南诏最早的佛教系由西藏传入的密宗。万历《云南通志》记载："赞陀崛哆神僧，保和十六年自西域摩伽陀国来，为蒙氏崇信，于鹤庆东峰顶结茅入定。"南诏中期遂被定为国教。与此同时，小乘佛教也传到大理洱海地区，但未得势。其后佛教禅宗传入洱海地区并逐渐兴盛。明代，明太祖明令禁止密宗传播，致使其趋于衰落，代之而起的是禅宗的盛行。直到近代，由于杜文秀领导的农民起义的冲击，佛教才逐渐衰落下去，然而仍在白族地区流传至今。由于佛教在白族地区传播时间长，人民信仰普遍，因而影响和毒害是相当大的。在一般群众中，由于佛教密宗和禅宗相混杂，佛教和道教以及巫教、本主崇拜之间又相互渗透、混淆，使形成一种粗浅然而影响深广的世俗迷信思想。这种迷信，相信各种神佛、神仙、本主，实行各种仪式、禁忌，严重地束缚人民的思想，阻碍社会进步。

由于上述情况，宗教有神论在白族古代历史上长期占统治地位，无神论思想在艰难的环境中发展。在阶级社会中，白族无神论思想一方面产生于宋明以来的文人之中。白族的文人，多接受汉族儒家思想，既习儒又信佛，被称为"释儒"或"儒释"。少数白族文人受到儒家、道家思想中的无神论倾向的影响，产生了一些反宗教迷信的无神论思想，他们是白族无神论思想的一个方面。另一方面，在劳动群众中，自发地产生了一些反宗教迷信的思想，它主要表现在民间传说、故事之中。它们虽然在理论上还十分粗浅简单，但是却以文学形式对宗教作了尖刻的讽刺、揭露，在群众

① 《大理古代文化史》，中华书局 1978 年版，第 277 页。

中有广泛的影响。这些传说故事在群众中口耳相传，代有变异和损益，到近现代时已经是古今混同，难于辨清哪些内容是远古滇彝时期的内容，哪些是后来南诏、大理以及近代所作，故此我们暂时把这类传说故事都放到一起，作为整个阶级社会时期的意识形态来看，而不细分各个历史阶段。

第四节　清初白族无神论者高奣映

高奣映（1647—1707年）字雪君，亦字元廓，号问米居士或结奣山叟，清初白族[①]思想家。曾袭任云南姚安府土同知世职。

高奣映的家族自大理国以来累世为云南权臣。他的远祖高方支持段思平于937年在云南建立了白族的地方割据政权大理国，被封为岳侯。此后，其祖先累世为大理国重臣，其家族为大理国之白蛮贵族。元、明两代高氏仍为云南土司。明亡，其父高耀随明永历帝向滇西逃亡，被清军追回，后出家为僧，清廷遂命高奣映袭任土同知之职。由此可见，高氏在云南历史上有重大影响。

高奣映任土同知不久就托疾让子高映厚袭职，自己回乡钻研学术，撰写著作，教育学生，对云南学术、教育有很大影响。

高奣映的学术著作，据称有八十多种，有关哲学的著作有《太极明辨》、《迪孙》、《理学粹》、《金刚慧解》、《心经发微》等。现仅存《太极明辨》以及《金刚经一合相下不可说解》、《来矣鲜先生易注序》等论著。

一　万物自生“不假安排”

在《太极明辨》、《金刚经一合相下不可说解》、《来矣鲜先生易注序》等著作中，看出高奣映在哲学上反对佛、老之说，而以儒家正统自居。在儒学中，他反对朱熹的“无极而太极”即无极在太极之先、由无极产生太极的主张，认为自己研究佛学、注解佛经以及研究太极图说、批判朱熹，都是为了“以实理救空法”。他也批判陆王心学，认为“象山引释以乱儒，借儒以文释，驾伪以乱真”（《金刚经一合相下不可说解》，载《姚安县志》卷六十四）。他的这些看法，虽有不够妥帖的地方（如对朱熹的认识），但其主张“实理”反对“空”、“无”的中心思想，却是有积极意义的卓越见识。

---

① 关于高奣映的族属有白族说、彝族说、汉族说。我们认为他是白族，但是又和彝族、汉族、纳西族有血缘关系。

在宇宙发生论和万物本源问题上，高奣映既反对“老氏之出无入有”和“佛氏之澄空寂灭”，更否定有意识的人格神的作用。他说：

> ……天地既立，万物渐生，皆自然之妙，不假安排者也。天地混沌，息极而消，消者自消，而非有物以消之；天地开辟，消极而息，息者自息，而非有物以息之。（《太极明辨》卷一）

显然，这种自然之说否定了人格神、造物主的存在。在《太极明辨》中，高奣映认为，“天地未判”、“阴阳未分”之前，宇宙只是一个混沌。混沌即是“天地、阴阳、五行之气混沌”，也就是说，混沌乃由气所构成。由此，混沌所演化出来的天地、阴阳、五行以至万物和人类，都是由气所构成的。由此可见，高奣映是具有唯物主义倾向的。

但是，他又认为，气之所以能演化和发展，是因为其中有“理”，而混沌中的理，即至极之理，就是“太极”，故太极和理是气之主宰和能动的根源。他说：“天地之所以混沌而必有开辟者，太极主宰一元归复之理也。气有盛而必衰，故辟久必混；理无时而灭息，故混久必辟。譬如人之形骸，气也；人之心灵，理也，形骸有坏，而心灵未尝灭也。天地、阴阳、五行之气混沌□（此缺一字——引者注），而太极之理未尝泯灭，为之主宰以造成之复开二仪，于是天地既立，万物渐生……”以理为气及万物的主宰，以人之心灵为理，这就有明显的客观唯心主义倾向。在《太极明辨》中，高奣映动摇于朴素唯物主义和客观唯心主义之间，而最终归于后者。

二　“神藏于形”的思想

除《太极明辨》外，当他论到《周易》的象、数、理的关系时，也表现了唯物主义的倾向。立足这种哲学倾向，高奣映不仅否定造物主、人格神，而且认为人之形神不可分离，形灭神亡。他说：

> 宋儒欲扫除象数而专言理，夫理寓于象，犹神藏于形，形灭神将焉附？象去理岂独昭？（《读瞿塘来夫子易注要说》，载《姚安县志》卷六十四）

这种“理寓于象”、“神藏于形”的思想，是倾向于唯物主义的，是无神论的思想。

但是，由他在宇宙本源问题上的客观唯心主义所决定，故在肯定神藏于形、依赖于形的同时，他又强调人的精神即是理，是人身的主宰。他说："夫男女构精之会，阴阳皆极，故混茫之象成，此混茫之间全不假人力以安排之，自然而然，端有一理气以流通之。十月胎完，至混沌极，而太极冲其气则身也，其形则男女有别也。此点主宰之理，凭乎天命之性，即密密退藏于心官之灵府，是一人有一人之太极也。"（《太极明辨》卷一）这就是说，太极是"藏于心官之灵府"中的人的精神，是人之所以为人的"主宰之理"。由此出发，他甚至认为，太极和理是不会灭息的，因此人的精神也不会灭息："人之形骸气也，人之心灵，理也。形骸有坏，而心灵未尝灭也。"（《太极明辨》卷一）这样的说法显然和前述唯物主义倾向以及无神论思想相抵触了。

当然，即便此时，他仍否定人格神的存在，认为人的生育"不假人力以安排之，自然而然"。这在佛教、道教以及鬼神迷信盛行的边疆民族地区，是十分难能可贵的思想。

三　否认鬼神和世俗迷信

由于否定人格神，强调万物由理气自然演化而成，高奣映具有明确的无神论世界观。基于这种世界观，并从谋利于百姓的"实理"之学出发，他针对边疆盛行的巫术和鬼神迷信，著《禁邪巫惑众议》（载《姚安县志》第六十二卷）。这是在古代边疆民族地区极为少见的一篇无神论的战斗檄文。他尖锐地指出："巫之害甚于盗贼鸩毒矣！"并借用孔子的话发出"攻乎异端，斯害也已"的战斗号召。他指出，邪巫的危害在于："信之而破人家，信之而荡人意，转趋于邪，虽死不变。"比如："一家之贫，仅存鸡豚，巫曰：'是祀可以鸡。'则无故而害其鸡。巫曰："可豚。"则害其豚。犹不止也，曰：'可羊。'则害其羊。'可牛'，则害其牛。病未瘳而家已破。"他站在儒家政治伦理观念的立场上认为，在巫术迷信的毒害下，"民心邪矣，而正泯"，"居仁由仁之说，夫能行于民乎"！他不仅指出巫术迷信的危害，而且从逻辑上揭露其虚伪性，他说："固不论其妖异也，即其术果真乎？而人也，宜日与鬼交乎！固不论其伪诞也，即其术之果真乎？而病者方思活也，而宜邀鬼与之处乎！"就是说，巫是"妖异"、"伪诞"，其术不真。可见，《禁邪巫惑众议》是一篇全面否定巫术迷信的无神论论著。

高奣映又从无神论思想出发，对占卜作了"神道设教"的理解。他说："疑以诚通，故卜以龟筮焉，示其不自专，退听以安夫命，以求召于神明。斯神道设教之义，圣人之微权也。”（《迪孙》）这就是说，占卜并没有肯定神灵启示的意思，而只有“神道设教之义”，是人们“示其不自专，退听以安夫命”的手段，是圣人教化人们的“微权”（幽深精妙的办法）。高奣映认为，到后世，占卜这种“神道设教”之义却泯灭了，人们受各种占卜之术的迷惑，信以为真，结果不能对事情做出正确的判断。对于当时人们迷信占卜高奣映愤然抨击说：“……今舍己之诚，而徒以卜占星数之是信。世非殷道，何尚鬼而惑之甚耶!”（《迪孙》）断然否定鬼之存在。

总上可见，高奣映虽为土司世家，然而在学术上深有研究；虽然动摇于唯物主义和唯心主义之间，却有明确的无神论思想，并尖锐地抨击危害人民的巫术鬼神迷信和占卜。他在白族无神论史上，应占有重要的地位。

第五节　近代白族无神论者赵式铭

鸦片战争以后，随着帝国主义的入侵，天主教和基督教也相继传入大理白族地区，这使白族地区的宗教更加复杂，不仅有本主崇拜、巫教残余、佛教、道教，而且还有天主教和基督教等。同时，伴随着白族和大理各民族反帝反封建斗争的展开，反宗教有神论的斗争也有进一步的发展，出现了一些行动上反宗教的人物。

首先，是1856年以回族领袖杜文秀领导的滇西农民起义，它严重地打击了白族地区的佛教势力，许多寺院被捣毁，不少僧侣逃散死亡，致使佛教一蹶不振。在这些农民起义军中，有不少是白族子弟。后来，在戊戌维新和辛亥革命思想的影响下，白族地区又出现多次拆毁寺庙，改建为学堂的反宗教迷信活动。据《云南省白族社会历史调查报告》记载：“清宣统元年，太和县知张锡年可能受到维新的影响，倡议改良风俗，将所有本主庙，加以禁毁，有的改为小学，并将巫师所用的道具销毁。”① 又据《白族简史简志合编》所述：“1911年的辛亥革命推翻了清皇朝的统治，这一革命斗争立即得到白族人民的热烈响应。……各地白族人民对封建礼教和封建迷信进行了有力的冲击。……大理人民还捣毁了城隍庙、东嶽庙，都天阁、娘娘庙等庙观的偶像，剑川、云龙也有捣毁偶像的事件发生。”② 特别突出的是，1883年在洱源县孟福营和沙凤村爆发了反对外国

---

① 《云南省白族社会历史调查报告》（白族调查资料之一），中国科学院民族研究所云南民族调查组，云南民族研究所1963年编印。

② 《白族简史简志合编》，第156页。

传教士的斗争。二百多名白族群众，在吴大发、秀花和小八等人的领导下，手持锄头、木棍，群起焚烧了教堂，打死了法国天主教司铎张若望等十余人①，后来在白族人民中产生了《火烧洋教堂》② 的故事，讴歌白族人民反帝、反宗教的伟大斗争。

近代白族中还出现了大批优秀文人，他们忧国忧民，鼓吹民主、反封建，但直接宣传无神论反宗教的则不多见，关于无神论思想此处仅能提及赵式铭。

赵式铭（1872—1942 年），剑川县人，字星瀣，号弢甫（弢父），晚号僻翁。青年时任过小学堂校长，创办过《丽江白话报》、《保山白话报》，任过《云南日报》编辑。还曾出任四川灌县都江堰通判。广州国民军政府交通部司长、云南通志馆馆长等职。参加过柳亚子等组织的“南社”和章太炎发起的“苏州国学会”等，是一位白族近代著名的爱国诗人、历史学家、思想家。

赵式铭作为一位思想家，其思想核心是爱国主义。在他爱国主义思想中包含着许多反封建迷信的合理思想。主要表现在两个方面：

第一，重视人的努力，反对听天由命。赵式铭生活于清朝末年到抗日战争期间，这是中国近代史上风云变幻、社会动荡、祖国和人民深受灾难的时代，为了救国强民，唤起民众，他在胡适提倡白话前十年就用白话写文章搞宣传。在他主编的《丽江白话报》上，他明确指出：中国的现状是，“地方被人占了，权利被人夺了，人民被人欺负了；再要听天，再要由命，那洋人就要搬进堂屋里来了，他还要在那里谦逊未遑呢!”直接提出要改变中国的现状就不能再听天由命了，批判了听天由命的宿命论观点。不靠天、不由命。靠什么救国呢？赵式铭认为要靠人，所以他说：“但得几个痴心热肠的，呼号奔走，何尝不可以转危为安呢!”③ 为此他高声疾呼：“当国家多事日，切磋砥砺，莫作支那熟睡人”。更为可贵的是，他认为拯救中国的人不是靠少数英雄，而是靠无数的人民团结起来。因此他在《永昌白话报》上讲道：“普法之战，中日之战，日俄之战，以及意大利建国，美利坚独立，就表面看来，全靠几个有数英雄，殊不知有无数闷头英雄，从中策应，才能干出轰轰烈烈的事功来。”他在《鹧鸪天》的词中进一步讲道：

---

① 《白族简史简志合编》。

② 王寿春编：《云南民间故事五十篇》，云南人民出版社 1979 年版。

③ 《丽江白话报》第一期。

史席千年孰主张，但凭数姓谱兴亡，一支绝好董狐笔，不写人民写帝王！

批评以往的史学家，只看到帝王的作用而看不到人民的作用。今天要救国之危难，就“非合无数量人之脑力腕力不足以救国，非合无数量人之公利公益不足以图存”①。赵式铭不仅要人们把救国的希望由天、由命转到由人，而且进一步指出要重视人的努力奋斗，即要重人事。为此，他提出了重教尚武、发展农、工、商业生产的积极主张。

第二，提倡移风易俗，反对封建迷信。赵式铭痛恨一切陈规陋习，他写了大量文章指责因循偷惰、保守迷信、吸食鸦片，推崇八股的腐败现象。他说：“曩年美国举行圣路易博览会，美人取中国烟枪一节，小脚鞋一双，八股文一本，摆入陈列品中，大为全球所讪笑”②。因此，他力主“禁烟、放足、去缛节、屏淫祀”。写下了《论鸦片之害》、《论迷信风水之害》和主张改革宗教的曲本《莲花生传奇》等文章。在《论迷信风水之害》一文中，他针对当时白族地区盛行的风水迷信而指出：“越不讲堪舆（风水），越国富兵强，我们越讲堪舆，越民穷财尽。”揭露相信风水迷信的严重危害。为了教育国民，使其识破风水迷信的欺骗性，他举例说：“孔子少孤不知父墓……可见圣父殁时也不过草草藁葬；未曾听见过孔氏祖茔是什么、‘万笏朝天’，培根的坟地是什么‘青龙画岸’，卢梭的坟地是什么‘丹凤衔书’，孟德斯鸠的坟地是什么‘渔翁撒网’，洛其福儿的坟地，是什么‘弥勒晒肚’……”有理有据，把封建迷信揭露透彻、批判深刻，对破除封建迷信起了很大作用。在人生的祸福荣辱的问题上，他是这样看的：“大凡人生世上，王侯将相，是在人自造的。若听堪舆先生的谎话：今日请他来寻脉，明日请他下罗盘，把哀痛迫切的日子，匆匆的尾着地师马屁股后跑来跑去，真是呆得可笑，愚得可怜”③。他认为风水迷信是可悲可笑的，劝告人们不要相信，一个人的富贵荣华不是命中注定，也不是神给予的，而是人自己创造的。这些思想，有力地揭露了封建迷信欺骗性和危害性，表现出赵式铭反封建迷信的合理思想。

然而，由于受“释儒”思想的影响，赵式铭反宗教迷信是不彻底的，

① 赵式铭：《睫巢文集》手稿。

② 《丽江白话报》第四期。

③ 《丽江白话报》第五期。

他反对的仅只是迷信，对宗教却不否定而主张进行改革。这是应该指出的。但作为一个少数民族的思想家，能有以上唯物主义和无神论思想是十分宝贵的。

在白族的神话传说和诸多文人中间，还有许多宝贵的思想倾向。

一 神话传说中的无神论思想倾向

（一）关于龙的传说中的无神论思想因素

白族自古就有龙崇拜。最初的龙崇拜只是一种图腾崇拜和自然崇拜，进入阶级社会后，龙崇拜逐渐宗教化，成为宗教迷信的观念，附属和吸收于“本主”崇拜以及佛教、道教的迷信活动之中。

由于自古就有龙崇拜，因此在长期的历史发展中就形成了许多关于龙的民间传说。这些传说，有的一味地把龙神化，把龙说成高居于人类之上而又任意支配人的神灵，有的却反映着劳动人民同水旱灾害斗争的决心和信心，提出了同龙斗争、战胜龙、制服龙的思想。这后一类民间传说，曲折而隐晦地表现了劳动人民反宗教、重人力的思想。

如《苍山九十九条龙》① 讲一个经常捉黄鳝的农民后来成了捉龙的人。他捉了九十九条龙去卖，因为无人买，于是，他就把这些龙放到苍山之上，对它们发号施令。在这故事中，对龙是那样的藐视，而人却是那么高大有力，不是龙支配人，而是人支配龙。类似这样的传说还有《雕龙记》②，它讲一个木匠制服了恶龙，寄托了人们战胜龙这一神灵的愿望。《密息岩清水龙与浑水龙》③ 也是讲农民们捉住了兴灾为害的龙王，迫使它为人供水，表达了人民战胜自然灾害的决心。《龙壳》④ 则更进了一步，讲一条龙为修龙潭，想把农田淹没，不料被农民发现，把龙打死了。这些传说中，龙是多么渺小，它在人面前不得不低头听命。而人的形象却强大有力，他们能捉龙、治龙、管龙，甚至杀龙。他们降龙不靠神力，也不借助好龙，而是凭自己的智慧、勇敢和力量。这类降龙治龙的传说在白族人民中流传广泛，数量很多，其中包含着某些人定胜天的无神论思想因素。

当然，这种无神论因素是十分粗浅和不彻底的，它缺乏理论的论证，而且是在承认有神灵的前提下来反神灵的，因此还是给有神论留下了

---

① 张文勋：《白族文学史》，云南人民出版社 1983 年版，第 107 页。

② 《白族民间故事选》，第 120 页。

③ 李赞绪：《白族文学史略》，中国民间文艺出版社 1984 年版，第 44 页。

④ 《白族民间故事选》，第 146 页。

地盘。

（二）鬼怪传说中的无神论思想倾向

白族先民原始的灵魂崇拜和自然崇拜，到阶级社会以后就逐渐演化成为巫教。巫教崇拜鬼神、迷信巫术。在古代，巫教在白族中曾十分盛行，给白族先民以及近代的勒墨人背上了沉重的精神包袱，使他们十分怕鬼，比如，认为洗脸就会让鬼把灵魂勾走，因此不敢洗脸；祭鬼必须杀牲，有时把整村的牲口都杀了。

然而，在这样浓厚、深重的鬼神迷信中，白族群众还是产生了一些不怕鬼、斗鬼、灭鬼的故事传说。在这样的故事传说中表现了某些无神论思想倾向。如那马人的民间故事《猎人治比衣鬼》中说，一群叫比衣的吸血鬼，到村里吸人们的血，被一个猎人想法把它们统统弄死。[①]《烧鬼》讲一个姑娘不怕鬼，敢于设计把鬼烧死。[②] 在这些传说中，人们敢于向鬼斗争，而不是听任鬼的摆布，并且，人们与鬼斗争，不是凭借神力，而是靠自己的勇敢和智慧。因此，这些传说反映了人们发扬人力、克制迷信的愿望。当然，由于它是在承认鬼魂的前提下反鬼魂，因而不能称之为无神论思想。但是，它要人们发扬人力、敢于斗争，却又带有一定的、自发的无神论倾向。

（三）本主传说中的无神论思想倾向

“本主”崇拜是白族特有的土生土长的民族宗教，它起源于原始崇拜，形成于南诏，盛行于大理国时期，一直沿袭到近现代，在白族人民中有较大的影响。所谓“本主”即本境之主，是本地区的主宰神。他们是掌管本地区居民的生死祸福的神灵，能保佑本地区风调雨顺、五谷丰登、人畜兴旺，是白族地区主要的宗教信仰。最初，“本主”崇拜是多神崇拜，每一村和几村都有自己所崇拜的“本主”，有“本主庙”。据徐嘉瑞1944年赴大理县调查资料所载：“今大理之七十村中几皆各有本主庙……大理县现存本主庙之神祇，共有六十神，其中女神有21，男神39。”[③] 大理国时期，为了使本主崇拜为自己的统治服务，段氏王朝将其先人段宗牓奉为，“中央本主”，神号为“大圣西来护法灵镇五峰建国皇帝”，庙号神都，统率大理所属71村的所有本主。而其他本主则各辖其域，互不统涉，仍保留其村庄、部落神崇拜的形式。

① 《白族民间故事选》，第211、218页。

② 同上。

③ 徐嘉瑞：《大理古代文化史》，第277页。

白族本主崇拜的内容很复杂，有的是自然神灵，如苍山神、水泉女王、龙王、龙母等；有的是为民除害消灾的英雄人物，如周城本主杜朝选、河涘城本主段赤成、海东本主孟优，宾川大王庙本主阿龙、玉几岛本主南海阿老等；有的是烈女、孝子，如大理北门等地本主白洁夫人、大理南门本主等。还有许多是帝王将相，如大理国王段思平、唐朝大将李密、明朝大将李定国等。

本主崇拜虽然是白族特有的宗教，但是它又能和白族地区的各种宗教相融合而得以生存和发展。首先和原始巫教残余相融合，本主庙会的主持人就是巫师，本主神也是各地巫师崇拜的神祇。由于本主崇拜和巫术相结合，本主崇拜得到了发展，而巫教也能残存。其后，本主崇拜和佛教、道教又逐步融合，表现在本主崇拜中渗透了大量的佛、道、儒的思想，很多佛、道、儒的人物成了本主。这种融合，使本主崇拜在白族中长期保存和不断发展。同时，增加了本主崇拜中的封建迷信色彩。

白族的本主崇拜和其他宗教，如佛教、道教又有很大的区别。首先，本主不是令人畏惧的神灵、而是人们所热爱、尊敬的历史人物和祖先。他们绝大多数都是有益于人民、对人民有过功绩或有高尚道德情操的人，人们敬奉他们是对其征服自然、惩治社会上邪恶势力的一种肯定和歌颂。人们对杜朝选、段赤城、孟优、阿龙等的敬奉，本身就是鼓励人们去征服自然。人们对白洁夫人、阿南的敬奉，就是对不畏强暴、坚持正义的提倡。人们敬奉"大黑天神"，是因为他为消除人民的瘟疫、宁愿自己吞食瘟药而死，敬奉他就是歌颂舍己救民的高尚品德。诚然，本主崇拜终究是一种宗教迷信，有明显的祈求神灵保佑的消极因素，但它不总是使人们消极悲观，寄希望于天国或来世。因为，祭祀活动中讲述本主的事迹和功劳，这些事迹和功劳对后人是一种启发，鼓舞和教育。它可以激励人民去向大自然斗争，向社会现实中的邪恶斗争。

其次，白族的本主并不弃绝和否定现实的物质生活，也不超越和鄙弃七情六欲，他们和常人一样，要吃喝穿住，要结婚成家，生儿育女，走亲串友。如"小邑村本主，为女神，姓姜，与其南面的生六村本主有爱情，交往甚密，因此生六村本主庙北山墙不能修好"[①]。又如一些地方还流行着本主走亲戚的习俗，届时当地要迎送本主。"传说本主段宗榜是大理马久邑村人，到上阳溪上门，每逢五月端午节，马久邑，上登村民到上阳溪

① 《大理白族自治州历史文物调查资料》，云南人民出版社 1958 年版，第 67 页，第 72 页。

迎段宗榜回到马久邑过节，到六月六日，上阳溪人又由马久邑迎回本村”①。再如，大理喜洲传说，一年天旱，百姓求雨，请九塘神赴宴听曲，结果因贪嘴全部醉倒，直至天明，无法离去。更有甚者，本主还可以同民间交往。传说大理河涘江村本主白官爷，娶了村中的一个美妇人做妻子，所以本主庙里其塑像旁还有他的夫人的像。在白族人民的观念中，并没有把本主太神秘化，相反地是把作为神灵的本主人性化、人间化了。宗教要人弃绝现实的物质生活，超脱七情六欲，去追求来世的虚幻幸福，追求精神上的解脱。而本主崇拜却肯定现实的物质生活和七情六欲，要人们热爱人间的生活，说神（本主）也是过这样的生活。

如《本主不吃牛》讲洱源县西山一个农民，因其妻患病，他去找巫婆问卦，巫婆要他杀一头牛祭本主。这使他很为难，不杀牛祭本主，担心妻子的病不会好，杀了牛又无法耕田种地。怎么办呢？农民想了一个办法，把牛牵到本主庙，拴在本主身上，向本主说道：“谢谢老爷，牛送来了，请你自己宰吃吧。”到了晚上，牛饿了，拼命一挣，连本主像一齐拖着跑回家来，农民见了，竖起本主像说：“本主老爷，谢谢你，既然你也不忍心吃这条牛，叫弟子我牵回来就得了。怎敢劳驾你老人家亲自送回来……”类似的故事传说还很多，如《东山老爷》、《四个猪头一齐接》等把神（本主）说成是偷女人、贪财物的坏蛋。《偷鸡庙》则说，有一个原称为“老爷庙”的本主庙，人们贡献老爷（本主）神像的贡品，第二天就不见了，人们就认为此庙的本主很灵，祀祷贡献的人日胜一日。有个农民，他的孩子病了，也去庙里求本主，并献上雄鸡酒物作贡品，第二天雄鸡果然不见了，他以为神领受了，但是回家一看孩子却病死了。农民气得大骂神灵：“个个说你灵，灵个屁！”于是又重返庙宇要看个究竟，终于发现所谓领受贡品的神爷，原来是一个被长期缉拿的惯偷。从此人们便把此庙称为“偷鸡庙”。这些故事深刻揭露了所谓“神仙显灵”的虚伪性和欺骗性，反映了人民批判和否定宗教迷信的观念②。

这类传说故事虽然没有直接提出无神论的口号，但故事或者把神说得丑恶不可敬，或者把神视为不起作用的偶像，或者干脆就把神灵说成人们的讹传。在宗教迷信观念十分浓厚的白族群众中，能产生和流传这些故事，表现了民间还是有无神论思想倾向的。

（四）某些佛道故事中的反宗教倾向

① 《大理白族自治州历史文物调查资料》，云南人民出版社1958年版，第67页，第72页。

② 以上传说参见张文勋：《白族文学史》，第201—204页。

南诏中期以后，以佛教为主，掺杂着道教、巫教、本主崇拜，在白族中形成广泛的相信神佛、迷信菩萨、崇敬鬼怪的宗教思想。这种宗教思想渗透和影响着民间故事和传说，于是出现了许多宣扬神佛、怪异的民间故事和传说，有些甚至直接由佛经故事脱胎而来。与此同时，群众中反宗教迷信的思想也通过民间故事和传说表现出来，并由之而传播和发展。

例如，流传在民间的《成仙洞》，揭露了佛教迷信所谓“成仙”的荒唐可笑。传说邓川县城西村，原名成仙村，村后有个成仙洞（现名成西洞），洞口像个喇叭，很早以前，年年有很多烧香拜佛的斋婆来这里“成仙升天”。升天之前，在洞前摆好祭品，点上香火，敲响木鱼，念着经文，不过一时三刻，升天之人就平地而起，飞进成仙洞不见了。大理“提台大人”的老母也是个吃斋念佛的，她也想来升天，“提台大人”就带了大队人马陪着老母亲来到成仙洞，眼看老母亲慢慢升起来了，这时，带来的全班人马一齐鼓噪，九门铁炮也轰鸣而响，声音震得山鸣谷应，而老夫人却从半空中掉了下来。“提台大人”吓了一跳，猛抬头，只见洞口挂着一个碓头大小的蛇头，张着红彤彤的血盆大口。见此情景，“提台大人”赶忙背起老母拔腿就跑。[①]

另一个传说《雪塑观音》讲道：有一年邓川县下了一场大雪，有人就用雪塑了一个观音像，很多人都去看。几个上京赶考的剑川书生路过这里，便以此为题作对联，上联为：“雪塑观音，一片冰心难救苦。”但下联谁也对不上。等他们赶考归来，到佛寺里去躲雨，见到雨淋湿了十八罗汉的塑像，有人就补了下联，即：“雨淋罗汉，两眼流泪假慈悲。”[②] 这副对联，把矛头直指观音，在白族地区是较为大胆的。自唐代以来，白族中出现了敬奉观音热，观音成了佛教的象征和代表。在白族佛教信徒的眼中，观音法力无边，大慈大悲，救民水火。然而，对联却指出他“难救苦”；并揭露罗汉是“假慈悲”。这就以隐晦曲折的方式对佛教的欺骗性和虚伪性作了揭露。

白族民间故事《黄氏女对金刚经》[③]，虽然属于宣扬佛教的鬼故事，其中有许多糟粕是应该批判的。可是故事中也渗入了反宗教迷信的观念，这主要表现在二个方面：第一，黄氏女因为是一个虔诚的宗教徒，结果被阎王“请”到阴间，尝尽了和家人离别的痛苦，十分悔恨地说道：“这时

---

① 张文勋：《白族文学史》，第 200 页。

② 李赞绪：《白族文学史略》，第 65 页。

③ 《云南民族文学资料》第 11 集。

使我没办法，这时叫我丢孤子，母子好伤情。玉英乳臭还未干，长寿吃奶没人喂，子鸡母鸡分开后，还拜什么经”。故事的结尾是，阎王为了不让黄氏女思念亲人，给她灌了“迷魂汤”。这里，故事告诉人们，信佛念经并无好报，后果反而是十分可悲的。同黄氏女正相反，其夫赵联芳是一个屠夫，天天杀猪吃肉，反而很好地活在世上。故事以这个鲜明的对比有力地否定了佛教的“恶有恶报、善有善报”的因果报应观念。第二，故事还借赵联芳之口，公开的指责和嘲笑了封建迷信。赵联芳说：“炸油锅能吓唬谁，再也吓不倒。死了身体进棺材，有谁见过地狱门?”对黄氏女吃斋念经，他不仅反对，而且还公开进行嘲讽，他说：“我妻吃斋若上得天，为夫吃肉来送你，托盘里面猪头肉，摆得满满的。”为了说明根本不会赏善罚恶，他指出：世上“还是作恶的好过，三顿不离蒸剁肉，鲤鱼来配肉。”在宗教迷信盛行的社会中，敢于这样大胆地宣传人世间的享受，并且公开声称死后不会“进地狱”、“下油锅”，这是向宗教有神论观点的挑战。正因为如此，《黄氏女对金刚经》被一些宗教迷信者多番篡改，有的就把黄氏女最后被灌迷魂汤，不能还阳与家人团聚的悲惨结局改为，阎王同情黄氏女，给她还阳，把赵联芳说得十分坏等等，故事完全变成了宣扬迷信的鬼故事。这个故事的不断变动、篡改，正说明了民间有神论思想和无神论思想的激烈斗争。

二　白族文人中注重人事、怀疑鬼神的思想倾向

（一）南诏、大理时期

南诏、大理时期白族文人的文章、著作应当是丰富的[①]，但流传至今的却极少，故难于了解他们的思想、观点。现在仅可从保存下来的一些石碑中约略了解当时文人对佛教以及神鬼迷信的态度和看法。

刻立于南诏赞普钟十年（766 年，即唐代宗大历元年）的《南诏德化碑》，虽为汉人郑回所撰，然而代表了南诏统治集团的思想，而南诏统治集团中白族先民占有很大成分，并且后来白族建立的大理国政权直接继承了南诏的思想，故此，《南诏德化碑》在白族思想史上应占有重要地位。《南诏德化碑》主张天地乃清浊二气所成、万物由阴阳演化而生的朴素唯物主义思想，以及承认社会秩序的客观性而强调德治、人事的儒家思想，对于后来的大理国以及整个白族思想史都是有影响的。

---

① 从《全唐诗》所收南诏白族诗人的诗篇，以及南诏《德化碑》碑文可推想。南诏时白族的文章应是丰富发达的。

约刻于大理国龙兴年间（1158年，即南宋绍兴二十八年）的楚雄摩崖《护法明公德运碑赞》。碑文作者姓名残佚，从碑中残存文字知其自称“大宋国建武军进士”。此碑原文约一千一百余字，现残泐较多，不能通读，其大意是颂赞大理国相高量成。从残留文字看，作者赞颂高量成“兴修白马，喜建伽蓝”，是个虔诚的佛教徒。由此也可见当时佛教已盛行于白族地区。然而碑文中也有这样的话：“……（以上残缺）不行商道。商以誓为实，周以会为实，公累与诸蛮会而不曾誓，故行周道。”这就是说，高量成在镇压叛乱、统一境内各族时，“行周道”而“不行商道”。所谓“商道”即殷商时代的制度，而“周道”即周朝的制度。碑文作者认为，商道“以誓为实”故不可取，周道“以会为实”应当遵循。“誓”则以鬼神为主，信鬼神之实有；“会”则以盟约为证，信会盟者的忠诚。因此，商道重鬼神之赏罚，周道重人事之忠诚。此即《礼记·表记》所言：“殷人尊神，率民以事神，先鬼后礼。周人尊礼尚施，事鬼敬神而远之，远人而忠焉。”高量成是否行周道不得而知，但碑文作者宣扬周道而贬商道是事实。由之可见，自周公至孔子的远鬼神而重人事的儒家无神论思想，在大理国时期已在白族中有所传播，为部分统治者所接受。

大理国元亨二年（1186年，即南宋淳熙十三年）同时刻于一块石碑上的两篇碑文：《兴宝寺德化铭》和《嵇肃灵峰明帝记》，是有关白族思想史的两篇重要碑文。两文皆由大理崇圣寺任“粉团侍郎”的僧人杨才照所撰。杨才照自称“释儒”（信佛的儒生）。其生平不详。《德化铭》是记述大理国“上公”高渝城光重修兴宝寺（在今姚安县）的事迹的，文中对高渝城光及其父兄的诸种业绩作了追述，赞颂。《明帝记》则记述高渝城光对嵇肃峰的祭祀，文中对此峰作了许多赞美。

杨才照在两篇碑文中对于宇宙万物的根本问题大发了一通议论。从其哲理来看，他不仅是释儒，而是融合释、儒和道家思想的一个白族学者。但在三家之中他似乎更突出的又是道家和玄学思想。因此，他在文中极少讲神灵、鬼怪，说人格神之处也不多，而是用大量的骈文、诗句来讲道家思想：

> 盖闻率性之谓道，妙物之谓神。混成天地之先，独化陶均之上。体至虚之宅，无毒无门；运不隅之方，何固何执？未尝不出入五物，谁恻至变之端；同流六虚，旁行大衍之数？知太始者，由之揆务？作成物者，宗之致能？形象分而变化斯章，动静常而刚柔乃断。玄凝易简之理，昭然久大之功。引而申之，触类而长之，天下之能事毕矣。

这些思想，发表在巫教、本主崇拜、神佛迷信盛行的边疆白族的大理国中，虽不能说是无神论思想，但至少可以说，它否定人格神主宰世界，认为无意识的、客观的道是万物的根本。这就很有无神论的思想倾向。在《明帝记》中，杨才照虽然称嵇肃峰为“灵峰”，说此峰是“天府之巨锁，此方之灵佑也”。然而，通篇来看，却仍然是说，道为万物根本，此山乃道之流行演化而成，碑文起始就说：

> 夫自人而粹者，天之道也，自天而纯者，神之道焉。运乾坤而变化何穷，妙万物而阴阳不恻。至哉，自天地川岳得其道者，无不以清以宁，以渊以灵，故流为江河结为山岳。山岳者艮之象也。《易》曰：终万物始万物者，莫盛乎艮，言其止而不动也。噫！含泽布气以调五神，积高厚下而安四极，山岳之理可得而言欤！

在祭山时作此文，看来作者并不以为山有人格神因而祭祀，而是从道家、玄学的观点出发赞美山岳，因而颇具自然神论之观点。这在巫教和神佛迷信盛行之大理国中应属于反宗教的思想倾向，因此，在研究白族无神论思想史时不可不注意。

（二）元、明、清时期

元明以来，白族文人、学者所传至今的诗文渐多，文学史、思想史遂有较多资料以作研究依据。然而，这一时期（元、明、清）白族的文人多系“释儒”，即信佛的儒生，其作品皆有浓厚的宗教有神论意识，系统的无神论和唯物主义思想难于觅见。不过也有一些白族学者既有信佛敬神的一面，又有要求在现实中解除人民疾苦，而重人事的一面，如杨士云、王兆等。

杨士云，字从龙，号弘山，别号九龙真逸，大理喜人。生于明代成化丁酉（1477 年），卒于嘉靖甲寅（1554 年）。正德丁丑科进士，曾任工科给事中监御使等职。其为人正直，不阿权贵，曾几次托故归乡，靠种田维持生活。杨士云早年精心研究《诗经》，后潜心于王阳明“心学”。其著述极多，诗、词、文、赋皆有，今传《杨弘山先生存稿》。

杨士云长期与劳动人民相处，并亲自参加农业劳动，因而同情人民疾苦，关心农业生产，希望风调雨顺、五谷丰登。然而实际生活中却经常水旱虫灾迭起，农民生计困难。怎么对待这些灾害呢？他不寄希望于神仙、道士和巫师，而是寄希望于人事。他由此写下《花甸水洞》和《旱》等诗，以表达这种思想。《水甸花洞》说：“旱魃为殃都不管，道人贷雨只空传。凭谁借挽天河手，一写（泻）民间万顷田。”道人对自然灾害没有办法，那么靠谁来解决呢？《旱》中做了回答：“亢旱何须揭大巫，术人囊里有遗书，不忧天旱忧人旱，应识民间岁有无！”诗人认为抗灾不必去求道士、巫师，因为“道人贷雨只空传”，求他们没有用。他在任官期间就写下了《赈济饥民议》一文并上书给明朝皇帝。同时他还写了《鹤庆府南供河记》、《鹤庆府西龙潭水利碑记》等文，对为民兴修水利有功的官吏给予热情的歌颂。

王兆，剑川县江尾村人，道光时庠生，生卒年代已不可考。其经历、思想现今所知甚少。据说他为人正直，能文善对，晚年教书，教学有方。民间传说他曾在剑川县城地藏寺的戏台上写了一副对联：“虽云网极报深思，只不过舜之慕，曾之养，不闻逐殿寻亲，孝子如斯真古怪；纵使开荤成大恶，哪见得吕于汉，武于唐，何赏十分受罪，阎王未免太糊涂。”对联根据历史事实，指出阎王并不能赏善罚恶，对鬼神迷信却也算得尖刻的讽刺、揭露了！

又传说，王兆在母亲死后时所作的一副挽联是这样的：“就是这样完了；还有什么说的。”他把人死看作一切完了，说什么也没有用，既不必祝愿灵魂升天，也不望其今后保佑。表现了对灵魂观念和死后世界的怀疑和否定。